税收法律救济

贾忠华　著

中国商业出版社

图书在版编目（CIP）数据

税收法律救济 / 贾忠华著 . —北京：中国商业出版社，2021.11

ISBN 978-7-5208-1834-6

Ⅰ.①税… Ⅱ.①贾… Ⅲ.①税法-法律援助-中国 Ⅳ.①D922.22

中国版本图书馆 CIP 数据核字（2021）第 209569 号

责任编辑：刘毕林

中国商业出版社出版发行
010-63180647　www.c-cbook.com
（100053　北京广安门内报国寺 1 号）
新 华 书 店 经 销
北京中兴印刷有限公司印刷
* * *
787 毫米×1092 毫米　16 开　46 印张　798 千字
2021 年 11 月第 1 版　2021 年 11 月第 1 次印刷
定价：168.00 元
* * * *
（如有印装质量问题可更换）

序　言

2021年7月1日，伟大的中国共产党成立一百周年。回顾中国共产党百年奋斗的光辉历程，经过全党全国各族人民持续奋斗，终于实现了第一个百年奋斗目标，在中华大地上全面建成了小康社会，历史性地解决了绝对贫困问题，正在意气风发向着全面建成社会主义现代化强国的第二个百年奋斗目标迈进。这是中华民族的伟大光荣！也是中国人民的伟大光荣！更是中国共产党的伟大光荣！

经济决定税源，税源决定税收。对于各级政府及其职能部门而言，依法行政是根本，法律救济是完善，税务管理同样如此。通俗地讲，税务管理就是税务局的工作职责主要包括哪些内容，各税种的实体税收政策仅仅是其中的小部分。此外，无论是税务干部还是会计师、税务师和律师事务所的各执业人员、企业财务或办税人员等，都应该了解和掌握的是发生纳税争议事项后，涉税的行政和司法救济方式及程序，即税收法律救济——行政处罚听证、税务行政复议、行政诉讼（税务）和国家行政赔偿！随着依法行政和依法治税工作不断推进和深入，无论是行政管理方的税务局还是行政管理相对方的纳税人或扣缴义务人，都应高度重视税务行政复议和行政诉讼（税务）的逐渐普及和发展变化。

"坚持征纳双方法律面前平等。牢固树立平等理念，依法平等保护相关主体合法权益，征纳双方相互尊重、诚实守信、信赖合作，完善复议应诉工作体制机制。"——这是国家税务总局制定的《"十三五"时期税务系统全面推进依法治税工作规划》的一项基本原则。其中，明确完善权利救济和纠纷化解机制的工作任务如下："税务总局设立专门的税务行政复议机构，省局应当明确承担税务行政复议职责的机构，加强行政复议工作力量，保证一般案件至少有2人承办，重大复杂案件有3人承办。完善税务行政复议案件审理机制，加大公开听证审理力度，增强行政复议的专业性、透明度和公信力。建立行政复议相关部门协同应对机制，健全行政复议发现问题回应机制。落实行政复议专项经费、办案场所以及其他装备保障，行政复议经费列入预算。制定加强和改进税务行政应诉工作的实施办法，适时修订《税务行政应诉工作规程（试行）》，建立健全税务机关负责人依法出庭应诉等制度，支持法院审理税务行政诉讼案件，尊重并执行生效裁判。"

依照我国的宪法、税收法律和行政法规的规定，税收法律救济权是每位纳税人（扣缴义务人）在履行纳税义务过程中依法享有的十四项权利之一。纳税人或扣缴义务人、纳税担保人同税务机关或税务人员在纳税上发生争议时，必须先依照税务机关或税务人员的纳税决定缴纳或者解缴税款及滞纳金或者提供相应的担保。然后，可以依法申请行政复议，对行政复议决定不服的可以依法向人民法院起诉。比如纳税人或扣缴义务人对税务机关或税务人员的处罚决定、强制执行措施或者税收保全措施不服的，可以依法申请行政复议，也可以依法向人民法院起诉。当税务机关或税务人员的职务违法行为给纳税人或扣缴义务人和其他税务当事人的合法权益造成侵害时，纳税人或扣缴义务人和其他税务当事人可以要求税务行政赔偿。同样，受理纳税人（扣缴义务人）提请的税务行政复议和行政赔偿申请也是税务机关的法定义务之一。

行政复议与行政诉讼是两种不同性质的监督且各有所长，不能互相取代。本书中关于听证、复议和诉讼的关系的阐述不仅透彻而且生动形象、通俗易懂。同时，案例是理论与实际的最佳结合，只有真实的案例才行。什么是真实的案例？只有通过对"中国裁判文书网"的法院裁定或判决结果，即行政裁决书和行政判决书还原的案例才是最真实的！本书通过对判决文书及案例的

"高度、角度、深度"三度解析，帮助广大读者全面提高税务的行政复议和诉讼能力，追求"知征管，熟法律，精能力"的效果，达到"总结胜诉经验、吸取败诉教训，有则改之无则加勉！"的目的，弥补认知空白，提高综合素质和财税职业能力。

贾忠华老师长期在基层税务所、区税务局和省（市）税务局征管、稽查、评估和大企业等业务部门工作，具有丰富的实践经验。他深入钻研税收相关理论知识二十五载，对我国税收征管整体发展趋势、税源专业化管理、税收程序性管理、大数据税务风险管理、企业纳税风险预防与控制、税务行政复议与诉讼、纳税自查与规划、反税收筹划等均有务实准确的认识和研究成果。本书是他总结多年税务稽查重大案件审理和税收法律救济相关工作的丰富实践经验的结晶，既具有执业特点和专业知识，又逻辑严谨、通俗易懂，不失为一本税收法律救济工作的指南和教材。

依法治税就是要以约束税务机关权力、保护纳税人权利为重点，最大限度规范税务人、最大限度便利纳税人，促进税法遵从和税收共治，任重道远。

2021年7月1日

前　言

不忘初心，砥砺前行。2015 年，是我国税务行政复议和行政诉讼（税务）发生根本性变化的一年。随着依法治国和依法行政的不断深化，广大的纳税人和扣缴义务人维护自身合法权益和税收法律救济意识在不断增强，因此，税务行政处罚听证会、税务行政复议申请和针对税务局提起行政诉讼的数量急剧增加。

税务行政复议和行政诉讼（税务）是推动中国税收征管历史车轮前进的不竭动力。

在我国"民法、刑法和行政法"三大法律体系中，对应的是民事诉讼、刑事诉讼和行政诉讼。税收的税务登记、税款征收、纳税服务、税务管理和行政执法等工作，属于行政法律关系调整的范畴。税务部门和税务人员对纳税人或扣缴义务人的税款征收、税务处理决定、行政处罚决定和强制执行措施等，使得行政管理相对方的合法权益受到侵害或造成损失时，其可以通过行政复议、行政诉讼和国家赔偿等法律救济措施来维护其合法权益。因此，相关制度机制是健全的，途径也是畅通的。

税收法律救济工作，属于税收征管全流程的末端，因数量少且偶发性强，而被税务部门和税务人员忽视。是否熟悉税收征管全流程是判别税务人员业务能力高低的充要条件，是提高财税执业人员业务素质的必备要件。即"会，可以不做；但是，不能不会"、"知道，可以不用；但是，不能不知道"！

通常来讲，税收法律救济范畴只包括税务行政复议、行政诉讼（税务）和国家赔偿，甲行家先生所著的税收法律救济理论则增加了"税务行政处罚的

I

听证"和"纪检监察的信访"。税务行政处罚的听证是行政管理主体与行政管理相对方的双方当事人的质证,是为维护自身合法权益,向作出行政处罚的税务部门提出的补救措施;税务行政复议是纳税人或扣缴义务人为维护自身合法权益,向作出行政处罚或处理决定的税务部门的上一级机构的法规部门提出的救济措施;行政诉讼(税务)是纳税人或扣缴义务人为维护自身合法权益,向作出税务行政处罚、税务处理决定或税务行政复议的税务部门对应层级的人民法院提出的救济措施;国家赔偿是当纳税人或扣缴义务人的合法权益受到税务部门或税务人员的侵害并造成损失时,向国家提出赔偿的救济措施。如果税务人员在依法征税过程中,存在索贿、受贿等侵害纳税人或扣缴义务人的合法权益的行为时,纳税人或扣缴义务人还可以通过纪检监察的信访途径解决。

税务部门依法征税,纳税人诚信纳税,征纳双方是不该出现对立的。在行政法律关系中,因为客观存在行政管理主体的权利义务与行政管理相对方的权利义务不对等,所以,为了保护"弱势"的行政管理相对方而建立相应的法律救济制度。比如,在行政诉讼过程中,作为被告的行政管理主体是不能反诉的。本书不仅系统全面地阐述了税款征收、行政许可、税务稽查取证、税务处理决定、税务行政处罚、税务行政复议和行政诉讼(税务)等系列概念、业务实质、工作流程和期限时效等内容,而且通过对二十二个典型的真实的案例剖析,分析败诉原因、吸取教训、防微杜渐。同时,对税收法律救济的发展愿景,做出美好的憧憬和展望。殷切期待着早日在基层人民法院和中级人民法院开设行政(税务)法庭,实现税收法律救济的行政诉讼专业化。

税务行政复议和行政诉讼(税务),至关重要,更任重道远。

法律救济是每位公民作为行政管理相对方时维护自身合法权益所享有的基本权利。

2021 年 3 月 2 日

目 录

第一章　税收法律救济概述 1
- 第一节　税收法律救济 2
- 第二节　纳税人的权利和义务 8
- 第三节　具体行政行为 20
- 第四节　行政复议概述 29
- 第五节　行政诉讼概述 41
- 第六节　国家赔偿概述 51

第二章　税款征收与税务稽查 59
- 第一节　征税与退税 59
- 第二节　税收滞纳金 73
- 第三节　税务检查 86
- 第四节　税务稽查是取证 98
- 第五节　稽查审理与执行 109
- 第六节　税务处理决定 122

第三章　税务行政处罚 135
- 第一节　行政处罚概述 135
- 第二节　税务行政处罚 144
- 第三节　处罚工作流程 155
- 第四节　听　证 164
- 第五节　自由裁量权 176
- 第六节　权力清单与典型案例 188

第四章　税务行政复议 200
- 第一节　行政复议 200

I

第二节 税务行政复议 …………………………………………………… 211
  第三节 行政复议工作流程 ………………………………………………… 224
  第四节 和解和调解 ………………………………………………………… 236
  第五节 税务行政复议工作要求 …………………………………………… 246
  第六节 典型案例 …………………………………………………………… 258

第五章 行政诉讼（税务）………………………………………………………… 270
  第一节 行政诉讼参加人 …………………………………………………… 270
  第二节 行政诉讼程序 ……………………………………………………… 280
  第三节 行政诉讼证据 ……………………………………………………… 293
  第四节 行政诉讼（税务）………………………………………………… 303
  第五节 和解与撤诉 ………………………………………………………… 312
  第六节 典型案例 …………………………………………………………… 325

第六章 国家赔偿 …………………………………………………………………… 336
  第一节 行政强制执行 ……………………………………………………… 336
  第二节 国家赔偿概述 ……………………………………………………… 348
  第三节 税务行政赔偿 ……………………………………………………… 357
  第四节 税务行政赔偿程序 ………………………………………………… 366
  第五节 典型案例 …………………………………………………………… 374

第七章 典型案例点评 ……………………………………………………………… 389
  第一节 如何"议案学法" ………………………………………………… 389
  第二节 程序法案例 ………………………………………………………… 407
  第三节 实体法案例 ………………………………………………………… 420
  第四节 综合案例 …………………………………………………………… 446
  第五节 经典案例 …………………………………………………………… 471
  第六节 国家赔偿案例 ……………………………………………………… 490

第八章 相关法律法规 ……………………………………………………………… 507
  第一节 行政处罚 …………………………………………………………… 508

第二节	行政复议	520
第三节	行政诉讼	537
第四节	国家赔偿	579
第五节	税收征收管理	592
第六节	税务行政处罚	622
第七节	税务稽查	630
第八节	税务行政复议	643

附件 ……………………………………………………………… 660

后记 ……………………………………………………………… 721

第一章 税收法律救济概述

摘要： 法律救济是法律体系建设的重要组成部分，依法行政是根本，法律救济是完善。依法治税是税收工作的灵魂和立足点，是规范税收执法行为的内在要求和基本保证，因此，必须高度重视和重点加强税收法律救济工作。税收法律救济是指国家为排除税务具体行政行为对税务行政管理相对人合法权益的侵害，通过解决税收争议，制止和矫正违法或不当的税收行政侵权行为，从而使税务行政管理相对人的合法权益获得补救的法律制度。行政处罚听证是维护自身权益的最先方式，信访是维护自身权益的最后方式。具体行政行为是指行政机关行使行政权力，对特定的公民、法人和其他组织作出的有关其权利义务的单方行为。行政复议是存在行政争议的行政机关的上一级机关依行政相对人的申请作出的具体行政行为。行政复议实行一裁终局制度；而行政诉讼实行二审终审制度。行政诉讼，是指公民、法人或者其他组织认为行使国家行政权的机关和组织及其工作人员所实施的具体行政行为侵犯了其合法权利，依法向人民法院起诉，人民法院在当事人及其他诉讼参与人的参加下，依法对被诉具体行政行为进行审查并作出裁判，从而解决行政争议的制度。国家赔偿一般包括行政赔偿和刑事赔偿。

法律救济是每位公民作为行政管理相对方时维护自身合法权益所享有的基本权利。

第一节 税收法律救济

自2004年国务院发布《全面推进依法行政实施纲要》以来，我国的依法行政工作已经发生很大的变化。依法行政是现代政治文明的重要标志，贯彻依法治国基本方略，推进依法行政，建设法治政府，具有划时代的重要意义。

2004年开始实施的《中华人民共和国行政许可法》（以下简称《行政许可法》），是一部规范政府行为的重要法律。2007年公布实施的《中华人民共和国政府信息公开条例》（以下简称《政府信息公开条例》），要求所有政府信息，除受法律保护的国家秘密、商业秘密和个人隐私外，都要向社会和人民群众公开。这是政府自身建设的一个重大进展，必将发挥越来越重要的作用。

因此，广大公务员应该尽快地全面提高依法行政的自觉性和履职能力，切实规范其行为。

一、依法行政是根本

加快建设法治政府是发展社会主义市场经济的必然要求。市场经济应当是法治经济，必须运用法律法规调整政府、市场、企业之间的关系。所以，政府履行职责，无论是经济调节、市场监管，还是社会管理和公共服务，都必须依法行政。对各类市场主体或行政管理相对方，不仅要依法管理、依法提供服务，更要依法维护其合法权益。

保护宪法和法律赋予公民的各种权利，是政府义不容辞的职责。建设法治政府，不仅是政府严格依法行政，依法管理经济和社会事务，更是保障公民各方面权益的基本要求。

首先，依法行政要解决有法可依的问题，做到有法必依、执法必严、违法必究。全国的各级行政机关及公务员，要严格遵守宪法和立法法的规定，按照法定权限及程序立法和出台规范性文件，加强合法性审查，做到下位法与上位法不矛盾、不抵触，坚决维护法制统一，确保政令畅通。

其次，严格依法办事，政府要依法履行其各项职能。能做什么，不能做什么，要由法律来确定。政府不仅要按照法定权限办事，还要按照法定程序办事。各级行政机关及公务员只能行使法律赋予的权力，其实施的具体行政行为都要有法律、法规、规章的规定，行政机关不得违法作出影响公民、企业、其他社会组织权益和增加其义务的决定。没有程序的民主，就没有实质的民主；没有程序的公正，就很难保证公正。目前，重权限、轻程序的问题仍较突出，许多损害、侵犯群众利益的问题，往往是由于不按程序办事或程序不规范造成的。

再次，要进一步规范行政执法。行政执法是政府大量的、日常性的具体行政行为，不仅是与法人和公民的切身利益密切相关，而且是都要受到行政复议法和行政诉讼法监督的。各级行政机关及公务员要按照"规范执法、公正执法、文明执法"的要求，进一步加强和改善其行政执法行为。要规范执法主体，界定执法权限，减少执法层级，整合执法资源，在依法行政严格执法同时，还要加强为遵从度高的管理相对方提供优质的行政指导或服务。

最后，税制改革应与法治化建设相适应。依法治税是税收工作的灵魂和立足点，是规范税收执法行为的内在要求和基本保证。依法治税要求有健全的税法体系：税务机关依法履行职责，在法律规定的职权范围内活动并接受行政司法机关和社会的监督，纳税人能够依法履行自己的纳税义务并保护自己的合法权益，在税法面前人人平等。因此，税制改革必须坚持税收法定原则。推进税法体系建设，积极参与税制改革，完善税收法律体系，提升税收法律级次。

二、法律救济是完善

什么是法律救济？法律救济是指公民、法人或者其他组织认为自己的人身权、财产权因行政机关的行政行为或者其他单位和个人的行为而受到侵害，依照法律规定向有权受理的国家机关告诉并要求解决，予以补救，有关国家机关受理并作出具有法律效力的活动。

法律救济是指法律关系主体的合法权益受到侵犯并造成损害时，获得恢复和补救的法律制度。目前，法律救济的方式主要有：行政复议、行政诉讼、国家赔偿和民事诉讼。法律救济主要存在于行政法律关系中。因为行政管理主体与行政管理相对方的权利义务的不对等，为了保护"弱势"的行政管理相对方的合法权益不受到侵害，而设立法律救济制度机制，行政法律关系的法律救济是法律救济的主要组成部分。

（一）法律救济的特征

1. 受理机关法定

法律救济只能由法律授权的国家行政机关和人民法院受理并作出裁决。

2. 有严格的受理范围和审理程序

法律救济的受理范围和审理程序，由行政复议法、行政诉讼法、民事诉讼法和国家赔偿法分别作了明确规定，超出受理范围的有关机关将不予受理，违反法定程序则承担法律责任。

3. 有明确的申请和起诉期限

申请行政复议期限，为自知道具体行政行为之日起60日；提出行政诉讼的期限，为知道具体行政行为之日起3个月，或者自收到行政复议决定书之日起15日；提起国家赔偿要求，为国家机关及其工作人员行使职权的行为被依法确认为违法之日起2年；

提起民事诉讼的一般时效为2年。除法律另有规定外,逾期将丧失复议申请和起诉权。

4. 审理方式明确

行政复议原则上采取书面审理,特定情况下也采取调查取证、听取意见等方式审理;行政诉讼、民事诉讼一审采取开庭审理,二审视情况采取开庭审理或者书面审理。

5. 作出的决定具有法律效力

法律救济作出的决定具有法律效力,由国家强制力保证执行。不履行决定的,有关机关将依法强制执行。

(二) 税收法律救济

税收法律救济工作,属于税收征管全流程的末端,因数量少且偶发性强,而被税务部门和税务人员忽视。税收法律救济作为法律救济的具体内容之一,主要包括:税务行政复议、行政诉讼(税务)和税务行政赔偿。

什么是税收法律救济?

税收法律救济是国家为排除税务具体行政行为对税务行政相对人合法权益的侵害,通过解决税收争议,制止和矫正违法或不当的税收行政侵权行为,从而使税务行政相对人的合法权益获得补救的法律制度。具体表现为:

纳税人、扣缴义务人或者其他当事人在征纳税过程中与税务机关发生争议或者分歧时,可以依照法律规定申请行政复议,或者向人民法院提起行政诉讼。

税务机关和税务人员在征纳税过程中的职权行为侵犯纳税人、扣缴义务人或者其他当事人合法权益造成损害的,受害人可以依法取得赔偿。

税务法律救济工作由各级税务机关的政策法规部门负责,具体包括国家税务总局的政策法规司、省(自治区、直辖市和计划单列市)税务局的政策法规处和各地市及区县税务局的政策法规科等。

国家税务总局政策法规司的主要职责:起草税收法律法规草案、部门规章及规范性文件;研究提出税制改革建议;拟定税收业务的规章制度;研究、承办涉及世贸组织有关税收事项;承办重大税收案件的审理和行政处罚工作;承担机关有关规范性文件的合法性审核工作;承办税务行政复议、行政应诉工作。

政策法规处是主管税收法制工作的职能处室。其主要职责:负责本系统推进依法行政综合工作;依授权起草地方税收方面的地方性法规草案、政府规章草案;负责行政执法工作的指导和协调;承担行政复议、应诉的有关工作;承担机关行政规范性文件的合法性审核和有关备案工作;组织应对反补贴案件调查;组织协调重大税务案件审理和行政处罚。

(三) 某直辖市税务局法制处的具体职责

1. 认真贯彻执行法律、法规、规章以及上级机关规定,结合系统实际,制定、完善全系统法制工作制度,并负责监督检查相关制度落实情况。

2. 负责组织和协调全系统推进依法行政工作，研究制定推进依法行政工作相关制度，统筹建立规范、公开、监督、问责相统一的依法行政工作机制，收集、整理、编发推进依法行政工作的信息；按照依法行政考核指标的要求，检查、督导全系统依法行政工作开展情况。

3. 根据《中华人民共和国立法法》和市政府有关规定，组织协调制定地方税收立法计划；根据授权组织开展地方税收法规、政府规章草案的立项论证和起草报送工作。

4. 负责组织协调上级部门或其他相关部门起草的涉税法律、法规、规章、文件的征求意见工作。

5. 负责市局税收规范性文件合法性审核和备案工作；对区县局、分局税收规范性文件进行备案登记、审查监督。

6. 负责组织开展市局税收规范性文件的及时清理、定期清理和专项清理工作，部署、指导区县局、分局开展税收规范性文件清理工作。

7. 负责组织协调法制宣传工作。

8. 负责全系统税收相关工作的法律支持和服务，对市局其他部门以及区县局、分局提出的协办事项、疑难案件提出法律意见和建议。

9. 制定完善行政处罚相关制度、文书、程序；规范行政处罚裁量标准，指导各区县局、分局执行；梳理、公布全系统税收执法权力清单；定期向市政府报送行政处罚统计表。

10. 负责承办市局受理的行政复议案件和应诉的行政诉讼案件；制定全系统税收行政复议、行政诉讼有关制度；指导、协调、监督、检查全系统行政复议、行政诉讼工作；履行行政复议委员会办公室职责；负责承办案件的统计、分析、报告、备案等基础性工作。

11. 梳理全系统行政审批事项；加强对行政许可事项管理；制定行政审批后续管理办法，做好取消非许可类行政审批事项的后续相关工作。

12. 牵头组织清理税收规范性文件。

13. 定期向税务总局政策法规司报送税收政策执行反馈报告。

14. 负责为税务总局政策法规司开展综合性税收政策调研收集上报基础信息和资料。

15. 负责行政调解工作。

16. 依照法定职责，积极协助市局相关部门开展政府信息公开和信访等工作；负责组织应对反补贴案件调查工作。

17. 负责税收法规库的维护、更新和管理；组织协调《税收法规文件汇编》编辑和管理工作。

18. 负责税收法制的综合工作。制定相关业务培训计划并组织实施；汇总分析有关数据、报表；组织开展调查研究；编写、报送相关工作总结、计划、折子工程、信息和年鉴；负责对区县（分）局法制工作进行考核。

19. 指导区县局、分局开展行政执法工作。

（四）相关概念

税务行政复议，是纳税人、扣缴义务人、纳税担保人等税务行政管理相对人，认为税务机关作出的具体行政行为侵犯其合法权益，依法向税务行政复议机关提出申请，复议机关受理其申请，对该具体行政行为进行审查，并作出复议决定活动的总称。

行政诉讼（税务），是指公民、法人和其他组织认为税务机关的具体税务行政行为侵犯其合法权益，依法向人民法院提起诉讼，由人民法院对具体税务行政行为的合法性进行审查并作出裁决的活动。该活动是按照《中华人民共和国行政诉讼法》（以下简称《行政诉讼法》）规定的程序施行。

税务行政赔偿，是指税务机关和税务人员在行使职权时，违法侵犯了纳税人和其他税务当事人合法权益并造成损害的，由国家承担赔偿责任，并由税务机关具体履行义务的一项法律制度。

三、税收法律救济的特殊方式

一般情况下，税收法律救济方式只包括：税务行政复议、行政诉讼（税务）和国家赔偿，甲行家所著的税收法律救济范畴增加了"税务行政处罚的听证+纪检监察的信访"。税务行政处罚的听证是行政管理主体与行政管理相对方的双方当事人的质证，是为维护自身合法权益，向作出行政处罚的税务部门提出的补救措施；如果税务人员在依法征税过程中，存在索贿受贿等侵害纳税人或扣缴义务人的合法权益的行为时，纳税人或扣缴义务人还可以通过纪检监察的信访途径谋求解决。

（一）听证是维护自身权益的最先方式

听证程序是指国家机关作出决定之前，给利害关系人提供发表意见、提出证据的机会，是对特定事项进行质证、辩驳的程序，其实质是听取利害关系人的意见。

行政处罚的听证程序不是与行政处罚的简易程序和一般程序并列的独立、完整的程序，而只是一般程序中的一道环节，主要是对特定的行政处罚作出决定之前，在案件当事人和调查人员共同参加的情况下，由行政机关的专门人员主持听取当事人的申辩、质证和意见，以进一步查清事实和核实证据。行政处罚中设置听证程序，其目的在于保证行政处罚的合法性与公正性，确保当事人的合法权益不受侵犯，督促行政机关依法实施行政处罚。听证程序与复议、诉讼不同，复议与诉讼是一种事后监督程序，而听证程序是一种事先、事中监督程序，是实施具体行政行为的行政机关自我监督、自我改正程序。

（二）信访是维护自身权益的最后方式

信访，是指公民、法人或者其他组织采用书信、电子邮件、传真、电话、走访等形式，向各级人民政府，尤其是县级以上人民政府工作部门反映情况，提出建议、意见或者投诉请求，依法由有关行政机关处理的活动。

这是除法律以外的又一种解决问题的办法，是一种比较直接的利益被侵害的表达形式。信访工作原则：属地管理、分级负责，谁主管、谁负责，依法、及时、就地解决问题与疏导教育相结合。

四、相关概念

（一）行政执法

行政执法是指行政主体依照行政执法程序及有关法律、法规的规定，对具体事件进行处理并直接影响相对人权利与义务的具体行政法律行为，是国家行政机关在执行宪法、法律、行政法规或履行国际条约时所采取的具体办法和步骤，是为了保证行政法规的有效执行，而对特定的人和特定的事件所做的具体的行政行为。

（二）具体行政行为

具体行政行为是指国家行政机关和工作人员、法律法规授权的组织行政机关委托的组织、或者个人在行政管理活动中行使行政职权，针对特定的公民、法人或者其他组织，就特定的具体事项，作出的有关该公民、法人或者其他组织权利义务的单方行为。简而言之，即指行政机关行使行政权力，对特定的公民、法人和其他组织作出的有关其权利义务的单方行为。

（三）行政处罚

行政处罚是指行政主体依照法定职权和程序对违反行政法规范，尚未构成犯罪的相对人给予行政制裁的具体行政行为。行政处罚是典型的行政执法行为。

（四）纳税评估

纳税评估不属于上述任何具体行政行为的表现形式，不是具体行政行为，也不是行政执法行为。依据《国家税务总局关于〈印发纳税评估管理办法（试行）〉的通知》国税发〔2005〕43号相关规定：

"第二条 纳税评估是指税务机关运用数据信息对比分析的方法，对纳税人和扣缴义务人（以下简称纳税人）纳税申报（包括减免缓抵退税申请，下同）情况的真实性和准确性作出定性和定量的判断，并采取进一步征管措施的管理行为。

……

第二十二条 对纳税评估工作中发现的问题要作出评估分析报告，提出进一步加强征管工作的建议，并将评估工作内容、过程、证据、依据和结论等记入纳税评估工作底稿。纳税评估分析报告和纳税评估工作底稿是税务机关内部资料，不发纳税人，不作为行政复议和诉讼依据。"

纳税评估是管理行为，不是具体行政行为，纳税人不能提起行政复议和行政诉讼。详细内容请查阅《纳税评估理论与实务》（上下册，贾忠华著）的第三章第三节"纳税评估是管理行为"。

（五）行政复议前置

行政复议前置是指行政相对人对法律、法规规定的特定具体行政行为不服，在寻求法律救济途径时，应当先选择向行政复议机关申请行政复议，而不能直接向人民法院提起行政诉讼；如果经过行政复议之后行政相对人对复议决定仍有不同意见的，才可以向人民法院提起行政诉讼。

（六）税务行政复议前置制度

纳税人、扣缴义务人、纳税担保人同税务机关在纳税上发生争议寻求法律救济时，应先申请行政复议，对行政复议决定不服的，才能依法向人民法院提起行政诉讼。而且，申请行政复议，必须先依照税务机关的纳税决定缴纳或者解缴税款及滞纳金或者提供相应的纳税担保。

（七）行政诉讼

行政诉讼是指人民法院处理行政纠纷、解决行政争议的法律制度，与刑事诉讼、民事诉讼一起，共同构成完整的诉讼制度。具体来讲，行政诉讼是指公民、法人和其他组织认为行政机关及其工作人员的具体行政行为侵犯其合法权益，依照行政诉讼法向人民法院提起诉讼，由人民法院进行审理并作出裁决的诉讼制度和诉讼活动。

税务行政诉讼作为行政诉讼的一个重要组成部分，必须遵循《行政诉讼法》所确立的基本原则和普遍程序。若下一个较严格的定义，称之为行政诉讼（税务）更确切些。

第二节 纳税人的权利和义务

在行政法律关系中，行政管理主体与行政管理相对方的权利与义务是不对等的，这是客观的，也将是长期存在的。因此，才有法律救济——行政复议、行政诉讼和国家行政赔偿。

在税收行政法律关系中，无论是纳税人的权利与税务机关的义务，还是纳税人的义务与税务机关的权利，都是不对等的。纳税人和扣缴义务人的权利是十四项，义务是十项；然而，税务机关的权利是二十一项，义务是十项。相对于税务机关，纳税人和扣缴义务人处于"弱势"是客观的，更是必然的。

税收管理的具体内容包括税收法制管理、税收征收管理、税收计划管理、税务行政管理。其中，税收征收管理是一种执行性管理，是指税法制定之后，税务机关组织、计划、协调、指挥税务人员，将税法具体实施的过程。具体包括税务登记、纳税申报、税款征收、减税免税及退税、税收票证管理、纳税检查和税务稽查、纳税档案资料管理等。

在国家税务总局的《关于纳税人权利与义务的公告》（总局公告 2009 年第 1 号）中，为便于纳税人或扣缴义务人全面了解其在纳税过程中所享有的权利和应尽的义务，帮助纳税人或扣缴义务人及时、准确地完成纳税事宜，促进纳税人或扣缴义务人与税务机关或税务人员在税收征纳过程中的合作，根据《中华人民共和国税收征收管理法》（本书以下简称《税收征收管理法》或《税收征管法》）及其实施细则和相关税收法律、行政法规的规定，列举了纳税人（扣缴义务人）在履行纳税义务过程中的十四项权利和十项义务。

一、纳税人的权利及主要内容

（一）纳税人的十四项权利

依照我国的宪法、税收法律和行政法规的规定，纳税人（扣缴义务人）在履行纳税义务过程中，依法享有下列十四项权利。

1. 知情权

有权向税务部门或税务人员了解国家税收法律、行政法规的规定以及与纳税程序有关的情况。

2. 保密权

有权要求税务人员为纳税人或扣缴义务人的情况保密。但根据法律规定，税收违法行为信息不属于保密范围。

3. 税收监督权

对税务人员违反税收法律、行政法规的行为，可以进行检举和控告。同时，对其他纳税人的税收违法行为也有权进行检举。

4. 纳税申报方式选择权

可以直接到办税服务厅办理纳税申报或者报送代扣代缴、代收代缴税款报告表，也可以按照规定采取邮寄、数据电文或者其他方式办理。数据电文方式是指税务部门确定的电话语音、电子数据交换和网络传输等电子方式。

5. 申请延期申报权

如不能按期办理纳税申报或者报送代扣代缴、代收代缴税款报告表，应当在规定的期限内向税务部门提出书面延期申请，经核准，可在核准的期限内办理。

6. 申请延期缴纳税款权

因有特殊困难,不能按期缴纳税款的,经省、自治区、直辖市税务局批准,可以延期缴纳税款,但是最长不得超过三个月。

7. 申请退还多缴税款权

对超过应纳税额缴纳的税款,税务部门发现后,将自发现之日起 10 日内办理退还手续;如纳税人或扣缴义务人自结算缴纳税款之日起三年内发现的,可以向税务部门要求退还多缴的税款并加算银行同期存款利息。

8. 依法享受税收优惠权

可以依照法律、行政法规的规定书面申请减税、免税。如享受的税收优惠需要备案的,应当按照税收法律、行政法规和有关政策规定,及时办理事前或事后备案。

9. 委托税务代理权

有权委托税务代理人代为办理。

10. 陈述与申辩权

对税务部门作出的决定,享有陈述权、申辩权,且不会因纳税人或扣缴义务人的申辩而加重处罚。

11. 对未出示税务检查证和税务检查通知书的拒绝检查权

对未出示税务检查证和税务检查通知书的,纳税人或扣缴义务人有权拒绝检查。

12. 税收法律救济权

对税务部门作出的决定,依法享有申请行政复议、提起行政诉讼、请求国家赔偿等权利。

在纳税上发生争议时,必须先依照税务部门的纳税决定缴纳或者解缴税款及滞纳金或者提供相应的担保,然后可以依法申请行政复议;对行政复议决定不服的,可以依法向人民法院起诉。如对税务处罚决定、强制执行措施或者税收保全措施不服的,可以依法申请行政复议,也可以依法向人民法院起诉。

13. 依法要求听证的权利

对作出规定金额以上罚款的行政处罚之前,税务部门会向纳税人或扣缴义务人送达《税务行政处罚事项告知书》,告知纳税人或扣缴义务人已经查明的违法事实、证据、行政处罚的法律依据和拟将给予的行政处罚。

14. 索取有关税收凭证的权利

税务部门及工作人员征收税款时,必须给纳税人或扣缴义务人开具完税凭证。扣缴义务人代扣、代收税款时,纳税人要求扣缴义务人开具代扣、代收税款凭证时,扣缴义务人应当开具。

税务部门扣押商品、货物或者其他财产时,必须开付收据;查封商品、货物或者其他财产时,必须开付清单。

（二）纳税人权利的主要内容

1. 知情权

纳税人或扣缴义务人有权向税务部门或税务人员了解国家税收法律、行政法规的规定以及与纳税程序有关的情况，主要包括：现行税收法律、行政法规和税收政策规定；办理税收事项的时间、方式、步骤以及需要提交的资料；应纳税额核定及其他税务行政处理决定的法律依据、事实依据和计算方法；与税务部门或税务人员在纳税、处罚和采取强制执行措施时发生争议或纠纷时，纳税人或扣缴义务人可以采取的法律救济途径及需要满足的条件。

2. 保密权

纳税人或扣缴义务人有权要求税务人员为纳税人或扣缴义务人的情况保密。税务人员将依法为纳税人或扣缴义务人的商业秘密和个人隐私保密，主要包括纳税人或扣缴义务人的技术信息、经营信息和纳税人或扣缴义务人、主要投资人以及经营者不愿公开的个人事项。上述事项，如无法律、行政法规明确规定或者纳税人或扣缴义务人的许可，税务人员将不会对外部门、社会公众和其他个人提供。但根据法律规定，税收违法行为信息不属于保密范围。

3. 税收监督权

纳税人或扣缴义务人对税务部门或税务人员违反税收法律、行政法规的行为，比如税务人员索贿受贿、徇私舞弊、玩忽职守，不征或者少征应征税款，滥用职权多征税款或者故意刁难等，可以进行检举和控告。同时，纳税人或扣缴义务人对其他纳税人的税收违法行为也有权进行检举。

4. 纳税申报方式选择权

纳税人或扣缴义务人可以直接到办税服务厅办理纳税申报或者报送代扣代缴、代收代缴税款报告表，也可以按照规定采取邮寄、数据电文或者其他方式办理。但采取邮寄或数据电文方式办理上述申报、报送事项的，需经纳税人或扣缴义务人的主管税务部门批准。

纳税人或扣缴义务人如采取邮寄方式办理纳税申报，应当使用统一的纳税申报专用信封，并以邮政部门收据作为申报凭据。邮寄申报以寄出的邮戳日期为实际申报日期。

纳税人或扣缴义务人如采用电子方式办理纳税申报，应当按照税务部门或税务人员规定的期限和要求保存有关资料，并定期书面报送给税务部门或税务人员。

5. 申请延期申报权

纳税人或扣缴义务人如不能按期办理纳税申报或者报送代扣代缴、代收代缴税款报告表，应当在规定的期限内向税务部门或税务人员提出书面延期申请，经核准，可在核准的期限内办理。经核准延期办理申报、报送事项的，应当在税法规定的纳税期内按照上期实际缴纳的税额或者税务部门或税务人员核定的税额预缴税款，并在核准的延期内办理税款结算。

6. 申请延期缴纳税款权

如果纳税人或扣缴义务人因有特殊困难，不能按期缴纳税款的，经省、自治区、直辖市税务局批准，可以延期缴纳税款，但是最长不得超过三个月。计划单列市税务局可以参照省级税务机关的批准权限，审批纳税人或扣缴义务人的延期缴纳税款申请。

纳税人或扣缴义务人满足以下任何一个条件，均可以申请延期缴纳税款：一是因不可抗力，导致纳税人或扣缴义务人发生较大损失，正常生产经营活动受到较大影响的；二是当期货币资金在扣除应付职工工资、社会保险费后，不足以缴纳税款的。

7. 申请退还多缴税款权

对纳税人或扣缴义务人超过应纳税额缴纳的税款，税务人员发现后，将自发现之日起10日内办理退还手续；如果纳税人或扣缴义务人自结算缴纳税款之日起三年内发现的，可以向税务部门或税务人员要求退还多缴的税款并加算银行同期存款利息。税务部门将自接到纳税人或扣缴义务人退还申请之日起30日内查实并办理退还手续，涉及从国库中退库的，依照法律、行政法规有关国库管理的规定退还。

8. 依法享受税收优惠权

纳税人或扣缴义务人可以依照法律、行政法规的规定书面申请减税、免税。减税、免税的申请须经法律、行政法规规定的减税、免税审查批准部门审批。减税、免税期满，应当自期满次日起恢复纳税。减税、免税条件发生变化的，应当自发生变化之日起15日内向税务部门或税务人员报告；不再符合减税、免税条件的，应当依法履行纳税义务。

比如纳税人或扣缴义务人享受的税收优惠需要备案的，应当按照税收法律、行政法规和有关政策规定，及时办理事前或事后备案。

9. 委托税务代理权

纳税人或扣缴义务人有权就以下事项委托税务代理人代为办理：办理、变更或者注销税务登记、除增值税专用发票外的发票领购手续、纳税申报或扣缴税款报告、税款缴纳和申请退税、制作涉税文书、审查纳税情况、建账建制、办理财务、税务咨询、申请税务行政复议、提起税务行政诉讼以及国家税务总局规定的其他业务。

10. 陈述与申辩权

纳税人或扣缴义务人对税务部门作出的决定，享有陈述权、申辩权。如果纳税人或扣缴义务人有充分的证据证明自己的行为合法，税务部门就不得对纳税人或扣缴义务人实施行政处罚；即使纳税人或扣缴义务人的陈述或申辩不充分合理，税务部门或税务人员也会向纳税人或扣缴义务人解释实施行政处罚的原因。税务部门不会因纳税人或扣缴义务人的申辩而加重处罚。

11. 对未出示税务检查证和税务检查通知书的拒绝检查权

税务部门派出的人员进行税务检查时,应当向纳税人或扣缴义务人出示税务检查证和税务检查通知书;对未出示税务检查证和税务检查通知书的,纳税人或扣缴义务人有权拒绝检查。实施具体行政行为是否合法的必要条件是实施机构合法、实施人员合法和实施程序合法,出示税务检查证是实施人员合法的证明,出示税务检查通知书是机构合法和程序合法的证明。

12. 税收法律救济权

纳税人或扣缴义务人对税务部门作出的决定,依法享有申请行政复议、提起行政诉讼、请求国家赔偿等权利。

纳税人或扣缴义务人、纳税担保人同税务部门或税务人员在纳税上发生争议时,必须先依照税务部门或税务人员的纳税决定缴纳或者解缴税款及滞纳金或者提供相应的担保,然后可以依法申请行政复议;对行政复议决定不服的,可以依法向人民法院起诉。比如纳税人或扣缴义务人对税务部门或税务人员的处罚决定、强制执行措施或税收保全措施不服的,可以依法申请行政复议,也可依法向人民法院起诉。

当税务部门或税务人员的职务违法行为给纳税人或扣缴义务人和其他税务当事人的合法权益造成侵害时,纳税人或扣缴义务人和其他税务当事人可以要求税务行政赔偿。主要包括:一是纳税人或扣缴义务人在限期内已缴纳税款,税务部门或税务人员未立即解除税收保全措施,使纳税人或扣缴义务人的合法权益遭受损失的;二是税务部门或税务人员滥用职权违法采取税收保全措施、强制执行措施或者采取税收保全措施、强制执行措施不当,使纳税人或扣缴义务人、纳税担保人的合法权益遭受损失的。

13. 依法要求听证的权利

对纳税人或扣缴义务人作出规定金额以上罚款的行政处罚之前,税务部门或税务人员会向纳税人或扣缴义务人送达《税务行政处罚事项告知书》,告知纳税人或扣缴义务人已经查明的违法事实、证据、行政处罚的法律依据和拟将给予的行政处罚。对此,纳税人或扣缴义务人有权要求举行听证。税务部门将应纳税人或扣缴义务人的要求组织听证。比如纳税人或扣缴义务人认为税务部门指定的听证主持人与本案有直接利害关系,纳税人或扣缴义务人有权申请主持人回避。

对应当进行听证的案件,税务部门不组织听证,行政处罚决定不能成立。但纳税人或扣缴义务人放弃听证权利或者被正当取消听证权利的除外。

14. 索取有关税收凭证的权利

税务部门或税务人员征收税款时,必须给纳税人或扣缴义务人开具完税凭证。扣缴义务人代扣、代收税款时,纳税人要求扣缴义务人开具代扣、代收税款凭证时,扣缴义务人应当开具。税务部门扣押商品、货物或者其他财产时,必须开付收据;查封商品、货物或者其他财产时,必须开付清单。

二、纳税人的义务及主要内容

（一）纳税人的十项义务

依照宪法、税收法律和行政法规的规定，纳税人（扣缴义务人）在履行纳税义务过程中负有以下十项义务。

1. 依法进行税务登记的义务

税务登记主要包括领取营业执照后的设立登记、税务登记内容发生变化后的变更登记、依法申请停业、复业登记、依法终止纳税义务的注销登记等。

2. 依法设置账簿、保管账簿和有关资料，以及依法开具、使用、取得和保管发票的义务

3. 财务会计制度和会计核算软件备案的义务

财务、会计制度或者财务会计处理办法和会计核算软件，应当报送税务部门备案。

4. 按照规定安装、使用税控装置的义务

应当按照规定安装、使用税控装置，不得损毁或者擅自改动税控装置。

5. 按时、如实申报的义务

必须依照法律、行政法规规定或者税务部门依照法律、行政法规的规定确定的申报期限、申报内容如实办理纳税申报，报送纳税申报表、财务会计报表以及税务部门根据实际需要要求纳税人或扣缴义务人报送的其他纳税资料。即使在纳税期内没有应纳税款，也应当按照规定办理纳税申报。

6. 按时缴纳税款的义务

应当按照法律、行政法规规定或者税务部门或税务人员依照法律、行政法规的规定确定的期限，缴纳或者解缴税款。未按照规定期限缴纳税款或者未按照规定期限解缴税款的，税务部门或税务人员除责令限期缴纳外，从滞纳税款之日起，按日加收滞纳税款万分之五的滞纳金。

7. 代扣、代收税款的义务

按照法律、行政法规规定负有代扣代缴、代收代缴税款义务，必须依照法律、行政法规的规定履行代扣、代收税款的义务。

8. 接受依法检查的义务

有接受税务部门依法进行税务检查的义务，应主动配合税务部门按法定程序进行的税务检查。

9. 及时提供信息的义务

除通过税务登记和纳税申报向税务部门提供与纳税有关的信息外，还应及时提供其他信息。

10. 报告其他涉税信息的义务

为了保障国家税收能够及时、足额征收入库，税收法律还规定了纳税人或扣缴义务人有义务向税务部门报告如下涉税信息：

（1）就纳税人或扣缴义务人与关联企业之间的业务往来，向当地税务部门提供有关的价格、费用标准等资料。

（2）企业合并、分立的报告义务。

（3）报告全部账号的义务。

（4）处分大额财产报告的义务。

（二）纳税人义务的主要内容

依照宪法、税收法律和行政法规的规定，纳税人或扣缴义务人在纳税过程中负有以下具体的义务：

1. 依法进行税务登记的义务

纳税人或扣缴义务人应当自领取营业执照之日起30日内，持有关证件，向税务部门申报办理税务登记。税务登记主要包括领取营业执照后的设立登记、税务登记内容发生变化后的变更登记、依法申请停业、复业登记、依法终止纳税义务的注销登记等。

在各类税务登记管理中，纳税人或扣缴义务人应该根据税务部门的规定分别提交相关资料，及时办理。同时，纳税人或扣缴义务人应当按照税务部门或税务人员的规定使用税务登记证件。税务登记证件不得转借、涂改、损毁、买卖或者伪造。

2. 依法设置账簿、保管账簿和有关资料以及依法开具、使用、取得和保管发票的义务

纳税人或扣缴义务人应当按照有关法律、行政法规和国务院财政、税务主管部门的规定设置账簿，根据合法、有效凭证记账，进行核算；从事生产、经营的，必须按照国务院财政、税务主管部门规定的保管期限保管账簿、记账凭证、完税凭证及其他有关资料；账簿、记账凭证、完税凭证及其他有关资料不得伪造、变造或者擅自损毁。

此外，纳税人或扣缴义务人在购销商品、提供或者接受经营服务以及从事其他经营活动中，应当依法开具、使用、取得和保管发票。

3. 财务会计制度和会计核算软件备案的义务

纳税人或扣缴义务人使用的财务、会计制度或者财务、会计处理办法和会计核算软件，应当报送税务部门备案。纳税人或扣缴义务人的财务、会计制度或者财务、会计处理办法与国务院或者国务院财政、税务主管部门有关税收的规定抵触的，应依照国务院或者国务院财政、税务主管部门有关税收的规定计算应纳税款、代扣代缴和代收代缴税款。

4. 按照规定安装、使用税控装置的义务

国家根据税收征收管理的需要，积极推广使用税控装置。纳税人或扣缴义务人应当按照规定安装、使用税控装置，不得损毁或者擅自改动税控装置。如纳税人或扣缴

义务人未按规定安装、使用税控装置，或者损毁或者擅自改动税控装置的，税务部门或税务人员将责令纳税人或扣缴义务人限期改正，并可根据情节轻重处以规定数额内的罚款。

5. 按时、如实申报的义务

纳税人或扣缴义务人必须依照法律、行政法规规定或者税务部门依照法律、行政法规的规定确定的申报期限、申报内容如实办理纳税申报，报送纳税申报表、财务会计报表以及税务部门或税务人员根据实际需要要求纳税人或扣缴义务人报送的其他纳税资料。

作为扣缴义务人，纳税人或扣缴义务人必须依照法律、行政法规规定或者税务部门或税务人员依照法律、行政法规的规定确定的申报期限、申报内容如实报送代扣代缴、代收代缴税款报告表以及税务部门或税务人员根据实际需要要求纳税人或扣缴义务人报送的其他有关资料。

纳税人或扣缴义务人即使在纳税期内没有应纳税款，也应当按照规定办理纳税申报。享受减税、免税待遇的，在减税、免税期间应当按照规定办理纳税申报。

6. 按时缴纳税款的义务

纳税人或扣缴义务人应当按照法律、行政法规规定或者税务部门或税务人员依照法律、行政法规的规定确定的期限，缴纳或者解缴税款。未按照规定期限缴纳税款或者未按照规定期限解缴税款的，税务部门或税务人员除责令限期缴纳外，从滞纳税款之日起，按日加收滞纳税款万分之五的滞纳金。

7. 代扣、代收税款的义务

比如纳税人或扣缴义务人按照法律、行政法规规定负有代扣代缴、代收代缴税款义务，必须依照法律、行政法规的规定履行代扣、代收税款的义务。纳税人或扣缴义务人依法履行代扣、代收税款义务时，纳税人不得拒绝。纳税人拒绝的，纳税人或扣缴义务人应当及时报告税务部门处理。

8. 接受依法检查的义务

纳税人或扣缴义务人有接受税务部门或税务人员依法进行税务检查的义务，应主动配合税务部门或税务人员按法定程序进行的税务检查，如实地向税务部门或税务人员反映自己的生产经营情况和执行财务制度的情况，并按有关规定提供报表和资料，不得隐瞒和弄虚作假，不能阻挠、刁难税务人员的检查和监督。

9. 及时提供信息的义务

纳税人或扣缴义务人除通过税务登记和纳税申报向税务部门或税务人员提供与纳税有关的信息外，还应及时提供其他信息。如纳税人或扣缴义务人有歇业、经营情况变化、遭受各种灾害等特殊情况的，应及时向税务部门或税务人员说明，以便税务部门或税务人员依法妥善处理。

10. 报告其他涉税信息的义务

为了保障国家税收能够及时、足额征收入库，税收法律还规定了纳税人或扣缴义务人有义务向税务部门或税务人员报告如下涉税信息：

（1）纳税人或扣缴义务人有义务就纳税人或扣缴义务人与关联企业之间的业务往来，向当地税务部门提供有关的价格、费用标准等资料。纳税人或扣缴义务人有欠税情形而以财产设定抵押、质押的，应当向抵押权人、质权人说明纳税人或扣缴义务人的欠税情况。

（2）企业合并、分立的报告义务。纳税人或扣缴义务人有合并、分立情形的，应当向税务部门或税务人员报告，并依法缴清税款。合并时未缴清税款的，应当由合并后的纳税人继续履行未履行的纳税义务；分立时未缴清税款的，分立后的纳税人对未履行的纳税义务应当承担连带责任。

（3）报告全部账号的义务。比如纳税人或扣缴义务人从事生产、经营，应当按照国家有关规定，持税务登记证件，在银行或者其他金融机构开立基本存款账户和其他存款账户，并自开立基本存款账户或者其他存款账户之日起15日内，向纳税人或扣缴义务人的主管税务部门书面报告全部账号；发生变化的，应当自变化之日起15日内，向纳税人或扣缴义务人的主管税务部门书面报告。

（4）处分大额财产报告的义务。比如纳税人或扣缴义务人的欠缴税款数额在5万元以上，纳税人或扣缴义务人在处分不动产或者大额资产之前，应当向税务部门报告。

三、税务机关的主要权力

根据《中华人民共和国税收征收管理法》（以下简称《税收征收管理法》）及其实施细则和相关税收法律、行政法规的规定，税务机关的权力主要包括二十一项：（一）税务管理权4项，（二）征收管理权7项，（三）强制执行权3项，（四）税务行政处罚权7项。其中，征收管理权中的税务稽查检查权又细分为十一项权利。关于"税务稽查检查权"的详细内容将在本书"第二章第四节"中阐述。

（一）税务管理权

1. 税务登记管理权
2. 账簿、凭证管理权
3. 纳税申报管理权
4. 发票管理权

（二）征收管理权

1. 税款征收权
2. 税务检查权
3. 应纳税额的核定权

4. 责令限期纳税权

5. 税款追征和加收滞纳金权

6. 责令提供纳税担保权

7. 责令提交纳税保证金权

(三) 强制执行权

1. 实施查封、扣押财产权

2. 实施税收保全措施权

3. 实施强制执行措施权

(四) 税务行政处罚权

1. 对违反税务管理行为的处罚

2. 对违反发票管理行为的处罚

3. 对偷（逃）税行为的处罚

4. 对抗税行为的处罚

5. 对逃避追缴欠税行为的处罚

6. 对骗取出口退税款的处罚

7. 对税务代理人违法行为的处罚

(五) 举例说明

1. 税款征收权

税款征收权是税务部门依据税收征收管理法在实施税款征收过程中的权力，是税务部门最基本的权力。税款征收是征税部门依法将纳税人应纳税款通过不同的方式征集收缴入库的执法过程。税款征收权包括税款核定权、减免税的批准权、采取税收保全措施的权力、实行税收强制措施的权力以及追征税款的权力等。

2. 应纳税额的核定权

税务部门有权核定纳税人以下情形的应纳税额：

纳税人依照规定可以不设置账簿的；应当设置但未设置账簿的；虽设置账簿，但账目混乱或者成本资料、收入凭证、费用凭证残缺不全，难以查账的；发生纳税义务，未按照规定期限办理纳税申报，经税务部门责令申报，逾期仍不申报的；纳税人申报的计税依据明显偏低，又无正当理由的。

3. 实施强制执行措施权

从事生产、经营的纳税人、扣缴义务人未按照规定的期限缴纳或者解缴税款，纳税担保人未按照规定的期限缴纳所担保的税款，由税务部门责令限期缴纳，逾期仍未缴纳的，经县以上税务局（分局）局长批准，税务部门可以书面通知其开户银行或者其他金融机构从其存款中扣缴税款；扣押、查封、拍卖或者变卖其价值相当于应纳税款的商品、货物或者其他财产,以拍卖或者变卖所得抵缴税款。

税务部门采取强制执行措施时,对上述所列纳税人、扣缴义务人、纳税担保人未缴纳的滞纳金同时强制执行。

4. 发票管理权

税务部门对生产经营单位和个人在经营活动中所开具的商品销售和营业收入凭证进行的管理。

5. 税务检查权

税务检查权是税务部门依据《税收征收管理法》在实施税务检查过程中的权力。税务检查权包括对纳税人的账簿、凭证、报表和有关资料的税务检查权;对纳税人的生产、经营场所和货物存放地的应纳税商品、货物或者其他财产的税务检查权;到车站、码头、机场、邮政企业及其分支机构对纳税人托运、邮寄应纳税商品、货物或者其他财产的有关单据、凭证和有关资料的税务检查权,依法享有对纳税人存款账户的检查权。同时,税务部门在进行税务检查时,享有采取税收保全措施和税收强制措施的权力。

四、税务局的主要义务

1. 宣传、贯彻、执行税收法规,辅导纳税人依法纳税的义务。

2. 保密的义务

纳税人的秘密体现纳税人的利益,税务部门在基于法律授权而合法地知悉此种秘密的情况下,负有为纳税人保密、不予泄露的义务。《税收征收管理法》第八条第二款规定、第五十四条第六项、第五十九条做出相应的规定,保密的事项范围一般认为应包括两个方面,一是纳税人的商业秘密,包括纳税人的账簿、记账凭证、报表、生产经营情况、客户往来资料、在银行的存款等;二是纳税人的个人隐私,是纳税人为维护其人身利益和财产利益而不愿为外界所知悉的情况。税务部门应对其所了解的个人隐私保密,这是对纳税人个人权利的尊重和保护。

3. 为纳税人办理税务登记、发给税务登记证件的义务。

4. 受理减、免、退税及延期缴纳税款申请的义务。

5. 受理税务行政复议的义务。

6. 举行听证的义务。

7. 受理行政赔偿申请的义务。

8. 保护纳税人合法权益的义务。

9. 国家规定的其他义务。

征纳双方是不该出现对立的,所以用"知己知彼,百战不殆"是不合适的。但是,纳税人或扣缴义务人、广大的办税人员、税务(会计)事务所的执业人员以及律师，大家都应该清楚征纳双方各自的权利和义务，知晓税务机关的机构设置、职责分工、工作流程和税收法律救济等内容。税务行政处罚的听证、税务行政复议、行政诉讼和国家行政赔偿，或者信访，是纳税人或扣缴义务人维护自身合法权益的权利。

因此，守法经营、诚信纳税、法律救济，任重道远。

第三节 具体行政行为

最初，本节定的题目是"行政执法行为"，因税收法律救济是由具体行政行为引发的，行政执法行为还是和具体行政行为略有不同，故用现在的节题。本节重点阐述行政机关的工作职责中的不同行政行为，例如税务局对纳税人或扣缴义务人做出的行政指导、行政管理、纳税服务、抽象行政行为和具体行政行为（含行政执法）。当税务部门或税务人员对纳税人（扣缴义务人）做出的具体行政行为对其合法权益造成侵害时，纳税人（扣缴义务人）可以通过税收法律救济途径来维护其自身权益。

行政管理是运用国家权力对社会事务的一种管理活动。行政管理具有阶级性、社会性、服务性、权威性、法制性和系统性。执法，亦称法律执行，是指国家行政机关依照法定职权和法定程序，行使行政管理职权、履行职责、贯彻和实施法律的活动。

在日常生活中，广义的执法或法的执行是指国家行政机关、司法机关及其公职人员依照法定程序实施法律的活动。狭义的执法是指法的执行，国家行政机关和法律授权、委托的组织及其公职人员，在行使行政管理权的过程中，依照法定的职权和程序贯彻实施法律的活动。相关内容请查阅《纳税评估理论与实务》（贾忠华 著）上册的第一章第七节"行政管理与行政执法"。

一、相关概念

行政管理，也称政务或公务管理，是为了贯彻执行国家的方针政策推行行政命令或管理公务的方法、技术、程序和规范，以最佳手段获取最大效果。即：运用行政学的管理、原则和系统的知识去处理国家行政机关的政务或公务。

具体行政行为是指国家行政机关和行政机关工作人员、法律法规授权的组织、行政机关委托的组织，或者个人在行政管理活动中行使行政职权，针对特定的公民、法人或者其他组织，就特定的具体事项，作出的有关该公民、法人或者其他组织权利义务的单方行为。简而言之，即指行政机关行使行政权力，对特定的公民、法人和其他组织作出的有关其权利义务的单方行为。具体行政行为的表现形式包括：行政命令、行政征收、行政许可、行政确认、行政监督检查、行政处罚、行政强制、行政给付、行政奖励、行政裁决、行政合同、行政赔偿等。

行政执法是指行政主体依照行政执法程序及有关法律、法规的规定，对具体事件进行处理并直接影响相对人权利与义务的具体行政法律行为，是国家行政机关在执行宪法、法律、行政法规或履行国际条约时所采取的具体办法和步骤，是为了保证行政法规的有效执行，而对特定的人和特定的事件所做的具体的行政行为。根据不同的标准，行政执法主要可以分为：抽象执法和具体执法、羁束性执法和自由裁量性执法、依职权的执法和依申请的执法、强制性执法和非强制性执法。

税收是国家凭借其政治权力取得财政收入、进行国民收入分配和再分配的一种主要形式。税收的产生来自满足社会公共需求的需要，即为社会提供公共物品和公共服务。税收来自纳税人的收入和所得，并用于国家为纳税人提供的公共服务。

纳税服务是政府和社会组织根据税收法律、行政法规的规定，在纳税人依法履行纳税义务和行使权利的过程中，为纳税人提供的热情、周到、及时、规范、全面、便捷、经济的各项服务措施的总称，也是国家的法定职责和应尽义务。纳税服务的本质是提高效率降低成本，税务部门和税务人员应当想方设法让纳税人知晓税收法律法规，为纳税人提供方便快捷的服务，同时注重尽量减少纳税人为履行纳税义务所负担的成本（包括时间和金钱）。

税务稽查是税务部门依据税收法律、法规，利用特定手段，对纳税义务人、扣缴义务人和其他税务当事人履行纳税义务、扣缴义务及税法规定的其他义务等情况进行检查和处理工作的行政执法行为。税务稽查的基本任务：根据国家税收法律、法规、查处税收违法行为，保障税收收入，维护税收秩序，促进依法纳税，保证税法的实施。税务稽查的分类：日常稽查、专项稽查和专案稽查。

税务稽查是税务稽查，不是税务日常检查。税务检查＝税务稽查＋日常检查。

行政处罚是指行政主体依照法定职权和程序对违反行政法规范，尚未构成犯罪的相对人给予行政制裁的具体行政行为。行政处罚是典型的行政执法行为，实施行政处罚的主体是作为行政主体的行政机关和法律法规授权的组织；行政处罚的对象是实施了违反行政法律规范行为的公民、法人或其他组织；行政处罚的性质是一种以惩戒违法为目的、具有制裁性的具体行政行为。

税务局实施的行政处罚是税务行政处罚，是具体行政行为，是行政执法行为。

二、具体行政行为

具体行政行为的主体要素，是行政机关实施的行为；成立要素，是行使行政权力所为的单方行为；主要特征，确定是法律行为。具体行政行为是受行政复议和行政诉讼监督或救济的，不仅属于法院对行政机关的监督范围，也是涉及对行政管理相对人合法权益的保护。如果不服从，该行为可以强制执行或者申请人民法院强制执行。

(一) 构成具体行政行为的要素

1. 主体要素

具体行政行为的实施主体是行政机关。不是行政机关实施的行为，一般不是行政行为。但是，由法律、法规授权的组织或者行政机关委托的组织实施的行为，也可能是行政行为。

2. 成立要素

具体行政行为是行政机关行使行政权力对行政管理相对方所为的单方行为。即该行为无须对方同意，仅行政机关单方即可决定，且决定后即发生法律效力，对方负有服从的义务，如果不服从，作出该行为的行政机关可以强制执行或者申请人民法院强制执行。

3. 对象要素

行政管理相对方是对特定的公民、法人或者其他组织作出的，"特定"是指具体的某公民或某组织。没有具体的行政管理相对方的行政行为，是抽象行政行为，不是具体行政行为。

4. 内容要素

具体行政行为是作出有关特定公民、法人或者其他组织的权利义务的行为。比如专利局将某项发明的专利证书授予了甲企业，该企业即获得了该项发明的专利权。

因此，具体行政行为是法律行为；是对特定人与特定事项的处理行为；是单方行政职权行为；是外部性处理行为；是受行政复议和行政诉讼监督的行为。

(二) 主要具体行政行为的分类

1. 按行为性质划分，可分为：

(1) 设定权利或者义务的行为

包括赋予权利能力和行为能力的行为，比如颁发营业执照；设定某一权利或义务的行为，比如对公民甲发放房屋产权证书。

(2) 剥夺、限制权利或撤销义务的行为

对公民、组织已有的能力或权利，行政机关可以剥夺，比如吊销某企业的营业执照；也可以限制，比如海关扣留某走私嫌疑人，是限制其人身权利，扣留他的进出境物品，是限制其行使财产权利；卫生局责令某企业停产整顿，是限制其经营权利。对公民、组织应承担的义务，行政机关可以撤销，比如北京市政府因某企业确有困难，根据其申请决定免除其应缴纳的2020年上半年的房产税777万元。

(3) 变更权利或义务的行为

对公民、组织已有的权利或已经承担的义务，行政机关可以变更，比如税务局根据某企业的申请减少了其应缴纳的税款。

(4) 不行为，或称不作为

行政机关对于自己应当履行的职权不履行，称不行为或不作为。不作为不是否定行为，否定行为是已经作为了，比如公民甲申请营业执照，某市场监督管理局决定驳回，不予批准，这是否定行为。如果该工商局不予答复，不作决定，这是不作为。

行政机关的不行为也是一种具体行政行为。

2. 按行政机关是否以当事人的申请作为开始具体行政行为的条件划分：

（1）依职权主动实施的行政行为，无须向对方请求，比如行政处罚（主动的行政行为）。

（2）必须以相对人的申请为前提的依申请行政行为，比如市场管理部门颁发营业执照（被动的行政行为）。

3. 按具体行政行为受法律约束的程度划分：

（1）羁束的具体行政行为，受法律、法规严格的约束，只能依照法律、法规的规定执行，毫无裁量的余地（比如税务局征税，不能自由创设税种）。

（2）自由裁量的具体行政行为，行政机关在法律法规规定一个幅度做出决定。

4. 按行政行为是否要具有法定的形式和程序分为：

要式行政行为和非要式行政行为，具体行政行为原则上都是要式，不符合法定程序和形式的，是违法行为，要撤销。但是，情况紧急，来不及经过必要的程序，比如消防队为救火拆掉一个障碍房子。

（三）具体行政行为的效力

1. 公定力：具体行政行为一旦作出，假定该行为合法；具体行政行为不因复议或诉讼而停止执行。

2. 确定力：具体行政行为一旦作出，不得随意更改；已确定的行政决定，公民无权自行变更；已确定的行政执法行为，非经法定程序行政机关不得随意改变。

3. 拘束力：具体行政行为生效后，必须按照已经确定的内容实施行为——相对人必须遵守和实际履行行政行为规定的义务。

4. 执行力：国家强制当事人实施具体行政行为所要求的义务。

三、合法要件

具体行政行为是否合法是前提，只有合法才能有效。通常情况是"三合法"即合法，机构合法、人员合法和程序合法。严格地讲，必须同时满足以下条件的行政行为才是合法有效：（一）有确凿的事实证据；（二）适用法律法规正确；（三）遵守法定行政程序，即程序合法；（四）不得超越职权和滥用职权。具体内容如下：

（一）有确凿的事实证据

要求具体行政行为应当有确实可靠的证据。

证据是客观存在的、关联行政的和依法收集并认定的事实。

第一，作出行政决定首先要有事实，即存在需要行使行政职权的客观事实。事实是行使行政职权的第一个法定条件，是判断行政合法性的第一个条件，也是保证行政职权不滥用的第一个条件。否则就无异于放纵任性的行政职权，国家利益和公民权利就没有安全保障。

第二，事实应当是确实充分的，必须是客观的、合法的和与行政相关联的。同时，证据应当是充分的，不是零散的，残缺不全的，能够足以证明采取行政行为是正确合法的。在诉讼中，如果法院认为证据不够，法院有权向当事人、向有关行政机关、其他的公民和组织收集证据，还可以组织证据的鉴定。

（二）正确地适用法律法规

第一，行政管理是一种适用法律的国家活动。

第二，将法律法规作为处理行政事务的根本准则和依据。行政机关的活动应当服从上级的指示、命令，执行国家发布的关于行政管理的文件，但是根本的依据是宪法和根据宪法制定的法律法规。

第三，正确适用还表现于正确把握法律法规与调整对象的联系。法律法规的适用是有条件的。法律是对社会关系的调整，社会关系的性质和状况是适用法律的条件。

第四，只能适用有效的法律。适用法律的含义之一，是对现行有效法律的遵守。已经失去效力的法律和尚没有生效的法律，都不得适用。

如果行政机关在上述有关方面有缺陷，法院就可以在行政诉讼中以适用法律法规错误撤销行政决定，判决行政机关败诉。

（三）遵守法定行政程序

程序是实现行政管理目标过程中的方法和形式。行政诉讼法规定，法定程序是行政行为合法的必要条件，法定程序赋予这些方法和形式以权利义务的法律属性，要求行政机关行使职权时必须遵守，成为判断行政行为是否正确合法的重要标准。例如：行政决定送达当事人，是行政决定生效的必要程序。送达之日是行政决定生效之时，生效的内容限于送达的内容。没有完成送达这一程序，行政决定的法律效力就是有缺陷的。

行政处罚法规定了行政处罚的决定程序和执行程序。决定程序有简易程序和一般（听证）程序，决定程序中有一个共同的地方，就是当事人的程序权利必须得到满足，即当事人的了解权、陈述权和申辩权必须得到行政机关的尊重。如果行政机关不尊重不满足当事人的程序权利，行政处罚决定就无效。所以，这种对程序权利的尊重和满足，具有法律强制性。

（四）不得超越职权和滥用职权

除了上面讲的三个基本条件以外，要求行政机关应当在法律授予的权限以内活动。

行政诉讼法还对行政机关提出了两个禁止性要求，即不得超越职权和滥用职权。如果行政机关的具体行政行为超越了职权和滥用了职权，侵犯了当事人的合法权益，法院可以予以撤销。

四、抽象行政行为的种类

抽象行政行为是国家行政机关实施的行为。不同于国家权力机关、司法机关、军事机关制定的法律、军事法规和司法解释，也不同于非政府组织制定的内部规则。也是一种制定规则的行为。

行政机关的主要职能是执行法律，将人民代表机关制定的法律规定具体应用到对行政事务的管理活动中去的，行政行为与法律的关系是正确理解抽象行政行为性质的要点。抽象行政行为在本质上仍然是对法律的执行，抽象行政行为的合法性，主要取决于它与法律的一致性。

抽象行政行为的种类，可以分为执行性、补充性、自主性等三类。

执行性抽象行政行为，是指为执行法律或者上位规则制定具体实施细则的行政行为，其特征是不创设新的权利义务。

补充性抽象行政行为，是指根据法律或者上位规则规定的基本原则和基本制度，对原法律或者上位规则需要补充完善的事项作出规定的抽象行政行为，其特征是在基本原则和基本制度约束下创设一部分补充性的新的权利义务。

自主性抽象行政行为，是指行政机关直接对法律或者上位规则尚未规定的事项，在根据宪法和组织法规定的管理权限内，根据行政管理的实际需要自主创设权利义务的抽象行政行为。

五、税务管理＝服务+管理+执法

各级税务局是中国税收征管的行政管理主体。全国分为两个系列：省（自治区）系列和直辖（计划单列）市系列。省（自治区）系列机构设置分为四级，即省局、地级市局、县级（市）局和镇乡四级；直辖（计划单列）市系列机构设置分为三级，即市局、区（县）局和街道（乡镇）级三级。

国家税务总局，是国务院主管税收工作的直属机构，正部级。前身是财政部税务总局（正局级），成立于1950年，1988年改名为国家税务局，为国务院直属机构（副部级），1993年定名为国家税务总局。税务局系统的机构设置为四级，即：国家税务总局，省（自治区、直辖市）税务局，地（市、州、盟）税务局，县（市、旗）税务局。1994年，按照分税制财政体制的规定，将省级和省级以下分设国家税务局和地方税务局。2018年3月，根据中共中央印发《深化党和国家机构改革方案》，第十三届全国人民代表大会第一次会议批准的国务院机构改革方案设立，改革国税地税征管体制。为降低征纳成本，理顺职责关系，提高征管效率，为纳税人提供更加优质高效便利的服务，将省级和省级以下国税地税机构合并，具体承担所辖区域内各项税收、非税收入征管等职责。为提高社会保险资金征管效率，将基本养老保险费、基本医疗保险费、失业保险费等各项社会保险费交由税务部门统一征收。国税地税机构合并后，实行以国家税务总局为主与省（自治区、直辖市）政府双重领导管理体制。

（一）税务管理＝纳税服务＋征收管理＋行政执法

收税，就是税务，是指和税收相关的事务。一般是指税收的征收与管理工作，即税收征收管理。税收征管是指国家的税务征收机关依据各税种法、征管法等有关法律法规的规定，对税款征收过程进行的组织、管理、检查等一系列工作的总称。整体的税收征管包括各税种（相关规费）的征收管理，主要是纳税服务、税款征收、税收分析、税源监控（纳税评估）、税务稽查、税收法制和税务执行等七个方面。

征管机构的职能划分为管理服务、税收分析、征收监控（纳税评估）、税务稽查、政策法规等五个系列，分工如下：（1）管理服务系列，负责税务登记、发票管理、纳税咨询，受理各项税务申请，应纳税额核定，外部信息采集等。（2）税收分析系列，税源分析、征管分析、税政分析、税收计划、会计、统计、报表以及票证管理。（3）征收监控系列，负责受理纳税申报，税款征收，纳税评估及各项违章处罚款项的收纳；逾期未申报的催报，滞纳税款和逾期未缴款项的催缴，逾期不执行税务处理决定的强制执行。（4）税务稽查系列，负责选案，制订稽查计划，案件查处，案件结果分析。（5）政策法规系列，负责税法宣传，执法监督检查，税收政策课题调研反馈，税务行政复议，行政诉讼案的应诉和国家赔偿等。

无论是分七个方面还是分五个系列，甲行家以《全国税收征管规范》为基础，通过对整体税收征管流程或重点征管事项的全面梳理，再将二十四项核心税收征管工作归集整理后，分为以下四类：

1. 权力资格类：税务登记、发票管理、税收优惠、资格认定、税务证明和纳税咨询（6）。

2. 税款征收类：纳税申报、税款征收、出口退税、税收票证、税收分析、纳税辅导（6）。

3. 税源管理（行政管理）类：信息采集、税源分析、风险提醒、纳税评估、税务审计、反避税调查（转让定价）（6）。

4. 依法治税（行政执法）类：日常检查、税务稽查、行政处罚（听证）、行政复议、行政诉讼与国家赔偿、税收强政执行（6）。

或者进行总结概括为下面的公式：

税务管理＝管理服务＋税款征收＋税源监控＋依法治税

这二十四项核心税收征管事项，是学习税收征管业务的基本认知单元。唯整体把控、全面掌握、各项精通,才能真正领悟税收征管之内涵,切实提高自身执业能力。

(二) 风险提醒是典型的税务行政指导

2004年,国务院发布《全面推进依法行政实施纲要》,提出"要充分运用间接管理、动态管理和事后监督管理等手段对经济和社会事务实施管理;充分发挥行政规划、行政指导、行政合同等方式的作用",开启了服务型政府法治化建设进程。2017年10月,党的十九大报告中指出"……深化机构和行政体制改革。转变政府职能,深化简政放权,创新监管方式,增强政府公信力和执行力,建设人民满意的服务型政府"。因此,行政指导被广泛运用并已经成为建立服务型政府的重要标志和手段之一。

在税收征管领域,2009年9月,《全国税务系统2010—2012年纳税服务工作规划》确立了建立"始于纳税人需求,基于纳税人满意,终于纳税人遵从"的纳税服务新格局。此后,《国家税务总局关于进一步深化税务行政审批制度改革工作的意见》(税总发〔2015〕102号)提出"……注重运用法治思维和法治方式加强后续管理,善于通过行政指导、行政疏导、行政服务等柔性治理方式引导纳税人遵从税法……提高依法行政水平,增强税务机关的公信力和执行力,提高后续管理的法治化水平";国家税务总局关于印发《"十三五"时期税务系统全面推进依法治税工作规划》的通知(税总发〔2016〕169号)在附件"十三五"时期税务系统全面推进依法治税部分重点工作任务分解表"中明确"20. 创新税收执法方式。探索运用行政指导、行政奖励、说服教育、调解疏导、劝导示范等非强制性执法手段"。即,在"始于纳税人需求,基于纳税人满意,终于纳税人遵从"的纳税服务理念下,非强制性的税务行政指导行为正在成为税务局提高依法行政水平,增强公信力和执行力的工作重点。

甲行家常言:只有准确地认识,才是成功的开始。税务行政指导不是具体行政行为,不具有强制性。

首先,税务行政指导是税务部门行使行政职权的行为,其职权依据来自法律、法规、规章的授权。对非根据行政职权而作出的指导行为非行政指导,比如行政机关与相对方签订民事合同的过程中,对相对人作出的指导即非行政指导,因为行政机关此时的身份属性与相对人一致即均为平等的民事主体。

其次,税务行政指导不具有强制性,相对人可以自行决定接受或不接受该税务行政指导,并承担相应后果,税务部门不能强制相对人接受或服从税务行政指导。

最后,税务行政指导不是具体行政行为,不属于税务行政复议和诉讼的受案范围。对于行政指导的性质,《最高人民法院关于执行〈中华人民共和国行政诉讼法〉若干问题的解释》第一条第二款第四项作出了权威性论断,即"公民、法人或者其他组织对不具有强制力的行政指导行为不服提起诉讼的,不属于人民法院行政诉讼的受案范围"。明确了税务行政指导不接受行政复议和行政诉讼的审查与监督。

(三) 纳税评估是管理行为

纳税评估既不符合上面具体行政行为的主要特征，也不属于上述具体行政行为的任何表现形式，不是具体行政行为，也就不是行政执法行为。

纳税服务是政府和社会组织根据税收法律、行政法规的规定，在纳税人依法履行纳税义务和行使权利的过程中，为纳税人提供的各项服务措施的总称。因此，税务部门应当想方设法让纳税人知晓税收法律法规，为纳税人提供方便快捷的服务，同时注重尽量减少纳税人为履行纳税义务所负担的成本（包括时间和金钱）。这就是纳税服务的本质。

依据《国家税务总局关于〈印发纳税评估管理办法（试行）〉的通知》国税发〔2005〕43号（以下简称"评估办法"）相关规定：

"第二条　纳税评估是指税务机关运用数据信息对比分析的方法，对纳税人和扣缴义务人（以下简称纳税人）纳税申报（包括减免缓抵退税申请，下同）情况的真实性和准确性作出定性和定量的判断，并采取进一步征管措施的管理行为。

……

"第二十二条　对纳税评估工作中发现的问题要作出评估分析报告，提出进一步加强征管工作的建议，并将评估工作内容、过程、证据、依据和结论等记入纳税评估工作底稿。纳税评估分析报告和纳税评估工作底稿是税务机关内部资料，不发纳税人，不作为行政复议和诉讼依据。"

纳税评估是税务行政管理行为，也是纳税服务行为，就不是具体行政行为，纳税人不能对纳税评估工作（包括税务约谈和实地调查核实）提起行政复议和行政诉讼。纳税评估是政策宣传、辅导自查、督促自查整改，都是围绕如何及时准确履行纳税申报而展开的。纳税申报是纳税人和扣缴义务人必须履行的法定义务，其对纳税申报结果负责，如果隐瞒收入未申报纳税将承担逃税责任。

(四) 纳税评估报告是税务内部资料

实务中，在完成对一户企业实施纳税评估后，企业要求税务部门提供结论性资料或文书。如何处理？

具体规定：国家税务总局《纳税评估管理办法（试行）》第二十二条规定："……纳税评估分析报告和纳税评估工作底稿是税务机关内部资料，不发纳税人，不作为行政复议和诉讼依据。"同时，某省国税局《××省国家税务局纳税评估管理办法（试行）》第二十九条规定："《纳税评估情况报告》为主管国税机关内部资料，报告所作结论仅作为建议使用，不发送纳税人，不作为行政复议和行政诉讼的法定依据。"

为什么如此规定？纳税评估是税务部门实施的一项行政管理措施，不是行政执法行为；评估补税的实质是纳税人自查的结果。其实，纳税评估的目的是提高税源管理水平，促使纳税人依法诚信纳税，提高社会税法遵从度。纳税评估的结果是纳税人自行补税和加收滞纳金,是提醒纳税人和扣缴义务人税务局的存在和税务管理的重要性。

第四节 行政复议概述

法律救济是指法律关系主体的合法权益受到侵犯并造成损害时,获得恢复和补救的法律制度。目前,法律救济的方式主要有:行政复议、行政诉讼、国家赔偿和民事诉讼。其中,税收法律救济是指纳税人、扣缴义务人或者其他当事人在征纳税过程中与税务部门发生争议或者分歧时,可以依照法律规定申请行政复议,或者向人民法院起诉,提起行政诉讼。税务部门和税务人员在征纳税过程中的职权行为侵犯纳税人、扣缴义务人或者其他当事人合法权益造成损害的,受害人可以依法取得国家行政赔偿。

一、行政复议概述

行政复议是指公民、法人或者其他组织不服行政主体作出的具体行政行为,认为行政主体的具体行政行为侵犯了其合法权益,依法向法定的行政复议机关提出复议申请,行政复议机关依法对该具体行政行为进行合法性、适当性审查,并作出行政复议决定的行政行为。行政复议是指公民、法人或其他组织通过行政救济途径解决行政争议的一种方法。

行政复议作为一种行政裁判制度,又具有准司法性,行政复议的特征主要有:以行政争议和部分民事争议为处理对象;直接以具体行政行为为审查对象;以合法性和合理性为审查标准;以书面审理为主要方式;以行政相对人为申请人,以行政主体为被申请人;以行政机关(不是司法机关)为处理机关。

因此,行政复议是存在行政争议的行政机关的上一级机关依行政相对人的申请作出的具体行政行为,是不审查抽象行政行为且以书面审理为主的。行政相对人对复议机关的行政复议不予受理、复议处理结果等存在争议的,可以向复议机关的上一级机关或者法律、法规规定的其他机关提出新的行政复议申请。

(一)基本制度

基本制度包括一级复议制度、合议制度、书面审查制度、回避制度、听证制度、调解制度和法律责任追究制度。

1. 一级复议制度

它是指公民、法人或者其他组织对行政机关作出的具体行政行为不服,可以向该行政机关的上一级行政机关或者法律、法规规定的其他机关申请复议,对复议决定不服,只能依法向人民法院提起行政诉讼,不得再向复议机关的上一级行政机关申请复议的制度。即不服从行政主体的具体行政行为的公民、法人或者其他组织,可以向上一级的法定的复议机关申请复议一次，复议机关作出的复议决定是行政终极决定，行政相对人不服不能再向上上级国家行政机关申请复议的制度。一级复议制度是我国《行政复议法》确立的基本制度，即不能越级行政复议，主要是考虑到我国行政复议决定在多数情况下并非最后救济手段，当事人对复议决定不服，还可以提起行政诉讼，仍可以得到人民法院两级审判的救济，这样就没有必要在行政系统内实行两级或多级复议制度，以免行政争议在行政系统内迟迟不能解决，对保护公民、法人或者其他组织的合法权益产生不利影响，而且影响行政效率的提高。

2. 合议制度

合议制度是我国民事诉讼法的基本法律制度。它是指由三个或三个以上（须是单数）的审判人员组成合议庭，对民事案件进行审判的制度。按照民事诉讼法的规定，人民法院审理第一审民事案件，由审判员、陪审员共同组成合议庭或者由审判员组成合议庭进行审理。人民法院审理第二审民事案件，由审判员组成合议庭进行审理。行政复议中借鉴建立合议制度，主要适用于较为复杂的案件，特别程序中的选民资格案件、公示催告中的除权判决、破产案件的受理情况等。

3. 书面审查制度

书面审查，是指行政复议机关对具体行政行为进行审查时，主要基于被申请人提供的有关证据和材料，一般不再重复进行调查取证。书面审查，是各国行政复议制度通用的审查办法，是行政复议审查的一般原则，也是行政复议区别于行政诉讼的重要方面。

4. 回避制度

回避制度是指为了保证案件的公正审理，而要求与案件有一定的利害关系的审判人员或其他有关人员，不得参与本案的审理活动或诉讼活动的审判制度。

5. 听证制度

行政听证是行政机关在作出影响行政相对人或者利害关系人合法权益的决定以前，由行政机关告知决定理由和听证权利，由相对人或者利害关系人陈述意见、提供证据、进行质辩以及行政机关听取意见、接纳证据并作出相应决定等程序构成的一项法律制度。行政听证是保障行政相对人申辩权利的一项重要制度，也是现代行政程序法的一项核心制度。

6. 调解制度

调解制度，是指调解组织或其他具有调解职能的组织作为第三人，根据法律规定和社会公德，以说服教育的方式，协助当事人自愿达成协议，从而解决民商事纠纷和轻微刑事案件的一种非诉讼法律制度。涉及行政赔偿或行政补偿的和行政自由裁量权的争议的行政复议案件，行政复议机关可以按照自愿、合法的原则进行调解，即行政调解。

7. 法律责任追究制度

是指行政机关的工作人员，在执行公务中，因故意或重大过失违反法律、法规、规章的有关条款，使公民、法人或其他组织的合法权益受到损害，尚不够追究刑事责任，依照本制度应当受到追究的行为。

（二）基本原则

行政复议基本原则，是指通过行政复议法所确立和反映的，贯穿于行政复议全过程，具体规范和指导行政复议的法律原则。按照《中华人民共和国行政复议法》（以下简称《行政复议法》）规定，行政复议遵守如下原则：

1. 独立复议原则

独立复议原则是指通过《行政复议法》第三条所确立的原则，指复议机关依法行使职权，不受其他机关、社会团体和个人的非法干涉。

2. 合法、公正、公开、及时、便民的原则

合法原则，是指要求复议机关必须严格按照宪法和法律规定的职责权限，以事实为依据，以法律为准绳，对申请复议的具体行政行为，按法定程序进行审查，并根据审查的不同情况，依法作出不同的复议决定。坚持有错必纠，保障法律、法规的正确实施。公正原则，是指行政复议要符合公平、正义的要求。公开原则，是要求行政复议的依据、程序及其结果都要公开，复议参加人有获得相关情报资料的权利。及时原则，是要求行政复议机关对复议申请的受理、复议的审查、复议决定的作出都应在法律、法规规定的时限内及时作出，不得拖延。便民原则，是要求行政复议机关在具体的复议工作中，要尽可能为复议申请人提供便利条件，让复议申请人少耗费时间、财力和精力来解决问题。

3. 一级复议原则

一级复议原则是《行政复议法》第十二、第十三条所规定的原则，是指除法律、法规另有规定的以外，行政复议实行一级终结复议制度。

4. 复议不停止执行原则

行政复议不停止执行原则是《行政复议法》第二十一条所规定的原则，是指除：①被申请人认为需要停止执行的；②行政复议机关认为需要停止执行的；③申请人申请停止执行，行政复议机关认为其要求合理，决定停止执行的；④法律规定停止执行的四种情况之外，行政复议中，当事人争议的具体行政行为不因提起行政复议而停止执行。

5. 书面审理为主原则

行政复议原则上采取书面审查的办法，但是申请人提出要求或者行政复议机关负责法制工作的机构认为有必要时，可以向有关组织和人员调查情况，听取申请人、被申请人和第三人的意见。

6. 合法与适当双重审查原则

合法与适当双重审查原则是《行政复议法》第二十八条所确立的原则，要求行政机关在行政复议过程，不仅要审查具体行政行为是否合法，还要审查具体行政行为是否适当，通过合法性和合理性的全面审查以保障行政相对人的合法权益。

（三）业务实质与主要特征

1. 行政复议是具有一定司法性因素的具体行政行为

行政复议的司法性是指有行政复议权的行政机关借用法院审理案件的某些方式审查被复议具体行政行为，即行政复议机关作为第三人对行政机关和行政相对人之间的行政争议进行审查并作出裁决。具有类似"子不教，父之过"之意，对下一级的具体行政行为进行审查和评判。

2. 行政复议是行政机关内部监督和纠错机制

行政复议是行政机关对下级或者政府对所属的行政机关作出的违法或者不当的具体行政行为实施的一种监督和纠错行为，复议的主要目的是纠错和化解准矛盾。

3. 行政复议是国家行政救济机制的重要环节

行政救济主要包括行政复议、行政诉讼、行政赔偿、行政监督。行政复议是其中不可或缺的一种。

4. 提出行政复议的人，必须是认为行政机关行使职权的行为侵犯其合法权益的公民、法人和其他组织。只有直接利害关系人才能提起行政复议申请，其他人不行。

5. 复议的任务是解决行政争议

当事人提出行政复议，必须是在行政机关已经做出行政决定之后，如果行政机关尚没做出决定，则不存在复议问题。复议的任务是解决行政争议，而不是解决民事或其他争议。

6. 当事人对行政机关的行政决定不服，只能按法律规定，向有行政复议权的行政机关申请复议。

7. 行政复议，主要是书面审查，行政复议决定书一经送达，即具有法律效力。只要法律未规定复议决定为终局裁决的，当事人对复议决定不服的，仍可以按行政诉讼法的规定，向人民法院提请行政诉讼。

（四）时限规定与受理范围

1. 受理时限

行政复议申请人应自知道行政机关的具体行政行为侵犯其合法权益之日起60日内申请行政复议。因不可抗力或其他正当理由耽误法定申请期限的，申请期限自障碍消除之日起继续计算。

海关行政复议机构在收到复议申请后，应在5个工作日内决定是否受理，对于决定受理的，收到复议申请书之日即为受理之日。海关行政复议机关应自受理复议申请之日起 60 日内作出行政复议决定，特殊情况下，经海关行政复议机关负责人批准，可延长 30 日。

复议申请人如对行政复议机关作出的复议决定不服，可以自收到《行政复议决定书》之日起 15 日内向人民法院提起行政诉讼。

2. 受理范围

行政复议管辖，是指不同层级、不同职能的行政机关之间受理复议案件的分工。管辖的实质意义在于解决具体对某一行政复议案件由哪个行政机关行使复议权。

凡是可以提起行政诉讼的行政争议案件，都可以申请行政复议；不能提起行政诉讼的行政争议，只要单行法律、法规规定可以申请行政复议的，公民、法人或者其他组织就可以申请行政复议；我国《行政复议法》在明确规定了哪些行政行为可以申请复议的同时，又对不能依照复议法申请复议的四类行政行为作了规定：

① 国务院制定的行政法规和其他规范性法律文件、规章；
② 行政机关作出的行政处分或其他人事处理决定；
③ 行政机关对民事纠纷作出的仲裁、调解或者处理；
④ 国防及外交等国家行为。

二、行政复议前置

行政复议前置是指行政相对人对法律、法规规定的特定具体行政行为不服，在寻求法律救济途径时，应当先选择向行政复议机关申请行政复议，而不能直接向人民法院提起行政诉讼；如果经过行政复议之后行政相对人对复议决定仍有不同意见的，才可以向人民法院提起行政诉讼。

目前，我国法律规定的行政复议前置事项，共有以下 6 种：

1. 对国务院部门或者省、自治区、直辖市人民政府的具体行政行为不服的，向作出该具体行政行为的国务院部门或者省、自治区、直辖市人民政府申请行政复议。对行政复议决定不服的，可以向人民法院提起行政诉讼；也可以向国务院申请裁决，国务院依照本法的规定作出最终裁决。

2. 公民、法人或其他组织认为行政机关的具体行政行为侵犯其已经依法取得的土地、矿藏、水流、林、山岭、草原、荒地、滩涂、海域等自然资源的所有权或者使用权的，应当先申请行政复议；对行政复议决定不服的，可以依法向人民法院提起行政诉讼。

3. 纳税人、扣缴义务人、纳税担保人同税务部门在纳税上发生争议时，必须先依照税务部门的纳税决定缴纳或者解缴税款及滞纳金或者提供相应的担保，然后可以依法申请行政复议。

4. 被审计单位对审计决定不服的，应当在收到审计决定之日起 15 日内先向上一级审计机关申请复议，不能直接向人民法院起诉。

5. 对公安机关的治安管理处罚决定不服的，执行的是应该先向其上级公安机关申请裁决的前置规定，不能直接向人民法院起诉。

6. 专利复审委员会复审前置。

《专利法》第四十一条：国务院专利行政部门设立专利复审委员会。专利申请人对国务院专利行政部门驳回申请的决定不服的，可以自收到通知之日起三个月内，向专利复审委员会请求复审。专利复审委员会复审后，作出决定，并通知专利申请人。专利申请人对专利复审委员会的复审决定不服的，可以自收到通知之日起三个月内向人民法院起诉。

在《行政复议法》中关于行政复议前置的规定，主要是第三十条第一款："公民、法人或者其他组织认为行政机关的具体行政行为侵犯其已经取得的土地、矿藏、水流、森林、山岭、草原、荒地、滩涂、海域等自然资源的所有权或者使用权的，应当先申请行政复议；对行政复议决定不服的，可以向人民法院提起行政诉讼。"由此可见，《行政复议法》中主要是对自然资源的确权类争议做了行政复议前置的规定。此外，在其他法律、法规中也仅有《治安管理处罚条例》第三十九条、《海关法》第四十条、《进出口商品检验法》第二十八条、《税收征收管理法》第八十八条、《国家安全法》第三十一条、《注册会计师法》第十一条等有关行政复议前置的规定。

为什么要用行政复议前置制度呢？

一是为了降低相对人的诉讼成本，《行政复议法》第三十条第一款规定，土地、森林、草原等自然资源的确权类争议应当先经过行政复议程序，相对人对复议决定不服的才可以向人民法院提起行政诉讼，其目的主要是将纠纷解决在行政机关内部，从而来减轻相对人的诉讼成本，缩短问题解决的时间。

二是行政机关和人民法院的职能还是有本质区别的。从以上归纳的行政复议前置类案件中，除了关于自然资源的确权争议需要先经过行政复议程序之外，还有关于商品检验检疫、税收征收管理等这种专业性极强的问题，而作为法院一个全社会居中裁判的司法机关，若是要求法院的居中裁判者们在较短的时间内精通各种专业知识，是不现实的，因而不能保证法院审判的绝对公正。

三、行政复议的类型

（一）复议前置型

先申请行政复议是前提，对行政复议决定不服的，可以依法向人民法院起诉。

关于税务行政复议前置的具体规定，《税收征收管理法》第八十八条第一款有如下表述：

纳税人，扣缴义务人，纳税担保人同税务机关在纳税上发生争议时，必须先依照法律，行政法规的规定缴纳或者解缴税款及滞纳金，然后可以在收到税务机关填发的缴款凭证之日起六十日内向上一级税务机关申请复议。上一级税务机关应当自收到复议申请之日起六十日内作出复议决定。对复议决定不服的，可以在接到复议决定书之日起十五内向人民法院起诉。

当事人对税务机关的处罚决定，强制执行措施或者税收保全措施不服的，可以在接到处罚通知之日起或者税务机关采取强制执行措施，税收保全措施之日起十五日内向作出处罚决定或者采取强制执行措施，税收保全措施的机关的上一级机关申请复议；对复议决定不服的，可以在接到复议决定之日起十五日内向人民法院起诉。当事人也可以在接到处罚通知之日起或者税务机关采取强制执行措施，税收保全措施之日起十五日内直接向人民法院起诉。

复议和诉讼期间，强制执行措施和接收保全措施不停止执行。

当事人对税务机关的处罚决定逾期不申请复议也不向人民法院起诉，又不履行的，作出处罚决定的税务机关可以申请人民法院强制执行。

按照《中华人民共和国海关法》（以下简称《海关法》）第六十四条：纳税义务人同海关纳税争议时，应当缴纳税款，并可以依法申请行政复议；对复议决定仍不服的，可以依法向人民法院提起诉讼。

(二) 复议终局型

复议终局型的行政复议有两种：

1. 只能复议不能诉讼。法律明确规定只能行政复议，属于行政复议范围而不属于行政诉讼法受案范围的案件，只能复议而复议终局。

2. 或复议或诉讼，只能选择其一，且选择复议后不得提起诉讼。既属于行政复议又属于行政诉讼的案件，在复议和诉讼之间自由选择，但选择复议后不得提起诉讼。比如《行政复议法》第三十条第二款：根据国务院或者省、自治区、直辖市人民政府对行政区划的勘定、调整或者征用土地的决定，省、自治区、直辖市人民政府确认土地、矿藏、水流、森林、山岭、草原、荒地、滩涂、海域等自然资源的所有权或者使用权的行政复议决定为最终裁决。

(三) 复议后选择裁决终局型

按照《行政复议法》第十四条规定，对国务院部门或者省、自治区、直辖市人民政府的具体行政行为不服的，向作出该具体行政行为的国务院部门或者省、自治区、直辖市人民政府申请行政复议。对行政复议决定不服的，可以向人民法院提起行政诉讼；也可以向国务院申请裁决，国务院依照本法的规定作出最终裁决。

(四) 复议选择型

凡是属于复议范围又属于行政诉讼受案范围的案件，而法律、法规没有明确规定属于其他类型的,均应认为属于此种。这是行政复议的主要类型,就是可以先申请行政复议,对复议结果不满意再提起行政诉讼;也可以不申请行政复议,直接提起行政诉讼。

特别提示,就是不能在提起行政诉讼后再申请行政复议!

四、行政复议参加人

(一)行政复议机构

行政复议机关,是指依照法律的规定,有权受理复议申请,依法对具体行政行为进行审查并作出裁决的行政机关。其中,行政复议机构是有复议权的行政机关内部设立的一种专门负责复议案件受理、审查和决定工作的办事机构。国家税务总局的政策法规司、省(自治区、直辖市和计划单列市)税务局的政策法规处、各地市及区县税务局的政策法规科是专门实施税务行政复议机构。

行政复议机构的主要职责:

1. 受理行政复议申请。

2. 向有关组织和人员调查取证,查阅文件及资料。

3. 组织审理复议案件,拟定复议决定。

4. 处理对抽象行政行为的审查申请。

5. 对行政机关违反行政复议法规定的行为,依照规定的权限和程序对合理性和合法性进行审核并提出处理建议。

6. 办理因不服行政复议决定提起行政诉讼的应诉事项。

7. 法律、法规规定的其他职责。

(二)行政复议参加人

行政复议参加人是指行政复议当事人以及与行政复议当事人法律地位相类似的人。

行政复议当事人,即因发生行政争议,为保护自己的合法权益,依法以自己的名义参加行政复议,并受行政机关复议决定约束的组织或个人。复议当事人通常指申请人和被申请人,在某些情况下,还包括复议中的第三人。

1. 申请人

行政复议申请人的范围是相当广泛的。根据《中华人民共和国行政复议法实施条例》(以下简称《行政复议法实施条例》)第十九条的规定,申请人甚至可以是外国人、无国籍人或外国组织。此外,《行政复议法》第十条规定:

(1)有权申请复议的公民死亡的,其近亲属可以申请复议。近亲属包括配偶、父母、子女、兄弟姐妹、祖父母、外祖父母、孙子女、外孙子女和其他具有扶养、赡养关系的亲属。

(2)有权申请复议的法人或者其他组织终止的,承受其权利的法人或者其他组织可以申请复议。

2. 被申请人

被申请人是指申请人的对方当事人,即因申请人提起行政复议而由复议机关通知其参加复议的当事人。在行政复议中,被申请人的特点在于,它一概是行政主体。但是,由于行政活动的复杂性,被申请人在实践中也相当复杂。一般有以下几种情形:

(1) 相对人对行政机关的具体行政行为不服申请复议的,该行政机关是被申请人。

(2) 两个或者两个以上行政机关以共同名义作出具体行政行为的,共同作出具体行政行为的行政机关是共同被申请人。

(3) 对法律、法规授权的组织作出的具体行政行为不服的,该组织是被申请人。对政府工作部门设立的派出机构依据法律、法规和规章的规定以自己名义作出的具体行政行为不服的,该派出机构是被申请人。

(4) 作出具体行政行为的机关被撤销的,继续行使其职权的行政机关是被申请人。在实践中,作出具体行政行为的行政机关被撤销后,被申请人有三种具体情况:①作出具体行政行为的行政机关被合并的,被申请人是合并后的行政机关;②作出具体行政行为的行政机关被分解的,被申请人是分解后相应的行政机关;③作出具体行政行为的行政机关被解散的,被申请人是解散它的上级行政机关或者有权机关指定的其他行政机关。

3. 第三人

行政复议中的第三人是指同申请复议的具体行政行为有利害关系,经复议机关批准而参加复议的公民、法人或者其他组织。根据《行政复议法》第十条第三款的规定,第三人参加复议的条件主要有:(1) 同申请复议的具体行政行为有利害关系。(2) 必须在行政复议过程中参加行政复议。(3) 必须经复议机关批准。

五、行政复议工作流程

(一) 申请

行政复议是依申请行为。它以行政相对人主动提起申请为前提,即相对人不提出申请,行政复议机关不能主动管辖。根据《中华人民共和国行政复议法实施条例》(以下简称《行政复议法实施条例》)的规定,申请复议应当符合下列条件:

1. 申请人是认为具体行政行为直接侵犯其合法权益的公民、法人或者其他组织。
2. 有明确的被申请人。
3. 有具体的复议请求和事实根据。
4. 属于申请复议范围。
5. 属于受理复议机关管辖。

6. 法律、法规规定的其他条件。

按照根据《行政复议法》第九条和第十六条的规定，申请复议还须符合下列程序条件：（1）在法定期限内申请复议。（2）申请人向人民法院起诉，人民法院已经依法受理的，不得申请复议。

（二）受理

申请人提出复议申请后，行政复议机关对复议申请进行审查。

审查的主要内容有四项：

1. 申请是否符合法律、法规规定的条件。

2. 申请是否属于重复申请。

3. 案件是否已由人民法院受理。

4. 申请手续是否完备。

复议机关对复议申请进行审查后，应当在收到申请书之日起5日内，对复议申请分别作以下处理：①复议申请符合法定条件的，应予受理。②复议申请符合其他法定条件，但不属于本行政机关受理的，应告知申请人向有关行政机关提出。③复议申请不符合法定条件的，决定不予受理，并告知理由和相应的处理方式，而不能简单地一退了之。

（三）审理

1. 审理前的准备

（1）向被申请人送达申请书副本。

（2）调查收集证据。复议机关调查收集证据有两种方式：一是要求当事人提供或者补充证据；二是向有关行政机关及其他组织和公民调取证据。

（3）更换或者追加当事人。

2. 审理的内容

按照《行政复议法》的规定，复议机关既有权审查具体行政行为是否合法，也有权审查具体行政行为是否适当。复议审理是对被复议的具体行政行为的合法性和合理性同时审理，具有全面性特征。

3. 审理的方式

按照《行政复议法》第二十二条规定："行政复议原则上采取书面审查的办法，但是申请人提出要求或者行政复议机关负责法制工作的机构认为有必要时，可以向有关组织和人员调查情况，听取申请人、被申请人和第三人的意见。"由此可见，书面审理是复议机关审理复议案件的基本形式。

4. 审理的依据

复议机关审理复议案件只能依据法律、行政法规、地方性法规、行政规章、自治条例、单行条例及上级行政机关依法制定的具有普遍约束力的非立法性的规范性文件。

5. 审理中具体行政行为的效力

按照《行政复议法》第二十一条规定:"行政复议期间具体行政行为不停止执行;但是,……"从而确立了复议不停止执行的制度。然而,如果毫无例外地规定复议不停止执行,将可能使违法、不当的具体行政行为得到执行而损害相对人的合法权益。因此,《行政复议法》在确立复议不停止执行原则的同时,也规定了该原则的例外:

(1) 被申请人认为需要停止执行的,可以依职权决定停止具体行政行为的执行。

(2) 复议机关认为需要停止执行的。

(3) 申请人申请停止执行,复议机关认为其要求合理,决定停止执行的。

(4) 法律规定停止执行的。

6. 审理的期限

按照《行政复议法》第三十一条第一款规定:"行政复议机关应当自受理申请之日起 60 日内作出行政复议决定;但是法律规定的行政复议期限少于 60 日的除外。情况复杂,不能在规定期限内作出行政复议决定的,经行政复议机关的负责人批准,可以适当延长,并告知申请人和被申请人;但是,延长期限最多不超过 30 日。"

(四) 决 定

复议机关通过对复议案件的审理,最后要作出决定,行政复议决定主要有以下四种:

1. 维持决定。

2. 履行决定。履行决定是指复议机关责令被申请人履行某种法定职责的决定。

3. 撤销、变更或确认违法决定。撤销、变更或确认具体行政行为违法决定是指复议机关作出的撤销或者变更具体行政行为,或者确认具体行政行为违法的决定。具体行政行为有下列情形之一的,复议机关可以决定撤销、变更或确认具体行政行为违法:① 主要事实不清,证据不足。② 适用依据错误的。③ 违反法定程序的。④ 超越或滥用职权的。⑤ 具体行政行为明显不当的。

4. 赔偿决定。被申请人作出的具体行政行为如果侵犯了申请人的合法权益造成损害,申请人请求赔偿,复议机关应当依照《国家赔偿法》的有关规定,在作出撤销、变更或确认具体行政行为违法的决定的同时,作出被申请人依法赔偿。

(五) 送达与执行

送达的方式及期限的计算,依照《中华人民共和国民事诉讼法》(以下简称《民事诉讼法》)的规定执行。

行政复议决定生效后,双方当事人应该自觉履行。但有时当事人由于对复议决定不满意而不予履行,则采取强制执行。

1. 被申请人不履行复议决定的。根据《行政复议法》第三十二条和三十七条的规定,当被申请人不执行或者无正当理由拖延执行行政复议决定的,作出复议决定的机关或者有关上级行政机关应当责令其限期履行。并对被申请方直接负责的主管人员和其他直接责任人员依法给予警告、记过、记大过的行政处分；经责令履行仍拒不履行的，依法给予降级、撤职、开除的行政处分。

2. 申请人不履行复议决定的。当申请人不履行终局的复议决定，或者逾期不起诉又不履行复议决定的，则根据复议决定内容的不同而采用不同的措施：

（1）如果复议机关作出的是维持具体行政行为的复议决定的，则由原做出具体行政行为的行政机关依法强制执行，或者申请人民法院强制执行。

（2）如果复议机关作出的是变更具体行政行为的复议决定的，则由复议机关依法强制执行，或者申请人民法院强制执行。

六、行政诉讼和行政复议的区别

行政复议与行政诉讼是两种不同性质的监督，且各有所长，相辅相成而不能互相取代。

（一）二者受理的机关不同

行政诉讼是由有管辖权的人民法院受理，即找"村长"告状；行政复议由有复议权的行政机关受理，即找"父母"评理。一般由原行政机关的上级机关受理，特殊情况下，由本级行政机关受理。

（二）二者解决争议的性质不同

人民法院处理行政诉讼案件属于司法行为，适用行政诉讼法；行政机关处理行政争议属于行政行为的范围，应当适用行政复议法。

（三）二者适用的程序不同

行政复议适用行政复议程序，而行政诉讼适用行政诉讼程序。行政复议程序简便、迅速、廉价，但公正性有限；行政诉讼程序复杂且需要更多的成本，但公正的可靠性大。行政复议实行一裁终局制度；而行政诉讼实行二审终审制度等，行政诉讼还可以申请再审。

（四）二者的审查强度不同

按照《行政诉讼法》的规定，原则上法院是对行政主体行为的合法性进行审查为主，这是因为法院相对于行政机关，对具体被诉行政行为的适当性、合理性审查更不专业，即其非专业性；而按照《行政复议法》的规定，行政复议机关可以对行政主体行为的合法性和适当性同时进行审查，这是因为行政机关相对于法院，对具体被复议行政行为的适当性、合理性审查更专业，即其专业性。

（五）二者的受理和审查范围不同

《行政诉讼法》和《行政复议法》对于受理范围均做了比较详细的规定。从列举事项来看,《行政复议法》的受案范围要广于《行政诉讼法》。此外,《行政复议法》还规定对国务院的规定、县级以上地方各级人民政府及其工作部门的规定、乡镇人民政府的规定等规范性文件可以一并向行政复议机关提出审查申请。

税务机关是国家行政机关,税务行政复议是行政复议的一个分支。纳税人、扣缴义务人或者其他当事人认为税务机关具体行政行为侵犯其合法权益的,可向税务机关提出行政复议申请,税务机关受理行政复议申请,并作出行政复议决定。税务机关负责法制工作的机构为复议机构,具体办理行政复议事项。同时,税务行政复议实行部分复议前置制度。纳税人、扣缴义务人、纳税担保人同税务机关在纳税上发生争议寻求法律救济时,应先申请行政复议,对行政复议决定不服的,才能依法向人民法院提起行政诉讼。而且,申请行政复议,必须先依照税务机关的纳税决定缴纳或者解缴税款及滞纳金或者提供相应的纳税担保。

第五节 行政诉讼概述

行政诉讼,是指公民、法人或者其他组织认为行使国家行政权的机关和组织及其工作人员所实施的具体行政行为侵犯了其合法权利,依法向人民法院起诉,人民法院在当事人及其他诉讼参与人的参加下,依法对被诉具体行政行为进行审查并做出裁判,从而解决行政争议的制度。通俗地讲,行政诉讼就是"民告官",不仅是对行政机关是否依法行政的监督,而且是对公民、法人和其他组织的合法权益的保护,它对保障一个国家依法行政,建立法治政府,确保公民、法人和其他组织合法权益免受行政权力的侵害,具有十分重大的意义。

中华人民共和国建立后,从1950年开始,有个别法律法规规定,发生行政争议可以向法院提起诉讼,但没有形成制度。1982年10月1日公布的《中华人民共和国民事诉讼法(试行)》第三条第二款规定:法律规定由人民法院审理的行政案件,适用本法规定。1987年1月1日起生效的《治安管理处罚条例》规定,治安行政案件可以向法院起诉。1989年4月4日中华人民共和国第七届全国人民代表大会第二次会议通过并公布1990年10月1日起施行的《中华人民共和国行政诉讼法》(以下简称《行政诉讼法》),进一步使行政诉讼制度化。该法分为11章,75条。根据2014年11月1日第十二届全国人民代表大会常务委员会第十一次会议《关于修改〈行政诉讼法〉的决定》第一次修正;这是行政诉讼法自1989年制定后作出的首次修改。根据2017年6月27日第十二届全国人民代表大会常务委员会第二十八次会议《关于修改〈民事诉讼法〉和〈行政诉讼法〉的决定》第二次修正。

本节重点介绍行政诉讼的基本原则、主要特征、受案范围和分类管辖,具体内容如下：

一、基本原则

（一）人民法院依法独立审判原则

按照《行政诉讼法》第四条第一款的规定："人民法院依法对行政案件独立行使审判权，不受行政机关、社会团体和个人的干涉。"确立了人民法院对行政案件的依法独立行使审判权的原则。

（二）以事实为根据，以法律为准绳

按照《行政诉讼法》第五条规定："人民法院审理行政案件，以事实为根据，以法律为准绳。"这一原则要求人民法院在审理行政案件过程中，要查明案件事实真相，以法律为尺度，作出公正的裁判。

（三）对行政行为合法性审查为主原则

按照《行政诉讼法》第六条规定："人民法院审理行政案件，对行政行为是否合法进行审查。"由此确立人民法院通过行政审判对行政行为进行合法性审查的特有原则，简称合法性审查原则或司法审查原则。合法性审查包括程序意义上的审查和实体意义上的审查两层含义。程序意义上的合法性审查，是指人民法院依法受理行政案件，有权对被诉行政行为是否合法进行审理并作出裁判。实体意义上的审查，是指人民法院只对行政行为是否合法进行审查，特殊情况下，可以对行政行为是否合理进行审查。

（四）当事人法律地位平等原则

按照《行政诉讼法》第八条规定："当事人在行政诉讼中的法律地位平等。"这是法律面前人人平等的原则在行政诉讼中的具体体现。在行政诉讼的双方当事人中，一方是行政主体，在行政管理活动中代表国家行使行政权力，处于管理者的主导地位；另一方是公民、法人或者其他组织，他们在行政管理活动中处于被管理的地位。两者之间的关系是管理者与被管理者之间从属性行政管理关系。但是，双方发生行政争议依法进入行政诉讼程序后，他们之间就由原来的从属性行政管理关系，转变为平等性的行政诉讼法律关系，成为行政诉讼的双方当事人，在整个诉讼过程中原告与被告的诉讼法律地位是平等的。

（五）辩论原则

按照《行政诉讼法》第十条规定："当事人在行政诉讼中有权进行辩论。"所谓辩论，是指当事人在法院主持下，就案件的事实和争议的问题，充分陈述各自的主张和意见，互相进行反驳的答辩，以维护自己的合法权益。辩论原则具体体现了行政诉讼当事人在诉讼中平等的法律地位，是现代民主诉讼制度的象征。

（六）合议、回避、公开审判和两审终审原则

按照《行政诉讼法》第七条规定："人民法院审理行政案件，依法实行合议、回避、公开审判和两审终审制度。"《行政诉讼法》第七章"审理和判决"又将这一规定具体化，使之成为行政审判中的四项基本制度。

（七）人民检察院实行法律监督原则

按照《行政诉讼法》第十一条规定："人民检察院有权对行政诉讼实行法律监督。"人民检察院在行政诉讼中的法律监督，主要体现在对人民法院作出的错误的生效裁判，可以依法提起抗诉。

二、主要特征

（一）行政诉讼所要审理的是行政争议案件

规定被告一方是国家行政机关（及其工作人员）。行政案件是当事人控告政府机关（及其工作人员）的案件。这是行政诉讼在受理、裁判的案件上与其他诉讼的根本区别。刑事诉讼解决的是被追诉者刑事责任的问题；民事诉讼解决的是民商事权益纠纷的问题，而行政诉讼解决的是行政争议，即行政机关或法律、法规授权的组织与公民、法人或者其他组织在行政管理过程中发生的争议。

（二）行政诉讼是人民法院通过审判方式进行的一种司法活动

这是行政诉讼与其他解决行政争议的方式和途径的区别。在我国，行政争议的解决途径还有行政复议机关的行政复议等，而行政诉讼是由人民法院运用诉讼程序解决行政争议的活动。

（三）行政诉讼是通过对被诉行政行为合法性进行审查以解决行政争议的活动

行政诉讼双方当事人所争议的，是行政机关的行政行为。其中，进行审查的行政行为是具体行政行为，审查的根本目的是保障公民、法人或者其他组织的合法权益不受违法行政行为的侵害。因此，行政诉讼与刑事诉讼和民事诉讼在审理形式和裁判形式上有所不同。比如行政诉讼案件不得以调解方式结案（行政赔偿、补偿以及行政机关行使法律、法规规定的自由裁量权的案件可以调解）；证明具体行政行为合法性的举证责任由被告承担；行政诉讼的裁判以撤销、维持判决为主要形式等。

（四）行政诉讼是解决特定范围内行政争议的活动

行政诉讼解决的纠纷，是政府机关进行行政管理活动过程中同行政管理相对方当事人之间发生的行政纠纷。行政诉讼并不解决所有类型的行政争议，有的行政争议不属于人民法院行政诉讼的受案范围，而刑事诉讼和民事诉讼均无类似于行政诉讼的受案范围的限制。对于不属于行政诉讼解决的行政争议只能通过其他的救济途径解决。

（五）行政诉讼中的当事人具有恒定性

行政诉讼的原告只能是行政管理中的相对方，即公民、法人或者其他组织；行政诉讼的被告只能是行政管理中的管理方，即作为行政主体的行政机关和法律、法规授权的组织。行政诉讼的当事人双方的诉讼地位是恒定的，不允许行政主体作为原告起诉行政管理相对方。这个特点与民事诉讼和刑事诉讼不同。民事诉讼中诉讼双方当事人均为平等的民事主体，原被告不具有恒定性，允许被告反诉；而刑事诉讼，也存在着自诉案件中允许被告人作为被害人反诉自诉人。

三、受案范围

（一）受案范围

行政处罚、行政强制措施、行政征收、行政许可、行政给付等十一类侵犯行政管理相对方的人身权和财产权的具体行政行为属于行政诉讼的受案范围。按照《行政诉讼法》第十二条规定，行政诉讼的受案范围如下：

第十二条　人民法院受理公民、法人或者其他组织提起的下列诉讼：

（一）对行政拘留、暂扣或者吊销许可证和执照、责令停产停业、没收违法所得、没收非法财物、罚款、警告等行政处罚不服的；

（二）对限制人身自由或者对财产的查封、扣押、冻结等行政强制措施和行政强制执行不服的；

（三）申请行政许可，行政机关拒绝或者在法定期限内不予答复，或者对行政机关作出的有关行政许可的其他决定不服的；

（四）对行政机关作出的关于确认土地、矿藏、水流、森林、山岭、草原、荒地、滩涂、海域等自然资源的所有权或者使用权的决定不服的；

（五）对征收、征用决定及其补偿决定不服的；

（六）申请行政机关履行保护人身权、财产权等合法权益的法定职责，行政机关拒绝履行或者不予答复的；

（七）认为行政机关侵犯其经营自主权或者农村土地承包经营权、农村土地经营权的；

（八）认为行政机关滥用行政权力排除或者限制竞争的；

（九）认为行政机关违法集资、摊派费用或者违法要求履行其他义务的；

（十）认为行政机关没有依法支付抚恤金、最低生活保障待遇或者社会保险待遇的；

（十一）认为行政机关不依法履行、未按照约定履行或者违法变更、解除政府特许经营协议、土地房屋征收补偿协议等协议的；

（十二）认为行政机关侵犯其他人身权、财产权等合法权益的。

除前款规定外，人民法院受理法律、法规规定可以提起诉讼的其他行政案件。

(二) 排除范围

侵犯行政管理相对方的人身权、财产权之外的权益的具体行政行为则不属于行政诉讼的受案范围，除非法律、法规作出了特别规定。行政诉讼的排除范围，是指哪些行政行为不可诉、不属于人民法院受案范围。按照《行政诉讼法》及《最高人民法院关于执行〈中华人民共和国行政诉讼法〉若干问题的解释》（以下简称为《若干解释》）的有关条文规定，下列九种行为不属于人民法院的行政诉讼受案范围。

1. 国防、外交等国家行为

国家行为，是指国务院、中央军事委员会、国防部、外交部等根据宪法和法律的授权，以国家的名义实施的有关国防和外交事务的行为，以及经宪法和法律授权的国家机关宣布紧急状态、实施戒严和总动员等行为。

2. 抽象行政行为

《若干解释》第三条对抽象行政行为作了解释："行政诉讼法第十二条第（二）项规定的'具有普遍约束力的决定、命令'，是指行政机关针对不特定对象发布的能反复适用的行政规范性文件。"

3. 内部行政行为

《若干解释》第四条对内部行政行为作了解释："行政诉讼法第十二条第（三）项规定的'对行政机关工作人员的奖惩、任免等决定'，是指行政机关作出的涉及该行政机关公务员权利义务的决定。"

4. 终局行政行为

终局行政行为是指法律规定由行政机关最终裁决的具体行政行为。

5. 应刑事诉讼行为，即公安、国家安全等机关依照刑事诉讼法的明确授权实施的行为。

6. 属于民事诉讼行为，即民事调解行为和民事仲裁行为。

7. 行政指导行为，其不是具体行政行为。

8. 重复处理行为，已经行政复议终局或再次提起行政诉讼的行为。

9. 对行政相对人的权利义务不产生实际影响的行为。

四、分类管辖

行政诉讼的管辖是指人民法院之间受理第一审行政案件的分工。《若干解释》第六条第一款规定："各级人民法院行政审判庭审理行政案件和审查行政机关申请执行其具体行政行为的案件。"第二款规定："专门人民法院、人民法庭不审理行政案件，也不审查和执行行政机关申请执行其具体行政行为的案件。"这些规定都表明行政案件只能由普通人民法院管辖。

（一）行政诉讼管辖遵循的基本原则

1. 便于当事人参加诉讼，特别是便于作为原告的行政管理相对人参加诉讼。
2. 有利于人民法院对案件的审理、判决和执行。
3. 有利于保障行政诉讼的公正、准确。
4. 有利于人民法院之间工作量的合理分担。

（二）级别管辖

级别管辖是指按照法院的组织系统来划分上下级人民法院之间受理第一审案件的分工和权限。《行政诉讼法》第十四条至第十七条对级别管辖作了明确具体的规定。

1. 基层人民法院管辖第一审行政案件。
2. 中级人民法院管辖下列第一审行政案件。《行政诉讼法》第十五条对此作了具体规定：

（1）确认发明专利案件和海关处理案件；

（2）对国务院各部门或者省、自治区、直辖市人民政府所作的具体行政行为提起诉讼的案件；

（3）本辖区内重大、复杂的案件。这里的"本辖区内重大、复杂的案件"，根据《若干解释》第八条的规定，有下列几种情形：① 被告为县级以上人民政府，基层人民法院不适宜审理的案件；② 社会影响重大的共同诉讼、集团诉讼案件；③ 重大涉外或者涉及香港特别行政区、澳门特别行政区、台湾地区的案件；④ 其他重大、复杂案件。

3. 高级人民法院管辖本辖区内重大、复杂的第一审行政案件。
4. 最高人民法院管辖中国范围内重大、复杂的第一审行政案件。

（三）地域管辖

又称区域管辖，是指同级法院之间在各自辖区内受理第一审案件的分工和权限。

1. 一般地域管辖

在行政诉讼中，按照最初作出具体行政行为的行政机关所在地划分案件管辖称作一般地域管辖，也称普遍地域管辖。《行政诉讼法》第十七条规定："行政案件由最初作出具体行政行为的行政机关所在地人民法院管辖，经复议的案件，复议机关改变原具体行政行为的，也可以由复议机关所在地人民法院管辖。"

2. 特殊地域管辖

行政诉讼的特殊地域管辖，是指法律针对特别案件所列举规定的特别管辖。《行政诉讼法》规定了两种具体情形：

（1）《行政诉讼法》第十九条规定：对限制人身自由的行政强制措施不服提起的诉讼，由被告所在地或者原告所在地人民法院管辖。当事人选择其中之一进行诉讼时，按我国行政诉讼的管辖规定，可以就行政行为造成人身损失和财物损失都在同一法院诉讼，而不是分别提起诉讼。

（2）因不动产提起的诉讼，由不动产所在地人民法院管辖。

3. 共同地域管辖

共同地域管辖是指两个以上人民法院对同一案件都有管辖权的情况下，原告可以选择其中一个法院起诉。这是由一般地域管辖和特殊地域管辖派生的一种补充管辖方式。

（四）专业法庭管辖是大势所趋

按照《行政诉讼法》第四条第二款的规定："人民法院设行政审判庭，审理行政案件。"

广州铁路运输中级人民法院和广州铁路运输第一法院，自2016年1月1日起依照《中华人民共和国行政诉讼法》规定受理行政案件。广州市中级人民法院及所属各区基层人民法院自2016年1月1日起不再受理行政案件。详见本节附件一：《关于我省铁路运输法院集中管辖广州市行政案件的公告》（广东省高级人民法院）；自2016年7月1日起，上海市长宁等4家区法院的一审行政案件由上海铁路运输法院管辖。详见本节附件二：《上海高院关于开展行政案件集中管辖改革试点的公告》（上海市高级人民法院）。

针对具体行政行为的合法性和合理性的甄别与评判是否专业是选择行政复议和行政诉讼的核心要素，只有在基层人民法院和中级人民法院设立行政诉讼法庭，才是法律救济制度充分发挥作用的根本保障，这是大势所趋。

五、《行政诉讼法（2014年版）》的变化

2015年5月1日修订后的《行政诉讼法》开始实施，这是《行政诉讼法》实施24年来的首次修改。行政诉讼法被称为"民告官"的法律，规定了行政诉讼程序的基本规则，为受到国家行政机关非法侵犯合法权益的公民和法人，提供了法律救济途径。

此次修改主要针对实践中立案难、审理难、执行难等"三难"问题，从保障当事人的诉讼权利、完善管辖制度、诉讼参加人制度、证据制度、完善民事争议和行政争议交叉的处理机制、完善判决形式等十个方面进行完善。

修改后的行政诉讼法从明确法院和行政机关应当保障当事人的起诉权利、扩大受案范围、强化受理程序约束等五方面保证行政诉讼的入口畅通，完善了对当事人的诉权保护。比如修改后的行政诉讼法规定：人民法院应当保障公民、法人和其他组织的起诉权利，对应当受理的行政案件依法受理。行政机关及其工作人员不得干预、阻碍人民法院受理行政案件。被诉行政机关负责人应当出庭应诉。不能出庭的，应当委托行政机关的相应的工作人员出庭。

该法修改后明确，政府不得干预、阻碍法院立案；若书写起诉状有困难，可口头起诉；异地管辖，减少干预审判；不执行法院判决，可拘留行政官员等。比如修改后的行诉法规范行政机关的出庭应诉，破解"告官不见官"的难题，规定被告经传票传唤无正当理由拒不出庭，或未经法庭许可中途退庭，人民法院可以向其上一级行政机关或者监察机关提出依法给予其主要负责人或者直接责任人员处分的司法建议。

对于实践中有的行政机关向行政诉讼原告施加压力，迫使其撤诉的行为，修改后的行诉法规定以欺骗、胁迫等非法手段迫使原告撤诉的，将予追责。

因为诉讼的实施主体是人民法院，不是税务局，因此，习惯上讲的"税务行政诉讼"是不严谨的。行政诉讼（税务）是行政诉讼的一个分支和重要组成部分。纳税人、扣缴义务人、纳税担保人同税务机关在纳税上发生争议必须先申请行政复议，对行政复议决定不服的，才能依法向人民法院起诉。纳税人、扣缴义务人、纳税担保人或其他当事人对税务局的处罚决定、强制执行措施、税收保全措施或其他具体行政行为不服的，可以直接向人民法院起诉。行政诉讼（税务）受案范围与税务行政复议范围一致。

诉讼期间，税务机关作出的具体行政行为不停止执行。除非作为被告的税务局认为需要停止执行；或者原告申请停止执行，人民法院认为该具体行政行为的执行会造成难以弥补的损失，并且停止执行不损害社会公共利益，裁定停止执行。

附件一：

关于我省铁路运输法院集中管辖
广州市行政案件的公告

依照《中华人民共和国行政诉讼法》第十八条第二款的规定，经最高人民法院批准，广东省高级人民法院根据广州市行政审判工作的实际情况，确定由广州铁路运输中级人民法院、广州铁路运输第一法院跨行政区划管辖广州市行政案件。现将有关事项公告如下：

一、广州铁路运输中级法院和广州铁路运输第一法院自2016年1月1日起依《中华人民共和国行政诉讼法》规定受理行政案件。广州市中级人民法院及所属各区基层人民法院自2016年1月1日起不再受理行政案件。

二、根据《中华人民共和国行政诉讼法》、《中华人民共和国民事诉讼法》和《最高人民法院关于批准广东省内铁路运输法院集中管辖广州市行政案件改革试点实施方案的通知》的规定，确定广州铁路运输第一法院增加集中管辖广州市一审行政诉讼案件，对非诉行政案件进行合法性审查，并作出是否准予强制执行的裁定；确定广州铁路运输中级法院增加集中管辖广州市二审行政案件、依法应由中级法院管辖的广州市一审行政案件和非诉行政案件。

三、广州市中级人民法院及所属各区基层人民法院自2016年1月1日起不再立案受理上述案件。2016年1月1日以前广州市中级人民法院及所属各区基层人民法院已经立案但尚未审结的上述案件，由原受理案件法院继续审理。

四、广州市各区基层人民法院自2016年1月1日起审结的一审行政案件，上诉法院为广州铁路运输中级法院。广州市中级人民法院自2016年1月1日后接收的上诉案件材料移交广州铁路运输中级法院受理。

五、广州市各区基层人民法院2016年1月1日前审结并已发生法律效力的行政案件，当事人申请再审的，由广州铁路运输中级法院依法受理。

六、自2016年1月1日起，广州铁路运输中级法院管辖的非诉执行案件，准予执行的，由广州铁路运输中级法院执行局执行或交由有关部门组织实施；广州铁路运输第一法院管辖的非诉执行案件，准予执行的，由行政机关所在地或不动产所在地的基层人民法院执行，或交由有关部门组织实施。

七、广州铁路运输第一法院、广州铁路运输中级法院第二办公区（行政审判庭、民事审判庭）的办公地址是广州市白云区白云大道南788号。

特此公告。

广东省高级人民法院
2015年12月25日

附件二：

继2014年12月28日挂牌成立全国首家跨行政区划人民法院——上海市第三中级人民法院（以下简称上海三中院）之后，今天上午（6月15日），上海市高级人民法院（以下简称"上海高院"）召开上海法院深入开展行政案件集中管辖改革试点工作动员大会，根据中央、市委和最高法院的决策部署，以试点先行、分步实施为原则，指定由上海铁路运输法院（以下简称"上铁法院"）集中管辖静安、虹口、普陀、长宁等4家区法院的一审行政案件。

根据这次的《实施方案》规定，上海法院的行政案件管辖作了相应调整，自2016年7月1日起，长宁等4家区法院的一审行政案件由上铁法院管辖，其他区（县）法院的一审行政案件按原管辖规定执行；当事人对上铁法院作出的一审行政裁判不服的，上诉于上海三中院；当事人认为上铁法院已经发生法律效力的行政裁判确有错误的，向上海三中院申请再审；长宁等4家区法院的非诉行政申请执行案件的审查仍由四家区法院办理。

同时，为确保这次试点改革的实施，上海高院还成立了"上海市高级人民法院行政案件集中管辖改革试点工作推进小组"，抓好改革推进工作。

上海高院关于开展行政案件集中管辖改革试点的公告

为深入推进行政案件集中管辖改革试点工作，依法公正审理行政案件，根据《中华人民共和国行政诉讼法》第十八条第二款，结合上海实际，经最高人民法院批准，上海市高级人民法院决定由上海铁路运输法院集中管辖部分区域行政案件。现将有关事项公告如下：

一、2016年7月1日以后，上海铁路运输法院依法管辖下列一审行政案件：

1. 原由静安、虹口、普陀、长宁区人民法院管辖的一审行政案件；

2. 原由上海铁路运输法院管辖的上海市轨道交通运营区域内发生的一审行政案件；

3. 上级法院指定管辖的其他一审行政案件。

二、2016年7月1日以后，静安、虹口、普陀、长宁区人民法院不再受理一审行政案件。2016年7月1日以前，静安、虹口、普陀、长宁区人民法院已经立案但尚未审结的案件，由原受理法院继续审理。

三、当事人对上海铁路运输法院作出的一审行政判决、裁定不服，上诉于上海市第三中级人民法院。当事人对静安、虹口、普陀、长宁区人民法院继续审理并作出的一审行政判决、裁定不服提出上诉的，按原管辖规定执行。

四、当事人认为上海铁路运输法院已经发生法律效力的一审行政判决、裁定确有错误的，向上海市第三中级人民法院申请再审。

当事人认为静安、虹口、普陀、长宁区人民法院已经发生法律效力的行政判决、裁定确有错误的，按原管辖规定申请再审。2016年7月1日以后，如需对静安、虹口、普陀、长宁区人民法院作出的已经发生法律效力的一审行政判决、裁定进行再审，由受理申请再审案件的中级人民法院依法裁定提审或者指令上海铁路运输法院再审。

五、静安、虹口、普陀、长宁区人民法院院长认为本院已经发生法律效力的行政判决、裁定确有错误并提起再审的，再审案件的管辖按原管辖规定执行。

六、静安、虹口、普陀、长宁区人民法院的非诉行政申请执行案件的办理，按原规定执行。

七、本公告的日期"以前"不包括本日，"以后"包括本日。

八、拆迁协议纠纷案件的管辖参照本规定执行。

九、上海铁路运输法院的办公地址是上海市静安区宝通路466弄60号，邮政编码200071。

特此公告。

上海市高级人民法院

2016年6月15日

第六节　国家赔偿概述

国家赔偿是法律救济结果的直接体现，其中，行政赔偿是国家赔偿的主要组成部分。国家赔偿以支付赔偿金为主要方式，能够返还财产或恢复原状的，予以返还财产或者恢复原状。

国家赔偿，又称为国家侵权损害赔偿，是指国家机关及其工作人员因行使职权给公民、法人及其他组织的人身权或财产权造成损害，依法应给予的赔偿。国家赔偿由侵权的国家机关履行赔偿义务。国家赔偿一般包括行政赔偿和刑事赔偿。

《中华人民共和国国家赔偿法》（以下简称《国家赔偿法》）于1994年5月12日发布，1995年1月1日实施。该法至今经历两次修订，已被《全国人大常委会关于修改〈国家赔偿法〉的决定》（2010年4月29日发布，2010年12月1日实施）修改；已被《全国人大常委会关于修改〈国家赔偿法〉的决定（2012年）》（2012年10月26日发布，2013年1月1日实施）修改。其中，第二十六条规定：侵犯公民人身自由的，每日赔偿金按照国家上年度职工日平均工资计算。最高人民法院要求，各级人民法院在审理国家赔偿案件时按照上述标准执行。2020年5月18日，最高人民法院下发通知，公布了自2020年5月18日起作出的国家赔偿决定涉及侵犯公民人身自由权的赔偿金标准为每日346.75元。

一、相关概念

国家赔偿，又称国家侵权损害赔偿，是由国家对于行使公共权力的侵权行为造成的损害后果承担赔偿责任的活动。国家赔偿一般包括行政赔偿和刑事赔偿。

行政赔偿，是指国家行政机关及其工作人员在行使职权的过程中侵犯公民、法人或其他组织的合法权益并造成损害，由国家承担赔偿责任的制度。

刑事赔偿，是指公安机关、国家安全机关、检察机关、审判机关、监狱管理机关及其工作人员违法行使职权，侵犯当事人人身权、财产权造成损害而给予的赔偿。

民事赔偿是由平等民事主体之间的侵权引起的民事责任。民事赔偿责任是产生于合同、侵权等领域对侵犯他人民事权利的法律后果所承担的金钱补救的民事责任。

国家补偿是国家机关工作人员在行使职权过程中，因其合法行为给公民、法人或者其他组织造成的损失，国家对其给予弥补的制度。

(一) 国家赔偿与国家补偿的区别

1. 两者发生的基础不同

国家赔偿由国家机关及其工作人员的违法行为引起，以违法为前提；国家补偿由国家的合法行为引起，不以违法为前提。

2. 两者性质不同

国家补偿的根本属性在于国家对特定受害的公民、法人或者其他组织损失的填补，旨在求得因公共利益而遭受特别损失的公民、法人或者其他组织提供补救，以体现其与普通公众间的利益平衡，这是两者最主要的区别。

3. 时间要求不同

国家赔偿责任的前提条件是损害的实际发生，即先有损害，后有赔偿；而国家补偿既可以在损害发生之前进行，也可以在损害发生之后进行。

4. 两者承担责任的方式不同

国家赔偿责任以金钱赔偿为原则，以恢复原状，返还财产等方式为辅；国家补偿责任多为支付一定数额的金钱。

5. 工作人员的责任不同

国家赔偿制度中有追偿制度，在国家赔偿了受害人的损失以后要向有故意或重大过失的作出违法行为的国家机关工作人员追偿，但是国家补偿制度中没有追偿制度。

(二) 国家赔偿与民事赔偿区别

国家赔偿是从民事赔偿发展而来的，国家赔偿是独立于民事赔偿的自成体系的法律制度，两者的区别可概括为：

1. 赔偿发生的原因不同

国家赔偿由国家侵权行为引起；而民事赔偿由民事侵权行为引起。（《民法通则》规定的公务侵权与国家公权力的行使有关，公务侵权的民事责任实际适用《国家赔偿法》的规定。）

2. 赔偿主体不同

国家赔偿的主体是抽象的国家，具体的赔偿义务由国家赔偿法规定的赔偿义务机关履行。赔偿主体与赔偿义务人相互分离。而民事赔偿的主体通常是具体的民事违法行为人，赔偿主体与赔偿义务人一致。

3. 赔偿的归责原则不同

国家赔偿的归责原则是违法原则，而民事赔偿的归责原则体系由过错责任原则、无过错责任原则、公平责任原则构成。

4. 赔偿程序不同

国家赔偿的程序较民事赔偿更为复杂，其区别在于：首先，在提起国家赔偿诉讼之前，除在行政诉讼中一并提起赔偿外，请求人应先向赔偿义务机关提出赔偿请求，即实行赔偿义务机关决定前置原则，不经该决定程序，法院不予受理，而在民事赔偿程序中，受害人可以直接向法院提起赔偿请求，无须经过前置程序。其次，证据规则不同。国家赔偿一般实行"初步证明"规则，即赔偿请求人首先要证明损害已经发生，并且该损害是由国家机关及其工作人员的违法行为所引起，继而，证明责任转移到被告，而在民事赔偿诉讼程序中则实行"谁主张、谁举证"的证据规则。

二、国家赔偿的计算标准

（一）侵犯公民人身自由的，每日的赔偿金按照国家上年度职工日平均工资计算。自2020年5月18日起作出的国家赔偿决定涉及侵犯公民人身自由权的赔偿金标准为每日346.75元。

（二）侵犯公民生命健康权的，赔偿金按照下列规定计算：

1. 造成身体伤害的，应当支付医疗费，以及赔偿因误工减少的收入。减少的收入每日的赔偿金按照国家上年度职工日平均工资计算，最高额为国家上年度职工年平均工资的五倍。

2. 造成部分或者全部丧失劳动能力的，应当支付医疗费，以及残疾赔偿金，残疾赔偿金根据丧失劳动能力的程度确定，部分丧失劳动能力的最高额为国家上年度职工年平均工资的十倍，全部丧失劳动能力的为国家上年度职工年平均工资的二十倍。

3. 造成全部丧失劳动能力的，对其抚养的无劳动能力的人，还应当支付生活费。造成死亡的，应当支付死亡赔偿金、丧葬费，总额为国家上年度职工年平均工资的二十倍。对死者生前抚养的无劳动能力的人，还应当支付生活费。其中，上年度职工年平均工资是指做出的有效行政决定的上一年，所以若某个行政决定做出后又在后来因为行政复议而更改的，则以后来的这个决定做出的年份的上一年为准计算国家上年度职工年平均工资。

（三）侵犯公民、法人和其他组织的财产权造成损害的按照下列规定处理：

1. 处罚款，罚金，追缴、没收财产或者违反国家规定征收财物、摊派费用的，返还财产。

2. 查封、扣押、冻结财产的，解除对财产的查封、扣押、冻结，造成财产损坏或者灭失的，能恢复原状的恢复原状，不能恢复原状的，按照损害程度给付相应的赔偿金。

3. 应当返还的财产损坏的，能够恢复原状的恢复原状，不能恢复的，按照损害程度给付相应赔偿金。

4. 应当返还的财产灭失的，给付相应的赔偿金。

5. 财产已经拍卖的，给付拍卖所得的价款。

6. 吊销许可证和执照、责令停产停业的，赔偿停产停业期间必要的经常性费用开支。对财产权造成其他损害的，按照直接损失给予赔偿。

三、国家赔偿范围和赔偿义务机关

（一）赔偿范围及其赔偿方式

1. 侵犯公民人身自由的违法行为及其赔偿方式：

（1）违法拘留或者违法采取限制公民人身自由的行政强制措施的；

（2）非法拘禁或以其他方法非法剥夺公民人身自由的；

（3）以殴打等暴力行为或者唆使他人以殴打等暴力行为造成公民身体伤害或者死亡的；

（4）违法使用武器、警械造成公民身体伤害或者死亡的；

（5）造成公民身体伤害或者死亡的其他违法行为。

其赔偿方式：每日的赔偿金按照国家上年度职工日平均工资计算。

2. 侵犯公民人身权的违法行政行为及赔偿方式：

（1）造成身体伤害的，应当支付医疗费，以及赔偿因误工减少的收入。减少的收入每日的赔偿金按照国家上年度职工日平均工资计算，最高额为国家上年度职工年平均工资的五倍。

（2）造成部分或者全部丧失劳动能力的，应当支付医疗费，以及残疾赔偿金，残疾赔偿金根据丧失劳动能力的程度确定，部分丧失劳动能力的最高额为国家上年度职工年平均工资的十倍，全部丧失劳动能力的为国家上年度职工年平均工资的二十倍。造成全部丧失劳动能力的，对其抚养的无劳动能力的人，还应当支付生活费。

（3）造成死亡的，应当支付死亡赔偿金、丧葬费，总额为国家上年度职工年平均工资的二十倍。对死者生前抚养的无劳动能力的人，还应当支付生活费。

3. 侵犯公民、法人和其他组织财产权的违法行政行为及其赔偿方式：

（1）处罚款，罚金、追缴、没收财产或者违反国家规定征收财物，摊派费用的，返还财产；

（2）查封、扣押、冻结财产的，解除对财产的查封、扣押、冻结，造成财产损坏或者灭失的，能恢复原状的恢复原状，不能恢复原状的，按照损害程度给付相应的赔偿金；

（3）应当返还的财产损坏的，能够恢复原状的恢复原状，不能恢复的，按照损害程度给付相应的赔偿金；

（4）应当返还的财产灭失的，给付相应的赔偿金；

（5）财产已经拍卖的，给付拍卖所得的价款；

（6）吊销许可证和执照、责令停产停业的，赔偿停产停业期间必要的经常性费用开支；

（7）对财产权造成其他损害的，按照直接损失给予赔偿。

（二）赔偿义务机关

根据《国家赔偿法》，赔偿义务机关的确定分以下几种情形：

1. 行政机关及其工作人员行使职权侵犯公民、法人和其他组织的合法权益造成损害的，该行政机关为赔偿义务机关。

2. 两个以上行政机关共同行使职权时侵犯公民、法人和其他组织的合法权益造成损害的，共同行使行政职权的行政机关为共同赔偿义务机关。

3. 法律、法规授权的组织在行使授予的行政权力时侵犯公民、法人和其他组织的合法权益造成损害的，被授权的组织为赔偿义务机关。

4. 受行政机关委托的组织或个人在行使受委托的行政权力时侵犯公民、法人和其他组织的合法权益造成损害的，委托的行政机关为赔偿义务机关。

5. 赔偿机关被撤销的，继续行使其职权的行政机关为赔偿义务机关；没有继续行使其职权的行政机关的，撤销该赔偿义务机关的行政机关为赔偿义务机关。

6. 经复议机关复议的，最初造成侵权行为的行政机关为赔偿义务机关，但复议机关的复议决定加重损害的，复议机关对加重的部分履行赔偿义务。

行政赔偿请求人应当先向赔偿义务机关提出赔偿要求，也可以在申请行政赔偿复议和提起行政诉讼时一并提出，但不得不经过赔偿义务机关的处理而直接提起诉讼。

四、行政赔偿

关于行政赔偿案件的受理范围和管辖，最高人民法院在《最高人民法院关于审理行政赔偿案件若干问题的规定》中，作出如下明确规定：

为正确审理行政赔偿案件，根据《国家赔偿法》和《行政诉讼法》的规定，对审理行政赔偿案件的若干问题作以下规定：

一、受案范围

第一条 《国家赔偿法》第三条、第四条规定的其他违法行为，包括具体行政行为和与行政机关及其工作人员行使行政职权有关的，给公民、法人或者其他组织造成损害的，违反行政职责的行为。

第二条　赔偿请求人对行政机关确认具体行政行为违法但又决定不予赔偿，或者对确定的赔偿数额有异议提起行政赔偿诉讼的，人民法院应予受理。

第三条　赔偿请求人认为行政机关及其工作人员实施了国家赔偿法第三条第（三）、（四）、（五）项和第四条第（四）项规定的非具体行政行为的行为侵犯其人身权、财产权并造成损失，赔偿义务机关拒不确认致害行为违法，赔偿请求人可直接向人民法院提起行政赔偿诉讼。

第四条　公民、法人或者其他组织在提起行政诉讼的同时一并提出行政赔偿请求的，人民法院应一并受理。

赔偿请求人单独提起行政赔偿诉讼，须以赔偿义务机关先行处理为前提。赔偿请求人对赔偿义务机关确定的赔偿数额有异议或者赔偿义务机关逾期不予赔偿，赔偿请求人有权向人民法院提起行政赔偿诉讼。

第五条　法律规定由行政机关最终裁决的具体行政行为，被作出最终裁决的行政机关确认违法，赔偿请求人以赔偿义务机关应当赔偿而不予赔偿或逾期不予赔偿或者对赔偿数额有异议提起行政赔偿诉讼，人民法院应依法受理。

第六条　公民、法人或者其他组织以国防、外交等国家行为或者行政机关制定发布行政法规、规章或者具有普遍约束力的决定、命令侵犯其合法权益造成损害为由，向人民法院提起行政赔偿诉讼的，人民法院不予受理。

二、管辖

第七条　公民、法人或者其他组织在提起行政赔偿诉讼的同时一并提出行政赔偿请求的，人民法院依照行政诉讼法第十七条、第十八条、第二十条的规定管辖。

第八条　赔偿请求人提起行政赔偿诉讼的请求涉及不动产的，由不动产所在地的人民法院管辖。

第九条　单独提起的行政赔偿诉讼案件由被告住所地的基层人民法院管辖。

中级人民法院管辖下列第一审行政赔偿案件：

（1）被告为海关、专利管理机关的；

（2）被告为国务院各部门或者省、自治区、直辖市人民政府的；

（3）本辖区内其他重大影响和复杂的行政赔偿案件。

高级人民法院管辖本辖区内有重大影响和复杂的第一审行政赔偿案件。

最高人民法院管辖全国范围内有重大影响和复杂的第一审行政赔偿案件。

第十条　赔偿请求人因同一事实对两个以上行政机关提起行政诉讼的，可以向其中任何一个行政机关住所地的人民法院提起。赔偿请求人向两个以上有管辖权的人民法院提起行政赔偿诉讼的，由最先收到起诉状的人民法院管辖。

第十一条　公民对限制人身自由的行政强制措施不服，或者对行政赔偿机关基于同一事实对同一当事人作出限制人身自由和对财产采取强制措施的具体行政行为不服,在提起行政诉讼的同时一并提出行政赔偿请求的,由受理该行政案件的人民法院管辖;单独提起行政赔偿诉讼的,由被告住所地或原告住所地或不动产所在地的人民法院管辖。

第十二条 人民法院发现受理的案件不属于自己管辖,应当移送有管辖权的人民法院;受移送的人民法院不得再行移送。

第十三条 人民法院对管辖权发生争议的,由争议双方协商解决,协商不成的,报请他们的共同上级人民法院指定管辖。如双方为跨省、自治区、直辖市的人民法院,高级人民法院协商不成的,由最高人民法院及时指定管辖。

依前款规定报请上级人民法院指定管辖时,应当逐级进行。

五、刑事赔偿

《国家赔偿法》对刑事赔偿作出具体规定,对于进一步促进公安机关、国家安全机关、检察机关、审判机关、监狱管理机关,依法行使职权具有重要意义。

(一) 刑事赔偿义务机关

刑事赔偿义务机关是指接受刑事赔偿请求、支付赔偿费用、参加赔偿诉讼的义务方。

按照《国家赔偿法》第二十一条规定,我国刑事赔偿义务机关依照不同的情况分别是公安机关、国家安全机关、军队保卫部门以及检察机关、审判机关和监狱管理部门。具体原则如下:

1. 对没有犯罪事实或者没有事实证明有犯罪重大嫌疑的人错误拘留,作出拘留决定的机关为赔偿义务机关。

2. 对没有犯罪事实的人错误逮捕的,作出逮捕决定的机关为赔偿义务机关。

3. 再审改判无罪的,作出原生效判决的人民法院为赔偿义务机关。

4. 二审改判无罪的,作出一审判决的人民法院和作出逮捕决定的机关为共同赔偿义务机关。

5. 刑讯逼供、殴打或者以其他暴力行为造成身体伤害或者死亡的,或者违法使用武器、警械造成公民身体伤害或者死亡的,作出上述违法行为的工作人员所属的机关为赔偿义务机关。

此外,对于人民法院在民事、行政诉讼中错误采用对妨害诉讼的强制措施、保全措施或者执行错误所造成的人身权和财产权的损害,应向作出错误的采取强制措施决定以及作出错误执行行为的人民法院提出国家赔偿要求,以其作为赔偿义务机关。

(二) 刑事赔偿范围

1. 在刑事诉讼中,错误拘留、错误逮捕、无罪错判的;刑讯逼供、违法使用武器、警械、殴打或者以其他暴力行为，造成公民身体伤害的。

2. 违法采取查封、扣押、冻结、追缴等措施，造成财产损害的。

3. 属于下列情形之一的，国家不承担赔偿责任：

（1）因公民自己故意作虚伪证供、或者伪造其他有罪证据被羁押或者被判处刑罚的。

（2）依照刑法第十七条、第十八条规定不负刑事责任的人被羁押的。主要包括：

①不满14岁的人；②已满14岁不满16岁，犯故意杀人、故意伤害致人重伤或死亡等罪行；③精神病人在不能辨认或者不能控制自己行为的时候犯罪的。这些人之所以被无罪释放，并非缺少犯罪事实，而是出于人道主义的考虑，豁免了其刑事责任，因此，国家当然不应承担赔偿责任。

（3）依照刑事诉讼法第十五条、第一百四十二条第二款规定不追究刑事责任的人被羁押的。主要包括：①情节轻微，危害不大，不认为犯罪的；②犯罪已过追诉时效期限的；③经特赦免除刑罚的；④依照刑法告诉才处理的犯罪，没有告诉或者撤回告诉的；⑤犯罪嫌疑人、被告人死亡的；⑥其他法律规定免于追究刑事责任的。

（4）刑事侦查、检察、审判职权的机关以及看守所、监狱管理机关的工作人员与刑事职权无关的个人行为。

（5）因公民自伤、自残等故意行为致使损害发生的。

（6）法律规定的其他情形。

六、税务行政赔偿

纳税人、扣缴义务人或者其他当事人，因税务部门和税务人员的职权行为，致其人身权或者财产权受到侵犯并造成损害的，可以依法取得税务行政赔偿。因税务人员与行使职权无关的个人行为，或因纳税人、扣缴义务人以及其他当事人自己的行为致使损害发生的，国家不承担赔偿责任。

税务行政赔偿以支付赔偿金为主要方式。能够返还财产或者恢复原状的，予以返还财产或者恢复原状。返还罚款、解除冻结存款，应当支付银行同期存款利息。致人精神损害，应当在侵权行为影响范围内，为受害人消除影响、恢复名誉、赔礼道歉；造成严重后果的，应当支付相应的精神损害抚慰金。

赔偿请求人要求赔偿，应当向赔偿义务机关单独提出，也可以在申请行政复议和提起行政诉讼时一并提出。税务行政赔偿请求人请求国家赔偿的时效为2年，自其知道或者应当知道税务部门及其工作人员行使职权行为侵犯其人身权、财产权之日起计算。

第二章　税款征收与税务稽查

摘要： 核定征收权是税务局最大的税收征管权力。目前，二十四项税收征管核心工作共同构成中国税收征管全流程，申报征收是税收征管、纳税服务、税源监控（纳税评估）和行政执法（税务稽查、行政处罚和强制执行）的出发点和目的。

税收滞纳金的经济实质等同于"贷（借）款"利息，是占用应缴纳给国家的资金而获取资金使用价值后需要支付的资金成本。加收税收滞纳金，税务部门和税务人员是没有任何自由裁量权的。

税务检查＝日常检查＋税务稽查。税务日常检查是由税源管理部门实施的，相关工作规程及业务要求是由国家税务总局征管和科技司负责的；税务稽查是由专业机构税务稽查局的专业人员实施的，相关工作规程及业务要求是由国家税务总局稽查局负责的。

调查取证是税务稽查办案的核心。其中，实施环节是"选案、实施、审理和执行"四个稽查环节中的核心。税务稽查的本质就是证据收集与固定，就是取证！因此，证据是重点、难点和焦点。本章简单介绍了税务稽查审理和执行，举例部分相关文书及式样。

第一节　征税与退税

税收征管是整个税收管理活动的总称，是实现税收管理目标，将潜在的税源变为现实的税收收入的实现手段，也是贯彻国家产业政策，指导、监督纳税人正确履行纳税义务，发挥税收经济调解职能的重要措施的基础性工作。税收征管包括各税种的征收管理，主要内容可以分为"对外依法治税＋对内加强管理"两类和"征收、管理、评估、执法和救济"五个方面,即"内外两类五个阶段"。

对外依法治税是指以税收行政执法为主、纳税服务为辅的对纳税人和扣缴义务人的"执法+管理+服务"的综合管理,包括纳税人税务登记管理、申报纳税、减免(缓)退税、纳税评估、税务稽查、行政处罚、行政复议等;对内管理是指以宏观经济管理需要出发而运用税收计划、税收会计、税务统计、税收票证等进行的内部管理活动。

申报征收、管理服务、税源监控(纳税评估)、行政执法(税务稽查、行政处罚和税务执行)和法律救济这五个阶段。每个阶段相互联系,相辅相成。管理服务和税源监控是申报征收和行政执法的基础,申报征收是管理服务、税源监控(纳税评估)和行政执法(税务稽查、行政处罚和税务执行)的目的,行政执法(税务稽查、行政处罚和税务执行)是管理服务、税源监控(纳税评估)和申报征收的补充及保证。

一、相关概念

税收征管是指国家税务征收部门依据税法、征管法等有关法律、法规的规定,对各税费征收过程进行的组织、管理、检查等一系列工作的总称。

税务管理是指税收征收管理部门为了贯彻、执行国家税收法律制度,加强税收工作,协调征税关系而开展的一项有目的的活动。税务管理是税收征收管理的重要内容,是税款征收的前提和基础性工作。税务管理主要包括税务登记、账簿和凭证管理、纳税申报等方面的管理。税务管理是保证税收职能得以实现的一种管理活动。

下面是梳理《全国税收征管规范1.2版》后得到的十二项核心征管事项的概念或定义:

(一)税务登记

税务登记,是指税务部门对纳税人的基本情况及生产经营项目进行登记管理的一项基本制度。它是税务局对纳税人实施管理、了解掌握税源情况的基础。税务登记包括:设立登记及信息采集、变更登记、停复业登记、清税注销、自然人登记、社会保险费信息登记、扣缴义务人管理、委托代征管理、外出经营报验管理、其他登记管理、非正常户管理、证照管理、税源管理项目管理、登记户日常管理等。

(二)认定管理

认定管理,是指依照纳税人的申请,税务局对纳税人申请的资格、资质进行审核、调查后,依法赋予纳税人相关资格、资质的过程;或是税务局依职权发起对纳税人的认定,纳税人确认、税务局调查审批后赋予纳税人相关资格、资质的过程。认定管理主要包括:税(费)种认定、非居民认定管理、出口退(免)税相关认定、税务行政许可相关业务等。

(三) 申报纳税

申报纳税，是指纳税人依据法律、行政法规确定的标准和范围履行纳税义务，向税务部门办理纳税申报的法定手续，以及税务部门将纳税人依法向国家缴纳的税款及时足额地征收入库的一系列业务活动的总称（包括缴费人依据有关规定履行缴费申报手续，以及税务部门及时足额征收费款）。

申报纳税主要包括：各种税费纳税申报、涉税资料报送与信息采集、征收开票、解缴入库、退抵税（费）审批、出口退税预审核、出口货物免退税申报核准、出口货物免抵退税申报核准、申报纳税创新处理等业务。

申报纳税＝纳税申报＋解缴税款（征收入库）。

(四) 税收优惠

税收优惠也称减免税管理，是指为了配合国家在一定时期的政治、经济和社会发展总目标，政府利用税收制度，按预定目的在税收方面采取相应的激励和照顾措施，以减轻某些纳税人的纳税义务从而补贴相应纳税人及其某些活动。税收优惠主要包括：减免税管理、非居民享受税收协定待遇、车辆优惠其他管理、其他税收优惠管理、税收优惠创新处理等。甲行家税收优惠理论表达式：

税收优惠＝免除纳税＋减免征收＋税收饶让，比如，固定资产加速折旧税前扣除就是典型的税收饶让优惠政策。

(五) 核定征收（税额确认）

税额确认，是指税务部门对纳税人依法进行的纳税申报，有权就其真实性、合法性进行核实、确定，具体说是以纳税人提供的账簿凭证、报表、文件等资料记载的信息为基础，结合所掌握的相关信息对纳税申报资料进行核实、确定的过程。税务部门发现纳税人有存在申报的计税依据不实的，逃避纳税义务行为的，未按照规定办理税务登记而从事生产、经营的，有合并、分立、解散的，以及法律、行政法规规定的其他情形之一的，应当及时对纳税人应纳税额进行确认。

税额确认主要包括：定期定额户核定与调整定额、简并征期管理、终止定期定额征收方式、核定应纳税额、企业所得税核定、印花税核定、其他税种核定、社会保险费核定、增值税进项税额扣除标准、计税价格管理、预约定价安排管理、特别纳税调整延期管理、特别纳税调整案件管理、纳税及退（免）税评估、税额确认创新处理。

核定应纳税额（未按规定办理税务登记），是指根据《税收征收管理法》第三十七条规定，对未按照规定办理税务登记的从事生产、经营的纳税人以及临时从事经营的纳税人，由税务机关核定其应纳税额，责令缴纳。

此核定征收是征管核定征收，还有适用《税收征收管理法》第三十六条规定的税务稽查核定征收和国际税收管理的转让定价的执法核定征收。最直接的区分是实施主体不同：税源管理部门进行征管核定征收，税务稽查部门进行执法核定征收和国际税收部门进行转让定价的特别纳税调整。

核定征收＝征管核定征收＋执法核定征收。

（六）纳税评估

纳税评估，是指税务部门运用数据信息对比分析等手段，对纳税人和扣缴义务人纳税申报情况的真实性和准确性作出定性和定量的判断，并采取进一步征管措施的管理行为。

纳税评估主要工作内容包括：根据宏观税收分析和行业税负监控结果以及相关数据设立评估指标及其预警值；综合运用各类对比分析方法筛选评估对象；对所筛选出的异常情况进行深入分析并作出定性和定量的判断；对评估分析中发现的问题分别采取税务约谈、调查核实、处理处罚、提出管理建议、移交稽查部门查处等方法进行处理；维护更新税源管理数据，为税收宏观分析和行业税负监控提供基础信息、税务局的各级各部门交互信息及外部门交互信息等。

（七）税款追征

税款追征，是指纳税人未按照规定期限缴纳税款的，扣缴义务人未按照规定期限解缴税款的，税务局应当责令其限期缴纳或者解缴等一系列行为。税款追征主要包括：责令限期缴纳税（费）款、纳税担保、税收保全、强制执行、阻止出境、欠税追征和外部应征信息处理。

（八）强制执行

强制执行，是指税务局发现税务行政相对人在税款、滞纳金、罚款限缴期限到期后仍不缴纳时，经催告后，通知银行或其他金融机构扣缴税务行政相对人的存款或扣押、查封、拍卖、变卖部分财产以抵缴税款、滞纳金或罚款。强制执行包括：强制执行登记、催告处理、强制扣缴、拍卖变卖、申请法院强制执行、现金扣缴。

（九）税务检查

税务检查，是指税务部门依法对纳税人、扣缴义务人和其他涉税当事人履行纳税义务、扣缴义务情况及涉税事项进行检查处理，以及围绕检查处理开展的其他相关工作的总称。可以分为两类：专业稽查局的税务稽查和税源管理部门的日常检查。

税务检查主要包括：检举管理、稽查选案、稽查检查、稽查审理、稽查执行、稽查案件延期处理、税务稽查案卷、稽查案件督转交办管理、稽查案件复查管理、税务检查证管理、稽查其他业务、发函管理、收函管理、复函管理、接收税收情报管理和发出税收情报管理。日常检查工作由国家税务总局征管科技司负责，目前是停滞状态，很多地方把风险防控或纳税评估当作日常检查，是错误的。

税务检查＝税务稽查＋日常检查。

(十) 违法处置（行政处罚）

违法处置，也称行政处罚，是指对税务行政相对人违反税收法律法规的行为，由税务部门责令纳税人限期改正或对税务行政相对人的违法行为依据相关法律法规进行罚款的过程。违法处置主要包括：税收违法行为处理、责令限期改正、简易程序处罚、一般程序处罚处理、延（分）期缴纳罚款申请审批、提请吊销营业执照、收缴、停止发售发票、涉税事项内部移送、社会保险费征缴事项通知书、重新作出行政行为处理和文书送达。

(十一) 争议处理（税收法律救济）

争议处理，是指税务行政相对人同税务机关发生纳税争议时，必须依照税务部门根据法律、法规确定的税额、期限，先行缴纳或者解缴税款和滞纳金，或者提供相应的担保，才可以依法申请行政复议；对行政复议决定不服的，可以向人民法院起诉；对税务机关的其他行政行为有争议时，可依法申请行政复议或提起行政诉讼。争议处理主要包括：复议申请管理、复议审查管理、复议决定处理、申请税务人员回避处理、应诉登记、应诉准备、出庭应诉、上诉管理、诉讼管理、税务行政赔偿、税务行政补偿、相互协商程序管理。

(十二) 凭证管理

凭证管理，主要是指对发票、票证、其他单证及相关涉税证明的内外部管理。凭证管理包括：发票内外部管理，发票计划管理、印制管理、调拨管理、发票领用、发票缴销、发票稽核等；票证管理，票证的计划管理、印制管理、票证领发及盘点、票证结报缴销及核销、票证审核检查及结账等；其他单证管理，其他单证的计划管理、领发及盘点、结报及账务处理等；涉税证明的填开及使用。

由此可见，该规范的内容范围和分类依据都是欠缺的、片面的。还是这样的归类更全面更具体：

通过对整体税收征管流程或重点征管事项的梳理，税收征管全流程的核心事项有二十四项，甲行家再将其分成四类：

1. 权力资格类：税务登记、发票管理、税收优惠、资格认定、税务证明和纳税咨询（6）。

2. 税款征收类：纳税申报、税款征收、出口退税、税收票证、税收分析、纳税辅导（6）。

3. 税源管理（行政管理）类：信息采集、税源分析、风险提醒、纳税评估、税务审计、反避税调查（转让定价）（6）。

4. 依法治税（行政执法）类：日常检查、税务稽查、行政处罚（听证）、行政复议、行政诉讼与国家赔偿、税收强政执行（6）。

特别提示：大企业税务审计的定位比较微妙，尚待明确，暂时没有作为行政执法事项归类；反避税调查（转让定价）是国际税收事项，严格地讲是更倾向属于行政执法行为的。

这二十四项税收征管核心工作共同构成中国税收征管全流程，甲行家税收征管全流程理论是每位财税执业人员必须清楚和掌握的，其中每项核心工作都是税务管理的最基本认知单元。

二、整体税收征管概述

我国税收征管的法律依据，主要是《税收征收管理法》和《税收征收管理法实施细则》。我国整体税收征管简要概述如下。

（一）主要内容

1. 开展税收政策法规宣传，贯彻落实税收法律和政府令。
2. 掌握"底数清、户数明"税源变化，加强税源专业化管理。
3. 加强税务登记、申报纳税、认定管理等工作。
4. 进行纳税指导、税收分析、纳税评估，组织税款入库。
5. 发票和税收票证管理。
6. 开展日常检查、税务稽查、实施行政处罚、强制执行等。
7. 开展纳税争议处理，税务行政复议、税务行政诉讼和国家赔偿等。

（二）工作原则

1. 依法治税，依率计征的原则。
2. 促进经济发展与组织财政收入相结合的原则。
3. 纳税人自行申报纳税与税务部门专业管理相结合的原则。

（三）征管目标

提高税收征管质量和效率是我国税收征管工作的基本目标，具体内容包括：

1. 依法治税、执法规范

努力做到依法治税，严格执法、公正执法、文明执法，确保各项税收政策措施落实到位。

2. 降低税收流失率、提高税收征收率

依据税法和政策，通过各方面的纳税服务、征收管理和行政执法等工作，使税款实征数不断接近法定应征数，保持税收收入与经济协调增长。

3. 降低征收成本和纳税成本

降低税收征纳成本，以尽量少的征纳成本获得尽量多的税收。

4. 提高纳税人满意度和依法纳税遵从度

有效发挥税收作用,为主动遵从且遵从度高的纳税人提供优质高效的纳税服务,加大对不遵从或遵从度低的纳税人行政执法力度,积极改善税务部门形象。

(四) 税收征管模式

税收制度是由税制结构和税收征管两个主要因素构成的。

税收征管模式是税收征管过程中,税务局在税收征管组织机构、税收征管形式和税收征管方法等方面所采取的规范形式和结合方式,其表现形式是"四位一体",即税款征收、税收分析、税源管理(纳税评估)和税务稽查。更确切的概括是甲行家的"五位一体",申报征收、管理服务、税源监控(纳税评估)、依法治税(税务稽查、行政处罚和强制执行)和法律救济的组织形式。

我国现行的征管模式是在2003年确立的,概括为三十四个字,为"以纳税申报和优化服务为基础,以计算机网络为依托,集中服务,重点稽查、强化管理"。这种模式是以纳税人自觉且自行申报纳税为基础,通过税务部门和中介组织的双层服务,使得所有纳税人都能够实现自选申报;通过计算机对纳税申报的集约化处理、分析,找出未申报或中止申报的纳税人进行催报催缴,同时将异常申报加以筛选,监控纳税人按期申报;再通过稽查,纠正并处罚不真实的纳税申报,引导纳税人如实申报纳税。强化税源管理,实施税源专业管理和分类分级管理,加强信息管税和纳税评估。

全面税收风险管理理论是2008年在大企业税收服务和管理工作中试点施行的。

(五) 组织收入是税收征管的中心工作

税务管理是一项复杂的管理活动,其目标是培养纳税人的自愿依法纳税的习惯,尽量提高依法纳税水平。组织收入是税务管理的中心任务,是税收征管的中心工作。

1. 通过日常征收管理工作,贯彻执行国家税收政策法令,掌握税源变化,提出一定时期税收收入目标,有效地集中分散在各个方面、各个环节的税收,及时足额地解缴入库。

2. 坚持以法治税,监督纳税人依法履行纳税义务。

正确处理国家同企业和个人的分配关系,保证完成组织财政收入任务。

3. 充分发挥税收杠杆作用,促进国民经济持续、稳定、协调发展。

健全税收法制和各项管理制度,强化税收组织收入和宏观调控功能,发挥税收调节生产、调节分配、调节消费的职能作用;实现帮助企业加强经济核算、提高经济效益、促产增收工作,逐步理顺国家、企业和个人之间的分配关系。

三、申报纳税

税收是以法律为依据进行的特殊分配,一征一免,征多征少,既体现国家政策,又关系到企业生产发展和自然人的切身利益,坚持依法治税,是税收管理全过程应遵循的原则。

申报纳税是申报和纳税两个环节或事项的总结概括。

申报是指纳税申报，是纳税人和扣缴义务人必须履行的法律行为，是界定征纳双方责任和义务的原则事项，比如没有如实申报的纳税人将完全承担全部法律责任，可能面临偷（逃）税的行政处罚或刑事处罚。纳税是指将已申报的应纳税款及时解缴入库，履行纳税义务将税款的所有权和使用权转移到国家。申报纳税行为是纳税人和扣缴义务人自行发起的单边行为，如果存在违法责任完全由其自身承担，不属于税务局或税务人员实施的行政执法行为（具体行政行为）。因此，更习惯地称为纳税人自行申报纳税，亦然，责任自负也。

一般而言，纳税人是否主动申报纳税取决于其纳税意识；纳税意识与纳税人对税收的认识以及对政府能否妥善地使用税款的预期密切相关。影响纳税人对税收的认识的因素很多，包括一国的税收历史、文化背景，税务部门对税法的宣传等；对政府能否妥善使用税款满足公共需要程度；提高居民生活水平的努力及其效果；政府官员是否廉洁；纳税人的需求是否得到重视等。

因此，纳税人和扣缴义务人及时准确完成纳税申报和解缴税款，即完全完成应履行纳税义务，无违法责任；否则，是部分完成应履行纳税义务，须承担部分违法责任；甚至是未完成应履行纳税义务，须承担全部违法责任。同时，也是不属于税收法律救济范畴的。然而，因申报错误而申请退税事项、定期定额申报的核定征收事项、迟报催缴、欠税管理、加收滞纳金和税款追征等税务局主导发起的具体行政行为，是属于税收法律救济范畴的。

2011年4月，国家税务总局印发《"十二五"时期税收发展规划纲要》后，纳税人和扣缴义务人进行纳税申报的同时，也是税务局在采集涉税信息。

"30. 推进信息管税。以解决征纳双方信息不对称问题为重点，以涉税信息采集、分析、应用为主线，以现代信息技术为依托，加强业务与技术的融合，推动业务、制度、技术创新，优化资源配置，不断深化信息管税。推进与其他政府部门之间的信息共享，拓展数据采集渠道，及时、完整、准确地采集纳税人申报信息和第三方信息。做好跨地区经营汇总纳税企业信息交换工作。严格数据录入审核，提高数据质量。强化信息应用，加强分析比对，促进税收管理。建设数据分析应用系统，完善税源监控体系和收入核算管理平台。综合运用税收弹性分析、税负分析、税收关联分析等方法，深入开展经济税源分析、政策效应分析、管理风险分析和预测预警分析。加强税收数据信息的社会化综合开发利用，充分发挥其基础信息资源作用。……"

所以，纳税申报＝纳税申报+信息采集，特别是增值税和企业所得税的纳税申报，更加明显和突出。

四、核定征收

目前，核定征收被滥用的情况，很普遍，也很严重。

核定应纳税额，是在《税收征管法》中的概念。核定应纳税额，即核定征收是税收强制性的最直接体现，是税务局最大的税收征管权力。

（一）相关概念

核定征收是指由税务部门根据纳税人情况，在正常生产经营条件下，对其生产的应税产品查实核定产量和销售额，然后依照税法规定的税率征收税款的征收方式。

核定应纳税额是税务部门根据单位实际经营情况核定一个应该交税的基数，一年不变。定期定额户核定与调整定额，是指税务部门依照税收法律、行政法规，对个体工商户实行定期定额管理。这是日常征管核定征收。依据是《税收征管法》第三十五、第三十七条规定。

核定征收税款是指由于纳税人的会计账簿不健全，资料残缺难以查账，或者其他原因难以准确确定纳税人应纳税额时，由税务局采用合理的方法依法核定纳税人应纳税款的一种征收方式。这是税务检查执法核定征收。依据是《税收征管法》第三十五、第三十六条和《税收征收管理法实施细则》第四十七条规定。

（二）日常征管核定征收

日常征管核定征收，简称征管核定。税务局核定征收税款要遵循法定的权限和程序，保护纳税人合法权益。例如对个体工商户核定征收税款的，必须遵循法定的程序，即业户自报、典型调查、定额核定、下达定额、定期调整。原则上讲实施征管核定的范围只是未建账核算的规模较小的个体工商户、个人独资企业和合伙企业的个人所得税，也可以扩大到其他未建账核算的规模较小的公司或组织的企业所得税。实际工作中，它被严重超规定超范围地滥用，甚至变成一种"税收优惠"或招商引资的措施。

核定征收本来是为了方便规模较小没有能力或必要建账的纳税人，为了减少征纳成本。然而在实务中，被严重扭曲甚至滥用。主要体现为"核定税负明显偏低""规模很大应建账核算的纳税人却核定征收""没有严格执行一年核定一次且及时调整"等管理规定。

定期定额户核定定额（经营因素法），是指税务局根据《个体工商户税收定期定额征收管理办法》和其他税收法律、行政法规的规定，根据影响纳税人经营的一些经营指标如经营面积、年房屋租金、从业人数、月用电量（度）、主要设备名称及台（套）数等，对个体工商户在一定经营地点、一定经营时期、一定经营范围内的应纳税经营额（包括经营数量）进行核定，并以此为计税依据，确定其应纳税额的一种征收方式。

经营因素法是根据影响纳税人经营的一些经营指标如经营面积、年房屋租金、从业人数、月用电量（度）、主要设备名称及台（套）数等，对个体工商户在一定经营地点、一定经营时期、一定经营范围内的应纳税经营额（包括经营数量）进行核定。

定期定额户核定定额（成本费用法），是指税务局根据《个体工商户税收定期定额征收管理办法》和其他税收法律、行政法规的规定，根据纳税人执行期月均成本费用支出总额的基础上，依据典型调查确定的每一行业所得率（不同于应税所得率，类似于企业的经营毛利率）标准，确定其定额的一种计算方法。定期定额户如未能全面提供或提供的主要成本费用支出明显偏低，又无正当理由的，主管税务局可参照同类行业或类似行业中同规模、同地域纳税人的最低成本费用标准进行核定。

这是征管核定，征管核定是依申请行为，是具体行政行为。征管核定存在最大的问题是当税收流失时征纳双方责任不清，同时，征管核定的结果是可以被执法核定推翻的。

（三）税务稽查核定征收

税务稽查核定征收，简称稽查核定或执法核定。稽查核定是税务稽查过程中的依职权行为，是具体行政行为。比如，A公司在日常经营和申报纳税过程中，采取少计收入和虚增成本费用的手段逃税，税务稽查过程中，根据《税收征管法》第三十五条规定和根据《税收征收管理法实施细则》第四十七条规定，核定其应纳税额。

具体核定流程、要求和取证等内容，因篇幅原因不在此阐述。相关内容查阅第七章典型案例中关于最高人民法院对广州DF公司涉税行政诉讼再审判决案例解析。

（四）核定征收的法律依据

《税收征管法》第三十五条规定：纳税人有下列情形之一的，税务机关有权核定其应纳税额：

1. 依照法律、行政法规的规定可以不设置账簿的；
2. 依照法律、行政法规的规定应当设置但未设置账簿的；
3. 擅自销毁账簿或者拒不提供纳税资料的；
4. 虽设置账簿，但账目混乱或者成本资料、收入凭证、费用凭证残缺不全，难以查账的；
5. 发生纳税义务，未按照规定的期限办理纳税申报，经税务机关责令限期申报，逾期仍不申报的；
6. 纳税人申报的计税依据明显偏低，又无正当理由的。

《税收征管法》第三十七条规定：对未按照规定办理税务登记的从事生产、经营的纳税人以及临时从事经营的纳税人，由税务机关核定其应纳税额，责令缴纳。

根据《税收征收管理法实施细则》第四十七条规定，纳税人有《税收征收管理法》第三十五条或者第三十七条所列情形之一的，税务机关有权采用下列任何一种方法核定其应纳税额：

（一）参照当地同类行业或者类似行业中经营规模和收入水平相近的纳税人的税负水平核定；

（二）按照营业收入或者成本加合理的费用和利润的方法核定；

（三）按照耗用的原材料、燃料、动力等推算或者测算核定；

（四）按照其他合理方法核定。采用前款所列一种方法不足以正确核定应纳税额时，可以同时采用两种以上的方法核定。纳税人对税务机关采取本条的规定的方法核定的应纳税额有异议的，应当提供相关证据，经税务机关认定后，调整应纳税额。

（五）企业所得税核定征收

应根据生产经营地点、经营规模、经营范围基本相同的纳税人，按照统一确定的应税所得率水平核定征收企业所得税。企业所得税的核定征收的方式，包括定额征收和核定应纳税所得率征收两种。

1. 定额征收

定额征收，即直接核定所得税额，是指税务局按照一定的标准、程序和方法，直接核定纳税人年度应纳企业所得税额，由纳税人按规定进行申报缴纳的办法。

2. 核定应税所得率征收

核定应税所得率征收是指税务局按照一定的标准、程序和方法，预先核定纳税人的应税所得率，由纳税人根据纳税年度内的收入总额或成本费用等项目的实际发生额，按预先核定的应税所得率计算缴纳企业所得税的办法。就是按照收入总额或成本费用等项目的实际发生额，再按预先核定的应税所得率计算缴纳所得税。

3. 税额核定征收的计算公式。实行核定应税所得率征收办法的，应纳所得税额的计算公式为：

应纳所得税额＝应纳税所得额×适用税率

应纳税所得额＝收入总额×应税所得率

或：应纳税所得额＝成本费用支出额÷（1－应税所得率）×应税所得率

其中，应税所得率应按规定的标准执行。

4. 核定征收流程及具体要求

（1）税务所（股）接收核定任务后，分类逐户审查核实，提出鉴定意见，并报县税务局复核、认定。具有下列情形之一的，核定其应税所得率：

① 能正确核算（查实）收入总额，但不能正确核算（查实）成本费用总额的；

② 能正确核算（查实）成本费用总额，但不能正确核算（查实）收入总额的；

③ 通过合理方法，能计算和推定纳税人收入总额或成本费用总额的。

纳税人不属于以上情形的，核定其应纳所得税额。实行应税所得率方式核定征收企业所得税的纳税人，经营多业的，无论其经营项目是否单独核算，均由税务所（股）根据其主营项目确定适用的应税所得率。主营项目应为纳税人所有经营项目中，收入总额或者成本（费用）支出额或者耗用原材料、燃料、动力数量所占比重最大的项目。

（2）采用下列方法核定征收企业所得税额：

① 参照当地同类行业或者类似行业中经营规模和收入水平相近的纳税人的税负水平核定；

② 按照应税收入额或成本费用支出额定率核定；

③ 按照耗用的原材料、燃料、动力等推算或测算核定；

④ 按照其他合理方法核定。

当采用一种方法不足以正确核定应纳税所得额的，可以同时采用两种以上的方法核定。采用两种以上方法测算的应纳税所得额不一致时，可按测算的应纳税所得额从高核定。

（3）采用应税所得率方式核定征收企业所得税的，应纳所得税额计算公式如下：

应纳所得税额＝应纳税所得额×适用税率

应纳税所得额＝应税收入额×应税所得率

或：应纳税所得额＝成本（费用）支出额／（1－应税所得率）×应税所得率

（4）应税所得率按规定的幅度标准确定：比如农、林、牧、渔业3%～10%，制造业5%～15%，建筑业8%～20%，依法按核定应税所得率方式核定征收企业所得税的企业，取得的转让股权（股票）收入等转让财产收入，应全额计入应税收入额，按照主营项目（业务）确定适用的应税所得率计算征税；若主营项目（业务）发生变化，应在当年汇算清缴时，按照变化后的主营项目（业务）重新确定适用的应税所得率计算征税。

（5）下列纳税人不适用企业所得税核定征收办法：

① 享受《中华人民共和国企业所得税法》（以下简称《企业所得税法》）及其实施条例和国务院规定的一项或几项企业所得税优惠政策的企业（不包括仅享受《企业所得税法》第二十六条规定免税收入优惠政策的企业，也不包括享受小型微利企业优惠政策的纳税人）；

② 汇总纳税企业；

③ 上市公司；

④ 银行、信用社、小额贷款公司、保险公司、证券公司、期货公司、信托投资公司、金融资产管理公司、融资租赁公司、担保公司、财务公司、典当公司等金融企业；

⑤ 会计、审计、资产评估、税务、房地产估价、土地估价、工程造价、律师、价格鉴证、公证机构、基层法律服务机构、专利代理、商标代理以及其他经济鉴证类社会中介机构；

⑥ 国家税务总局规定的其他企业；

⑦ 专门从事股权（股票）投资业务的企业。

五、退税

退税是指因某种原因，税务局将已征税款按规定程序，退还给原纳税人。

在《全国税收征管规范 1.2 版》中，属于"申报纳税"的一项内容，定义为退抵税（费）审批事项。退抵税（费）是指纳税人、扣缴义务人、委托代征单位实际缴纳的税费大于应缴纳的税费（以下简称多缴税费），税务局根据实际情况将多缴税费予以退还或抵缴其原有欠税的行为。

产生退抵税（费）的主要原因：一是由于工作差错而发生的多征。二是因税收政策变动的政策性退税。三是由于其他原因的退税。主要内容包括：误收多缴退抵税、入库减免退抵税、汇算清缴结算多缴退抵税、车辆购置税退税、车船税退抵税、石脑（燃料）油消费税退税、增值税期末留抵税额退税。

退抵税（费）主要是具体行政行为，多是属于依申请行为，纳税人向税务部门提出退税申请，税务部门审批后，根据不同情况予以办理。

（一）相关概念

误收多缴退抵税，是指因税务机关误收，或纳税人误缴而产生的应退还给纳税人的税款。在实际征收过程中，税务局发现纳税人超过应纳税额多缴的税款，应当立即退还。纳税人多缴税款的，自结算缴纳税款之日起三年内发现的，可以向税务局申请要求退还多缴的税款并加算银行同期存款利息，税务局应该依照税收法律法规及相关规定办理退还手续。

入库减免退抵税，是指纳税人经批准符合政策规范可以享受减免的税款，由于此前已经缴纳入库，纳税人可以申请退还税款或用于抵减应缴纳的同税种的等额税款。

增值税即征即退，是指按税法规定缴纳的税款，由税务局征收入库后，再按规定的程序给予部分或全部退税已纳税款。

汇算清缴结算多缴退抵税，是指按照分期预缴、按期汇算结算的征管方式，对纳税人应清算形成的多缴税款办理退抵税费。

增值税留抵税额退税，是指对符合条件的增值税一般纳税人，由于特定事项产生的留抵税额，按照一定的计算公式予以计算退还。

出口产品退（免）税，简称出口退税，其基本含义是指对出口产品退还其在国内生产和流通环节实际缴纳的产品税、增值税和特别消费税。

再投资退税，是为了鼓励外国投资者将从企业取得的利润用于在中国境内再投资而制定的一项优惠政策。

退库处理，是指税务局依照税法及国家有关规定，将已征收入库的税款从国库退还给纳税人、扣缴义务人和代征代售单位的过程。退库管理主要是指税收收入退还书开具。

（二）退税流程及操作规范

下面以"误收多缴退抵税"为例，介绍退税流程及操作规范的主要内容。

1. 受理退税申请

(1) 纳税人提交资料齐全、符合法定形式的，主管税务局受理纳税人提交的《退（抵）税申请表》，纳税人申请退抵税（费）额不能大于纳税人已入库税额；纳税人既有应退税款又有欠缴税款的，税务局可以将纳税人的应退税款和利息先抵扣欠缴的税款；抵扣后有余额的，办理应退余额的退库。

(2) 纳税人提交资料不齐全或不符合法定形式的，制作《税务事项通知书》（补正通知），一次性告知纳税人需补正的内容。

(3) 依法不属于本机关职权或本业务受理范围的，制作《税务事项通知书》（不予受理通知），告知纳税人不予受理的原因。

2. 核实应退税（费）金额

对于提供的资料完整、填写内容准确、各项手续齐全符合退税要求的，在规定期限内进行审批，在《退（抵）税申请表》填写核实意见。申请表中核实退抵税方式为"退税"，应进行退库处理；核准退抵税方式为"抵缴欠税"的，先进行抵缴欠税，抵缴后的余额再办理退库。

3. 办理退库手续

根据核实结果，制作并发放《税务事项通知书》和开具退税文书。将已征收入库的税款从国库退还给纳税人、扣缴义务人和代征代售单位。

4. 归档

归档资料为报送资料清单中标注为归档的各项资料。

5. 办结时限

税务局发现纳税人多缴税款，办理退税的，本税务事项在 10 日内办结。纳税人自行发现多缴税款申请退税的，本税务事项在 30 日内查实并办结。

(三) 出口退税附送材料

1. 报关单。报关单是货物进口或出口时进出口企业向海关办理申报手续，以便海关凭此查验和验放而填具的单据。

2. 出口销售发票。这是出口企业根据与出口购货方签订的销售合同填开的单证，是外商购货的主要凭证，也是出口企业财会部门凭此记账做出口产品销售收入的依据。

3. 进货发票。提供进货发票主要是为了确定出口产品的供货单位、产品名称、计量单位、数量，是否是生产企业的销售价格，以便划分和计算确定其进货费用等。

4. 结汇水单或收汇通知书。

5. 属于生产企业直接出口或委托出口自制产品，凡以到岸价 CIF 结算的，还应附送出口货物运单和出口保险单。

6. 有进料加工复出口产品业务的企业，还应向税务机关报送进口料、件的合同编号、日期、进口料件名称、数量、复出口产品名称，进料成本金额和实纳各种税金额等。

7. 产品征税证明。
8. 出口收汇已核销证明。
9. 与出口退税有关的其他材料。

纳税人和扣缴义务人的自行申报纳税不是具体行政行为或行政执法行为，因此不属于税收法律救济范畴。申报纳税后的迟报催缴、欠税管理、加收滞纳金、退抵税（费）等涉及纳税人和扣缴义务人自身权益的事项，无论是依申请行为还是依职权行为，都是具体行政行为，属于税收法律救济范畴，合法权益受到税务部门或税务人员侵害时，可以提起税务行政复议、行政诉讼（税务）甚至国家行政赔偿。

第二节　税收滞纳金

依法纳税是一项法定义务，作为纳税人或扣缴义务人，应按照法定期限或者税务局依照法律、行政法规的规定确定的期限缴纳或者解缴税款。对于未按期缴纳（解缴）税款，自纳税期限届满次日起至纳税人、扣缴义务人实际缴纳或者解缴税款之日止，要按日加收万分之五的滞纳金，无论是纳税人还是税务人员，都是熟知且不用广而告知的。在税收征管过程中，税款（费）、非税收入、税收滞纳金和罚款是四个概念或范畴，作为财税从业者必须清楚的基础和前提。

一、概念与计算

税收滞纳金，亦称"税款滞纳金"。它是指税务部门基于纳税人未在规定期限缴纳税款的事实，而从滞纳税款之日起，按日加收滞纳税款一定比例的金额附带征收。只针对税款加收，文化建设事业费和教育费附加等各项非税收入，是不需要加收税收滞纳金的。

在实务中，纳税人、扣缴义务人未能按规定的期限缴纳或解缴税款的，税务部门除责令限期缴纳外，还要从滞纳之日起，按日加收滞纳税款万分之五（0.05%）的滞纳金。这是因为纳税人或者扣缴义务人不及时履行纳税义务而产生的连带义务，是国家对逾期当事人给予经济制裁的一种行政强制措施。实质是占用国家税款的资金占用成本。

特别提示：根据国家税务总局 2012 年第 25 号公告的规定，自 2012 年 8 月 1 日起，主管税务机关开具的缴税凭证上的应纳税额和滞纳金为 1 元以下的，应纳税额和滞纳金为零。

根据《税收征管法》第三十二条规定：纳税人未按照规定期限缴纳税款的，扣缴义务人未按照规定期限解缴税款的，税务机关除责令限期缴纳外，从滞纳税款之日起，按日加收滞纳税款万分之五的滞纳金。

例如：纳税人 A 公司，在 2020 年 1 月应纳税款为 100000 元，应在 2 月 15 日前申报缴纳，但是办税人员小柳因事忘记了，到 18 日接到税务局催缴通知后才缴纳，那么小柳在缴纳 100000 元税款的同时，还需缴纳 3 天的滞纳金 150 元。

计算公式及结果：滞纳金金额＝滞纳税额×0.5‰×滞纳天数＝100000 元×0.05%×3＝150（元）。

滞纳天数的计算是自滞纳税款之日起至纳税义务人缴纳税款之日止，其中的法定节假日不予扣除。"算头不算尾"，即滞纳税款之日计算在滞纳天数内，缴纳税款之日不计算在内。

国家对滞纳税款的纳税人、扣缴义务人征收滞纳金，目的是使纳税人、扣缴义务人及时履行缴纳或者解缴税款的义务，否则，使纳税义务人承担增加的经济制裁责任而促使其尽早履行纳税义务。税收滞纳金不是罚款，就是税收滞纳金。

二、准确认识税收滞纳金

（一）税收滞纳金的特性

税收滞纳金具有"法定性、强制性和惩罚性"的特点。

所谓法定性，是指滞纳金是由国家法律、法规明文规定的款项，个人和其他团体都无权私自设立；强制性，是指滞纳金的征收是由国家强制力保障实施的；惩罚性，指的是滞纳金是对超过规定的期限缴款而采取的惩罚性的措施。

（二）既不是税款也不是罚款

目前，关于税收滞纳金的认识主要有以下观点：从经济角度讲，滞纳金是纳税人、扣缴义务人因占用国家税款所做的补偿；从行政角度讲，滞纳金是国家对不及时履行缴纳或者解缴税款义务的纳税人、扣缴义务人采用课以财产上新的给付义务，也就是加重给付义务，具有执行罚的性质。

执行罚不同于行政处罚，行政处罚是因公民、法人或者其他组织违反行政法上的义务，而受到的行政制裁。执行罚的目的不在于制裁，而在于促使违反行政法上的义务的公民、法人和其他组织尽快履行义务。因此，不能将滞纳金作为行政处罚对待，在税法上更加倾向于将滞纳金与税款同等对待。

税收滞纳金就是滞纳金，是与税款和行政处罚罚款完全独立的，在国家参与强制分配过程中，共同构成税收给付义务。

（三）税收滞纳金在征缴时视同税款管理

为什么要加收滞纳金？因为纳税人或者扣缴义务人存在不及时履行纳税义务的行为！

在《国家税务总局关于税收优先权包括滞纳金问题的批复》（国税函〔2008〕1084号）文件中明确：税款滞纳金与罚款两者在征收和缴纳时顺序不同，税款滞纳金在征缴时视同税款管理，税收强制执行、出境清税、税款追征、复议前置条件等相关条款都明确规定滞纳金随税款同时缴纳。税收优先权等情形也适用这一精神，《税收征管法》第四十五条规定的税收优先权执行时包括税款及其滞纳金。

（四）加收税收滞纳金不属于行政处罚

行政处罚是指行政机关或其他行政主体依法定职权和程序对违反行政法规尚未构成犯罪的相对人给予行政制裁的具体行政行为。行政处罚的目的是对违法行为人的惩戒，而不是以实现义务为目的。在《行政处罚法》中，以列举方式全部列出6类行政处罚：警告，罚款，没收违法所得和没收非法财物，责令停产停业，暂扣或吊销许可证、执照，拘留。其中，是不包括加收税收滞纳金的。

虽然，税收滞纳金带有执行罚的性质，总而言之和言而总之，就不是行政处罚。

（五）税收滞纳金的经济实质等同于"贷（借）款"利息

甲行家认为，税收是一种法定的金钱给付义务，因为纳税人不如期履行义务，需要通过支付违约金、资金占用费或赔偿损失等方式加以弥补，即占用应缴纳给国家的资金而获取资金使用价值后需要支付的资金成本。这和借款支付利息没有区别。

通过"货币时间价值"概念来理解，货币时间价值是指货币经历一定时间的投资和再投资所增加的价值，也称为资金时间价值。

从量的规定性来看，货币的时间价值是没有风险和没有通货膨胀下的社会平均资金利润率。在计量货币时间价值时，风险报酬和通货膨胀因素不应该包括在内。货币的时间价值是指货币经过一定时间的投资和再投资所增加的价值，称为资金的时间价值。货币的时间价值不产生于生产与制造领域，产生于社会资金的流通领域。

因此，税收滞纳金是占用应缴纳给国家的资金而获取资金使用价值后需要支付的资金成本。从行政管理角度讲，具有强制性或执行罚特征，而从民事借贷关系角度考虑，税收滞纳金的经济实质等同于贷款利息。

（六）在国际税收反避税调查中是加收利息

在《国家税务总局关于印发〈特别纳税调整实施办法（试行）〉的通知》（国税发〔2009〕2号）中明确规定：

"第一百零七条 税务机关根据所得税法及其实施条例的规定，对企业做出特别纳税调整的，应对2008年1月1日以后发生交易补征的企业所得税税款，按日加收利息。

（一）计息期间自税款所属纳税年度的次年6月1日起至补缴（预缴）税款入库之日止。

（二）利息率按照税款所属纳税年度12月31日实行的与补税期间同期的中国人民银行人民币贷款基准利率（以下简称'基准利率'）加5个百分点计算，并按一年365天折算日利息率。

（三）企业按照本办法规定提供同期资料和其他相关资料的，或者企业符合本办法第十五条的规定免于准备同期资料但根据税务机关要求提供其他相关资料的，可以只按基准利率计算加收利息。

企业按照本办法第十五条第（一）项的规定免于准备同期资料，但经税务机关调查，其实际关联交易额达到必须准备同期资料的标准的，税务机关对补征税款加收利息，适用本条第（二）项规定。

（四）按照本条规定加收的利息，不得在计算应纳税所得额时扣除。

第一百零八条　企业在税务机关做出特别纳税调整决定前预缴税款的，收到调整补税通知书后补缴税款时，按照应补缴税款所属年度的先后顺序确定已预缴税款的所属年度，以预缴入库日为截止日，分别计算应加收的利息额。

第一百零九条　企业对特别纳税调整应补征的税款及利息，应在税务机关调整通知书规定的期限内缴纳入库。企业有特殊困难，不能按期缴纳税款的，应依照征管法第三十一条及征管法实施细则第四十一条和第四十二条的有关规定办理延期缴纳税款。逾期不申请延期又不缴纳税款的，税务机关应按照征管法第三十二条及其他有关规定处理。"

（七）税收滞纳金只是对滞纳税款按日加收

目前，税务部门在征收税款的同时分别负责多种规费（或称非税收入项目），比如教育费附加、地方教育附加、文化建设事业费和工会经费等等，只是对滞纳税款按日加收滞纳金。

最后，简单提示如下：自2001年5月1日起，根据《税收征收管理法（2001年修订）》第三十二条规定，纳税人未按照法规期限缴纳税款的，扣缴义务人未按照法规期限解缴税款的，税务机关除责令限期缴纳外，从滞纳税款之日起，按日加收滞纳税款万分之五的滞纳金。而以前是"……从滞纳税款之日起，按日加收滞纳税款千分之二的滞纳金"。

三、准确执行加收税收滞纳金

（一）加收税收滞纳金是没有追缴期限和金额限制的

加收税收滞纳金的追缴期限是否有时间限制？是3年，是5年，还是无限期？按照《税收征收管理法》第五十二条的规定，因纳税人、扣缴义务人计算错误等失误，未缴或者少缴税款的，税务机关在3年内可以追征税款、滞纳金；有特殊情况的，追征期可以延长到5年。对偷税、抗税、骗税的，税务机关追征其未缴或者少缴的税款、滞纳金或者所骗取的税款，不受前款规定期限的限制。

《税收征收管理法实施细则》进一步规定：纳税人、扣缴义务人计算错误等失误，是指非主观故意的计算公式运用错误以及明显的笔误；特殊情况，是指纳税人或者扣缴义务人因计算错误等失误，未缴或者少缴、未扣或者少扣、未收或者少收税款，累计数额在 10 万元以上的；补缴和追征税款、滞纳金的期限，自纳税人、扣缴义务人应缴未缴或者少缴税款之日起计算。

一般情况下，加收税收滞纳金的追缴期限是自纳税人、扣缴义务人应缴未缴或者少缴税款之日起，至实际缴纳税款的当日止，计算加收滞纳金的天数是"连续计算、算头不算尾"。

（二）税收滞纳金的计算截止时间是纳税人实际缴纳税款的当日

无论是纳税人或扣缴义务人的迟申报自行计算和自查补税，还是税务部门实施纳税评估、风险防控和稽查检查补税等需要计算加收滞纳金时，截止时间都是纳税人实际缴纳税款的当日。

税务稽查局对检查出纳税人以前纳税期内应纳未缴纳税款如何征收滞纳金，重点应明确起止期限：计算起始时间是按照有关税种的实体法规定，纳税人应纳税款期限届满的次日，计算截止时间是纳税人实际缴纳税款的当日，而不是至税务处理决定书送达或者下达之日，或者是其他日期。在实际执行中，有的地区是到稽查检查通知书送达或下发之日！这是错误的。

加收税收滞纳金，任何税务部门和税务人员是没有任何自由裁量权的。

（三）未按规定期限预缴企业所得税和土地增值税加收滞纳金

在实务中，企业所得税、土地增值税等多个税种都需要预缴，未按期预缴税款是否应加收滞纳金？

在《国家税务总局关于企业未按期预缴所得税加收滞纳金问题的批复》（国税函发〔1995〕593 号文）对企业所得税作了具体规定：根据旧《税收征管法》第二十条及《企业所得税暂行条例》第十五条的规定，对纳税人未按规定的缴库期限预缴所得税的，应视同滞纳行为处理，除责令其限期缴纳税款外，同时按规定加收滞纳金。特别注意，对上年度第四季度的企业所得税预缴，如果按规定的缴库期限预缴，则自次年 1 月 17 日（元旦放假）起加收滞纳金。

根据《财政部、国家税务总局关于土地增值税若干问题的通知》（财税〔2006〕21 号）规定，对未按预征规定期限预缴税款的，应根据《税收征管法》及其实施细则的有关规定，从限定的缴纳税款期限届满的次日起，加收滞纳金。

既然企业所得税和土地增值税适用未按期预缴税款须加收滞纳金的规定，那么按照税收公平原则和实质课税原则，各税种应同样适用未按期预缴税款须加收滞纳金的规定。

（四）因税务局责任造成纳税人少缴税款不加收滞纳金

按照《税收征管法》第五十二条规定："因税务机关的责任，致使纳税人、扣缴义务人未缴或者少缴税款的，税务机关在 3 年内可以要求纳税人、扣缴义务人补缴税款，但是不得加收滞纳金。"《实施细则》第八十条对什么是税务机关的责任作了进一步明确："税收征管法第五十二条所称税务机关的责任，是指税务机关适用税收法律、行政法规不当或者执法行为违法。"按照《税收征管法》及其《实施细则》的规定，因税务机关的责任造成的未缴少缴税款，税务机关虽然在 3 年内可以追征，但是不能加收滞纳金。因税务机关责任，造成纳税人超过纳税期限少缴税款，实际上确实存在税款的滞纳，规定不得向纳税人征收滞纳金是出于信赖保护原则，体现的是对纳税人权益的保护。

（五）破产清算中的税收滞纳金可以申报债权及滞纳金计算的截止时间为法院受理破产案件的时间

最高人民法院《关于审理企业破产案件若干问题的规定》（法释〔2002〕23 号）第六十一条规定：人民法院受理破产案件后债务人未支付应付款项的滞纳金不属于破产债权。也就是说欠税滞纳金可以申报破产债权，但是滞纳金计算截止日期应为法院受理破产案件的时间。

（六）纳税人或扣缴义务人拒不缴纳的滞纳金可单独强制执行

按照《税收征管法》第四十条规定"税务机关在采取强制执行措施时，对纳税人未缴纳的滞纳金同时强制执行"；国税发〔2003〕47 号文还进一步明确：根据征管法第四十条规定"税务机关在采取强制执行措施时，对纳税人未缴纳的滞纳金同时强制执行"的立法精神，对纳税人已缴纳税款，但拒不缴纳滞纳金的，税务机关可以单独对纳税人应缴未缴的滞纳金采取强制执行措施。

四、准确执行不加收税收滞纳金

除前述因税务局责任造成纳税人少缴税款不加收滞纳金外，对于未按期缴纳税款而法律法规规定的不予加收滞纳金的情形有哪些呢？具体情况包括：

（一）经税务局批准的延期申报和缴纳税款不加收滞纳金

针对"纳税人因不可抗力，不能按期办理纳税申报的；因财务处理上的特殊原因，账务未处理完毕，不能计算应纳税额，按照规定的期限办理纳税申报等需要延期的，依法经核准允许延期申报"。也就是"申请缓缴"。经纳税人申请，根据《中华人民共和国税收征收管理法实施细则》第四十二条规定："税务机关应当自收到申请延期缴纳税款报告之日起 20 日内作出批准或者不予批准的决定；不予批准的，从缴纳税款期限届满之日起加收滞纳金。"经税务机关核准延期申报并按规定预缴税款的，在核准的延期内办理税款结算时，不适用税收征收管理法关于纳税人未按期缴纳税款而被加收滞纳金的规定。延期申报和延期缴纳税款就是延迟纳税期限，获得批准的期间内不加收滞纳金。

（二）按规定预缴的税款在期限内办理税款结算的不加收滞纳金

国家税务总局《关于延期申报预缴税收滞纳金问题的批复》（国税函〔2007〕753号）明确：预缴税款之后，按照规定期限办理税款结算的，不适用税收征管法第三十二条关于纳税人未按期缴纳税款而被加收滞纳金的规定。当预缴税额大于应纳税额时，税务机关结算退税但不向纳税人计退利息；当预缴税额小于应纳税额时，税务机关在纳税人结算补税时不加收滞纳金。

例如：Q企业7月份因账务未处理完毕，不能计算应纳税额，无法在次月（8月）15日前准确进行纳税申报，经批准延期至该月（8月）25日前申报。该企业在次月（8月）15日前先预缴税款100万元，到了24日，企业进行了税款结算申报，而此时申报的税款是120万元，那么，对于其在核准的延期内办理税款结算时补缴的该20万元税款，虽然较预缴时是少缴了税款，但不属于未按期缴纳税款的行为，不予加收滞纳金。

根据《国家税务总局关于土地增值税清算有关问题的通知》（国税函〔2010〕220号）规定，纳税人按规定预缴土地增值税后，清算补缴的土地增值税，在主管税务机关规定期限内补缴的，不加收滞纳金。

例如：D公司已预缴土地增值税300万元，按程序进行清算后，还应补缴税款100万元，该纳税人在税务机关规定的期限内补缴了60万元，余下的40万元超过期限20天才缴纳入库。那么，对该纳税人按期补缴的那60万元税款不予加收滞纳金，但是对于逾期才缴纳的这40万元税款，则应从规定的期限届满次日起至实际缴纳之日止，按日加收滞纳金。

（三）善意取得虚开的增值税专用发票被依法追缴的已抵扣税款不加收滞纳金

根据《国家税务总局关于纳税人善意取得虚开增值税专用发票已抵扣税款加收滞纳金问题的批复》（国税函〔2007〕1240号）明确，"纳税人善意取得虚开的增值税专用发票，如能重新取得合法、有效的专用发票，准许其抵扣进项税款；如不能重新取得合法、有效的专用发票，不准其抵扣进项税款或追缴其已抵扣的进项税款。纳税人善意取得虚开的增值税专用发票被依法追缴已抵扣税款的，不属于税收征收管理法第三十二条'纳税人未按照规定期限缴纳税款'的情形，不适用该条'税务机关除责令限期缴纳外，从滞纳税款之日起，按日加收滞纳税款万分之五的滞纳金'的规定"。即纳税人善意取得虚开的增值税专用发票被依法追缴已抵扣税款的，不按《税收征收管理法》第三十二条规定加收滞纳金。

例如：2010年8月，A企业在发生实际交易并支付对价的情况下，取得了对方开来的增值税专用发票,并进行进项税认证抵扣。2011年8月,开具发票方被认定为是虚开发票,但经税务机关查证,没有证据表明购货方该企业知道销售方提供的专用发票是以非法手段获得的,此时,该企业被认定为善意取得虚开的增值税专用发票,如能重新取得合法、有效的专用发票,准许其抵扣进项税款,否则其已经抵扣的税款将被追缴(不得抵扣)但不加收滞纳金。

(四)代扣代缴义务人应扣未扣税款和代收代缴义务人应收未收税款不加收滞纳金

根据《国家税务总局关于行政机关应扣未扣个人所得税问题的批复》(国税函〔2004〕1199号)明确:按照《税收征管法》规定的原则,扣缴义务人应扣未扣税款,无论适用修订前还是修订后的《税收征管法》,均不得向纳税人或扣缴义务人加收滞纳金。因为滞纳金是纳税人、扣缴义务人因占用国家税款所做的补偿,扣缴义务人未扣缴税款则不存在占用的问题,而纳税人在未知的前提下也不应当加收滞纳金。

由于扣缴义务人不是负有法定纳税义务的人,只负有法定的代扣代缴、代收代缴税款的义务,在未实际扣缴税款的情况下,该应扣而未扣的税款其并未占用,从而也就无税可解缴,继而也就不适用未按期缴纳税款而被加收滞纳金的规定。由税务机关向纳税人追缴税款,对扣缴义务人处应扣未扣、应收未收税款50%以上3倍以下的罚款。

对于扣缴义务人在已扣、已收税款后,未按期解缴入库的,应依法按日加收滞纳金。

例如:F公司2016年8月代扣了个人所得税10万元,直至12月才解缴入库,后又被发现8月还有应扣未扣的个人所得税3万元。那么,对该公司未按期解缴的那10万元税款应从9月16日起至实际解缴入库之日止,按日加收滞纳金;但对于应扣未扣的这3万元税款,不予加收滞纳金。视具体情况依法予以0.5倍至3倍的罚款。

★ 探讨与思考

留给您的思考:印花税、车船使用税、契税等行为税是否加收滞纳金,如何处以罚款?

甲行家的观点:加收滞纳金的同时,处以罚款!

五、典型案例点评

案例一：此案两审判决都是错误的，税款滞纳金不是"行政决定规定的义务"的行政强制执行滞纳金

山东省济南市中级人民法院民事判决书

（2019）鲁 01 民终 4926 号

上诉人（原审原告）：国家税务总局济南市槐荫区税务局。
被上诉人（原审被告）：山东省建材物资总公司。
诉讼代表人：山东省建材物资总公司管理人。
主要负责人：焦燕明，清算组组长。
委托诉讼代理人：刘丽，女，管理人职员。
委托诉讼代理人：魏芳琳，女，管理人职员。

上诉人国家税务总局济南市槐荫区税务局（以下简称槐荫税务局）因与被上诉人山东省建材物资总公司（以下简称建材公司）破产债权确认纠纷一案，不服济南市槐荫区人民法院（2018）鲁 0104 民初 7704 号民事判决，向本院提起上诉。本院于 2019 年 5 月 28 日立案后，依法组成合议庭进行了审理。本案现已审理终结。

槐荫税务局上诉请求：1. 请求判令撤销一审判决，并依法改判支持槐荫税务局的诉讼请求；2. 请求判令本案一、二审诉讼费由建材公司承担。事实和理由：一审判决认定事实不清。（一）"税款滞纳金"和"行政强制执行滞纳金"系两个不同的概念，不能混为一谈。第一，两者的加收法律依据不同。税款滞纳金的征收依据是《税收征收管理法》第三十二条，即"纳税人未按照规定期限缴纳税款的，扣缴义务人未按照规定期限解缴税款的，税务机关除责令限期缴纳外，从滞纳税款之日起，按日加收滞纳税款万分之五的滞纳金"。行政强制执行滞纳金的加收依据是《中华人民共和国行政强制法》（以下简称《行政强制法》）第四十五条，即"行政机关依法作出金钱给付义务的行政决定，当事人逾期不履行的，行政机关可以依法加处罚款或者滞纳金"。第二，两者的加收条件不同。税款滞纳金的加收条件是纳税人发生纳税义务后未照规定期限缴纳税款；行政强制执行滞纳金的加收条件是行政机关作出金钱给付义务决定后，义务人未按期履行。因此，税款滞纳金的加收前提是纳税人未履行纳税的法定义务，行政强制滞纳金的加收前提是义务人未履行行政机关作出行政决定规定的义务。一个是"法定义务"，一个是"行政决定规定的义务"。第三，两者加收的起止期限不同。《税收征收管理法实施细则》第七十五条规定，税收征管法第三十二条规定的加收滞纳金的起止时间，为法律、行政法规规定或者税务机关依照法律、行政法规的规

定确定的税款缴纳期限届满次日起至纳税人、扣缴义务人实际缴纳或者解缴税款之日止。根据《行政强制法》第四十五条的规定，行政强制执行滞纳金是从行政机关作出金钱给付义务的行政决定要求履行的期限届满开始计算到义务人实际履行完毕金钱给付义务为止，但滞纳金的数额不得超出金钱给付义务的数额。因此，"税款滞纳金"和"行政强制滞纳金"是两个不同的概念，两者在适用的法律依据、加收条件和起止期限上都有不同的规定。为此国家税务局总局服务司于2012年8月22日就"征收税款加收滞纳金的金额能否超出税款本金"的问题答疑，明确答复"税收滞纳金的加收按照征管法执行，不适用行政强制法，不存在是否超出税款本金的问题。如滞纳金加收数据超过本金，按征管法的规定进行加收"。（二）本案涉及税收管理过程中，槐荫税务局对于建材公司未采取行政强制执行措施，一审判决将税款滞纳金认定为行政强制执行滞纳金，没有任何事实依据。《行政强制法》第十二条规定，行政强制执行的方式：加处罚款或者滞纳金；第三十四条规定，行政机关依法作出行政决定后，当事人在行政机关决定的期限内不履行义务的，具有行政强制执行权的行政机关依照本章规定强制执行；第三十五条规定，行政机关作出强制执行决定前，应当事先催告当事人履行义务；第三十六条规定，当事人收到催告书后有权进行陈述和申辩；第三十七条规定经催告，当事人逾期仍不履行行政决定，且无正当理由的，行政机关可以作出强制执行决定。根据上述关于行政强制执行的法律规定，如果槐荫税务局对于建材公司采取了行政强制执行，应履行催告、陈述申辩、下达行政强制执行决定书等程序。而事实是槐荫税务局并没有对建材公司采取上述行政强制执行程序，也没有下达行政强制执行决定。因此，一审判决将税款滞纳金认定为行政强制执行滞纳金没有事实依据。综上所述，"税款滞纳金"与"行政强制执行滞纳金"系两个不同的概念。建材公司的破产管理人将"税款滞纳金"认定为"行政强制执行滞纳金"继而对超出税款金额部分的滞纳金没有认定为破产债权是错误的，侵犯了槐荫税务局的合法权益，损害了国家利益。同时本案一审判决事实认定不清，法律适用错误，没有依法纠正破产管理人对破产债权的错误审核结果。

　　建材公司辩称，一审判决认定事实清楚，适用法律正确，应当依法驳回上诉，维持原判。理由如下：（一）从《行政强制法》的相关规定来看，本案中税款滞纳金不应超过税款本金。1.《税收征收管理法》第三十二条与《行政强制法》第四十五条第二款之间不存在冲突，应当对税款滞纳金数额进行限制。从《税收征收管理法》第三十二条的规定来看，税款滞纳金的数额的计算取决于三个要素：税款本金、比率（即日万分之五）、滞纳天数，用数学公式可表示为：税款滞纳金＝税款本金×日万分之五×滞纳天数。《税收征收管理法》第三十二条只规定了前两个要素，对滞纳天数只规定了起算时间，但并未规定截止日期。因此，仅依据《税收征收管理法》第三十二条是无法计算出税款滞纳金具体数额的。《行政强制法》第四十五条第二款规定，"加处罚款或者滞纳金的数额不得超出金钱给付义务的数额"。即税款滞纳金≤税款本金,此规定是对滞纳金最高限额的规定,与《税收征收管理法》第三十二条的规定并不存在冲突。2. 按照新法优于旧法的原则,应当对税金滞纳金数额进行限制。3.《税收征管法实施细则》《国家税务总局关于贯彻及其实施细则若干具体问题的通知》(国税发〔2003〕47号)效力等级低于《行政强制法》,当前两者的规定与后者的规定不一致时,应当优先适用法律,应当对税金滞纳金数额进行限制。(二)从税款滞纳金的性质来看,应当对税款滞纳金的数额进行限制。根据《税收征收管理法》第三十二条和第四十条的规定可知,税收滞纳金兼具损害赔偿性和行政强制执行中的执行罚的性质。国家对滞纳税款的纳税人、扣缴义务人征收滞纳金,目的是保证纳税人、扣缴义务人及时履行缴纳或者解缴税款的义务。从民法角度讲,滞纳金是纳税人、扣缴义务人因迟延缴纳国家税款所作的赔偿;从行政法角度讲,滞纳金是国家对不及时履行缴纳或者解缴税款义务的纳税人、扣缴义务人施加的一种加重给付义务,具有执行罚的性质。既然税款滞纳金具有双重性质,那就不仅需要考虑其执行罚的性质,还需考虑赔偿的适度,从滞纳金的比率从日千分之五到日千分之二再到现行的日万分之五的变化,就可以看出,滞纳金作为对未按时缴纳或解缴税款的赔偿,越来越趋于合理、公平。在民事法律关系中,作为违约方,有请求对过高的违约金进行调整的权利,税收滞纳金的现行比率日万分之五,相当于年利率18%,远远高于现行最高银行贷款年利率4.9%,那么作为税收法律关系中违约方的纳税企业,也有要求对滞纳金进行限制的权利,这样才能在维护国家税收公权力的同时,兼顾纳税人的利益。因此,从税款滞纳金的性质考虑,也应当对数额进行限制。(三)退一步讲,即使税款滞纳金不以税款金额为限,也应当按照《税收征收管理法》的规定,以日万分之五为计算滞纳金的比率。本案中,槐荫税务局对2001年5月1日前的滞纳金按照日千分之二的比率进行计算,与《税收征收管理法》第九十二条"本法施行前颁布的税收法律与本法有不同规定的,适用本法规定"的规定不相符合。按照上述规定,应适用《税收征收管理法》第三十二条规定的日万分之五的比率计算滞纳金。(四)税务机关未及时催缴或扣划税款,导致税款滞纳金的无限增加,其本身未尽相关催缴义务,应承担相应责任。(五)建材公司作为已停止生产经营多年的企业,其欠缴税款并非故意,从维护企业职工权益及企业发展的角度考虑,也应当对税款滞纳金进行限制。另外,对于一些暂时出现生产经营困难的企业,如果不考虑企业的具体情况,只单纯计收税款滞纳金,可能会导致部分能够继续生存的企业,因税款滞纳金过高,而无法继续经营,这对国家社会经济发展的不利影响是毋庸置疑的。(六)对税款滞纳金数额进行限制,是《中华人民共和国破产法》(以下简称《破产法》)保障破产程序中全体债权人公平清偿原则的体现。本案中,建材公司已被人民法院裁定受理进行破产清算,按照《破产法》的相关规定,应当对债权人进行公平清偿,税款本金债权按照该法规定,已经优先于其他普通债权将在第二顺序得到清偿，若对税款滞纳金不加以限制，将更不利于其他普通债权人权利的实现与维护，因此对税款滞纳金应当进行限制。

槐荫税务局向一审法院起诉请求：1.请求确认槐荫税务局对建材公司享有破产债权，即建材公司所欠税款对应的滞纳金6787155.73元（计算至破产申请受理之日即2018年7月2日）；2.请求判令本案诉讼费由建材公司负担。

一审法院认定事实：2018年7月2日，一审法院作出（2018）鲁0104破申2号民事裁定书，裁定受理建材公司的破产清算申请。槐荫税务局于2018年9月11日向建材公司管理人申报债权。2018年9月17日，建材公司管理人作出两份《债权审查结果通知书》，认为税金滞纳金不能超过税金本身，最终确认债权总额分别为232932.28元（其中滞纳金为116466.14元，列入普通债权参与分配）和2596449.58元（其中滞纳金为1298224.79元，列入普通债权参与分配）。

另查明，建材公司存在欠缴税款两笔：增值税呆账1298224.79元，税款所属期为1998年11月，缴款期限为1998年12月10日，自1998年12月10日起至2018年7月2日（即破产清算受理之日），滞纳金为6335336.98元；城市维护建设税81526.30元、教育费附加34939.84元，共计116466.14元，自1998年1月12日起计算至2018年7月2日，滞纳金为451818.75元。

一审法院认为，依法纳税系应纳税人的应尽义务，建材公司长期未按规定缴纳税款，槐荫税务局对其追征税款和滞纳金符合法律规定。加收滞纳金系纳税人未在法律规定期限内完税的一种处罚举措，系行政强制执行的一种方式。依照《行政强制法》第四十五条第二款"加处罚款或者滞纳金的数额不得超出金钱给付义务的数额"之规定，建材公司管理人认定的滞纳金数额，符合法律规定，一审法院予以确认。对于槐荫税务局主张税款滞纳金并非行政强制执行滞纳金的意见，一审法院未予采纳。鉴于建材公司管理人已对槐荫税务局的债权及滞纳金作出认定，符合法律要求，故对槐荫税务局要求确认滞纳金债权的诉讼请求，一审法院未予支持。一审法院依照《行政强制法》第四十五条第二款、《破产法》第五十八条第三款之规定判决：驳回槐荫税务局的诉讼请求。案件受理费59310元，减半收取29655元，由槐荫税务局负担。

经审理本院认定，一审法院认定的事实属实，本院予以确认。

本院认为，加收滞纳金系纳税人未在法律规定期限内完税的一种处罚举措，系行政强制执行的一种方式，一审法院对此认定并无不当。《行政强制法》第四十五条第二款"加处罚款或者滞纳金的数额不得超出金钱给付义务的数额"。建材公司管理人认定的滞纳金数额，符合法律规定。对于槐荫税务局要求建材公司管理人确认超出本金的税款滞纳金，不符合法律规定，不应支持。综上，槐荫税务局的上诉请求不能成立，应予驳回；一审判决认定事实清楚，适用法律正确，应予维持。依照《民事诉讼法》第一百七十条第一款第一项规定，判决如下：

驳回上诉,维持原判。

二审案件受理费 59310 元,由上诉人国家税务总局济南市槐荫区税务局负担。

本判决为终审判决。

审判长　魏希贵

审判员　宋海东

审判员　刘永刚

二〇一九年八月十二日

书记员　柳旺林

【甲行家点评】

第一,这是民事诉讼,不是税务行政诉讼案件。按照"官不与民争利",为了照顾其他债权人利益,本案如此判决不能称为错。两审都认定税款滞纳金是"行政决定规定的义务"前提下是行政强制执行滞纳金,是绝对错误的。

第二,本案关于税收滞纳金的判决是错误的,不是不能超过本金一倍,而是截止日期至 2018 年 7 月 2 日(即破产清算受理之日)。详见本节附件《最高人民法院关于税务机关就破产企业欠缴税款产生的滞纳金提起的债权确认之诉应否受理问题的批复》。

第三,国家税务总局的问题答复是正确的。即"税收滞纳金的加收按照征管法执行,不适用行政强制法,不存在是否超出税款本金的问题。如滞纳金加收数据超过本金,按征管法的规定进行加收"!

附件:1. 最高人民法院关于税务机关就破产企业欠缴税款产生的滞纳金提起的债权确认之诉应否受理问题的批复(文号:法释〔2012〕9 号 发布日期:2012-06-26)

《最高人民法院关于税务机关就破产企业欠缴税款产生的滞纳金提起的债权确认之诉应否受理问题的批复》已于 2012 年 6 月 4 日由最高人民法院审判委员会第 1548 次会议通过,现予公布,自 2012 年 7 月 12 日起施行。

最高人民法院

2012 年 6 月 26 日

2. 最高人民法院关于税务机关就破产企业欠缴税款产生的滞纳金提起的债权确认之诉应否受理问题的批复(2012 年 6 月 4 日最高人民法院审判委员会第 1548 次会议通过)

青海省高级人民法院：

你院《关于税务机关就税款滞纳金提起债权确认之诉应否受理问题的请示》（青民他字〔2011〕1号）收悉。经研究，答复如下：

税务机关就破产企业欠缴税款产生的滞纳金提起的债权确认之诉，人民法院应依法受理。依照企业破产法、税收征收管理法的有关规定，破产企业在破产案件受理前因欠缴税款产生的滞纳金属于普通破产债权。对于破产案件受理后因欠缴税款产生的滞纳金，人民法院应当依照《最高人民法院关于审理企业破产案件若干问题的规定》第六十一条规定处理。

此复。

又，第六十一条　下列债权不属于破产债权：

（一）行政、司法机关对破产企业的罚款、罚金以及其他有关费用；

（二）人民法院受理破产案件后债务人未支付应付款项的滞纳金，包括债务人未执行生效法律文书应当加倍支付的迟延利息和劳动保险金的滞纳金；

（三）破产宣告后的债务利息；

（四）债权人参加破产程序所支出的费用；

（五）破产企业的股权、股票持有人在股权、股票上的权利；

（六）破产财产分配开始后向清算组申报的债权；

（七）超过诉讼时效的债权；

（八）债务人开办单位对债务人未收取的管理费、承包费。

上述不属于破产债权的权利，人民法院或者清算组也应当对当事人的申报进行登记。

第三节　税务检查

税务检查是税务机关依据国家税收法律、行政法规，对纳税人、扣缴义务人履行纳税义务和扣缴义务的情况进行检查和处理的执法行为。税务检查是税收征收管理的一个重要环节。纳税人、扣缴义务人必须接受税务机关依法进行的税务检查，如实反映情况，提供有关资料，不得拒绝、隐瞒。税务机关依法进行税务检查时，有关部门和单位应当支持、协助。

税务检查权是税务机关在检查活动中依法享有的权力，是税务机关实施税务检查行为、监督纳税人履行纳税义务、查处税务违法行为的重要手段和保证。

按照《税收征收管理法》的第四章税务检查的第五十四条规定：

税务机关有权进行下列税务检查：

（一）检查纳税人的账簿、记账凭证、报表和有关资料，检查扣缴义务人代扣代缴、代收代缴税款账簿、记账凭证和有关资料；

（二）到纳税人的生产、经营场所和货物存放地检查纳税人应纳税的商品、货物或者其他财产，检查扣缴义务人与代扣代缴、代收代缴税款有关的经营情况；

（三）责成纳税人、扣缴义务人提供与纳税或者代扣代缴、代收代缴税款有关的文件、证明材料和有关资料；

（四）询问纳税人、扣缴义务人与纳税或者代扣代缴、代收代缴税款有关的问题和情况；

（五）到车站、码头、机场、邮政企业及其分支机构检查纳税人托运、邮寄应纳税商品、货物或者其他财产的有关单据、凭证和有关资料；

（六）经县以上税务局（分局）局长批准，凭全国统一格式的检查存款账户许可证明，查询从事生产、经营的纳税人、扣缴义务人在银行或者其他金融机构的存款账户。税务机关在调查税收违法案件时，经设区的市、自治州以上税务局（分局）局长批准，可以查询案件涉嫌人员的储蓄存款。税务机关查询所获得的资料，不得用于税收以外的用途。

税务检查一般称"纳税检查"或"税收检查"，实施税务检查的主要形式有日常检查、专项检查和专案检查等，其中专项检查和专案检查是由税务稽查局实施的，又称为税务稽查。

税务检查＝日常检查＋税务稽查。税务日常检查是由税源管理部门实施的，相关工作规程及业务要求是由国家税务总局征管和科技司负责的；税务稽查是由专业机构税务稽查局的专业人员实施的，相关工作规程及业务要求是由国家税务总局稽查局负责的。

一、税务检查的权力

税务检查和税务行政处罚是两个环节，两项具体行政行为和行政执法行为，在实际工作中，往往被混为一谈。税务检查是取证并做出税务处理决定，其中，涉及违反《税收征管法》及其实施细则的涉税违法行为再实施行政处罚，需要追究刑事责任的案件再移送司法机关（公安局）实施刑事处罚。税务部门和税务检查人员行使的税务检查权主要包括查账权、场地检查权、责成提供资料权、询问权、外调协查权、调查权、检查存款账户权、税收保全措施或税收强制执行权和法律赋予的其他权力等。

（一）查账和调账检查权

查账权是指税务检查时税务部门和税务人员有权调取和检查与纳税或代扣代缴税款有关的账册、凭证和纳税资料。账目检查是税务稽查最主要的检查方法，又分为顺查法、逆查法、全查法、抽查法等。相关规定的具体内容如下：

按照《税收征收管理法》第五十四条第（一）项及其实施细则第八十六条规定，税务机关可以在纳税人、扣缴义务人的业务场所实施查账、电子查账权和调账检查权。

经县以上税务局（分局）局长批准，可以将纳税人、扣缴义务人以前会计年度的账簿、记账凭证、报表和其他有关资料调回税务机关检查，但是税务机关必须向纳税人、扣缴义务人开付清单，并在3个月内完整退还；有特殊情况的，经设区的市、自治州以上税务局局长批准，税务机关可以将纳税人、扣缴义务人当年的账簿、记账凭证、报表和其他有关资料调回检查，但是税务机关必须在30日内退还。

在《关于对采用电算化会计系统的纳税人实施电算化税务检查的问题》（国税发〔2003〕47号文）中明确：对采用电算化会计系统的纳税人，税务机关有权对其会计电算化系统进行查验；对纳税人会计电算化系统处理、储存的会计记录以及其他有关的纳税资料，税务机关有权进入其电算化系统进行检查，并可复制与纳税有关的电子数据作为证据。税务机关进入纳税人电算化系统进行检查时，有责任保证纳税人会计电算化系统的安全性，并保守纳税人的商业秘密。

（二）场地检查权

场地检查权是指税务检查时税务部门和税务人员有权到纳税人的生产、经营场所和货物存放地检查纳税人应纳税的商品、货物或者其他财产，检查扣缴义务人与代扣代缴、代收代缴税款有关的经营情况。

按照《税收征收管理法》第五十四条第（二）项及其实施细则相关规定，税务机关有权到生产经营单位实际经营场所检查，现场勘验笔录（生产能力测算）、盘库、对生产经营场所的突击检查。

（三）责成提供资料权

责成提供资料权是指税务检查时税务部门和税务人员有权责成纳税人、扣缴义务人提供与纳税或者代扣代缴、代收代缴税款有关的文件、证明材料和有关资料。

按照《税收征收管理法》第五十四条第（三）项及其实施细则相关规定，在办案中，税务部门应下发《责令限期提供资料通知书》和《税务事项通知书》，既要求被查对象在限期内提供真实、合法有效的凭证，又可以防止被查对象在收到税务处理决定或行政处罚告知后突然又拿出对其有利的资料。

（四）询问权

询问权是指税务部门有权询问纳税人、扣缴义务人与纳税或者代扣代缴、代收代缴税款有关的问题和情况。

按照《税收征收管理法》第五十四条第（四）项及其实施细则相关规定，在不能取得有效直接证据情况下，在掌握一定外围证据基础上的询问往往是案件突破的重要方法，在询问中要注意对重点人的突破，不可随意询问更不要盲目询问，要注意营造氛围，给被询问人施加必要的压力。

（五）调查权

调查权是指税务部门有权到车站、码头、机场、邮政企业及其分支机构检查纳税人托运、邮寄应纳税商品、货物或者其他财产的有关单据、凭证和有关资料；向其他有关单位和个人调查纳税人、扣缴义务人与纳税或者代扣代缴、代收代缴税款有关的情况；也称为单证检查权，只能检查单证，不能检查运输邮寄的货物。

按照《税收征收管理法》第五十四条第（五）项及其实施细则相关规定，对被查对象上下游业务相关企业实施调查。比如从铁路局快递公司调取被查对象2021年1—5月的铁路运输（快递）单据，初步计算其在此期间的发货数量。

（六）银行账户检查权

检查存款账户权是指税务人员经县以上税务局（分局）局长批准，凭全国统一格式的检查存款账户许可证明，查询从事生产、经营的纳税人、扣缴义务人在银行或者其他金融机构的存款账户。税务局在调查税收违法案件时，经设区的市、自治州以上税务局（分局）局长批准，可以查询案件涉嫌人员的储蓄存款。

"资金流"的检查是非常重要的检查方法。按照《税收征收管理法》第五十四条第（六）项及其实施细则第八十七条规定，税务机关行使银行账户检查权时，经①县以上税务局（分局）局长批准，凭全国统一格式的检查存款账户许可证明，查询从事生产、经营的纳税人、扣缴义务人在银行或者其他金融机构的存款账户；②税务机关在调查税收违法案件时，经设区的市、自治州以上税务局（分局）局长批准，可以查询案件涉嫌人员的储蓄存款。

应当指定专人负责，凭全国统一格式的检查存款账户许可证明进行，并有责任为被检查人保守秘密。税务机关查询的内容，包括纳税人存款账户余额和资金往来情况。重点关注虚开发票资金回流和个人银行卡隐瞒企业收入。

1. 虚开发票资金回流，又可分为：直接回流、取现回流、多环节回流、回流到企业股东、银行汇票背书回流等多种方式。

2. 个人银行卡隐瞒企业收入：在基本账户中隐瞒收入只存在于明目张胆型，企业隐瞒收入基本上是隐藏在个人银行卡上。如何发现这些个人银行卡，是检查的重点。基本上有四种方式：①突击检查，发现卡号；②判断分析重点人，检查卡号，如老板、老板娘、出纳等；③下游企业倒推，发现卡号（以点推面）；④往来账借给公司钱追溯卡号。

当纳税人采取账外账偷税，而案件取证陷于僵局时，不要怕麻烦，要在下游搜集该企业产品信息，以孤立的证据点倒推销售信息。利用下游用户倒推银行账户法突破

(七) 拍照、录音、录像权

按照《税收征收管理法》第五十八条规定：税务部门调查税务违法案件时，对与案件有关的情况和资料，可以记录、录音、录像、照相和复制。

(八) 外调协查权

按照《税收征收管理法》第五十七条规定：税务局依法进行税务检查时，有权向有关单位和个人调查纳税人、扣缴义务人和其他当事人与纳税或者代扣代缴、代收代缴税款有关的情况，有关单位和个人有义务向税务机关如实提供有关资料及证明材料。资金流检查、突击现场检查、外调协查，是税务稽查人员检查账外经营最常用的三种手段。

外调或协查一般是案件检查的中间环节，是通过案件查处分析，解决如下问题：①分析出上游可控或下游可控以后，采取的手段。②或者是通过突击检查。③查获下游销售单位（隐瞒收入案件）、上游供货单位（虚增成本案件）明细后采取的方式。

(九) 税收保全措施或税收强制执行措施权

税务局在进行税务检查过程中，根据不同的情况可以按照法定程序和准权限采取税收保全措施或者强制执行措施。按照《税收征收管理法》第五十五条及其实施细则第八十八条规定：

"第五十五条　税务机关对从事生产、经营的纳税人以前纳税期的纳税情况依法进行税务检查时，发现纳税人有逃避纳税义务行为，并有明显的转移、隐匿其应纳税的商品、货物以及其他财产或者应纳税的收入的迹象的，可以按照本法规定的批准权限采取税收保全措施或者强制执行措施。"

"第八十八条　依照税收征管法第五十五条规定，税务机关采取税收保全措施的期限一般不得超过6个月；重大案件需要延长的，应当报国家税务总局批准。"

在税务局送达《税务处理决定书》前，纳税人擅自转移部门机器设备，妄图逃避纳税义务，税务部门有权采取了税收保全措施。

(十) 停票权

按照《税收征收管理法》第七十二条规定：从事生产、经营的纳税人、扣缴义务人有本法规定的税收违法行为，拒不接受税务部门处理的，税务部门可以收缴其发票或者停止向其发售发票。

(十一) 阻止出境权

按照《税收征收管理法》第四十四条规定：欠缴税款的纳税人或者他的法定代表人需要出境的，应当在出境前向税务部门结清应纳税款、滞纳金或者提供担保。未结清税款、滞纳金，又不提供担保的，税务部门可以通知出境管理机关阻止其出境。

(十二) 核定应纳税额权

按照《税收征收管理法》第三十五条规定：纳税人有下列情形之一的，税务局有权核定其应纳税额：

（一）依照法律、行政法规的规定可以不设置账簿的；

（二）依照法律、行政法规的规定应当设置但未设置账簿的；

（三）擅自销毁账簿或者拒不提供纳税资料的；

（四）虽设置账簿，但账目混乱或者成本资料、收入凭证、费用凭证残缺不全，难以查账的；

（五）发生纳税义务，未按照规定的期限办理纳税申报，经税务机关责令限期申报，逾期仍不申报的；

（六）纳税人申报的计税依据明显偏低，又无正当理由的。

税务局核定应纳税额的具体程序和方法由国务院税务主管部门规定。

二、日常检查

日常检查是指税务部门根据税费法律、法规和规章等规定，对纳税人、缴费人、扣缴义务人（以下简称纳税人）履行有关税务登记、社会保险登记、纳税申报、纳费申报、税费款缴纳、享受税收优惠、发票使用和税控装置使用的真实性、准确性、及时性的检验、核查和监督的过程。税务日常检查分为调账检查和实地检查两种形式。日常检查是税务征管部门依法了解和掌握纳税人、扣缴义务人生产经营和财务核算情况，以督促其正确履行纳税义务和扣缴义务为目的，不涉及立案核查与系统审计的管理行为。日常检查由市局所属分局、县（县级市）区地方税务局（以下简称县区局）及其所属分局、税务所（股）执行。

税务检查是以纳税人会计核算资料为基础、运用不同的检查方法对纳税人的纳税情况以及生产经营情况进行全面检查的过程，确保税款缴纳的准确性，实现应收尽收。日常税务检查主要是检查纳税人履行纳税义务的情况，其主要目的是确保税款及时入库，促使纳税人树立依法纳税的意识，因而，日常税务检查一般由县级税务局组织实施，这种检查方式的优点在于能及时发现问题、迅速解决问题。但缺点是受到检查人员政策水平和业务技能的制约，容易出现漏查现象。

日常检查是由基层税源管理部门实施、国家税务总局征科司主管的。

在《国家税务总局关于进一步加强税收征管基础工作若干问题的意见》（国税发〔2003〕124号）中，明确日常检查是征管部门的基本工作职能和管理手段之一。

"（三）划清日常检查和稽查职责。日常检查是指税务机关清理漏管户、核查发票、催报催缴、评估问询，了解纳税人生产经营和财务状况等不涉及立案核查与系统审计的日常管理行为，是征管部门的基本工作职能和管理手段之一。搞好日常检查工作有利于加强税源管理。征收管理部门与稽查部门在税务检查上的职责范围要按照以下三个原则划分：一是在征管过程中，对纳税人、扣缴义务人履行纳税义务的日常性检查及处理由基层征收管理机构负责；二是税收违法案件的查处（包括选案、检查、审理、执行）由稽查局负责；三是专项检查部署由稽查局负责牵头统一组织。各级税务机关要按照上述原则，根据各地的实际情况，制定具体的检查管理办法，从检查的对象、范围、性质、时间、金额等方面划清日常检查与税务稽查的业务边界，提出加强协调配合的具体要求，明确检查下户的目的和需要解决的问题以及移送的标准、条件等。"

在《国家税务总局关于进一步加强税收征管工作的若干意见》（国税发〔2004〕108号）中明确，各级税务机关要根据各地实际情况，制定具体管理办法。

"（四）明确划分日常税务检查与税务稽查的职责

日常税务检查与税务稽查的职责范围要按照《国家税务总局关于进一步加强税收征管基础工作若干问题的意见》（国税发〔2003〕124号）规定的三条原则划分。各级税务机关要根据各地实际情况，制定具体管理办法，从税务检查的对象、范围、性质、时间等方面划清日常税务检查与税务稽查的业务边界。

为保持税务稽查选案、检查、审理和执行各环节的完整性，税务稽查案源主要从以下几个方面确定：举报案件；日常管理过程中发现有偷、逃、骗税等税收违法行为嫌疑、需要移送稽查的案件；上级交办的案件；稽查局按规定采取计算机选取或人工随机抽样等办法选取并与税源管理部门协调后确定的案件；外单位（包括国际情报交换）转办的案件等。

（五）规范税务检查行为

税务人员进行税务检查，要严格执行税务检查程序，按照征管法及其实施细则的规定，出示税务检查通知书和税务检查证件。为避免多头重复检查，要严格控制检查次数和检查时间，制订统一的检查计划。各级税务机关要建立日常税务检查和税务稽查的协调机制，已经被税务稽查部门立案查处的，税源管理部门不再进行日常税务检查。"

目前为止，国家税务总局层面是没有出台税务日常检查办法、规程等相关工作文件的。部分省市自治区或计划单列市有各地的日常检查工作管理办法、工作规程的相关文件。

三、税务稽查

税务稽查是税务检查的一种，是指税务稽查局的专业检查。

税务稽查是税务稽查局依据税收法律、法规，利用特定手段，对纳税义务人、扣缴义务人和其他税务当事人履行纳税义务、扣缴义务及税法规定的其他义务等情况进行检查和处理工作的行政执法行为。税务稽查的主体是税务稽查局,根据《税收征管法实施细则》第九条规定,稽查局专司偷税、逃避追缴欠税、骗税、抗税案件的查处。国家税务总局应当明确划分税务局和稽查局的职责,避免职责交叉。

税务稽查的基本任务:根据国家税收法律、法规、查处税收违法行为,保障税收收入,维护税收秩序,促进依法纳税,保证税法的实施。税务稽查的分类:日常稽查、专项稽查和专案稽查。

税务稽查工作包含选案、实施、审理和执行四个环节,互相配合,互相制约,以保证准确有效地执行税收法律,打击偷税、骗税、抗税、逃避追缴欠税等违法活动,依法行使税务稽查的各项权利。[相关内容请查阅《纳税评估理论与实务》(上册)贾忠华著 台海出版社 2020年1月第一版第一章第六节"税务稽查"。]

税务处理决定和行政处罚决定等税务稽查结果是对纳税义务人、扣缴义务人和其他税务当事人的权益有直接影响的,也是引起征纳双方争议最多的具体行政行为。[税务稽查与纳税评估的关系,请查阅《税源专业化管理》(贾忠华著 台海出版社 2014年10月第一版)第一章第七节"税务稽查概述"。]

(一)强化稽查过程监控,认真抓好稽查复查

在实际工作中,应强化稽查过程监控,严格制定稽查工作制度和纪律,动态的监控稽查案件进展,认真抓好税务稽查的复查工作。同时,应定期开展案卷复查、延伸检查和交叉检查,要避免走形式真正督促稽查人员提高质量,规避风险。要从稽查计划、人员分工、稽查范围和具体内容入手,以发现的重要问题和稽查过程为重点进行复查,必须复查留痕,均应记录在工作底稿或相应的文书中。通过复查减少被指控的可能性,重视和监督稽查人员遵守稽查规章,及时发现并纠正违法的或不当的具体稽查执法行为,提高稽查质量规避风险。另外,进行稽查回访也是必不可少的。稽查回访是内部监管的一种形式,通过回访倾听被查对象的反映,不但可以修正稽查人员的不当行为,还可以通过回访发现包括稽查干部在内的税务干部的执法问题及廉政问题。

(二)税务稽查工作流程图(图2-1)

四、税务稽查适用的相关法律

在实施稽查检查过程中,税务人员应该全面掌握税务稽查法律关系的主体、客体与内容;准确按照法的效力来源和效力等级不同进行的分类。税务稽查行政主体的权力与责任;税务稽查行政相对人的权利与义务。应该掌握《行政处罚法》、《行政复议法》和《行政诉讼法》在税务稽查中的适用;《刑法》与税法在处罚上的衔接;涉税违法行为与《刑法》罪名的衔接;涉税刑事案件立案追诉标准等内容。税务稽查相关法律及运用的具体内容:

税收法律救济

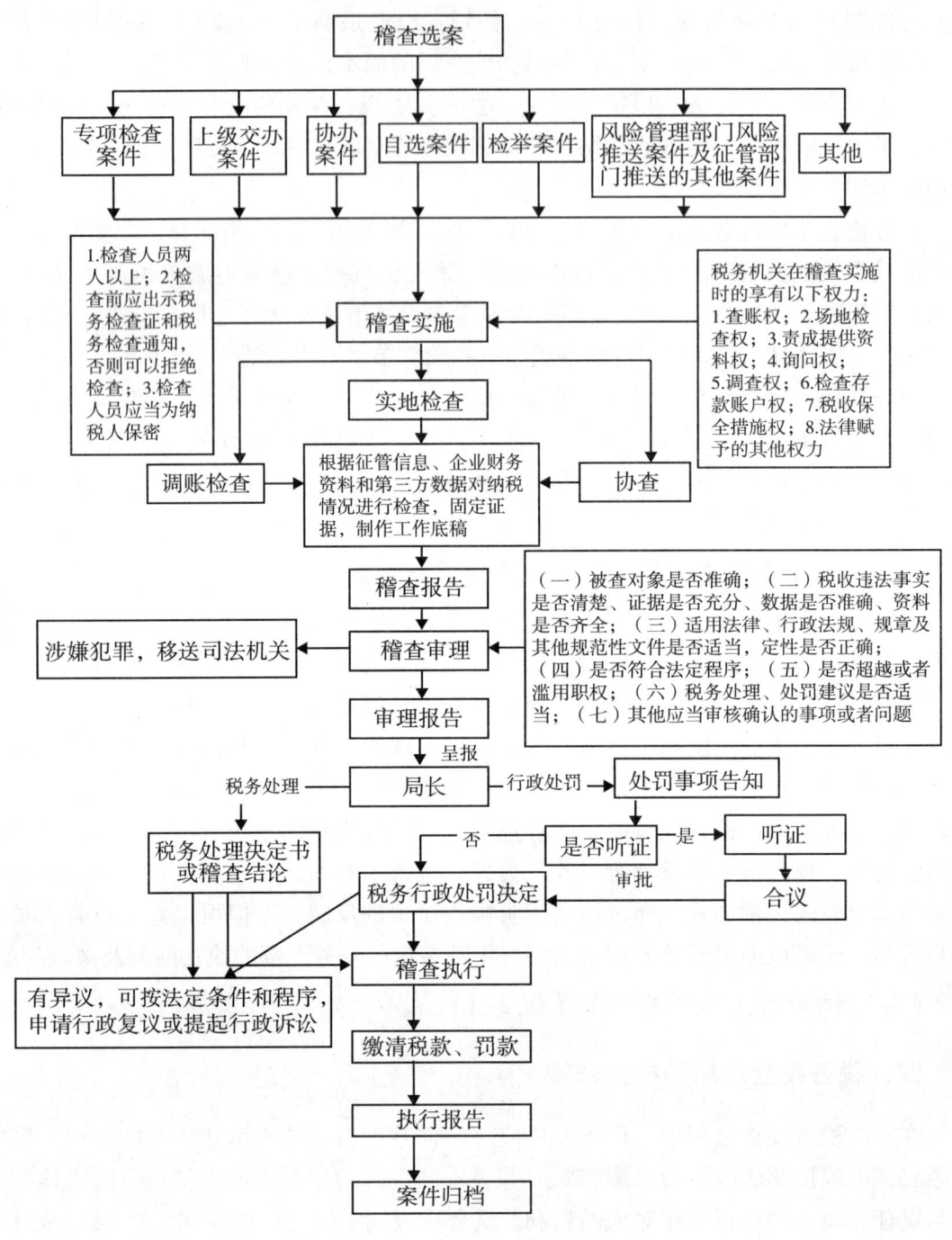

图 2-1 税务稽查工作流程图

(一)《行政复议法》之税务行政复议范围

税务局作出的以下具体行政行为,是税务行政复议的受理范围:

1. 征税行为。2. 税收保全措施。3. 未及时解除保全措施,使纳税人及其他当事人合法权益遭受损失的行为。4. 强制执行措施。5. 行政处罚行为。6. 不予依法办理或者答复的行为,如不予审批减免税或者出口退税;不予抵扣税款;不予退还税款;不予颁发税务登记证、发售发票;不予开具完税凭证和出具票据;不予认定为增值税一般纳税人;不予核准延期申报、批准延期缴纳税款。7. 取消增值税一般纳税人资格的行为。8. 收缴发票、停止发售发票。9. 责令纳税人提供纳税担保或者不依法确认纳税担保有效的行为。10. 不依法给予举报奖励的行为。11. 通知出境管理机关阻止出境行为。12. 其他具体行政行为。

(二)《行政复议法》之税务行政复议管辖

1. 对省、自治区、直辖市及计划单列市税务局作出的具体行政行为不服的,向国家税务总局申请行政复议。对行政复议决定不服,申请人可以向人民法院提起行政诉讼,也可以向国务院申请裁决,国务院的裁决为终局裁决。

2. 对税务所日常检查作出的具体行政行为不服的,向其主管税务局申请行政复议。

3. 对扣缴义务人作出的扣缴税款行为不服的,向主管该扣缴义务人的税务机关的上一级税务机关申请行政复议;对受税务机关委托的单位作出的代征税款行为不服的,向委托税务机关的上一级税务机关申请行政复议。

4. 对被撤销的税务机关在撤销前所作出的具体行政行为不服的,向继续行使其职权的税务机关的上一级税务机关申请行政复议。

(三)《行政诉讼法》之行政诉讼(税务)的特征

原告的特定性、被告的特定性、诉讼的对象的特定性和税收具体行政行为不因诉讼而停止执行。

(四)《行政诉讼法》之行政诉讼(税务)的受案范围

行政管理相当方对税务局作出的以下具体行政行为不服的,是行政诉讼(税务)的受案范围:

1. 行政处罚决定。2. 税收保全措施、阻止出境或强制执行措施。3. 责令提供纳税担保。4. 征税行为,如征收税款,加收滞纳金等。5. 认为税务机关侵犯其法定的经营自主权的。6. 认为税务机关违法要求履行义务的。7. 认为税务机关不作为的,如不予答复或办理税收事务等。8. 税务行政复议行为:①复议机关改变了原具体行政行为;②期限届满,复议机关不予答复。9. 法律法规规定可以提起诉讼的其他税收具体行政行为。

（五）《国家赔偿法》之税务行政赔偿的构成要件

1. 符合法定的侵权行为主体。
2. 具有违法行使职权的行为。
3. 存在实质性的损害事实。
4. 存在因果关系。

（六）《国家赔偿法》之税务行政赔偿的范围

1. 侵犯人身权的赔偿

（1）税务机关及其工作人员非法拘禁纳税人和其他税务当事人，或者以其他方式剥夺纳税人和其他税务当事人人身自由的。

（2）税务机关及其工作人员以殴打等暴力行为，或者唆使他人以殴打等暴力行为造成公民身体伤害或死亡的。

（3）造成公民身体伤害或死亡的税务机关及其工作人员的其他违法行为。

2. 侵犯财产权的赔偿

（1）违法作出征税行为损害赔偿请求人财产权的。

（2）违法作出税务行政处罚损害赔偿请求人财产权的。

（3）违法责令提供纳税担保损害赔偿请求人财产权的。

（4）违法采取税收保全措施、税收强制执行措施，或者采取的税收保全措施、税收强制执行措施不当，损害赔偿请求人财产权的。

（5）违法通知出入境管理机关阻止出境，损害赔偿请求人财产权的。

（6）违法行使停止供应发票权、停止出口退税权损害赔偿请求人财产权的。

（7）其他违法行使职权损害赔偿请求人财产权的。

赔偿请求人请求国家赔偿的时效为2年，自国家机关及其工作人员行使职权时的行为被依法确认为违法之日起计算。

（七）《中华人民共和国民法典》

纳税担保的主体是税务机关和纳税担保人，同时还有被担保人。纳税担保的范围包括税款和滞纳金，不包括罚款。

纳税担保必须符合法律法规规定的形式和程序，如以"纳税担保书"等书面形式提出申请，并经税务局同意或确认等，否则就是无效的担保。纳税担保方式，民法典规定的担保方式有保证、抵押、质押、留置和定金等五种，但由于税收征收管理活动的特殊性，《税收征管法》及有关法律规范规定了纳税担保的方式只有保证、抵押、质押三种。

1. 纳税保证

(1) 纳税保证的性质。纳税保证为连带责任保证。

(2) 纳税担保能力。

(3) 纳税保证的时限。纳税保证的时限分为保证期间和履行保证责任的期限。保证期间为纳税人应缴纳税款期限届满之日起 60 日。纳税保证期间内税务机关未通知纳税保证人缴纳税款及滞纳金已承担担保责任的，纳税保证人免除担保责任；履行保证责任的期限为 15 日，即纳税保证人应当自收到税务机关的纳税通知书之日起 15 日内履行保证责任，缴纳税款及滞纳金。

2. 纳税抵押

(1) 抵押物的范围。不得抵押的财产包括：

①土地所有权；②除用于抵押的以乡（镇）、村企业的厂房等建筑物占用的、国有房屋占用的土地使用权以外的土地使用权；③学校、幼儿园、医院等以公益为目的的事业单位、社会团体、民办非企业单位的教育设施、医疗卫生设施和其他社会公益设施；④所有权、使用权不明或者有争议的财产；⑤依法被查封、扣押、监管的财产；⑥依法定程序确认为违法、违章的建筑物；⑦法律法规规定禁止流通的财产或者不可转让的财产；⑧其他依法不予抵押的财产。

(2) 抵押物的登记。纳税抵押财产应当办理抵押物登记。纳税抵押自抵押物登记之日起生效。

3. 纳税质押。纳税质押分为动产质押和权利质押。

(八)《中华人民共和国拍卖法》（以下简称《拍卖法》）

1. 拍卖优先原则，依次顺序是：

(1) 委托依法成立的拍卖机构拍卖。

(2) 无法委托拍卖或不适于拍卖的，可以委托当地商业企业代为销售，或责令被执行人限期处理。

(3) 无法委托商业企业销售，被执行人也无法处理的，由税务机关变价处理。

2. 抵税财物的范围和价值确定：

(1) 税务机关参照同类商品的市场价、出厂价或者评估价估算的，相当于应纳税款的商品、货物或者其他财产。

(2) 个人及其所扶养家属维持生活必需的住房和用品，不能作为抵税财物。但是，机动车辆、金银饰品、古玩字画、豪华住宅或者一处以外的住房，以及单价 5000 元以上的其他生活用品不属于个人及其所扶养家属维持生活必需的住房和用品。

(3) 在被执行人无其他可供强制执行的财产的情况下，价值虽然超过应纳税额但却不可分割的商品、货物或者其他财产。

税务局委托拍卖机构开始正式拍卖时，抵税财物依次按以下三种方法确定价格：(1) 按照市场价确定；(2) 其他的通常方法确定，比如出厂价等；(3) 委托依法设立并具有相应资质的评估鉴定机构进行质量鉴定和价格评估。

（九）《刑法》

税务机关的行政制裁与人民法院的刑事制裁，在性质、内容、严厉程度、适用对象、程序等方面都有很大的区别。税务机关在向公安机关移送涉嫌犯罪案件前，已经依法给予当事人罚款的，以后人民法院判处罚金时，罚款应折抵相应罚金。对人民检察院不予起诉或人民法院免除刑罚的税收违法行为人，税务机关未作出行政处罚的，应按照税收法律法规的规定给予相应的行政处罚。

第四节 税务稽查是取证

在税务检查过程中，税务稽查是由专业机构（税务稽查局）的专业人员实施的，是最主要的税务检查方式。调查取证是税务稽查办案的核心，税务稽查的本质就是证据收集与固定，就是取证！其中，实施环节是"选案、实施、审理和执行"四个稽查环节中的核心。

有效、全面地实施调查取证，是确保税务稽查工作质量的关键。税收违法案件查处是否能够做到事实清楚、证据确凿、定性准确，主要取决于调查取证环节认定是否周密翔实，稳妥可靠。如果通过调查取证仍然得不到有效证据，势必导致掌握的线索无法真正落实，税务违法行为不能受到制裁。

税务稽查调查取证是税务稽查局在法律、法规赋予的权限内，为查明和证明涉税案件事实，依据法定程序，采取合法、有效的手段和方法，调取税务稽查证据的税务行政执法行为。

税务稽查调查取证包括税务稽查证据的"调查方式、取证方法、签章确认、审核认定和归集整理"五部分内容。税务稽查证据是检查人员在行政执法过程中调取的，用以证明涉税案件事实的根据，是与案件事实相关联，并按照法定程序取得的符合法定表现形式的客观事实。税务稽查证据包括书证、当事人陈述、证人证言、视听资料、鉴定结论和勘验笔录。

一、证据的概念及特征

证据是指能够证明案件真实情况的有关事实或材料。税务稽查证据是指证明税收违法案件有关情况真实的事实或材料。证据具有关联性、真实性和合法性的三个主要特征：

关联性——证据必须是与案件有客观联系的事实。作为稽查的证据，必须与税收违法行为存在着紧密联系，能够反映纳税人是否存在税收违法行为。在确认证据是否具有关联性时,要运用逻辑推理和生活经验,进行全面、客观和公正的分析判断。

真实性——证据必须是客观存在的事实。任何一种税收违法行为的发生、发展和结果,必然要在客观外界留下痕迹和映象,它是客观存在的事实,而非猜测和虚构的东西。比如所有与案件有关的账册资料、购销记录、文件等实物证据,以及涉案当事人、证人的言词证据都必须是确定的事实,是客观存在的东西。反之,任何猜测、幻想和虚构,都不是客观事实,均不能作为合法证据使用。

合法性——证据的收集主体、收集程序和证据形式合法。在审查证据的合法性时,应从证据是否符合法定形式,证据的取得是否符合法律、法规、司法解释和规章的要求,是否有影响证据效力的其他违法情形等方面进行审查。

二、证据分类

(一) 证据的法定种类

在《行政诉讼法》和《税务行政复议规则(暂行)》将稽查证据分为书证、物证、视听资料、证人证言、当事人的陈述、鉴定结论和勘验笔录、现场笔录等七类。

1. 书证

书证是指以文字、符号、图画等所表达和记载的内容、含义来证明案件真实情况的证据。税务稽查工作中,书证是最重要的证据,也是数量最多的证据,通常表现为证明税收违法行为的凭证、账簿、发票、企业营业执照、法定代表人身份证等复印件。

2. 物证

物证是指用外形、特征、质量等证明案件真实情况的物品。比如非法印制、买卖、伪造、变造的发票、完税凭证;非法印制增值税专用发票的机器等作案工具;倒卖发票获取的赃款、赃物等。

3. 视听资料

视听资料是指以录音、录像、计算机软件等可视可听的载体储存的,证明案件真实情况的音响、图像、文字或者其他信息。主要包括录音资料、录像资料、电子计算机储存资料、运用专门技术设备得到的信息资料等。

4. 证人证言

证人证言是指知道案件真实情况的人,向税务稽查局及工作人员所做的有关案件部分或全部事实的陈述。常见的证人证言有询问笔录、证人提供的口头或书面证词等。

5. 当事人的陈述

当事人的陈述是指当事人做出的对案件真实情况的陈述。常见的当事人的陈述有询问笔录,当事人自述材料,陈述、申辩笔录等。

6. 鉴定结论

鉴定结论是指专门的鉴定部门借助鉴定人的专业知识、技能和经验,对案件有关事实材料涉及的专门性问题所作出的判断性意见。比如发票鉴定、海关完税凭证鉴定等。

7. 勘验笔录、现场笔录

勘验笔录、现场笔录是指税务稽查局及工作人员对与案件有关的现场、物品进行勘查、测量、检验和拍照、询问等制作的实况记录。其形式可以是文字记录、图片、照片等，比如稽查人员现场制作的《实物盘点表》等。

（二）证据的其他分类

证据还可以按照表现形式、与案件主要事实之间的关系、来源方式等不同标准来分类：

1. 按照证据的表现形式，可将其分为言词证据与实物证据。

言词证据，是指以人的陈述形式表现出来的各种证据，比如当事人陈述、证人证言、鉴定结论等都属于言词证据。实物证据，是指以客观存在的物体作为证据表现形式的证据。比如稽查案件中的单据、账册、报表、视听资料等都属实物证据。

2. 按照证据与案件主要事实之间的关系，可将其分为直接证据和间接证据。

凡是能够直接证明案件主要事实的证据，属于直接证据。间接证据是指需要借助其他证据才能对所证事实产生证明作用的证据。在不能取得直接证据的情况下，应通过若干个间接证据证明案件的事实。

3. 按照证据的来源方式，可将其分为原始证据和传来证据。

原始证据是指从案件事实的最初来源获得的证据，即第一手的事实材料。比如当事人提供或知情人提供的证言、外调取得的证据资料等。传来证据是从原始证据中衍生出来或在信息传播中间环节形成的证据，属于第二手的事实材料。比如证人转述他人的证言、书证的抄件、影印件，各种证物的复制品，以及照片、录音、录像，复制的视听资料等。

（三）查办税务稽查案件时应注意的问题

1. 书证是以文字、符号、图形等记载的内容或者所表达的思想来证明案件事实的书面文件或者其他物品。主要包括被查对象身份证件资料、企业财务会计资料和经营活动资料、纳税申报资料、税务检查工作底稿等各种涉税相关材料。

收集书证时，需要提取与案件有关资料原件的，可以用统一的换票证换取发票原件或者专用收据提取有关资料；不能取得原件的，可以照相、影印、复制或记录，但必须注明原件的保存单位（个人）和出处，由原件保存单位（个人）签注"与原件核对无误"字样，并由其签章或者押印。拒绝签章或者押印的，应当邀请有关基层组织或者公证机关或者原件保存单位的代表到场，说明情况，在相关证据上记明拒签事由和日期，由税务检查人员、见证人签名或者盖章。

收集的报表、会计账簿、图纸、专业技术资料、科技文献等书证，应当附有说明其证明对象的材料。法律、法规和规章对书证的制作形式另有规定的，从其规定。

2. 物证是能够以本身所具有的物质特征证明案件事实的物品或者痕迹。

收集物证时，应当收集原物。若收集原物确有困难时，可以收集与原物核对无误的复制件或证明该物证的照片、录像等其他具有证明效力的证据。原物为数量较多的种类物时，可收集其中具有代表性的一部分，并辅以《现场笔录》等加以佐证。

3. 视听资料是以录音、录像、计算机软件等可视可听的载体储存的音响、图像、文字或其他信息。

调取视听资料时，应尽可能调取有关资料的原始载体，即：录音、录像、计算机储存资料等信息载体的正本。调取原始载体确有困难的可提供复制件，需注明制作方法、制作时间、制作人和证明对象等，并由视听资料的提交单位或个人提供相应的证明材料，简要说明视听资料的内容，提供视听资料的时间、地点。调取录音、录像磁带时，应载明磁带长度。调取计算机数据盘时，应提供有关资料的文件名和读取密码。

4. 证人证言是当事人之外的第三人就其感知的案件事实情况向税务部门所作的陈述。

税务检查中需要证人作证的，应当事先了解证人和当事人之间的利害关系和对案件的了解程度，并告知不如实提供情况应当承担的法律责任。

证人的证言材料，应当由证人用钢笔或毛笔书写，并由本人签章或者押印；证人没有书写能力请人代写的，由代写人向本人宣读，并由本人及代写人共同签章或者押印；如证人认为证言有遗漏或者差错，应允许其补充或改正。更改证言的，应当注明更改原因，但税务部门不退还原件。

5. 当事人陈述是当事人就其所感知、理解和记忆的有关案件事实情况向税务局所作的叙述和承认。当事人陈述时，税务局应告知不如实提供情况应当承担的法律责任。

当事人为自然人的，陈述材料应当由其用钢笔或毛笔书写，并由本人签章或者押印；本人没有书写能力请人代写的，由代写人向本人宣读，并由本人及代写人共同签章或者押印；如被询问人认为笔录有遗漏或者差错，应允许其补充或改正。如当事人认为陈述有遗漏或者差错，应允许其补充或改正。更改陈述的，应当注明更改原因，但税务部门不退还原件。当事人为法人或者其他组织的，陈述材料应由其法定代表人（负责人）签名，并加盖单位印章。

6. 鉴定结论是指受税务局委托或者聘请，具有专门知识或者技能的人，运用科学技术或者专业技能，对税务案件中某些专门性问题进行鉴别、分析和判断之后，所得出的结论性书面意见。鉴定结论应载明下列内容：

（1）委托人和委托鉴定的事项。

（2）向鉴定部门提交的相关材料。

（3）进行鉴定的时间、地点。

（4）鉴定的依据和使用的科学技术手段。

（5）对鉴定情况和结果进行的论证。

（6）鉴定部门和鉴定人鉴定资格的说明，并应有鉴定人、复核人签名和鉴定部门盖章。

（7）明确的鉴定结论。前款内容欠缺或鉴定结论不明确的，税务局可要求鉴定部门予以说明、补充鉴定或重新鉴定。

（8）现场笔录是指税务稽查局在检查过程中，勘察或者检查现场时，对现场情况作出的客观记录。

现场笔录必须由税务检查人员当场制作，不得由他人代为制作，也不得事后补作。现场笔录的制作应当全面、客观。现场笔录制作完毕后应由检查人员和当事人签名。当事人拒绝签名或者不能签名的，应当注明原因。有其他人在现场的，可由其他人签名。法律、法规和规章对现场笔录的制作形式另有规定的，从其规定。

三、收集证据的原则

（一）依法取证原则

稽查人员必须依照法定的职权、程序和步骤收集证据，不得超越法定职权和采取非法手段获取证据，不得滥用职权或损害被查对象合法权益来获得证据。《税收征收管理法》及其实施细则作了税务检查权和程序性规定，比如稽查人员在实施稽查取证过程中，不得采取搜查被查对象住所等超越检查权限的方式提取证据，不得采取利诱、欺诈、胁迫、暴力等非法手段获取证据。

（二）全面、客观、公正原则

按照《行政处罚法》规定，行政机关发现公民、法人或其他组织有依法应当给予行政处罚的行为的，必须全面、客观、公正地调查、收集相关证据。全面，要求与税收案件有关、能证明有关涉税事实的有关证据，均要收集。全面的证据应当是数个种类不同、内容一致的证据组成的完整的证据链，其效力高于一个孤立的证据。客观，要求稽查人员在收集证据时要采取实事求是的态度。公正，要求稽查人员在收集证据时应本着法律面前人人平等的原则，公道正派，不带个人偏见，不故意遗漏对稽查对象不利或有利的证据。

（三）行政效率原则

行政效率原则要求在税务稽查取证工作应注重效率，以较低的耗费获取有效的证据。稽查人员在取证时要做到有计划、有目的，尽量提取最佳证据，尽可能收集直接证据和原始证据。对于不能提取原始证据的，要根据证据收集与固定的要求制作合法有效的复印件、照片、录像等派生证据。为避免证据的灭失，必要时通过证据保全方式取证。

四、逃（偷）税税收违法行为的取证

税务稽查取证主要是针对逃（偷）税的税收违法行为，不是逃（偷）税的刑事犯罪行为。所以，取证的重点是违法行为主体证据和违法行为事实证据，具体内容如下。

（一）主体方面证据

1. 各类登记证照等书证（包括登记、变更、注销等书证），比如工商登记、税务登记、事业社团登记等，特殊行业还应取得特许经营批准文书；属于增值税一般纳税人的，应取得一般纳税人证明；属于自然人、个体工商户的，应取得个人的居民身份证或护照等复印件。

2. 其他主体资格书证，比如纳税人银行账号、享受税收减免的批文等，法定代表人、主要负责人、财务人员、直接责任人等相关人员的身份证明。

（二）客观方面证据

主要围绕纳税人、扣缴义务人的逃（偷）税手段收集证据：以账务检查为切入点，结合稽查对象的供应、生产、销售、运输等部门信息，核实其纳税申报的真实性；通过现场检查、询问、协查等方法，以及到有关政府职能部门、业务相关单位等取得证据。

1. 伪造、变造、隐匿和擅自销毁账簿、记账凭证行为的证据

（1）伪造、变造账簿、记账凭证行为的证据。取得伪造、变造账簿、记账凭证的原件或经稽查对象确认的复印件。对真实反映其经营状况的账簿、会计凭证、业务合同、物流凭据、资金往来等相关资料也应作为证据一并提取；需要对证据进行司法鉴定的，应提请司法部门做司法鉴定。其中，物流凭据包括出库、入库、送货单据、存货盘点表、日销单、账外账等；资金往来凭据包括进账单、对账单、现金或银行结算凭据等。

（2）隐匿账簿、记账凭证行为的证据。可从进货渠道核查进货量，从资金流向核查销货量，再通过库存盘点来确定其实际销售收入，并取得物流凭据、资金往来凭据、存货盘点凭据等证据。

（3）擅自销毁账簿、记账凭证行为的证据。可制作询问笔录、取得证人证言；有销毁现场的，应制作现场笔录；以照相、录像、录音等方式提取销毁账簿、记账凭证的残骸等视听资料；从公安等部门取得销毁账簿、记账凭证的案件资料。

（4）纳税人、扣缴义务人的逃（偷）税行为少缴纳税款的证据。包括逃（偷）税当期的纳税申报表、完税凭证、反映应缴纳税款的询问笔录等。

（5）其他证据。取得当事人陈述或收集相关人员（包括法定代表人、经办人、财务人员、仓库管理员、运输人员等）的证人证言或制作询问笔录；纳税申报资料；纳

税人相关的会议记录、电子数据等其他证据；纳税人是增值税一般纳税人的，还应取得其账外经营部分的合法抵扣凭证。

2. 在账簿上多列支出或不列、少列收入行为的证据

提取账簿证据时，收集和固定纳税人多列支出、少列收入等违反税收政策内容的账页。

（1）多列支出行为的证据。

① 通过扩大产品材料成本多列支出的，应取得反映其材料假出库、变更原材料计价方法、向职工发放福利等计入材料采购成本等的相关账簿凭证资料。

② 通过税前列支购置、建造固定资产，超标、超范围计提固定资产折旧等手段多列支出的，应取得反映其固定资产购置（建造）成本、折旧方法、折旧率、当期应计提固定资产折旧数额、不得提取的固定资产折旧数额等的相关账簿凭证资料。

③ 通过违规摊销、预提多列支出的，应取得反映纳税人缩短待摊费用摊销期限、违规摊销开办费、大修理费、租赁费以及违规预提费用的相关账簿凭证及合同等资料。

④ 将专用基金支出挤入成本多列支出的，应取得反映其将专用基金支出列入成本费用的相关账簿凭证资料。

⑤ 以白条、假发票虚列各类费用支出，超标列支各类费用支出等手段多列支出的，应提取相关账簿凭证资料；需要对证据进行鉴定的，应提请相关部门做鉴定。

⑥ 纳税人、扣缴义务人的偷税行为少缴纳税款的证据。包括偷税当期的纳税申报资料、完税凭证、反映应缴纳税款的询问笔录等。

⑦ 其他多列支出行为的证据。

（2）不列、少列收入行为的证据。

① 对于账外经营的应税收入、或将应税收入挂在往来账户不按规定结转收入，应取得反映其真实业务状况的会计凭证、资金收支单据、货物出入库单及业务合同、协议等相关资料。

② 对于少计应税收入的行为，应取得分解销售收入，价外收入不作销售处理，出售来料加工剩余材料及出售用来料加工剩余材料加工的产品不计销售收入，将产品或半成品自用、对外投资、对外捐赠、以物易物、用于职工福利商品未申报纳税等行为的会计凭证、资金收支单据、货物出入库单据及业务合同、协议等相关资料。

③ 少计"营业外收入"或"其他业务收入"的，应取得反映其固定资产清理净收益、罚没收入、固定资产变价收入、固定资产出租收入、转让无形资产收入等少计收入行为的会计凭证、资金收支单据及合同、协议等相关资料。

④ 纳税人、扣缴义务人的逃（偷）税行为少缴纳税款的证据。包括逃（偷）税当期的纳税申报资料、完税凭证、反映应缴纳税款的询问笔录等。

3. 经税务局通知申报而拒不申报行为的证据

(1) 主管税务部门下达的《责令限期改正通知书》和送达回证。

(2) 税务登记证或扣缴登记。纳税人、扣缴义务人已办理税务登记或扣缴登记的,认定为"经税务部门通知申报";未依法办理税务登记或扣缴登记的,提取税务部门在法定或依法确定的纳税申报期限期满后依法书面通知其申报的通知书。

(3) 证明纳税人、扣缴义务人经税务部门通知申报而拒不申报行为的当事人陈述,制作询问笔录。

(4) 纳税人、扣缴义务人的逃(偷)税行为少缴纳税款的证据。包括逃(偷)税当期的纳税申报资料、完税凭证、反映应缴纳税款的询问笔录等。

4. 采取虚假纳税申报行为的证据

(1) 纳税人、扣缴义务人报送的与事实不符的纳税申报表、财务会计报表及其他纳税资料。

(2) 反映纳税人虚假申报的账簿、报表等资料。提取时,可视情况只提取反映虚假申报内容的账页和虚假申报期间账上反映月计、累计发生额、余额情况的账页。

(3) 纳税人非法取得或取得不符合有关规定发票的证据。收集纳税人不按规定做纳税调整的证据时,一方面应提取相关业务会计处理的资料,另一方面可以结合询问笔录对所提取的上述证据加以固定。

(4) 纳税人、扣缴义务人的逃(偷)税行为少缴纳税款的证据。包括逃(偷)税当期的纳税申报资料、完税凭证、反映应缴纳税款的询问笔录等。

(5) 其他反映虚假纳税申报行为的证据。

五、证据的签章确认

税务稽查证据应交由提供人核对并签字确认后,还需要法人加盖公章或自然人的按押指纹印。

提供人为单位的,应由本单位法定代表人或单位授权人员核对并签字确认后,加盖单位公章;提供人为个人的,应由本人或本人授权人员核对并签字确认后,押印。税务稽查证据有遗漏或差错的,提供人可以要求进行补充或修改,提供人应在补充或修改处押印和签名,并就补充、修改后的证据进行重新确认。税务稽查证据的提供人、提供时间、提供地点等内容,应由提供人核对并签字确认后,加盖公章或押印。

税务稽查证据的制作人、制作时间、制作地点等内容,应由制作人核对并签字确认。

对采取函请协查方式取得的税务稽查证据,受托地稽查局应根据委托地稽查局协查函委托的事项,将相关证据材料及文书进行复制,并在税务稽查专用纸张右下角注明"与原件核对无误"和加盖本单位印章后,一并移交委托地稽查局。

采用抽样取证的,应在制作的《税务稽查证据汇总表》右下角,由提供人签署

"经核对该汇总表数据与原件数据一致，内容真实、有效"的字样，并签名和签署日期。

（一）书证确认

调取的书证应按照以下规定签字确认：在骑缝处由原件提供人加盖骑缝公章或押印。

取证为原件的，应在原件所粘贴税务稽查专用纸张的右下角由提供人签署"该原件内容真实、有效"的字样，并签名和签署日期；取证为打印件的，应在打印件的右下角，由原件提供人签署"与电子数据核对无误"的字样，并签名和签署日期；取证为复印件的，应在复印件的右下角，由原件提供人签署"与原件核对无误，原件存于我处"的字样，并签名和签署日期；数量较少的，应逐页签字确认；数量较多的，应在首页签字确认，并在侧页加盖骑缝公章或押印；在原件和所粘贴的税务稽查调查取证专用纸张骑缝处由原件提供人加盖骑缝公章或押印；原件与税务稽查调查取证专用纸张大小一致或超出的，应将原件向内折叠，并在骑缝处由原件提供人加盖骑缝公章或押印。

（二）证言的确认

调取的当事人陈述、证人证言应按照以下规定签字确认：

取证为记录件的，应按照以下规定在记录件的右下角逐页签署"以上笔录我看过（或者向我宣读过），与我说的相符"的字样，并签名和签署日期。

对有阅读能力的，应由提供人签署意见；对没有阅读能力的，应由检查人员或翻译人员向其宣读或翻译，由检查人员代替被询问（调查）人签署意见，并由提供人押印和翻译人员签名予以确认；记载有遗漏或差错的，被询问（调查）人可以提出并进行修改。

（三）录音、录像资料的确认

配合采用录音、录像方法调取的录音带、录像带，应按照以下规定签字确认：

应使用税务稽查调查取证专用封条将保存录音带、录像带的税务稽查调查取证专用袋封存；在税务稽查调查取证专用封条上，由被询问（调查）人签署"经核对与本人所述一致，内容真实、有效"的字样，并签名和签署日期；在税务稽查调查取证专用袋与税务稽查调查取证专用封条的骑缝处，由被询问（调查）人加盖骑缝公章或押印，并加盖税务部门公章。

（四）勘验笔录、鉴定结论的确认

调取的勘验笔录、鉴定结论应按照以下规定签字确认：

勘验笔录由检查人员作出的，应由对方当事人在记录件的右下角，逐页签署"经核对与实际情况一致，内容真实、有效"的字样，并签名和签署日期；委托勘验、鉴定部门作出的，应由受托部门的人员签名和签署日期，并加盖勘验、鉴定部门公章。

（五）视听资料的确认

调取的视听资料应按照以下规定签字确认：

打印的视听资料应按照书证签字确认；应使用税务稽查调查取证专用封条将保存原件或备份件的税务稽查调查取证专用袋封存；取证为原件的，应在税务稽查调查取证专用封条上由提供人签署"该原件内容真实、有效"的字样，并签名和签署日期；取证为备份件的，应在税务稽查调查取证专用封条上由原件提供人签署"与原始载体记载的电子数据核对无误"的字样，并签名和签署日期；在税务稽查调查取证专用袋与税务稽查调查取证专用封条的骑缝处，由提供人加盖骑缝公章或押印，并加盖税务机关公章。

拒绝签字确认的，应当附由拒绝人或检查人员签名和签署日期的情况说明，并由在场的其他人员或检查人员（两人以上）签名和签署日期予以证明。

六、税务稽查中应注意的问题

细节决定成败，程序必须按部就班。实施税务稽查，特别是与纳税人"面对面"接触时，需要注意很多细节问题，不是"小错大碍，而是决定成败"。

（一）证件的出示

实施税务检查时应当出示税务检查证和税务检查通知书。税务稽查调查取证应由两名以上（含两名）检查人员，在法律、法规赋予的权限范围内实施，并按照有关规定出示《税务检查证》和送达《税务检查通知书》。

（二）调账要合法

1. 一般调以前年度账，须经县以上税务局（分局）局长批准，开付清单，3个月内完整退还。

2. 调取当年度的会计账项，须经设区的市以上税务局局长批准，在30天内退还。

（三）取得证据要合法

1. 税务案件证据的收集应坚持全面取证原则、合法取证原则，税务检查人员在证据收集过程中，不得对当事人和证人引供、诱供和逼供；检查人员在调查取证时，应当依照法定权限和程序，收集能够证明案件事实的证据材料；不得以偷拍、偷录、窃听等手段获取侵害他人合法权益的证据材料；不得以利诱、欺诈、胁迫、暴力等不正当手段获取证据材料。

2. 收集的证据材料应当真实，并与所证明的事项相关联。税务检查人员要认真鉴别证据，防止伪证和假证，必要时对关键证据可提请专门技术鉴定。

3. 税务检查人员收集的证据，任何人不得隐匿、涂改、毁弃，税务稽查调查取证涉及国家秘密、商业秘密或个人隐私的，检查人员应对有关内容和情况进行保密。

（四）《询问（调查）笔录》的制作

1. 询问前应向被询问人发出或者出示《询问通知书》。

2. 《询问（调查）笔录》固定格式部分应逐项填写清楚。正文部分采用一问一答形式。记录询问内容要真实、准确、详细、具体，不得随意取舍。对证人提供的物证、书证，要在记录中反映出来并记明证据的来源。询问人出示证据提问，也必须写明出示何物。

3. 《询问（调查）笔录》应当用钢笔或毛笔书写、制作。

4. 询问结束，应将笔录交由被询问人核对，对没有阅读能力的，应向其宣读。如被询问人认为笔录有遗漏或者差错，应允许其补充或改正。修改过的笔录，应当由当事人在改动处签章或者押印。被询问人认为笔录无误的，要在笔录的每页签名或者押印；当事人拒绝的，应当注明。

5. 询问人、记录人、被询问人要在笔录末尾签署日期并签名，询问人与记录人不得互相代签。

税务人员制作《询问（调查）笔录》，应询问当事人实施与案件有关行为的动机、目的、手段、结果等，并要求其对被查出的违法事实进行确认；对与案件相关的其他人员应重点询问其所感知的案件事实情况。

（五）税务稽查在第三方协助取证方面存在困难

按照《税收征管法》第五十七条规定："税务机关依法进行税务检查时，有权向有关单位和个人调查纳税人、扣缴义务人和其他当事人与纳税或者代扣代缴、代收代缴税款有关的情况，有关单位和个人有义务向税务机关如实提供有关资料及证明材料。"但是，现行税法仅对两种第三人拒绝税务机关调查规定了法律责任：

一是银行和其他金融机构。《税收征管法》第七十三条规定："纳税人、扣缴义务人的开户银行或者其他金融机构拒绝接受税务机关依法检查纳税人、扣缴义务人存款账户，或者拒绝接受税务机关作出的冻结存款或者扣缴税款的决定，或者在接到税务机关的书面通知后帮助纳税人、扣缴义务人转移存款，造成税收流失的，由税务机关处十万元以上五十万元以下的罚款，对直接负责的主管人员和其他直接责任人员处一千元以上一万元以下的罚款。"

二是车站、码头、机场、邮政企业及其分支机构。《实施细则》第九十五条规定："税务机关依照税收征管法第五十四条第（五）项的规定，到车站、码头、机场、邮政企业及其分支机构检查纳税人有关情况时，有关单位拒绝的，由税务机关责令改正，可以处1万元以下的罚款；情节严重的，处1万元以上5万元以下的罚款。"除此之外，对其他第三人不配合，甚至拒绝税务机关依法进行调查，法律均未规定相应法律责任。在税务稽查中，一些第三人拒绝接受税务检查，甚至刁难税务人员执法的事件时有发生，没有其他社会成员的广泛参与，税务稽查部门在案件调查中常常受阻就不难理解了。

最后，关于规范税务稽查工作的建议：

一是要提高税务稽查行政处罚额度。由于税务稽查是税收执法的靠后面环节，对于纳税人、扣缴义务人拒绝接受税务稽查的，在赋予税务部门连续处罚权的基础上，应该在法律上逐次提高处罚额度，直至接受检查。在对第三人拒绝接受税务稽查部门调查的，理应与纳税人、扣缴义务人拒绝接受税务稽查同样处理。对其他国家行政机关拒绝税务调查的加重处罚，并有权建议同级纪检监察部门介入处理。

二是明确税务稽查中当事人的举证责任。众所周知，个案中纳税人的各项成本、费用支出都是纳税人亲历的，这些信息纳税人自己最清楚，有关证据也全部掌握在纳税人手中，由纳税人而不是税务稽查局对该部分事项负举证责任，法院能更快查清事实，作出裁决。但是，行政诉讼法没有针对税务诉讼案件的特殊之处，给法官适当的重新分配举证责任的裁量权。针对纳税人成本、费用核算混乱，查账征收所得税存在困难的情况，《税收征管法》和国家税务总局文件规定税务部门可以核定征收其企业所得税。为严厉打击偷税行为，在纳税人故意账外设账、隐匿、销毁账簿、拒不提供涉税资料等情况下，税务部门继续采取查账方式征收所得税，且仅对收入总额的调整负举证责任，而各项税前扣除项目由纳税人负举证责任，凡纳税人不能证明其支出项目真实、合法并与取得收入相关的，在计算所得税时一律不得税前扣除，进而从根本上杜绝纳税人通过多列、虚列支出少缴税款的行为。

三是坚决要端正执法观念。要在税收管理理念、税收服务意识、税收征收习惯、税收文化理念、税收道德观念等方面与时俱进，提高对事务的判断力，提升处事经验；改变习惯的、传统的工作思维和执法方式，屏蔽求简单而忽略程序、求快捷而忽略方式的现象，避免和减少执法过程中的拖拉和随意性，尽可能规避执法风险。

第五节　稽查审理与执行

按照原《税务稽查工作规程》所规定的调查取证与审理定性分工负责的模式，税务稽查的选案、实施、审理和执行"四个环节"是分离开来的，各自职有专司自成一个系统，又环环相扣互相制约，在各自范围内各系统自行行使相应的权力，使任何一个系统都无法独揽权力，不能完整独立地从选案、调查到审理、执行全过程查办案件。实施环节的取证是核心，案件审理是关键，这两个环节相对于选案和执行更重要。税务稽查和因稽查而引发的税务行政处罚，是可能被纳税人或扣缴义务人提起税务行政复议和行政诉讼的高风险事项。

税务稽查审理是指税务稽查机构对其立案查处的各类税务违法案件在实施稽查完成调查取证的基础上,由专门组织或人员核准案件实施、审查鉴别证据、分析认定案件性质,制作《审理报告》和《税务处理决定书》、《税务行政处罚决定(告知)书》或《税务稽查结论》的活动过程。

税务稽查审理对稽查实施人员提供的案件事实、证据进行审查,并判断稽查实施环节对案件的取得证据和固定是否正确,定性是否准确、公正,是否符合法律依据,对于出现事实不清、证据不全、定性不准确、法律依据错误等情况,有权要求稽查实施人员重新稽查或改变原有结论。稽查审理是税务稽查必不可少的环节,对于保证稽查机构依法行使职权,保证税收违法案件的查处质量,确保对各类税收违法案件处理的公正、公平,保护纳税人的合法权益等都有十分重要的作用。

涉税事实认定和税务行政处罚的听证,是在税务稽查审理环节完成的。听证是纳税人或扣缴义务人维护自身合法权益的非常重要且非常关键的环节,也是甲行家税收法律救济理论的起始环节。

我们要维护自身合法权益是从提出行政处罚听证开始的!

一、审理的主要内容

根据原《税务稽查工作规程》第三十八条规定,审理人员应当认真审理稽查人员提供的《税务稽查报告》及所有与案件有关的其他资料,并对如下内容进行确认。

(一)违法事实是否清楚、证据是否确凿、数据是否准确、资料是否齐全

违法事实是否清楚,是指《税务稽查报告》所认定的违法事实是否真实、具体和准确。如果认定的事实不清,就不能定案处理,如果勉强定案,就有可能导致整个案件性质判断错误或处理上的失误。因此,案件审理最主要的工作是涉税事实认定,即证据的取得和固定是否全面、准确、确凿。

认定案件事实,一定要有确凿的证据。所谓证据确凿,就是指证据是准确无误并足以能说明事实的存在。只有找到这样的证据,才能定案。审理证据是否确凿,必须具备如下条件:

(1)各项证据是否真实;

(2)各项证据是否与案件事实具有关联性;

(3)各项证据相互协调一致。

认真鉴别证据和综合运用有效证据,是审理证据是否确凿的重要手段和方法,鉴别证据,主要是对证据中的物证、书证、证人的证言、当事人的陈述等进行严格审查,做到去伪存真、去粗取精,对证据的真实性给予确定,使之成为有效证据。综合运用有效证据,主要是对证明某一具体事实的各有效证据进行综合分析和审理,确认违法事实符合实际,足以证明违法事实存在。

数据是从量的方面来认识客观事物的。审理中，对于资料中获取的数据，必须正确判断，慎重采纳。这是因为，案件有关当事人提供的数据，甚至稽查人员调查收集的数据都可能不准确、不真实或缺少证明力。因此，审理时要根据有关数据之间的相互控制、相互制约的原理，对各项数据逐项加以验算核实，做到准确无误。

在进入审理程序后，首先要确认资料是否齐全。税务稽查审理所需资料主要包括工作报告、稽查文书、有关证据三类资料。在提交审理的资料中，税务稽查报告和证据资料是案件资料的主体部分。证据资料，既包括对所查处违法事实认定的证据，也包括否定的证据，既有实物证据，也有言词证据，比较繁多复杂，是提交资料中整理的重点。

（二）适用税收法律、法规、规章是否得当

适用税收法律、法规、规章是否得当，是税收执法行为合法性的核心，是税务稽查审理的关键。导致适用税收法律、法规、规章不当的主要因素有以下三种。

1. 法律、法规、规章效力等级不同、内容冲突

根据《中华人民共和国立法法》（以下简称《立法法》）规定，我国实行多层级的立法体制，全国人民代表大会及其常委会制定法律；国务院制定行政法规；国务院各部委发布行政规章，省、自治区、直辖市政府发布地方性法规和政府规章。因其制定发布机关的权力等级不同，其效力等级和适用范围也不同，有的内容甚至发生冲突。因此，在执法管理过程中，就有一个正确选择适用的问题。

2. 立法的原则性与执法的复杂性之间的差异

各种税收法律、法规、规章都是有权机关通过法定程序，根据不同时期，不同领域的实际情况制定的，具有较强的原则性，不可能事无巨细都加以规范。因经济形势和税收形势的变化都非常快，情况复杂多样。这就需要税务稽查人员适应变化的情况，正确理解、掌握和运用税收法律、法规、规章。

3. 稽查人员的自身素质

法律的规范作用，不是自发实现的，而是通过人的有组织的活动实现的，即通过执法、守法活动实现的。执法人员的素质对法律的适用起着举足轻重的作用，税务稽查工作要求稽查人员要有全面的、系统的知识结构，执法人员的素质与法制的要求仍相差较远，权大于法、以权谋私的现象依然存在。

（三）是否符合法定程序

1. 审查法定顺序

行政程序中主要的顺序有：先表明身份，后实施监督；先取证，后裁决；先听证，后做处理决定；先裁决，后执行，等等。上述步骤的衔接顺序是符合行政执法客观要求的，带有规律性的合理排列。颠倒了顺序，就违背了客观规律，就违反了法定程序。

2. 审查法定步骤

审定法定步骤是行政程序的基本要素。任何行政程序，作为一个过程是按步骤来完成的，缺少其中一个步骤，程序就可能中断，整个行政程序可能就无法完成，即使做出行政行为，也可能是无效的。

例如，根据《税收征管法》第三十八条实施税收保全措施的程序是：第一步，税务机关有根据认为从事生产、经营的纳税人有逃避纳税义务行为的，可以在规定的纳税期之前，责令限期缴纳应纳税款，即提前清税；第二步，在限期内发现纳税人有明显转移、隐匿其应税商品、货物、收入以及其他财产迹象的，税务机关可以责成纳税人提供纳税担保；第三步，如果纳税人不能提供纳税担保，经县以上局长（分局长）批准，税务机关才可以采取冻结相应存款、扣押（查封）商品、货物及其他财产等税收保全措施；第四步，纳税人在税务机关规定的限期内缴纳税款的，税务机关必须立即解除税收保全措施；第五步，限期期满仍未缴纳税款的，经县以上局长（分局长）批准，税务机关可以书面通知纳税人开户银行或者其他金融机构从暂停支付的存款中扣缴税款，或者拍卖（变卖）所扣押、查封的商品、货物或者其他财产，以其所得抵缴税款。

3. 审查法定时限

在实务中，行政法律法规规章对具体行政行为的行政程序是有明确时限规定的。比如《征管法实施细则》规定：对纳税人填报的税务登记表，提供的证件和资料，税务机关应当自收到之日起三十日内审核完毕，符合规定的，予以登记，并发给税务登记证件；又如税务机关为了稽查的需要将纳税人、扣缴义务人以前年度的资料调回稽查时，必须在"三个月内完整退还"；再如对从事生产、经营的纳税人、扣缴义务人未按照规定期限缴纳或解缴税款，纳税担保人未按照规定的期限缴纳所担保的税款，税务机关可发出催缴税款通知书，责令其限期缴纳或解缴税款，但最长期限为 15 日。法律、法规、规章作出时限的规定，就要求行政机关必须在一定时期内做出或完成其行政行为。

期限内未做出或完成而又没有法定理由的，即为程序不合法，必然导致具体行政行为不合法。

（四）拟定的处理意见是否得当

拟定的处理意见是否得当，主要是审查稽查人员提供的《税务稽查报告》中所提出的处理意见是否可行、具有针对性，定性是否准确，提出的处理意见是否恰当，这是合理性审核。案件定性，即认定违法事实的性质，这是处理案件的关键。

税务违法行为一般包括逃（偷）税、抗税、欠税、骗取出口退税、逃避追缴欠税、避税以及其他违反税收法律、法规、规章的行为。对这些违法行为均有相应的处理规定，定性准确，才能处理恰当；定性不准确，就会出现失误。

对拟定的处理意见是否得当的审查，就是合理性的裁量，可采取同过去处理的同类案件比较法处理。

二、审理文书

（一）《涉税事实认定意见书》

审理部门提出审理意见后，应由审理人员填制《涉税事实认定意见书》和《税务行政执法审批表》，经稽查局局长批准后3日内，送达检查对象进行认定。纳税人或扣缴义务人收到该文书时，关于对认定意见签字时，必须做到三不：第一不拒绝、第二不草率、第三不放弃应有权利。不拒绝签字，但是必须要稽查人员给出具体拟定处理意见才签字；不简单地签同意或不同意，具体问题具体处理意见分别签字表态；不放弃，要充分行使陈述和申辩的权利，甚至告知保留提起税务行政复议和行政诉讼的权利。

对检查对象的陈述、申辩意见，审理部门应当认真听取，对相关涉税证据进行复核，并在作出审理意见时充分予以考虑。

（二）《税务检查审理报告》

审理完毕，审理人员应当制作《税务检查审理报告》，由审理部门负责人审核。《税务检查审理报告》应当包括以下主要内容：

（1）审理基本情况；（2）检查人员查明的事实及相关证据；（3）被查对象或者其他涉税当事人的陈述、申辩情况；（4）经审理认定的事实及相关证据；（5）税务处理、处罚意见及依据；（6）审理人员、审理日期。

审理被告是税务稽查局的内部文书，不送达纳税人或扣缴义务人。重大案件还要经过稽查局的重大案件审理委员会的审理和省（自治区、直辖市）税务局的重大案件审理委员会的审理。

案件审理完毕和《涉税事实认定意见书》纳税人签字后，审理部门制作《税务处理决定书》《税务行政处罚告知书》《税务行政处罚决定书》《不予税务行政处罚决定书》《税务稽查结论》等文书，其中所引用的法律、行政法规、规章及其他规范性文件，均应当注明文件全称、文号和有关条款具体内容。

（三）《税务处理决定书》

制作的《税务处理决定书》应当包括以下主要内容：（1）被查对象姓名或者名称及地址；（2）检查范围和内容；（3）税收违法事实及所属期间；（4）处理决定及依据；（5）税款金额、缴纳期限及地点；（6）税款滞纳时间、滞纳金计算方法、缴纳期限及地点；（7）告知被查对象不按期履行处理决定应当承担的责任；（8）申请行政复议或提起行政诉讼的途径和期限；（9）处理决定的文号、制作日期、税务机关名称及印章。

（四）《税务行政处罚事项告知书》

制作的《税务行政处罚事项告知书》应当包括以下内容：(1) 认定的税收违法事实和性质；(2) 适用的法律、行政法规、规章及其他规范性文件；(3) 拟作出的税务行政处罚；(4) 当事人依法享有的权利；(5) 告知书的文号、制作日期、税务机关名称及印章；(6) 其他相关事项。

该告知书是实施税务行政处罚的前置程序，如果对拟定税务行政处罚有异议，如果符合提出听证条件的，应在收到告知书3日内及时提出税务机关组织听证的要求。只要提出听证，是必须组织听证的。

（五）《税务行政处罚决定书》

制作的《税务行政处罚决定书》应当包括以下主要内容：

1. 纳税人、扣缴义务人的名称、地址和法定代表人、负责人的姓名等，或者其他涉税当事人姓名、性别、年龄、单位、住址等；
2. 检查范围和内容；
3. 税收违法事实及所属期间；
4. 行政处罚种类和依据；
5. 行政处罚履行方式、期限和地点；
6. 告知当事人不按期履行行政处罚决定应当承担的责任；
7. 申请行政复议或者提起行政诉讼的途径和期限；
8. 行政处罚决定的文号、制作日期、税务机关名称及印章。

____税务局（稽查局）税务行政处罚决定书

税罚〔　　〕　号

_____：

经我局（所）_____，你单位存在违法事实及处罚决定如下：

一、违法事实

（一）

1.

2.

（二）

……

二、处罚决定

（一）

1.

2.

（二）

……

以上应缴款项共计____元。限你（单位）自本决定书送达之日起____日内到____缴纳入库（账号：_____）。到期不缴纳罚款，我局（所）将依照《中华人民共和国行政处罚法》第五十一条第（一）项规定，每日按罚款数额的百分之三加处罚款。

如对本决定不服，可以自收到本决定书之日起六十日内依法向____申请行政复议，或者自收到本决定书之日起三个月内依法向人民法院起诉。如对处罚决定逾期不申请复议也不向人民法院起诉、又不履行的，我局（所）将采取《中华人民共和国税收征收管理法》第四十条规定的强制执行措施，或者申请人民法院强制执行。

税务机关（签章）

年　　月　　日

使用说明

1. 本决定书依据《中华人民共和国税收征收管理法》《中华人民共和国税收征收管理法实施细则》《中华人民共和国行政处罚法》设置。

2. 适用范围：税务机关在对纳税人、扣缴义务人及其他当事人作出税务行政处罚决定时使用。

3. "经我局（所）_____"：横线处填写"于____年__月__日至____年__月__日对你（单位）____年__月__日至____年__月__日_____情况进行检查"，或者"对你单位_____情况进行检查核实"。

4. 本决定书的主体部分，必须抓住税收违法的主要违法事实，简明扼要地加以陈述，然后列举处罚的法律依据，写明处罚结论。若违法事实复杂，应给予分类分项陈述。

5. 本决定书所援引的处罚依据，必须是税收法律、行政法规或者规章，并应当注明文件名称、文号和有关条款。

6. "向____"横线处填写有权受理行政复议申请的上级税务机关的具体名称（对各级地方税务局的具体行政行为不服的，可以选择向该税务局的本级人民政府申请行政复议）。

7. 本决定书与《税务文书送达回证》一并使用。

8. 文书字轨设为"罚"，稽查局使用设为"稽罚"。

9. 本决定书为A4竖式，一式三份，一份送纳税人或者扣缴义务人或者其他当事人，一份送征管部门，一份装入卷宗。

（六）《不予税务行政处罚决定书》

制作的《不予税务行政处罚决定书》应当包括以下主要内容：（1）被查对象或者其他涉税当事人姓名或者名称及地址；（2）检查范围和内容；（3）税收违法事实及所

属期间；(4) 不予税务行政处罚的理由及依据；(5) 申请行政复议或者提起行政诉讼的途径和期限；(6) 不予行政处罚决定的文号、制作日期、税务机关名称及印章。

_____税务局（稽查局）不予税务行政处罚决定书

税不罚〔　　〕　号

_____：

　　经我局（所）_____，你单位存在以下违法事实：_____上述行为违反_____规定，鉴于上述税收违法行为_____，依照《中华人民共和国税收征收管理法》、《中华人民共和国行政处罚法》第二十七条第二款、第三十八条第一款第（二）项规定，现决定不予行政处罚。

　　如对本决定不服，可以自收到本决定书之日起六十日内依法向_____申请行政复议，或者自收到本决定书之日起三个月内依法向人民法院起诉。

税务机关（签章）

年　　月　　日

使用说明

1. 本决定书依据《中华人民共和国税收征收管理法》第八十六条、《中华人民共和国行政处罚法》第二十七条、第三十八条设置。

2. 适用范围：税务机关对违法行为轻微，依法可以不予行政处罚的案件；或者违反税收法律、行政法规应当给予行政处罚的行为，五年后发现的案件作出决定时使用。

3. "经我局（所）_____"：横线处填写"于___年_月_日至___年_月_日对你（单位）___年_月_日至___年_月_日_____情况进行检查"，或者"对你单位_____情况进行检查核实"。

4. "上述行为违反_____规定"：横线处可根据实际情况在正文直接填写相关法律规定条款。

5. "鉴于上述税收违法行为_____"：横线处根据实际情况，填写显著轻微，且能主动改正；或者属于超过五年被发现的违法行为。

6. "向_____"：横线处填写有权受理行政复议申请的上级税务机关的具体名称（对各级地方税务局的具体行政行为不服的，可以选择向该税务局的本级人民政府申请行政复议）。

7. 本决定书与《税务文书送达回证》一并使用。

8. 文书字轨设为"不罚"，稽查局使用设为"稽不罚"。

9. 本决定书为A4竖式，一式三份，一份送纳税人或者扣缴义务人或者其他当事人，一份送征收管理单位，一份装入卷宗。

（七）《税务稽查结论》

制作的《税务稽查结论》应当包括以下主要内容：（1）被查对象姓名或者名称及地址；（2）检查范围和内容；（3）检查时间和检查所属期间；（4）检查结论；（5）结论的文号、制作日期、税务机关名称及印章。

三、听证

审理部门在审理认定检查对象或其他涉税当事人存在税收违法行为时，认定应当进行税务行政处罚的，审理人员应填制《税务行政执法审批表》并拟制《税务行政处罚事项告知书》，经稽查局局长审批后送达检查对象，告知其拟给予行政处罚的事项，以及其依法享有陈述申辩和要求听证的权利，并使用《陈述申辩笔录》记录检查对象的陈述申辩意见。

对符合听证条件的检查对象，在申请听证期限3日内未提出听证要求的，审理人员应填制《税务行政执法审批表》并拟制《税务行政处罚决定书》，经稽查局局长审批后转送执行部门。

对符合听证条件的检查对象，在申请听证期限3日内提出听证要求的，稽查局应当在15日内举行听证，并在举行听证7日前将《税务行政处罚听证通知书》送达当事人，通知当事人举行听证的时间、地点、听证主持人的姓名及有关事项。

听证由审理部门（或法制部门）负责组织，并严格按照有关规定执行。听证结束后，审理人员应填制《税务行政执法审批表》，并拟制《税务行政处罚决定书》，经稽查局局长审批后转送执行部门。

听证是行政管理对象向拟作出《税务行政处罚决定书》的实施税务处罚的行政主体提出并进行质证，是行政处罚的必经程序。行政复议是行政管理对象向实施具体（执法）行政行为的行政主体的直接上一级行政主体提出异议。行政诉讼是行政管理对象向实施具体（执法）行政行为的行政主体相应的人民法院提起行政诉讼。直接上一级行政主体作出的复议决定是具体行政行为，如果侵害其合法权益的，行政管理对象可以再向其直接上一级行政主体提出复议或相应人民法院提起行政诉讼。

关于听证的详细内容，请查阅本书的第三章税务行政处罚第四节听证。

四、执行

税务稽查执行是指税务稽查局将需由纳税人履行的各类税务稽查处理、处罚文书送达纳税人，督促纳税人依法履行税务处理、处罚决定和必要时采取税收保全、税收强制执行的活动过程。

作为税务稽查工作的重要组成部分，稽查执行工作是实现税务稽查查处成果的最后环节，执行工作的效能直接关系到查补税款、滞纳金、罚款能否及时足额入库和稽查整体工作成效体现。

(一) 税务稽查执行分类

1. 纳税人自动履行

即纳税人在规定的期限内，到税务稽查局办理税款和罚款的缴纳手续。按照规定，各省税务稽查局查补收入一律在各省直属局开票入库。

2. 税务局强制执行

强制执行是指当事人不履行《税务处理决定书》《税务行政处罚决定书》规定的纳税义务，税务稽查局采取的强制手段，强迫当事人履行义务。案件执行完毕后，执行部门应当制作《执行报告》，经批后，连同整个案卷资料移交审理部门立卷归档。

3. 申请人民法院强制执行

申请人民法院强制执行的，执行人员应填制《税务行政执法审批表》并制作《强制执行申请书》，报稽查局局长批准后5个工作日内送交人民法院，申请强制执行。

(二) 纳税担保

对执行过程中发现欠缴税款的纳税人或其法定代表人需要出境，但尚未结清税款、滞纳金的，执行部门可制作《税务行政执法审批表》并拟制《责成提供纳税担保通知书》，经稽查局局长审批后送达欠税人，责成其在限期内提供纳税担保。

欠税人在限期内提供纳税担保的，稽查局应按照总局及市局纳税担保办法有关规定，与欠缴税款的纳税人、扣缴义务人或其他当事人及其纳税担保人办理相关手续。

欠税人在限期内未提供纳税担保的，执行部门应按照以下规定，在填制《税务行政执法审批表》和《阻止欠税人出境布控申请表》，经稽查局局长签署意见，并报所属税务局局长审批后，上报省局申请批准采取阻止出境措施。

(三) 阻止出境

1. 对欠税人实施出境限制应严格掌握，原则上个人欠税3万元以上，企业欠税20万元以上，方可函请公安边防部门实施边控。但对拒不办理纳税申报的，可不受上述金额限制。

2. 欠税人为自然人的，阻止出境的对象为当事人本人；欠税人为法人的，阻止出境对象为其法定代表人；欠税人为其他经济组织的，阻止出境对象为其负责人。

3. 法定代表人或负责人变更时，以变更后的法定代表人或负责人为阻止出境对象；法定代表人不在中国境内的，以其在华的主要负责人为阻止出境对象。

4. 阻止欠税人出境的期限为一个月。

阻止出境的工作时限要求：省局应在批准采取阻止出境措施后24小时内，制作《边控对象通知书》，送交公安机关办理边控手续阻止其出境，并通知申请稽查局。稽查局执行部门应在接到省局《边控对象通知书》24小时内，制作《阻止出境决定书》

送交公安机关、省局和当事人。

（四）阻止出境撤销

对采取阻止出境措施期限内，欠税人有下列情形之一的，执行部门应在确认后24小时内，填制《税务行政执法审批表》和《阻止欠税人出境撤控申请表》，经稽查局局长签署意见，并报所属税务局局长审批后，上报省局申请批准撤销阻止出境措施：

1. 已结清阻止出境时欠缴的全部税款、滞纳金和罚款。
2. 已向税务部门提供相当全部欠缴税款、滞纳金和罚款的纳税担保。
3. 欠税企业已依法宣告破产，并依《破产法》程序清偿终结者。

对采取阻止出境措施期限逾期，需要延长控制期限的，税务稽查局应按照相关规定办理续控手续。

阻止出境撤销的工作时限要求：省局应在批准撤销阻止出境措施后24小时内，制作《阻止欠税人出境撤控通知书》，送交公安机关办理撤控手续，并通知申请稽查局。稽查局执行部门应在接到省局《阻止欠税人出境撤控通知书》24小时内，制作《解除阻止出境决定书》送交公安机关、省局和当事人。

（五）税收保全措施与强制执行措施

对从事生产经营的纳税人可按照以下规定，税务稽查局可依法采取有关执行措施：

1. 发现有逃避纳税义务行为，并有明显的转移、隐匿其应纳税的商品、货物以及其他财产或者应纳税收入的迹象的，可以依法采取税收保全措施，或者强制执行措施。

2. 对《税务处理决定书》确定的行政处理事项，逾期不履行的，可以依法采取强制执行措施。

3. 对《税务行政处罚决定书》确定的行政处罚事项，逾期不申请行政复议也不向人民法院起诉、又不履行的，可以依法采取强制执行措施，或者依法申请人民法院强制执行。

4. 对已采取税收保全措施，限期期满仍未全额缴纳税款、滞纳金、罚款的，可以依法采取强制执行措施。

纳税担保人未按照确定的期限缴纳所担保的税款、滞纳金的，执行部门责令其限期缴纳；逾期仍未缴纳的，经所属税务局局长批准，税务稽查局可以依法采取强制执行措施。非从事生产经营的纳税人对《税务处理决定书》确定的行政处理事项逾期不履行的，稽查局可以依法申请人民法院强制执行。

（六）停止供应发票

被执行人拒不接受税务行政处理和处罚的，执行人员可以填制《税务行政执法审批表》并附相关证据材料，经稽查局局长审核同意后，报所属税务局局长批准，对其采取停止供应发票措施。

省局直属稽查局经局长审核同意后，检查人员制作《关于协助办理对××单位（个人）停止供应发票的函》，载明停止供应发票理由，并附相关证据资料，送交主管税务局协助对其采取停止供票措施。

（七）中止执行

在执行过程中发现有下列情形之一的，执行部门应在取得相关合法有效的证明资料后，填制《税收违法案件中止申请审批表》报选案部门审核，经税务稽查局局长批准后中止执行：

1. 被执行人死亡或者被依法宣告死亡，尚未确定可执行财产的。
2. 被执行人进入破产清算程序尚未终结的。
3. 可执行财产被司法机关或者其他国家机关依法查封、扣押、冻结，致使执行暂时无法进行的。
4. 法律、行政法规和国家税务总局规定其他可以中止执行的。

执行部门应当在确认中止执行情形消失后1个工作日内，填制《解除税收违法案件中止申请审批表》附相关证据资料，报选案部门审核，经税务稽查局局长批准后恢复执行。

五、税务稽查案件复查

为了及时发现和纠正违法的或者不当的具体税务稽查执法行为，早在建立专业化税务稽查机构之初，国家税务总局于2000年3月22日，印发《税务稽查案件复查暂行办法》（国税发〔2000〕54号），该办法依然有效但是再未修改。

税务稽查案件复查是非常好的监督制约机制，实际工作中却是非常不尽如人意。

（一）稽查案件复查的主要内容

1. 调查和审理是否符合法定程序。
2. 认定事实是否清楚，证据是否确凿，数据是否准确。
3. 定性处理适用依据是否正确适当。
4. 税务处理决定执行是否及时得当。
5. 税务文书使用是否正确规范。

（二）稽查案件复查的具体规定

在《税务稽查案件复查暂行办法》中，明确了关于复查的具体规定：

"第五条　稽查局根据复查工作计划确定需要复查的税务稽查案件，组成复查组，并指定组长。稽查局可以根据工作需要抽调基层税务稽查人员组成复查组，对辖区内税务稽查案件实行交叉复查。

复查组实行组长负责制。复查组根据复查对象和复查目标提出复查工作方案，经稽查局审批后实施。复查人员与复查案件有利害关系的，应当回避。

第六条　稽查局在实施复查前应当向处理税务稽查案件的稽查局（以下简称案件原处理单位）下达复查通知。案件原处理单位应当配合复查组的工作，向复查组提供案卷及有关资料；应复查组的要求选派人员协助调查，并提供必要的工作条件。

第七条　税务稽查案件的复查必须案卷审查和实地调查相结合，具体复查方法根据复查对象情况确定。

实地调查必须有针对性地进行；案卷审查发现原税务处理决定有重大问题或者明显疑点的，应当通过实地调查严格核证。

第八条　复查组在复查过程中应当注意听取案件有关的纳税人或者其他当事人的陈述和申辩。对当事人提出的重要事实、理由和证据应当进行复核。

复查组在复查过程中遇到重大问题，必须及时向组织复查的稽查局请示报告。

第九条　复查组对税务稽查案件实施复查后，应当向组织复查的稽查局提出复查报告。复查报告报送前，应当征求案件原处理单位意见。案件原处理单位应当自接到复查报告之日起5日内提出书面意见；复查组应当认真审核，根据审核情况对复查报告作必要的修改，然后连同案件原处理单位的书面意见一并报送组织复查的稽查局。案件原处理单位逾期未提出书面意见的，视同无异议。

第十条　组织复查的稽查局对税务稽查案件复查报告的事实内容和处理意见进行审议，根据不同情况分别作出复查结论：

（一）原税务处理决定认定事实清楚，证据确凿，适用依据正确，程序合法，内容适当的，予以维持。

（二）原税务处理决定主要事实不清，证据不足，适用依据错误，违反法定程序，超越权限，滥用职权，处理明显不当的，予以撤销或者部分撤销，并重新作出税务处理决定。

（三）复查发现新的税务违法问题与原税务处理决定相关，属于原税务处理决定错误的，予以纠正；属于同一时限、同一项目的数量增减变化的，应当在重新作出税务处理决定时注明原税务处理决定的相关内容。

（四）复查发现新的税务违法问题与原税务处理决定没有相关的，只对新发现的税务违法问题作出税务处理决定。

（五）原税务处理决定涉及少缴、未缴税款的，应当依法追缴；涉及多收税款的，应当依法退还。

（六）原税务处理决定的处罚原则上不再改变，但处罚明显偏重，或者案件原处理单位人员与被处理对象通谋，故意偏轻处罚的，可以改变。

案情复杂重大的，组织复查的稽查局应当会同主管税务局有关机构进行审议，并根据审议情况作出复查结论。

第十一条　组织复查的稽查局应当将税务稽查案件复查结论书面通知案件原处理单位；复查结论认定原税务处理决定违法或者不当的，应当责令案件原处理单位在指定期限内按照复查结论重新作出税务处理决定，情况特殊的，组织复查的稽查局可以根据复查结论直接作出税务处理决定。"

税务稽查结论就是"盖棺定论"已经根深蒂固，复查的制度机制是健全的，问题是没有严格落实和执行！

第六节　税务处理决定

税收违法行为是税收法律关系主体违反税收法律规范、侵害了为税法保护的税收关系并应承担某种法律后果的行为。税收违法行为未必构成税收犯罪，即"违法未必犯罪"，只有税收违法行为中达到《刑法》相关追究刑事责任标准的为涉税犯罪行为。

一、税收违法行为特点

税收违法行为具有行为主体广泛、行为特定和行为的法律后果特定等特点。

（一）行为主体具有广泛性

税收违法行为的主体是指税收违法行为的实施者，即行为中权利的享有者或义务的承担者，或者享有权利并承担义务的自然人或组织。税收违法行为的主体不仅包括征税主体和纳税主体，还包括其他主体，如委托征税主体、协助征税主体和税务代理人等。

（二）违法行为具有特定性

税收违法行为必须是某种违反税收法律规范，侵害了为税法所保护的税收关系的行为。即税收主体必须实施了某种作为或不作为的行为，这种行为违反的法律规范是税收法律，侵害了其所保护的法律关系。税收违法行为主要包括：作为税收违法行为，是指行为主体不履行税收法律规范规定的不作为义务。比如纳税人违反税法规定，虚假纳税申报的行为。不作为税收违法行为，是指行为主体不履行税收法律规范规定的作为义务。比如纳税人未按照税法规定期限进行申报纳税的行为。

（三）行为的法律后果特定

法律后果是税收违法行为特有的内在形态，是税收违法行为本质的表现，世界上不存在无结果的行为，实施了税收违法行为就要承担某种不利的税法上的法律后果，就要追究违法主体的行政责任或刑事责任。比如，纳税人实施了逃（偷）税的行为，就会造成不缴或少缴税款的特定法律后果，因此要依照税法规定对自己的违法行为承担相对应的法律后果。

二、税收违法行为的分类

根据税收违法行为的主体类型、性质和对象的不同，分为纳税主体的违法行为和征税主体的违法行为；税收实体的违法行为和税收程序的违法行为；抽象的税收违法行为和具体的税收违法行为。

（一）纳税主体的违法行为和征税主体的违法行为

这是根据实施税收违法行为的主体类型不同所作的分类。纳税主体的违法行为是纳税人和其他纳税主体实施的不履行法定义务，侵害国家税收管理秩序的行为，主要又可分为违反税款征收行为和违反税收管理行为。违反税款征收的行为，是指纳税主体违反税款申报缴纳义务，直接侵害国家税收的行为，比如逃（偷）税、逃避追缴欠税、骗税、抗税等。违反税收管理的行为，是指纳税主体违反有关税务登记、账簿凭证管理、发票管理等税法规定义务，妨碍了国家税收征收权的正常行使，通常不以直接发生应纳税款的减少为结果要件的行为，比如未依法设置或保管账簿、未按期办理纳税申报等。征税主体的违法行为，是指征税机关和其他行使征税权的组织实施的违法征税行为。其具体内容又可分为征税越权、征税滥用职权、征税侵权、适用法律错误、程序违法等。比如在税务稽查过程中，稽查人员与被查对象有利害关系并足以影响案件查处，但却不申请回避的行为就是违反了税法规定的行为。

（二）税收实体的违法行为和税收程序的违法行为

这是根据税收违法行为的性质不同所作的分类。税收实体违法行为又称为实质上的税收违法行为，是税收主体违反税法规定的实体权利义务的行为。对征税主体来说，主要是违法多征、少征或越权开征、停征税收；对纳税主体来说，主要是实施各种逃避纳税义务的行为。税收程序违法行为又称为形式上的税收违法行为，是指税收主体违反法定的税收程序，即违反了法定的征纳行为必须遵循的方式、步骤、时限和顺序的行为。比如税务稽查人员未出示税务检查证和《税务检查通知书》，要求对被查对象实施检查的行为，就严重违反了税法的规定。

（三）具体的税收违法行为和抽象的税收违法行为

这是根据税收违法行为的对象不同所作的分类。具体的税收违法行为是指税收主体在进行各种具体征纳活动时的行为违法，这是税收违法行为中最常见、最主要的类型，大量地存在于税收征纳的各个环节。抽象的税收违法行为是指与税收相关的机关制定税收法规、规章和规范性文件的行为违法，包括主体违法、形式和程序违法、内容违法等。例如，部分地区的市、县政府为了招商引资的需要，违反法律法规的规定，擅自做出税收的开征、停征或者减税、免税、退税、补税以及其他同税收法律法规相抵触的决定的行为，即属于抽象的违法行为。

（四）税收违法行为的具体表现形式

1. 违反税务登记管理制度的行为。
2. 违反账簿管理制度的行为。
3. 违反发票管理制度的行为。
4. 违反纳税申报制度的行为。
5. 违反税款征收制度的行为。
6. 银行及其他金融机构未能协税的行为。

三、如何区分税收违法与税收犯罪

无论是税收违法行为还是税收犯罪行为，两者的行为主体相同，都是涉税单位和个人。从征税方来看，可能是税务机关、海关及其工作人员；从纳税方来看，可能是作为纳税义务人的法人和个人，也可能是作为扣缴义务人的法人和个人。两者侵害的客体相同，都是国家税收管理秩序，具体表现为：税收法律、法规和税收规章制度。

在实务中，违法未必犯罪，税收违法行为或被处以税务行政处罚，或首犯且轻微免于行政处罚；税收犯罪行为是要追究刑事责任的。如何区分税收违法与税收犯罪呢？

（一）达到法定数额则构成涉税犯罪

主要表现在同一行为，同一主体前提下，达到法定数额则构成犯罪，达不到法定数额就是税收违法行为，比如逃（偷）税数额在一万元以上，且逃（偷）税数额占应纳税数额的10%以上就构成了逃（偷）税罪；比如逃（偷）税数额达不到这一标准，就是税收违法行为，随着违法主体违法数额的增加，税收违法可以发展为涉税犯罪。

（二）违法未必犯罪

税收违法行为的种类多于税收犯罪，有些税收违法行为虽然违法但却不会构成税收犯罪，比如欠税，违法主体没有在规定的期限内如数缴纳税款的行为，所违反的只是税法规定的纳税期限，而不是拒绝纳税。犯罪是在违法的基础上进一步发展的。所有的税收犯罪都由税收违法演变发展而来，但并非所有的税收违法都会变成税收犯罪。

（三）受理机关和承担责任不同

税收法律责任的承担形式分两类：税收行政法律责任和税收刑事法律责任。税收违法行为一般由税务执法机关处理，税收违法承担行政责任，主要是罚款；税收犯罪则要由司法机关处理，构成税收犯罪，则要承担刑事责任，包括罚金、有期徒刑或无期徒刑。

四、税收行政法律责任

税务行政处罚的形式主要是罚款、没收违法所得、取消出口退税资格等。行政处分形式有警告、记过、记大过、降级、降职、开除。根据《税收征管法》的相关规定，结合税收违法行为的种类，税收行政法律责任具体包括：

（一）违反税务登记管理制度的法律责任

1. 纳税人未按照规定办理税务登记、变更或注销登记的，可以处2000元以下的罚款；情节严重的，处2000元以上1万元以下的罚款。

2. 纳税人未按照规定使用税务登记证件，或者转借、涂改、损毁、买卖、伪造税务登记证件的，处2000元以上1万元以下的罚款；情节严重的，处1万元以上5万元以下的罚款。

3. 扣缴义务人未按照规定办理扣缴税款登记的，税务机关应当自发现之日起3日内责令其限期改正，并可处以2000元以下的罚款。

4. 纳税人通过提供虚假的证明资料等手段，骗取税务登记证的，处2000元以下的罚款；情节严重的，处2000元以上1万元以下的罚款。

（二）违反账簿管理制度的法律责任

1. 纳税人未按照规定设置、保管账簿或者保管记账凭证和有关资料的；未按照规定将财务、会计制度或者财务、会计处理办法报送税务部门备查的，由税务部门责令限期改正，逾期不改正的，可以处2000元以下的罚款，情节严重的，处2000元以上1万元以下的罚款。

2. 扣缴义务人未按照规定设置、保管代扣代缴、代收代缴税款账簿或者保管代扣代缴、代收代缴税款记账凭证及有关资料的，由税务部门责令限期改正，可以处2000元以下的罚款；逾期不改正的，可以处2000元以上1万元以下的罚款。

（三）违反纳税申报制度的法律责任

1. 纳税人未按照规定将其全部银行账号向税务机关报告的；未按照规定安装、使用税控装置，或者损毁或者擅自改动税控装置的，可以处2000元以下的罚款；情节严重的，处2000元以上1万元以下的罚款。

2. 纳税人未按照规定的期限办理纳税申报和报送纳税资料的，或者扣缴义务人未按照规定的期限向税务机关报送代扣代缴、代收代缴税款报告表和有关资料的，可以处2000元以下的罚款；情节严重的，可以处2000元以上1万元以下的罚款。

3. 纳税人、扣缴义务人编造虚假计税依据的，由税务部门责令限期改正，并处5万元以下的罚款。

（四）违反税款征收制度的法律责任

1. 纳税人伪造、变造、隐匿、擅自销毁账簿、记账凭证，或者在账簿上多列支出或者不列、少列收入，或者经税务机关通知申报而拒不申报或者进行虚假的纳税申报，不缴或者少缴应纳税款的，或者缴纳税款后，以假报出口或者其他欺骗手段，骗取所缴纳税款的行为,是逃(偷)税。纳税人伪造、变造、隐匿、擅自销毁用于记账的发票等原始凭证的行为,应当认定为法律规定的伪造、变造、隐匿、擅自销毁记账凭证的行为。

对纳税人逃(偷)税的,由税务部门追缴其不缴或者少缴的税款、滞纳金,并处不缴或者少缴的税款50%以上5倍以下的罚款。

扣缴义务人采取前款所列手段,不缴或者少缴已扣、已收税款,由税务部门追缴其不缴或者少缴的税款、滞纳金,并处不缴或者少缴的税款50%以上5倍以下的罚款。

2. 纳税人不进行纳税申报,不缴或者少缴应纳税款的,由税务部门追缴其不缴或者少缴的税款、滞纳金,并处不缴或者少缴的税款50%以上5倍以下的罚款。

3. 以暴力、威胁方法拒不缴纳税款的,除由税务部门追缴其拒缴的税款、滞纳金外,依法追究刑事责任。情节轻微,未构成犯罪的,由税务部门追缴其拒缴的税款、滞纳金,并处拒缴税款1倍以上5倍以下的罚款。

4. 纳税人欠缴应纳税款,采取转移或者隐匿财产的手段,妨碍税务部门追缴欠缴的税款的,由税务部门追缴欠缴的税款、滞纳金,并处欠缴税款50%以上5倍以下的罚款。

5. 以假报出口或者其他欺骗手段,骗取国家出口退税款的,由税务部门追缴其骗取的退税款,并处骗取税款1倍以上5倍以下的罚款;对骗取国家出口退税款的,税务部门可以在规定期间内停止为其办理出口退税。

6. 纳税人、扣缴义务人在规定期限内不缴或者少缴应纳或者应解缴的税款的,经税务部门责令限期缴纳,逾期仍未缴纳的,税务部门除依照《税收征管法》第四十条的规定采取强制执行措施追缴其不缴或者少缴的税款外,可以处不缴或者少缴的税款50%以上5倍以下的罚款。

7. 扣缴义务人应扣未扣、应收而不收税款的,由税务部门向纳税人追缴税款,对扣缴义务人处应扣未扣、应收未收税款50%以上3倍以下的罚款。

8. 纳税人、扣缴义务人逃避、拒绝或者以其他方式阻挠税务部门检查的,由税务部门责令改正,可以处1万元以下的罚款;情节严重的,处1万元以上5万元以下的罚款。

9. 非法印制、转借、倒卖、变造或者伪造完税凭证的,由税务部门责令改正,处2000元以上1万元以下的罚款;情节严重的,处1万元以上5万元以下的罚款。

10. 为纳税人、扣缴义务人非法提供银行账户、发票、证明或者其他方便,导致未缴、少缴税款或者骗取国家出口退税款的,除没收其违法所得外,可以处未缴、少缴或者骗取的税款1倍以下的罚款。

11. 税务代理人违反税收法律、行政法规,造成纳税人未缴或者少缴税款的,除由纳税人缴纳或者补缴应纳税款、滞纳金外,对税务代理人处纳税人未缴或者少缴税款50%以上3倍以下的罚款。

12. 纳税人、纳税担保人采取欺骗、隐瞒等手段提供担保的,由税务部门处以1000元以下的罚款;属于经营行为的,处以1万元以下的罚款。

13. 非法为纳税人、纳税担保人实施虚假纳税担保提供方便的,由税务部门处以1000元以下罚款。

14. 纳税人采取欺骗、隐瞒等手段提供担保,造成应缴税款损失的,由税务部门按照《税收征管法》第六十八条规定处以未缴、少缴税款50%以上5倍以下的罚款。

(五) 违反发票管理制度的法律责任

1. 非法印制发票的,由税务部门销毁非法印制的发票,没收违法所得和作案工具,并处1万元以上5万元以下的罚款;构成犯罪的,依法追究刑事责任。

2. 从事生产、经营的纳税人、扣缴义务人有《税收征管法》规定的税收违法行为,拒不接受税务部门处理的,税务部门可以收缴其发票或者停止向其发售发票。

3. 未按照规定印制发票或者生产发票防伪专用品的、未按照规定领购发票的、未按照规定开具发票的、未按照规定取得发票的、未按照规定保管发票的、未按照规定接受税务部门检查的单位和个人,由税务部门责令限期改正,没收非法所得,可以并处1万元以下的罚款。有上述所列两种或者两种以上行为的,可以分别处罚。

4. 非法携带、邮寄、运输或者存放空白发票的,没收非法所得,可以并处1万元以下的罚款。

5. 私自印制、伪造变造、倒买倒卖发票,私自制作发票监制章、发票防伪专用品的,依法予以查封、扣押或者销毁,没收非法所得和作案工具,可以并处1万元以上5万元以下的罚款;构成犯罪的,依法追究刑事责任。

6. 违反发票管理规定,导致其他单位或者个人未缴、少缴或者骗取税款的,没收非法所得,可以并处未缴、少缴或者骗取的税款一倍以下的罚款。

(六) 其他税务当事人的行政法律责任

1. 未经税务部门依法委托征收税款的,责令退还收取的税款,依法给予行政处分或者行政处罚;致使他人合法权益受到损失的,依法承担赔偿责任;构成犯罪的,依法追究刑事责任。

2. 银行和其他金融机构未依照《税收征管法》的规定在从事生产、经营的纳税人的账户中登录税务登记证件号码,或者未按规定在税务登记证件中登录从事生产、经营的纳税人的账户账号的,由税务部门责令其限期改正,处2000元以上2万元以下罚款;情节严重的,处2万元以上5万元以下的罚款。

3. 税务部门依法到车站、码头、机场、邮政企业及其分支机构检查纳税人托运、邮寄应纳税商品、货物或者其他财产的有关单据、凭证和有关资料时,有关单位拒绝的,由税务部门责令改正,可以处1万元以下的罚款;情节严重的,处1万元以上5

万元以下的罚款。

4. 纳税人、扣缴义务人的开户银行或者其他金融机构拒绝接受税务部门依法检查纳税人、扣缴义务人存款账户，或者拒绝执行税务部门作出的冻结存款或者扣缴税款的决定，或者在接到税务部门的书面通知后帮助纳税人、扣缴义务人转移存款，造成税款流失的，处10万元以上50万元以下的罚款，对直接负责的主管人员和其他直接责任人员处1000元以上1万元以下的罚款。

五、税收刑事法律责任

按照我国现行法律制度，税收违法行为的界定及处罚规定分布在《税收征管法》《发票管理办法》等行政法律法规中，税收行政违法案件由税务机关管辖。而对涉税犯罪的惩治则属于《刑法》调整的对象，涉税刑事案件由公安机关管辖。在部分税收法条中均规定"构成犯罪的，依法追究刑事责任"，但没有具体的量化规定，因此，对现行刑事法律中的罪名及刑事立案标准作归集如下：

税收违法行为的违法事实涉及的金额、情节、造成的后果等，达到下列标准的，即属于应当予以刑事立案追诉的涉嫌犯罪行为，共计二十三种涉税犯罪：

（一）《刑法》第二百零一条，逃税罪：

逃避缴纳税款，涉嫌下列情形之一的，应予立案追诉：

1. 纳税人采取欺骗、隐瞒手段进行虚假纳税申报或者不申报，逃避缴纳税款，数额在5万元以上并且占各税种应纳税总额百分之十以上，经税务机关依法下达追缴通知后，不补缴应纳税款、不缴纳滞纳金或者不接受行政处罚的；纳税人在公安机关立案后再补缴应纳税款、缴纳滞纳金或者接受行政处罚的，不影响刑事责任的追究。

2. 纳税人五年内因逃避缴纳税款受过刑事处罚或者被税务机关给予二次以上行政处罚，又逃避缴纳税款，数额在5万元以上并且占各税种应纳税总额百分之十以上的。

3. 扣缴义务人不适用不予追究刑事责任的特别条款。只要采取欺骗、隐瞒手段，不缴或者少缴已扣、已收税款，数额在5万元以上的即应立案追诉。

（二）《刑法》第二百零二条，抗税罪：

以暴力、威胁方法拒不缴纳税款，涉嫌下列情形之一的应立案追诉：

1. 造成税务工作人员轻微伤以上的；

2. 以给税务工作人员及其亲友的生命、健康、财产等造成损害为威胁，抗拒缴纳税款的；

3. 聚众抗拒缴纳税款的；

4. 以其他暴力、威胁方法拒不缴纳税款的。

该标准明确了纳税人为了拒不缴纳税款造成税务工作人员"轻微伤"即构成抗税犯罪；明确将税务工作人员特别是及其亲友的生命、健康、财产等权益列入刑法的保护范围。

(三)《刑法》第二百零三条,逃避追缴欠税罪:

纳税人欠缴应纳税款,采取转移或者隐匿财产的手段,致使税务机关无法追缴欠缴的税款,数额在1万元以上的,应予立案追诉。

应注意的是,构成本罪的欠税人必须有将财产转移或隐匿的实际逃避行为,且致使税务机关采取法律赋予的手段仍无法追回的欠税数额在1万以上,而非行为人转移或隐匿的财产数额,也不是行为人的实际欠税数额。

(四)《刑法》第二百零四条,骗取出口退税罪:

以假报出口或者其他欺骗手段,骗取国家出口退税款,数额在5万元以上的,应予立案追诉。

纳税人缴纳税款后,采取上述所列欺骗方法,骗取所缴纳的税款的,依照《刑法》第二百零一条的规定以逃税罪定罪处罚;骗取税款超过所缴纳的税款部分,则适用上述的规定。

(五)《刑法》第二百零五条,虚开增值税专用发票罪、虚开用于骗取出口退税发票罪、虚开用于抵扣税款发票罪和虚开发票罪:

虚开发票是指有为他人虚开、为自己虚开、让他人为自己虚开、介绍他人虚开行为之一的。

1. 虚开增值税专用发票如货物运输业增值税专用发票、增值税专用发票等或者虚开用于骗取出口退税发票、抵扣税款的其他发票如农产品销售发票等,虚开的税款数额在1万元以上或者致使国家税款被骗数额在5千元以上的,应予立案追诉。

2. 虚开上述增值税专用发票、用于骗取出口退税发票、用于抵扣税款发票以外的其他发票,即常见的建筑安装业发票、餐饮服务业发票等普通发票,涉嫌下列情形之一的,应予立案追诉:

虚开发票100份以上或者虚开金额累计在40万元以上的;虽未达到上述数额标准,但五年内因虚开发票行为受过行政处罚二次以上,又虚开发票的;其他情节严重的情形。

(六)《刑法》第二百零六条,伪造增值税专用发票罪、出售伪造的增值税专用发票罪:

伪造增值税专用发票25份以上或者票面额累计在10万元以上的;出售伪造的增值税专用发票25份以上或者票面额累计在10万元以上的,应予立案追诉。

(七)《刑法》第二百零七条,非法出售增值税专用发票罪:

非法出售经税务机关监制的增值税专用发票25份以上或者票面额累计在10万元以上的,应予立案追诉。

(八)《刑法》第二百零八条,非法购买增值税专用发票罪、购买伪造的增值税专用发票罪：

非法购买增值税专用发票或者购买伪造的增值税专用发票25份以上或者票面额累计在10万元以上的，应予立案追诉。

对于非法购买增值税专用发票或者购买伪造的增值税专用发票后又虚开的，按照虚开增值税专用发票罪的标准，即虚开税款数额在1万元以上或者致使国家税款被骗数额在5千元以上的，应立案追诉。

对于购买增值税专用发票或者购买伪造的增值税专用发票又出售的，分别按照出售伪造的增值税专用发票、非法出售增值税专用发票罪的标准，即出售增值税专用发票25份以上或者票面额累计在10万元以上的，应立案追诉。

（九）《刑法》第二百零九条第一款，非法制造用于骗取出口退税发票罪、非法制造用于抵扣税款发票罪、出售非法制造的用于骗取出口退税、出售非法制造的抵扣税款发票罪：

伪造、擅自制造或者出售伪造、擅自制造的可以用于骗取出口退税、抵扣税款的非增值税专用发票，即制造或者出售具有出口退税、抵扣税款功能的假普通发票等，数量在50份以上或者票面额累计在20万元以上的，应予立案追诉。

（十）刑法第二百零九条第二款，非法制造发票罪、出售非法制造的发票罪：

伪造、擅自制造或者出售伪造、擅自制造的不具有骗取出口退税、抵扣税款功能的普通发票，即制造或者出售一般的假普通发票如建安发票、普通货物销售发票等，数量在100份以上或者票面额累计在40万元以上的，应予立案追诉。

（十一）《刑法》第二百零九条第三款，非法出售用于骗取出口退税发票罪、非法出售用于抵扣税款发票罪：

非法出售可以用于骗取出口退税、抵扣税款的非增值税专用发票，即出售经税务机关监制的具有出口退税、抵扣税款功能的普通发票，数量在50份以上或者票面额累计在20万元以上的，应予立案追诉。

（十二）《刑法》第二百零九条第四款，非法出售发票罪：

非法出售普通发票，即出售经税务机关监制的一般普通发票如建筑安装发票、餐饮发票等，数量在100份以上或者票面额累计在40万元以上的，应予立案追诉。

（十三）《刑法》第二百一十条之一，持有伪造的发票罪：

"持有"是独立于作为与不作为之外的第三种犯法行动情势。明知是伪造的发票而持有，即行为人实施或处于对明知是伪造的发票而非法支配、控制的事实或状态，如存放、占有、携带、藏有、把持等，无须处于行为人的物理性把持之下，即使伪造的发票与行动人的人身或住所分别，但根据事实，物品仍为行动人所把持，也视为持有。

明知是伪造的发票而持有，具有下列情形之一的，应予立案追诉：

1. 持有伪造的增值税专用发票（含增值税专用发票、货物运输业增值税专用发票、税控机动车销售统一发票）50 份以上或者票面额累计在 20 万元以上的；

2. 持有伪造的可以用于骗取出口退税、抵扣税款的其他发票如农副产品收购发票等 100 份以上或者票面额累计在 40 万元以上的；

3. 持有伪造的第（一）项、第（二）项规定以外的其他发票如建筑业、服务业、餐饮业发票等 200 份以上或者票面额累计在 80 万元以上的。

根据《刑法》的相关规定，除抗税案件外，其他所有涉税犯罪行为既可以是个人犯罪也可以是单位犯罪，不论是个人还是单位纳税人（扣缴义务人）都适用上述立案追诉标准。构成单位犯罪的，对单位判处罚金；并对其直接负责的主管人员和其他直接责任人员，依照规定量刑处罚。

六、税务处理决定书

税务处理决定书是税务局针对纳税人违反税收法规、规章的行为作出税务处理的税务行政文书。是税务局依据《税收征收管理法》及其实施细则的规定、要求，对纳税人违反税收法律法规、行政规章行为作出的税款征收等处理决定，并送达纳税人在规定的期限内执行的书面决定。

该文书和行政处罚决定书是有本质区别的。行政处罚决定书是行政管理机关针对当事人的违法行为，在经过调查取证掌握违法证据的基础上，制作的记载当事人违法事实、处罚理由、依据和决定等事项的具有法律强制力的书面法律文书。简单理解，处理决定书的核心内容是补税和加收滞纳金，处罚决定书的核心内容是罚款等行政处罚。

（一）模板

_____税务局（税务所）税务处理决定书

_____税处〔   〕   号

_____：

我局（所）于____年__月__日至____年__月__日对你（单位）____年__月__日至____年__月__日_____情况进行了检查，违法事实及处理决定如下：

违法事实

（一）

1.

2.

（二）

……

处理决定

（一）

1.

2.

（二）

……

限你（单位）自收到本决定书之日起____日内到_____将上述税款及滞纳金缴纳入库，并进行相关账务调整。逾期未缴，将依照《中华人民共和国税收征收管理法》第四十条规定强制执行。

若同我局（所）在纳税上有争议，应自收到本决定之日起六十日内依照本决定缴纳税款及滞纳金，或者提供相应的担保，然后可依法向_____申请行政复议。

税务机关（签章）

年　月　日

使用说明

1. 本决定书依据《中华人民共和国税收征收管理法》、《中华人民共和国行政复议法》第九条、《税收征收管理法实施细则》设置。

2. 适用范围：税务机关经对各类税收违法行为依据有关税收法律、行政法规、规章作出处理决定时使用。

3. 本决定书应当包括如下内容：被处理对象名称、查结的违法事实及违法所属期间、处理依据、处理决定、作出处理决定的税务机关名称及印章、作出处理决定日期、该处理决定文号、告知申请行政复议的时限、途径。

4. 本决定书的主体部分，必须抓住税收违法的主要违法事实，简明扼要地加以陈述，然后列举处理的法律依据，写明处理结论。若违法事实复杂，应给予分类分项陈述。

5. 本决定书所援引的处理依据，必须是税收法律、行政法规或者规章，并应当注明文件名称、文号和有关条款。

6. "限你（单位）自本决定书送达之日起____日内到_____将上述税款及滞纳金缴纳入库，并进行相关账务调整。逾期未缴，将依照《中华人民共和国税收征收管理法》第四十条规定强制执行。"仅限于对从事生产、经营的纳税人、扣缴义务人适用，对非从事生产、经营的纳税人、扣缴义务人不能适用。

7. 本决定书与《税务文书送达回证》一并使用。

8. 文书字轨填写要求:""填写本级税务机关代字,如东城局评估科使用填写"东",东城局中关村税务所使用填写"中";"〔〕"填写年度公元全称;"号"字前填写该通知书当年的顺序号,序号前一律不加"第"字和虚位"0"。

9. 本决定书为 A4 竖式,一式三份,一份送纳税人,一份交纳税人的征管部门,一份装入卷宗。

(二) 样本

北京市地方税务局第××稽查局税务处理决定书

××稽税稽处〔2011〕120 号

北京××置地房地产开发有限公司:

我局于 2010 年 8 月 31 日至 2010 年 11 月 30 日对你单位 2008 年 1 月 1 日至 2009 年 12 月 31 日各地方税种缴纳情况进行了检查,违法事实及处理决定如下:

违法事实

(一) 2008 年 1 月至 2009 年 12 月,你单位取得收入应缴纳营业税 85559625.67 元,已缴纳营业税 85360418.14 元。

(二) 2008 年 1 月至 2009 年 12 月,你单位应缴纳城市维护建设税 5989173.83 元,已缴纳城市维护建设税 5975228.84 元。

(三) 2008 年 1 月至 2009 年 12 月,你单位应缴纳教育费附加 2566788.77 元,已缴纳教育费附加 2561136.56 元。

处理决定

(一) 营业税

根据《中华人民共和国营业税暂行条例》(国务院令第 136 号)第一条、第二条、第四条、第五条;《中华人民共和国营业税暂行条例》(国务院令第 540 号)第一条、第二条、第四条、第五条、第十二条;《中华人民共和国营业税暂行条例实施细则》第十三条及《北京市财政局北京市地方税务局转发财政部国家税务总局关于营业税若干政策问题的通知》(京财税〔2003〕1376 号)第三条第三项的规定,你单位应补缴营业税 199207.53 元。

(二) 城市维护建设税

根据《中华人民共和国城市维护建设税暂行条例》第一条、第二条、第三条、第四条以及《北京市实施〈中华人民共和国城市维护建设税暂行条例〉的细则》(京政发〔1985〕86 号)第二条、第四条的规定,你单位应补缴城市维护建设税 13944.99 元。

（三）教育费附加

根据《征收教育费附加的暂行规定》（国发〔1986〕50号）第一条、第二条及《北京市人民政府转发国务院关于教育费附加征收问题文件的通知》（京政发〔1994〕18号）第一条的规定，你单位应补缴教育费附加5652.21元。

（四）滞纳金

根据《中华人民共和国税收征收管理法》第三十二条的规定，对你单位加收营业税滞纳金43731.32元，城市维护建设税滞纳金3940.80元。

限你单位自收到本决定书之日起十五日内到北京市××区代理支库将上述税款及滞纳金缴纳入库，并按照规定进行相关账务调整。逾期未缴清的，将依照《税收征收管理法》第四十条规定强制执行。

你单位若同我局在纳税上有争议，必须先依照本决定的期限缴纳税款及滞纳金或者提供相应的担保，然后可以自上述款项缴清或者提供相应担保被税务机关确认之日起六十日内依法向北京市地方税务局申请行政复议。

北京市地方税务局第××稽查局
年　月　日

第三章 税务行政处罚

摘要： 行政处罚法是调整国家行政机关和法定授权组织与行政违法相对人之间行政处罚的关系的法律规范。行政处罚的法律依据是《中华人民共和国行政处罚法》（以下简称《行政处罚法》），这是一般法；税务行政处罚的法律依据是一般法的《行政处罚法》和特别法的《税收征收管理法》，当两法出现不一致时，税务行政处罚执行《税收征收管理法》规定。《行政处罚法》自 1996 年 10 月 1 日施行以来，对于规范行政处罚的设定和实施，保障和监督行政机关有效实施行政管理，维持公共利益和社会秩序，保护行政管理相对人的合法权益起了很好的促进作用。行政处罚法是为了规范行政处罚的设定和实施，保障和监督行政机关有效实施行政管理，维护公共利益和社会秩序，保护公民、法人或者其他组织的合法权益，根据宪法规定制定的法律。

当行政机关实施行政处罚侵害行政管理相对人合法权益时，为了维护自身合法权益，其可以通过行政处罚听证、行政复议、行政诉讼和国家行政赔偿等法律救济方式或途径来解决。

第一节 行政处罚概述

《中华人民共和国行政处罚法》自 1996 年 3 月 17 日第八届全国人民代表大会第四次会议通过，1996 年 10 月 1 日实施以来。经历三次修正：2009 年 8 月 27 日第十一届全国人民代表大会常务委员会第十次会议《关于修改部分法律的决定》第一次修正；2017 年 9 月 1 日第十二届全国人民代表大会常务委员会第二十九次会议《关于修改〈中华人民共和国法官法〉等八部法律的决定》第二次修正；2021 年 1 月 22 日第十三届全国人民代表大会常务委员会第二十五次会议修订,自 2021 年 7 月 15 日起施行。

《行政处罚法》是我国国家行政机关依法对违反行政管理秩序的公民、法人或者其他组织,以减损权益或者增加义务的方式予以惩戒时,设定和实施行政处罚的一般法律。

一、相关概念

(一) 行政执法

行政执法是指行政主体依照行政执法程序及有关法律、法规的规定,对具体事件进行处理并直接影响相对人权利与义务的具体行政法律行为,是国家行政机关在执行宪法、法律、行政法规或履行国际条约时所采取的具体办法和步骤,是为了保证行政法规的有效执行,而对特定的人和特定的事件所做的具体的行政行为。

1. 行政执法是执法的一种。行政执法的主体是国家行政机关,它是行政主体执行、适用法律处理国家内政外交事务,对社会、经济、文化等各种事项及个人组织实施行政管理,遵循的是具有迅速、简便、以效率为优先特征的行政程序。

2. 行政执法是行政行为的一种。行政执法则无论是直接执行法律,还是直接执行法规、规章,都是将法的规范直接用于解决社会问题,调整现实社会关系,并最终实现法对社会的调节。

3. 行政执法属于具体行政行为范畴。具体行政行为的对象是特定的,其行为效力仅限于特定人或特定事。

行政执法具有以下特征:执法主体的法定性和国家代表性、执法具有主动性和单方意志性、执法具有很大的自由裁量性。

(二) 行政处罚

行政处罚是指行政主体依照法定职权和程序对违反行政法规范,尚未构成犯罪的相对人给予行政制裁的具体行政行为。行政处罚是行政执法行为。

行政处罚特征是:实施行政处罚的主体是作为行政主体的行政机关和法律法规授权的组织;行政处罚的对象是实施了违反行政法律规范行为的公民、法人或其他组织;行政处罚的性质是一种以惩戒违法为目的、具有制裁性的具体行政行为。

(三) 税务行政处罚

税务行政处罚是税务局依照税收法律、法规有关规定,依法对纳税人、扣缴义务人、纳税担保人以及其他与税务行政处罚有直接利害关系的当事人(以下简称当事人)违反税收法律、法规、规章的规定进行处罚的具体行政行为。主要包括各类罚款以及税收法律、法规、规章规定的其他行政处罚。

关于什么是行政管理、行政执法分类及实施主体的权利义务、行政管理、执法和处罚的关系等内容，请查阅《纳税评估理论与实务（上下册）》（贾忠华著）的第一章第七节"行政管理与行政执法"。

二、行政处罚概述

行政处罚是具体行政行为，是行政执法行为。

（一）行政处罚特征与相关制裁的区别

1. 行政处罚是以对违法行为人的惩戒为目的，而不是以实现义务为目的。与行政强制执行的区别：行政强制执行的目的在于促使义务人履行义务。

2. 行政处罚的适用主体是行政机关或法律、法规授权的组织，刑罚的适用主体是人民法院。与刑罚的区别：制裁的性质不同；适用的违法行为不同；惩罚程度及适用的程序不同；制裁机关不同；处罚形式不同。

3. 行政处罚的适用对象是作为行政相对方的公民、法人或其他组织，属于外部行政行为。行政处分只能适用于行政机关的工作人员或其他由行政机关任命或管理的人员。与行政处分的区别：制裁的对象不同；制裁的行为性质不同；制裁的原则不同；惩罚的范围和程度不同；采取的形式不同；两者的救济途径不同。

4. 行政处罚的前提是行政相对方实施了违反法律规范的行为，即违反了行政法法律规范的行为，而非违反了刑法、民法等其他法律规范的行为。

（二）行政处罚原则

1. 处罚法定原则

处罚法定原则是行政合法性原则在行政处罚行为中的集中体现。主要内容是：处罚依据是法定的；实施处罚的主体是法定的；实施处罚的职权是法定的；处罚程序是法定的。

2. 处罚公正、公开原则

处罚公正原则是指行政处罚的设定和实施必须与相对人的违法事实、性质、情节以及社会危害程度相当。行政机关在处罚中对受罚者用同一尺度平等对待。

行政处罚的依据、过程及结果必须公开。行政机关对于有关行政处罚的法律规范、执法人员身份、主要事实根据等与行政处罚有关的情况，除可能危害公共利益或者损害其他公民或者组织的合法权益并由法律、法规特别规定的以外，都应向当事人公开。

3. 一事不再罚原则

（1）同一行为不再理。行政主体对行为人的第一个处理尚未失去效力时，不能基于同一事实和理由给予第二次处理，除非第二个处理是对第一个处理的补充、更正或者补正。如果第一个处理违法不当，行政主体应当先撤销，再重新处理。

（2）同一行为不再罚。除了法律有明确规定或者依基本法理和法律规则合理推定，比如合并处罚、一事多层罚、一事罚多人、一事多行为等情形以外，行政主体应严格遵循一个行为处罚一次的原则。

（3）同一行为不再同种罚。对于行为人的同一个违法行为，行政主体不能给予两个以上相同种类的处罚。这主要指一个违法行为触犯几个法律条文的情形而出现法条竞合或者规范竞合。一旦出现竞合，应当允许各个法律条文对应的相关行政主体依据不同理由分别作出处罚。但为体现相对公平和公正，各行政主体不能对行为人采取相同种类的处罚。

（4）同一行为不得两次以上罚款。对于行为人的同一个违法行为，无论应由几个行政主体实施处罚，只能给予一次罚款。如果几个行政主体对涉案违法行为都有权罚款，根据效力优先原则，应该是谁先罚款谁有效。

当然，同一行为不再罚也不是一个恒定的法律原则，有以下例外：

（1）合并处罚。在法定并处的情况下，因可以并处的处罚种类极有可能在程序尤其是时限上不一致，故并处的几种处罚可以在时间上有先有后，并可以采用几个不同的处罚决定书。

（2）一事多层罚。对于法人或者其他组织违法的，如果法律有明确规定，行政主体可以采用不同的处罚决定书，分别对法人或者其他组织、法定代表人或者主要负责人以及直接责任人进行处罚。

（3）一事罚多人。几个违法行为人共同违法的，行政主体可以以不同处罚决定书，对各该违法行为人分别处罚。

（4）一事多行为。某一个违法事件涵盖多个违法行为时，如果各该违法行政处罚是对违法行为人的权利和利益的限制甚至剥夺，是一种较严厉的制裁行为，因此，行政处罚的适用必须遵守严格的程序。

4. 结合教育原则

行政处罚是法律制裁的一种形式，不仅仅是一种制裁且兼有惩戒与教育的双重功能。处罚不是目的，而是手段，通过处罚达到教育的目的。行政机关在行政处罚的适用中应当始终坚持教育与处罚相结合。

5. 民事刑事责任适用原则

民事刑事适用原则是指不免除民事责任、不取代刑事责任的原则。行政相对方因违法受到行政处罚，其违法行为对他人造成损害的，应当依法承担民事责任。违法行为严重构成犯罪的，应当依法追究刑事责任。不得以已给予行政处罚而免于追究其民事责任或刑事责任。因为行政制裁与民事制裁、刑事制裁的性质及对象等是不同的。

6. 申诉和赔偿原则

相对方对行政主体给予的行政处罚依法享有陈述权、申辩权；对行政处罚决定不服的，有权申请复议或者提起行政诉讼。相对方因违法行政处罚受到损害的，有权提出赔偿要求。在行政处罚中必须提供充分的救济，才能真正保障相对方的权利。

7. 处罚追究时效原则

自违法行为终止之日算起，两年内未追究责任的不再处罚。单行条例中另有规定的依其规定。

三、行政处罚种类

行政处罚的种类，主要是指行政处罚机关对违法行为的具体惩戒制裁手段。根据《行政处罚法》和其他法律、法规的规定，我国的行政处罚可分为以下几种：

（一）人身罚

人身罚也称自由罚，是指特定行政主体限制和剥夺违法行为人的人身自由的行政处罚。这是最严厉的行政处罚，即行政拘留。

行政拘留，也称治安拘留，是特定的行政主体依法对违反行政法律规范的公民，在短期内剥夺或限制其人身自由的行政处罚。

（二）行为罚

行为罚又称能力罚，是指行政主体限制或剥夺违法行为人特定的行为能力的制裁形式。它是仅次于人身罚的一种较为严厉的行政处罚措施。

1. 责令停产、停业。这是行政主体对从事生产经营者所实施的违法行为而给予的行政处罚措施。它直接剥夺生产经营者进行生产经营活动的权利。只适用于违法行为严重的行政相对方。

2. 暂扣或者吊销许可证和营业执照。这是指行政主体依法收回或暂时扣留违法者已经获得的从事某种活动的权利或资格的证书。目的在于取消或暂时中止被处罚人的一定资格、剥夺或限制某种特许的权利。

（三）财产罚

财产罚是指行政主体依法对违法行为人给予的剥夺财产权的处罚形式，也是运用最广泛的一种行政处罚。主要包括罚款和没收财物。

1. 罚款。是指行政主体强制违法者承担一定金钱给付义务，要求违法者在一定期限内交纳一定数量货币的处罚。

2. 没收财物（没收违法所得、没收非法财物等）。是指行政主体依法将违法行为人的部分或全部违法所得、非法财物包括违禁品或实施违法行为的工具收归国有的处罚方式。

（四）申诫罚

申诫罚又称精神罚、声誉罚，是指行政主体对违反行政法律规范的公民、法人或其他组织的谴责和警戒。它是对违法者的名誉、荣誉、信誉或精神上的利益造成一定损害的处罚方式。

1. 警告。是指行政主体对违法者提出告诫或谴责。
2. 通报批评。是对违法者在荣誉上或信誉上的惩戒措施。通报批评必须以书面形式作出，并在一定范围内公开。
3. 黑名单。是对违背市场竞争原则和侵害消费者权益的企业建立黑名单制度，让失信者寸步难行。

黑名单一词来源于世界著名的英国的牛津和剑桥等大学。在中世纪初这些学校规定对于犯有不端行为的学生，将其姓名、行为列案记录在黑皮书上，谁的名字上了黑皮书，即使不是终生臭名昭著，也会使人在相当时间内名誉扫地。这个方法被当时一位英国商人借用以惩戒那些时常赊欠不还、不守合同、不讲信用的顾客。

上述行政处罚的种类，在《行政处罚法》的第八条中以列举方式全部列出。

第八条 行政处罚的种类：

（一）警告；

（二）罚款；

（三）没收违法所得、没收非法财物；

（四）责令停产停业；

（五）暂扣或者吊销许可证、暂扣或者吊销执照；

（六）行政拘留；

（七）法律、行政法规规定的其他行政处罚。

法律可以设定各种行政处罚。限制人身自由的行政处罚，只能由法律设定。

行政法规可以设定除限制人身自由以外的行政处罚。法律对违法行为已经做出行政处罚规定，行政法规需要做出具体规定的，必须在法律规定的给予行政处罚的行为、种类和幅度的范围内规定。

地方性法规可以设定除限制人身自由、吊销企业营业执照以外的行政处罚。法律、行政法规对违法行为已经做出行政处罚规定，地方性法规需要做出具体规定的，必须在法律、行政法规规定的给予行政处罚的行为、种类和幅度的范围内规定。

四、行政处罚的适用

（一）适用条件

1. 必须已经实施了违法行为，且该违法行为违反了行政法规范。
2. 行政相对人具有责任能力。
3. 行政相对人的行为依法应当受到处罚。
4. 违法行为未超过追究时效。

（二）适用方式

1. 不予处罚

根据规定，不满14周岁的人有违法行为的，不予行政处罚；精神病人在不能辨认或控制自己行为时有违法行为的，不予行政处罚；违法行为轻微并及时纠正，没有造成危害后果的，不予行政处罚；违法行为在两年内未被发现的，除法律另有规定外，不再给予行政处罚。

2. 从轻或减轻处罚

从轻处罚，是指在行政处罚的法定种类和法定幅度内，适用较轻的种类或者依照处罚的下限或者略高于处罚的下限给予处罚，但不能低于法定处罚幅度的最低限度。减轻处罚，是指在法定处罚幅度的最低限以下给予处罚。如，税务机关责令限期改正，处2000元以上2万元以下的罚款，从轻处罚2000元，减轻处罚1000元。

根据规定，依法应当从轻或减轻行政处罚的情况有：

① 已满14周岁不满18周岁的人有违法行为的；
② 主动消除或减轻违法行为危害后果的；
③ 受他人胁迫有违法行为的；
④ 配合行政机关查处违法行为有立功表现的；
⑤ 其他依法应从轻或减轻行政处罚的情形。

3. 正常处罚

4. 从重处罚

关于从重处罚问题，《行政处罚法》未作明确规定。有的特别法律、法规，比如《治安管理处罚法》第二十条规定，违反治安管理有下列情形之一的，从重处罚：有较严重后果的；教唆、胁迫、诱骗他人违反治安管理的；对报案人、控告人、举报人、证人打击报复的；6个月内曾受过治安管理处罚的。

五、处罚权的限定

行政处罚的设定是指国家有权机关在行政处罚立法上的权力配置。根据《行政处罚法》和其他法律、法规的规定，行政处罚的设定权限划分如下：

1. 全国人民代表大会及其常务委员会是国家最高权力机关和立法机关，可以设定任何种类行政处罚。限制人身自由的行政处罚，只能由法律设定。

2. 国务院是最高行政机关，可以依法设定除限制人身自由以外的行政处罚。法律对违法行为已经作出行政处罚规定的，行政法规不得超越法律规定的给予行政处罚的行为、种类和幅度的范围另行作出行政处罚规定。

3. 地方性法规可以设定除限制人身自由、吊销企业营业执照以外的行政处罚。法律、行政法规对违法行为已经作出行政处罚规定的，地方性法规不得超越法律、行政法规规定的给予行政处罚的行为、种类和幅度的范围另行作出行政处罚规定。

4. 国务院各部、委制定的规章可在法律、行政法规规定的给予行政处罚的行为、种类和幅度的范围内作出具体规定；尚未制定法律、行政法规的，部委规章可设定警告或者一定数量罚款的行政处罚。罚款的限额由国务院规定。国务院可以授权具有行政处罚权的直属机构按照本条的情形规定行政处罚。

5. 省、自治区、直辖市人民政府和省、自治区人民政府所在地的市人民政府、经国务院批准的较大的市以及经济特区市人民政府制定的规章可以在法律、法规规定的给予行政处罚的行为、种类和幅度的范围内作出具体规定；尚未制定法律、法规的，上述人民政府制定的规章可以设定警告或者一定数量罚款的行政处罚。罚款的限额由省级人大常委会规定。

6. 除上述规定外，其他任何规范性文件不得设定行政处罚。

表 3-1

	限制人身的行政处罚	吊销企业营业执照	罚款	警告	其他
法律	√	√	√	√	√
行政法规	×	√	√	√	√
地方性法规	×	×	√	√	√
部门规章	×	×	限额	√	×
地方规章	×	×		√	×

六、行政处罚程序

行政处罚是对违法行为人的权利和利益的限制甚至剥夺，是一种较严厉的制裁行为，因此，行政处罚的适用必须遵守严格的程序。行政处罚程序分为简易程序和一般程序。一般程序是行政机关进行行政处罚的基本程序。

（一）简易程序

简易程序又称当场处罚程序，指行政处罚主体对于事实清楚、情节简单、后果轻微的行政违法行为，当场作出行政处罚决定的程序。

1. 适用简易程序的行政处罚必须符合以下条件：

（1）违法事实确凿；

（2）对该违法行为处以行政处罚有明确、具体的法定依据；

（3）处罚较为轻微，即对个人处以 200 元以下的罚款或者警告，对组织处以 3000 元以下的罚款或者警告。

2. 行政执法人员当场作出行政处罚决定的，应遵守以下程序：
（1）出示执法证件，表明执法人员身份；
（2）告知作出行政处罚决定的事实、理由和根据；
（3）听取当事人的陈述和申辩；
（4）填写预定格式、编有号码的当场处罚决定书；
（5）将行政处罚决定书当场交付当事人。

（二）一般程序

一般程序适用于处罚较重或情节复杂的案件以及当事人对执法人员给予当场处罚的事实认定有分歧而无法作出行政处罚决定的案件。一般程序的具体内容有：

1. 调查取证。
2. 告知处罚事实、理由、依据和有关权利。
3. 听取陈述、申辩或者举行听证会。
4. 作出行政处罚决定。
5. 作出行政处罚决定书。

按照《行政处罚法》的规定，行政机关作出责令停产停业、吊销许可证或执照、较大数额罚款等行政处罚决定之前，应当告知当事人有要求举行听证的权利。当事人要求听证的，行政机关应当组织听证。

七、法律责任

行政机关实施行政处罚，有下列情形之一的，由上级行政机关或者有关部门责令改正，可以对直接负责的主管人员和其他直接责任人员依法给予行政处分：

1. 没有法定的行政处罚依据的。
2. 擅自改变行政处罚种类、幅度的。
3. 违反法定的行政处罚程序的。
4. 违反本法第十八条关于委托处罚的规定的。

行政机关对当事人进行处罚不使用罚款、没收财物单据或者使用非法定部门制发的罚款、没收财物单据的，当事人有权拒绝处罚，并有权予以检举。上级行政机关或者有关部门对使用的非法单据予以收缴销毁，对直接负责的主管人员和其他直接责任人员依法给予行政处分。

行政机关将罚款、没收的违法所得或者财物截留、私分或者变相私分的，由财政部门或者有关部门予以追缴，对直接负责的主管人员和其他直接责任人员依法给予行政处分；情节严重构成犯罪的，依法追究刑事责任。执法人员利用职务上的便利，索取或者收受他人财物、收缴罚款据为己有，构成犯罪的，依法追究刑事责任；情节轻微不构成犯罪的，依法给予行政处分。

行政机关使用或者损毁扣押的财物，对当事人造成损失的，应当依法予以赔偿，对直接负责的主管人员和其他直接责任人员依法给予行政处分。

行政机关违法实行检查措施或者执行措施，给公民人身或者财产造成损害、给法人或者其他组织造成损失的，应当依法予以赔偿，对直接负责的主管人员和其他直接责任人员依法给予行政处分；情节严重构成犯罪的，依法追究刑事责任。

第二节 税务行政处罚

税务行政处罚是税务机关实施行政执法的重要手段，是行政处罚的一个重要组成部分，是以《行政处罚法》为一般原则和以《税收征收管理法》为特别规定的。税务行政处罚的实施主体是税务机关及其授权的组织，处罚客体是纳税义务人、扣缴义务人、税务代理人和第三方，处罚对象是破坏正常税收征管秩序的税收违法行为。比如，《征管法实施细则》第六十六条规定，"税务代理人超越代理权限、违反税收法律、行政法规，造成纳税人未缴或者少缴税款的，除由纳税人缴纳或者补缴应纳税款外，对税务代理人处以二千元以下的罚款"。

在实务中，可能引起税收法律救济的事项主要包括征税、加收税款滞纳金、税务行政处罚、税务行政许可和不作为等，其中，因税务行政处罚而提起税务行政复议和行政诉讼的数量是最多的。

税务行政处罚是税务机关依照税收法律、法规有关规定，依法对纳税人、扣缴义务人、纳税担保人以及其他与税务行政处罚有直接利害关系的当事人（以下简称当事人）违反税收法律、法规、规章的规定进行处罚的具体行政行为。一般情况下，因为其实施主体不同而税务行政处罚分为日常征管的窗口处罚和税务检查的执法处罚，因为税收违法行为的违法程度不同分为适用简易程序处罚和适用一般程序处罚。特别强调的是关税由海关负责征管，海关实施的相关行政处罚也是属于税务行政处罚的。

一、处罚权限和分类

税务行政处罚处罚的权限，根据《税收征收管理法》第七十四条的规定：罚款额在2000元以下的，可以由税务所决定。其他税务行政处罚由县以上税务局决定。

税务行政处罚程序，分为简易程序和一般程序两种。所有行政处罚行为都是具体行政行为，都是可以申请行政复议或提起行政诉讼的。

2021年7月5日开始实施的新的《行政处罚法》规定，简易程序是指税务局对公民个人处以200元以下、对法人和其他组织处以3000元以下罚款或者警告的，适用简易程序当场处罚。

简易程序之外的其他处罚（不仅仅是罚款）适用一般程序。

一般非听证程序是指税务局对公民个人处以 200 元以上 2000 元以下、对法人和其他组织处以 3000 元以上 10000 元以下罚款的，当事人是不能提出听证的。有异议，只能申请行政复议或提起行政诉讼。

一般听证程序是指在一般程序的告知环节，对于符合法定听证条件的（对公民处以 2000 元以上罚款、对法人或者其他组织处以 10000 元以上罚款），应当告知当事人有要求听证的权利。

二、处罚时效

按照《行政处罚法》第三十六条第一款的规定，违法行为在二年内未被发现的，不再给予行政处罚。法律另有规定的除外。

按照《税收征收管理法》第八十六条的规定，违反税收法律、行政法规应当给予行政处罚的行为，在五年内未被发现的，不再给予行政处罚。

因此，税务行政处罚的追究时效与一般行政处罚的追诉时效不同，不是二年而是五年，属于《行政处罚法》规定的"法律另有规定的除外"的情况。根据《税收征管法》规定，违反税收法律、行政法规应当给予行政处罚的行为，在五年内未被发现的，不再给予行政处罚。另外，根据《治安管理处罚法》规定，违反治安管理行为在 6 个月内没有被公安机关发现的，不再处罚。

特别需要引起注意的是：行政处罚的追究时效，从违法行为发生之日起计算；违法行为有连续或者继续状态的，从行为终了之日起计算。连续状态，是指行为人连续实施数个同一种类的违法行为；继续状态，是指一个违法行为在时间上的延续。

三、税务行政处罚对象是税收行政违法行为

一般情况下，税务行政处罚所制裁的是税务行政管理相对人实施的构成行政违法但尚未构成犯罪的行为，但是，违法行为轻微并及时纠正，没有造成危害后果的，不予行政处罚。如果税务行政管理相对人构成了危害税收征管罪，根据税收征管法规定，应由税务机关移交司法机关处理，不能给予税务行政处罚。因此，税收违法行为分为行政违法行为和犯罪行为，税务行政处罚是对税收行政违法行为的处罚。

下面归集整理四类二十项税收行政违法行为，也未免会有遗漏。

（一）违反日常征管行为

1. 未按照规定办理、变更、注销税务登记的行为；
2. 未按规定使用税务登记证件的行为；
3. 虚假纳税申报或不进行纳税申报行为；
4. 未按照规定设置、保管账簿或者保管记账凭证和有关资料的行为；

5. 未按照规定将全部银行账号向税务部门报告的行为;

6. 按照规定安装、使用税控装置,或者擅自改动税控装置的行为;

7. 非法印制、转借、倒卖、变造或者伪造完税凭证的行为,未按规定进行纳税申报的行为;

8. 违反发票管理规定的行为等。

(二) 违反税款征收行为

9. 逃(偷)税行为;

10. 逃避追缴欠税行为;

11. 骗取出口退税行为;

12. 抗税行为;

13. 逾期未缴、少缴税款的行为;

14. 扣缴义务人不履行扣缴义务的行为;

15. 扣缴义务人拒绝代扣、代收税款的行为;

16. 税务代理人违法导致纳税人未缴或者少缴税款的行为等。

(三) 违反税务检查的行为

17. 不配合税务部门依法检查的行为;

18. 银行及其他金融机构违反协助检查义务的行为等。

(四) 其他税务违法行为

19. 不接受税务机关处理的行为。

按照《税收征管法》第七十二条规定,从事生产、经营的纳税人、扣缴义务人有本法规定的税收违法行为,拒不接受税务机关处理的,税务机关可以收缴其发票或者停止向其发售发票。

20. 免予刑事处罚而应受到税务行政处罚的特殊税务违法行为。

根据《全国人民代表大会常务委员会关于惩治偷税抗税犯罪的补充规定》第七条规定纳税人因不缴、少缴、拒缴和骗取税款而免予刑事处罚的,可以由税务机关实施行政处罚,这是一种免予刑事处罚而应受到税务行政处罚的特殊税务违法行为。

四、税务行政处罚种类

按照《行政处罚法》规定,行政处罚种类为:(一) 警告;(二) 罚款;(三) 没收违法所得,没收非法财物;(四) 责令停产停业;(五) 暂扣或者吊销许可证、暂扣或者吊销执照;(六) 行政拘留;(七) 法律、行政法规规定的其他行政处罚。因为税务行政处罚是行政处罚的一部分,原则上只能在上述种类中予以明确。根据《行政处罚法》行政处罚种类设定权限规定,国家税务总局规章设定行政处罚权只限于警告和一定数量的罚款。

目前，按照《税收征收管理法》及其实施细则的规定，税务行政处罚增加了特定行为罚后主要有七种处罚，分别是：（一）警告；（二）罚款；（三）没收违法所得，没收非法财物；（四）停止出口退税权；（五）取消增值税一般纳税人资格证；（六）吊销税务行政许可证件；（七）停止抵扣进项税额权。

关于财产罚，通俗易懂好理解，不多言之。重点强调一下申诫罚和特定行为罚。警告是典型的申诫罚，是税务局对行政违法行为提出警戒或谴责，申明其有违法行为，通过对其名誉、荣誉、信誉等施加影响，引起精神上的警惕，使其不再违法的行政处罚形式。纳税信誉等级的"黑名单"，也属于申诫罚，只是暂时还没有在相关立法中体现。

取消增值税一般纳税人资格证、停止抵扣进项税额权属于税务行政处罚中的行为罚。行为罚，是指限制或剥夺税务行政违法者某些特定行为能力和资格的处罚。行为罚的基础是行政管理相对人拥有某种法定的资格或能力，该资格或者能力是行为人活动的依据或保障，受到法律的保护。如果行为人违反法定条件或违反行使该权利的规则，行政机关就有权依法取消或者限制该行为能力（资格）。

另外，特别提示两点：

第一，"责令期限改正"不是行政处罚。

按照《行政处罚法》规定，"行政机关实施行政处罚时，应当责令当事人改正或者限期改正违法行为"。这表明，对任何违法行为，行政机关在实施处罚时，均应当责令改正，可见，"责令限期改正"只是行政机关发现违法行为后进行处罚前必经的一种行政前置处理程序。

第二，阻止出境是一种行政强制措施。

提请吊销营业执照、通知出境管理机关阻止出境不属于税务行政处罚。税务行政处罚主体应是税务局，这两种行政行为都是由税务局提请有关部门作出处理，是否处理的最终权限在工商行政部门和公安机关。其中，阻止出境是一种行政强制措施。

综上所述，税务局发现行政管理相对人存在税收行政违法行为实施行政处罚时，可以作出上述七项中的一项或几项税务行政处罚决定。

五、简易程序处罚

税务行政处罚的简易程序是税务局对公民个人处以200元以下罚款、对法人和其他组织处以3000元以下罚款适用的程序，也称"当场处罚"。具体程序分为三个步骤：

（一）发现税收违法事实

对公民个人处以200元以下罚款、对法人和其他组织处以3000元以下罚款的，在作出行政处罚决定之前,应当当场告知当事人作出行政处罚决定的事实、理由及依据,并告知当事人依法享有的权利。税务局的执法人员应当场听取当事人的陈述、申辩,对当事人提出的事实、理由和证据,应当进行复核;当事人提出的事实、理由或者证据成立的,应当采纳。

(二) 当场作出税务行政处罚决定

执法人员当场作出税务行政处罚决定的,应当向当事人出示执法身份证件,填写预定格式、编有号码的税务行政处罚决定书。税务行政处罚决定应当载明当事人的违法行为、行政处罚依据、罚款数额、时间、地点以及税务机关名称,并由执法人员签名或者盖章。税务行政处罚决定应当当场交付当事人。

(三) 缴纳罚款

当事人应当自收到税务行政处罚决定之日起按照税务局规定的期限到指定的银行缴纳罚款。有下列情形之一的,执法人员可以当场收缴罚款:①依法给予100元以下的罚款的;②不当场收缴事后难以执行的;③在边远、水上、交通不便地区,当事人向指定的银行缴纳罚款有困难,经当事人提出当场缴纳的。

执法人员当场收缴罚款的,必须向当事人出具省(自治区、直辖市)财政部门统一制发的罚款收据;不出具财政部门统一制发的罚款收据的,当事人有权拒绝缴纳罚款。

六、一般程序处罚

税务局对公民个人处以200元以下罚款、对法人和其他组织处以3000元以下罚款之外的其他处罚适用一般程序。具体程序如下:

第一步,对公民、法人和其他组织处以一般程序的行政处罚时,在作出行政处罚决定之前,应当告知当事人作出行政处罚决定的事实、理由及依据,并告知当事人享有陈述、申辩的权利。

第二步,当事人要求陈述、申辩的,应在收到税务行政处罚告知事项之日起5日内向税务局陈述、申辩,提出听证,进行陈述、申辩可以采取口头形式或书面形式。采取口头形式进行陈述、申辩的,税务局可以记录。当事人对《听取陈述申辩笔录》审核无误后应签字或者盖章。

第三步,符合听证条件,当事人提出听证的,进入听证程序。未提出听证的直接进入下一环节。

第四步,税务局应当对当事人提出的事实、理由和证据进行复核;当事人提出的事实、理由或者证据成立的,应当采纳。组织听证。税务局不能因当事人的陈述或申辩而加重处罚。

第五步,在听取当事人的陈述、申辩并复核后,或当事人表示放弃陈述、申辩权后，组织听证后，税务局应当作出税务行政处罚决定，并送达当事人签收。税务行政处罚决定应当载明下列事项：

1. 当事人的姓名或者名称、地址；
2. 违反法律、法规或者规章的事实和证据；
3. 行政处罚的种类和依据；
4. 行政处罚的履行方式和期限；
5. 不服行政处罚决定，申请行政复议或者提起行政诉讼的途径和期限；
6. 作出处罚决定的税务机关名称和作出决定的日期；
7. 行政处罚决定必须盖有作出行政处罚决定的税务机关的印章。

第六步，当事人应当自收到税务行政处罚决定之日起按照税务局规定的期限到指定的银行缴纳罚款。在边远、水上、交通不便地区，当事人向指定的银行缴纳罚款有困难的，经当事人提出，税务执法人员可以当场收缴罚款。

七、听证程序

税务局应当在收到当事人听证申请后15日内举行听证，并在举行听证的7日前将《听证通知》送达当事人，告知当事人举行听证的时间、地点、听证主持人的姓名及有关事项。听证公开举行。因案件涉及国家机密、商业秘密或个人隐私，当事人要求不公开举行的，可以不公开举行。当事人认为听证主持人与本案有直接利害关系的，有权申请回避。回避申请应当在举行听证的3日前提出，并说明理由。听证主持人是否回避，由组织听证的税务局负责人决定。对驳回申请回避的决定，当事人可以申请复核一次。

公开进行的听证，是允许群众旁听的。经听证主持人许可，旁听群众可以发表意见。当事人或者其代理人应当按照税务局的通知参加听证，无正当理由不参加的，视为放弃听证权利，听证终止。

听证结束后，税务局应当对当事人提出的事实、理由和证据进行复核；当事人提出的事实、理由或者证据成立的，应当采纳。税务局不能因当事人要求听证而加重处罚。对听证当事人的陈述、申辩复核后，或当事人表示放弃陈述、申辩权后，税务局应当作出税务行政处罚决定，并送达当事人签收。

关于听证的具体内容，在本章第四节"听证"中阐述。

八、执行与法律责任

一般情况下，当事人收到税务行政处罚决定书后到银行缴纳罚款。根据《行政处罚法》的规定，作出罚款决定的税务局应当与收缴罚款的机构分离。作出税务行政处罚决定的税务局及其执法人员不得自行收缴罚款。当事人应当自收到税务行政处罚决定之日起按照税务局规定的期限到指定的银行缴纳罚款。指定的银行可以是当事人的开户银行，也可以是税务局指定的银行。

当事人逾期不履行行政处罚决定的，作出行政处罚决定的税务局可以采取下列措施：

1. 到期不缴纳罚款的，每日按罚款数额的百分之三加处罚款；
2. 根据法律规定，将查封、扣押的财物拍卖或者将冻结的存款划拨抵缴罚款；
3. 申请人民法院强制执行。

九、税务行政处罚的法律救济

纳税人、扣缴义务人对税务局所作出的税务行政处罚决定，享有陈述权、申辩权；依法享有申请行政复议、提起行政诉讼、请求国家行政赔偿等权利。

（一）税务行政复议

1. 税务局作出的下列行为是税务行政处罚的复议范围，具体包括：征税行为；责令纳税人提供纳税担保行为；税收保全措施；未及时解除税收保全措施，使纳税人等合法权益遭受损失的行为；税收强制执行措施；税务行政处罚行为；不予依法办理或答复的行为；通知出境管理机关阻止出境行为；其他税务具体行政行为。

2. 税务行政处罚的复议管辖

对各级税务局作出的税务具体行政行为不服的，向上一级机关申请复议。

3. 税务行政处罚的申请人与被申请人

纳税人和其他税务当事人认为税务局的具体行政行为侵犯其合法权益，可依法向税务行政复议机关申请复议。被申请人：纳税人或其他税务当事人对税务局的具体行政行为不服申请行政复议的，作出具体行政行为的税务局是被申请人。

4. 税务行政处罚的复议申请

（1）纳税人及其他税务当事人对税务局作出的征税行为不服，应当先向复议机关申请行政复议，对复议决定不服，再向人民法院起诉。

申请人申请行政复议，必须先依照税务机关根据法律、行政法规确定的税额、期限缴纳或者解缴税款及滞纳金或者提供相应的担保，然后可以在收到税务局填发的缴款凭证之日起60日内提出行政复议申请。

（2）申请人对税务局作出的除征税行为以外的其他税务具体行政行为不服，可以申请行政复议，也可以直接向人民法院提起行政诉讼。

5. 税务行政处罚复议申请的处理

（1）不予受理。对于不符合法定条件的复议申请，税务局必须在收到行政复议申请之日起5个工作日内，制作《不予受理复议裁决书》，书面告知理由和行政诉讼权利，送达申请人。

（2）受理。对符合法律条件的复议申请，税务局必须在收到行政复议申请之日起

5个工作日内,制作《受理复议通知书》,书面告知申请人自收到申请之日起受理复议。

6. 税务行政处罚复议审查依据

复议机关审理复议案件,以法律、行政法规、地方性法规、规章,以及上级机关依法制定和发布的具有普遍约束力的决定、命令为依据。

7. 税务行政处罚撤回复议申请

行政复议决定作出前,申请人要求撤回行政复议申请的,经说明理由,可以撤回;撤回行政复议申请的,行政复议终止。

8. 税务行政处罚行政复议决定作出

复议机关应当自受理申请之日起60日内作出行政复议决定。

9. 税务行政处罚行政复议决定的种类

(1) 维持决定;(2) 限期履行决定;(3) 撤销、变更或确认的决定;(4) 责令赔偿的决定。

10. 税务行政处罚复议决定的效力

税务行政复议决定书一经送达,即发生法律效力。

(二) 行政诉讼(税务)

1. 公民、法人或者其他组织认为税务工作人员的具体行政行为侵犯其合法权益,有权向人民法院提起诉讼。

2. 申请人不服复议决定的,可以在收到复议决定书之日起15日内向人民法院提起诉讼。

3. 申请人直接向人民法院提起诉讼的,应当在知道作出具体行政行为之日起3个月内提出。

4. 行政法规、规章或者行政机关制定、发布的具有普遍约束力的决定、命令不属于人民法院行政诉讼的受案范围。

(三) 税务行政赔偿

1. 赔偿范围

税务局及其工作人员在行使职权时,侵犯纳税人和其他税务当事人的财产权而引起的行政赔偿。税务局及其工作人员的具体行政行为有下列情形之一的,且造成损害的,纳税人和其他税务当事人有权取得赔偿:

(1) 违反税收法律、法规规定征收税款及滞纳金的;

(2) 违法实施税务行政处罚行为的;

(3) 违法实施税收保全措施和强制执行措施的;

(4) 税务不作为行为造成损害的;

(5) 税务局及其工作人员越权行为造成损害的(包括对人身权的损害);

(6) 其他违法行为。

2. 赔偿请求人

因税务局及其工作人员违法行使职权侵犯纳税人和其他税务当事人的合法权益造成损害而要求行政赔偿的受害人。

3. 赔偿义务机关

（1）税务局及其工作人员行使行政职权侵犯公民、法人或其他组织的合法权益造成损害的，该税务局为赔偿义务机关。

（2）经税务行政复议机关复议的，最初造成侵权行为的税务局为赔偿义务机关，但税务行政复议机关的复议决定加重损害的，税务复议机关对加重部分履行赔偿义务。

4. 申请赔偿期限

赔偿请求人请求赔偿的时效为两年，自国家机关及其工作人员行使职权时的行为被依法确认为违法之日起计算，但被羁押期间不计算在内。

5. 税务行政赔偿提起方式

赔偿请求人要求赔偿时，应当先向负有赔偿义务的税务局提出，也可以在申请行政复议和提起行政诉讼时一并提出。

6. 作出赔偿决定期限

负有赔偿义务的税务局应当在收到申请人之日起两个月内作出赔偿决定，逾期不予赔偿或者赔偿请求人对赔偿数额有异议的，赔偿请求人可以自期限届满之日起三个月内向人民法院提起诉讼。

7. 赔偿方式

税务行政赔偿方式采取以支付赔偿金为主，以返还财产和恢复原状为辅的赔偿原则。

附件：

税务行政处罚事项告知书

＿×＿ 地税（永）票罚告〔2014〕3 号

×××餐饮管理（北京）有限公司：

对你（单位）的税收违法行为拟于 2014 年 3 月 21 日之前作出行政处罚决定，根据《中华人民共和国税收征收管理法》第八条、《中华人民共和国行政处罚法》第三十一条规定，现将有关事项告知如下：

一、税务行政处罚的事实依据、法律依据及拟作出的处罚决定：

经查，你（单位）违反《中华人民共和国发票管理办法》第三十五条之规定，本行政机关拟对你（单位）处以罚款计贰仟元整。

二、你（单位）有陈述、申辩的权利。请在我局（所）作出税务行政处罚决定之前，到我局（所）进行陈述、申辩或自行提供陈述、申辩材料；逾期不进行陈述、申辩的，视同放弃权利。

三、若拟对你罚款 2000 元（含 2000 元）以上，拟对你单位罚款 10000 元（含 10000 元）以上，你（单位）有要求听证的权利。可自收到本知书之日起 3 日内向本局书面提出听证申请；逾期不提出，视为放弃听证权利。

税务机关（签章）
2014 年 3 月 18 日

税务行政处罚决定书

×地税（永）票罚〔2014〕3 号

当事人：×××餐饮管理（北京）有限公司

地　址：北京市××区复兴路 65 号 203 房间

经我局（所）对你（单位）发票管理情况进行检查核实，你（单位）存在违法事实及处罚决定如下：

一、违法事实

经查，你（单位）违反《中华人民共和国发票管理办法》第十九条规定，未按照税务机关的规定开具发票。

二、处罚决定

根据《中华人民共和国发票管理办法》第三十五条之规定，本行政机关拟对你（单位）处以罚款计贰仟元整。

以上应缴款项共计贰仟元。限你（单位）自本决定书送达之日起十五日内到银行缴纳入库。到期不缴纳罚款，我局将依照《中华人民共和国行政处罚法》第五十一条第（一）项规定，每日按罚款数额的百分之三加处罚款。

如对本决定不服，可以自收到本决定书之日起六十日内依法向××区地方税务局申请行政复议，或者自收到本决定书之日起三个月内依法向××区人民法院起诉。如对处罚决定逾期不申请复议也不向人民法院起诉、又不履行的，我局（所）将采取《中华人民共和国税收征收管理法》第四十条规定的强制执行措施，或者申请人民法院强制执行。

税务机关（签章）
2014 年 3 月 21 日

税务文书送达回证

送达文书名称	《税务行政处罚决定书》×地税（永）票罚〔2014〕3号			
受送达人	×××餐饮管理（北京）有限公司			
送达地点	××区××路37号××路税务所201室			
受送达人签名或盖章	年 月	日	时	分
代收人代收理由、签名或盖章	年 月	日	时	分
受送达人拒收理由	年 月	日	时	分
见证人签名或盖章	年 月	日	时	分
送达人签名或盖章	年 月	日	时	分
填发税务机关	（签章）年 月	日	时	分

税务文书送达回证

送达文书名称	《税务行政处罚事项告知书》×地税（永）票罚告〔2014〕3号			
受送达人	×××餐饮管理（北京）有限公司			
送达地点	××区××路37号××路税务所201室			
受送达人签名或盖章	年 月	日	时	分
代收人代收理由、签名或盖章	年 月	日	时	分
受送达人拒收理由	年 月	日	时	分
见证人签名或盖章	年 月	日	时	分
送达人签名或盖章	年 月	日	时	分
填发税务机关	（签章）年 月	日	时	分

第三节 处罚工作流程

行政处罚是指行政机关或其他行政主体依法定职权和程序对违反行政法规尚未构成犯罪的相对人给予行政制裁的具体行政行为。税务行政处罚是税务行政主体对相对人违反税收征管秩序行为所实施的处罚。

行政处罚是对违法行为人的权利和利益的限制甚至剥夺，是一种较严厉的制裁行为，因此，行政处罚的适用必须遵守严格的程序。一般情况下，行政处罚工作分为简易程序和一般程序。

行政处罚的简易程序又称当场处罚程序，是指行政处罚主体对于事实清楚、情节简单、后果轻微的行政违法行为，当场作出行政处罚决定的程序。

一般程序是行政机关进行行政处罚的基本程序。一般程序适用于处罚较重或情节复杂的案件以及当事人对执法人员给予当场处罚的事实认定有分歧而无法作出行政处罚决定的案件。下图3-1是以环保部门实施行政处罚为例介绍处罚程序。

一、简易程序

根据《行政处罚法》第五十一条规定："违法事实确凿并有法定依据，对公民处以二百元以下、对法人或者其他组织处以三千元以下罚款或者警告的行政处罚的，可以当场作出行政处罚决定。法律另有规定的，从其规定。"

（一）行政处罚工作流程概述

行政执法人员当场作出行政处罚决定，应当严格遵循以下程序：

1. 出示执法证件，表明其执法人员身份。
2. 告知作出行政处罚决定的事实、理由和根据。
3. 听取当事人的陈述和申诉。
4. 填写预定格式、编有号码的行政处罚决定书。该行政处罚决定书应当写明当事人违法的事实行为、行政处罚的依据、罚款数额、时间、地点以及行政机关名称，并由执法人员签名或者盖章。
5. 行政处罚决定书当场交付当事人。

（二）适用简易程序条件

行政处罚适用简易程序必须符合三个条件：

1. 违法事实确凿。即有确实充分的证据表明当事人有违法事实存在，且确实为当事人所为。
2. 对该违法行为处以行政处罚有明确、具体的法定依据。

3. 处罚较为轻微,即对个人处以 200 元以下罚款或警告,对组织处以 3000 元以下罚款或者警告。

(三) 行政处罚工作流程图 (图 3-1)

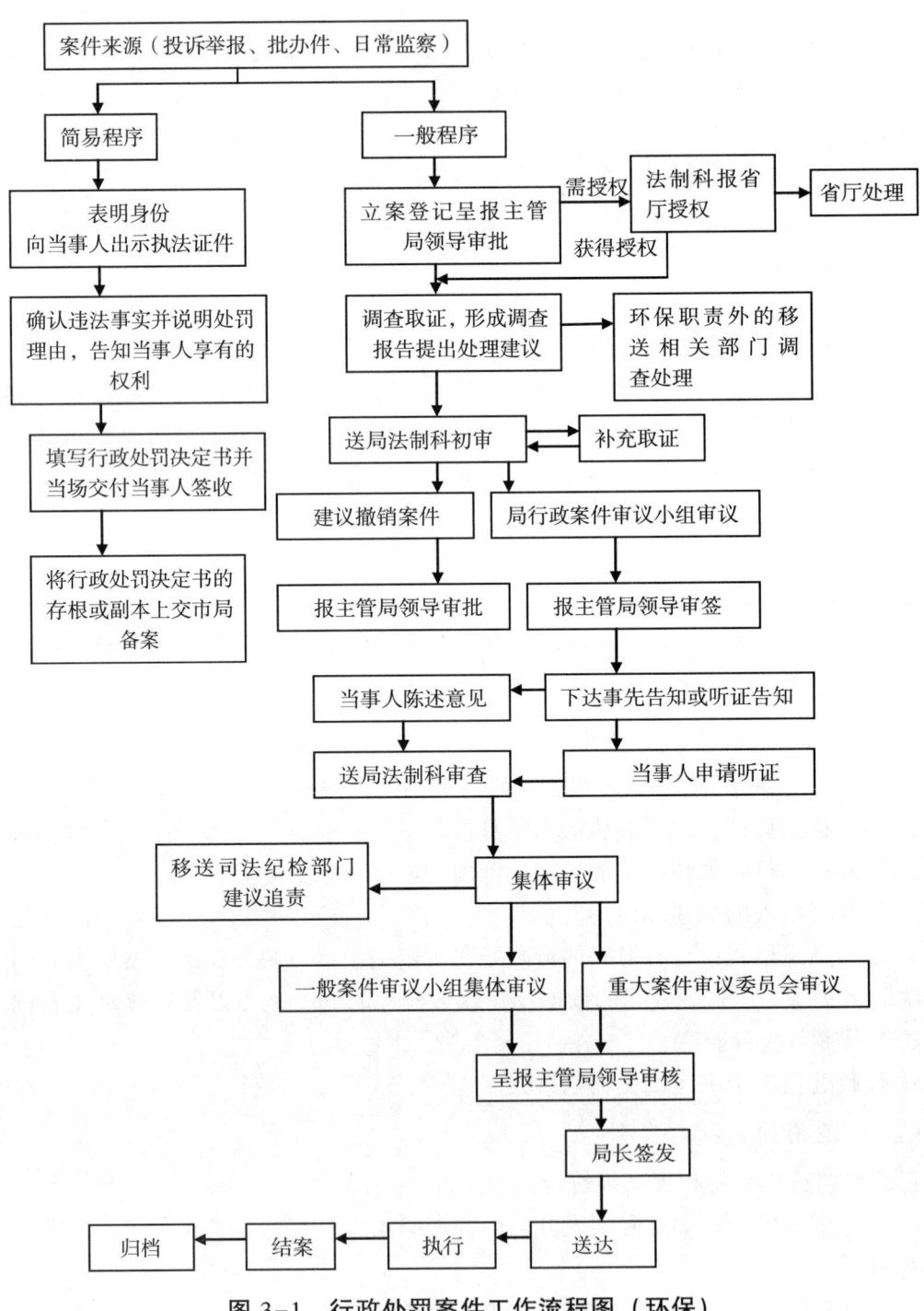

图 3-1 行政处罚案件工作流程图 (环保)

二、一般程序

(一) 立案

目前,《行政处罚法》未对立案作出统一明确的规定。行政机关在立案时应当遵守有关时效的规定,即除法律另有规定外,对于在2年以内未发现的行政违法行为,不予立案追究。税务行政处罚根据《税收征收管理法》的规定,对于在5年以内未发现的一般行政违法行为,不予立案追究。

(二) 调查取证

按照《行政处罚法》第五十四条、第五十五条规定,除本法规定的可以当场作出的行政处罚外,行政机关发现公民、法人或者其他组织有依法应该给予行政处罚的行为的,必须全面、客观、公正地调查,收集有关证据;必要时,依照法律、法规的规定,可以进行检查。

行政机关在调查或者进行检查时,执法人员不得少于两人,并应该向当事人或者有关人员出示证件。当事人或者有关人员应该如实回答询问,并协助调查或者检查,不得阻挠。询问或者检查,应该制作笔录。行政机关在收集证据时,可以采取抽样取证的方法;在证据可能灭失或者以后难以取得的情况下,经行政机关负责人批准,可以先行登记保存,并应该在七日内及时作出处理决定,在此期间,当事人或者有关人员不得销毁或者转移证据。执法人员与当事人有直接利害关系的,应该回避。

(三) 审查

按照《行政处罚法》第五十七条规定,调查终结,行政机关负责人应当对调查结果进行审查,根据不同情况,分别作出如下决定:

1. 确有应受行政处罚的违法行为的,根据情节轻重及具体情况,作出处罚决定;
2. 违法行为轻微,依法可以不予行政处罚的,不予处罚;
3. 违法事实不能成立的,不予行政处罚;
4. 违法行为涉嫌犯罪的,移送司法机关。

对情节复杂或者重大违法行为给予行政处罚,行政机关负责人应当组织集体讨论决定。

审查机构根据不同的违法情况,分别作出行政处罚、不予行政处罚、不得给予行政处罚和移送司法机关处理等处理建议。

(四) 告知和说明理由

告知被行政处罚当事人给予其行政处罚的事实、理由、依据和有关权利。

按照《行政处罚法》第四十四条、第四十五条规定,行政机关在作出行政处罚决定之前,必须告知当事人作出行政处罚决定的事实、理由及依据,并告知当事人依法享有的权利。

说明理由的内容，包括作出处罚决定的事实根据和理由及法律依据。告知权利的内容，包括有权申请执法人员回避，有权为自己辩解、陈述事实并提出证据，有权要求举行听证等。

（五）听取陈述、申辩或举行听证

按照《行政处罚法》第四十四条、第四十五条、第六十三条规定，行政机关在作出行政处罚决定之前，必须充分听取当事人的陈述和申辩；若该案符合听证条件，并且当事人要求听证的，应该组织听证。

（六）作出处罚决定

按照《行政处罚法》第五十七条、第五十八规定，调查终结，行政机关负责人应该对调查结果进行审查，依据不同情况，分别作出如下决定：

确有应受行政处罚的违法行为的，依据情节轻重及具体情况，作出行政处罚决定；违法行为轻微，依法可以不予行政处罚的，不予行政处罚；违法事实不能成立的，不得给予行政处罚；违法行为已构成犯罪的，移送司法机关。对情节复杂或者重大违法行为给予较重的行政处罚，行政机关的负责人应该组织集体讨论决定。行政机关给予行政处罚，应该制作行政处罚决定书。行政处罚决定书必须载明有关法定事项并加盖作出行政处罚决定的行政机关的印章。

（七）送达处罚决定书

按照《行政处罚法》第六十一条规定，行政处罚决定书应该在宣告后当场交付当事人；当事人不在场的，行政机关应该在七日内依照《民事诉讼法》的有关规定，将行政处罚决定书送达当事人。

税务行政处罚时，税务行政主体在实施行政处罚过程中所要遵循《行政处罚法》规定的步骤、顺序、方式、时限规则，同样适用简易程序和一般程序。

三、税务行政处罚的简易程序

当违法事实确凿且有法定的依据，限于较小数额的罚款或警告时，即对公民200元以下、对法人或其他组织3000元以下，税务行政处罚适用简易程序，具体顺序和要求，见图3-2。

1. 表明身份，着装并出示税务检查证，税务检查证件分两种：日常征管检查证件（证件外套是棕色的）和税务稽查检查证件（证件外套是黑色的），有照片、所属单位、管辖范围、有效日期等。

2. 告知违法事实，指出违法事实和告知处罚依据，告知当事人享有陈述和申辩权。例如，迟申报处罚，Y企业的办税人员谷×，于7月18日到税务行政大厅办理应于 15 日前的房产税和城镇土地使用税的纳税申报，违法事实是纳税申报晚了，处罚依据是征管法相关规定，处以 3000 元以下罚款，告知当事人享有陈述和申辩权。

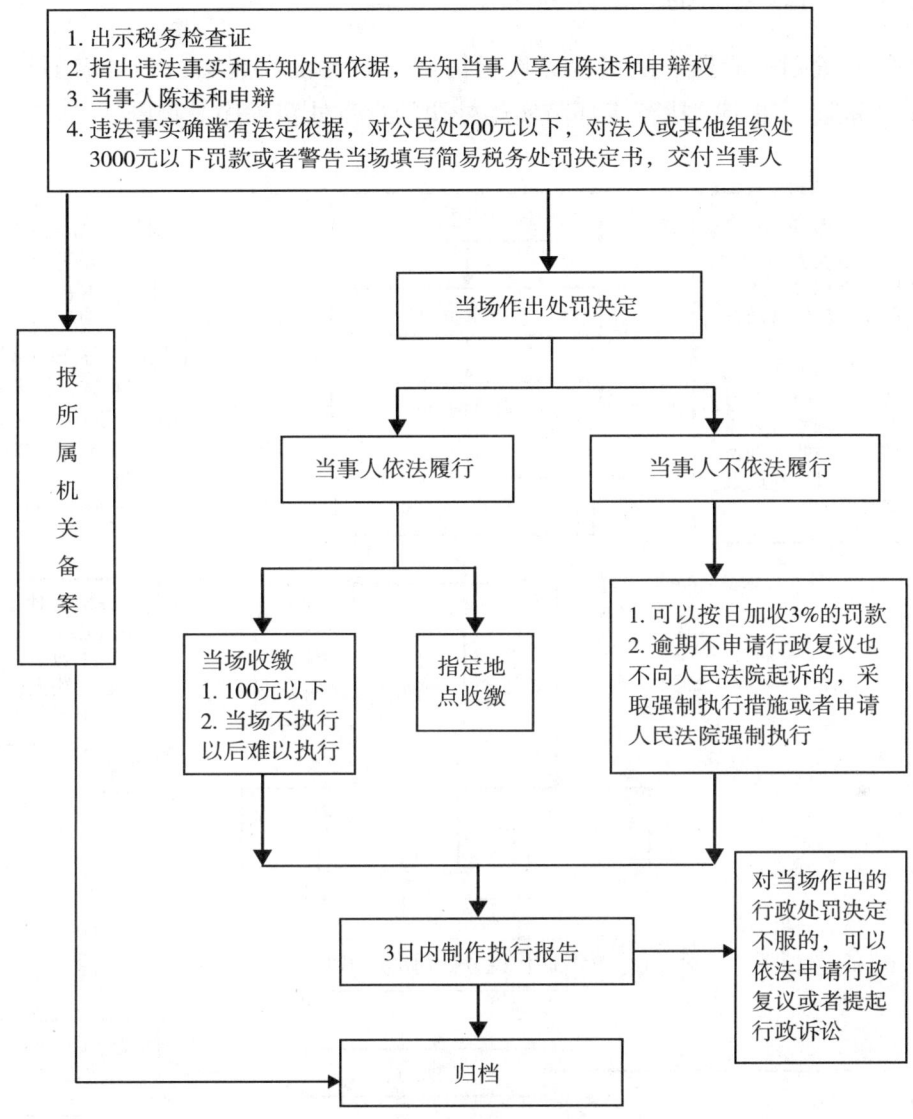

图 3-2　税务行政处罚流程图（简易程序）

3. 听取陈述、申辩。针对迟纳税申报的事实，办税人员谷×说是其单位法人王×被车撞了非常严重，她在医院照顾而忘记纳税申报，该理由不能构成免于行政处罚。

4. 填制处罚决定书。违法事实确凿有法定依据，对公民处 200 元以下，对法人或其他组织处 3000 元以下罚款或者警告，窗口打印或当场填写简易税务处罚决定书，告知被处罚金额、限期缴纳的日期、缴款方式等，交付当事人。

5. 当场送达、签收。
6. 备案。

四、税务行政处罚的一般程序

税务行政处罚一般程序是指税务局对情节复杂的税收违法行为，需要经过立案、调查取证、审理、决定、执行等环节实施处罚的行政处罚程序。见图3-3。

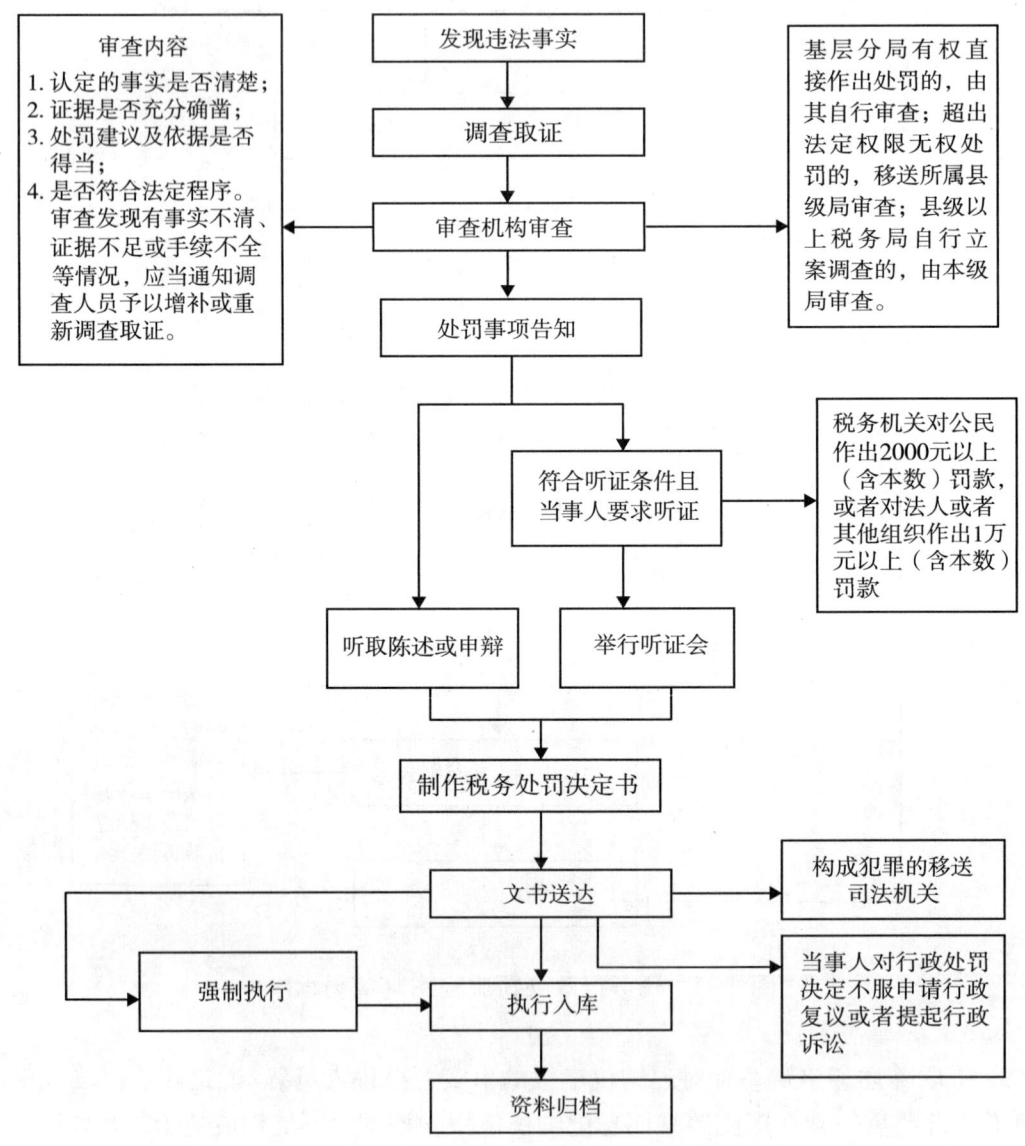

图3-3 税务行政处罚流程图（一般程序）

(一) 立案

对税务违法案件进行立案登记。

(二) 调查

1. 在立案登记之后，对需要调查的税务违法案件，应有两名以上税务行政执法人员进行调查、收集有关证据；必要时，可以依照《税收征收管理法》第三十二至三十六条的规定进行检查。调查、检查的情况应制作笔录。

2. 税务行政执法人员进行调查或者检查时，向当事人出示《税务检查证》。调查人员在调查取证过程中应当充分听取当事人的意见，并制作《陈述申辩笔录》。

3. 税务局在证据可能灭失或者以后难以取得的情况下，经税务局负责人批准，可以先行登记保存，并在七日内及时作出处理决定。

4. 办案人员全面查明事实，核实证据后，作出处罚建议；进行了调查的，制作《税务违法案件调查报告》，将案卷材料及《税务违法案件调查报告》移送审理环节。

(三) 告知

对案件作出税务行政处罚建议时，填发《税务行政处罚事项告知书》，告知当事人已经查明的违法事实、处罚的法律依据、种类、范围、幅度，及其享有的陈述权、申辩权；同时，对公民处以二千元以上、对法人或其他组织处以一万元以上罚款的行政处罚建议，还应告知当事人有要求听证的权利。

税务局在依法作出行政处罚决定之前，应当事先告知当事人作出行政处罚决定的事实、理由及法律依据（"说明理由"），并告知当事人依法享有的权利（包括有权申请执法人员回避，有权为自己辩解、陈述事实并提出证据，有权依法要求举行听证等）。《税务行政处罚事项告知书》应当包括以下内容：（1）认定的税收违法事实和性质；（2）适用的法律、行政法规、规章及其他规范性文件；（3）拟作出的税务行政处罚；（4）当事人依法享有的权利；（5）告知书的文号、制作日期、税务局名称及印章；（6）其他相关事项。

(四) 当事人陈述申辩和税务局复核

当事人有权在"处罚决定作出之前"进行陈述和申辩，有权提出相反证据证明自己并未违反行政法规范或不应受行政处罚。税务局及其执法人员在作出行政处罚决定之前，如拒绝听取当事人的陈述与申辩意见，该行政处罚决定"不成立"，当事人放弃陈述或申辩权利的除外。

税务局对公民作出2000元以上（含本数）罚款，或者对法人或者其他组织作出1万元以上（含本数）罚款的，符合听证条件且当事人要求听证的，税务局应该组织听证。

（五）审理和作出决定

基层分局（税务所）有权直接作出处罚的，由其自行审查；超出法定权限无权处罚的，移送所属县级局审查；县级以上税务局自行立案调查的，由本级局审查。

1. 认定的事实是否清楚；
2. 证据是否充分确凿；
3. 处罚建议及依据是否得当；
4. 是否符合法定程序。审查发现有事实不清、证据不足或手续不全等情况，应当通知调查人员予以增补或重新调查取证。

（六）送达行政处罚决定书

以税务局查处逃税案件为例，通常涉及三份文书，依次为：

1.《税务处理决定书》，要求违法行为人依法补缴应缴税款并加收滞纳金；
2.《税务行政处罚事项告知书》，告知违法行为人已经查实的违法事实、处罚理由和依据、拟作出的处罚决定，并告知其有陈述、申辩或要求听证的权利；
3.《税务行政处罚决定书》，载明认定的违法事实、处罚决定及当事人的救济权利。

特别提示：当事人对《税务处理决定书》上载明的纳税事项不服的，应当先提起行政复议，对复议决定不服方可向人民法院提起行政诉讼；由于《税务行政处罚事项告知书》的内容并不直接影响当事人的实体权利义务，当事人不能直接针对该告知书申请复议或提起诉讼，但可依法陈述、申辩或要求听证；对《税务行政处罚决定书》不服的，可以依法申请行政复议或提起行政诉讼。

（七）执行

行政处罚的执行应当遵守下列原则：

1. 当事人自觉履行原则；
2. 行政复议和行政诉讼期间，行政处罚决定不停止执行原则；
3. 作出罚款决定的行政机关应当与收缴罚款的机构分离，但是，依照行政处罚法的规定可以当场收缴罚款的除外。

当事人逾期不履行行政处罚决定的，税务局可以采取加处罚款、拍卖查封或扣押的财物、划拨冻结的存款、申请人民法院执行等措施。

五、税务行政处罚听证程序

听证程序是指税务局作出决定之前，给利害关系人提供发表意见、提出证据的机会，对特定事项进行质证、辩驳的程序，其实质是听取利害关系人的意见。行政处罚的听证程序不是与简易程序和普通程序并列的独立、完整的程序，而只是一般程序中的一个环节,主要是对特定的行政处罚作出决定之前,在案件当事人和调查人员共同参加的情况下,由税务局的专门人员主持听取当事人的申辩、质证和意见,以进一步查清事实和核实证据。

行政处罚听证程序与行政复议、行政诉讼不同,行政复议与行政诉讼是一种事后监督程序;而听证程序是一种事先、事中监督程序,是行政机关自我监督、自我改正程序。

按照《行政处罚法》的规定,税务局作出特定行为罚、较大数额罚款等行政处罚决定之前,应当告知当事人有要求举行听证的权利。当事人要求听证的,应当组织听证。

(一)提出听证申请

税务局在作出特定行为罚、较大数额的罚款(公民2000元,法人或组织1万元)等行政处罚决定之前,应当先行告知当事人具有听证的权利。当事人要求听证的,应当在税务局告知后"3日内"提出。

(二)确定主持人、听证时间并通知当事人

按照《行政处罚法》第六十四条的规定,听证由税务局指定非本案调查人员主持。一般应当指定法制工作机构的工作人员或者承担法制工作的机构相关人员主持听证,案件承办部门不得主持听证。听证的记录员亦应当执行前述规定。

税务局作出听证决定后,应当在举行听证的"7日"前,将举行听证的时间、地点和其他相关事项通知当事人。听证应由税务局指定非本案调查人员主持;当事人如认为主持人与本案有直接利害关系的,有权申请其回避。

(三)公告

(四)举行听证会

当事人可以亲自参加听证,也可以委托1至2人代理参加听证。举行听证时,调查人员根据调查所获得的当事人违法事实和证据,提出行政处罚建议,当事人对此可提出申辩并质证。双方可以进行辩论。听证会主要流程:

1. 调查人指控、举证。
2. 当事人申辩、质证,也可举证。
3. 调查人质证。
4. 辩论。
5. 当事人最后陈述。
6. 阅核、签章。

听证应当制作听证笔录,交给当事人审核无误后签字或盖章;听证笔录是作出行政处罚决定的重要依据之一。

（五）向审理部门移交听证材料

在《行政处罚法》中，未对当事人在听证程序中享有的权利作出专门的具体列举规定。听证注意事项：

1. 当事人要求听证的，应当在收到《行政处罚告知书》之日起 3 日内以书面或口头形式提出。口头形式提出的，案件调查人员应当记录在案，并由当事人签字。

2. 当事人提出听证要求后，法制工作机构或者承担法制工作的机构应当在举行听证 7 日前送达《行政处罚听证会通知书》，告知当事人举行听证的时间、地点、听证会主持人名单及可以申请回避和可以委托代理人等事项，并通知案件调查人员。案件调查人员应当在当事人要求听证之日起 3 日内告知法制工作机构或承担法制工作的机构，并将案卷一并移送。

3. 听证参加人员包括听证主持人、听证记录员、案件调查人员和当事人。当事人可以亲自参加，亦可以委托一至二人代理。当事人认为主持人与本案有利害关系的，有权申请回避。

4. 听证应当公开举行，但涉及国家秘密、商业秘密或者个人隐私的除外。

5. 听证结束后，听证主持人应当依据听证情况，制作《行政处罚听证会报告书》并提出处理意见，连同案件调查材料、听证笔录，报邮政主管部门负责人审查，依据《行政处罚法》第五十七条的规定，根据情况分别作出予以行政处罚、不予行政处罚或者移送其他有关机关处理的决定。

第四节　听　证

听证程序是指国家机关作出决定之前，给利害关系人提供发表意见提出证据的机会，对特定事项进行质证、辩驳的程序，其实质是听取利害关系人的意见。广义上的听证，包括立法、司法和行政听证三种形式。

行政听证程序是行政程序法的核心内容之一，是拟定实施行政处罚的行政机关自我监督、自我改正程序。它的建立在促进行政机关依法行政、公平执法等方面都具有非常重要的作用。行政处罚的听证程序是对特定的行政处罚作出决定之前，在案件当事人和调查人员共同参加的情况下，由行政机关的专门人员主持听取当事人的申辩、质证和意见，以进一步查清事实和核实证据。

听证是行政管理主体与行政管理相对方双方当事人之间，针对拟定行政处罚争议进行质证。行政处罚中设置听证程序，其目的在于保证行政处罚的合法性与公正性，确保当事人的合法权益不受侵犯，督促行政机关依法实施行政处罚。行政处罚听证程序很重要、很关键，税务行政处罚听证亦如此。

一、基本原则

（一）公开原则

公开是听证程序顺利进行的前提条件，也是防止用专横的方法行使权力的有力保障。"除涉及国家机密、商业秘密或者个人隐私外，听证公开举行"。为了做到裁判上的公平，一切裁判活动必须坚持的三个原则，即公开、公正和无偏私。

（二）职能分离原则

职能分离原则是指在听证过程中从事裁决和审判型听证的机构或者人员，不能从事与听证和裁决行为不相容的活动，以保证裁决公平。在《行政处罚法》中明确规定，即"听证由行政机关指定的非本案调查人员主持，当事人认为主持人与本案有直接利害关系的，有权申请回避"。

（三）事先告知原则

行政机关举行听证，作出行政决定前，应当告知相对人听证所涉及的主要事项和听证时间、地点，以确保相对人有效行使抗辩权，从而保证行政决定的适当性与合法性。不能及时得到通知，没有充分的准备时间，就意味着当事人没有机会取证和准备辩论，不知道听证涉及的主要问题，就无法做必要的听证准备，难以行使自卫抗辩的权利。

按照《行政处罚法》第六十三条规定，行政机关作出"责令停产停业，吊销许可证或者执照、较大数额罚款等行政处罚决定前，应当告知当事人有要求举行听证的权利"；"行政机关应当在听证的七日前，通知当事人举行听证的时间、地点"。

（四）案卷排他性原则

案卷排他性原则是指行政机关按照正式听证程序作出的决定时，只能以案卷为根据，不能在案卷以外，以当事人未知悉和未论证的事实为根据。目的是保障当事人有效行使陈述意见的权利和反驳不利于己证据的权利。法院也只能以案卷中的记录为根据，审查行政决定合法与否，行政机关也可以以此为由排除干扰，独立作出决定。

按照《行政处罚法》第六十四条第八款项规定："听证应当制作笔录，笔录应当交当事人审核无误后签字或者盖章。"

（五）其他原则

回避原则、禁止单方面接触原则、案卷阅览原则、委托代理原则。

二、基本内容

听证制度的基本内容，主要包括：

(一) 告知和通知

告知是行政机关在作出决定前，将决定的事实和法律理由依法定形式告诉利害关系人。通知是行政机关将有关听证的事项在法定期限内通告利害关系人，以使利害关系人有充分的时间准备参加听证。告知和通知，在行政程序中发挥着行政机关与行政相对人之间的沟通作用，是听证中不可缺少的程序，对行政相对人的听证权起着重要的保障作用。

(二) 公开听证

听证必须公开，让社会民众有机会了解行政机关的行政决定作出的过程，从而实现监督行政机关依法行政。但听证如涉及国家秘密、商业秘密和个人隐私的，可以不公开进行。

(三) 委托代理

行政相对人并不一定都能自如地运用法律维护自己的合法权益，因此，应当允许其获得必要的法律帮助。在听证中，行政相对人可以委托代理人参加听证，以维护其合法权益。

(四) 对抗辩论

对抗辩论是由行政机关提出决定的事实和法律依据，行政相对人对此提出质疑和反诘，从而使案件事实更趋真实可靠，行政决定更趋于公正、合理。

(五) 制作笔录

听证过程必须以记录的形式保存下来，行政机关必须以笔录作为作出行政决定的唯一依据。

三、行政处罚听证制度

在我国，最早规定听证的是 1996 年施行的《行政处罚法》。随后，1998 年施行的《价格法》、2000 年施行的《立法法》等也先后规定了听证制度。

按照《行政处罚法》的规定，行政机关作出责令停产停业、吊销许可证或者执照、较大数额罚款等行政处罚决定之前，应当告知当事人有要求举行听证的权利。当事人要求听证的，行政机关应当组织听证。

(一) 听证适用范围

按照《行政处罚法》第六十三条的规定，行政机关在作出下列行政处罚决定之前，应当告知当事人有要求举行听证的权利：

第六十三条　行政机关拟作出下列行政处罚决定，应当告知当事人有要求听证的权利，当事人要求听证的，行政机关应当组织听证：

(一) 较大数额罚款；

(二) 没收较大数额违法所得、没收较大价值非法财物；

(三) 降低资质等级、吊销许可证件；

(四) 责令停产停业、责令关闭、限制从业；

(五) 其他较重的行政处罚；

(六) 法律、法规、规章规定的其他情形。

当事人不承担行政机关组织听证的费用。

不告知当事人享有听证的权利，将导致行政处罚不能成立的后果。

(二) 听证主持人

按照《行政处罚法》第六十四条的规定，听证由行政机关指定非本案调查人员主持。听证的记录员亦应当执行前述规定。

(三) 听证的举行

按照《行政处罚法》第六十四条的规定，听证程序依照下列规定举行：

1. 当事人要求听证的，应当在收到《行政处罚告知书》之日起5日内以书面或口头形式提出。口头形式提出的，案件调查人员应当记录在案，并由当事人签字。

2. 当事人提出听证要求后，法制工作机构或者承担法制工作的机构应当在举行听证7日前送达《行政处罚听证会通知书》，告知当事人举行听证的时间、地点、听证会主持人名单及可以申请回避和可以委托代理人等事项，并通知案件调查人员。案件调查人员应当在当事人要求听证之日起3日内告知法制工作机构或承担法制工作的机构，并将案卷一并移送。

3. 听证参加人员包括听证主持人、听证记录员、案件调查人员和当事人。当事人可以亲自参加，亦可以委托一至二人代理。当事人认为主持人与本案有利害关系的，有权申请回避。

4. 听证应当公开举行，但涉及国家秘密、商业秘密或者个人隐私的除外。

5. 听证应当按照规定环节和步骤进行。

6. 听证结束后，听证主持人应当依据听证情况，制作《行政处罚听证会报告书》并提出处理意见，连同案件调查材料、听证笔录，报主管部门负责人审查，根据情况分别作出予以行政处罚、不予行政处罚或者移送其他有关机关处理的决定。

(四) 紧急听证程序

紧急状态之下，出于公共利益的需要及效率的考虑，行政机关在作出正常状态下应举行听证的三类行政处罚决定（责令停产停业、吊销许可证或者执照、较大数额罚款）之前，是否可以不经相应的听证程序就作出处罚决定，应当由法律预先规定，授权行政机关根据紧急状态的程度并遵循比例原则予以确定，在强调保障公共目的实现的同时,应兼顾公民基本权利的保护。处于高度紧急状态中的地区,行政权力作为紧急权力的主要承担者其表现形式应为行政强制;而处于低度紧急状态中的地区,行政机关在进行行政处罚时,应遵循行政程序,在涉及需要听证的行政处罚时,必须进行听证。

四、税务行政处罚当事人的权利和义务

(一)当事人在听证中享有下列权利

1. 当事人或者其代理人可以就所指控的事实及相关问题进行申辩和质证,并就各自出示的证据的合法性,真实性进行辩论。辩论先由本案调查人员发言,再由当事人或者其代理人答辩,然后双方相互辩论。

2. 有参加听证和委托1—2名代理人参加听证的权利。当事人委托代理人参加听证应当出具代理委托书,并应注明代理权限和期限;听证过程中当事人认为委托代理人不能正确履行代理责任时,有权中止委托代理,中止委托代理应向主持人声明。

3. 有就与案件有关的事实与证据充分发表意见的权利。可以出示有关证据,要求己方证人出席做证,并可要求质证。

4. 辩论终结,当事人或者其代理人有最后陈述的权利。

5. 当事人有放弃听证的权利,当事人要求放弃听证的,应提前一日书面通知税务局。

6. 听证过程中当事人认为必要时可以要求中止听证或延期听证,是否允许,由主持人决定;当事人有放弃申辩权和质证权的权利。当事人放弃申辩权和质证权应向主持人声明。当事人未经主持人允许擅自退出听证的,视同放弃权利。

7. 当事人对听证记录认为有遗漏或有差错,可以请求补充或改正,并可以注明意见。

(二)当事人在听证中有下列义务

1. 遵守会场纪律。

2. 尊重服从主持人,未经主持人允许不得擅自发言、提问或打断对方发言。

3. 有回答主持人询问和出示有关证据的义务。

4. 发言应语言文明,尊重对方,不得带有污秽语言,不得带有诬蔑、侮辱或对他人进行人身攻击的言论。

5. 对听证记录在确认没有遗漏或差错后,应签字或盖章。

6. 税务局认为需要对本案的事实与证据补充调查的,当事人有义务配合与支持。

五、税务行政处罚听证

(一) 听证的条件

税务局对公民处以 2000 元以上（含本数）罚款、对法人或者其他组织处以 10000 元以上（含本数）罚款，适用听证程序，当事人有权要求听证。

税务局对公民处以 2000 元以上罚款、对法人或者其他组织处以 10000 元以上罚款的行政处罚时，在作出行政处罚决定之前，应当告知当事人作出行政处罚决定的事实、理由及依据，并告知当事人享有要求听证的权利。

(二) 听证的申请

当事人要求听证的，应在收到税务行政处罚告知事项之日起 5 日内向税务局书面提出听证申请。逾期不提出的，视为放弃听证权利。当事人由于不可抗力或者其他特殊情况而耽误提出听证期限的，在障碍消除后 5 日以内可以申请延长期限。申请是否准许，由税务局决定。

(三) 申请的主要内容

1. 当事人名称、住所、税务登记号、法人代表姓名、职务；当事人为公民个人的，应当载明当事人姓名、住所、身份证号码。
2. 有代理人的，应当载明代理人单位、姓名、联系方法（地址、电话、寻呼）、代理权限并应附代理委托书。
3. 案由及要求听证的理由。
4. 声明本案是否涉及国家秘密、商业秘密或个人隐私。
5. 当事人签章。

(四) 听证会程序

1. 主持人宣布听证会开始。
2. 出示授权书。
3. 主持人查明当事人或者其代理人、本案调查人员、证人及其他人员是否到场，宣布案由。
4. 宣布听证会的组成人员名单。
5. 告知当事人有关的权利义务。
6. 记录员宣布听证会场纪律。
7. 由本案调查人员就当事人的违法行为予以指控，并出示事实证据材料，提出行政处罚建议。
8. 由当事人或者其代理人就所指控的事实及相关问题进行申辩和质证。
9. 控辩双方就各自出示的证据的合法性，真实性进行辩论。辩论先由本案调查人员发言，再由当事人或者其代理人答辩，然后双方相互辩论。

10. 辩论终结，听证主持人可以再就本案的事实，证据及有关问题向当事人或者其代理人，本案调查人员征求意见。并询问当事人或者其代理人是否需要行使最后陈述的权利。

11. 听证笔录交当事人或者其代理人，本案调查人员，证人及其他有关人员阅读或者向其宣读，他们认为有遗漏或者有差错的，可以请求补充或者改正。他们在承认没有错误后，应当签字或者盖章。拒绝签名或者盖章的，记明情况附卷；听证的全部活动，由记录员写成笔录，经听证主持人审阅并由听证主持人和记录员签名。

12. 听证会结束。

（五）听证会场纪律

1. 全体参会人员须佩戴会务组制发的有效证件，凭证入场参加会议。

2. 请提前10分钟进入会场，会议期间请关闭通信工具。

3. 旁听人员应保持安静，如要求发表意见，需举手示意，并经主持人同意方可发表意见。对擅自在会场内讨论或发表意见者，大声喧哗者，经主持人制止无效的，主持人有权责令其退出听证会场。

4. 为保障控辩双方充分陈述事实，发表意见，控辩双方应充分尊重对方发表意见的权利。当其中一方发表意见时，另一方应保持安静，待对方表述完毕再发表自己的意见，不得在对方发表意见的过程中随意插话。如有违反者，主持人将予以制止警告，对三次警告无效者，主持人有权责令其退出听证会场，并视为其放弃听证权利。

5. 为保证听证会的正常进行，控辩双方及经许可发表意见的旁听人员，应围绕听证内容以简练的语言发表意见。如在发表意见过程中涉及与本次听证无关的内容或对某一问题反复陈述，主持人将予以提醒并制止，对制止无效者，主持人有权终止其发言。

6. 听证代表初次发言请作自我介绍，发言时间请控制在10分钟之内。如时间许可，经主持人同意，可再次简短发言。发言时请观点鲜明、简明扼要、不要重复。

7. 会后请听证代表留下，对听证笔录进行审阅并签名。全体与会人员须将会务组制发的证件交回给会务组。

六、听证案例及相关文书

（一）案例

N税务稽查局于2017年6月13日向××省××科工贸实业公司发出×国税稽罚告〔2017〕3006号《税务行政处罚事项告知书》，拟对该单位账证资料不健全，未能在限期内向税务机关如实提供2014年至2016年期间的库存商品明细账和销售明细账的行为，根据《税收征收管理法》第七十条和《税收征收管理法实施细则》第九十六条第一款规定处以50000元的罚款。该单位于2017年6月15日向N税务稽查局书面提出听证要求。N税务稽查局决定由案件审理科负责组织实施此次听证,并授权甲行家担任此次听证会的主持人。

N税务稽查局于2007年6月22日向××省××科工贸实业公司送达了×国税稽听通〔2017〕011号《税务行政处罚听证通知书》和×国税稽听告〔2017〕011号《关于税务行政处罚事项的告知》,通知该单位,N税务稽查局决定于2017年7月2日上午举行听证会,并同时告知了听证地点、主持人等相关事项,该单位未提出延期和回避申请。N税务稽查局于2017年6月28日在该局一楼大厅就本次听证会进行了公告。

2017年7月2日上午9时整,听证会在N税务稽查局七楼会议室如期举行,本次听证会由案件审理科科员罗××担任记录人。××省××科工贸实业公司书面授权该单位业务经理郑××为代理人。听证依规定程序进行。

在听证会上,本案调查人员和××省××科工贸实业公司代理人郑××就本案涉及的事实进行了充分的辩论,最终未能达成一致。

本案调查人员认为,××省××科工贸实业公司的51份滞留票所反映的购销活动,属××省××科工贸实业公司的经营活动,因此该单位有义务提供能反映上述经营活动的相关资料;××省××科工贸实业公司代理人郑××反复辩称上述行为均属该单位业务员越权私刻公章实施的个人行为,该单位对此不知情,因此,该单位没有N税务稽查局要求其提供的相关资料。

主持人认为,就目前获取的证据来看,确实无法证明该单位持有N税务稽查局要求其提供的相关资料,对于双方争论的焦点,即51份滞留票所反映的购销活动,从资金流上无法判断是否属该单位的经营活动,对于该单位反复辩称的上述经营活动属该单位业务员越权私刻公章实施的个人行为,由于N税务稽查局作为税务行政执法机关,对此类问题无法调查核实,因此,建议提请公安机关提前介入,对上述问题调查核实后再做处理。

(二)相关文书

公 告

我局决定于2017年7月2日9时在我局七楼会议室,就AH省××科工贸实业公司行政处罚案举行公开听证。

本次听证当事人:××省××科工贸实业公司;

本次听证案件调查人员:张××、濮××;

本次听证允许群众旁听。

××市国家税务局稽查局
二〇一七年六月二十八日

××市国家税务局（稽查局）税务行政处罚听证通知书

××国税稽听通〔2017〕011号

××省××科工贸实业公司：

　　根据你单位提出的听证要求，决定于2017年7月2日9时在××市国家税务局稽查局七楼会议室（南）举行听证，请准时参加。无正当理由不参加听证的，视为放弃听证权利。

　　本次听证由甲行家主持，如你单位认为主持人与本案有直接利害关系需要申请回避的，请在举行听证的3日前提出，并说明理由。

税务机关（签章）
2017年6月22日

关于税务行政处罚听证有关事项的告知

××国税稽听告〔2017〕011号

××省××科工贸实业公司：

　　为保证税务行政处罚听证的正常进行，现将有关事项告知如下：

　　1. 根据《税务行政处罚听证程序实施办法》（试行）第八条规定：当事人可以亲自参加听证，也可以委托一至二人代理。当事人委托代理人参加听证的，应当向其代理人出具代理委托书。代理委托书应当注明有关事项，并经税务机关或者听证主持人审核确认。

　　2. 根据《税务行政处罚听证程序实施办法》（试行）第十二条规定：当事人或者其代理人应当按照税务机关的通知参加听证，无正当理由不参加的，视为放弃听证权利。听证应当予以终止。

　　本案调查人员有前款规定情形的，不影响听证的进行。

　　3. 根据《税务行政处罚听证程序实施办法》（试行）第十六条规定：听证过程中，当事人或者其代理人放弃申辩和质证权利，声明退出听证会；或者不经听证主持人许可擅自退出听证会的，听证主持人可以宣布听证终止。

　　4. 根据《税务行政处罚听证程序实施办法》（试行）第十七条规定：听证过程中，当事人或者其代理人，本案调查人员，证人及其他人员违反听证秩序，听证主持人应当警告制止；对不听制止的，可以责令其退出听证会场。

　　当事人或者其代理人有前款规定严重行为致使听证无法进行的，听证主持人或者税务机关可以终止听证。

5. 根据《税务行政处罚听证程序实施办法》（试行）第二十条规定：对应当进行听证的案件，税务机关不组织听证，行政处罚决定不能成立；当事人放弃听证权利或者被正当取消听证权利的除外。

××市国家税务局稽查局
二〇一七年六月二十日

授 权 书

我局授权甲行家（××市国家税务局稽查局案件审理科科长）担任××省××科工贸实业公司税务行政处罚案听证会主持人。

授权人：××
××市国家税务局稽查局
二〇一七年六月二十日

听证笔录

共　　页第　　页

案　　由：_____

时　　间：_____　地　　点：_____

听证主持人：_____　记录员：_____

当事人姓名：_____　性　别：_____　年龄：_____

工作单位：_____　职务：_____

现住所：_____

调查人员姓名：_____

委托代理人姓名：_____

工作单位：_____　职务：_____

现住所：_____

_____

_____

_____

听证笔录续页

共　　页第　　页

_____
_____
_____
_____
_____
_____
_____

听证主持人签字：　　　　　　　　　记录员签字：
当 事 人 签 字：　　　　　　　　　代理人签字：
本案调查人签字：　　　　　　　　　证 人 签 字：
其他

附件：

税务行政处罚听证程序实施办法（试行）

第一条　为了规范税务行政处罚听证程序的实施，保护公民，法人和其他组织的合法权益，根据《中华人民共和国行政处罚法》，制定本实施办法。

第二条　税务行政处罚的听证，遵循合法，公正，公开，及时和便民的原则。

第三条　税务机关对公民作出2000元以上（含本数）罚款或者对法人或者其他组织作出1万元以上（含本数）罚款的行政处罚之前，应当向当事人送达《税务行政处罚事项告知书》，告知当事人已经查明的违法事实，证据，行政处罚的法律依据和拟将给予的行政处罚，并告知有要求举行听证的权利。

第四条　要求听证的当事人，应当在《税务行政处罚事项告知书》送达后3日内向税务机关书面提出听证；逾期不提出的，视为放弃听证权利。

当事人要求听证的，税务机关应当组织听证。

第五条　税务机关应当在收到当事人听证要求后15日内举行听证，并在举行听证的7日前将《税务行政处罚听证通知书》送达当事人，通知当事人举行听证的时间，地点，听证主持人的姓名及有关事项。

当事人由于不可抗力或者其他特殊情况而耽误提出听证期限的，在障碍消除后5日以内，可以申请延长期限。申请是否准许，由组织听证的税务机关决定。

第六条 当事人提出听证后,税务机关发现自己拟作的行政处罚决定对事实认定有错误或者偏差,应当予以改变,并及时向当事人说明。

第七条 税务行政处罚的听证,由税务机关负责人指定的非本案调查机构的人员主持,当事人,本案调查人员及其他有关人员参加。

听证主持人应当依法行使职权,不受任何组织和个人的干涉。

第八条 当事人可以亲自参加听证,也可以委托一至二人代理。当事人委托代理人参加听证的,应当向其代理人出具代理委托书。代理委托书应当注明有关事项,并经税务机关或者听证主持人审核确认。

第九条 当事人认为听证主持人与本案有直接利害关系的,有权申请回避。回避申请,应当在举行听证的3日前向税务机关提出,并说明理由。

听证主持人是本案当事人的近亲属,或者认为自己与本案有直接利害关系或其他关系可能影响公正听证的,应当自行提出回避。

第十条 听证主持人的回避,由组织听证的税务机关负责人决定,对驳回申请回避的决定,当事人可以申请复核一次。

第十一条 税务行政处罚听证应当公开进行。但是涉及国家秘密,商业秘密或者个人隐私的,听证不公开进行。

对公开听证的案件,应当先期公告当事人和本案调查人员的姓名,案由和听证的时间,地点。

公开进行的听证,应当允许群众旁听。经听证主持人许可,旁听群众可以发表意见。

对不公开听证的案件,应当宣布不公开听证的理由。

第十二条 当事人或者其代理人应当按照税务机关的通知参加听证,无正当理由不参加的,视为放弃听证权利。听证应当予以终止。

本案调查人员有前款规定情形的,不影响听证的进行。

第十三条 听证开始时,听证主持人应当首先声明并出示税务机关负责人授权主持听证的决定,然后查明当事人或者其代理人,本案调查人员,证人及其他有关人员是否到场,宣布案由;宣布听证会的组成人员名单;告知当事人有关的权利义务。记录员宣读听证会场纪律。

第十四条 听证过程中,由本案调查人员就当事人的违法行为予以指控,并出示事实证据材料,提出行政处罚建议。当事人或者其代理人可以就所指控的事实及相关问题进行申辩和质证。

听证主持人可以对本案所及事实进行询问,保障控辩双方充分陈述事实,发表意见,并就各自出示的证据的合法性,真实性进行辩论。辩论先由本案调查人员发言,再由当事人或者其代理人答辩,然后双方相互辩论。

辩论终结，听证主持人可以再就本案的事实，证据及有关问题向当事人或者其代理人，本案调查人员征求意见。当事人或者其代理人有最后陈述的权利。

第十五条　听证主持人认为证据有疑问无法听证辨明，可能影响税务行政处罚的准确公正的，可以宣布中止听证，由本案调查人员对证据进行调查核实后再行听证。

当事人或者其代理人可以申请对有关证据进行重新核实，或者提出延期听证；是否准许，由听证主持人或者税务机关作出决定。

第十六条　听证过程中，当事人或者其代理人放弃申辩和质证权利，声明退出听证会；或者不经听证主持人许可擅自退出听证会的，听证主持人可以宣布听证终止。

第十七条　听证过程中，当事人或者其代理人，本案调查人员，证人及其他人员违反听证秩序，听证主持人应当警告制止；对不听制止的，可以责令其退出听证会场。

当事人或者其代理人有前款规定严重行为致使听证无法进行的，听证主持人或者税务机关可以终止听证。

第十八条　听证的全部活动，应当由记录员写成笔录，经听证主持人审阅并由听证主持人和记录员签名后，封卷上交税务机关负责人审阅。

听证笔录应交当事人或者其代理人，本案调查人员，证人及其他有关人员阅读或者向他们宣读，他们认为有遗漏或者有差错的，可以请求补充或者改正。他们在承认没有错误后，应当签字或者盖章。拒绝签名或者盖章的，记明情况附卷。

第十九条　听证结束后，听证主持人应当将听证情况和处理意见报告税务机关负责人。

第二十条　对应当进行听证的案件，税务机关不组织听证，行政处罚决定不能成立；当事人放弃听证权利或者被正当取消听证权利的除外。

第二十一条　听证费用由组织听证的税务机关支付，不得由要求听证的当事人承担或者变相承担。

第二十二条　本实施办法由国家税务总局负责解释。

第二十三条　本实施办法自1996年10月1日起施行。

第五节　自由裁量权

按照《行政处罚法》的规定，公民、法人或者其他组织违反行政管理秩序的行为，应当给予行政处罚的，依照该法由法律、法规或者规章规定，并由行政机关依照本法规定的程序实施。行政机关在实施行政处罚过程中，没有法定依据或者不遵守法定程序的行政处罚无效。只有同时做到行政处罚的主体合法、程序合法和依据合法，行政处罚才是有效的，这是合法性问题，是前提。同时，作为行政管理相对方的公民、法人或者其他组织，对行政机关所给予的行政处罚，享有陈述权、申辩权；对行政处罚不服的，有权依法申请行政复议或者提起行政诉讼。因行政机关违法给予行政处罚受到损害的，有权依法提出行政赔偿要求。

自由裁量权，或应该称为行政裁量权，对于税务管理而言，就是税务自由裁量权，或应该称为税务行政裁量权，是属于合理性范畴的，先是甄别或判断是否合法，对于合法行政处罚行为再考量是否合理。

总之，对于任何一项行政处罚行为或具体行政行为，是否合法是性质问题，属于定性判断；是否合理是程度问题，属于定量判断。

一、自由裁量权

自由裁量权，是指行政机关及其工作人员在法律事实要件确定的情况下，在法律授权范围内，依据立法目的和公正、合理原则，自行判断行为条件、自行选择行为方式和自由做出行政决定的权力，其实质是行政机关依据一定的制度标准和价值取向进行行为选择的一个过程。自由裁量权将是长期存在的，自由裁量权的行使也是必须规范的，不应是"自由"的。

自由裁量权突出的基本内涵：选择，自由裁量权即为自由选择的权力。税收自由裁量权，是税务局在行政执法过程中一项不可缺少的权力，其合理、适度运用，有利于提高税务行政效率，保护国家、社会和纳税人的合法权益。

最直接的体现，在税务行政处罚中，例如《税收征收管理法》的第六十二条规定：纳税人未按照规定的期限办理纳税申报和报送纳税资料的，或者扣缴义务人未按照规定的期限向税务机关报送代扣代缴、代收代缴税款报告表和有关资料的，由税务机关责令限期改正，可以处二千元以下的罚款；情节严重的，可以处二千元以上一万元以下的罚款。

自由裁量权是行政机关进行行政管理不可或缺的条件，不过，对自由裁量权的不当行使也造成了行政执法的消极一面。其实，与违法行使自由裁量权相比，现实中，不合理行使自由裁量权的问题更多，监督难度更大。规范自由裁量权，应避免运动式规范，要考虑建立长效制度，行政机关需要拥有不断调整细化标准的自觉性。

实践中，各市县自行制定裁量标准，出现了市与市、县与县之间不相一致，同一违法行为所受处罚幅度因地区而异的问题突出。规范自由裁量权是行政机关的自我限权、自我约束，执行监督制约方面的法律尚属空白。就行政处罚裁量权而言，法律未提供避免执行走调或不作为的监督保障机制。

（一）税收自由裁量权

是指税务局在税收执法过程中，对一些征纳事项享有的具有选择余地的处置权力。自由裁量权如果应用得当，可以更好地发挥税收的职能和作用；但如果不加约束、过渡滥用，就会适得其反，因此会产生很多的税收违法违规行为。税务自由裁量权过大，不仅严重影响国家税收政策的执行和税款征收，而且也影响税务局的形象和行政权威。

在我国，税收法律中的行政自由裁量权的创设，主要体现在《税收征收管理法》的"第五章　法律责任"部分。集中于执法程序中的自由裁量，而非事实要件阶段的税收行政自由裁量权。研究发现其原因主要在于：

1. 在我国税收行政执法能力和水平还不能完全适应依法治税要求的情况下，提出事实要件裁量，可能破坏税收法治的统一性和公平性。

2. 在税收行政救济手段和渠道存在阻滞的情况下，相对人的权利和利益可能会受到更多的侵害，很难保证公共利益和个人利益的平衡。

3. 按照行政执法中举证责任倒置的原则，事实要件的自由裁量会增加税务局的举证责任，加大税务局的工作量。

4. 对税收法律中的"不确定概念"和税收行政执法实践中发现的新问题，可以通过立法解释或司法解释来解决，而不能由税收行政机关"自由裁量"。

因此，税收自由裁量权的制度控制体系也主要是针对税收行政程序中的制度创设，主要包含以下三方面的内容：

1. 建立制度保证立法程序

在立法过程中，为纳税人提供参与意见的机会，并将该程序引申至包括税收行政法规等各类税收制度的制定过程中，从源头上确保纳税人制约税务局的自由裁量行为。

2. 建立机制控制执法程序

将与纳税人合法权益直接相关的税收执法程序，比如税收征收程序、税收检查程序、税收处罚程序、税收行政强制程序等，纳入法律规范的控管范围，实现税收自由裁量权的程序控制。

3. 健全行政行为的法律救济

通过税务局的自身监督、内部的税务行政复议、外部（主要是立法机关和司法机关）的监督审查对税务局因自由裁量失当对纳税人权益造成的损害进行事后救济，通过责任追查对非法裁量行为进行警示和控制。

(二) 税收自由裁量权基本特征

1. 可选择权力行使方式

税收法律法规对权力的行使未作具体明晰的规定，或虽有规定也是比较笼统和原则的，税务局及税务人员可以根据实际情况决定是否行使某项权力或如何行使某项权力，包括作为及如何作为与不作为。

2. 不确定权力行使时限

税务局及税务人员可以在税收法律、行政法规的规定期限内自行选择具体时间做出行政决定裁量的权力。

3. 权力适用种类、幅度的弹性较大

税法在税收执法权的行使上规定了具有一定差异的幅度，税务局及税务人员可以在法定的幅度内对特定的事项做出适当的处理。

4. 权力行使标准的难以认定和定性

税法对税务局及税务人员运用权力处理具体事件的标准未作明确、具体、详细的规定，使用一些语义模糊的词，缺乏认定标准的法定条件，其可根据具体情况判断运用权力的标准。

（三）税收自由裁量权主要体现

由于税务行政的专业性和技术性很强，而且我国当前税收制度处于不断变化中，国家赋予税务机关较为广泛的自由裁量权。具体包括：

1. 权力行使方式的自由裁量

税收法律法规对权力的行使未作规定，税务机关根据实际情况决定是否行使这一权力或如何行使这一权力。比如《税收征收管理法实施细则》第八十五条规定："税务机关应当建立科学的检查制度，统筹安排检查工作，严格控制对纳税人、扣缴义务人的检查次数。"

2. 权力行使方法的自由选择

权力行使方法的自由裁量是指税法对税收执法权行使的方法未作规定或未作详细规定或规定了多种方法，税务机关可以根据实际情况选择行为的方法。如《税收征收管理法实施细则》第四十条规定："税务机关应当根据方便、快捷、安全的原则，积极推广使用支票、银行卡、电子结算方式缴纳税款。"

3. 权力适用标准的自由决定

税法对税务机关运用权力处理具体事件的标准用词模糊，缺乏认定标准的法定条件，由税务机关根据具体情况判断运用权力的标准。比如《税收征收管理法》第六十二条规定："纳税人未按照规定的期限办理纳税申报和报送纳税资料的……由税务机关责令限期改正，可以处以2000元以下的罚款；情节严重的，可以处2000元以上10000元以下的罚款。"纳税人严重的违法行为可给予2000元至10000元的从重处罚，但什么样的情节为"严重"的标准并不具体明确，而由税务机关裁量决定。

4. 权力适用幅度的自由确定

税法在税收执法权的行使上规定了一定的幅度，税务局可以在法定的幅度内对特定的事项做出适当的处理。比如上例中的"2000元以下"以及"2000元以上10000元以下"均系罚款的幅度，在这个幅度内，税务局可以酌情决定罚款的具体数额。

（四）如何规范税收自由裁量权

1. 需要细化征收标准，削减征税弹性

征收标准不明确、弹性大是导致税务自由裁量权过大的根本原因。目前，对征收项目和标准进行细化，尽可能缩小标准中存在的弹性范围，缩减标准之间的绝对差距。

2. 公开税务信息，让自由裁量权在阳光下运行

自由裁量权泛滥的前提，就在于相关税收政策信息的不公开，对某个征收对象征收信息的隐秘和保密，难以引起公众的注意和各种监督力量的关注。因此，税务局在征税过程中，应坚持凡不涉及国家秘密、当事人隐私以及商业秘密的政策和数据信息，一律对外公布，并建立定期检查和申诉制度，充分发挥社会和新闻舆论监督的效力。

3. 完善问责机制，建立自由裁量责任追究制度

责任意识不强、问责机制不严是导致自由裁量权泛滥的重要原因。因此，必须对税收征管和税收执法行为实施科学的问责管理，实行责任追究机制。

4. 齐抓共管，共同推动规范税务行政裁量权

税务行政裁量权涉及税收执法的方方面面，包括税款征收、行政处罚、行政许可、行政强制等。规范税务行政裁量权工作涉及面广、专业性强、工作环节多，税务局上下级之间、内部各相关业务部门之间应当密切配合，加强协调，齐抓共管，共同推动规范税务行政裁量权工作的顺利开展。

5. 执法人员依法行政的能力和水平是保障行政裁量权规范行使的关键

各级税务局应当把加强执法人员的素质能力建设作为规范其裁量权工作的重要内容。加强对税务执法人员规范行政裁量权相关法律知识和制度的培训，增强执法人员的大局意识、责任意识和服务意识，提高其业务素质和执法水平。

二、规范税务自由裁量权

为规范税收执法行为，切实保障纳税人合法权益，加快推进税务局依法行政，构建和谐税收征纳关系，根据《全面推进依法行政实施纲要》、《国务院关于加强法治政府建设的意见》（国发〔2010〕33号）和有关规定，2012年7月3日，国家税务总局印发《关于规范税务行政裁量权工作的指导意见》（国税发〔2012〕65号）。该《意见》主要包括：充分认识规范税务行政裁量权的必要性；规范税务行政裁量权的基本要求；建立税务裁量基准制度；健全税务行政裁量权行使程序制度等内容。

（一）充分认识规范税务行政裁量权的必要性

行政裁量权是行政机关依法行使行政处罚、行政许可、行政强制、行政征收、行政给付等职权时，根据法律、法规和规章的规定，依据立法目的和公平合理的原则，自主作出决定和选择行为方式、种类和幅度的权力。行政裁量权是现代行政权的重要组成部分，也是现代行政的必然要求。它的存在既是社会关系的复杂性所决定，又是法律规范的局限性所决定；既是提高行政效率的需要，也是实现个案公平的需要。但行政裁量权又是一把双刃剑，容易被行政机关滥用，侵害公民、法人和其他组织的合法权益。因此，必须对其进行规范和控制。

1. 行政裁量权是服务科学发展、共建和谐税收的必然选择

服务科学发展、共建和谐税收，要求税务局始终坚持依法行政，使税法得到普遍遵从。提高税法遵从度，既要靠纳税人增强依法诚信纳税意识，自觉履行纳税义务，也要靠税务局坚持依法行政，带动和引导纳税人自觉遵从税法。提高税法遵从度是税务局和纳税人共同的责任和义务，税务局尤其要带头遵从税法。规范税务行政裁量权，限制和规范税收执法权，有利于切实提高税务局依法行政的质量和水平，并充分带动纳税人自觉遵从税法。

2. 行政裁量权是推进依法行政、保障纳税人合法权益的现实要求

推进依法行政有利于促进各级税务局依法履行职责，规范和约束行政权力，保障纳税人依法享有的各项权利和自由。规范税务行政裁量权，防止和减少税务局随意执法、选择性执法和机械性执法等问题，有利于进一步推进依法行政、公正执法、文明执法，切实保障纳税人的合法权益。

3. 行政裁量权是加强税务局自身建设、防范执法风险的有效途径

规范执法行为、提高执法质量是税务局加强自身建设、防范执法风险的重要目标。规范税务行政裁量权，合理调整执法权行使的弹性空间，有利于促进税务行政裁量定位更准确，操作更规范，有效降低税务局和税务人员的执法风险，全面提升税务依法行政形象。

4. 行政裁量权是促进税务局廉政建设、遏制腐败的重要举措

深入推进税务系统反腐倡廉建设必须强化对税收执法权和行政管理权的监督，规范"两权"运行。作为税收执法权的重要组成部分，税务行政裁量权的规范行使是遏制腐败的重要保证。规范税务行政裁量权，从机制上加强对税收执法权运行的监控，有利于实现制度防腐和源头防腐，有效遏制税收执法领域职务腐败的发生。

（二）规范税务行政裁量权的基本要求

规范税务行政裁量权的基本要求是程序正确、公开公正、合理合法。

1. 裁量程序要正确

税务局和税务人员在行使行政裁量权时，应当严格遵循法定程序，注意听取纳税人的意见，依法保障纳税人的知情权、参与权和救济权。税务人员与纳税人存在利害关系时，应当依法回避。税务局行使行政裁量权作出税务决定时，应当说明理由。

2. 权力行使要公开透明

税务局行使行政裁量权，除涉及国家秘密和依法受到保护的商业秘密、个人隐私外，应当依法公开执法依据、执法过程、处理结果等。

3. 自由裁量要公正

税务局行使行政裁量权应当平等对待纳税人，同样情形同等处理。对事实、性质、情节及社会危害程度等因素基本相同的税务事项，应当给予基本相同的处理。同一地

区税务局对相同税务管理事项的处理应当一致。非因法定事由并经法定程序，不得撤销、变更已经生效的税务决定。因国家利益、公共利益或者其他法定事由需要撤销或者变更税务决定的，应当依照法定权限和程序进行，对纳税人因此而受到的财产损失依法予以补偿。

4. 裁量合法要合理

税务局行使行政裁量权应当依照法律法规进行，应当依照法定权力、条件、范围、幅度和程序进行。

税务局行使行政裁量权应当符合立法目的和法律原则。要全面考虑相关事实因素和法律因素，排除不相关因素的干扰，维护纳税人合法权益，努力实现法律效果与社会效果的统一。可以采取多种方式实现行政目的的，应当选择对纳税人权益损害最小的方式，对纳税人造成的损害不得与所保护的法定利益显失均衡。

（三）建立税务裁量基准制度

裁量基准是指行政机关根据执法实际为规范行政裁量权行使而制定的具体标准，是对行政裁量权按照一定标准进行细化、量化和具体化的重要参考指标。裁量基准是对以往执法经验的归纳、总结和提炼。制定裁量基准包括解释法律规范中的不确定法律概念、列举考量因素以及分档、细化量罚幅度等。

各省（自治区、直辖市）税务局原则上应当根据本地区税收执法实际，制定本地区统一适用的规范各项税务行政裁量权的裁量基准。各省（自治区、直辖市）税务局制定的裁量基准应当报国家税务总局备案。

税务行政执法应当遵循裁量基准。案件情况特殊，不宜适用裁量基准的，应当在法律文书中说明理由。适用裁量基准的，应当注意听取执法人员、纳税人及专家的意见，及时评估，并根据评估结果对裁量基准进行修改与完善。

（四）健全税务行政裁量权行使程序制度

1. 完善告知制度

税务局行使行政裁量权应当严格履行法定的告知义务，将作出裁量决定的事实、理由、依据告知纳税人。各级税务局要进一步明确告知的内容、程序及救济措施。

2. 完善回避制度

税务局行使行政裁量权涉及法定回避事项的，应当依法告知纳税人享有申请回避的权利。税务人员存在法定回避情形的，应当回避。各级税务局要进一步明确回避的适用范围、救济措施及法律责任，完善回避的申请、受理、审查、决定等程序制度。

3. 完善陈述申辩和听证制度

税务局行使行政裁量权应当充分听取纳税人的意见。纳税人提出的事实、证据和理由成立的，税务局应当予以采纳。各级税务局要进一步完善陈述申辩的告知、审查、采纳等程序性规定，明确适用听证事项，规范听证程序。

4. 完善说明理由制度

税务局行使行政裁量权应当在行政决定中对事实认定、法律适用和裁量基准的引用等说明理由。各级税务局要逐步推行使用说理式执法文书。

5. 完善重大执法事项合议制度

税务局行使行政裁量权涉及重大或者复杂裁量事项的,应当进行合议,共同研究决定。各级税务机关要进一步完善合议程序,明确工作职责、决策方式等内容。

三、税务行政处罚裁量权行使规则

税务行政处罚裁量权,是指税务局根据法律、法规和规章的规定,综合考虑税收违法行为的事实、性质、情节及社会危害程度,选择处罚种类和幅度并作出处罚决定的权力。

为全面贯彻《行政处罚法》《税收征收管理法》及其实施细则等有关法律法规及《法治政府建设实施纲要(2015—2020年)》精神,按照《国家税务总局关于规范税务行政裁量权工作的指导意见》(国税发〔2012〕65号)要求,国家税务总局专门制定了《税务行政处罚裁量权行使规则》,自2017年1月1日起施行。

该《行使规则》主要通过规范税务行政处罚裁量权,切实解决执法实践中裁量空间过大、尺度不统一等突出问题,进一步规范税收执法,尊重和保护纳税人合法权益,促进执法公平,预防税收争议,促进纳税遵从。该《行使规则》分为4章28条,定位于行政处罚裁量权行使原则和程序性规则,从总则、行政处罚裁量基准制定、行政处罚裁量规则适用、附则四个方面,建立起一整套规范税务行政处罚裁量权的制度。不仅确定了合法、合理、公正、公开、程序正当、信赖保护、处罚和教育相结合等各项基本原则;明确了首违不罚、文书说理、案例指导等工作要求,强调了一事不二罚、责令限期改正、不予处罚、从轻及减轻处罚等裁量规则适用;而且规范了一般程序性制度,列明了告知、回避、陈述申辩、听证、重大处罚事项集体审议等程序制度。摘录部分条款内容如下:

第四条 税务行政处罚的种类包括:

(一)罚款;(二)没收违法所得、没收非法财物;(三)停止出口退税权;(四)法律、法规和规章规定的其他行政处罚。

第五条 行使税务行政处罚裁量权,应当遵循以下原则:

(一)合法原则。在法律、法规、规章规定的种类和幅度内,依照法定权限,遵守法定程序,保障当事人合法权益。

(二)合理原则。符合立法目的,考虑相关事实因素和法律因素,作出的行政处罚决定与违法行为的事实、性质、情节、社会危害程度相当,与本地的经济社会发展水平相适应。

（三）公平公正原则。对事实、性质、情节及社会危害程度等因素基本相同的税收违法行为，所适用的行政处罚种类和幅度应当基本相同。

（四）公开原则。按规定公开行政处罚依据和行政处罚信息。

（五）程序正当原则。依法保障当事人的知情权、参与权和救济权等各项法定权利。

（六）信赖保护原则。非因法定事由并经法定程序，不得随意改变已生效的行政行为。

（七）处罚与教育相结合原则。预防和纠正涉税违法行为，引导当事人自觉守法。

......

第七条　税务行政处罚裁量基准应当在法定范围内制定，并符合以下要求：

（一）法律、法规、规章规定可予以行政处罚的，应当明确是否予以行政处罚的适用条件和具体标准；

（二）法律、法规、规章规定可以选择行政处罚种类的，应当明确不同种类行政处罚的适用条件和具体标准；

（三）法律、法规、规章规定行政处罚幅度的，应当根据违法事实、性质、情节、社会危害程度等因素确定适用条件和具体标准；

（四）法律、法规、规章规定可以单处也可以并处行政处罚的，应当明确单处或者并处行政处罚的适用条件和具体标准。

第八条　制定税务行政处罚裁量基准，参照下列程序进行：

（一）确认行政处罚裁量依据；

（二）整理、分析行政处罚典型案例，为细化量化税务行政处罚裁量权提供参考；

（三）细化量化税务行政处罚裁量权，拟定税务行政处罚裁量基准。

税务行政处罚裁量基准应当以规范性文件形式发布，并结合税收行政执法实际及时修订。

......

第十一条　法律、法规、规章规定可以给予行政处罚，当事人首次违反且情节轻微，并在税务机关发现前主动改正的或者在税务机关责令限期改正的期限内改正的，不予行政处罚。

第十二条　税务机关应当责令当事人改正或者限期改正违法行为的，除法律、法规、规章另有规定外，责令限期改正的期限一般不超过三十日。

......

第十六条　违反税收法律、行政法规应当给予行政处罚的行为在五年内未被发现的，不再给予行政处罚。

第十七条　行使税务行政处罚裁量权应当依法履行告知义务。在作出行政处罚决定前，应当告知当事人作出行政处罚决定的事实、理由、依据及拟处理结果，并告知当事人依法享有的权利。

第十八条 税务机关行使税务行政处罚裁量权涉及法定回避情形的，应当依法告知当事人享有申请回避的权利。税务人员存在法定回避情形的，应当自行回避或者由税务机关决定回避。

第十九条 当事人有权进行陈述和申辩。税务机关应当充分听取当事人的意见，对其提出的事实、理由或者证据进行复核，陈述申辩事由成立的，税务机关应当采纳；不采纳的，应予说明理由。

税务机关不得因当事人的申辩而加重处罚。

第二十条 税务机关对公民作出2000元以上罚款或者对法人或者其他组织作出1万元以上罚款的行政处罚决定之前，应当告知当事人有要求举行听证的权利；当事人要求听证的，税务机关应当组织听证。

第二十一条 对情节复杂、争议较大、处罚较重、影响较广或者拟减轻处罚等税务行政处罚案件，应当经过集体审议决定。

四、税收法律救济的时限规定

	事 项
2日	1. 执法人员应当在收缴罚款后2日内将罚款交至行政机关。 2. 行政机关应当在收到执法人员交来的罚款后，2日内将罚款交至指定银行。
3日	1. 当事人提出申请应在行政机关告之其有举行听证的权利3日内提出。（行政处罚） 2. 法院公开审理行政案件，应在开庭3日前发布公告。
5日	1. 行政复议机关认为申请人的申请不符合法定条件的，应当在复议机关收到申请的5日内决定不予受理，并书面告知申请人。 2. 法院组成合议庭后，应当在立案之日起5日内，将起诉状副本发送被告，通知被告应诉。 3. 法院在收到被告答辩状之日起5日内，将答辩状副本发送原告。（行政诉讼） 4. 二审法院或一审法院收到上诉状，应在5日内将上诉状副本送达被上诉人，被上诉人应在收到上诉状副本后10日内提出答辩。

续表

	事　项
7 日	1. 列入全国人大常委会议程的法律案，除特殊情况外，应在会议举行的 7 日前将法律草案发给常委会组成人员。 2. 行政机关应当在听证的 7 日前，通知当事人举行听证的时间、地点。（行政处罚） 3. 行政复议机关认为申请人的申请符合其法定条件但不属于本机关管辖的申请，复议机关应当自接到申请之日起 7 日内转送有关行政复议机关，并告知申请人。
10 日	1. 被告应当在收到起诉状副本之日起 10 日内向法院提交作出具体行政行为的有关材料，并提出答辩状。 2. 二审法院或一审法院收到上诉状，应在 5 日内将上诉状副本送达被上诉人，被上诉人应在收到上诉状副本后 10 日内提出答辩。
15 日	1. 拘留的期限为 15 日以下，除县级以上公安机关，任何机关都没有决定拘留的权力。 2. 在提起行政诉讼的同时一并提起行政赔偿请求的，如果曾经提起过行政复议，应当在收到复议决定书之日起 15 日内或者复议期满之日起 15 日内，向人民法院提起诉讼；如果没有提起过行政复议，应当在知道作出具体行政行为之日起 3 个月内提出。 3. 经过行政复议并对复议决定不服的，应在 15 日内向法院起诉。 4. 纳税人依法终止纳税义务的应当在向工商行政管理机关办理注销登记前，持有关证件和资料向原税务登记机关申办注销税务登记；按照规定不需要在工商管理机关办理注销登记的应当自有关机关指令或者宣告终止之日起 15 日内，持有关证件向原税务登记管理机关申报办理注销税务登记。纳税人被工商行政机关吊销营业执照的，应当自营业执照被吊销之日起 15 日内向原税务登记机关申报办理注销税务登记。
30 日	1. 行政法规应在公布后的 30 日内报全国人大常委会备案。 2. 领取营业执照从事生产、经营的纳税人、自领取营业执照之日起 30 日内向生产、经营地税务机关申报办理税务登记。 3. 应办理未办理营业执照以及依法不需要办理营业执照的纳税人自发生纳税义务之日起或自有关部门批准设立之日起 30 日内向生产、经营地税务机关申报办理税务登记。

续表

	事　项
	4. 税务机关对纳税人填报的《税务登记表》、提供的证件和资料，应当在收到之日起30日内审核完毕，符合规定的，予以登记。 5. 税务机关应当自收到申报之日起30日内审核并发给税务登记证件。 6. 自工商机关办理变更登记之日起30日内，持有关证件向原税务登记机关申报办理变更登记。 7. 对需变更税务登记证内容的，主管税务机关应收回原税务登记证，并按变更后的内容，自受理之日起30日内重新核发税务登记证件；不改变税务登记证件内容的，原税务登记机关自受理之日起30日内按变更后的内容，核准变更税务登记表，不必重新核发税务登记证。 8. 外出销售货物的，《外出经营税收管理证明》有效期一般为30日。
60日	1. 申请人申请行政复议的期间为自知道行政机关作出具体行政行为之日起60日内。 2. 行政复议决定的期限一般为60日，但由于复议案件复杂等原因，60日内不能作出决定的，可以适当延长，延长的最长期限为30日，并告知申请人和被申请人。 3. 在稽查各环节形成的各种资料应当统一送交审理部门，经审理部门整理，开结案后60日内立卷归档。
2月	1. 赔偿义务机关应当自收到申请之日起2个月内依照规定给予赔偿。 2. 对于行政机关不作为，法律没有规定期限的，当事人一般可在提交申请或提出请求2个月后起诉。
3月	1. 单独提起的赔偿请求，如果赔偿义务机关自收到申请之日起2个月内不予赔偿，或者赔偿请求人对赔偿数额有异议的，赔偿请求人可以自期限届满之日起3个月内向人民法院提起诉讼。 2. 在提起行政诉讼的同时一并提起行政赔偿请求的，如果没有提起过行政复议，应当在知道作出具体行政行为之日起3个月内提出。 3. 不经过行政复议直接向法院起诉的，时效为3个月。 4. 延期纳税的最长时间不得超过3个月。
6月	赔偿请求人在赔偿请求时效的最后6个月内，因不可抗力或者其他障碍不能行使请示权的，时效中止。

续表

	事 项
1 年	1. 外出从事建筑安装工程的,《外出经营税收管理证明》有效期最长为 1 年。 2. 税务机关以税务登记证件实行定期验审制度的验证时间一般为 1 年。
2 年	1. 违法行为在 2 年内未被发现的不再给予行政处罚。 2. 赔偿请求人应当在侵害行为被确认为违法后 2 年内提出。 3. 行政机关作出具体行政行为时,未告知当事人起诉权和起诉期限,致使当事人逾期向法院起诉的,其起诉期限从当事人知道或应当知道诉权或起诉期限之日起算,但最长不得超过 2 年。
3 年	对于纳税人、扣缴义务人计算错误等失误造成的未缴或少缴税款,税务机关的追征期是 3 年。在特殊情况下,追征期 5 年。
5 年	违反税收法律、行政法规应当给予行政处罚的行为,在 5 年内未被发现的,不再给予行政处罚。
10 年	只补税未进行税务行政处罚的案件或经查实给予退税的案件,其案卷保管期限为 10 年。
15 年	一般税务行政处罚案件,其案卷保管期限为 15 年。
20 年	当事人不知道行政机关做出具体行政行为内容的,其起诉期限从知道或者应当知道该具体行政行为内容之日起计算。对涉及不动产的具体行政行为从作出之日起超过 20 年、其他具体行政行为从作出之日起超过 5 年提起诉讼的,法院不予受理。

第六节 权力清单与典型案例

行政处罚法分广义和狭义两种,狭义的行政处罚法专指《行政处罚法》;广义的行政处罚法泛指一切有关行政处罚的行政法律、法规和规章。

一、行政处罚法类型

根据我国的立法体制,行政处罚法一般有以下四种类型。

(一) 法律

法律是由全国人民代表大会及其常委会依照立法程序制定和颁布的规范性法律文件。其法律效力仅次于宪法。法律又可以分为全国人民代表大会制定的基本法律和全国人大常委会制定的基本法律之外的法律。《行政处罚法》就是基本法律，我国许多现行法律都对行政处罚作了规定，成为行政机关和法定授权组织实施行政处罚的重要依据。

(二) 行政法规

行政法规是国务院依据宪法和法律在其职权范围内发布的有关国家行政管理活动的规范性法律文件。其法律效力次于宪法和法律。由于行政管理工作的复杂性，行政法规涉及各个方面，比如《中华人民共和国道路交通管理条例》，大多数行政法规成为行政机关和法定授权组织实施行政处罚的最广泛的法律依据。

(三) 地方性法规

地方性法规是地方各级人民代表根据该地区的具体情况和实际需要，制定和颁布的仅适用于本行政区域的规范性法律文件。其效力低于宪法、法律和行政法规。地方性法规是我国法律体系的重要组成部分，许多地方性法规都对行政处罚作了具体规定。因此，地方性法规也是行政处罚的重要依据。

(四) 规章

规章是特定行政机关依照行政程序制定的仅适用于本部门或本行政区域的规范性法律文件。部委规章是国务院部、委员会依法制定的仅适用于本部门的规范性文件；地方政府规章包括省、自治区、直辖市人民政府和省、自治区所在地的市人民政府以及经国务院批准的较大的市的人民政府依法制定的规章。规章作为行政立法的重要组成部分，也大量涉及行政处罚的内容。

二、税务行政处罚权力清单

自2014年12月起，国家税务总局推行了税务行政处罚权力清单制度。税收执法权力清单制度，是指将税务局行使的对纳税人、扣缴义务人、纳税担保人以及其他税务行政相对人的权利义务产生直接影响的税收执法权力事项，以目录方式列举，并编制权力运行流程图，向社会公开，主动接受监督的执法管理制度。税收执法权力事项，一般可分为税务行政许可、税务行政处罚、税务行政征收、税务行政强制、税务行政检查和其他税收执法权力。

税务行政处罚权是税务局的一项重要执法权力。税务行政处罚权力清单是税务局首批推行的权力清单，税务总局负责清理法律、行政法规、部门规章和税务总局等部门规范性文件设定的税务行政处罚权力事项；各省级税务局负责清理地方性法规、自治条例、单行条例、地方政府规章和省局及省以下（不含本级，下同）税务局规范性文件设定的税务行政处罚权力事项。

《第一批税务行政处罚权力清单》，共包括3类8项处罚权力事项，来源于2部税收法律、行政法规9个条款。其中，账簿凭证管理类3项，纳税申报类2项，税务检查类3项。

（一）账簿凭证管理类

1. 对纳税人未按规定设置、保管账簿资料，报送财务、会计制度办法核算软件，安装使用税控装置的处罚权力。

2. 对扣缴义务人未按照规定设置、保管代扣代缴、代收代缴税款账簿或者保管代扣代缴、代收代缴税款记账凭证及有关资料的处罚权力。

3. 对非法印制、转借、倒卖、变造或者伪造完税凭证的处罚权力。

（二）纳税申报类

4. 对纳税人、扣缴义务人未按规定期限办理纳税申报和报送纳税资料的处罚权力。

5. 对纳税人、扣缴义务人编造虚假计税依据的处罚权力。

（三）税务检查类

6. 对纳税人、扣缴义务人逃避、拒绝或者以其他方式阻挠税务机关检查的处罚权力。

7. 对纳税人、扣缴义务人的开户银行或者其他金融机构拒绝接受税务机关依法检查纳税人、扣缴义务人存款账户，或者拒绝执行税务机关作出的冻结存款或者扣缴税款的决定，或者在接到税务机关的书面通知后帮助纳税人、扣缴义务人转移存款，造成税款流失的处罚权力。

8. 对有关单位拒绝税务机关依照税收征管法第五十四条第（五）项规定到车站、码头、机场、邮政企业及其分支机构检查纳税人有关情况的处罚权力。

税务行政处罚权力清单同时明确，根据《行政处罚法》第二十二条的规定，税务行政处罚由违法行为发生地具有行政处罚权的主管税务机关管辖。法律、行政法规另有规定的除外。

(四) 处罚依据与处罚内容

第一批税务行政处罚权力清单

类型		违法行为	处罚依据	处罚内容	备注
一、账簿凭证管理类	1. 未按规定设置、保管账簿资料，报送财务、会计制度办法核算软件，安装使用税控装置。	纳税人未按照规定设置、保管账簿或者保管记账凭证和有关资料。	《中华人民共和国税收征收管理法》第六十条	责令限期改正，可以处2000元以下的罚款；情节严重的，处2000元以上1万元以下的罚款。	
		纳税人未按照规定将财务、会计制度或者财务、会计处理办法和会计核算软件报送税务机关备查。		责令限期改正，可以处2000元以下的罚款；情节严重的，处2000元以上1万元以下的罚款。	
		纳税人未按照规定安装、使用税控装置，或者损毁或者擅自改动税控装置。		责令限期改正，可以处2000元以下的罚款；情节严重的，处2000元以上1万元以下的罚款。	
	2. 扣缴义务人未按照规定设置、保管代扣代缴、代收代缴税款账簿或者保管代扣代缴、代收代缴税款记账凭证及有关资料。		《中华人民共和国税收征收管理法》第六十一条	责令限期改正，可以处2000元以下的罚款；情节严重的，处2000元以上5000元以下的罚款。	
	3. 非法印制、转借、倒卖、变造或者伪造完税凭证。		《中华人民共和国税收征收管理法实施细则》第九十一条	责令改正，处2000元以上1万元以下的罚款；情节严重的，处1万元以上5万元以下的罚款。	构成犯罪的，依法追究刑事责任。
二、纳税申报类	4. 未按规定期限办理纳税申报和报送纳税资料。	纳税人未按照规定的期限办理纳税申报和报送纳税资料。	《中华人民共和国税收征收管理法》第六十二条	责令限期改正，可以处2000元以下的罚款；情节严重的，可以处2000元以上1万元以下的罚款。	
		扣缴义务人未按照规定的期限向税务机关报送代扣代缴、代收代缴税款报告表和有关资料。		责令限期改正，可以处2000元以下的罚款；情节严重的，可以处2000元以上1万元以下的罚款。	

续表

类型	违法行为	处罚依据	处罚内容	备注
三、税务检查类	5. 纳税人、扣缴义务人编造虚假计税依据。	《中华人民共和国税收征收管理法》第六十四条	责令限期改正，并处5万元以下的罚款。	
	6. 纳税人、扣缴义务人逃避、拒绝或者以其他方式阻挠税务机关检查（包括提供虚假资料，不如实反映情况，或者拒绝提供有关资料的；拒绝或者阻止税务机关记录、录音、录像、照相和复制与案件有关的情况和资料的；在检查期间，纳税人、扣缴义务人转移、隐匿、销毁有关资料的；有不依法接受税务检查的其他情形的）。	《中华人民共和国税收征收管理法》第七十条、《中华人民共和国税收征收管理法实施细则》第九十六条	责令改正，可以处1万元以下的罚款；情节严重的，处1万元以上5万元以下的罚款。	
	7. 纳税人、扣缴义务人的开户银行或者其他金融机构拒绝接受税务机关依法检查纳税人、扣缴义务人存款账户，或者拒绝执行税务机关作出的冻结存款或者扣缴税款的决定，或者在接到税务机关的书面通知后帮助纳税人、扣缴义务人转移存款，造成税款流失。	《中华人民共和国税收征收管理法》第七十三条	处10万元以上50万元以下的罚款，对直接负责的主管人员和其他直接责任人员处1000元以上1万元以下的罚款。	
	8. 税务机关依照税收征管法第五十四条第（五）项的规定到车站、码头、机场、邮政企业及其分支机构检查纳税人有关情况时，有关单位拒绝的。	《中华人民共和国税收征收管理法实施细则》第九十五条	责令改正，可以处1万元以下的罚款；情节严重的，处1万元以上5万元以下的罚款。	

三、典型案例及点评

案例二：税务行政处罚上限处罚败诉的案例分析

四川省成都市中级人民法院行政判决书

（2013）成行终字第 168 号

上诉人（原审原告）：成都市××清真食品有限公司。
住所地：四川省成都市×××区城厢镇马鞍村五组。
法定代表人：贾×禄，总经理。
委托代理人：钟×。
被上诉人（原审被告）：成都市×××区地方税务局稽查局。
住所地：四川省成都市×××区怡湖西路 126 号。
负责人：舒×林，局长。
委托代理人：高×东，四川法济律师事务所律师。

上诉人成都市××清真食品有限公司（以下简称 RT 公司）诉被上诉人成都市×××区地方税务局稽查局（以下简称 HG 稽查局）税务行政处罚一案，不服成都市×××区人民法院（2013）××行初字第 3 号行政判决，向本院提起上诉。本院于 2013 年 6 月 5 日受理后，依法组成合议庭，于 2013 年 6 月 25 日公开开庭审理了本案。上诉人 RT 公司的委托代理人钟×，被上诉人××稽查局的委托代理人高×东到庭参加诉讼。本案现已审理终结。

被上诉人 HG 稽查局于 2012 年 10 月 24 日作出青地税稽处（2012）979 号税务行政处罚决定：对 RT 公司 2009 年度至 2011 年度少缴纳的城镇土地使用税 104169.94 元处以五倍的罚款，罚款额为 520849.70 元；对 RT 公司 2009 年度至 2011 年度少缴纳的城市维护建设税 9.09 元处以五倍的罚款，罚款额为 45.45 元；对 RT 公司 2009 年度至 2011 年度少缴纳的企业所得税 5057.88 元处以五倍的罚款，罚款额为 25289.40 元；对 RT 公司 2009 年度至 2011 年度少缴纳的印花税 100.38 元处以五倍的罚款，罚款额为 501.90 元。合计罚款金额为：546686.45 元。

原审法院审理查明，RT 公司租用城厢镇马鞍社区三组和五组的土地共计 12 亩余，根据川府土〔2006〕571 号《四川省人民政府关于成都市×××区 2005 年第一批乡镇建设用地的批复》征用后仍由 RT 公司使用。2009 年因清泉大道拆迁占用了该公司的部分土地，所余 5527.14 平方米的土地仍由 RT 公司占有使用。2009 年 8 月 17 日的成都市×××区国土资源管理委员会会议纪要载明：RT 公司原已使用位于城厢镇马鞍村 5 组 8.291 亩土地，以挂牌方式出让给 RT 公司。2009 年 11 月 5 日，RT 公司与×××区国土资源局签订了《国有建设用地使用权出让合同》，2010年2月由×××区政府颁发的《国有土地使用证》载明使用权面积为5527.14平方米。2009年RT公司申报缴纳土地使用税4585元，2010年申报缴纳土地使用税2555元，2011年申报缴纳土地使用税4760元。2012年8月17日，区地方税务局××税务所向RT公司送达的《税务事项通知书》要求RT公司于2012年8月30日前补缴2010年1—6月的土地使用税16964.99元，7—12月的19169.99元；补缴2011年1—6月的土地使用税16964.99元，7—12月的16964.99元；补缴2012年1—6月的土地使用税14584.99元。合计为84649.95元。到期后，RT公司未到税务局补缴税款。

2012年10月24日HG稽查局对RT公司作出了税务处理决定和税务行政处罚决定：责令RT公司补缴税款109337.29元及滞纳金并处以应补缴税款5倍的罚款546686.45元。RT公司不服向成都市×××区地方税务局申请复议，成都市×××区地方税务局于2013年1月16日作出复议决定：维持HG稽查局作出的税务处理决定和税务行政处罚决定。RT公司不服起诉至法院，请求撤销HG稽查局作出的青地税稽处（2012）8979号税务行政处罚决定。

原审法院认为，HG稽查局具有作出行政处罚的行政职权。《中华人民共和国税收征收管理法》第六十三条第一款规定："纳税人伪造、变造、隐匿、擅自销毁账簿、记账凭证，或者在账簿上多列支出或者不列、少列收入，或者经税务机关通知申报而拒不申报或者进行虚假的纳税申报，不缴或者少缴应纳税款的，是偷税。对纳税人偷税的，由税务机关追缴其不缴或者少缴的税款、滞纳金，并处不缴或者少缴的税款百分之五十以上五倍以下的罚款；构成犯罪的，依法追究刑事责任。"就本案来看，HG稽查局未提供RT公司伪造、变造、隐匿、擅自销毁账簿、记账凭证，或者在账簿上多列支出或者不列、少列收入的证据材料；但其提供的证明RT公司进行虚假申报的证据是充分的。有2009年10月27日的《成都市×××区挂牌出让国有土地使用权成交确认书》2009年11月17日的《土地交接单》及《国有建设用地使用权出让申请书》2009年11月5日签订的《国有建设用地使用权出让合同》等证据载明RT公司所使用的土地面积为5527.14平方米。2009年5月15日、2010年5月5日、2011年5月9日、2011年11月11日的《成都市通用申报表》载明RT公司申报的土地使用面积为680平方米；2009年11月11日的《成都市通用申报表》载明RT公司申报的土地使用面积为630平方米；2010年11月9日的《成都市通用申报表》载明RT公司申报的土地使用面积为50平方米；2009年、2010年、2011年的《成都市RT清真食品有限责任公司地方税费缴纳情况表》载明RT公司所缴纳的土地使用税数额；有《四川省城镇土地使用税税源清查表》佐证RT公司申报的土地使用面积为680平方米；有缴纳税款清单3页证明RT公司实际缴纳的土地使用税金额。关于适用税率的问题。根据青府发〔2008〕50号《关于调整城镇土地使用税额标准的通知》规定：城镇土地使用权年税额标准调整为5元/平方米。这一标准只适用于×××工业集中发展区、成都铁路集装箱中心站、成都国际集装箱物流园区、成都市载货汽车产业园区。RT公司所处位置虽然在物流园区附近，但并不必然决定其就属于物流园区的企业，能享受这一政策。RT公司应适用的标准应是城镇的标准，即按7元/平方米计征。HG稽查局对RT公司适用的税率是正确的。本案RT公司对其使用土地面积进行虚假的纳税申报少缴应纳税款应给予行政处罚，但行政机关应根据其违法情节酌情进行处罚，就本案来看，RT公司在接受处理的过程中确有不积极配合、态度不好的情况，但RT公司并没有采取其他恶劣的偷税手段，且属初次被处理。HG稽查局所作出的行政行为证据充分，法律依据正确，程序合法，只是在作出行政处罚时对RT公司处以五倍的罚款，显失公正，应予变更。据此，依照《中华人民共和国行政诉讼法》第五十四条第（四）项之规定判决：将HG稽查局作出的青地税稽处（2012）8979号税务行政处罚决定中对RT公司所少纳税款的五倍罚款变更为三倍罚款。本案案件受理费50元，由HG稽查局负担。

宣判后，RT公司不服，向本院提起上诉称，被上诉人把上诉人企业所在地认定为非青白江物流园区，并按7元/平方米计征土地使用税错误；上诉人不存在虚报、伪造、隐匿税务申报资料的偷税事实，也不存在经税务机关通知申报纳税而拒不申报的行为和偷税的主观故意；被上诉人执法过程中，不作税法释明，证据收集、文书送达不符合法律规定，程序违法。被上诉人作出的税务行政处罚决定，属认定事实错误，适用法律不当。故请求撤销原判，支持上诉人的上诉请求。

被上诉人HG稽查局答辩称，被上诉人具有行政处罚的合法主体资格，依法对上诉人进行了税务检查，虽然上诉人不积极配合，被上诉人还是收集到了充分的证据，对上诉人作出了行政处罚决定。被上诉人所作出的税务行政处罚决定程序合法、证据确凿、适用法律法规正确。请求驳回上诉人的上诉请求。

被上诉人HG稽查局为证明其作出的本案具体行政行为合法，向原审法院提供了以下证据材料和依据：1. 机构成立批文及法定负责人证明书。2. 纳税人营业执照、税务登记证复印件。3. 检查人员、文书送达人员执法证件复印件。4. 检查告知书、检查通知书、调取账簿资料通知书、税务事项通知书及送达回证复印件。5. 从国税局调取的协查资料复印件。6. 从国土局调取的协查资料复印件。7. 从房管局调查的协查资料复印件。8. RT公司用地情况证明。9. 从××税务所、××税务所调取的资料：包括《成都市通用申报表》六张、《成都市RT清真食品有限责任公司地方税费缴纳情况表》三张、《四川省城镇土地使用税税源清查表》、×地税通城厢〔2012〕21号《税务事项通知书》及其送达回证等。10. 询问材料。11. 物流园区管理委员会的情况说明复印件。12. 成都市×××区人民政府文件复印件1份。13. RT公司的情况说明。14. RT公司提供的材料。15. 计算纳税的材料。16. 税务事项通知书、陈述、申辩书。17. 税务处理决定书等相关材料。18. 视听资料：记录执法过程的光碟 1 张。19. 所适用的法律、法规及规范性文件，包括《中华人民共和国税收征收管理法》《中华人民共和国税收征收管理法实施细则》《中华人民共和国城市维护建设税暂行条例》《中华人民共和国城镇土地使用税暂行条例》《中华人民共和国印花税暂行条例》等。

上诉人 RT 公司向原审法院提供了以下证据材料：1. RT 公司的营业执照、组织机构代码证、法定代表人证明书各 1 份。2. ×地税稽处（2012）8977 号税务处理决定复印件 1 份。3. ×××区地税局行政复议决定书复印件 1 份。4. 送达回证复印件 1 份。5. 青国土资函（2007）94 号回复。6. RT 公司的土地使用证。7. 成都怡城房产测绘有限公司的面积统计表。8. 照片 2 张。9. ×××区地税局调整土地使用税税额标准的通告复印件。10. 情况说明 2 份。11. 原告法定代表人贾克禄的出院证明书复印件。

经庭审质证，上诉人 RT 公司对被上诉人 HG 稽查局提供的第 8 项证据材料的证明力有异议；认为第 9 项证据材料中留置送达程序不合法；第 11 项证据材料物流园区的说明不具有证明力，应以规划为准；第 15 项证据材料对土地使用税的计税标准有异议；第 18 项证据材料视听资料，上诉人有异议，认为该视频资料进行了剪辑。对上诉人提供的第 1—4 项证据材料被上诉人没有异议；第 5—9 项证据材料不能证明上诉人应该享受物流园区规划用地 5 元/平方米的标准，且这组证据没有在行政行为作出的过程中提交给行政机关，对证据材料的客观性、真实性、证明力有异议；第 10 项证据，被上诉人认为张×香、黄×华与上诉人有利害关系，对该份证明的证明力、真实性均不予认可；第 11 项证据材料，上诉人的法定代表人的疾病与被诉具体行政行为无关联性，且该份证据系复印件，对其真实性、关联性不予认可。

本院审查认为，对被上诉人提供第 1—7 项证据材料的真实性本院予以确认；对第 9 项证据材料中的《送达回证》有送达人员及基层组织工作人员签字，能够证明留置送达的合法性，其证据证明力优于事后上诉人收集的证人证言，对该项证据本院予以确认；第 15 项证据材料，其土地使用税的计税标准正确，本院予以确认；第 19 项依据，系现行有效的法律规范性文件，于本案具有可适用性，本院予以确认。上诉人提供的 5—9 项证据材料，不能证明其应适用×××区政府规定的成都国际集装箱物流园区所规定的土地使用税税率，故对上述证据不予采信；第 11 项证据材料与本案缺乏关联性，本院不予确认。

根据上述确认的有效证据，本院查明的案件事实与原审判决一致。

另查明，RT 公司就 HG 稽查局于 2012 年 10 月 24 日作出的青地税稽处（2012）8977 号税务处理决定提起诉讼，成都市×××区人民法院于 2013 年 4 月 19 日作出（2013）××行初字第 2 号行政判决书，维持 HG 稽查局该税务行政处理决定。RT 公司于法定上诉期限内未提出上诉，（2013）××行初字第 2 号行政判决已生效。

本院认为，根据《税收征收管理法》第十四条、《税收征收管理法实施条例》第九条之规定，被上诉人 HG 稽查局具有作出本案税务行政处罚的行政职权。本院依据（2013）××行初字第 2 号生效行政判决书，对 HG 稽查局作出的关于 RT 公司城镇土地使用税缴纳年限、适用税率及实际占用土地面积的认定予以确认。

关于对上诉人少缴纳税款的税务处罚问题。《税收征收管理法》第六十三条第一款"纳税人伪造、变造、隐匿、擅自销毁账簿、记账凭证，或者在账簿上多列支出或者不列、少列收入，或者经税务机关通知申报而拒不申报或者进行虚假的纳税申报，不缴或者少缴应纳税款的，是偷税。对纳税人偷税的，由税务机关追缴其不缴或者少缴的税款、滞纳金，并处不缴或者少缴的税款百分之五十以上五倍以下的罚款；构成犯罪的，依法追究刑事责任"的规定，本案中根据有效证据载明上诉人 RT 公司实际占用土地面积为 5527.14 平方米，而上诉人于 2009 年 5 月 15 日、2010 年 5 月 5 日、2011 年 5 月 9 日、2011 年 11 月 11 日申报的土地使用面积为 680 平方米；2009 年 11 月 11 日申报的土地使用面积为 630 平方米；2010 年 11 月 9 日申报的土地使用面积为 50 平方米；且有《成都市 RT 清真食品有限责任公司地方税费缴纳情况表》及《四川省城镇土地使用税税源清查表》等佐证上诉人申报的土地使用面积大幅低于其实际占用土地面积。同时，被上诉人依据《中华人民共和国税收征收管理法》第六十四条第二款"纳税人不进行纳税申报，不缴或者少缴应纳税款的，由税务机关追缴其不缴或者少缴的税款、滞纳金，并处不缴或者少缴的税款百分之五十以上五倍以下的罚款"之规定，对上诉人少缴城市维护建设税、企业所得税、印花税之行为进行处罚并无不当，且上诉人对其少缴上述税款的事实无异议。上诉人不能以税务机关未进行纳税指导及其单位和财会人员不知晓应当如何进行税务申报为由，而免除其如实申报义务，故被上诉人依据《税收征收管理法》第六十三条第一款、第六十四条第二款规定对上诉人少缴税款的行为进行处罚并无不当，上诉人的该项上诉理由不能成立。

关于税务行政处罚的幅度问题。被上诉人×××地税局作出的被诉税务行政处罚对上诉人少缴税款的行为处以五倍罚款，但上诉人并未采取其他恶劣的偷税手段，且系初次被处理。被上诉人未举出充分有效证据证明上诉人不积极配合税务检查的行为具有处以五倍处罚的严重情节及社会危害后果。被上诉人 HG 稽查局所作出的被诉行政行为证据充分、适用法律正确、程序合法，但对上诉人处以五倍罚款，显失公正。一审法院对处罚幅度由上诉人少纳税款的五倍罚款变更为三倍罚款正确，本院予以支持。

综上，依照《行政诉讼法》第六十一条第（一）项之规定，判决如下：

驳回上诉，维持原判。

一审案件受理费负担不变；二审案件受理费 50 元，由上诉人成都市 RT 清真食品有限公司负担。

本判决为终审判决。

审　判　长　李伟东
审　判　员　喻小岷
代理审判员　刘　平
二〇一三年七月二十六日
书　记　员　熊　文

附本案相关法律条文：

《行政诉讼法》

第六十一条　人民法院审理上诉案件，按照下列情形，分别处理：

（一）原判决认定事实清楚，适用法律、法规正确的，判决驳回上诉，维持原判；

（二）原判决认定事实清楚，但适用法律、法规错误的，依法改判；

（三）原判决认定事实不清，证据不足，或者由于违反法定程序可能影响案件正确判决的、裁定撤销原判，发回原审人民法院重审，也可以查清事实后改判。当事人对重审案件的判决、裁定，可以上诉。

《税收征收管理法》第十四条本法所称税务机关是指各级税务局、税务分局、税务所和按照国务院规定设立的并向社会公告的税务机构。

第六十三条　纳税人伪造、变造、隐匿、擅自销毁账簿、记账凭证，或者在账簿上多列支出或者不列、少列收入，或者经税务机关通知申报而拒不申报或者进行虚假的纳税申报，不缴或者少缴应纳税款的，是偷税。对纳税人偷税的，由税务机关追缴其不缴或者少缴的税款、滞纳金，并处不缴或者少缴的税款百分之五十以上五倍以下的罚款；构成犯罪的，依法追究刑事责任。

扣缴义务人采取前款所列手段，不缴或者少缴已扣、已收税款，由税务机关追缴其不缴或者少缴的税款、滞纳金，并处不缴或者少缴的税款百分之五十以上五倍以下的罚款；构成犯罪的，依法追究刑事责任。

第六十四条　纳税人、扣缴义务人编造虚假计税依据的，由税务机关责令限期改正，并处五万元以下的罚款。

纳税人不进行纳税申报，不缴或者少缴应纳税款的，由税务机关追缴其不缴或者少缴的税款、滞纳金，并处不缴或者少缴的税款百分之五十以上五倍以下的罚款。

《中华人民共和国税收征收管理法实施细则》第九条税收征管法第十四条所称按照国务院规定设立的并向社会公告的税务机构，是指省以下税务局的稽查局。稽查局专司偷税、逃避追缴欠税、骗税、抗税案件的查处。

国家税务总局应当明确划分税务局和稽查局的职责，避免职责交叉。

甲行家点评：都是自由裁量权惹的祸！

本案是二审且终审判决，显然是纳税人对于三倍处罚的罚款还是不满意的！

一、上限处罚显失公正，确属行政裁量权滥用

首先，本案中城镇土地使用税的适用税率存在争议的情况下，税务局就该谨慎处理才对。其次，涉案金额不大，社会影响和危害程度显然一般，上限处罚显失公正。最后，定性偷税很勉强，确属行政裁量权滥用。

二、本该行政复议解决，却逼企业提起行政诉讼

如果复议环节，变更为2倍行政处罚，企业也就可能不提起行政诉讼了。复议机构没有认真履行行政复议职责，没有能够客观公正地对被复议行政处罚行为的合理性进行认真审核。没有及时制止这种行政裁量权滥用行为。

三、合法权益，必须通过法律救济途径解决

当纳税人或扣缴义务人的合法权益受到侵害后，只有毅然决然地提起税务行政复议和税务行政诉讼，及时积极采取税收法律救济措施来维护自身合法权益。

第四章 税务行政复议

摘要：税务行政处罚的听证是行政管理主体与行政管理相对方的双方当事人的质证，是为维护自身合法权益，向作出行政处罚的税务部门提出的补救措施；税务行政复议是纳税人或扣缴义务人为维护自身合法权益，向做出行政处罚或处理决定的税务部门的上一级机构的法规部门提出的救济措施；因纳税争议提起行政诉讼是纳税人或扣缴义务人为维护自身合法权益，向做出税务行政处罚、税务处理决定或税务行政复议的税务部门对应层级的人民法院提出的救济措施；国家行政赔偿是当纳税人或扣缴义务人的合法权益受到税务部门或税务人员的侵害并造成损失时，向国家提出赔偿的救济措施。

行政复议制度是行政机关依法解决行政争议、化解社会矛盾、加强层级监督、促进依法行政的一项重要法律制度。行政复议工作流程是指行政复议必须经过的法定阶段和步骤，包括申请、受理、审理、决定四个阶段。

第一节 行政复议

甲行家先生的税收法律救济论由五部分构成："税务行政处罚的听证+税务行政复议+行政诉讼（税务）+国家行政赔偿+纪检监察的信访。"

税务行政处罚的听证是行政管理主体与行政管理相对方的双方当事人的质证，是为维护自身合法权益，向做出行政处罚的税务部门提出的补救措施；税务行政复议是纳税人或扣缴义务人为维护自身合法权益，向做出行政处罚或处理决定的税务部门的上一级机构的法规部门提出的救济措施；因纳税争议提起行政诉讼是纳税人或扣缴义务人为维护自身合法权益，向做出税务行政处罚、税务处理决定或税务行政复议的税务部门对应层级的人民法院提出的救济措施；国家赔偿是当纳税人或扣缴义务人的合法权益受到税务部门或税务人员的侵害并造成损失时，向国家提出赔偿的救济措施。如果税务人员在依法征税过程中，存在索贿受贿等侵害纳税人或扣缴义务人的合法权益的行为时，纳税人或扣缴义务人还可以通过纪检监察的信访途径谋求解决。

行政复议是指公民、法人或者其他组织不服行政主体作出的具体行政行为，认为行政主体的具体行政行为侵犯了其合法权益，依法向法定的行政复议机关提出复议申请，行政复议机关依法对该具体行政行为进行合法性、适当（合理）性审查，并作出行政复议决定的行政行为。

行政复议是公民、法人或其他组织通过行政救济途径解决行政争议的一种法律制度；是公民、法人或其他组织向对其作出具体行政行为的行政管理主体的上一级行政机关的法制部门提出申请，调查审核该具体行政行为是否合法、是否合理、是否适当等，并作出行政复议决定。一般情况下，提出行政复议申请只能向上一级行政机关提出，不能越级。

行政复议的法律依据是《行政复议法》和《行政复议法实施条例》，还有就是各行政机关的具体行政法规或部门规章，比如税务行政复议的《税务行政复议规则》。

一、行政复议概述

行政复议以行政争议和部分民事争议为处理对象；争议就是行政管理主体对相对方作出的具体行政行为，相对方不接受，或不合法，或不合理，需要上级行政机关进行审核并作出决定。存在争议且相对方不接受是引发行政复议的根本原因。

行政复议直接以具体行政行为为审查对象，就是只对具体行政行为的合法性和合理性进行审查，不审查抽象行政行为。行政复议以合法性和合理性为审查标准，以书面审理为主要方式；重点是程序审和实体审两个方面。行政复议审查的依据，是指法律根据和如何适用法律的规定。行政复议以行政相对人为申请人，以行政主体为被申请人。

行政复议以行政机关为处理机关，就是行政复议的争议事项由上一级行政机关在行政体系内解决。如果由司法机关解决，就是行政诉讼了。

（一）基本制度

行政复议基本制度包括：

一级一次复议、书面审查、回避、听证和责任追究制度等等。

1. 一级一次复议

一级复议制度是指公民、法人或者其他组织对行政机关作出的具体行政行为不服，可以向该行政机关的上一级行政机关或者法律、法规规定的其他机关申请复议一次，对复议决定不服，只能依法向人民法院提起行政诉讼，不得再向复议机关的上一级行政机关申请复议的制度。即不服从行政主体的具体行政行为的公民、法人或者其他组织，可以向法定的复议机关申请复议一次，复议机关作出的复议决定是行政终极决定，行政相对人不服不能再向上级国家行政机关申请复议的制度。一级一次复议制度是我国《行政复议法》确立的基本制度，主要是考虑到行政复议决定在多数情况下并非最后救济手段，当事人对复议决定不服，还可以提起行政诉讼，仍可以得到人民法院两级审判的救济。

2. 回避制度

回避制度，是指为了保证案件的公正审理，而要求与案件有一定的利害关系的审理人员或其他有关人员，不得参与本案的审理活动或诉讼活动的审判制度。

3. 听证制度

行政听证是行政机关在作出影响行政相对人或者利害关系人合法权益的决定以前，由行政机关告知决定理由和听证权利，由相对人或者利害关系人陈述意见、提供证据、进行质辩以及行政机关听取意见、接纳证据并作出相应决定等程序构成的一项法律制度。行政听证是保障行政相对人申辩权利的一项重要制度，也是现代行政程序法的一项核心制度。

4. 调解制度

争议有下列情形之一的，行政复议机关可以按照自愿、合法的原则进行调解：①涉及行政赔偿和行政补偿的；②涉及行政自由裁量权的争议。

（二）行政复议的实质

1. 行政复议是具有一定司法性因素的具体行政行为。行政复议的司法性是指有行政复议权的行政机关借用法院审理案件的某些方式审查行政争议，即行政复议机关作为第三人对行政机关和行政相对人之间的行政争议进行审查并作出裁决。

2. 行政复议是行政机关内部监督和纠错机制。行政复议是行政机关对下级或者政府对所属的行政机关作出的违法或者不当的具体行政行为实施的一种监督和纠错行为。

3. 行政复议是国家行政救济机制的重要环节，是其中不可或缺的一种。

4. 行政复议的根本是保护行政管理相对方的合法权益不被下一级行政机关的具体行政行为侵害，是以保护弱势群体（相对方）为出发点和落脚点的，绝对不是偏袒下一级行政机关。

（三）受案范围

凡是可以提起行政诉讼的行政争议案件，都可以申请行政复议；不能提起行政诉讼的行政争议，只要单行法律、法规规定可以申请行政复议的，公民、法人或者其他组织就可以申请行政复议；我国《行政复议法》在明确规定了哪些行政行为可以申请复议的同时，又对不能申请复议的四类行政行为进行了规定：

1. 国务院制定的行政法规和其他规范性法律文件、规章；（抽象行政行为）
2. 行政机关作出的行政处分或其他人事处理决定；（内部行政行为）
3. 行政机关对民事纠纷作出的仲裁、调解或者处理；（民事行为）
4. 以及国防、外交等国家行为。

第二章　行政复议范围

第六条　有下列情形之一的，公民、法人或者其他组织可以依照本法申请行政复议：

（一）对行政机关作出的警告、罚款、没收违法所得、没收非法财物、责令停产停业、暂扣或者吊销许可证、暂扣或者吊销执照、行政拘留等行政处罚决定不服的；

（二）对行政机关作出的限制人身自由或者查封、扣押、冻结财产等行政强制措施决定不服的；

（三）对行政机关作出的有关许可证、执照、资质证、资格证等证书变更、中止、撤销的决定不服的；

（四）对行政机关作出的关于确认土地、矿藏、水流、森林、山岭、草原、荒地、滩涂、海域等自然资源的所有权或者使用权的决定不服的；

（五）认为行政机关侵犯合法的经营自主权的；

（六）认为行政机关变更或者废止农业承包合同，侵犯其合法权益的；

（七）认为行政机关违法集资、征收财物、摊派费用或者违法要求履行其他义务的；

（八）认为符合法定条件，申请行政机关颁发许可证、执照、资质证、资格证等证书，或者申请行政机关审批、登记有关事项，行政机关没有依法办理的；

（九）申请行政机关履行保护人身权利、财产权利、受教育权利的法定职责，行政机关没有依法履行的；

（十）申请行政机关依法发放抚恤金、社会保险金或者最低生活保障费，行政机关没有依法发放的；

（十一）认为行政机关的其他具体行政行为侵犯其合法权益的。

（四）主要特点

1. 提出行政复议的人，必须是认为行政机关行使职权的行为侵犯其合法权益的公民、法人和其他组织。只有行政管理相对方才能提出行政复议申请，第三方或代理人不行。

2. 当事人提出行政复议，必须是在行政机关已经做出行政决定之后，如果行政机关尚没做出决定，则不存在复议问题。比如听证制度，是在行政机关做出决定前的"救济"机制。行政复议的任务只是解决行政决定引起的行政争议，而不是解决民事或其他争议。

3. 当事人对行政机关的行政决定不服,只能按法律规定,向有行政复议权的行政机关申请复议。

4. 行政复议,主要是书面审查,行政复议决定书一经送达,即具有法律效力。只要法律未规定复议决定为终局裁决的,当事人对复议决定不服的,仍可以按行政诉讼法的规定,向同级人民法院提请行政诉讼。

(五) 行政复议机构

行政复议机关,是指依照法律的规定,有权受理复议申请,依法对具体行政行为进行审查并作出裁决的行政机关。行政复议机构是有复议权的行政机关内部设立的一种专门负责复议案件受理、审查和决定工作的办事机构。在行政复议机关内部负责复议工作的机构一般是政策法规处(科),比如某某省税务局政策法规处。行政复议机构的主要职责:

1. 受理行政复议申请。
2. 向有关组织和人员调查取证,查阅文件及资料。
3. 组织审理复议案件,拟定复议决定。
4. 处理对抽象行政行为的审查申请。
5. 对行政机关违反行政复议法规定的行为,依照规定的权限和程序提出处理建议。
6. 办理因不服行政复议决定提起行政诉讼的应诉事项。
7. 法律、法规规定的其他职责。

二、行政复议参加人

行政复议参加人,是指行政复议当事人以及与行政复议当事人法律地位相类似的人。

行政复议当事人,即因发生行政争议,为保护自己的合法权益,依法以自己的名义参加行政复议,并受行政机关复议决定约束的组织或个人。复议当事人通常指申请人和被申请人,在某些情况下,还包括复议中的第三人。与行政复议当事人法律地位相类似的人,包括法定代理人、法定代表人和委托代理人。

《行政复议法实施条例》关于"申请人"的规定:

第五条 依照行政复议法和本条例的规定申请行政复议的公民、法人或者其他组织为申请人。

第六条 合伙企业申请行政复议的,应当以核准登记的企业为申请人,由执行合伙事务的合伙人代表该企业参加行政复议;其他合伙组织申请行政复议的,由合伙人共同申请行政复议。

前款规定以外的不具备法人资格的其他组织申请行政复议的,由该组织的主要负责人代表该组织参加行政复议;没有主要负责人的,由共同推选的其他成员代表该组织参加行政复议。

第七条 股份制企业的股东大会、股东代表大会、董事会认为行政机关作出的具体行政行为侵犯企业合法权益的,可以以企业的名义申请行政复议。

第八条 同一行政复议案件申请人超过5人的,推选1至5名代表参加行政复议。

第九条 行政复议期间,行政复议机构认为申请人以外的公民、法人或者其他组织与被审查的具体行政行为有利害关系的,可以通知其作为第三人参加行政复议。

行政复议期间,申请人以外的公民、法人或者其他组织与被审查的具体行政行为有利害关系的,可以向行政复议机构申请作为第三人参加行政复议。

第三人不参加行政复议,不影响行政复议案件的审理。

第十条 申请人、第三人可以委托1至2名代理人参加行政复议。申请人、第三人委托代理人的,应当向行政复议机构提交授权委托书。授权委托书应当载明委托事项、权限和期限。公民在特殊情况下无法书面委托的,可以口头委托。口头委托的,行政复议机构应当核实并记录在卷。申请人、第三人解除或者变更委托的,应当书面报告行政复议机构。

(一) 复议申请人的权利

1. 申请复议权

2. 委托权

在行政复议中,复议申请人、第三人可以书面委托行政复议代理人代为参加复议。

3. 查阅权

申请人、第三人可以查阅被申请人提出的书面答复、作出具体行政行为的证据、依据和其他有关材料,除涉及国家秘密、商业秘密或者个人隐私外,行政复议机关不得拒绝。

4. 申请回避权

申请人、第三人及其代理人、被申请人认为复议人员与本案有利害关系或者有其他关系可能影响公正审理复议案件的,有权申请复议人员回避。

5. 申请听证权

行政复议案件审理中,申请人可以向复议机关提出听证要求,由复议机关决定是否举行听证。

6. 撤回复议申请权

行政复议决定作出前,申请人要求撤回行政复议申请的,经说明理由,可以撤回;撤回行政复议申请的,行政复议终止。

7. 自愿达成和解协议和调解协议权

8. 申请执行权

对已发生法律效力的复议决定，复议申请人有依法申请执行的权利。

9. 诉权

复议申请人对复议决定不服或者复议机关不予受理复议申请、逾期不作出复议决定的，可在法定时限内依法向人民法院提起行政诉讼。

10. 法律、法规规定的其他权利。

（二）被申请人

被申请人是指申请人的对方当事人，即因申请人提起行政复议而由复议机关通知其参加复议的当事人。在行政复议中，被申请人必须是行政主体。但是，由于行政活动的复杂性，被申请人在实践中也相当复杂。一般有以下几种情形：

1. 相对人对行政机关的具体行政行为不服申请复议的，该行政机关是被申请人。

2. 两个或者两个以上行政机关以共同名义作出具体行政行为的，共同作出具体行政行为的行政机关是共同被申请人。

3. 对法律、法规授权的组织作出的具体行政行为不服的，该组织是被申请人。对政府工作部门设立的派出机构依据法律、法规和规章的规定以自己名义作出的具体行政行为不服的，该派出机构是被申请人。

4. 作出具体行政行为的机关被撤销的，继续行使其职权的行政机关是被申请人。在实践中，作出具体行政行为的行政机关被撤销后，被申请人有三种具体情况：

（1）作出具体行政行为的行政机关被合并的，被申请人是合并后的行政机关；

（2）作出具体行政行为的行政机关被分解的，被申请人是分解后相应的行政机关；

（3）作出具体行政行为的行政机关被解散的，被申请人是解散它的上级行政机关或者有权机关指定的其他行政机关。

（三）第三人

行政复议中的第三人是指同申请复议的具体行政行为有利害关系，经复议机关批准而参加复议的公民、法人或者其他组织。根据《行政复议法》第十条第三款的规定，第三人参加复议的条件主要有：

1. 同申请复议的具体行政行为有利害关系；
2. 必须在行政复议过程中参加行政复议；
3. 必须经复议机关批准。

三、行政复议工作流程

行政复议工作流程，即行政复议程序是指行政复议机关审理行政复议案件应遵循的步骤，主要包括复议申请、复议受理、复议审理、复议决定和执行，在性质上属于行政程序。行政程序与司法程序相比,具有简易、高效等特点。但是,行政复议作为一种行政裁判制度,又具有准司法性,所以在程序上应尽量司法化,以保证复议活动的公正性和合理性。

(一) 复议申请

行政复议是依申请行为,以行政相对人主动提起为前提,即相对人不提出申请,行政复议机关不能主动管辖。根据《行政复议法》的规定,申请人提出行政复议申请时应当符合下列条件:

1. 申请人是认为具体行政行为直接侵犯其合法权益的公民、法人或者其他组织。
2. 有明确的被申请人。
3. 有具体的复议请求和事实根据。
4. 属于申请复议范围。
5. 属于受理复议机关管辖。
6. 法律、法规规定的其他条件。

例如根据《行政复议法》第九条和第十六条的规定,申请复议还须符合下列程序条件:①在法定期限内申请复议。②申请人向人民法院起诉,人民法院已经依法受理的,不得申请复议。

法律依据:《行政复议法》第十一条:申请人申请行政复议,可以书面申请,也可以口头申请;口头申请的,行政复议机关应当当场记录申请人的基本情况、行政复议请求、申请行政复议的主要事实、理由和时间。

(二) 受理

申请人提出复议申请后,行政复议机关对复议申请进行审查。审查的主要内容有四项:

1. 申请是否符合法律、法规规定的条件。
2. 申请是否属于重复申请。
3. 案件是否已由人民法院受理。
4. 申请手续是否完备。

复议机关对复议申请进行审查后,应当在收到申请书之日起5日内,对复议申请分别作以下处理:①复议申请符合法定条件的,应予受理。②复议申请符合其他法定条件,但不属于本行政机关受理的,应告知申请人向有关行政机关提出。③复议申请不符合法定条件的,决定不予受理,并告知理由和相应的处理方式,而不能简单地一退了之。

(三) 复议审理

1. 审理前的准备

(1) 向被申请人送达申请书副本。

(2) 调查收集证据。

复议机关调查收集证据有两种方式：①要求当事人提供或者补充证据；②向有关行政机关及其他组织和公民调取证据。

(3) 更换或者追加当事人。

2. 审理的内容

按照《行政复议法》的规定，复议机关既有权审查具体行政行为是否合法，也有权审查具体行政行为是否适当。

3. 审理的方式

按照《行政复议法》第二十二条规定："行政复议原则上采取书面审查的办法，但是申请人提出要求或者行政复议机关负责法制工作的机构认为有必要时，可以向有关组织和人员调查情况，听取申请人、被申请人和第三人的意见。"由此可见，书面审理是复议机关审理复议案件的基本形式。

4. 审理的依据

复议机关审理复议案件只能依据法律、行政法规、地方性法规、行政规章、自治条例、单行条例及上级行政机关依法制定的具有普遍约束力的非立法性的规范性文件。

5. 审理中具体行政行为的效力

按照《行政复议法》第二十一条规定："行政复议期间具体行政行为不停止执行；但是……"从而确立了复议不停止执行的制度。然而，如果毫无例外地规定复议不停止执行，将可能使违法、不当的具体行政行为得到执行而损害相对人的合法权益。因此，《行政复议法》在确立复议不停止执行原则的同时，也规定了四种例外情况。

6. 审理的期限

按照《行政复议法》第三十一条第一款规定："行政复议机关应当自受理申请之日起60日内作出行政复议决定；但是法律规定的行政复议期限少于60日的除外。情况复杂，不能在规定期限内作出行政复议决定的，经行政复议机关的负责人批准，可以适当延长，并告知申请人和被申请人；但是，延长期限最多不超过30日。

（四）复议决定

复议机关通过对复议案件的审理，最后要作出决定。根据《行政复议法》的规定，复议决定有以下四种：

1. 维持决定。

2. 履行决定。履行决定是指复议机关责令被申请人履行某种法定职责的决定。

3. 撤销、变更或确认违法决定。撤销、变更或确认具体行政行为违法决定是指复议机关作出的撤销或者变更具体行政行为，或者确认具体行政行为违法的决定。具体行政行为有下列情形之一的，复议机关可以决定撤销、变更或确认具体行政行为违法：

①主要事实不清，证据不足。②适用依据错误的。③违反法定程序的。④超越或滥用职权的。⑤具体行政行为明显不当的。

4. 赔偿决定。被申请人作出的具体行政行为如果侵犯了申请人的合法权益造成损害，申请人请求赔偿，复议机关应当依照《国家赔偿法》的有关规定，在作出撤销、变更或确认具体行政行为违法的决定的同时，作出被申请人依法赔偿。

法律依据：《行政复议法》第二十八条行政复议机关负责法制工作的机构应当对被申请人作出的具体行政行为进行审查，提出意见，经行政复议机关的负责人同意或者集体讨论通过后，按照下列规定作出行政复议决定：

（一）具体行政行为认定事实清楚，证据确凿，适用依据正确，程序合法，内容适当的，决定维持；

（二）被申请人不履行法定职责的，决定其在一定期限内履行；

（三）具体行政行为有下列情形之一的，决定撤销、变更或者确认该具体行政行为违法；决定撤销或者确认该具体行政行为违法的，可以责令被申请人在一定期限内重新作出具体行政行为：

1. 主要事实不清、证据不足的；
2. 适用依据错误的；
3. 违反法定程序的；
4. 超越或者滥用职权的；
5. 具体行政行为明显不当的。

（四）被申请人不按照本法第二十三条的规定提出书面答复、提交当初作出具体行政行为的证据、依据和其他有关材料的，视为该具体行政行为没有证据、依据，决定撤销该具体行政行为。行政复议机关责令被申请人重新作出具体行政行为的，被申请人不得以同一的事实和理由作出与原具体行政行为相同或者基本相同的具体行政行为。

法律依据：《行政复议法实施条例》第五十一条行政复议机关在申请人的行政复议请求范围内，不得作出对申请人更为不利的行政复议决定。

（五）送达与执行

送达的方式及期限的计算，依照《中华人民共和国民事诉讼法》的规定执行。

行政复议决定生效后，双方当事人应该自觉履行。但有时当事人由于对复议决定不满意而不予履行，此时强制执行就成为必要，否则，行政复议的国家权威性就无从树立。

1. 被申请人不履行复议决定的。根据《行政复议法》第三十二条和第三十七条的规定，当被申请人不执行或者无正当理由拖延执行行政复议决定的，作出复议决定的机关或者有关上级行政机关应当责令其限期履行。并对被申请方直接负责的主管人员和其他直接责任人员依法给予警告、记过、记大过的行政处分；经责令履行仍拒不履行的，依法给予降级、撤职、开除的行政处分。

2. 申请人不履行复议决定的。当申请人不履行终局的复议决定，或者逾期不起诉又不履行复议决定的，则根据复议决定内容的不同而采用不同的措施：

（1）如果复议机关作出的是维持具体行政行为的复议决定的，则由原做出具体行政行为的行政机关依法强制执行，或者申请人民法院强制执行。

（2）如果复议机关作出的是变更具体行政行为的复议决定的，则由复议机关依法强制执行，或者申请人民法院强制执行。

四、调解与和解

行政复议的目的是维护自身合法权益，是为了解决争议。无论是调解还是和解，只要能够达到解决争议的目的，都是可操作和可执行的。

复议决定是作出具体行政行为的上一级行政机关作出的具体行政行为，调解是在该上一级行政机关居中协调下争议双方针对争议达成一致解决或处理意见，和解是在该上一级行政机关不参与的前提下，争议双方自行针对争议达成一致解决或处理意见。关于调解与和解，《行政复议法实施条例》的相关规定如下：

第四十条 公民、法人或者其他组织对行政机关行使法律、法规规定的自由裁量权作出的具体行政行为不服申请行政复议，申请人与被申请人在行政复议决定作出前自愿达成和解的，应当向行政复议机构提交书面和解协议；和解内容不损害社会公共利益和他人合法权益的，行政复议机构应当准许。

……

第五十条 有下列情形之一的，行政复议机关可以按照自愿、合法的原则进行调解：

（一）公民、法人或者其他组织对行政机关行使法律、法规规定的自由裁量权作出的具体行政行为不服申请行政复议的。

（二）当事人之间的行政赔偿或者行政补偿纠纷。

当事人经调解达成协议的，行政复议机关应当制作行政复议调解书。调解书应当载明行政复议请求、事实、理由和调解结果，并加盖行政复议机关印章。行政复议调解书经双方当事人签字，即具有法律效力。

调解未达成协议或者调解书生效前一方反悔的，行政复议机关应当及时作出行政复议决定。

五、行政复议与行政诉讼

行政复议是具有行政权利救济、行政层级监督、二次行政行为、准司法裁判、行政权力的审查控制等特征的具体行政行为。

(一) 行政诉讼和行政复议的区别

1. 二者受理的机关不同。行政诉讼由法院受理；行政复议由行政机关受理。一般由原行政机关的上级机关受理，特殊情况下，由本级行政机关受理。

2. 二者解决争议的性质不同。人民法院处理行政诉讼案件属于司法行为，适用行政诉讼法；行政机关处理行政争议属于行政行为的范围，应当适用行政复议法。

3. 二者适用的程序不同。行政复议适用行政复议程序，而行政诉讼适用行政诉讼程序。行政复议程序简便、迅速、廉价，但公正性有限；行政诉讼程序复杂且需要更多的成本，但公正性大。行政复议实行一裁终局制度；而行政诉讼实行二审终审制度（可以再审）等。

4. 二者的审查强度不同。根据《行政诉讼法》的规定，原则上法院只能对行政主体行为的合法性进行审查；而根据《行政复议法》的规定，行政复议机关可以对行政主体行为的合法性和适当性进行审查。

5. 二者的受理和审查范围不同。《行政诉讼法》和《行政复议法》对于受理范围均做了比较详细的规定。从列举事项来看，《行政复议法》的受案范围要广于《行政诉讼法》。此外，《行政复议法》还规定对国务院的规定、县级以上地方各级人民政府及其工作部门的规定、乡镇人民政府的规定等规范性文件可以一并向行政复议机关提出审查申请。

行政复议与行政诉讼是两种不同性质的救济方式或监督机制，且各有所长，不能互相取代。因此，现代国家一般都同时创设这两种制度。在具体的制度设计上，或将行政复议作为行政诉讼的前置阶段；或由当事人选择救济途径，或在当事人选择复议救济途径之后，仍允许其提起行政诉讼。

(二) 行政复议与行政诉讼两种程序的关系

申请人向复议机关申请行政复议，复议机关已经受理的，在法定行政复议期限内，申请人不得再向人民法院提起行政诉讼；申请人向人民法院提起行政诉讼，人民法院已经依法受理的，不得申请或再申请行政复议。

第二节　税务行政复议

税务行政复议是行政复议的一个重要组成部分。行政复议审查内容主要指对被申请复议的具体行政行为进行程序和实体两个方面的合理性和合法性审查，主要是书面审查。通常，提出行政复议的人，必须是认为行政机关行使职权的行为侵犯其合法权益的公民、法人和其他组织；当事人提出行政复议，必须是在行政机关已经做出行政决定之后，如果行政机关尚没做出决定，则不能提请行政复议。复议的任务是解决行政争议，而不是解决民事或其他争议；行政复议决定书一经送达，即具有法律效力。只要法律未规定复议决定为终局裁决的，当事人对复议决定不服的，仍可以按行政诉讼法的规定向人民法院提请诉讼。

一、行政复议的类型

（一）复议选择型

根据行政复议与行政诉讼衔接关系的原则。凡是属于复议范围又属于行政诉讼受案范围的案件，而法律、法规没有明确规定属于其他类型的，均应认为属于此种。是提请行政复议还是行政诉讼，由申请人自行选择。

（二）复议选择兼终局型

在复议和诉讼之间自由选择，但选择复议后不得提起诉讼，就是行政复议终局。

（三）复议前置型

按照《行政复议法》第三十条第一款规定：公民、法人或者其他组织认为行政机关的具体行政行为侵犯其已经取得的土地、矿藏、水流、森林、山岭、草原、荒地、滩涂、海域等自然资源的所有权或者使用权的，应当先申请行政复议；对行政复议决定不服的，可以再依法向人民法院起诉。

按照《中华人民共和国专利法》第四十一条规定：国务院专利行政部门设立专利复审委员会。专利申请人对国务院专利行政部门驳回申请的决定不服的，可以自收到通知之日起三个月内，向专利复审委员会请求复审。专利复审委员会复审后，作出决定，并通知专利申请人。专利申请人对专利复审委员会的复审决定不服的，可以自收到通知之日起三个月内向人民法院起诉。

纳税人，扣缴义务人，纳税担保人同税务局在纳税上发生争议时，必须先依照法律，行政法规的规定缴纳或者解缴税款及滞纳金，然后可以在收到税务机关填发的缴款凭证之日起六十日内向上一级税务机关申请复议。上一级税务机关应当自收到复议申请之日起六十日内作出复议决定。对复议决定不服的，可以在接到复议决定书之日起十五日内向人民法院起诉。

复议和诉讼期间，强制执行措施和接收保全措施不停止执行。

当事人对税务机关的处罚决定逾期不申请复议也不向人民法院起诉，又不履行的，作出处罚决定的税务机关可以申请人民法院强制执行。

按照《中华人民共和国海关法》第六十四条规定：纳税义务人同海关纳税争议时，应当缴纳税款，并可以依法申请行政复议；对复议决定仍不服的，可以依法向人民法院提起诉讼。

(四) 复议后选择裁决终局型

对国务院部门或者省、自治区、直辖市人民政府的具体行政行为不服的，向作出该具体行政行为的国务院部门或者省、自治区、直辖市人民政府申请行政复议。对行政复议决定不服的，可以向人民法院提起行政诉讼；也可以向国务院申请裁决，国务院依照本法的规定作出最终裁决。

(五) 复议终局型

只属于行政复议范围而不属于行政诉讼法受案范围的案件，即只能申请行政复议不能提起行政诉讼。

二、税务行政复议

纳税人、扣缴义务人或者其他当事人认为税务局的具体行政行为侵犯其合法权益的，可向上一级税务局提出行政复议申请，由上一级税务局受理行政复议申请并作出行政复议决定。税务局负责法制工作的机构为复议机构，具体办理行政复议事项。

同时，税务行政复议实行部分复议前置制度。纳税人、扣缴义务人、纳税担保人同税务机关在纳税上发生争议寻求法律救济时，应先申请行政复议，对行政复议决定不服的，才能依法向人民法院提起行政诉讼。申请行政复议，还必须先依照税务局的纳税决定缴纳或者解缴税款及滞纳金或者提供相应的纳税担保。

(一) 税务行政复议的概念

税务行政复议，是指纳税人、扣缴义务人、纳税担保人等税务当事人或其他行政相对人认为税务机关及其工作人员作出的税务具体行政行为侵犯其合法权益，依法向税务行政复议机关提出复查该具体行政行为的申请，税务行政复议机关依照法定程序对该具体行政行为的合法性和适当性进行审查，并作出决定的制度和活动。它是我国行政复议制度的一个重要组成部分。

1. 税务行政复议是纳税人、扣缴义务人、纳税担保人等税务当事人或其他行政相对人出于维护自身合法权益的目的而提起的，对税务局已作为税务具体行政行为的合法性、适当性进行再审查的一种行政行为，属于行政救济范畴。

2. 税务行政复议是一种依申请的行政行为，遵循"不告不理"的规则，最终目的是解决税务争议，税务行政复议机关在税务行政复议活动中处于"仲裁者"的地位。

3. 税务行政复议是由税务系统内部对下级税务部门或其直属机构、派出机构作出的违法或者不当的税务具体行政行为实施的一种监督和纠错行为。

(二) 税务行政复议的基本原则

1. 全面审查原则。根据《税务行政复议规则（暂行）》规定，税务行政复议既对税务局作出的税务具体行政行为的合法性和适当性进行审查，同时也对规章级次以下的税收规范性文件作出的税务抽象行政行为的合法性进行审查。

2. 合法、公正、公开、及时、便民原则。根据《税务行政复议规则（暂行）》第五条规定，税务行政复议应当遵循合法、公正、公开、及时、便民的原则，坚持有错必纠，保障法律、法规的正确实施。

3. 一级复议原则。根据《税务行政复议规则》规定，对国家税务总局作出的税务行政复议决定不服的，申请人可以向人民法院提起行政诉讼，也可以向国务院申请裁决。这一规定表明，税务行政复议申请人对复议决定不服的，不能再向复议机关的上一级税务机关或原税务行政复议机关要求复议，但可向人民法院提起行政诉讼。

4. 不适用调解原则。税务行政复议机关在审理税务行政复议案件过程中，只能依法对申请复议的税务具体行政行为的合法性和适当性进行审查并作出裁决，合法的予以维持，违法的予以撤销，不当的予以变更，不能以调解的方式结案。值得注意的是，对于行政复议案件中有关赔偿的部分，可以调解。

5. 复议期间不停止执行原则。根据《税务行政复议规则》规定，税务行政复议期间，税务具体行政行为原则上不停止执行。这是由具体行政行为的公定力所决定的，即具体行政行为一经作出，不论是否违法，均首先被推定为合法，与行政行为有关的相对人必须遵守或服从。

6. 书面复议原则。根据《税务行政复议规则》规定，税务行政复议原则上采用书面审查的办法。这一规定表明，除非申请人申请或者税务行政复议机关认为确有必要，税务行政复议原则上不采取类似于诉讼的庭审方式。

三、税务行政复议管辖

税务行政复议管辖，是指税务行政争议应由哪一个或哪一级税务局进行复议并决定的权限划分。根据《税务行政复议规则》规定，以税务行政复议管辖上是否存在特殊性为划分标准，税务行政复议管辖可划分为一般管辖和特殊管辖。

（一）一般管辖

对各级税务局的具体行政行为不服的，向其上一级税务局申请行政复议。

对计划单列市税务局作出的具体行政行为不服的，向国家税务总局申请行政复议。

对国家税务总局的具体行政行为不服的，向国家税务总局申请行政复议。对其行政复议决定不服，申请人可以向人民法院提起行政诉讼，也可以向国务院申请裁决。但是，国务院的裁决为最终裁决。

（二）特殊管辖

对下列税务机关的具体行政行为不服的，按照下列规定申请行政复议：

1. 对被撤销的税务局在撤销以前所作出的具体行政行为不服的，向继续行使其职权的税务机关的上一级税务局申请行政复议。

2. 对税务所（分局）、各级税务局的稽查局的具体行政行为不服的，向其所属税务局申请行政复议。

3. 对两个以上税务局共同作出的具体行政行为不服的，向共同上一级税务局申请行政复议；对税务局与其他行政机关共同作出的具体行政行为不服的，向其共同上一级行政机关申请行政复议。

4. 对税务局作出逾期不缴纳罚款加处罚款的决定不服的，向作出行政处罚决定的税务局申请行政复议。但是对已处罚款和加处罚款都不服的，一并向作出行政处罚决定的税务局的上一级税务局申请行政复议。

（三）税务行政复议范围

纳税人、扣缴义务人或者其他当事人与税务局发生税收争议，只能对税务局作出的具体行政行为申请行政复议。主要是指：

1. 征税行为，包括确认纳税主体、征税对象、征税范围、减税、免税、退税、抵扣税款、适用税率、计税依据、纳税环节、纳税期限、纳税地点和税款征收方式等具体行政行为，征收税款、加收滞纳金、扣缴义务人、受税务机关委托的单位和个人作出的代扣代缴、代收代缴、代征行为等。

2. 行政许可、行政审批行为。

3. 发票管理行为，包括发售、收缴、代开发票等。

4. 税收保全措施、强制执行措施。

5. 行政处罚行为：（1）罚款；（2）没收财物和违法所得；（3）停止出口退税权。

6. 不依法履行下列职责的行为：（1）颁发税务登记；（2）开具、出具完税凭证、外出经营活动税收管理证明；（3）行政赔偿；（4）行政奖励；（5）其他不依法履行职责的行为。

7. 资格认定行为。

8. 不依法确认纳税担保行为。

9. 政府信息公开工作中的具体行政行为。

10. 纳税信用等级评定行为。

11. 通知出入境管理机关阻止出境行为。

12. 其他具体行政行为。

行政复议法没有将抽象行政行为纳入行政复议范围，但设立了规范性文件审查制度。纳税人及其他当事人认为税务局的具体行政行为所依据的规范性文件不合法，可以在行政复议时一并提出对规范性文件的审查申请。当事人对规范性文件提出审查申请，只限于国家税务总局和国务院其他部门的规章以下的规范性文件，地方政府的规章以下的文件，以及总局以下各级税务局和地方政府部门的规范性文件。当事人不能单独对文件规定提出审查申请，只能在具体行政行为申请行政复议时一并提出。

(四) 申请复议的条件

1. 属于规定的行政复议范围。
2. 在法定申请期限内提出。
3. 有明确的申请人和符合规定的被申请人。
4. 申请人与具体行政行为有利害关系。
5. 有具体的行政复议请求和理由。
6. 对税务局作出的征税行为不服的，先行缴纳或解缴了税款和滞纳金，或者提供相应的担保；对税务局作出逾期不缴纳罚款加处罚款的决定不服的，先行缴纳了罚款和加处罚款。
7. 属于收到行政复议申请的行政复议机关的职责范围。
8. 其他行政复议机关尚未受理同一行政复议申请，人民法院尚未受理同一主体就同一事实提起的行政诉讼。

四、税务行政复议程序

行政复议必须经过的法定阶段和步骤，包括申请、受理、审理、决定四个阶段。

(一) 申请

行政复议的申请条件和期限：

1. 申请人合格。
2. 有明确的被申请人。
3. 有具体的复议请求和事实根据。
4. 属于复议范围和受理复议机关管辖。
5. 法律、法规规定的其他条件。

申请人可以在得知税务局作出具体行政行为之日起60日内提出行政复议申请。因不可抗力或者被申请人设置障碍等原因耽误法定申请期限的，申请期限的计算应当扣除被耽误时间。

对各级税务局的具体行政行为不服的，可以选择向其上一级税务局申请行政复议。申请人对税务局作出的征税行为不服的，必须依照税务机关根据法律、法规确定的税额、期限，先行缴纳或者解缴税款和滞纳金，或者提供相应的担保，才可以在缴清税款和滞纳金以后或者所提供的担保得到作出具体行政行为的税务局确认之日起60日内提出行政复议申请。申请人对税务局作出逾期不缴纳罚款加处罚款的决定不服的，应当先缴纳罚款和加处罚款，再申请行政复议。

(二) 受理

受理行政复议的税务局，收到行政复议申请以后，应当在5日内审查，决定是否受理。对不符合本规则规定的行政复议申请,决定不予受理,并书面告知申请人。

对不属于本税务局受理的行政复议申请,应当告知申请人向有关行政复议局提出。行政复议税局收到行政复议申请以后未按照前款规定期限审查并作出不予受理决定的,视为受理。

1. 符合申请条件的申请,自复议机关负责法制工作的机构收到之日起即为受理。

2. 不符合法定条件的申请,行政机关可裁决不予受理,并书面告知申请人。

3. 符合《行政复议法》规定,但不属于本机关受理的申请,应告知申请人向有关行政复议机关提出。

(三) 审查

行政复议原则上采用书面审查的办法,但是申请人提出要求或者行政复议机构认为有必要时,应当听取申请人、被申请人和第三人的意见,并可以向有关组织和人员调查了解情况。对重大、复杂的案件,申请人提出要求或者行政复议机构认为必要时,可采取听证方式审理。

行政复议税务局应当全面审查被申请人的具体行政行为所依据的事实证据、法律程序、法律依据和设定的权利义务内容的合法性、适当性。

1. 行政复议税务局收到行政复议申请后,在 5 日内进行审查。

2. 行政复议税务局负责法制工作的机构自受理之日起 7 日内,将行政复议申请书副本或者行政复议申请笔录复印件发送被申请人。

3. 被申请人自收到之日起 10 日内,提出书面答复,并提交当初作出具体行政行为的证据、依据和其他有关材料。

重点审理内容四个核心问题:税收执法主体资格和权限是否明确;税务行政执法程序是否合法;税务行政执法证据是否完整、准确;税务行政执法依据是否充分。

(四) 作出决定

行政复议税务局应当自受理申请之日起 60 日内作出行政复议决定。情况复杂,不能在规定期限内作出行政复议决定的,经行政复议税务局负责人批准,可以适当延期,并告知申请人和被申请人;但是延期不得超过 30 日。

行政复议决定的种类:

1. 维持决定,即依法作出维持被申请人该具体行政行为的决定。

2. 履行决定,即作出责令被申请人在一定期限内履行法定职责的决定。

3. 撤销、变更或者确认决定,即决定撤销、变更或者确认具体行政行为违法。

4. 责令被申请人赔偿的决定。

作出行政复议决定的期限:

行政复议税务局受理复议申请的,应当自受理申请之日起 60 日内作出行政复议决定;但是法律规定的行政复议期限少于 60 日的除外。在特殊情况下,可以适当延长,但延长期限不超过30日。

复议申请的撤回——行政复议决定作出前,申请人要求撤回申请的,经说明理由,可以撤回;撤回后,行政复议申请的行政复议终止。复议期间具体行政行为效力:不停止执行。

证据的收集:在行政复议过程中,被申请人不得自行向申请人和其他有关组织或者个人收集证据。

(五)和解与调解

对下列行政复议事项,按照自愿、合法的原则,申请人和被申请人在行政复议税务局作出行政复议决定以前可以达成和解,行政复议税务局也可以调解:

1. 行使自由裁量权作出的具体行政行为,如行政处罚、核定税额、确定应税所得率等。

2. 行政赔偿。

3. 行政奖励。

4. 存在其他合理性问题的具体行政行为。

申请人和被申请人达成和解的,应当向行政复议机构提交书面和解协议。和解内容不损害社会公共利益和他人合法权益的,行政复议机构应当准许。

经行政复议机构准许和解终止行政复议的,申请人不得以同一事实和理由再次申请行政复议。申请人不履行行政复议调解书的,由被申请人依法强制执行,或者申请人民法院强制执行。

(六)行政复议前置

行政复议前置是指行政相对人对法律、法规规定的特定具体行政行为不服,在寻求法律救济途径时,应当先选择向行政复议机关申请行政复议,而不能直接向人民法院提起行政诉讼;如果经过行政复议之后行政相对人对复议决定仍有不同意见的,才可以再向人民法院提起行政诉讼。

目前,我国法律规定的行政复议前置只有以下6种情况:

1. 对国务院部门或者省、自治区、直辖市人民政府的具体行政行为不服的,向作出该具体行政行为的国务院部门或者省、自治区、直辖市人民政府申请行政复议。对行政复议决定不服的,可以向人民法院提起行政诉讼;也可以向国务院申请裁决,国务院依照本法的规定作出最终裁决。

2. 公民、法人或其他组织认为行政机关的具体行政行为侵犯其已经依法取得的土地、矿藏、水流、林、山岭、草原、荒地、滩涂、海域等自然资源的所有权或者使用权的,应当先申请行政复议;对行政复议决定不服的,可以依法向人民法院提起行政诉讼。

3. 纳税人、扣缴义务人、纳税担保人同税务局在纳税上发生争议时,必须先依照税务局的纳税决定缴纳或者解缴税款及滞纳金或者提供相应的担保，然后可依法申请行政复议。

4. 被审计单位对审计决定不服的，应当在收到审计决定之日起 15 日内先向上一级审计机关申请复议，不能直接向人民法院起诉，这就是审计行政复议前置的规定。

5. 治安管理处罚上级公安机关裁决前置。

6. 专利复审委员会复审前置。

原因分析：复议途径的专业性和合理性，是诉讼途径所欠缺的。除了关于自然资源的确权争议需要先经过行政复议程序之外，还有关于商品检验检疫、税收征收管理等这种专业性极强的问题，而作为法院一个全社会居中裁判的司法机关，若是为了尽可能保证法院审判的绝对公正而要求法院的居中裁判者们在较短的时间内精通各种专业知识，这是不现实的。因此，我国《治安管理处罚条例》《海关法》《进出口商品检验法》《税收征收管理法》《国家安全法》《注册会计师法》中规定相对人对行政机关的相关具体行政行为不服，应当先行申请行政复议并非直接进入诉讼程序，这样做是为了减轻法院的负担，加快问题解决的速度，当然，自己系统内部对自己的行为裁判是可能会产生诸多的不公的。

五、典型案例点评

（一）典型案例

案例三：不仅是剥夺原告的行政复议权，而且还剥夺了原告的行政诉讼权。

河南省驻马店市驿城区人民法院行政判决书

（2014）驿行初字第 75 号

原告：河南省 JH 房地产开发有限公司。
法定代表人：程某翔，董事长。
委托代理人：张某峰，河南创力律师事务所律师，特别授权。
被告：HGG 市地方税务局。
负责人：关某振，该局副局长（主持工作）。
委托代理人：单某强，河南北纬律师事务所律师，特别授权。
委托代理人：周某，HGG 市地方税务局工作人员，特别授权。

原告河南省 JH 房地产开发有限公司不服被告 HGG 市地方税务局税务行政复议一案，本院于 2014 年 9 月 29 日受理后，向被告送达了起诉书副本与应诉通知书。本院依法组成合议庭，于 2014 年 11 月 5 日公开开庭审理了本案。原告委托代理人张某峰，被告委托代理人单某强、周某到庭参加了诉讼。本案现已审理终结。

2014年9月16日，被告HGG市地方税务局作出×地税复不受字（2014）1号《不予受理行政复议申请决定书》。查明：河南省JH房地产开发有限公司未在HGG市地方税务局稽查局下达的税务处理决定书规定的期限内缴纳税款和滞纳金，而是逾期后才交清税款和滞纳金的，根据《行政复议法》第十七条、《税务行政复议规则》第三十三条、第四十五条的规定，决定不予受理。

原告诉称，HGG市地方税务局稽查局于2014年4月11日至2014年6月27日对原告2004年1月1日至2013年12月31日履行纳税义务及代扣代缴义务情况进行了检查，认为原告应补缴税，遂即作出《税务处理决定书》，原告2014年7月18日收到该《税务处理决定书》后，积极筹措资金，缴纳了决定书中的税款和滞纳金。其后，原告向被告提起行政复议申请，被告却以逾期缴纳税款和滞纳金不予受理复议申请。原告认为被告不予受理其复议申请，违反了《行政复议法》的有关规定，剥夺了其纳税救济复议权，于法理不通，请求判决撤销被告作出的×地税复不受字（2014）1号《不予受理行政复议申请决定书》。原告提交的证据有：中国税务信息网上的判例《逾期5天履行纳税决定还有没有行政复议权》，供法庭参考。

被告辩称，其作出的被诉《不予受理行政复议决定书》认定事实清楚，法律适用正确，请求驳回原告的诉讼请求。被告于举证期限内向本院提供了作出被诉具体行政行为的证据、依据：1.《中华人民共和国税收征收管理法》、《税务行政复议规则》及释义、《国家税务总局关于纳税复议条件问题的批复》；证明被告的职权依据及法律依据。2.税务行政复议申请书。3.×地税稽处（2014）19号《税务处理决定书》及送达回证。4.×地税通（2014）19号《税务事项通知书》及送达回证。5.12份完税凭证。6.行政执法证复印件。7.被诉《不予受理行政复议决定书》及送达回证。该组证据（2-7）证明被诉具体行政行为认定事实清楚，程序合法，原告属于逾期缴纳。

经庭审质证，原告对被告提交事实和程序证据没有异议，对法律依据有异议，认为《中华人民共和国税务征收管理法》只能作为授权性规定，期限问题还是要依据《行政复议法》和《行政复议法实施条例》来解决。被告对原告提交的参考材料不认可，认为这个判例不能对抗相关法律法规。

本院认证意见，被告提交的证据具有真实性，与本案有关联性，能够证明本案事实，因此在本案可作有效证据使用。原告提交的参考材料，不是最高法院发布的判例，仅作参考。

本院根据以上有效证据可以认定以下事实：HGG市地方税务局稽查局对原告河南省JH房地产开发有限公司2004年1月1日至2013年12月31日履行纳税义务及代扣代缴义务情况进行了检查，2014年7月16日，该局对原告作出×地税稽处（2014）19号《税务处理决定书》，该决定书认定原告应补缴税款7539362.49元，限原告15日内缴纳，并告知：你单位若同我局在纳税上有争议，必须先依照本决定的期限缴纳税款及滞纳金或者提供相应的担保,然后可自上述款项缴清或者提供相应担保被税务机关确认之日起60日内向HGG市地方税务局或驻马店市人民政府申请行政复议。该决定书同月18日送达到原告。同年8月13日,HGG市地方税务局稽查局对原告又作出×地税通（2014）19号《税务事项通知书》,同日送达。原告分别于同年8月8日、8月15日、8月22日、8月28日、8月29日缴纳了税务处理决定书中的税款和滞纳金。9月11日,原告向被告提起行政复议,9月16日,被告作出×地税复不受字（2014）1号《不予受理行政复议申请决定书》,以原告未在规定的期限内缴纳税款和滞纳金,而是逾期后才交清税款和滞纳金,根据有关法律法规的规定,决定不予受理。原告不服,诉至本院。

本院认为,根据《税务行政复议规则》规定,被告HGG市地方税务局有对原告河南省JH房地产开发有限公司提出的行政复议申请进行审查并决定是否受理的职权。根据《行政复议法》第九条规定：公民、法人或者其他组织认为具体行政行为侵犯其合法权益的,可以自知道该具体行政行为之日起60日内提起行政复议申请,但法律规定的申请期限超过60日的除外。本案原告申请行政复议是在其收到税务处理决定之日起第55日提起的复议申请,被告应予受理。税务机关没有在税务处理决定中告知如不依照税务机关的纳税决定期限缴纳税款即丧失复议权的后果,应有的权利义务和责任没有完全告知纳税人,不符合法律救济的原则。原告虽然逾期缴纳税款和滞纳金,但仍是在复议法规定的60日内提起的复议申请,被告作出的不予受理决定书适用法律不准确,对该决定书应予撤销。根据《行政诉讼法》第五十四条第（二）项2目的规定,经本院审判委员会讨论决定,判决如下：

撤销被告HGG市地方税务局2014年9月16日作出的×地税复不受字（2014）1号《不予受理行政复议申请决定书》。

诉讼费50元,由被告负担。

如不服本判决,可在判决书送达之日起十五日内,向本院递交上诉状,并按对方当事人的人数提出副本,上诉于河南省×××市中级人民法院。

（二）案件解析

税务局没有在税务处理决定中告知,如不依照税务局的纳税决定期限缴纳税款即丧失复议权的后果,应有的权利义务和责任没有完全告知纳税人,不符合法律救济的原则。原告虽然逾期缴纳税款和滞纳金,但仍是在复议法规定的60日内提起的复议申请,被告作出的不予受理决定书适用法律不准确,对该决定书应予撤销。

1. 判决结果：

根据《行政诉讼法》第五十四条第（二）项的规定,经本院审判委员会讨论决定判决如下：撤销被告××市地方税务局2014年9月16日作出的××地税复不受字（2014）1号《不予受理行政复议申请决定书》即被告××市地方税务局败诉！诉讼案件终结，税务局受理行政复议申请争议事项进入行政复议程序。该房地产企业对于争议事项的复议结果不服仍然可以就是否应该征税再提起行政诉讼！

2. 准确认识行政复议

行政复议是指公民、法人或其他组织认为行政机关的具体行政行为侵害其合法权益，依法向其上一级的行政复议机关提出复查该具体行政行为的申请，行政复议机关依照法定程序对被申请的具体行政行为的合法性和合理性进行审查，并作出行政复议决定的活动。就是找其"父母"评理！

（1）行政复议的目的是纠正行政主体作出的违法或不当的具体行政行为；

（2）是以行政相对方的复议申请为前提，即是依申请行为；

（3）行政复议只能向作出具体行政行为的上一级行政机关提请；

（4）审查的是行政主体作出的具体行政行为，不是抽象行政行为；

（5）行政复议主要采用书面审查方式，必要时才采用开庭审理。

本案是典型的税务行政复议前置案件，只能先复议，对复议结果不服再提请行政诉讼。

3. 不利变更禁止原则

为鼓励公民、法人或者其他组织通过行政复议方式依法解决行政争议、解除申请人"不敢告状"的思想负担，条例规定了不利变更禁止原则，即行政复议机关在申请人的行政复议请求范围内不得作出对申请人更为不利的行政复议决定。新《税务行政复议规则》第七十六条：（一）复议机关责令被申请人重新作出具体行政行为的被申请人不得以同一事实和理由作出与原具体行政行为相同或者基本相同的具体行政行为，但是行政复议机关以原具体行政行为违反法定程序决定撤销的被申请人重新作出具体行政行为的除外。（二）复议机关责令被申请人重新作出具体行政行为的，被申请人不得作出对申请人更为不利的决定。但是行政复议机关以原具体行政行为主要事实不清、证据不足或适用依据错误决定撤销的，被申请人重新作出具体行政行为的除外。

本案中为什么被告 HGG 市地方税务局对复议申请不予受理？《税收征收管理法》第八十八条明确规定：纳税人、扣缴义务人、纳税担保人同税务机关在纳税上发生争议时，必须先依照税务机关的纳税决定缴纳或者解缴税款及滞纳金或者提供相应的担保。然后可以依法申请行政复议，对行政复议决定不服的可以依法向人民法院起诉。此案件属于行政复议前置案件！"必须先依照税务机关的纳税决定缴纳或者解缴税款及滞纳金或者提供相应的担保，然后可以依法申请行政复议。对行政复议决定不服的，可以依法向人民法院起诉"。被告 HGG 市地方税务局作出×地税复不受字（2014）1 号《不予受理行政复议申请决定书》，不仅仅是剥夺原告的行政复议权，而且还剥夺了原告的行政诉讼权。

4. 涉案事实

【起因】HGG市地方税务局稽查局对原告河南省JH房地产开发有限公司2004年1月1日至2013年12月31日履行纳税义务及代扣代缴义务情况进行了检查，2014年7月16日，该局对原告作出×地税稽处（2014）19号《税务处理决定书》，该决定书认定原告应补缴税款7539362.49元，限原告15日内缴纳，并告知行政复议的条件和权利。

【经过】原告分别于同年8月8日、8月15日、8月22日、8月28日、8月29日缴纳了税务处理决定书中的税款和滞纳金。9月11日，原告向被告提起行政复议，9月16日，被告作出×地税复不受字（2014）1号《不予受理行政复议申请决定书》，以原告未在规定的期限内缴纳税款和滞纳金，而是逾期后才交清税款和滞纳金，根据有关法律法规的规定，决定不予受理。

【结果】撤销被告HGG市地方税务局2014年9月16日作出的×地税复不受字（2014）1号《不予受理行政复议申请决定书》。

诉讼案件终结，争议事项进入行政复议程序，争议结果仍然可能就是否应该征税而再次提起行政诉讼！

【双方争议的焦点】

9月11日，原告60日内向HGG市地方税务局提起行政复议申请，被告是否应该受理？

2014年7月16日，该局对原告作出×地税稽处（2014）19号《税务处理决定书》。60日的终止期限是9月13日。（算头不算尾）

5. 抗辩理由

以原告未在规定的期限内缴纳税款和滞纳金，而是逾期后才交清税款和滞纳金，根据有关法律法规的规定，决定不予受理。

复议不仅是行政相对人的权利，更是行政部门自查自纠的机会和机制，同时也是上一级对下一级实施监督考核管理指导的抓手！

（三）案件的启示或收获

此案件属于行政复议前置案件！

1. 为什么被告HGG市地方税务局对复议申请不予受理？

《税收征收管理法》第八十八条纳税人、扣缴义务人、纳税担保人同税务机关在纳税上发生争议时，必须先依照税务机关的纳税决定缴纳或者解缴税款及滞纳金或者提供相应的担保，然后可以依法申请行政复议；对行政复议决定不服的，可以依法向人民法院起诉。

当事人对税务机关的处罚决定、强制执行措施或者税收保全措施不服的，可以依法申请行政复议，也可以依法向人民法院起诉。

当事人对税务机关的处罚决定逾期不申请行政复议也不向人民法院起诉、又不履行的，作出处罚决定的税务机关可以采取本法第四十条规定的强制执行措施，或者申请人民法院强制执行。

"必须先依照税务机关的纳税决定缴纳或者解缴税款及滞纳金或者提供相应的担保，然后可以依法申请行政复议；对行政复议决定不服的，可以依法向人民法院起诉。"

不仅仅是剥夺原告的行政复议权，而且还剥夺了原告的行政诉讼权。

2. JH房地产开发有限公司为什么要申请行政复议？

HGG市地方税务局稽查局对原告河南省JH房地产开发有限公司2004年1月1日至2013年12月31日履行纳税义务及代扣代缴义务情况进行了检查，2014年7月16日，该局对原告作出×地税稽处（2014）19号《税务处理决定书》，该决定书认定原告应补缴税款7539362.49元。金额巨大，直接影响到JH房地产开发有限公司的权益。

必须复议，也值得一告！

第三节　行政复议工作流程

在国务院的《依法行政实施纲要》中明确提出：完善行政监督机制，强化对行政行为的监督。对符合法律规定的行政复议申请，必须依法受理；审理行政复议案件，要重依据、重证据、重程序，公正作出行政复议决定，坚决纠正违法、明显不当的行政行为，保护公民、法人和其他组织的合法权益。

行政复议制度是行政机关依法解决行政争议、化解社会矛盾、加强层级监督、促进依法行政的一项重要法律制度。现行行政复议制度应该是以"以人为本，复议为民，和谐社会，化解矛盾"为指导思想，力将行政争议化解在基层、化解在初发阶段、化解在行政系统内部；密切政府同人民群众的关系，维护政府形象；发挥行政复议制度在构建和谐社会中的作用。

行政复议工作流程是指行政复议必须经过的法定阶段和步骤，包括申请、受理、审理、决定四个阶段。见图4-1。

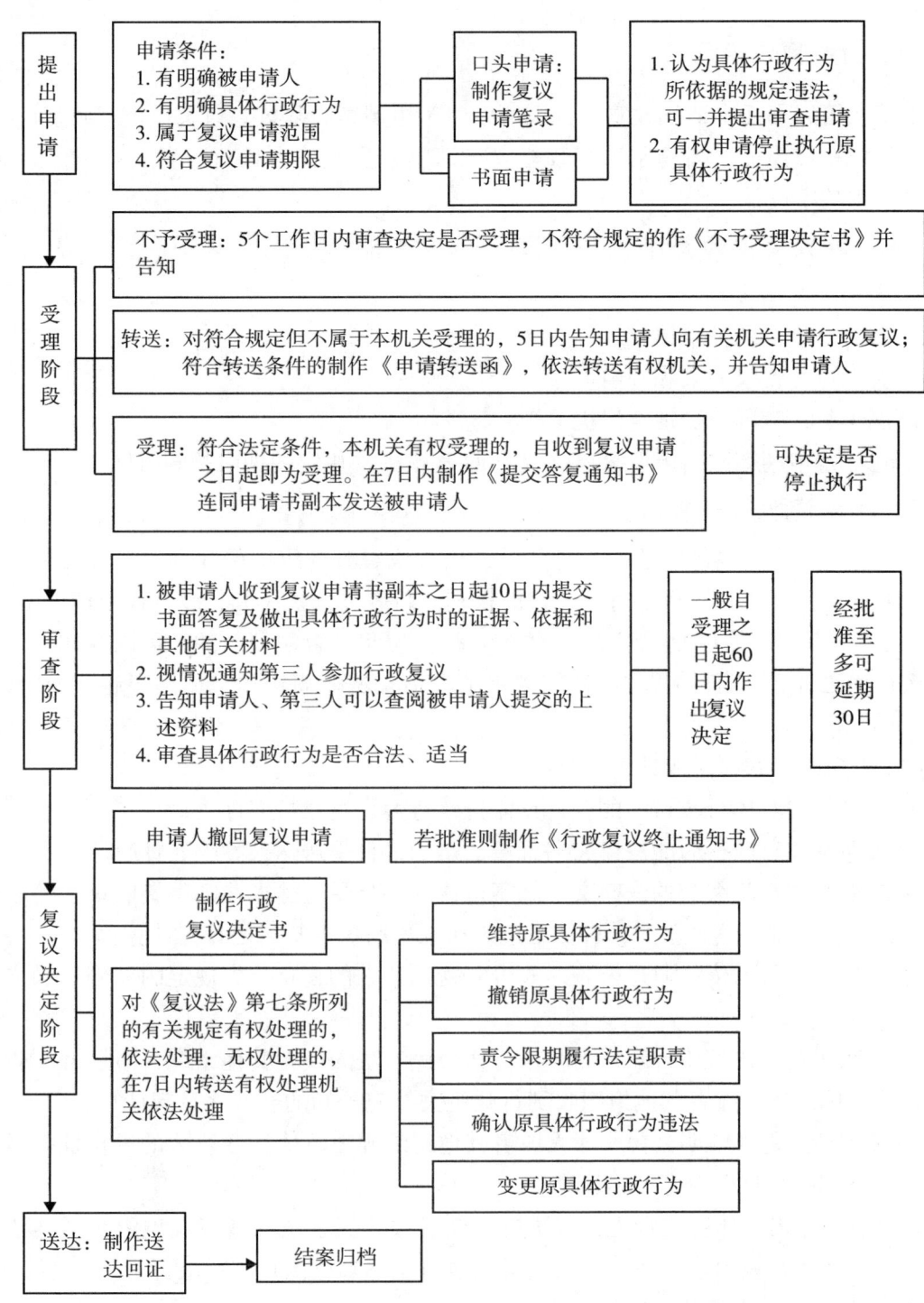

图 4-1 行政复议工作流程图

一、行政复议申请

申请人可以书面申请行政复议，也可以口头申请行政复议。口头申请行政复议的，行政复议机构应当依法当场制作行政复议申请笔录交申请人核对或者向申请人宣读，并由申请人签字确认。

（一）申请复议的条件

1. 申请人合格。
2. 有符合规定的被申请人。
3. 有具体的复议请求和理由。
4. 属于复议范围和受理复议机关管辖。
5. 在法定申请期限内申请复议（《行政复议法》规定的期限是60日）。

（二）申请复议的期限

行政机关作出的具体行政行为对公民、法人或者其他组织的权利、义务可能产生不利影响的，应当告知其申请行政复议的权利、行政复议机关和行政复议申请期限。

1. 公民、法人或其他组织认为具体行政行为侵犯其合法权益的，可以自知道该具体行政行为之日起60日内提出行政复议申请；但是法律规定的申请期限超过60日的除外。

（1）"知道"的内涵或具体规定：

① 当场作出具体行政行为的，自具体行政行为作出之日起计算；

② 载明具体行政行为的法律文书直接送达的，自受送达人签收之日起计算；

③ 载明具体行政行为的法律文书邮寄送达的，自受送达人在邮件签收单上签收之日起计算；没有邮件签收单的，自受送达人在送达回执上签名之日起计算；

④ 具体行政行为依法通过公告形式告知受送达人的，自公告规定的期限届满之日起计算；

⑤ 行政机关作出具体行政行为时未告知公民、法人或者其他组织，事后补充告知的，自该公民、法人或者其他组织收到行政机关补充告知的通知之日起计算；

⑥ 被申请人能够证明公民、法人或者其他组织知道具体行政行为的，自证据材料证明其知道具体行政行为之日起计算。

行政机关作出具体行政行为，依法应当向有关公民、法人或者其他组织送达法律文书而未送达的，视为该公民、法人或者其他组织不知道该具体行政行为。

（2）不计入申请期限的时间

① 不可抗力等正当事由。因不可抗力或者其他正当理由耽误法定申请期限的，申请期限自障碍消除之日起继续计算（申请期限中止）。

公民、法人或者其他组织不服具体行政行为，在法定复议期限内向人民法院直接提起行政诉讼，人民法院依法裁判应当先申请行政复议、对复议决定不服再向人民法院提起行政诉讼，公民、法人或者其他组织申请行政复议时已经超过法定行政复议申请期限的，公民、法人或者其他组织提起行政诉讼到人民法院生效裁判送达之日的时间，不计入法定行政复议申请期限。

由于作出具体行政行为的行政机关没有向申请人依法告知行政复议权利及行政复议机关名称，致使申请人在法定期限内向无权受理的行政机关提出行政复议申请，接到行政复议申请的机关又没有及时将该案移送，申请人申请行政复议期限因此被耽误的，属于《行政复议法》第九条规定的"其他正当理由"情形。

② 行政机关未依法告知复议权。由于作出具体行政行为的行政机关没有向申请人依法告知行政复议权利及行政复议机关名称，致使申请人在法定期限内向无权受理的行政机关提出行政复议申请，接到行政复议申请的机关又没有及时将该案移送，申请人申请行政复议期限因此被耽误的，被耽误的期限不计入申请期限。

③ 起诉有关的期限。公民、法人或者其他组织提起行政诉讼到人民法院生效裁判送达之日的时间，不计入法定行政复议申请期限。

(3) 超过60日的规定

申请人对专利局驳回申请的决定不服的，可以在收到通知之日起3个月内，向专利复审委员会请求复审。

根据《行政复议法实施条例》的规定，载明具体行政行为的法律文书邮寄送达的，自"受送达人在邮件签收单上签收之日"起计算；没有邮件签收单的，自"受送达人在送达回执上签名之日"起计算。具体行政行为依法通过公告形式告知受送达人的，自"公告规定的期限届满之日"起计算。载明具体行政行为的法律文书直接送达的，自"受送达人签收之日"起计算。

行政机关作出具体行政行为时未告知公民、法人或者其他组织，事后补充告知的，自该公民、法人或者其他组织收到行政机关补充告知的通知之日起计算；被申请人能够证明公民、法人或者其他组织知道具体行政行为的，自证据材料证明其知道具体行政行为之日起计算。

2. 行政不作为案件的复议申请期限

公民、法人或者其他组织依照行政复议法规定申请行政机关履行法定职责，行政机关未履行的，行政复议申请期限依照下列规定计算：

(1) 有履行期限规定的，自履行期限届满之日起计算；

(2) 没有履行期限规定的，自行政机关收到申请满60日起计算。

公民、法人或者其他组织在紧急情况下请求行政机关履行保护人身权、财产权的法定职责，行政机关不履行的，行政复议申请期限不受前述规定的限制。

二、行政复议的受理

（一）基本规定

1. 如果复议申请超过申请期限，又无正当理由申请延长的，复议机关不予受理。即不能过期申请。

2. 对复议机关已经处理过的行政复议案件，或者正在审理的行政复议案件，申请人不能再就同一事实和同一理由向复议机关另行申请复议。即不能重复申请。

3. 公民、法人或其他组织已经向人民法院起诉的，不得再申请行政复议。不能先行政诉讼再申请复议，可以先申请复议再提起诉讼。

4. 行政复议机关收到行政复议申请后，应当在 5 日内进行审查，决定是否受理；行政复议申请自行政复议机关负责法制工作的机构收到之日起即为受理。

（二）受理条件

行政复议申请符合下列规定的，行政复议机关应当受理：

1. 有明确的申请人和符合规定的被申请人。

2. 申请人与具体行政行为有利害关系。

3. 有具体的行政复议请求和理由。

4. 在法定申请期限内提出。

5. 属于行政复议法规定的行政复议范围。

6. 属于收到行政复议申请的行政复议机构的职责范围。

7. 其他行政复议机关尚未受理同一行政复议申请，人民法院尚未受理同一主体就同一事实提起的行政诉讼。

（三）决定不予受理

1. 复议税务局对没有管辖权案件的处理。对符合法定复议条件，但是不属于本机关受理的行政复议申请，应当告知申请人向有关行政复议税务局提出。

2. 面对复议税务局回复的"不予受理"决定，申请人可以根据不同情况作出选择：

（1）将情况向复议机关的上一级行政机关反映：上级行政机关认为复议机关无正当理由拒绝受理的，应当责令其受理或者必要时可直接受理；

根据《税务行政复议规则》第四十八条，上级税务机关认为行政复议机关不予受理行政复议申请的理由不成立的，可以督促其受理；经督促仍然不受理的，责令其限期受理。上级税务机关认为行政复议申请不符合法定受理条件的，应当告知申请人。

根据《税务行政复议规则》第四十九条，上级税务机关认为有必要的，可以直接受理或者提审由下级税务机关管辖的行政复议案件。

（2）向人民法院提起行政诉讼：对复议机关决定不予受理或受理后超过复议期限不作答复的，公民、法人或其他组织可在收到不予受理决定书之日起或者行政复议期满之日起 15 日内依法向人民法院起诉。

根据《行政复议法》第四十条的规定，行政复议期间有关"5 日""7 日"（不包括 10 日）的规定是指工作日，不含节假日。

三、行政复议的审理

行政复议的审理，是行政复议机关对受理的行政争议案件进行合法性和适当性审查，并最终作出复议决定的过程，是行政复议程序的核心。

（一）审查的内容

行政复议机关收到行政复议申请后，应当在 5 日内进行审查。对符合受理条件的，行政复议机关负责法制工作的机构应当自行政复议申请受理之日起 7 日内，将行政复议申请书副本或申请笔录复印件发送被申请人；被申请人应自收到行政复议申请书副本或申请笔录复印件之日起 10 日内，提出书面答复，并提交当初作出具体行政行为的证据、依据和其他有关材料。

1. 对事实的审查
2. 对执法主体的审查
（1）执法主体存在的组织法依据；（2）执法主体的权限依据。
3. 对执法权限的审查
（1）是否越权的审查：①无权限的越权；②有权限的越权；③内容上的越权。
（2）是否滥用行政职权的审查。
4. 对执法依据的审查

如果经行政复议审理认为被申请人行政机关具体行政行为适用规范性质错误、适用无效规范、越权适用规范、规避应适用规范、适用规范条款错误、适用规范对象错误，则被申请复议的具体行政行为构成适用依据错误。

5. 对程序的审查

如果被申请复议的具体行政行为存在步骤违法、顺序违法、不遵守法定时限或者方式违反法律规定，则构成违反法定程序，复议机关应当撤销、变更或者确认其违法。

6. 适当性审查

行政复议机关对受理的行政案件不仅进行"合法性"审查，而且进行"适当性"审查；在行政复议过程中，被申请人不得自行向申请人和其他有关组织或者个人收集证据。

（二）审理期限

1. 根据规定，行政复议机关受理复议申请的，应当自受理申请之日起 60 日内作出行政复议决定；但是法律规定的行政复议期限少于60日的除外。

2. 根据规定，补正申请材料所用时间、协商确定或者指定受理机关所用时间、行政复议期间专门事项鉴定所用时间以及现场勘验所用时间均不计入行政复议审理期限。

补正申请材料所用时间、协商确定或者指定受理机关所用时间、行政复议期间专门事项鉴定所用时间以及现场勘验所用时间均不计入行政复议审理期限。

行政许可的实施需要"听证、招标、拍卖、检验、检测、检疫、鉴定和专家评审"的，所需时间不计算在规定的期限内；行政机关应当将所需时间"书面告知"申请人。

行政机关实施查封、扣押的期限一般不得超过30日；对物品需要进行检测、检验、检疫或者技术鉴定的，查封、扣押的期间不包括"检测、检验、检疫或者技术鉴定"的期间。检测、检验、检疫或者技术鉴定的期间应当明确，并"书面告知"当事人。

不计入行政复议申请期限的事由包括：（1）因不可抗力等正当事由而耽误的时间；（2）因行政机关未依法告知复议权而耽误的时间；（3）起诉有关的期限。

（三）审理依据

行政复议机关审理复议案件，以法律、法规、规章以及上级行政机关依法指定的和发布的具有普遍约束力的决定、命令为依据。

人民法院审理行政案件，以法律、行政法规、地方性法规、自治条例和单行条例为依据，并参照适用规章。

（四）审理方式

行政复议原则上采取书面审查的办法；行政复议机构审理行政复议案件，应当由2名以上行政复议人员参加。

（五）审理中的其他有关问题

1. 复议申请的撤回

申请人在行政复议决定作出前自愿撤回行政复议申请的，经行政复议机构同意，可以撤回。申请人撤回行政复议申请的，不得再以同一事实和理由提出行政复议申请。

申请人能够证明撤回行政复议申请违背其真实意思表示的可以再次提出行政复议申请。

2. 复议期间具体行政行为的效力。根据规定，复议期间具体行政行为不停止执行。但在下列情况下，可以停止执行：

（1）被申请人认为需要停止执行的；（2）行政复议机关认为需要停止执行的；（3）申请人申请停止执行，行政复议机关认为其要求合理，决定停止执行的；（4）法律（不包括行政法规）规定停止执行的。

3. 证据的收集

行政复议过程中,被申请人不得自行向申请人和其他有关组织或者个人收集证据。

4. 行政复议人员在审理期限的权利和义务

行政复议人员向有关组织和人员调查取证时,可以查阅、复制、调取有关文件和资料,向有关人员询问。调查取证时,行政复议人员不得少于2人,并应当向当事人或有关人员出示证件。被调查单位和人员应当配合行政复议人员的工作,不得拒绝和阻挠。

根据《行政复议法》及其《实施条例》,关于行政复议实体或者程序规则的说法,行政复议期间被申请人改变原具体行政行为的,不影响行政案件的审理;但申请人依法撤回行政复议申请的除外。根据《行政复议法实施条例》第五十七条规定,行政复议期间行政复议机关发现被申请人或者其他下级行政机关的相关行政行为违法或者需要做好善后工作的,可以制作行政复议意见书;有关机关应当自收到行政复议意见书之日起60日内将纠正相关行政违法行为或者做好善后工作的情况通报行政复议机关。

四、行政复议决定及其执行

(一) 决定的适用

1. 维持决定

对被申请的具体行政行为,行政复议机关认为具体行政行为认定事实清楚,证据确凿,适用依据正确,程序合法,内容适当的,应当依法作出维持该具体行政行为的决定。

2. 履行决定

行政复议机关经过审查,认定被申请人没有履行法定职责的,应当决定其在一定期限内履行法定职责。

3. 撤销、变更或者确认违法决定

(1) 行政复议机关经过对具体行政行为的审查,认为具体行政行为有下列情形之一的,决定撤销、变更该具体行政行为或者确认该具体行政行为违法:

①主要事实不清、证据不足;②适用依据错误;③违反法定程序;④超越或者滥用职权;⑤具体行政行为明显不当。

(2) 具体行政行为有下列情形之一,行政复议机关可以决定"变更":

①认定事实清楚,证据确凿,程序合法,但是明显不当或者适用依据错误;

②认定事实不清,证据不足,但是经行政复议机关审理查明事实清楚,证据确凿。

按照"禁止不利变更"原则,行政复议机关在申请人的行政复议请求范围内,不得作出对申请人更为不利的行政复议决定。

(3) 责令重新作出具体行政行为

① 决定撤销或者确认该具体行政行为违法的，可以责令被申请人在一定期限内重新作出具体行政行为。

② 行政复议机关责令被申请人重新作出具体行政行为的，被申请人不得以同一事实和理由作出与原具体行政行为相同或者基本相同的具体行政行为。

③ 行政复议机关责令被申请人重新作出具体行政行为的，被申请人应当在法律、法规、规章规定的期限内重新作出具体行政行为；法律、法规、规章未规定期限的，重新作出具体行政行为的期限为 60 日。

（4）责令被申请人赔偿

① 依申请进行行政赔偿。公民、法人或其他组织在申请行政复议时可以一并提出行政赔偿请求，行政复议机关对符合《国家赔偿法》的有关规定应当给予赔偿的，在决定撤销、变更具体行政行为或者确认行政行为违法时，应当同时决定被申请人依法给予赔偿。

② 依职权进行行政赔偿。公民、法人或其他组织在申请行政复议时没有提出行政赔偿请求的，行政复议机关在依法决定撤销或者变更有关具体行政行为时，应当同时责令被申请人返还财产，解除对财产的查封、扣押、冻结措施或者赔偿相应的价款。

返还执行的罚款或罚金、追缴或者没收的金钱、解除冻结的存款或者汇款的，应当支付银行同期存款利息。

（5）驳回行政复议申请

① 申请人认为行政机关不履行法定职责申请行政复议，行政复议机关受理后发现该行政机关没有相应法定职责或者在受理前已经履行法定职责的。

② 受理行政复议申请后，发现该行政复议申请不符合《行政复议法》和《行政复议法实施条例》规定的受理条件的。

（二）生效与执行

行政复议决定书一经"送达"，即发生法律效力，被申请人应当履行行政复议决定。

1. 被申请人不履行决定

被申请人不履行或者无正当理由拖延履行行政复议决定的，"行政复议机关或者有关上级行政机关"应当责令其限期履行。

2. 申请人不履行决定

申请人逾期不起诉又不履行行政复议决定的，或者不履行最终裁决的行政复议决定的，行政机关有权请求法院强制执行或者依法强制执行：

（1）维持具体行政行为的行政复议决定，由"作出原具体行政行为的行政机关"依法强制执行，或者申请人民法院强制执行；

（2）变更具体行政行为的行政复议决定，由"行政复议机关"依法强制执行，或者申请人民法院强制执行。

行政机关申请人民法院强制执行后，如果法院裁定并执行，且没有变更基础行政决定，因基础行政决定违法导致法院的司法强制执行行为违法，且损害当事人合法权益的，应当由"申请执行的行政机关"承担主要赔偿责任。

五、税务行政复议特殊规定

《税务行政复议规则》是在遵循《行政复议法》的前提下，结合税务领域的具体情况作出的规定。

（一）特殊规定

1. 有关特殊管辖

（1）对税务局作出的逾期不缴纳罚款加处罚款决定不服的，向作出行政处罚决定的税务机关申请行政复议。

（2）对已处罚款和加处罚款"都不服"的，一并向作出行政处罚决定的税务局的上一级税务局申请行政复议。

2. 对经重大税务案件审理程序作出的决定不服的，审理委员会所在税务局为被申请人。

3. 委托代理人

（1）申请人、第三人可以委托（书面或口头）1—2名代理人参加行政复议；

（2）被申请人不得委托本机关以外的人员参加行政复议。

4. 申请税务行政复议的前提条件

（1）税款和滞纳金。申请人申请税务行政复议的，必须依照税务机关根据法律、法规确定的税额、期限，先行缴纳或者解缴税款和滞纳金，或者提供相应的担保，才可以在缴清税款和滞纳金以后或者所提供的担保得到"作出具体行政行为的税务机关"（而非"行政复议机关"）确认之日起60日内提出行政复议申请；申请人提供担保的方式包括保证、抵押和质押。

（2）罚款和加处罚款。申请人对税务局作出逾期不缴纳罚款加处罚款的决定不服的，应当先缴纳罚款和加处罚款，再申请行政复议。可以提供相应担保以替代先行缴纳或者解缴"税款和滞纳金"；但"罚款和加处罚款"必须先行缴纳，不得以担保替代。

（二）税务行政复议证据

1. 种类

税务行政复议证据包括以下类别：书证、物证、视听资料、证人证言、当事人陈述、鉴定结论、勘验笔录、现场笔录。

2. 举证责任

在税务行政复议程序中,"被申请人"对其作出的税务具体行政行为负有举证责任。

3. 调查取证时,行政复议工作人员不得少于2人,并应当向当事人和有关人员出示证件。

4. 行政复议机构向有关组织和人员调查取证,查阅文件和资料过程中取得的有关材料,不得作为支持被申请人具体行政行为的证据。

5. 行政复议机关应当审查证据的合法性、真实性和关联性。

6. 下列证据材料不得作为定案依据:

(1) 违反法定程序收集的证据材料;

(2) 以偷拍、偷录和窃听等手段获取侵害他人合法权益的证据材料;

(3) 以利诱、欺诈、胁迫和暴力等不正当手段获取的证据材料;

(4) 无正当事由超出举证期限提供的证据材料;

(5) 无正当理由拒不提供原件、原物,又无其他证据印证,且对方不予认可的证据的复制件、复制品;

(6) 无法辨明真伪的证据材料;

(7) 不能正确表达意志的证人提供的证言;

(8) 不具备合法性、真实性的其他证据材料。

(三) 税务行政复议审查和决定

1. 税务行政复议听证

(1) 对重大、复杂的案件,申请人提出要求或者行政复议机构认为必要时,可以采取听证的方式审理。

(2) 听证应当公开举行,但是涉及国家秘密、商业秘密或者个人隐私的除外。

(3) 听证应当制作笔录;申请人、被申请人和第三人应当确认听证笔录内容;行政复议听证笔录应当附卷,作为行政复议机构审理案件的依据之一。

2. 税务行政复议机关责令被申请人重新作出税务具体行政行为的,被申请人不得以同一事实和理由作出与原税务具体行政行为相同或者基本相同的税务具体行政行为;但税务行政复议机关以原税务具体行政行为违反法定程序而决定撤销的,被申请人重新作出税务具体行政行为的,不受此限制。

3. 推定撤销制度

被申请人未依法提出书面答复,提交当初作出税务具体行政行为的证据、依据和其他有关材料的,视为该税务具体行政行为没有证据、依据,决定撤销该税务具体行政行为。

被申请人应当自收到申请书副本或者申请笔录复印件之日起10日内,提出书面答复,并提交当初作出具体行政行为的证据、依据和其他有关材料。

【案例】某税务局稽查局对某纳税人作出罚款 10 万元的处罚决定，该纳税人对罚款决定不服，向稽查局的主管税务局申请复议。稽查局依法向复议机关提交了据以作出处罚决定的证据、依据和其他有关材料，并提出了书面答复。复议机关审理后决定，变更罚款为 5 万元。《税务行政复议决定书》送达后，该纳税人逾期未向法院起诉。

根据税务行政复议法律制度的规定：

（1）申请人申请税务行政复议的，必须依照税务机关根据法律、法规确定的税额、期限，先行缴纳或者解缴"税款和滞纳金"（而非罚款），或者提供相应的担保；

（2）申请人、第三人可以查阅被申请人提出的书面答复、作出具体行政行为的证据、依据和其他有关材料，除涉及国家秘密、商业秘密或者个人隐私外，行政复议机关不得拒绝；

（3）税务行政复议决定作出前，申请人要求撤回税务行政复议申请的，"经行政复议机构同意"，可以撤回，但不得以同一基本事实和理由重新申请复议；

（4）申请人可以在知道税务局作出具体行政行为之日起 60 日内提出行政复议申请；

（5）行政复议机关作出变更具体行政行为的行政复议决定，申请人逾期不起诉又不履行行政复议决定的，由行政复议机关（该稽查局的主管税务局）依法强制执行，或者申请人民法院强制执行。

六、中止与终止

下面是《行政复议法实施条例》关于行政复议中止和终止的具体规定：

第四十一条　行政复议期间有下列情形之一，影响行政复议案件审理的，行政复议中止：

（一）作为申请人的自然人死亡，其近亲属尚未确定是否参加行政复议的；

（二）作为申请人的自然人丧失参加行政复议的能力，尚未确定法定代理人参加行政复议的；

（三）作为申请人的法人或者其他组织终止，尚未确定权利义务承受人的；

（四）作为申请人的自然人下落不明或者被宣告失踪的；

（五）申请人、被申请人因不可抗力，不能参加行政复议的；

（六）案件涉及法律适用问题，需要有权机关作出解释或者确认的；

（七）案件审理需要以其他案件的审理结果为依据，而其他案件尚未审结的；

（八）其他需要中止行政复议的情形。

行政复议中止的原因消除后，应当及时恢复行政复议案件的审理。

行政复议机构中止、恢复行政复议案件的审理，应当告知有关当事人。

第四十二条　行政复议期间有下列情形之一的，行政复议终止：

（一）申请人要求撤回行政复议申请，行政复议机构准予撤回的；

（二）作为申请人的自然人死亡，没有近亲属或者其近亲属放弃行政复议权利的；

（三）作为申请人的法人或者其他组织终止，其权利义务的承受人放弃行政复议权利的；

（四）申请人与被申请人依照本条例第四十条的规定，经行政复议机构准许达成和解的；

（五）申请人对行政拘留或者限制人身自由的行政强制措施不服申请行政复议后，因申请人同一违法行为涉嫌犯罪，该行政拘留或者限制人身自由的行政强制措施变更为刑事拘留的。

依照本条例第四十一条第一款第（一）项、第（二）项、第（三）项规定中止行政复议，满60日行政复议中止的原因仍未消除的，行政复议终止。

行政复议中止是"暂停"复议程序；行政复议终止是复议程序结束。行政复议中止的原因消除后，应当及时恢复行政复议案件的审理。行政复议机构中止、恢复行政复议案件的审理，应当告知有关当事人。

其中，存在先中止后终止的特殊情况，即发生第四十一条中止第（1）至（3）项的情形，中止行政复议的，满60日行政复议中止的原因仍未消除的，行政复议终止。

特殊情况说明：如果作为申请人的法人或者其他组织的权利义务承受人不放弃行政复议权利的，行政复议不终止；作为申请人的法人进入破产程序，不必直接终止行政复议程序，破产管理人将有权代表该法人参加行政复议。作为申请人的自然人死亡，如果其近亲属确定继续参加行政复议的，行政复议不需要"中止"，更谈不上终止。申请人、被申请人共同要求调解，案件又属于可以调解的范围，如果当事人经调解达成协议，行政复议机关应当制作行政复议调解书，经双方当事人签字后生效；如果调解未达成协议或者调解书生效前一方反悔的，行政复议机关应及时作出行政复议决定。

第四节 和解和调解

甲行家先生谈税收法律救济：提到法律救济，甲行家经常举这个例子来解读行政处罚听证，行政复议和行政诉讼的关系，或者是法律救济的业务实质。此例特别适用70年代或此前出生的读者，我们小的时候生活在农村，村里边每家的孩子都多（独生子女的少），而且那时的父母很忙，顾不得管我们，那么就是左邻右舍的孩子们自发地聚在一起玩儿，在玩儿的过程中会出现闹急眼啦或打起来了，A有理，但是A被B打哭了。那么，A会哭着说"我上你家找你爸找你妈告状去"。此时，A和

B 闹着玩儿闹恼了，发生了矛盾，那么两个人在"干仗"的过程中，谁也不服谁，A 不服，B 也不服，那么 A 和 B 相互较劲的过程就是听证（当事双方自己解决问题）；A 被 B 打哭了，去找 B 的父母告状，让 B 父母主持公道就是"行政复议"（是找其父母不能找爷爷奶奶，不能越级），那么找 B 的父母告状的时候，父母会出来主持公道，说一句话"你别哭了，他回来我揍他！"。B 的父母让 B 道歉，B 回来之后受到家里规定的处罚，罚站挨揍或者是父母的训斥，这样，A 出气了，事情解决了，过两天该一起玩儿还一起玩儿；但是，如果在找 B 的父母解决问题时，B 父母和孩子一样混蛋，只是向着自己家孩子的时候。那么这个问题怎么解决呢？A 就去找了村长，找村长的目的是什么？就是相当于诉讼去找法官，法官出面来主持公道，这个就是"行政诉讼"。听证是当事人双方解决矛盾，找其中一方的父母解决问题就是复议，为什么不能找爷爷奶奶？那是因为不能越级复议，只能找上一级，也就是找 B 的父母，还是解决不了矛盾或问题，那只能找村长（法官）解决，就是诉讼。

在行政复议过程中，当事人双方在平等的基础上相互协商解决问题是和解，在行政复议机关的协调下，当事人双方针对争议事项达成解决方案的，是调解。

一、行政复议和解

行政复议和解是指在行政复议程序中，申请人与被申请人在行政复议机关面前就复议和解标的相互让步，达致妥协，以有效解决行政争议并终结行政复议程序的合意行为。

什么是和解？

和解是当事人双方在平等的基础上相互协商，互谅互让，进而对问题的解决达成协议的活动。和解具有及时解决纠纷，节约成本，保护合作关系等优点，当事人双方应首先选择。和解协议的法律效力：一方不履行和解协议，另一方可以向法院提起诉讼，当然也可以根据约定申请仲裁。法院通过对和解协议的审查，对于意思真实而又不违反法律强制性或禁止性规定的和解协议予以支持，但对于一方非自愿作出的或违反法律强制性或禁止性规定的和解协议是不予支持的。

（一）行政复议和解

1. 公民、法人或者其他组织对行政机关行使法律、法规规定的"自由裁量权"作出的具体行政行为不服申请行政复议，申请人与被申请人在行政复议决定作出前自愿达成和解的，应当向行政复议机构提交书面和解协议；和解内容不损害社会公共利益和他人合法权益的，行政复议机构应当准许。

2. 在行政复议期间，申请人与被申请人依照上述规定，经行政复议机构准许达成和解的，行政复议终止，行政复议机关无须制作行政复议和解书。

（二）行政复议和解制度的分类

从主观上来看，一是公民之间、公民与行政部门之间的和解；二是个人主体与群体主体的和解；从客观上来看，一是法律和解与事实和解；二是单一客体和解与复合客体的和解；从程序上来看，可分为事件当事人自行和解与经过行政部门协调后达成的调解；从标准上来看，可分为合理性和解与合法性和解；从内容上来看，可分为措施性和解与原则性和解；从范围上来看，可分为完整的、全局性的和解与部分的、阶段性的和解；从目的上来看，可分为谅解型和解与交易型和解；从效力上来看，可分为附条件生效的和解与独自生效的和解。

（三）复议和解的相关规定

根据行政复议法律制度的规定，在复议机关作出复议决定前，申请人与被申请人可以自愿达成和解，税务行政复议机关也可以调解。但是这种和解与调解程序，是不适用于确定适用税率的税务行政复议案件的。

对下列税务行政复议事项，按照自愿、合法的原则，申请人和被申请人在行政复议机关作出行政复议决定以前可以达成和解，税务行政复议机关也可以调解：①行使自由裁量权作出的税务具体行政行为，如行政处罚、核定税额、确定应税所得率等；②行政赔偿；③行政奖励；④存在其他合理性问题的具体行政行为。

根据行政复议法律制度的规定，公民、法人或者其他组织对行政机关行使法律、法规规定的自由裁量权作出的具体行政行为不服申请行政复议的，可以适用调解制度，例如：龚某以市政府征用本村土地补偿数额过低为由申请复议；杨某因非法种植罂粟被县公安局处以1000元罚款，杨某对该处罚不服申请复议；郭某对市住房和城乡建设局因违法拆除其房屋所作出的赔偿决定不服申请复议。

根据行政复议法律制度的规定，行政复议和解制度的主要内容是当事人达成和解必须经行政复议机构准许；申请人与被申请人自愿达成和解只能在行政复议决定作出前；在行政复议期间，申请人与被申请人依法达成和解意思后，应当向行政复议机构提交书面和解协议，经行政复议机构准许后，行政复议方终止；行政复议和解制度只适用于特定范围的行政复议案件，即公民、法人或者其他组织对行政机关行使法律、法规规定的自由裁量权作出具体行政行为不服而申请行政复议的案件。

根据《行政复议法实施条例》的规定，行政复议和解制度仅适用于公民、法人或者其他组织对行政机关行使法律、法规规定的自由裁量权作出具体行政行为不服而申请行政复议的案件。

根据行政复议法律制度的规定，在行政复议期间，申请人与被申请人依法达成和解的，行政复议终止，行政复议机关无须制作行政复议和解书；行政复议当事人经调解达成协议的，行政复议机关应当制作行政复议调解书。

二、行政复议调解

行政复议调解是发生在行政复议案件审查过程中,由行政复议机关和行政复议双方当事人参与,在查明事实、分清是非的基础上,针对行政争议标的进行的旨在使双方当事人达成合意的活动。

(一) 时间要素

行政复议调解发生在行政复议案件审查过程中。行政复议调解是行政复议机关处理行政复议案件的重要方式之一,只能发生在行政复议案件审查过程之中。也只有在审查过程中进行调解,在行政复议当事人的协商行为处于行政复议机关的主持和监督之下,才能确保复议机关对行政争议调解的正确行使。防止发生双方恶意串通或行政机关单方施压等违法行为。

(二) 主体要素

行政复议调解的主体,包括行政复议机关和行政复议双方当事人。行政复议案件可能基于复杂的法律利害关系而具有多方面的参与人和利害相关人。然而,作为行政复议调解的主体,除了行政复议机关以外只能是申请人、被申请人与第三人。当然,如果调解牵涉到他人利益或公共利益,行政复议机关应基于信赖保护和公序良俗原则,防止行政复议当事人恣意侵害他方合法权益或公共利益。

(三) 条件要素

行政复议调解应在查明事实、分清是非的基础上进行。行政复议案件数量和复杂程度的增加,要求行政复议工作必须不断创新方式方法。对事实清楚、争议不大的案件,一般可采取调解的结案方式。然而,对事实不清、争议较大的案件,需要认真核实事实,充分听取有关各方的意见;对案情事实或适用法律依据争议较大、社会关注程度高、案情复杂的案件,要深入调研,采取公开听证的方式,增强透明度和公信力。

这两类行政复议案件是不宜直接适用调解的。

(四) 对象要素

行政复议调解应针对行政争议标的进行,当事人双方争议的标的是具体的行政行为,调解必须也只能针对这一行为进行。如果被申请人以许诺事后利益的方式暗示申请人达成合意,那么就不是就具体行政行为本身达成的谅解。这不仅没有从根本上化解行政争议,而且有可能引起新的纠纷。

(五) 目的要素

行政复议调解的目的是使双方当事人达成合意。在这一点上,行政复议调解与行政诉讼调解或民事诉讼调解并无本质区别。都必须有当事人的真实意思表示,出于自愿达成协议。同时,这一协议是否合法有效,还有待行政复议机关依法进行严格审查。

(六) 行政复议调解适用的案件范围

1. 公民、法人或者其他组织对行政机关行使法律、法规规定的"自由裁量权"作出的具体行政行为不服申请行政复议的。

2. 当事人之间的行政赔偿或者行政补偿纠纷。

当事人经调解达成协议的,行政复议机关"应当"制作行政复议调解书;行政复议调解书经双方当事人签字,即具有法律效力。行政复议和解的,行政复议机关是无须制作行政复议和解书的。

3. 调解未达成协议或者调解书生效前一方反悔的,行政复议机关应当及时作出行政复议决定。

三、目的或意义

和解是行政相对人和作出具体行政行为的行政机关自行和解;调解是在行政复议机关主持下,对行政相对人和作出具体行政行为的行政机关之间发生的争议进行有关协调。

行政复议和解制度并非适用于所有行政复议案件,只适用于特定范围的行政复议案件,即公民、法人或者其他组织对行政机关行使法律、法规规定的自由裁量权作出具体行政行为不服而申请行政复议的案件。

(一) 行政复议和解与调解的区别

1. 适用范围不同

和解仅限行政机关的自由裁量行为,法律依据为《行政复议法实施条例》第四十条。调解是除行政机关的自由裁量行为外,行政赔偿、补偿纠纷也能适用,法律依据为《行政复议法实施条例》第五十条。

2. 参加人员不同

行政复议和解是申请人和被申请人(原行政机关),案外协商,复议机关并不参与。行政复议调解是双方当事人在行政复议机关主持下,案中调解。

3. 适用程序不同

行政复议和解是双方当事人遵循平等、自愿、合法原则,在复议决定作出之前达成和解;和解协议内容不得损害社会公共利益和他人合法权益;达成的和解协议应向行政复议机构提交,在获得准许后,行政复议程序终止。

行政复议调解应在复议机关的主持下进行,调解应遵循自愿、合法原则,当事人达成调解协议的,行政复议机关应当制作行政复议调解书,并加盖复议机关印章。

4. 法律效力不同

和解协议不具有强制执行效力;调解协议相当于行政复议决定,具有强制执行效力。

行政复议申请人与被申请人达成和解必须经行政复议机构准许,达成和解以后,行政复议终止。而行政复议调解,当事人经调解达成协议,由行政复议机关制作行政复议调解书,经双方当事人签字以后生效。

(二) 有关行政复议和解与调解的法律规定

在《行政复议法实施条例》中,明确规定如下:

第四十条 公民、法人或者其他组织对行政机关行使法律、法规规定的自由裁量权作出的具体行政行为不服申请行政复议,申请人与被申请人在行政复议决定作出前自愿达成和解的,应当向行政复议机构提交书面和解协议;和解内容不损害社会公共利益和他人合法权益的,行政复议机构应当准许。

第五十条 有下列情形之一的,行政复议机关可以按照自愿、合法的原则进行调解:

(一) 公民、法人或者其他组织对行政机关行使法律、法规规定的自由裁量权作出的具体行政行为不服申请行政复议的;

(二) 当事人之间的行政赔偿或者行政补偿纠纷。

当事人经调解达成协议的,行政复议机关应当制作行政复议调解书。调解书应当载明行政复议请求、事实、理由和调解结果,并加盖行政复议机关印章。行政复议调解书经双方当事人签字,即具有法律效力。

调解未达成协议或者调解书生效前一方反悔的,行政复议机关应当及时作出行政复议决定。

(三) 目的或意义

行政复议和解与调解制度的建立,意义重大、影响深远。

1. 显著提高行政效率、增强行政复议的制度弹性

行政复议和解与调解具有明显的效率价值。具有前置性地位和效率性优势的行政复议,承担着快速解决行政争议、减轻行政诉讼司法任务的独特功能。行政复议活动本身占据行政资源,耗费行政成本。将和解和调解制度引入行政复议程序,行政复议机关通过运用调解方式把行政争议解决在行政复议审查阶段,不仅进一步增强了行政复议的制度弹性,容纳并妥善解决更多的行政争议,而且提高了行政效率。同时,和解和调解达成的协议,当事人也更容易自觉履行,避免行政争议传递到行政诉讼的司法程序。

2. 适度调整当事人双方的不平等差距,充分体现实质的公平正义

正确处理行政复议案件,实现社会公平正义,是行政复议的重要价值目标之一。和解和调解制度的引入,使得行政复议所追求的公平正义价值更趋实质化。依法行政过程中的行政相对人与行政主体的地位是不平等。和解和调解制度的本质特点是"合意",合意不仅是调解的终点问题,也是处理纠纷的起点问题。必须以当事人同意为

前提，调解协议也必须是当事人自愿达成的协议。正是当事人的"自愿"和"合意"，才保证了和解和调解方式的正当性。通过法律制度框架下运行的调解机制，避免行政相对人的权利在救济过程中再次受到侵害。缓和了行政主体与行政相对人之间的对立关系和力量差距，促进社会不同主体之间的和谐，增强行政相对人对行政复议程序的认同。

3. 严格规范具体行政行为，充分维护法律秩序

行政复议机关依据法律规范来审查具体行政行为，维护作为权利义务体系的法律秩序，是具有"准司法性"的行政复议制度的重要任务。同时，《行政复议法实施条例》明确规定行政复议的和解和调解必须"自愿、合法"，在确认具体行政行为合法的基础上进行。运用调解方式解决行政争议可以灵活地发挥法律规范的作用。《行政复议法实施条例》设计的调解制度，本质上而言就是一种判断型调解。其首要任务是确认具体行政行为合法，这也是其规范性的明显表现。在调解过程中，行政复议办案人员要运用法律规范来分析双方的事实关系，并用法律规范来判断双方的要求是否合理。在此过程中，法律规范的作用始终作为核心，当事人和行政复议机关都在围绕法律规范进行活动。因此，以调解结案与以行政复议决定结案，是从不同的侧面来强调法律的规范性的。

4. 加强政府与民众间的沟通

和解和调解制度引入行政复议制度中，有利于为相关立法的完善提供实践经验。有些行政争议是由于法律规定的欠缺或法律规定的不尽合理引起的。在调解中，行政复议机关可以在不违反法律规定的情况下，灵活地选择行政相对人容易接受的方式来要求行政主体承担责任。这样既解决了行政争议，又为相关法律法规的完善提供了实践经验。这与行政诉讼严格的合法性审查及判决逻辑不同。这种制度创新有利于政府和民众之间更好地相互学习、沟通和理解，尽量排除后续交往中的知识性和情绪性障碍。对法治的共同理解和对彼此权责的尊重与认同，将使行政复议调解制度不仅可以解决行政争议，而且营造行政机关与行政相对人之间的理性与和谐关系。

四、税务行政复议和解与调解

（一）《税务行政复议规则》相关规定

第十章　税务行政复议和解与调解

第八十六条　对下列行政复议事项，按照自愿、合法的原则，申请人和被申请人在行政复议机关作出行政复议决定以前可以达成和解，行政复议机关也可以调解：

（一）行使自由裁量权作出的具体行政行为，如行政处罚、核定税额、确定应税所得率等。

（二）行政赔偿。

（三）行政奖励。

（四）存在其他合理性问题的具体行政行为。

第八十七条　申请人和被申请人达成和解的，应当向行政复议机构提交书面和解协议。和解内容不损害社会公共利益和他人合法权益的，行政复议机构应当准许。

第八十八条　经行政复议机构准许和解终止行政复议的，申请人不得以同一事实和理由再次申请行政复议。

第八十九条　调解应当符合下列要求：

（一）尊重申请人和被申请人的意愿。

（二）在查明案件事实的基础上进行。

（三）遵循客观、公正和合理原则。

（四）不得损害社会公共利益和他人合法权益。

第九十条　行政复议机关按照下列程序调解：

（一）征得申请人和被申请人同意。

（二）听取申请人和被申请人的意见。

（三）提出调解方案。

（四）达成调解协议。

（五）制作行政复议调解书。

第九十一条　行政复议调解书应当载明行政复议请求、事实、理由和调解结果，并加盖行政复议机关印章。行政复议调解书经双方当事人签字，即具有法律效力。

调解未达成协议，或者行政复议调解书不生效的，行政复议机关应当及时作出行政复议决定。

第九十二条　申请人不履行行政复议调解书的，由被申请人依法强制执行，或者申请人民法院强制执行。

（二）和解与调解的注意事项

1. 依照自愿、合法的原则，申请人和被申请人在行政复议机关作出行政复议决定以前可以达成和解，税务行政复议机关也可以调解：

（1）行使自由裁量权作出的税务具体行政行为，如行政处罚、核定税额、确定应税所得率等。

（2）行政赔偿。

（3）行政奖励。

（4）存在其他合理性问题的具体行政行为。

2. 申请人和被申请人达成和解的，应当向行政复议机构提交书面和解协议。

和解内容不损害社会公共利益和他人合法权益的，行政复议机构应当准许。经行政复议机构准许和解终止行政复议的，申请人不得以同一事实和理由再次申请行政复议。

3. 调解应当符合四个要求：

（1）尊重申请人和被申请人的意愿。

（2）在查明案件事实的基础上进行。

（3）遵循客观、公正和合理原则。

（4）不得损害社会公共利益和他人合法权益。

4. 行政复议调解书经双方当事人签字，即具有法律效力。申请人不履行行政复议调解书的，由被申请人依法强制执行，或者申请人民法院强制执行。

（三）案例解析

【案例 4-1】

李某于 2015 年 10 月 7 日被所在县的地税局罚款 600 元，王某是李某的好朋友，他认为地税局的罚款过重，于同年 11 月 14 日以自己的名义，向该县政府邮寄了行政复议申请书。由于邮局的原因，该县政府 2016 年 1 月 14 日才收到行政复议申请书，该县政府在 2016 年 1 月 24 日以超过复议申请期限为由做出不予受理决定，并电话通知了王某。

案例 4-1 分析：

王某不能作为申请人申请行政复议。因为根据行政复议法的规定，只有认为具体行政行为侵犯其合法权益的公民、法人和其他组织，才能作为申请人申请复议，本案中的王某与县地税局的具体行政行为没有利害关系，所以王某不能申请复议。

本案申请人的申请期限没有超期。因为以邮寄方式申请行政复议的，以邮寄的邮戳日期为准，邮寄在途期间不计算期限，本案中的申请人没有超过法定申请期限。

县政府对王某的行政复议申请，作出不予受理决定的期限不符合行政复议法的规定，县政府应当在 5 日内作出是否受理的决定。

县政府用电话通知不予受理的做法不符合行政复议法的规定。县政府应当采用书面方式告知申请人。

【案例 4-2】 税务行政处罚在复议期或诉讼期内不能强制执行

某财产保险公司是车船使用税的法定扣缴义务人，2009 年 9 月，主管税务局对其代收代缴的车船使用税进行了税务稽查。经检查，发现该公司在 2008 年 7 月 1 日—2009 年 7 月 1 日期间，办理机动车交通事故责任强制保险业务时应扣未扣、应收未收车船使用税 55 万元。2009 年 10 月 21 日，主管税务局根据《税收征管法》第六十九条的规定，对该公司下达了罚款 55 万元的税务行政处罚决定。该公司对行政处罚十分不满，逾期拒不缴纳罚款。2009 年 11 月 25 日主管税务局根据《行政处罚法》第五十一条和《税收征管法》第八十八条第三款的规定，准备采取强制执行措施。但是，该主管税务局的法制部门在审查有关涉税资料后认为，只能对该公司的税款和滞纳金采取强制执行措施，在复议期或诉讼期内对罚款不能强制执行。

对此，有人提出疑问，既然《税收征管法》赋予了税务机关对税务行政处罚的强制执行权，为何不能对处罚直接采取强制执行措施？

案例 4-2 分析：

本案的关键是正确把握《税收征管法》规定的强制执行行政处罚的时间界限。《税收征管法》第八十八条第三款规定："当事人对税务机关的处罚决定逾期不申请行政复议也不向人民法院起诉、又不履行的，作出处罚决定的税务机关可以采取本法第四十条规定的强制执行措施，或者申请人民法院强制执行。"该条所称的"逾期"，包括以下含义：超过了税务行政处罚决定书中所规定的缴款期限，同时超过了《行政复议法》及《行政诉讼法》规定的复议期限和诉讼期限。

《行政复议法》第九条规定："公民、法人或者其他组织认为具体行政行为侵犯其合法权益的，可以自知道该具体行政行为之日起 60 日内提出行政复议申请；但是法律规定的申请期限超过 60 日的除外。因不可抗力或者其他正当理由耽误法定申请期限的，申请期限自障碍消除之日起继续计算。"

《税务行政复议规则》第十五条规定："申请人可以在得知税务机关作出具体行政行为之日起 60 日内提出行政复议申请。因不可抗力或者被申请人设置障碍等其他正当理由耽误法定申请期限的，申请期限自障碍消除之日起继续计算。"《行政诉讼法》第三十九条规定："公民、法人或者其他组织直接向人民法院提起诉讼的，应当在知道作出具体行政行为之日起 3 个月内提出。法律另有规定的除外。"

本案中该公司可以在知道处罚决定之日起 60 日内向作出行政处罚税务局的上级机关申请行政复议，亦可在 3 个月内直接向人民法院提起行政诉讼。复议还是诉讼，纳税人有自由选择的权利。同时《行政复议法》也对此项选择权作出了一定限制，申请人向复议机关申请行政复议，复议机关已受理的，在法定行政复议期限内，申请人不得向人民法院提起行政诉讼；人民法院已受理的，不得申请行政复议。

税务机关采取强制执行措施，只能是在该公司自收到税务处罚决定之日起 60 日内未申请税务行政复议，并且 3 个月内未提起行政诉讼，又不履行处罚决定的情况下。如果该公司在 60 日内申请了税务行政复议，或者在 3 个月内向人民法院提起了行政诉讼，或者在此期间内履行了处罚决定，税务机关就无权采取强制执行措施。

本案中税务机关于 2009 年 10 月 21 日作出行政处罚，到 2009 年 11 月 25 日就想采取强制执行措施，显然不符合上述条件。因为到 2009 年 11 月 25 日，60 日的行政复议期还没有到，更不要说 3 个月的提起诉讼期限了。

具体来讲，如果该公司在收到税务处罚决定之日起 60 日内未提起复议，则丧失复议权；在 3 个月内不起诉，该公司失去了起诉权。只有该公司完全失去了行政救济的权力,又不履行处罚决定的,税务机关才可以直接采取强制执行措施或申请人民法院强制执行,即非诉税务案件的强制执行应在 3 个月后实施。对申请法院执行的,根据《最高人民法院关于执行〈中华人民共和国行政诉讼法〉若干问题的解释》第八十八条规定:"行政机关申请人民法院强制执行其具体行政行为,应当自被执行人的法定起诉期限届满之日起 180 日内提出,逾期提出申请的,法院将不予受理。"

到 2009 年 11 月 25 日,虽然该公司既没有提起行政复议,又没有提起行政诉讼,但不能认为该公司此后不会提起行政复议或行政诉讼,因为没有超过期限,自然不能采取强制执行措施。如果该公司在法定期限内提出了复议申请,当事人如果不服复议决定,以及复议机关逾期未作出复议决定的,该公司可在 15 日内向人民法院起诉。也就是说,只有在走完复议、诉讼程序后,复议机构或法院判定该公司仍然需要履行缴纳罚款的义务,且该公司拒不履行的情况下,才能强制执行。

(四) 允许和解或调解的税务行政复议事项

对下列税务行政复议事项,按照自愿、合法的原则,申请人和被申请人在行政复议机关作出行政复议决定以前可以达成和解,税务行政复议机关也可以调解:

1. 被申请人行使自由裁量权作出的具体行政行为,如行政处罚、核定税额、确定应税所得率等。
2. 行政赔偿或者行政补偿。
3. 涉税举报奖励。
4. 上位法不明确,税务机关主要依据政策调整作出决定的案件。
5. 依法可以和解、调解的其他行政复议案件。

第五节 税务行政复议工作要求

无论税务行政复议的结果如何,行政复议机构作出的每一次税务行政复议决定都是一次具体行政行为,第二次的行政行为又称"复审的行政行为",是以原有的行政行为为基础,对其进行审查,予以承认、变更或使其失去效力的行政行为。第二次行政行为不是创设新的法律关系,仅为实现或加强既存的权利和义务关系。第二次行政行为可以依据职权,也可以根据当事人的申请而进行。前者称为基于职权的行为,后者称为基于申请的行为。

《行政复议法实施条例》自 2007 年 8 月 1 日起施行后,为了充分发挥行政复议职能,妥善解决税务行政争议,切实保护纳税人合法权益,推进税务局依法行政,构建和谐征纳关系,国家税务总局及时下发《国家税务总局关于全面加强税务行政复议工作的意见》(国税发〔2007〕28 号)对全国税务系统实施税务行政复议工作提出要求：要牢固树立"以人为本、复议为民"的指导思想，努力增强法制意识、责任意识和服务意识，切实提高对行政复议工作的重视程度。

一、依法履行复议工作职责

各单位的复议机构应切实依法履行行政复议职责：

一是保障行政复议渠道的畅通。要结合本局工作实际，在接待、办公场所及本局网站，公示申请税务行政复议的条件、审理程序及受理机构等事项，为当事人申请行政复议创造便利条件；

二是依法受理行政复议案件。除法律明确规定不予受理的申请外，必须积极受理。对不符合受理条件的，应告知申请人依法解决的途径；

三是依法审理税务行政复议案件，全面审查具体行政行为的合法性与合理性，注重证据，坚持公平正义。要进一步规范行政复议案件的审理程序，创新案件审理方式，推行和完善重大疑难案件会商会审制度；

四是秉公执法，发现被申请人不符合依法行政要求的，应当坚决纠正并按照有关规定制发《行政复议监督函》，督促相关单位或部门依法履行职责；

五是实现原则性与灵活性的有机结合，充分运用和解、协调机制化解行政争议，增强征纳双方间的理解与互信；

六是定期开展有关行政复议工作研究，及时反馈遇到的问题，研究提出改进建议，完善税收政策及管理制度。

下面内容是摘自《国家税务总局关于全面加强税务行政复议工作的意见》（国税发〔2007〕28号）文件的原文：

一、提高认识，充分发挥行政复议化解税务行政争议的主渠道作用

（一）行政复议是化解税务行政争议的有效手段。

（二）新形势要求必须加强行政复议工作。……各级税务机关必须进一步提高对做好行政复议工作重要性和紧迫性的认识，切实增强政治责任感，采取扎实有效措施，全面加强税务行政复议工作。

（三）充分发挥行政复议化解税务行政争议的主渠道作用。行政复议是解决税务行政争议的重要法律制度和主要渠道。

二、畅通渠道，积极受理行政复议案件

（四）渠道畅通是行政复议制度得以发挥作用的前提。各级税务机关要把畅通渠道作为加强行政复议工作的着力点和突破口，疏通进口，敞开大门，积极受理行政复议案件，除法律明确规定不受理的案件外，复议机关必须受理。对无正当理由拒不受理复议申请而经法院审理责令受理的，要定期通报，并追究有关人员责任。对确实不符合受理条件的案件要妥善处理，不能简单一推了之，要向申请人说明情况，告知解

决问题的渠道。对确有问题的案件要通过建立个案督促纠正制度予以纠正。

三、提高工作质量，力争把税务行政争议解决在税务机关内部

（五）坚持公平正义。查清案件事实，正确适用法律，依法公正合理地做出复议决定，是行政复议工作的基本要求。坚持以公开求公正、以公正促稳定的法治理念，把实现社会公平公正作为行政复议的根本价值目标。

（六）全面审查合法性与合理性。

（七）注重证据审查。税务机关办理行政复议案件必须依法全面审查相关证据，做到定案证据合法、真实、确凿、充分。既要注重审查税务机关提供的证据，也要重视纳税人提供的证据；既要审查证据的真实性，也要审查证据的合法性；据以定案的证据必须具有排他性和唯一性。

（八）秉公执法，切实维护纳税人的合法权益。税务机关在办理行政复议案件过程中，必须查清案件事实，正确适用法律，依法做出行政复议决定，对该撤销或者变更的具体行政行为要坚决予以撤销或者变更。

四、注重运用调解手段，实现法律效果与社会效果的统一

（九）调解是化解矛盾的有效手段。各级复议机关要增强运用调解手段解决行政争议的意识，将调解贯穿于行政复议的全过程。运用和解、调解方式办案，必须坚持当事人自愿、合法、公平公正、诚实守信的原则，不得侵害纳税人的合法权益。在不损害国家利益、公共利益和他人合法利益的前提下，应当引导双方当事人之间和平协商，平衡利益，增进相互理解和信任，最大限度地降低税务争议的负面影响，实现法律效果与社会效果的统一。

（十）坚持原则性与灵活性相统一，依法进行调解。……复议机关要积极为当事人自行和解创造条件。当事人通过调解、和解达成协议的，复议机关要制作行政复议调解书或者行政复议和解书予以确认，及时送达当事人执行。不能达成和解协议或者调解书、和解书送达前申请人反悔的，复议机关应当及时做出行政复议决定。

五、创新工作方法，提高解决行政争议的效率

（十一）复议机关要根据案情特点，区分不同情况，在法律、法规允许的范围内，采取灵活多样的工作方法和结案方式。对疑难复杂、社会关注的重大案件，可以采取当面核实、公开听证等审理方式，召集双方质证辩论，充分听取各方意见，增加行政复议的透明度，提高公信力，做到公平公正。对基本事实清楚、争议不大的案件，被申请人经过上级机关指示，确认具体行政行为存在明显错误的，可以立即纠正。税务机关对自身明显违法或不当的执法行为引起的复议案件应主动纠正，上级税务机关也可以督促其在规定期限内予以改正，以取得申请人的理解，避免加重违法不当行为造成的损害。

……

（十四）认真落实上级税务机关直接受理行政复议申请制度。对下级复议机关无正当理由不受理复议案件的，除责令受理外，上级税务机关要加大直接受理的力度，保证案件及时得到处理。要探索建立行政复议案件"提审"制度，对本辖区内有重大影响或者有典型意义的案件，上级税务机关可以直接受理。

……

（二十）加大行政复议工作宣传力度。通过加强法律知识培训，帮助广大税务干部增强依法行政意识，正确认识行政复议对纳税人的合法权益救济作用，自觉接受监督。向纳税人广泛宣传行政复议的法律规定、制度功能及其在解决行政争议方面的优势，引导纳税人通过行政复议渠道解决行政争议，营造依法解决行政争议的良好社会氛围。

二、复议机构工作职责

各级税务行政复议机关负责法制工作的机构（政策法规司、政策法规处、政策法规科），是税务行政复议机构。在依法办理行政复议事项时，应该履行下列工作职责：

1. 受理行政复议申请。
2. 向有关组织和人员调查取证，查阅文件和资料。
3. 审查申请行政复议的具体行政行为是否合法和适当，起草行政复议决定。
4. 处理或者转送对本规则第十五条所列有关规定的审查申请。
5. 对被申请人违反行政复议法及其实施条例和本规则规定的行为，依照规定的权限和程序向相关部门提出处理建议。
6. 研究行政复议工作中发现的问题，及时向有关机关或者部门提出改进建议，重大问题及时向行政复议机关报告。
7. 指导和监督下级税务机关的行政复议工作。
8. 办理或者组织办理行政诉讼案件应诉事项。
9. 办理行政复议案件的赔偿事项。
10. 办理行政复议、诉讼、赔偿等案件的统计、报告、归档工作和重大行政复议决定备案事项。
11. 其他与行政复议工作有关的事项。

各级行政复议机关可以成立行政复议委员会，研究重大、疑难案件，提出处理建议。行政复议委员会可以邀请本机关以外的具有相关专业知识的人员参加。

三、复议范围

行政复议机关受理申请人对税务局下列具体行政行为不服提出的行政复议申请：
1. 征税行为，包括确认纳税主体、征税对象、征税范围、减税、免税、退税、抵扣税款、适用税率、计税依据、纳税环节、纳税期限、纳税地点和税款征收方式等具体行政行为，征收税款、加收滞纳金，扣缴义务人、受税务机关委托的单位和个人作出的代扣代缴、代收代缴、代征行为等。

2. 行政许可、行政审批行为。

3. 发票管理行为，包括发售、收缴、代开发票等。

4. 税收保全措施、强制执行措施。

5. 行政处罚行为：（1）罚款；（2）没收财物和违法所得；（3）停止出口退税权。

6. 不依法履行下列职责的行为：（1）颁发税务登记；（2）开具、出具完税凭证、外出经营活动税收管理证明；（3）行政赔偿；（4）行政奖励；（5）其他不依法履行职责的行为。

7. 资格认定行为。

8. 不依法确认纳税担保行为。

9. 政府信息公开工作中的具体行政行为。

10. 纳税信用等级评定行为。

11. 通知出入境管理机关阻止出境行为。

12. 其他具体行政行为。

申请人认为税务局的具体行政行为所依据的下列规定不合法，对具体行政行为申请行政复议时，可以一并向行政复议机关提出对有关规定的审查申请；申请人对具体行政行为提出行政复议申请时不知道该具体行政行为所依据的规定的，可以在行政复议机关作出行政复议决定以前提出对该规定（不包括规章）的审查申请：

（1）国家税务总局和国务院其他部门的规定。

（2）其他各级税务局的规定。

（3）地方各级人民政府的规定。

（4）地方人民政府工作部门的规定。

对各级税务局的具体行政行为不服的，向其上一级税务局申请行政复议。

对国家税务总局的具体行政行为不服的，向国家税务总局申请行政复议。对行政复议决定不服，申请人可以向人民法院提起行政诉讼，也可以向国务院申请裁决。国务院的裁决为最终裁决。

四、申请要求

申请人可以在知道税务局作出具体行政行为之日起 60 日内提出行政复议申请。因不可抗力或被申请人设置障碍等原因耽误法定申请期限的，申请期限的计算应当扣除被耽误时间。

申请人按照规定申请行政复议的，必须依照税务局根据法律、法规确定的税额、期限，先行缴纳或者解缴税款和滞纳金，或者提供相应的担保，才可以在缴清税款和滞纳金以后或者所提供的担保，得到作出具体行政行为的税务局确认之日起60日内提出行政复议申请。

申请人提供担保的方式包括保证、抵押和质押。作出具体行政行为的税务局应当对保证人的资格、资信进行审查，对不具备法律规定资格或者没有能力保证的，有权拒绝。作出具体行政行为的税务局应当对抵押人、出质人提供的抵押担保、质押担保进行审查，对不符合法律规定的抵押担保、质押担保，不予确认。

税务局作出具体行政行为，依法应当向申请人送达法律文书。而未送达的，视为该申请人不知道该具体行政行为。申请人书面申请行政复议的，可以采取当面递交、邮寄或者传真等方式提出行政复议申请。有条件的行政复议机关可接受以电子邮件形式提出的行政复议申请。

对以传真、电子邮件形式提出行政复议申请的，行政复议机关应当审核确认申请人的身份、复议事项。

申请人书面申请行政复议的，应当在行政复议申请书中载明下列事项：

（1）申请人的基本情况，包括公民的姓名、性别、出生年月、身份证件号码、工作单位、住所、邮政编码、联系电话；法人或者其他组织的名称、住所、邮政编码、联系电话和法定代表人或者主要负责人的姓名、职务。

（2）被申请人的名称。

（3）行政复议请求、申请行政复议的主要事实和理由。

（4）申请人的签名或者盖章。

（5）申请行政复议的日期。

申请人口头申请行政复议的，行政复议机构应当依照本规则第三十九条规定的事项，当场制作行政复议申请笔录，交申请人核对或者向申请人宣读，并由申请人确认。

申请人向行政复议机关申请行政复议，行政复议机关已经受理的，在法定行政复议期限内申请人不得向人民法院提起行政诉讼；申请人向人民法院提起行政诉讼，人民法院已经依法受理的，不得申请行政复议。

五、受理要求

税务行政复议申请符合下列规定的，行政复议机关应当受理：

1. 属于本规则规定的行政复议范围。
2. 在法定申请期限内提出。
3. 有明确的申请人和符合规定的被申请人。
4. 申请人与具体行政行为有利害关系。
5. 有具体的行政复议请求和理由。

6. 符合本规则第三十三条和第三十四条规定的条件。

7. 属于收到行政复议申请的行政复议机关的职责范围。

8. 其他行政复议机关尚未受理同一行政复议申请，人民法院尚未受理同一主体就同一事实提起的行政诉讼。

行政复议机关收到行政复议申请以后，应当在 5 日内审查，决定是否受理。对不符合本规则规定的行政复议申请，决定不予受理，并书面告知申请人。

对不属于本机关受理的行政复议申请，应当告知申请人向有关行政复议机关提出。

行政复议机关收到行政复议申请以后未按照前款规定期限审查并作出不予受理决定的，视为受理。

对符合规定的行政复议申请，自行政复议机构收到之日起即为受理；受理行政复议申请，应当书面告知申请人。

行政复议申请材料不齐全、表述不清楚的，行政复议机构可以自收到该行政复议申请之日起 5 日内书面通知申请人补正。补正通知应当载明需要补正的事项和合理的补正期限。无正当理由逾期不补正的，视为申请人放弃行政复议申请。

补正申请材料所用时间不计入行政复议审理期限。

对应当先向行政复议机关申请行政复议，对行政复议决定不服再向人民法院提起行政诉讼的具体行政行为，行政复议机关决定不予受理或者受理以后超过行政复议期限不作答复的，申请人可以自收到不予受理决定书之日起或者行政复议期满之日起 15 日内，依法向人民法院提起行政诉讼。

行政复议期间具体行政行为不停止执行；但是有下列情形之一的，可以停止执行：

1. 被申请人认为需要停止执行的。

2. 行政复议机关认为需要停止执行的。

3. 申请人申请停止执行，行政复议机关认为其要求合理，决定停止执行的。

4. 法律规定停止执行的。

六、证据要求

（一）证据类别

税务行政复议证据包括以下类别：

1. 书证。

2. 物证。

3. 视听资料。

4. 证人证言。

5. 当事人陈述。

6. 鉴定结论。

7. 勘验笔录、现场笔录。

在行政复议中,被申请人对其作出的具体行政行为负有举证责任。

行政复议机关应当依法全面审查相关证据。行政复议机关审查行政复议案件,应当以证据证明的案件事实为依据。定案证据应当具有合法性、真实性和关联性。

(二)审查证据的合法性

1. 证据是否符合法定形式。
2. 证据的取得是否符合法律、法规、规章和司法解释的规定。
3. 是否有影响证据效力的其他违法情形。

(三)审查证据的真实性

1. 证据形成的原因。
2. 发现证据时的环境。
3. 证据是否为原件、原物,复制件、复制品与原件、原物是否相符。
4. 提供证据的人或者证人与行政复议参加人是否具有利害关系。
5. 影响证据真实性的其他因素。

(四)审查证据的关联性

1. 证据与待证事实是否具有证明关系。
2. 证据与待证事实的关联程度。
3. 影响证据关联性的其他因素。

(五)下列证据材料不得作为定案依据

1. 违反法定程序收集的证据材料。
2. 以偷拍、偷录和窃听等手段获取侵害他人合法权益的证据材料。
3. 以利诱、欺诈、胁迫和暴力等不正当手段获取的证据材料。
4. 无正当事由超出举证期限提供的证据材料。
5. 无正当理由拒不提供原件、原物,又无其他证据印证,且对方不予认可的证据的复制件、复制品。
6. 无法辨明真伪的证据材料。
7. 不能正确表达意志的证人提供的证言。
8. 不具备合法性、真实性的其他证据材料。

在行政复议过程中,被申请人不得自行向申请人和其他有关组织或者个人收集证据。

行政复议机构认为必要时,可以调查取证。

行政复议工作人员向有关组织和人员调查取证时,可以查阅、复制和调取有关文件和资料,向有关人员询问。调查取证时,行政复议工作人员不得少于2人,并应当向当事人和有关人员出示证件。被调查单位和人员应当配合行政复议工作人员的工作，不得拒绝、阻挠。

需要现场勘验的，现场勘验所用时间不计入行政复议审理期限。

七、审查要求

行政复议机构应当自受理行政复议申请之日起7日内，将行政复议申请书副本或者行政复议申请笔录复印件发送被申请人。被申请人应当自收到申请书副本或者申请笔录复印件之日起10日内提出书面答复，并提交当初作出具体行政行为的证据、依据和其他有关材料。

对国家税务总局的具体行政行为不服申请行政复议的案件，由原承办具体行政行为的相关机构向行政复议机构提出书面答复，并提交当初作出具体行政行为的证据、依据和其他有关材料。

行政复议机构审理行政复议案件，应当由2名以上行政复议工作人员参加。

对重大、复杂的案件，申请人提出要求或者行政复议机构认为必要时，可以采取听证的方式审理。行政复议机构决定举行听证的，应当将举行听证的时间、地点和具体要求等事项通知申请人、被申请人和第三人。

第三人不参加听证的，不影响听证的举行。

行政复议机关应当全面审查被申请人的具体行政行为所依据的事实证据、法律程序、法律依据和设定的权利义务内容的合法性、适当性。

八、作出税务行政复议决定要求

行政复议机构应当对被申请人的具体行政行为提出审查意见，经行政复议机关负责人批准，按照下列规定作出行政复议决定：

（一）具体行政行为认定事实清楚，证据确凿，适用依据正确，程序合法，内容适当的，决定维持。

（二）被申请人不履行法定职责的，决定其在一定期限内履行。

（三）具体行政行为有下列情形之一的，决定撤销、变更或者确认该具体行政行为违法；决定撤销或者确认该具体行政行为违法的，可以责令被申请人在一定期限内重新作出具体行政行为：

1. 主要事实不清、证据不足的；
2. 适用依据错误的；
3. 违反法定程序的；
4. 超越职权或者滥用职权的；
5. 具体行政行为明显不当的。

（四）被申请人不按照本规则第六十二条的规定提出书面答复，提交当初作出具体行政行为的证据、依据和其他有关材料的，视为该具体行政行为没有证据、依据，决定撤销该具体行政行为。

行政复议机关责令被申请人重新作出具体行政行为的，被申请人不得以同一事实和理由作出与原具体行政行为相同或者基本相同的具体行政行为；但是行政复议机关以原具体行政行为违反法定程序决定撤销的，被申请人重新作出具体行政行为的除外。

行政复议机关责令被申请人重新作出具体行政行为的，被申请人不得作出对申请人更为不利的决定；但是行政复议机关以原具体行政行为主要事实不清、证据不足或适用依据错误决定撤销的，被申请人重新作出具体行政行为的除外。

有下列情形之一的，行政复议机关可以决定变更：

第一，认定事实清楚，证据确凿，程序合法，但是明显不当或者适用依据错误的。

第二，认定事实不清，证据不足，但是经行政复议机关审理查明事实清楚，证据确凿的。

第四十八条　有下列情形之一的，行政复议机关应当决定驳回行政复议申请：

（一）申请人认为税务机关不履行法定职责申请行政复议，行政复议机关受理以后发现该税务机关没有相应法定职责或者在受理以前已经履行法定职责的。

（二）受理行政复议申请后，发现该行政复议申请不符合行政复议法及其实施条例和本规则规定的受理条件的。

上级税务局认为行政复议机关驳回行政复议申请的理由不成立的，应当责令限期恢复受理。行政复议机关审理行政复议申请期限的计算应当扣除因驳回耽误的时间。

行政复议机关责令被申请人重新作出具体行政行为的，被申请人应当在60日内重新作出具体行政行为；情况复杂，不能在规定期限内重新作出具体行政行为的，经行政复议机关批准，可以适当延期，但是延期不得超过30日。

公民、法人或者其他组织对被申请人重新作出的具体行政行为不服，可以依法申请行政复议，或者提起行政诉讼。

申请人在申请行政复议时可以一并提出行政赔偿请求，行政复议机关对符合国家赔偿法的规定应当赔偿的，在决定撤销、变更具体行政行为或者确认具体行政行为违法时，应当同时决定被申请人依法赔偿。

申请人在申请行政复议时没有提出行政赔偿请求的，行政复议机关在依法决定撤销、变更原具体行政行为确定的税款、滞纳金、罚款和对财产的扣押、查封等强制措施时，应当同时责令被申请人退还税款、滞纳金和罚款，解除对财产的扣押、查封等强制措施，或者赔偿相应的价款。

行政复议机关应当自受理申请之日起60日内作出行政复议决定。情况复杂，不能在规定期限内作出行政复议决定的，经行政复议机关负责人批准，可以适当延期，并告知申请人和被申请人；但是延期不得超过30日。

行政复议机关作出行政复议决定，应当制作行政复议决定书，并加盖行政复议机关印章。

行政复议决定书一经送达，即发生法律效力。被申请人应当履行行政复议决定。

被申请人不履行、无正当理由拖延履行行政复议决定的，行政复议机关或者有关上级税务机关应当责令其限期履行。

九、法律责任

税务行政复议法律责任，是指在税务行政复议活动中，税务行政复议机关及其工作人员以及复议参加人违反行政复议有关规定所应承担的法律上的不利后果。根据《税务行政复议规则（暂行）》第四十六条规定，税务行政复议机关、税务行政复议机关工作人员及被申请人在行政复议活动中，有违反《行政复议法》及《税务行政复议规则》规定的行为，应按照《行政复议法》第六章的规定，追究法律责任。

（一）税务行政复议机关的法律责任

1. 警告、记过、记大过的行政处分

根据《行政复议法》第三十四条规定，税务行政复议机关有下列情形之一的，对直接负责的主管人员和其他直接责任人员依法给予警告、记过、记大过的行政处分：A. 无正当理由不予受理申请人依法提出的税务行政复议申请的；B. 不按照规定转送税务行政复议申请的；C. 在法定期限内不作出税务行政复议决定的。

2. 降级、撤职、开除的行政处分

根据《行政复议法》第三十四条规定，税务行政复议机关有下列情形之一的，对直接负责的主管人员和其他直接责任人员依法给予降级、撤职、开除的行政处分：A. 无正当理由不予受理申请人依法提出的税务行政复议申请，经责令受理仍不受理，造成严重后果的；B. 不按照规定转送税务行政复议申请，造成严重后果的。

（二）工作人员的法律责任

1. 行政处分

根据《行政复议法》第三十五条规定，税务行政复议机关工作人员在税务行政复议活动中，徇私舞弊或者有其他渎职、失职行为的，依法给予警告、记过、记大过的行政处分；情节严重的，依法给予降级、撤职、开除的行政处分。

2. 刑事责任

根据《行政复议法》第三十五条规定，税务行政复议机关工作人员在税务行政复议活动中，徇私舞弊或者有其他渎职、失职行为，构成犯罪的，依法追究刑事责任。根据《刑法》第三百九十七条规定，国家机关工作人员滥用职权或者玩忽职守，致使公共财产、国家和人民利益遭受重大损失的，处3年以下有期徒刑或者拘役；情节特别严重的,处 3 年以上 7 年以下有期徒刑。国家机关工作人员徇私舞弊,犯前款滥用职权罪或玩忽职守罪的,处 5 年以下有期徒刑或者拘役;情节特别严重的,处 5 年以上 10 年以下有期徒刑。

(三) 被申请人的法律责任

1. 行政处分

(1) 警告、记过、记大过。根据《行政复议法》第三十六条、第三十七条规定,税务行政复议被申请人有下列情形之一的,对直接负责的主管人员和其他直接责任人员依法给予警告、记过、记大过的行政处分:A. 不提出书面答复或者不提交作出税务具体行政行为的证据、依据和其他有关材料;B. 阻挠、变相阻挠公民、法人或者其他组织依法申请税务行政复议的;C. 不履行或者无正当理由拖延履行税务行政复议决定的。

(2) 降级、撤职、开除。根据《行政复议法》第三十六条、第三十七条规定,税务行政复议被申请人有下列情形之一的,对直接负责的主管人员和其他直接责任人员依法给予降级、撤职、开除的行政处分:A. 对税务行政复议申请人进行报复陷害的;B. 不履行或者无正当理由拖延履行税务行政复议决定,经责令履行仍拒不履行的。

2. 刑事责任

根据《行政复议法》第三十六条规定,税务行政复议被申请人对税务行政复议申请人进行报复、陷害,构成犯罪的,依法追究刑事责任。根据《刑法》第二百五十四条规定,国家机关工作人员滥用职权、假公济私,对控告人、申诉人、批评人、举报人实行报复陷害的,处 2 年以下有期徒刑或者拘役;情节严重的,处 2 年以上 7 年以下有期徒刑。

附件:

××市行政复议人员守则

一、忠实于宪法和法律,坚持以事实为依据,以法律为准绳,严格履行行政复议工作职责。

二、正直无私、诚实信用、勤勉敬业,遵循公正、公开、及时、便民的原则,认真、高效地审理行政复议案件。

三、衣着整洁,仪表庄重,语言规范,举止得体,在接待当事人时态度诚恳、礼貌、耐心。

四、严格遵守行政复议程序,需要向有关组织和人员调查情况时,必须两人以上。

五、注重知识积累、更新，注重新法规的学习，注重研究和总结办案经验，不断提高专业水平和办案能力。

六、不得接受当事人或其代理人的请客、馈赠或提供的其他利益，不得利用职务之便谋取任何不正当利益。

七、有下列情形之一的，应当主动提出回避：

（一）是本案当事人或代理人的近亲属的；

（二）与本案有利害关系的；

（三）与本案当事人、代理人有其他关系，可能影响公正的。

八、严格遵守保密制度，不得对外透露行政复议过程中涉及的国家秘密、商业秘密和当事人个人隐私，未经批准不得对外透漏尚未审结案件的审理情况。

第六节 典型案例

有税务行政复议，没有税务行政诉讼，而是以税务局为被告的行政诉讼。

一、《行政复议法实施条例》的立法精神

行政复议渠道是否畅通，是行政复议制度能否发挥作用的前提和首要条件。因此，加强行政复议工作应把畅通行政复议渠道作为着力点和突破口。

（一）畅通行政复议渠道

为保障行政复议机关积极受理行政复议案件，切实维护公民、法人或者其他组织的行政复议权，在《行政复议法实施条例》中明确规定：公民、法人或者其他组织认为行政机关的具体行政行为侵犯其合法权益提出行政复议申请，除不符合行政复议法和条例规定的申请条件的，行政复议机关必须受理。

进一步完善了上级行政机关责令受理的程序，在《行政复议法实施条例》中明确规定：上级行政机关认为行政复议机关不予受理行政复议申请的理由不成立的，可以先行督促其受理；经督促仍不受理的，应当责令其限期受理，必要时也可以直接受理；认为行政复议申请不符合法定受理条件的，应当告知申请人。

为保障公民、法人或者其他组织的行政复议知情权，在《行政复议法实施条例》中明确规定：行政机关作出的具体行政行为对公民、法人或者其他组织的权利、义务可能产生不利影响的，应当告知其申请行政复议的权利、行政复议机关和行政复议申请期限。

为确保公民、法人或者其他组织依法申请行政复议，《行政复议法实施条例》中明确规定了行政复议申请期限的计算方法以及行政复议申请书应当载明的事项。

（二）改进审理方式、提高办案质量

使行政复议的审查方式更加丰富，行政复议机构认为必要时，可以实地调查核实证据；对重大、复杂的案件，申请人提出要求或者行政复议机构认为必要时，可以采取听证的方式审理。

为了有效化解行政纠纷，平衡利益，努力做到案结事了，增加了和解制度。公民、法人或者其他组织对行政机关行使法律、法规规定的自由裁量权作出具体行政行为不服申请复议的，申请人与被申请人在行政复议决定作出前可以自愿达成和解。

增加了调解结案方式。在《行政复议法》中，没有规定调解制度，但复议实践中调解被大量地运用于处理行政争议，并且取得了良好的效果。为此，条例规定对行政机关行使法定裁量权作出具体行政行为不服申请复议的案件或者当事人之间的行政赔偿或者行政补偿纠纷，行政复议机关可以按照自愿、合法的原则进行调解。

（三）建立行政复议听证审理、调解与和解制度

1. 行政复议听证审理制度。《行政复议法实施条例》第三十三条，行政复议机构认为必要时，可以实地调查核实证据；对重大、复杂的案件，申请人提出要求或者行政复议机构认为必要时，可以采取听证的方式审理。

2. 复议调解的立法规定。《行政复议法实施条例》第五十条有下列情形之一的，行政复议机关可以按照自愿、合法的原则进行调解：（一）公民、法人或者其他组织对行政机关行使法律、法规规定的自由裁量权作出的具体行政行为不服申请行政复议的；（二）当事人之间的行政赔偿或者行政补偿纠纷。

当事人经调解达成协议的，行政复议机关应当制作行政复议调解书。调解书应当载明行政复议请求、事实、理由和调解结果，并加盖行政复议机关印章。行政复议调解书经双方当事人签字，即具有法律效力。调解未达成协议或者调解书生效前一方反悔的，行政复议机关应当及时作出行政复议决定。

3. 复议调解应当符合的要求。坚持自愿合法原则，限于法定两种情形。

要式条件：行政复议调解书，调解不成的应当及时作出复议决定。行政复议调解书的效力不同于和解协议，对已经生效的调解书不服，不能提起行政诉讼（对复议决定不服的，可以起诉）。

4. 复议和解条件。限于裁量性具体行政行为（行为方式比如保全、幅度种类、行为或事项性质认定、情节轻重——复议中的酌处权非放弃职权而是综合考量和重新审视）。平等、自愿、合法要合乎三利益原则（不能无范围无原则无条件地和稀泥）。复议决定前达成书面和解协议（法律效力：应当执行，复议即终止），和解协议应当经过行政复议机构准许。

二、经典案例点评

案例四：依据明确、聚焦准确、判决正确

昌吉市 FL 贸易公司与昌吉回族自治州国家税务局税务复议行政行为行政二审判决书

昌吉回族自治州中级人民法院行政判决书

（2014）昌中行终字第 11 号　裁判日期：2014-4-29

上诉人（原审原告）：昌吉市 FL 贸易有限公司。

被上诉人（原审被告）：昌吉回族自治州国家税务局。

上诉人昌吉市 FL 贸易有限公司因税务复议行政行为一案，不服昌吉市人民法院（2013）昌行初字第 35 号行政判决，向本院提起上诉。本院依法组成合议庭，公开开庭审理了本案。上诉人昌吉市 FL 贸易有限公司委托代理人王元兴，被上诉人昌吉州国家税务局委托代理人曹某军、姚某新到庭参加诉讼。本案现已审理终结。

原审法院审理查明，2013 年 11 月 5 日，昌吉回族自治州国家税务局稽查局以原告昌吉市 FL 贸易有限公司在 2010 年 6 月 1 日至 2012 年 12 月 31 日期间未从内蒙古 BYNE 市蒙绒绒毛制品有限公司购进过蒙绒产品，但通过支付手续费方式取得增值税专用发票 92 份，并用该增值税专用发票向税务机关已办理出口退税 1422216.52 元为由，对原告作出昌州国税稽处（2013）61 号税务处理决定书，依法追缴原告税款 1422216.52 元，并限原告自收到决定书之日起 15 日内到昌吉回族自治州国家税务局（进出口税收管理科）将上述退税款缴纳入库。该税务处理决定书于同日送达原告。后原告未缴纳税款，亦未提供相应担保。2013 年 11 月 18 日，原告以处理决定书程序违法、认定事实不清、适用法律错误为由向被告提出行政复议申请。被告收到复议申请，审查后，于 2013 年 11 月 22 日作出被诉的税复不受字（2013）第 3 号不予受理复议裁决书，并于 2013 年 11 月 25 日送达原告。后被告发现文书有误，遂将错误文书收回并重新送达更正后的文书。原告对更正后的税复不受字（2013）第 3 号不予受理复议裁决书不服，向法院提起行政诉讼。

原审法院审理认为：纳税相对人认为税务机关的具体行政行为侵犯其合法权益，享有依法申请行政复议、提起行政诉讼的权利。被告昌吉回族自治州国家税务局作为本辖区范围内的州级国家税务主管部门，具有对纳税相对人不服下一级国家税务机关作出具体行政行为提出复议申请的管辖权限，故其行政主体资格合法。《税收征收管理法》第八十八条规定，纳税人、扣缴义务人、纳税担保人同税务机关在纳税上发生争议时，必须先依照税务机关的纳税决定缴纳或者解缴税款及滞纳金或者提供相应的

担保，然后才可以依法申请行政复议。《税务行政复议规则》第三十三条规定："申请人对本规则第十四条第（一）项规定的行为不服的，应当先向行政复议机关申请行政复议；对行政复议决定不服的，可以向人民法院提起行政诉讼。申请人按照前款规定申请行政复议的，必须依照税务机关根据法律、法规确定的税额、期限，先行缴纳或者解缴税款和滞纳金，或者提供相应的担保，才可以在缴清税款和滞纳金以后或者所提供的担保得到作出具体行政行为的税务机关确认之日起60日内提出行政复议申请"。同时，《税务行政复议规则》第十四条第（一）项明确规定了"征税行为"的范围。本案中，昌吉回族自治州国家税务局稽查局针对原告作出的税务处理决定，系税务机关作出的追缴税款的具体行政行为，属于《税务行政复议规则》第十四条第（一）项界定的"征税行为"，原告对此处理决定不服所引发的争议，亦属于《税收征收管理法》第八十八条第一款界定的"纳税争议"范围。复议申请人行使行政复议权，应当遵照上述法律强制性规定，先依照税务机关的税务处理决定缴纳税款及滞纳金或者提供相应的担保。本案中，直至原告提起行政复议时，也未向被告缴纳税款及滞纳金或者提供有效担保，被告在收到行政复议申请后，对该申请是否符合条件进行了审查，并依据《税务行政复议规则》第三十三条的规定，作出不予受理行政复议的决定，认定事实清楚，符合法律规定。但被告在引用法律规范时，未引用上位法《税收征收管理法》的规定，仅引用部门规章《税务行政复议规则》的具体规定，因上位法与部门规章均为现行有效，且相应规范内容相同，被告未引用上位法并不影响对该案的正确定性和处理，故被告作出该不予受理复议裁决书适用法律规范正确。关于原告提出被告未对昌吉回族自治州国家税务局稽查局作出的税务处理决定书是否合法进行审查，故不予受理裁决书错误的意见。本院认为，对具体行政行为是否合法进行实体审查的前提条件是复议机关依法受理了复议申请，即受理复议申请后方对具体行政行为是否合法进行审查，在原告的复议申请不符合受理条件的情况下，被告作出不予受理决定，无须对税务处理决定书进行实体审查。故原告的该意见，本院不予采信。至于原告提出税务处理决定书错误以及行政复议机关监督职能是否实现的问题，不属于本案审查范围。对于原告提出被告送达存在瑕疵的问题。本院认为，被告作为行政机关，在制作、送达行政法律文书时，应秉承严谨规范原则，如发现文书有误，应以规范的形式更正，被告采取直接收回错误文书重新送达更正后文书的方式予以纠正，确有失公信。但并未影响被告作出正确的具体行政行为，亦不属于对同一违法行为作出两次以上同类型的行政处罚而致使原告的合法权益受到侵害，不必然引起被诉具体行政行为的撤销，故本院对原告的诉讼请求不予支持。但被告作为行政机关，应当进一步规范其行政行为，提高行政法律文书质量。遂判决驳回原告昌吉市FL贸易有限公司要求撤销被告昌吉回族自治州国家税务局2013年11月22日作出的税复不受字（2013）第3号不予受理复议裁决书的诉讼请求。

上诉人昌吉市 FL 贸易有限公司上诉称：1. 原审判决没有对被上诉人及下属单位昌吉州国家税务局稽查局作出的昌州国税稽处《税务处理决定书》进行实质审查，因此案涉及司法管辖权，被上诉人的行政权应当停止。2. 被上诉人对下属单位作出的《税务处理决定书》设置了行政前置程序，客观上上诉人法定代表人已被依法逮捕，人身受限制，财产被冻结扣押，无法履行前置程序。3. 被上诉人作出不予受理复议裁决书，是对法律适用的随意性和任意性，《税务处理决定书》所适用的法律不是《税收征收管理法》，而是适用《刑法》的有关犯罪的条文，超出了行政机关的权限，是行政权的滥用。请求改判原审判决，支持上诉人原审请求。

被上诉人昌吉州国家税务局答辩称：原审法院认定事实清楚，适用法律正确，证据充分。上诉人收到昌吉州国家税务局稽查局作出的《税务处理决定书》，未在规定期限缴纳税款或提供担保，就向被上诉人申请行政复议，税务行政复议前必须缴纳税款或者提供担保，上诉人没有缴纳税款或提供担保，不符合受理行政复议申请的条件。上诉人法人并未被依法逮捕，履行税务处理决定可以授权委托人处理，没有证据表明有影响上诉人行使缴纳税款和提供担保权利的事项。对于上诉人提出的税务处理决定实体问题，与本案无关。被上诉人作出的不予受理复议裁决书法律依据明确，事实清楚，程序合法、理由充分，应当予以维持。

二审中双方当事人均未提交新证据。二审查明事实与原审查明事实一致，本院对查明事实予以确认。

本院认为，人民法院审理行政案件，对具体行政行为是否合法进行审查。上诉人对被上诉人作出的《不予受理行政复议裁决书》不服提起诉讼。被上诉人昌吉回族自治州国家税务局作为昌吉州辖区内州级国家税务主管部门，具有对纳税人提出的不服下一级国家税务机关作出的具体行政行为的复议管辖权。行政复议法第十七条规定，行政复议机关收到行政复议申请后，应当在五日内进行审查，对不符合本法规定的行政复议申请，决定不予受理，并书面告知申请人。《税收征收管理法》第八十八条规定，纳税人，扣缴义务人、纳税担保人同税务机关在纳税上发生争议时，必须先依照税务机关的纳税决定缴纳或者解缴税款及滞纳金或者提供相应的担保，然后才可以依法申请行政复议。《税务行政复议规则》第三十三条明确规定，纳税人对税务机关的征税行为不服的，应当先行缴纳或者解缴税款和滞纳金，或者提供相应的担保，在其缴纳税款和滞纳金或提供担保得到作出具体行政行为的税务机关确认之日起 60 日内提出行政复议申请。被上诉人在收到上诉人复议申请后，按照行政复议法第十七条及《税务行政复议规则》第三十三条规定，作出不予受理的裁决，有事实依据及法律依据。上诉人认为其法人被限制人身自由，财产被冻结扣押，无法履行纳税和提供担保的前置义务，在庭审中查明上诉人法人尤靖翔并未被强制，公司仍在正常纳税申报，上诉人认为客观原因未缴纳税款或提供担保义务的上诉理由不能成立。本案是对被上诉人不予受理上诉人复议申请的具体行政行为进行合法性审查，对于上诉人提出的被上诉人未对《税务处理决定书》实质审查及《税务处理决定书》适用法律条文有误等上诉意见不属于本案审理的范围，此两项上诉理由亦不能成立。原审法院对被上诉人作出的不予受理行政复议裁决书已全面审查，认定被上诉人在作出裁决书时未引用上位法《税收征收管理法》及被上诉人在送达行政文书方面存在瑕疵的问题，该问题并未影响被上诉人作出裁决书的合法性。原审法院认定事实清楚，适用法律正确，被上诉人作出的税复不受字〔2013〕第3号不予受理复议裁决书，事实及法律依据充分。经合议庭评议，依据《行政诉讼法》第六十一条第（一）项之规定，判决如下：

驳回上诉，维持原判。

二审案件受理费50元由上诉人昌吉市FL贸易有限公司负担。

本判决为终审判决。

审　判　长：谷湘雪
代理审判员：高玉莲
代理审判员：马雪静
二〇一四年四月二十九日
书　记　员：钱　鹏

【源自中国裁判文书网：http://wenshu.court.gov.cn】

甲行家点评：

（一）三确——"明确、准确、正确"

违法事实："原告昌吉市FL贸易有限公司在2010年6月1日至2012年12月31日期间未从内蒙古BYNE市蒙绒绒毛制品有限公司购进过蒙绒产品，但通过支付手续费方式取得增值税专用发票92份，并用该增值税专用发票向税务局已办理出口退税1422216.52元。"

争议焦点："原告未缴纳税款，亦未提供相应担保。2013年11月18日，原告以处理决定书程序违法、认定事实不清、适用法律错误为由向被告提出行政复议申请。被告收到复议申请审查后，于2013年11月22日作出被诉的税复不受字〔2013〕第3号不予受理复议裁决书，并于2013年11月25日送达原告。后被告发现文书有误，遂将错误文书收回并重新送达更正后的文书。原告对更正后的税复不受字〔2013〕第3号不予受理复议裁决书不服，向法院提起行政诉讼。"

判决结果："一审：判决驳回原告昌吉市FL贸易有限公司要求撤销被告昌吉回族自治州国家税务局2013年11月22日作出的税复不受字〔2013〕第3号不予受理复议裁决书的诉讼请求。"

(二) 二审:"驳回上诉,维持原判"

甲行家点评:实现了三确:"依据明确、聚焦准确、判决正确"

纳税争议是典型的行政复议前置,这是法定的,不是"2. 被上诉人对下属单位作出的《税务处理决定书》设置了行政前置程序,客观上上诉人法定代表人已被依法逮捕,人身受限制,财产被冻结扣押,无法履行前置程序。"

案件审理的法律法规依据明确:"《税收征收管理法》第八十八条规定,纳税人,扣缴义务人、纳税担保人同税务机关在纳税上发生争议时,必须先依照税务机关的纳税决定缴纳或者解缴税款及滞纳金或者提供相应的担保,然后才可以依法申请行政复议。《税务行政复议规则》第三十三条明确规定,纳税人对税务机关的征税行为不服的,应当先行缴纳或者解缴税款和滞纳金,或者提供相应的担保,在其缴纳税款和滞纳金或提供担保得到作出具体行政行为的税务机关确认之日起 60 日内提出行政复议申请。"

聚焦准确——"上诉人对被上诉人作出的《不予受理行政复议裁决书》不服提起诉讼。"是对被上诉人作出的《不予受理行政复议裁决书》的具体行政行为是否合法准确进行审判。

判决正确!

三、典型案例点评

案例五:再审的胜利,是迟到的正义

山东省高级人民法院对 ZQ 市国税局
不履行法定职责再审行政判决书
山东省高级人民法院行政判决书

(2014)鲁行再终字第 4 号

申请再审人(一审原告、二审上诉人):济南 FN 食品有限公司。

住所地:××××

法定代表人:冷×萍,董事长。

委托代理人:冯×。

被申请再审人(一审被告、二审被上诉人):山东省 ZQ 市国家税务局。

住所地:××××

法定代表人:孙×平,局长。

委托代理人:马×大。

委托代理人:孙×信。

济南 FN 食品有限公司（以下简称 FN 公司）诉山东省 ZQ 市国家税务局（以下简称 ZQ 市国税局）不履行法定职责一案，ZQ 市人民法院于 2012 年 10 月 22 日作出（2012）章行初字第 17 号行政判决。FN 公司不服，提起上诉。济南市中级人民法院于 2013 年 1 月 15 日作出（2012）济行终字第 208 号行政判决。FN 公司不服，向本院申请再审。本院于 2014 年 5 月 14 日作出（2014）鲁行监字第 1 号行政裁定，裁定本案由本院进行提审。本院依法组成合议庭，书面审理了本案。本案现已审理终结。

ZQ 市人民法院一审查明：原告 FN 公司是在工商部门注册登记的企业法人单位，从事生产、加工谷物果实代用茶业务。2009 年迁至 ZQ 市相公庄镇十九郎村。2010 年重新启动对日出口贸易。2010 年 6 月起向被告 ZQ 市国税局申报出口货物应退税款。被告先后于 2012 年 1 月、2 月为原告办理出口退税共计 34 万余元，剩余 42843.84 元被告以原告提供了虚假发票为由没有退回。原告不服，于 2012 年 4 月 19 日向济南市国家税务局提起行政复议。复议过程中，双方达成和解协议，约定：申请人（原告）自觉配合被申请人（被告）对出口退税相关事项的调查、检查；被申请人及时组织人员进行调查、检查，并将结果向申请人反馈。原告撤回复议申请。被告在审查过程中认为出售人为杨×兰、张×铨的 33 份发票存在疑点，涉嫌虚开农产品收购发票，向 ZQ 市公安局进行了通报。ZQ 市公安局立案后派员到江苏省射阳县千秋镇找杨×兰、张×铨进行了调查，杨×兰、张×铨二人否认 2010 年和 2011 年与原告发生过农产品买卖业务。原告不服，诉至法院，请求法院判令被告立即退还出口货物应退税 42843.84 元，利息 3602 元，共计人民币 46445.84 元。

ZQ 市人民法院一审认为：《中华人民共和国增值税暂行条例》第八条规定："纳税人购进货物或者接受应税劳务（以下简称购进货物或者应税劳务）支付或者负担的增值税额，为进项税额。下列进项税额准予从销项税额中抵扣：……（三）购进农产品，除取得增值税专用发票或者海关进出口增值税缴款书外，按照农产品收购发票或者销售发票上注明的农产品买价和 13% 的扣除率计算的进项税额。进项税计算公式：进项税额＝卖价×扣税率……"本案中，出售人为杨×兰、张×铨的 33 份发票总额为 329658 元，依据该计算公式其进项税为 329658×13%＝42843.84 元。即原告要求退税的部分。《中华人民共和国发票管理办法实施细则》（国家税务总局令 2011 年第 25 号）第二十六条规定："填开发票的单位和个人必须在发生经营业务确认营业收入时开具发票，未发生经营业务一律不准开具发票。"《山东省国家税务局转发〈国家税务总局关于加强以农产品为主要原料生产的出口货物退税管理的通知〉的通知》（鲁国税函〔2006〕220 号文件）第二条规定："凡发现其购、产、销、运输、报关、收汇等环节存在疑点、不能确定其业务真实性的，一律先暂停办理退税，并按有关规定落实和处理。"根据上述规定，被告在审查原告提供的相关资料进行出口退税的过程中，发现原告提供的出售人为杨×兰、张×铨 33 份发票存在疑点后，对其产生的进项额暂停计算退税。《国家税务总局关于开展打击制售假发票和非法开发票专项整治行动有关问题的通知》（国税发〔2008〕40号）第三条规定："……整治不合法发票的买方市场，是专项整治行动的重要方面，对于不符合规定的发票和其他凭证，包括虚假发票和非法代开发票，均不得用以税前扣除、出口退税、抵扣税款。"根据上述规定，被告将存在疑点的发票通报公安机关，公安机关受理后找相关人员进行了调查，杨×兰、张×铨否认与原告发生相应的农产品买卖业务。被告根据自身和公安机关的证据材料对该33份发票的进项税不予退还并无不当。因此，原告要求被告退还出口货物应退税款42843.84元，利息3602元的请求于法无据，不予支持。依照《最高人民法院关于执行〈行政诉讼法〉若干问题的解释》第五十六条第（一）项之规定，判决驳回原告FN公司要求被告退还出口货物应退税款42843.84元，利息3602元诉讼请求。

FN公司不服，向济南市中级人民法院提起上诉。济南市中级人民法院二审查明FN公司向ZQ市国税局提出退税申请的时间是2011年6月，其他事实认定与一审判决无异。

济南市中级人民法院二审认为：《发票管理办法实施细则》（国家税务总局令2011年第25号）第二十六条规定："填开发票的单位和个人必须在发生经营业务确认营业收入时开具发票，未发生经营业务一律不准开具发票。"《山东省国家税务局转发〈国家税务总局关于加强以农产品为主要原料生产的出口货物退税管理的通知〉的通知》（鲁国税函〔2006〕220号文件）第二条规定："凡发现其购、产、销、运输、报关、收汇等环节存在疑点、不能确定其业务真实性的，一律先暂停办理退税，并按有关规定落实和处理。"本案中，被上诉人在审核上诉人的退税业务中发现涉案33张农产品收购发票存在疑点。经被上诉人及公安机关的调查，该宗发票载明的农产品出售人杨×兰、张×铨均否认存在经营业务。被上诉人据此暂不办理上诉人涉案33份存在疑点发票的进项税退税并无不当。原审法院判决驳回济南FN食品有限公司要求被告退还出口货物应退税款42843.84元，利息3602元的诉讼请求，认定事实基本清楚，适用法律正确，程序合法，依法应予维持。依照《行政诉讼法》第六十一条第（一）项之规定，判决驳回上诉，维持原判。

FN公司申请再审称：1. 申请再审人提供的证据可以证明申请再审人所开具的33张发票是真实的，不存在虚开的情况。被申请再审人不提交对周国昌取证的证据，不提交除杨×兰、张×铨两人以外对其他9人调查取证的证据，仅凭杨×兰、张×铨两人的笔录为本案定性，缺乏证据的全面性。2. ZQ市公安局出具结论是不予立案，否定了本案是经济犯罪案件。申请再审人的农产品收购发票和增值税普通发票都被核销完毕，按照法律规定不存在违法行为。3. 二审法院判决没有对申请再审人出口货物业务的真实性进行审核，适用法律及审判程序上存在错误。一、二审判决适用了两个法律条文，即《中华人民共和国发票管理办法实施细则》（国家税务总局令2011年第25号）第二十六条和《山东省国家税务局转发〈国家税务总局关于加强以农产品为主要原料生产的出口货物退税管理的通知〉的通知》（鲁国税函〔2006〕220号文件）第二条，上述法律条文都没有不退税的规定。而且法律规定的是"先暂停办理退税，并按有关规定落实和处理"。二审法院判决并未审查被申请再审人暂不退税的期限以及在何期限内按有关规定落实和处理的意见，事实上将暂不退税演变成实际的不退税。请求撤销原审判决，支持FN公司的原诉讼请求。

双方当事人在一、二两审中提交的证据已随案移送本院，再审中未提交新的证据。二审案卷中，有FN公司在二审庭审中提供的张×铨以及杨×兰的丈夫周飞等人于2012年10月26日、28日出具的书面证言，用于证明他们于2010年至2011年间将大麦销售给了FN公司。二审庭审中ZQ市国税局以证人未出庭做证等为由对上述书证不予认可，法院也未予以认证。合议庭经评议认为，ZQ市国税局系因对FN公司申请退税事项存疑暂停办理退税，至于杨×兰、张×铨是否将大麦销售给了FN公司的事实属于税务机关依职权认定的问题，本案中无须认定。一、二两审法院查明的其他程序性案件事实，本院无不同意见。

本院认为：本案的主要争议焦点系FN公司所诉ZQ市国税局暂停办理退税是否构成不履行法定职责。根据《中华人民共和国增值税暂行条例》第八条之规定，本案中，出售人为杨×兰、张×铨的33份发票总额为329658元，依据公式计算进项税为42843.84元，即FN公司要求退税的部分。《山东省国家税务局转发〈国家税务总局关于加强以农产品为主要原料生产的出口货物退税管理的通知〉的通知》（鲁国税函〔2006〕220号文件）第二条规定："凡发现其购、产、销、运输、报关、收汇等环节存在疑点、不能确定其业务真实性的，一律先暂停办理退税，并按有关规定落实和处理。"ZQ市国税局于2012年1月、2月为FN公司办理出口退税34万余元后，认为发票载明的农产品出售人杨×兰、张×铨否认存在经营业务，据此暂不办理涉案33份存在疑点发票的进项税退税并无不当。但FN公司向济南市国家税务局撤回复议申请后，ZQ市国税局在审查过程中认为出售人为杨×兰、张×铨的33份发票存在疑点，涉嫌虚开农产品收购发票，向ZQ市公安局进行了通报。ZQ市公安局对FN公司涉嫌虚开农产品收购发票一案经过调查后，于2012年7月6日出具了"关于FN公司涉嫌虚开农产品收购发票不予立案的情况说明"，结论为"没有直接证据证明FN公司虚开农产品收购发票，经领导批准，不予立案"。依据上述法律规范的规定，税务机关发现存在疑点不能确定业务真实性的，在"暂停办理退税"之后，还应"按有关规定落实和处理"。针对当事人的申请决定是否办理退税系税务机关的法定职责，税务机关在暂停办理后，应当按照正当行政程序原则积极履行"落实和处理"职责，尽快作出最终处理意见，不应久拖不决或以暂停办理代替实质上的最终处理，否则亦构成不履行法定职责。特别是本案中，在ZQ市公安局以"没有直接证据证明FN公司虚开农产品收购发票"为由决定不予立案后，FN公司申请退税问题实际上仍处于待处理状态，ZQ市国税局应尽快按有关规定"落实和处理"，在调查的基础上针对FN公司申报出口货物退税问题作出是否退税的处理决定。而ZQ市国税局在ZQ市公安局对FN公司涉嫌虚开农产品收购发票一案决定不予立案后，未"按有关规定落实和处理"，属于适用法律错误，其行为构成不履行法定职责。原一、二审判决驳回FN公司的诉讼请求，亦属适用法律错误，依法应予以改判。依据《行政诉讼法》第五十四条第（三）项、《最高人民法院关于执行〈中华人民共和国行政诉讼法〉若干问题的解释》第七十八条之规定，判决如下：

一、撤销济南市中级人民法院（2012）济行终字第208号行政判决；

二、撤销ZQ市人民法院（2012）章行初字第17号行政判决；

三、ZQ市国税局于本判决生效之日起60日内针对FN公司的申请作出是否退税的处理决定。

原一、二两审案件受理费各50元，均由ZQ市国税局承担。

本判决为终审判决。

审　判　长：侯　勇
审　判　员：赵　军
代理审判员：刘加鹏
书　记　员：李　倩
二〇一四年五月二十日

纳税相对人认为税务局的具体行政行为侵犯其合法权益，享有依法申请行政复议、提起行政诉讼的权利。本案例分析和点评的焦点是和解和再审。

（一）和解

本案中的复议过程中，双方达成和解协议并约定：申请人（原告）自觉配合被申请人（被告）对出口退税相关事项的调查、检查；被申请人及时组织人员进行调查、检查，并将结果向申请人反馈。

和解的前提是提出行政复议申请，是作出具体行政行为的税务部门的上一级税务局已经受理行政复议申请，复议审理过程中，具体行政行为双方自愿达成和解。所以，能提请行政复议时必须提请、必须提请，是必须提请的！和解是三方共赢的都接受的皆大欢喜的结果，是行政管理方及上一级行政复议机关最希望看到的结果。

（二）再审

审判监督程序中关于再审的规定：

第九十条　当事人对已经发生法律效力的判决、裁定，认为确有错误的，可以向上一级人民法院申请再审，但判决、裁定不停止执行。

第九十一条　当事人的申请符合下列情形之一的，人民法院应当再审：

（一）不予立案或者驳回起诉确有错误的；

（二）有新的证据，足以推翻原判决、裁定的；

（三）原判决、裁定认定事实的主要证据不足、未经质证或者系伪造的；

（四）原判决、裁定适用法律、法规确有错误的；

（五）违反法律规定的诉讼程序，可能影响公正审判的；

（六）原判决、裁定遗漏诉讼请求的；

（七）据以作出原判决、裁定的法律文书被撤销或者变更的；

（八）审判人员在审理该案件时有贪污受贿、徇私舞弊、枉法裁判行为的。

申请再审

第九十二条　各级人民法院院长对本院已经发生法律效力的判决、裁定，发现有本法第九十一条规定情形之一，或者发现调解违反自愿原则或者调解书内容违法，认为需要再审的，应当提交审判委员会讨论决定。

最高人民法院对地方各级人民法院已经发生法律效力的判决、裁定，上级人民法院对下级人民法院已经发生法律效力的判决、裁定，发现有本法第九十一条规定情形之一，或者发现调解违反自愿原则或者调解书内容违法的，有权提审或者指令下级人民法院再审。

第五章 行政诉讼（税务）

摘要： 在我国，"税务行政诉讼"尚未形成相对独立的法律制度，有税务行政复议没有"税务行政诉讼"。行政诉讼（税务）是行政诉讼中因具体税务行政行为引起的诉讼，是被告为税务局的行政诉讼。行政诉讼的根本原因是行政管理主体与管理相对方存在争议且没有解决。行政行为或不合法或不合理，对公民和法人的合法权益造成侵害。行政诉讼的三大功能：监督行政机关依法行政、保护行政相对人合法权益和解决行政争议，即监督、救济、解决纠纷。行政诉讼证据是能够证明行政案件真实情况的一切事实，是行政诉讼主体用于证明被诉的具体行政行为是否合法的所有证据材料，具有客观性、关联性和合法性。我国行政诉讼中实行被告负举证责任的制度。撤诉是原告表示或依其行为推定其将已经成立的起诉行为撤销，人民法院审查后予以同意的诉讼行为。

第一节 行政诉讼参加人

行政诉讼是找法院评理，是"民告官"，是对行政管理主体的监督制约制度和对弱势群体（行政管理相对方）的合法权益保障机制。与民事诉讼、刑事诉讼共同构成中华人民共和国诉讼法律体系，同时，又具有明显区别和独特特征。行政诉讼的三大功能：监督行政机关依法行政、保护行政相对人合法权益和解决行政争议，即监督、救济、解纷。

行政诉讼参加人是指因起诉或应诉参加行政诉讼活动的当事人和处于类似当事人诉讼地位的人，包括原告、被告、第三人和诉讼代理人。行政诉讼当事人是指在发生行政争议后，以自己名义起诉、应诉和参加诉讼，并受人民法院裁判约束的公民、法人或者其他组织及行政主体，包括原告和被告。

现行《行政诉讼法》于 1990 年 10 月 1 日起实施，2014 年 11 月 1 日，十二届全国人大第十一次会议表决通过了关于修改《行政诉讼法》的决定，新的《行政诉讼法》于 2015 年 5 月 1 日起开始实施，这是《行政诉讼法》实施二十四年来的首次修改。

一、2015 年 5 月 1 日开始生效的行政诉讼法的重大变化

（一）法院依法立案，解决行政诉讼立案难的问题

1. 明确法院必须依法受理行政案件，行政机关不得干预、阻碍法院立案

为了解决行政立案难问题，明确了法院必须依法立案的法定职责。修订后的《行政诉讼法》第三条规定，人民法院应当保障公民、法人或者其他组织的起诉权利，对应当受理的行政案件依法受理。行政机关不得干预、阻碍人民法院受理行政案件。

2. 确立登记立案制度及上级法院直接立案审理制度

这是解决立案难问题的重大举措，修订后的《行政诉讼法》第五十二条规定，法院接受起诉材料后应该依法进行登记并出具注明日期的书面凭证。起诉状内容欠缺或者有其他错误的，应当给予指导和释明，并一次性告知当事人补正。不得未经指导和释明即以起诉不符合条件为由不受理。那么对于不接收起诉状、接收起诉状后不出具书面凭证，以及不一次性告知当事人补正起诉状内容的，当事人可以向上级人民法院投诉，上级人民法院应当责令改正，并对直接负责的主管人员和其他直接责任人员依法给予处分。在修订后的《行政诉讼法》第五十四条还规定了人民法院在七日内既不立案，又不作出裁定书的，当事人可以向上一级人民法院起诉。上一级人民法院认为符合起诉条件的，应当立案、审理，也可以指定其他下级人民法院立案、审理。

3. 扩大行政诉讼受案范围，有利于解决立案争议

修订后的《行政诉讼法》将行政机关强制执行行为，滥用行政权力排除或者限制竞争的，违法集资、非法征收征用、摊派费用，侵犯土地、矿藏等自然资源权利，没有依法支付最低生活保障待遇或者社会保险待遇等行政行为纳入了行政诉讼受案范围，同时进一步明确了可以依法起诉的行政处罚及行政许可的种类。

（二）明确行政首长应出庭应诉和被追责处罚

4. 规定行政首长必须出庭应诉的义务

修订后的《行政诉讼法》第三条规定，被诉行政机关负责人应当出庭应诉。不能出庭的，也可以委托行政机关相应的工作人员出庭。由此可见，法律将行政机关负责人出庭应诉放到了非常重要的位置，也就是说"出庭是必须，不出庭是例外"。

5. 不执行法律生效判决或者裁定的，行政机关直接责任人应接受处罚

修订后的《行政诉讼法》第九十二条第五款规定：行政机关拒绝履行判决、裁

定、调解书社会影响恶劣的,可以该行政机关负责人予以拘留;情节严重,构成犯罪的,依法追究刑事责任。

(三) 行政诉讼可以跨区域管辖和起诉期限延长

6. 行政诉讼可跨区域管辖

修订后的《行政诉讼法》增加规定,经最高人民法院批准,高级人民法院可以根据审判工作的实际情况,确定若干人民法院跨行政区域管辖行政案件。

行政诉讼胜诉难是大家普遍达成共识的。基层法院人、财、物受制于地方和行政机关,导致一些案子不能判、不好判、不敢判,行政不当干预现象严重。增加这样的规定,很大程度上可以解决法院的"地方化"问题对公正审判造成的影响。

7. 行政诉讼起诉期限由原来的三个月延长至六个月

修订后的《行政诉讼法》第四十八条规定,直接向法院提起诉讼的,应当自知道或者应当知道作出行政行为之日起六个月内提出。将起诉期限延长了三个月是修订后的《行政诉讼法》的重大改革。不仅如此,其还规定了因不可抗力或者其他不属于当事人自身的原因超过起诉期限的,被耽误的时间不计算在起诉期限内。

另外,修订后的《行政诉讼法》对公民、法人或者其他申请行政机关履行保护其人身权、财产权等合法权益的法定职责的,行政机关不履行的起诉期限仍然是两个月,且在紧急情况下请求行政机关履行保护其人身权、财产权等合法权益的法定职责,行政机关不履行的,起诉期限不受上述二个月的限制。

(四) 无行政复议决定仍然可以起诉

8. 明确复议机关不做复议决定后,原告可以就具体行政行为直接起诉

修订后的《行政诉讼法》第二十八条增加如下规定:"复议机关在法定期限内未作出复议决定,公民、法人或者其他组织起诉原具体行政行为的,作出原具体行政行为的行政机关是被告;起诉复议机关不作为的,复议机关是被告。"

(五) 增加了三项权利

9. 增加了对除规章以外的规划性文件进行审查的权利

修订后的《行政诉讼法》增加了第十四和第六十六条。明确了公民、法人或者其他组织认为具体行政行为所依据的国务院部门和地方人民政府及其部门制定的规章以外的规范性文件不合法,在对具体行政行为提起诉讼时,可以一并请求对该规范性文件进行审查。人民法院在审理行政案件中,发现规范性文件不合法的,不作为认定具体行政行为合法的依据,并应当转送有权机关依法处理。

10. 明确了律师享有复制案卷材料的权利

修订后的《行政诉讼法》第三十四条规定:"代理诉讼的律师,可以依照规定查阅、复制本案有关材料,可以向有关组织和公民调查,收集证据。对涉及国家秘密、商业秘密和个人隐私的材料，应当依照法律规定保密，明确了律师复制证据材料的权利。

11. 规定了停止或者不停止执行决定申请复议的权利

修订后的《行政诉讼法》第五十八条：当事人对停止或者不停止执行的裁定不服申请行政复议的权利。这是赋予申请人的新权利，在以往的行政诉讼的法律规定中是没有的。

（六）增加了行政诉讼中的简易程序

12. 修订后的《行政诉讼法》第七十九条规定了行政诉讼中的简易程序

法院审理事实清楚、权利义务关系明确、争议不大的第一审行政案件，可以适用简易程序。简易程序一般由审判员一人独任审理，并在立案之日起四十五日内审结。普通程序的行政诉讼审理期限是三个月，四十五天审结的简易程序利于提高审判效力。

（七）其他重大变化

13. 进一步强调了被告的举证责任，增加了被告举证、取证的责任限制及补充证据的法定条件，确定了电子证据的合法性，确立了行政诉讼中的非法证据排除原则及原告举证的权利等。

修订后的《行政诉讼法》第三十五条列举的证据种类中增加了电子证据，通过立法确定了电子证据在诉讼中的合法地位；第三十六条规定，被告不提供或者无正当理由逾期提供证据，视为没有相应证据；第三十七条规定，在诉讼过程中，被告及其诉讼代理人不得自行向原告、第三人和证人收集证据；第三十八条规定在两种情况下，法院允许被告补充证据。同时，在三十九条规定原告可以提供证明具体行政行为违法的证据。原告提供的证据不成立的，不免除被告的举证责任。

14. 修订后的《行政诉讼法》取消了经两次传唤拒不到庭缺席判决的规定

修订后的《行政诉讼法》第六十条将原来的规定修改为，经人民法院传票传唤，原告无正当理由拒不到庭，或者未经法庭许可中途退庭的，可以按照撤诉处理；被告无正当理由拒不到庭，或者未经法庭许可中途退庭的，可以缺席判决。

15. 进一步细化了检察院对行政诉讼的监督职责，尤其强调了最高人民检察院的法律监督职责

修订后的《行政诉讼法》第八十九条规定，最高人民检察院对各级人民法院已经发生法律效力的判决、裁定，上级人民检察院对下级人民法院已经发生法律效力的判决、裁定，应当提出抗诉。地方各级人民检察院对同级人民法院已经发生法律效力的判决、裁定，可以向同级人民法院提出检察建议，并报上级人民检察院备案；也可以提请上级人民检察院向同级人民法院提出抗诉。地方各级人民检察院对审判监督程序以外的其他审判程序中审判人员的违法行为，有权向同级人民法院提出检察建议。《旧法》仅仅很原则地规定了检察院的法律监督职责，但如何操作并未进行规定，上

述规定具有实操性。并且,对于发生效力的判决、裁定的救济途径又增加了一条,就是向最高检申请抗诉,这对于民众来说,是真真好的一个法条。

二、行政诉讼参加人之原告

行政诉讼原告是指对行政机关的具体行政行为不服,依照行政诉讼法的规定,向人民法院起诉的利害关系人。

(一) 原告的范围

1. 与具体行政行为有利害关系的公民、法人或其他组织对该具体行政行为不服的,可以依法提起行政诉讼。

2. 在下列情形下,公民、法人或其他组织也可以依法提起行政诉讼:
(1) 被诉的具体行政行为涉及其相邻权或公平竞争权的。
(2) 与被诉的行政复议决定有法律上利害关系或者在复议程序中被追加为第三人的。
(3) 要求主管行政机关依法追究加害人法律责任的。
(4) 与撤销或者变更具体行政行为有法律上利害关系的。

3. 代为起诉

公民因被限制人身自由而不能提起诉讼的,其近亲属可以依其口头或者书面委托"以该公民的名义"提起诉讼。

4. 原告资格的转移

有权提起行政诉讼的公民死亡,其近亲属可以提起行政诉讼;有权提起行政诉讼的法人或其他组织终止,承受其权利的法人或其他组织可以提起行政诉讼。

(二) 确定原告资格的具体情况

1. 合伙企业
(1) 合伙企业向人民法院提起诉讼的,应当以核准登记的字号为原告,诉讼代表人是执行合伙企业事务的合伙人。
(2) 其他合伙组织提起诉讼的,合伙人为共同原告。

2. 联营、合资、合作企业各方

如果联营企业、中外合资或者合作企业的联营、合资、合作各方,认为联营、合资、合作企业权益或者自己一方合法权益受具体行政行为侵害的,均可以自己的名义提起诉讼。合资企业作为有限责任公司,联营、合作企业作为有限责任公司或合伙企业,可以直接以企业名义起诉。

3. 农村集体土地使用权人

当农村土地承包人等土地使用权人对行政机关处分其使用农村集体所有土地的行为不服的,可以自己的名义提起诉讼。

4. 非国有企业

非国有企业被行政机关注销、撤销、合并、强令兼并、出售、分立或者改变企业隶属关系的,该企业或者其法定代表人可以提起诉讼。

5. 股份制企业

企业的法定代表人可以企业的名义向人民法院起诉;若企业的法定代表人不起诉时,企业其他机构也可以行使企业的起诉权。

股份制企业的股东大会、股东代表大会、董事会等认为行政机关作出的具体行政行为侵犯企业经营自主权的,可以企业名义提起诉讼。

(三) 行政诉讼原告的特殊性

1. 原告只能是行政行为的相对人。
2. 对行政行为的违法性不承担举证责任。
3. 撤诉必须获得法院以裁定形式准许。

三、行政诉讼参加人之被告

行政诉讼被告是指原告起诉其具体行政行为侵犯自己的合法权益,而被人民法院通知应诉的行政机关或法律、法规授权的组织。被告必须是被诉具体行政行为的实施者,必须具有行政主体资格。

(一) 被告资格的确定

1. 行政诉讼被告只能是行政主体,行政机关工作人员不能成为行政诉讼被告。
2. 行政诉讼被告对原告的诉讼请求没有反诉权。因为,当行政相对人不履行行政法上的义务时,可以通过行政职权直接处置行政相对人的权益,没有必要通过反诉权来实现行政管理的目的。
3. 行政诉讼被告承担被诉具体行政行为合法性的举证责任;被告如对被诉的具体行政行为的合法性不举证,或者举不出证据,或者所举出的证据不能证明具体行政行为的合法性,则被诉的具体行政行为将被推定为不合法。
4. 被告资格确定的具体规则

(1) 公民、法人或其他组织直接向人民法院提起诉讼的,作出具体行政行为的行政主体是被告。

(2) 当事人不服上级行政机关批准的具体行政行为,向人民法院提起诉讼的,应当以在对外发生法律效力的文书上署名的机关为被告。

(3) 经复议的案件

① 复议机关决定维持原具体行政行为的,作出原具体行政行为的行政机关为被告。

② 复议机关改变原具体行政行为的,复议机关为被告。

③ 复议机关在法定期限内不作复议决定。

（A）当事人对原具体行政行为不服提起诉讼的，应当以作出原具体行政行为的行政机关为被告；

（B）当事人对复议机关不作为不服提起诉讼的，应当以复议机关为被告。

（4）不具有行政主体资格的机构和法律、法规授权的组织

① 行政机关组建并被赋予行政管理职能，但不具有独立承担法律责任能力的机构，以自己的名义作出具体行政行为，当事人不服提起诉讼的，应当以组建该机构的行政机关为被告。

② 由法律、法规授权的组织所作的具体行政行为，该组织为被告。

③ 行政机关的内设机构或者派出机构在没有法律、法规或者规章授权的情况下，以自己的名义作出具体行政行为，当事人不服提起诉讼的，应当以该行政机关为被告。（种类越权）

④ 法律、法规或者规章授权行使行政职权的行政机关内设机构、派出机构或者其他组织，超出法定授权范围实施行政行为，当事人不服提起诉讼的，应当以实施该行为的机构或者组织为被告。（幅度越权）

（5）行政机关委托的组织

① 由行政机关委托的组织所作的具体行政行为，委托的行政机关为被告。

② 行政机关在没有法律、法规或者规章规定的情况下，授权其内设机构、派出机构或者其他组织行使行政职权的，应当视为委托；当事人不服提起诉讼的，应以该行政机关为被告。

（6）两个以上行政机关作出同一具体行政行为的，共同作出具体行政行为的行政机关为共同被告。

（7）行政机关被撤销的，继续行使其职权的行政机关为被告。

（8）行政许可案件

① 当事人不服行政许可决定提起诉讼的，以作出行政许可决定的机关为被告。

② 行政许可依法须经上级行政机关批准，当事人对批准或者不批准行为不服一并提起诉讼的，以上级行政机关为共同被告。

③ 行政许可依法须经下级行政机关或者管理公共事务的组织初步审查并上报，当事人对不予初步审查或者不予上报不服提起诉讼的，以下级行政机关或管理公共事务的组织为被告。

④ 行政机关依法统一办理行政许可的，当事人对行政许可行为不服提起诉讼的，以对当事人作出具有实质影响的不利行为的机关为被告。

（二）诉讼期间具体行政行为的效力

1. 被告作出具体行政行为进入诉讼程序后，如果认为自己作出的具体行政行为不

合法,则被告可变更具体行政行为。

2. 被告在一审期间改变被诉具体行政行为的,应当书面告知人民法院;如果原告坚持不撤诉,不影响人民法院对原具体行政行为的审查。

(三) 行政诉讼被告的特殊性

1. 对原告的诉讼请求权丧失反诉权。
2. 承担被诉具体行政行为合法性的举证责任。
3. 有权执行或者改变被诉的具体行政行为。

在原告所起诉的被告不适合时,人民法院应当告知原告变更被告;原告不同意变更的,裁定驳回起诉(而非"判决驳回诉讼请求")。

四、行政诉讼参加人之第三人

第三人是指同提起行政诉讼的具体行政行为有利害关系,并依申请或人民法院通知参加到诉讼中来的公民、法人或其他组织。应具备的条件是:

1. 同被诉的具体行政行为有利害关系。
2. 为维护自己的合法权益申请参加或由人民法院通知参加已开始但未终结的行政诉讼。

第三人的权利:

有权提出与本案有关的诉讼主张,对人民法院的一审判决不服,有权提起上诉。

1. 同提起诉讼的具体行政行为有利害关系的其他公民、法人或者其他组织,可以作为第三人申请参加诉讼,或者由人民法院通知其参加诉讼。
2. 当行政机关的同一具体行政行为涉及两个以上利害关系人,其中一部分利害关系人对具体行政行为不服提起诉讼时,人民法院"应当"通知没有起诉的其他利害关系人作为第三人参加诉讼。
3. 在行政诉讼中,第三人的法律地位既不同于原告,也不是被告,而是具有独立地位的诉讼参加人。

【**案例 5-1**】江平县政府设立的临时机构基础设施建设指挥部认定,该县川口镇陈某等 10 户居民自建的附属房及围墙系违法建筑,决定强制拆除,并委托该县川口镇政府负责强制拆除有关事宜,陈某等 10 户居民对该决定不服而起诉。关于复议机关、诉讼参加人及诉讼管辖的分析如下:

1. "基础设施建设指挥部"属于临时机构,应当以设立该临时机构的江平县政府为被告或被申请人,以江平县政府的上级人民政府为复议机关。
2. 被告为县级以上人民政府的案件应由中级人民法院管辖,但以县级人民政府名义办理不动产物权登记的案件可以除外;在本案中,江平县人民法院为基层人民法院,无权管辖本案。

3. 当行政机关的同一具体行政行为涉及两个以上利害关系人，其中一部分利害关系人对具体行政行为不服提起诉讼时，人民法院应当通知没有起诉的其他利害关系人作为第三人参加诉讼。

【案例 5-2】 甲市居民陈某驾车送人前往乙市，在乙市丙区与丁区居民谷某的车相撞，陈某出手殴打谷某，将其打伤。乙市丙区公安分局决定，扣留陈某的汽车，并处罚款 500 元。陈某对丙区公安分局的处理决定不服，认为处理太重。谷某亦不服，认为应给予陈某治安拘留处罚。关于本案行政复议和行政诉讼的分析如下：

1. 当行政机关的同一具体行政行为涉及两个以上利害关系人，其中一部分利害关系人（陈某）对具体行政行为不服提起诉讼时，人民法院应当通知没有起诉的其他利害关系人（谷某）作为"第三人"参加诉讼；

2. 要求主管行政机关依法追究加害人（陈某）法律责任的公民、法人或其他组织（谷某），也可以提起行政诉讼；

3. 行政案件一般由最初作出具体行政行为的行政机关所在地人民法院管辖，在本案中，扣留汽车、罚款均不属于特殊地域管辖的范围，又未经过复议，乙市丙区公安局是最初作出扣留汽车和罚款决定的行政机关，因此，丙区人民法院有权管辖该案；

4. 本案不适用复议前置，可以不经复议直接提起行政诉讼。

【案例 5-3】 海岭区城建局批复同意当地某商业银行住宅楼选址，并向其颁发许可证。拟建的银行住宅楼与杨某等 90 户居民居住的住宅楼间距为 8.6 米。杨某等 30 户居民认为，海岭区城建局的该批准行为违反了国家有关规定，遂向法院提起行政诉讼。根据行政诉讼法律制度的规定，关于本案的起诉要求和诉讼资格的分析如下：

1. 公民、法人或者其他组织向人民法院起诉时，应当提供其符合法定（起诉）条件的相应的证据材料；但被告认为原告起诉超过起诉期限的除外；

2. 被诉具体行政行为涉及其相邻权的，公民、法人或其他组织也可依法提起行政诉讼；

3. 如果同案原告为 5 人以上，则由推选产生的"1—5 名"当事人作为诉讼代表人参加诉讼；

4. 当行政机关的同一具体行政行为涉及两个以上利害关系人，其中一部分利害关系人对具体行政行为不服提起诉讼时，人民法院"应当"通知没有起诉的其他利害关系人作为第三人参加诉讼。

五、行政诉讼参加人之代表人和代理人

诉讼代表人是指在原告（或被告）人数众多的情况下，由一人或数人作为代表进

行诉讼，其他当事人则可不参加诉讼，但人民法院的判决基于全体的诉讼形式。

诉讼代表人主要有两类：不具备法人资格的诉讼代表人和集团诉讼的诉讼代表人。

（一）行政诉讼代表人

1. 类型

（1）合伙企业向人民法院提起诉讼的，由执行合伙企业事务的合伙人作诉讼代表人（核准登记的字号为原告）。

（2）不具备法人资格的其他组织向人民法院提起诉讼的，由该组织的主要负责人作诉讼代表人；没有主要负责人的，由推选的负责人作诉讼代表人。

（3）同案原告为5人以上（"集团诉讼"），应当推选1—5名诉讼代表人参加诉讼；在指定期限内未选定的，人民法院可以依职权指定。

2. 诉讼代表人是本案的当事人。

（二）行政诉讼代理人

行政诉讼代理人是指以当事人的名义，在代理权限范围内代替或协助当事人进行诉讼活动的人。主要特征：

（1）只能以被代理人的名义，为维护被代理人的合法权益进行诉讼活动。

（2）只能在代理权限范围内实施诉讼行为，其法律后果由被代理人承担。

（3）只能代理一方当事人，而不能在同一诉讼中代理双方当事人。

（4）必须具备诉讼行为能力。

诉讼代理人与"民事代理制度"一脉相承，诉讼代理人只能以被代理人的名义进行诉讼活动；只能在代理权限范围内实施诉讼行为，其法律后果由被代理人承担；只能代理当事人一方，不能在同一诉讼中代理当事人双方。

1. 法定诉讼代理人

在行政诉讼中，法定代理人只适用于没有诉讼行为能力或限制诉讼行为能力的公民，即未成年人和精神病人，不适用于法人、组织，更不适用于作为被告的行政机关。

2. 指定诉讼代理人

（1）法定代理人互相推诿代理责任的，由人民法院指定其中一人代为诉讼；

（2）无诉讼行为能力人事先未确定监护人而现实又需要法定诉讼代理人的，当有监护资格的人无法确定时，人民法院可以指定其中的一人为诉讼代理人。

3. 委托诉讼代理人

（1）当事人、法定代理人可以委托1—2人代为诉讼。

（2）当事人委托诉讼代理人的，应当向人民法院提交由委托人签名或者盖章的授权委托书（书面委托）。

（3）口头委托

特殊情况下，公民无法书面委托的，也可以口头委托。口头委托的，人民法院应当核实并记录在卷;被诉机关或者其他有义务协助的机关拒绝人民法院向被限制人身自由的公民核实的,视为委托成立。

(4) 诉讼代理人的权利

① 律师:有权依法查阅与本案有关的材料,可以向有关组织和公民调查、收集证据;

② 其他诉讼代理人:只能在经人民法院许可后,查阅除涉及国家秘密和个人隐私材料以外的本案庭审材料。

第二节 行政诉讼程序

行政诉讼法被称为"民告官"的法律,规定了行政诉讼程序的基本规则,为受到国家行政机关及其授权组织在行政执法过程中非法侵犯合法权益的公民和法人提供了法律救济途径。在提起行政诉讼时,应当向法院递交起诉状,书写起诉状确有困难的,是可以口头起诉的。法院在接到起诉状时对符合规定的起诉条件的,应当登记立案。不能当场判定的,应先接收起诉状并出具书面凭证,在七日内决定是否立案。

行政诉讼的根本原因是行政管理主体与管理相对方存在争议且没有解决。行政行为或不合法或不合理,对公民和法人的合法权益造成侵害。例如:纳税义务人 M 对税务局的征税加收滞纳金行为存在争议,通过与征收税务部门沟通无效后,履行纳税义务或提供纳税担保后向其上一级税务局提出税务行政复议,复议决定是维持或超过复议期限迟迟没有作出复议决定,向相应的人民法院提起行政诉讼。

一、起诉

按照《行政诉讼法》第四十五条的规定,申请人不服复议决定的,可以在收到复议决定书之日起 15 日内向人民法院提起诉讼;复议机关逾期不作决定的,申请人可以在复议期满之日起 15 日内向人民法院提起诉讼;法律另有规定的除外。

原告提起行政诉讼应当符合以下条件:

1. 原告是认为具体行政行为侵犯其合法权益的公民、法人或者其他组织。
2. 有明确的被告。
3. 有具体的诉讼请求。
4. 属于人民法院受案范围和受诉人民法院管辖。

(一) 起诉期限

1. 一般起诉期限

经过行政复议的,自收到复议决定书之日或复议机关逾期不作决定的,自复议期满之日起 15 日内；法律另有规定的除外。行政复议机关受理复议申请，应当自受理申请之日起 60 日内作出行政复议决定；但法律规定的行政复议期限少于 60 日的除外。

没有经过行政复议直接向人民法院提起诉讼的，自知道作出具体行政行为之日起 6 个月内；法律另有规定的除外。

2. 行政机关未告知当事人诉权或起诉期限的

行政机关作出具体行政行为时，未告知公民、法人或其他组织诉权或起诉期限的，起诉期限从公民、法人或其他组织知道或应当知道诉权或起诉期限之日起计算，但从知道或应当知道具体行政行为内容之日起最长不得超过 2 年。

3. 当事人不知道具体行政行为内容的

公民、法人或者其他组织不知道行政机关作出的具体行政行为的内容的，其起诉期限从知道或者应当知道该具体行政行为内容之日起计算。对涉及不动产的具体行政行为从作出之日起超过 20 年、其他具体行政行为从作出之日起超过 5 年提起诉讼的，人民法院不予受理。

根据民商事法律制度有关"最长保护时效"的规定，从权利被侵害之日起超过 20 年的，人民法院不予保护。

4. 起诉期限的起算

行政起诉的起诉期限从公民、法人或其他组织知道行政机关作出具体行政行为之日起计算。

5. 起诉期限延迟的处理

行政诉讼中要延长起诉期限应符合三个条件：

（1）起诉期限耽误的原因是不可抗力或者其他特殊情况。

（2）由于法定事由耽误起诉期限的，在障碍消除后的 10 日内，可以申请延长期限。

（3）当事人申请延长期限是否准许应由人民法院决定。

（二）复议对起诉的影响

1. 适用复议前置的案件

（1）当事人未经复议直接向人民法院起诉的，法院不予受理。

（2）当事人在复议期限内不得起诉。

（3）如果当事人撤回复议，行政复议机构准许，行政复议终止，则当事人不得向人民法院起诉。

（4）如果复议机关不受理复议申请或者在法定期限内不作复议决定，公民、法人或其他组织不服，依法（"15 日"）向人民法院提起诉讼的，人民法院应当受理。

2. 非适用复议前置的案件

（1）公民、法人或其他组织既提起诉讼又申请复议的，由"先受理"的机关管辖；同时受理的，由公民、法人或者其他组织选择，如果先受理的机关是复议机关，当事人对复议决定不服的，仍有权提起行政诉讼。

（2）公民、法人或其他组织已经申请复议，在法定复议期间内又向人民法院起诉的，人民法院不予受理。

（3）公民、法人或者其他组织向复议机关提出行政复议申请，在复议机关受理后、行政复议决定作出前，申请人要求撤回行政复议申请，经说明理由，行政复议机构准予撤回行政复议申请，申请人在法定起诉期限内对原具体行政行为提起诉讼的，人民法院应当受理。

（4）复议机关逾期不作决定的，申请人可以在复议期满之日起15日内向人民法院提起诉讼；法律另有规定的除外。

二、受理

人民法院应当在接到原告的起诉状后7日内作出受理或不予受理的裁定；受诉人民法院自收到起诉状之日起7日内既不立案，又不作裁定的，起诉人可以向上一级人民法院申诉或者起诉。

根据《行政诉讼法》规定，对于下列情形，应当裁定不予受理；已经受理的，裁定驳回起诉：

1. 请求事项不属于行政审判权限范围的。
2. 起诉人无原告诉讼主体资格的。
3. 起诉人错列被告且拒绝变更的。
4. 法律规定必须由法定或者指定代理人、代表人为诉讼行为，未由法定或者指定代理人、代表人的诉讼行为。
5. 由诉讼代理人代为起诉，其代理不符合法定要求的。
6. 起诉超过法定期限且无正当理由的。
7. 法律、法规规定应当先申请复议而未申请复议直接提起诉讼的。
8. 起诉人重复起诉的。
9. 已撤回起诉，无正当理由再行起诉的。
10. 诉讼标的为生效判决的效力所羁束的。
11. 起诉不具备其他法定要件的。

【案例5-4】欣欣公司长期不为职工曹某缴纳社会养老保险费，曹某向区社保局举报。2018年12月20日，区社保局向欣欣公司送达《决定书》，责令欣欣公司为曹某缴纳养老保险费2万元。12月28日，区社保局又向曹某送达《告知书》，称曹某举报属实，并要求他本人缴纳社会养老保险费的个人缴纳部分4000元。曹某对区社保局

《决定书》不服,直接向法院起诉,法院的生效判决未支持曹某的请求。曹某对《告知书》也不服,于 2019 年 8 月 24 日向市社保局申请复议。市社保局作出不予受理决定,曹某对不予受理决定仍不服,遂向法院起诉。根据法律和有关规定,下列关于本案复议申请、起诉效果的分析:

1. 申请人可以口头申请行政复议,行政机关应依法当场制作行政复议申请笔录交申请人核对或者向申请人宣读,并由申请人签字确认。

2. 一般情况下,公民、法人或者其他组织认为具体行政行为侵犯其合法权益的,可以自知道该具体行政行为之日起 60 日内提出行政复议申请,但是法律规定的申请期限超过 60 日的除外;在本案中,《告知书》于 2018 年 12 月 28 日送达,曹某于 2019 年 8 月 24 日申请复议,显然超过 60 日。

3. 本案不属于适用复议前置制度的案件,曹某不服区社保局的《告知书》,可以先申请复议,也可以直接起诉;申请复议后,对复议决定不服的,依然可以向人民法院提起诉讼,此时起诉并非重复诉讼。

4. 与具体行政行为有利害关系的公民、法人或其他组织对该具体行政行为不服的,可以依法提起行政诉讼;在本案中,《决定书》责令欣欣公司为曹某缴纳养老保险费,显然与曹某有利害关系,曹某可以作为原告提起诉讼。

三、第一审程序

(一) 审理前的准备

向当事人发送起诉状和答辩状副本。人民法院应当自立案之日起 5 日内,将起诉状副本和应诉通知书发送被告,通知被告应诉并提供答辩状。组成合议庭。审核诉讼材料,调查收集证据。确定开庭审理的时间、地点,并通知当事人和其他诉讼参与人。

(二) 开庭审理

一般审理流程:宣布开庭、法庭调查、法庭辩论和合议庭评议。开庭审理工作要求:

1. 人民法院审理行政案件,不论公开审理还是不公开审理,都必须由审判员或审判员及陪审员组成合议庭;合议庭成员应当是 3 人以上的单数。

2. 一审行政诉讼程序应当一律实行开庭审理,不得进行书面审理。

3. 除涉及国家秘密、个人隐私和法律另有规定外,人民法院审理行政案件应当一律公开审理。

4. 行政诉讼原则上不适用调解。

5. 回避

(1) 当事人认为审判人员与本案有利害关系或者有其他关系可能影响公正审判的,有权申请审判人员回避(依申请回避);审判人员认为自己与本案有利害关系或者其他关系的，也应当申请回避（主动回避）。

(2) 回避的决定

表 5-1

回避人员	决定人
院长担任审判长	审判委员会
审判人员	院长
其他人员	审判长

(3) 申请人对驳回回避申请决定不服的，可以向作出决定的人民法院申请复议一次。

6. 判决类型

(1) 维持判决：证据确凿、适用"法律法规"正确、符合法定程序。

人民法院经过审理，认为具体行政行为认定事实清楚，证据确凿，适用依据正确，程序合法，"内容适当"的，应当依法作出维持该具体行政行为的决定。

(2) 撤销判决：主要证据不足，适用法律、法规错误，违反法定程序，超越职权，滥用职权。

(3) 履行判决：人民法院经过审理，认定被告无正当理由拒不履行或者拖延履行法定职责，从而责令其在一定期限内履行的判决（行政不作为案件）。

对于原告起诉被告不作为的案件，在诉讼中被告作出具体行政行为，原告不撤诉的，人民法院应继续审查被告的不作为是否合法。

(4) 变更判决：人民法院经过审理，认定被告"行政处罚""显失公正"，运用国家审判权直接予以改变的判决。

特别提示：行政诉讼不解决一般合理性、适当性问题，因此，变更判决的作出条件十分严格：只适用于"行政处罚"；只能对"显失公正"的行政处罚予以变更。

法院审理行政处罚案件时不得变更具体行政行为，加重对原告的处罚（包括加重处罚幅度或增加处罚内容），对行政机关未处罚的相对人，法院不得判决直接给予处罚。

同样，行政复议机关在申请人的行政复议请求范围内，不得作出对申请人更为不利的行政复议决定。

(5) 驳回原告诉讼请求"判决"：①起诉行政机关不作为的理由不能成立。②被诉具体行政行为合法，但存在合理性问题，不适宜判决维持；人民法院能解决的合理性问题十分有限。③被诉具体行政行为合法，但因法律、政策的变化需要变更或废止的。④其他应驳回原告诉讼请求的情形。

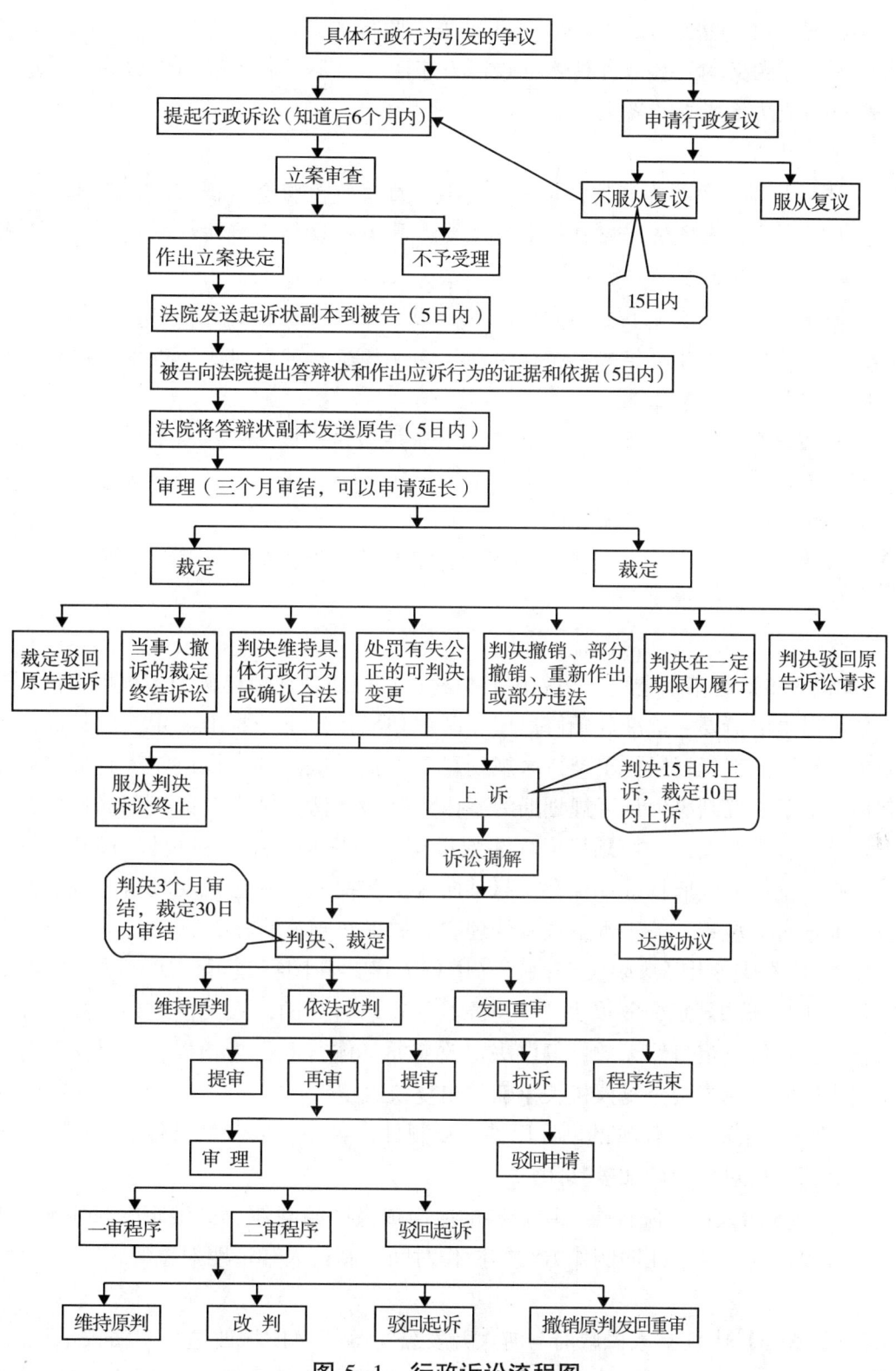

图 5-1 行政诉讼流程图

(6) 确认（违法或无效）判决：①被告不履行法定职责，但判决责令其履行法定职责已无实际意义的；②被诉具体行政行为违法，但不具有可撤销内容的；③被诉具体行政行为依法不成立或者无效的。

特别提示：

1. 被诉具体行政行为违法，但撤销该具体行政行为将会给国家利益或者公共利益造成重大损失的，人民法院应当作出确认被诉具体行政行为违法的判决，并责令被诉行政机关采取相应的补救措施；造成损失的，依法判决承担赔偿责任。

2. 人民法院经审查认为被诉具体行政行为违法或者不当，可以在宣告判决或者裁定前，建议被告改变其所作的具体行政行为。被告在一审期间改变被诉具体行政行为的，应当书面告知人民法院。

3. 被告改变原具体行政行为后，原告不撤诉的，人民法院应当及时裁判。人民法院经审查认为原具体行政行为违法的，应当作出确认其违法的判决；认为原具体行政行为合法的，应当判决驳回原告的诉讼请求。

4. 如果原告或者第三人对改变后的行为不服提起诉讼的，人民法院应当就改变后的具体行政行为进行审理。

【案例5-5】 赵某系港口区岳谷中心村村民。因所住房屋已破旧不堪拟大修，遂向区规划局提出申请要求批准其翻修房屋。区规划局作出不予批准决定。赵某遂向市规划局申请复议。市规划局作出维持区规划局不予批准决定的复议决定。赵某遂向区法院起诉，请求法院判决确认区规划局的不作为行为违法，并责令区规划局批准其翻修房屋要求。诉讼期间，区规划局向区法院提交了一份岳谷中心村规划布局图复印件，该规划布局图由区政府批准和保存。赵某向区法院提交了一份证明其房屋现状的录像资料。根据有关规定，关于本案法院处理和证据提交要求的分析如下：

1. 根据《最高人民法院关于执行〈中华人民共和国行政诉讼法〉若干问题的解释》第五十三条的规定，复议决定维持原具体行政行为的，人民法院判决撤销原具体行政行为，复议决定自然无效；复议决定改变原具体行政行为错误，人民法院判决撤销复议决定时，应当责令复议机关重新作出复议决定。

2. 提供由有关部门保管的书证原件的复制件、影印件或者抄录件的，应当注明出处，经该部门核对无异后加盖其印章。

3. 当事人向人民法院提供视听资料的应当提供原始载体；提供原始载体确有困难的，可以提供复制件，注明制作方法、制作时间、制作人和证明对象等。

【案例5-6】 中江县人民政府与鸿大开发公司签订《旧城改造项目协议书》，对某地区旧城改造范围、拆迁补偿费及支付方式和期限等事宜加以约定。致远科技公司持有经市政府批准取得的第8号地块国有土地使用权证,而第8号地块位于该地区旧城改造范围内。鸿大开发公司获得改造范围内新建房屋的预售许可证,并向社会公开预售。致远科技公司认为,中江县人民政府以协议形式规划、管理和利用项目改造的行为违法,遂向法院起诉。法院受理此案。

1. 根据行政诉讼法律制度的规定,若法院经审理查明,中江县人民政府以协议形式规划、管理和利用项目改造的行为虽存在合理性问题但合法,法院应当判决驳回原告诉讼请求,如果是"驳回起诉"则是用裁定。

2. 若法院经审理查明,中江县人民政府以协议形式规划、管理和利用项目改造的行为违法,应当判决确认中江县人民政府的行为违法,但撤销该具体行政行为将会给国家利益或者公共利益造成重大损失的,责令采取补救措施。案情中提示已经"向社会公开预售",属于将给公共利益造成重大损失的情形。

3. 公民、法人或者其他组织(并不限于行政相对人)认为行政机关和行政机关工作人员的具体行政行为侵犯其合法权益,有权依法向人民法院提起诉讼。

【案例5-7】M区税务局决定对某化工企业编造虚假计税依据的行为给予50000元罚款的处罚。该企业认为罚款过重,向C市税务局申请复议。C市税务局经复议审理,决定将罚款变更为30000元。该企业对复议决定仍不服,遂向法院起诉C市税务局。法院经审理认为,30000元的罚款处罚也过重,显失公正。法院可以根据《行政诉讼法》的有关规定,直接判决变更罚款数额。

【解析】人民法院作出变更判决必须符合两个条件:(1)被诉具体行政行为为"行政处罚";(2)显失公正。本案属于行政处罚案件,且明确为"显失公正",人民法院可以依法直接判决变更罚款数额。

7. 撤回起诉

原告提起诉讼后,在人民法院宣告判决或者裁定前,按照法律规定的程序,向人民法院要求撤回自己的起诉,叫撤诉,又称撤回起诉。申请撤诉是法律赋予原告的专有诉讼权利,准予撤诉则是人民法院审判权的内容之一。原告行使撤诉申请权,需经人民法院承办案件的合议庭决定准予撤诉,撤诉才能最终实现。

撤诉是可能导致具体诉讼法律关系消灭的诉讼活动。原告撤诉成立后,不能以同一诉讼争议再行起诉。如果原告坚持再起诉,人民法院可裁定不予受理。根据行政诉讼法规定,撤诉有自愿申请撤诉与推定申请撤诉两种。

(1)自愿申请撤诉。人民法院对行政案件宣告判决或者裁定前,原告申请撤诉的,或者被告改变其所作的具体行政行为,原告同意并申请撤诉的,是否准许,由人民法院裁定。

同样，申请人在行政复议决定作出前自愿撤回行政复议申请的，经行政复议机构同意，可以撤回。

（2）推定申请撤诉。① 原告经合法传唤，无正当理由拒不到庭或者未经法庭许可中途退庭的；② 原告在法定期限内未缴纳诉讼费用且又未提出暂不缴纳诉讼费用申请的。

【案例 5-8】 蔡某对市国土资源管理局作出的行政处罚决定不服，向法院提起行政诉讼。诉讼期间，市国土资源管理局撤销了原处罚决定，蔡某遂向法院申请撤诉，法院作出准予撤诉的裁定。一个月后，市国土资源管理局又以同一事实和理由作出了与原来相同的处罚决定。根据行政诉讼法律制度的规定，蔡某应当重新起诉。

【解析】 行政诉讼法律制度并未禁止原告撤诉后再次起诉，且行政机关再次作出的处罚决定可以视为一个新的具体行政行为，蔡某有权就该具体行政行为重新起诉。

8. 缺席判决

被告经法院两次合法传唤，无正当理由拒不到庭的，人民法院可以缺席判决；

原告或者上诉人申请撤诉，人民法院裁定不予准许的，原告或者上诉人经合法传唤无正当理由拒不到庭，或者未经法庭许可中途退庭的，人民法院可以缺席判决。

行政诉讼第三人经合法传唤无正当理由拒不到庭，或者未经法庭许可中途退庭的，可视其放弃权利，不影响案件的审理。

同样是"经合法传唤无正当理由拒不到庭，或者未经法庭许可中途退庭的"，对原告、被告、第三人的意义各不相同，注意区分。

9. 诉讼中止和诉讼终结

（1）诉讼中止是诉讼程序暂时停止，诉讼终结是诉讼程序结束；当中止诉讼的情况消除后，再恢复诉讼程序，中止前已进行的诉讼行为仍然有效。

（2）诉讼中止的具体情形：

① 原告死亡，须等待其近亲属表明是否参加诉讼的；

② 原告丧失诉讼行为能力，尚未确定法定代理人的；

③ 作为一方当事人的行政机关、法人或其他组织终止，尚未确定权利义务承受人的；

因诉讼中止第①至③项原因中止诉讼满 90 日仍无人继续诉讼的，裁定终结诉讼，但有特殊情况的除外。

④ 一方当事人因不可抗力的事由不能参加诉讼的；

⑤ 案件涉及法律适用问题，需要送请有权机关作出解释或者确认的；

⑥ 案件的审判须以相关民事、刑事或者其他行政案件的审理结果为依据，而相关

案件尚未审结的；

⑦ 其他应当中止诉讼的情形。

（3）诉讼终结

① 原告死亡，没有近亲属或近亲属放弃诉讼权利的；

② 作为原告的法人或其他组织终止后，其权利义务的承受人放弃诉讼权利的。

10. 财产保全与先予执行

人民法院对于因一方当事人的行为或者其他原因，可能使具体行政行为或者人民法院生效裁判不能或者难以执行的案件，可以根据对方当事人的申请作出财产保全的裁定；当事人没有提出申请的，人民法院在必要时也可以依法采取财产保全措施。

先予执行，是指人民法院在判决确定以前裁定被告预先给付原告部分财物并立即交付执行的一项临时性措施。适用先予执行的条件：

（1）适用先予执行的行政案件必须具有给付的内容。

（2）当事人之间权利义务关系明确。

（3）不先予执行将严重影响申请人的生产和生活。

先予执行的裁定必须是人民法院依原告的申请作出，而不能依职权主动作出。

11. 合并审理

可以依职权合并审理的情形：

（1）两个以上行政机关分别依据不同的法律法规对同一事实作出具体行政行为，公民、法人或其他组织不服向同一人民法院起诉的。

（2）行政机关就同一事实对若干公民、法人或其他组织分别作出具体行政行为，公民、法人或其他组织不服分别向同一人民法院起诉的。

（3）在诉讼过程中，被告对原告作出新的具体行政行为，原告不服向同一人民法院起诉的。

（4）人民法院认为可以合并审理的其他情形。

经申请合并审理的情形：被告对平等主体之间民事争议所作的行政裁决违法，民事争议当事人要求人民法院一并解决相关民事争议的，人民法院可以一并审理。

12. 审理依据

人民法院审理行政案件，以法律、行政法规、地方性法规、自治条例和单行条例为依据，并参照适用规章。适用最高人民法院司法解释的，应当在裁判文书中援引。人民法院审理行政案件，可以在裁判文书中引用合法有效的规章及其他规范性文件。

四、第二审程序

第二审程序指上级人民法院根据当事人的上诉，对下级人民法院未发生法律效力的行政判决、裁定进行审理、裁判的程序。上诉是当事人不服一审人民法院未生效的判决、裁定，依法要求一审法院的上一级法院对行政案件重新审理、裁判的诉讼行为。

1. 当事人上诉必须符合法定条件：
（1）上诉必须针对未生效的第一审判决、裁定。
（2）上诉人和被上诉人必须是一审程序中的当事人。
（3）必须在法定上诉期内提出上诉。
（4）上诉方式必须合法。
（5）上诉必须向原审法院的上一级法院提起。

对事实清楚的上诉案件，二审法院可实行书面审理。但当事人对原审人民法院认定的事实有争议的或者第二审人民法院认为原审人民法院认定事实不清楚的案件，则必须开庭审理。

不服行政诉讼一审判决的上诉期限为15天；不服裁定的上诉期限为10天。并非所有裁定均可上诉，可以上诉的裁定仅限于不予受理、驳回起诉和管辖权异议的裁定。

2. 上诉既可以通过原审法院提出，也可以直接向二审法院提出。

3. 第二审人民法院审理行政上诉案件，应当自收到上诉状之日起2个月内作出终审判决。

4. 第二审人民法院审理上诉案件，必须由审判员组成合议庭。必须合议，合议庭全部由审判员组成。

5. 判决
（1）原判决认定事实清楚，适用法律、法规正确的，判决驳回上诉，维持原判。
（2）原判决认定事实清楚，但适用法律、法规错误的，依法改判。
（3）原判决认定事实不清、证据不足，或者由于违反法定程序可能影响案件正确判决的，裁定撤销原判，发回原审人民法院重审，也可以查清事实后改判。

第二审人民法院裁定发回重审的案件，原审人民法院应当另行组成合议庭进行审理；当事人对重审案件的判决、裁定不服的，可以再行上诉。

五、缺席判决

缺席判决，是开庭审理时，在一方当事人缺席的情况下，合议庭经过审理作出的判决。

缺席判决是诉讼当事人一方拒绝履行出庭诉讼义务，为了维护法律的尊严，防止拖延诉讼，保护另一方当事人的合法权益免遭侵犯，而设立的程序制度。缺席判决适用情况：

（一）被告不到庭

经人民法院两次合法传唤，被告无正当理由拒不到庭的，根据行政诉讼法第五十八条的规定，可以缺席判决。

（二）被告中途退庭

被告已经到庭参加诉讼，但是，未经法庭许可中途退庭，又拒不回返的，可以比照行政诉讼法第五十八条规定，予以缺席判决。

（三）裁定不准许撤诉

原告仍拒不到庭的，人民法院裁定不准许原告撤诉，如果原告仍不到庭的，可以比照行政诉讼法第五十八条的规定，予以缺席判决。

行政诉讼中，应当审慎适用缺席判决的程序，缺席判决必须在案件事实全部查清的情况下才能作出，同时，还应当充分考虑缺席一方当事人的合法权益，使其不因缺席而受到不应有的损害。

（四）特别说明

1. 这里所讲的经合法传唤，是指人民法院严格按照法定程序和方式对当事人进行传唤。具体来讲，一是要有传票，二是要把传票送达本人，三是要有送达回证。采用口头、电话、广播等简便方式，或有传票但未送达本人，或没有送达回证的，都不属于合法传唤。

2. 经两次合法传唤，是指合法传唤的次数不得少于两次。若传唤次数少于两次，或其中有一次不是合法传唤，就不能视为原告申请撤诉，或者对被告作出缺席判决。

3. 无正当理由，是相对正当理由而言的，所谓正当理由是指当事人具有不可抗力的原因不能到庭的情况。有的被告单位的主要负责人或代理人借口工作忙拒不到庭的，属于无正当理由。对于有正当理由不能到庭的，人民法院可以延期审理或者作其他相应的处理，但不能视为撤诉或缺席判决。

六、审判监督程序

审判监督程序是指人民法院、人民检察院对已经发生法律效力的判决、裁定，发现其在认定事实或适用法律上确有错误，依法提出并重新审判的程序。

（一）必备条件

1. 提起审判监督程序的主体必须是有审判监督权的组织或专职人员。
2. 必须具备法定理由。

当事人提出申诉应当在判决、裁定发生法律效力后2年内提出。

（二）具体规定

1. 提起行政诉讼审判监督程序的主体特定：原审人民法院院长、上级人民法院和人民检察院

（1）人民法院院长对本院已经发生法律效力的判决、裁定，发现违反法律、法规规定认为需要再审的，应当提交审判委员会决定是否再审。

（2）上级人民法院对下级人民法院已经发生法律效力的判决、裁定，发现违反法律、法规规定的，有权提审或者指令下级人民法院再审。

（3）人民检察院对人民法院已经发生法律效力的判决、裁定，发现违反法律、法规规定的，有权按照审判监督程序提出抗诉；对人民检察院按照审判监督程序提出抗诉的案件，人民法院"应当"再审；人民法院开庭审理抗诉案件时，"应当"通知人民检察院派员出庭。

2. 当事人申请再审

（1）当事人对已经发生法律效力的行政判决、裁定，认为确有错误的，可以向原审人民法院或者上一级人民法院提出申诉，但判决、裁定不停止执行；当事人的申诉应当在判决、裁定发生法律效力后"2年内"提出。

（2）当事人对已经发生法律效力的行政赔偿调解书，提出证据证明调解违反自愿原则或者调解协议的内容违反法律规定的，可以在"2年内"申请再审。

3. 再审案件的审理程序

（1）人民法院按照审判监督程序再审的案件，发生法律效力的判决、裁定是由一审人民法院作出的，按照一审程序审理，所作的判决、裁定，当事人可以上诉。

（2）人民法院按照审判监督程序再审的案件，发生法律效力的判决、裁定是由二审人民法院作出的，按照二审程序审理，所作的判决、裁定是发生法律效力的判决、裁定。

（3）上级人民法院按照审判监督程序提审的，按照二审程序审理，所作的判决、裁定是发生法律效力的判决、裁定。

人民法院审理再审案件，应当另行组成合议庭。

表 5-2

	行政诉讼第二审程序	行政再审程序
对象	尚未生效的一审判决、裁定	已经生效的（一审或者二审）判决、裁定
提起主体	当事人	（1）原审人民法院院长 （2）上级人民法院 （3）人民检察院
期限	判决：15日 裁定：10日	当事人申诉：2年
适用程序	二审程序	一审程序或者二审程序

第三节 行政诉讼证据

行政诉讼证据是能够证明行政案件真实情况的一切事实,是行政诉讼主体用于证明被诉的具体行政行为是否合法的所有证据材料,具有客观性、关联性和合法性,行政诉讼证据还具有以下特征:种类广泛、来源特定、举证责任分担特定、证据审查阶段特定。

行政诉讼的证据的作用是证实或说明行政案件的真实情况是否存在,任何一个行政案件的真实情况都需要用证据来加以证明。在行政诉讼中,需要以证据加以证明的证明对象包括:当事人主张的法律事实和程序性事实、人民法院依职权调查的事实;习惯经验、定理和专门知识;法律法规和其他行政规范性文件等。人民法院在收集和运用证据时,必须从实际出发、实事求是,重证据、重调查研究,各种证据都须经法庭审查属实,才能作为定案的根据。

一、证据的种类

证据是指用以证明案件事实的一切材料和事实。

行政诉讼的法定证据包括书证、物证、视听资料、证人证言、当事人陈述、鉴定结论、勘验笔录和现场笔录。其中,现场笔录是行政诉讼中特有的法定证据。

(一) 证据的种类

根据不同标准可以将证据分为直接证据和间接证据、原始证据和传来证据、主要证据和次要证据、言词证据和实物证据、本证和反证等。

按照《行政诉讼法》第三十三条规定,根据证据的来源和表现形式将其分为以下八类:

1. 书证。即以文字、符号、图案等所记载的内容表达的与案件事实有关的人的思维或者行为的书面材料。如行政机关的文件、文书、函件、处理决定等。作为行政机关作出具体行政行为的依据的规范性文件,是行政机关在诉讼中必须提交的书证。

2. 物证。即以物品、痕迹等客观物质实体的外形、性状、质地、规格等证明案件事实的证据。如肇事交通工具、现场留下的物品和痕迹等。

3. 视听资料。即以录音、录像、扫描等技术手段,将声音、图像及数据等转化为各种记录载体上的物理信号,证明案件事实的证据。如音像磁带、计算机数据信息等。

4. 证人证言。即直接或者间接了解案件情况的证人向人民法院所作的用以证明案件事实的陈述。一般情况下,证人应当出庭陈述证言,但如确有困难不能出庭,经人民法院许可，可以提交书面证言。精神病人、未成年人作证应与其心理健康程度、心智成熟程度相适应。根据规定，凡是知道案件事实的人都有出庭作证的义务，但不能正确表达意志的人不能作证。证人出庭作证时，应当出示证明其身份的证件，并不得旁听案件的审理。

在下列情况下，经人民法院允许，当事人可以提交书面证言：当事人在行政程序或庭前证据交换中对证人证言无异议的；证人因年迈体弱或行动不便无法出庭的；证人因路途遥远、交通不便无法出庭的；证人因自然灾害等不可抗力或者其他事件无法出庭的；证人因其他特殊原因确实无法出庭的。

5. 当事人陈述。即本案当事人在诉讼中就案件事实向人民法院所作的陈述和承认。

6. 鉴定结论。即具有专业技术特长的鉴定人利用专门的仪器、设备，就与案件有关的专门问题所作的技术性结论。根据鉴定对象的不同，可分为医学鉴定、文书鉴定、技术鉴定、会计鉴定、化学鉴定、物理鉴定等。

7. 勘验笔录。勘验笔录是指行政机关工作人员或者人民法院审判人员对与行政案件有关的现场或者物品进行勘察、检验、测量、绘图、拍照等所作的记录。

8. 现场笔录。现场笔录是指行政机关工作人员在行政管理过程中对与行政案件有关的现场情况及其处理所做的书面记录。

（二）行政诉讼证据的特点

受行政诉讼性质决定，其证据制度具有如下特点：

1. 行政诉讼证据所要证明的最终事实是被诉具体行政行为是否合法。

2. 行政诉讼被告必须自始至终地承担证明被诉具体行政行为合法的法定举证责任。

3. 行政诉讼被告在诉讼过程中，不得自行向证人和原告收集证据，作为被告代理人的律师也不得自行向原告和证人收集证据。

4. 人民法院在行政诉讼中有收集证据的权力，而无收集证据的义务，其主要任务是审查判断证据。

二、证据的要求

（一）书证

当事人向人民法院提供书证的，应当符合下列要求：

1. 提供书证的原件，原本、正本和副本均属于书证的原件，提供原件确有困难的，可以提供与原件核对无误的复印件、照片、节录本。

2. 提供由有关部门保管的书证原件的复制件、影印件或者抄录件的，应当注明出处，经该部门核对无异后加盖其印章。

3. 提供报表、图纸、会计账册、专业技术资料、科技文献等书证的，应当附说明材料。

4. 被告提供的被诉具体行政行为所依据的询问、陈述、谈话类笔录，应当有行政执法人员、被询问人、陈述人、谈话人签名或者盖章。

（二）物证

当事人向人民法院提供物证的，应符合下列要求：提供原物，如提供原物确有困难，可以提供与原物核对无误的复制件或者证明该物证的照片、录像等其他证据；原物为数量较多的种类物的，提供其中的一部分。

书证与物证的区别：

1. 书证以其"内容"等来表达一定思想从而证明案件事实；而物证是以"外形"等物品的自然状态来证明案件事实。

2. 书证往往带有主观内容，物证不带有任何主观内容。

（三）视听资料

当事人向人民法院所提供的计算机数据或者录音、录像等视听资料，应符合下列要求：

1. 当事人应向法院提供有关资料的原始载体，在提供原始载体确有困难时，可以提供复制件，注明制作方法、制作时间、制作人和证明对象等。

2. 提供的声音资料应当附有该声音内容的文字记录，当事人应注明制作方法、制作时间、制作人和证明对象等；对于当事人向人民法院提供的外国语视听资料，当事人应同时附有由具有翻译资质的机构翻译的或者其他翻译准确的中文译本，并由翻译机构盖章或者翻译人员签名。

3. 以有形载体固定或者显示的电子数据交换、电子邮件以及其他数据资料，其制作情况和真实性经对方当事人确认，或者以公证等其他有效方式予以证明的，与原件具有同等的证明效力。

（四）证人证言

1. 证人应当陈述其亲历的具体事实；证人根据其经历所作的判断、推测或者评论，不能作为定案的依据。

2. 凡是知道案件事实的人，都有出庭作证的义务，但不能正确表达意志的人不能作证。

3. 证人出庭作证时，应当出示证明其身份的证件；法庭应当告知其诚实作证的法律义务和作伪证的法律责任。

4. 出庭作证的证人不得旁听案件的审理。

5. 在下列情况下，经人民法院允许，当事人可以提交"书面证言"（不出庭作证）：

(1) 当事人在行政程序或者庭前证据交换中对证人证言无异议的。

(2) 证人因年迈体弱或者行动不便无法出庭的。

(3) 证人因路途遥远、交通不便无法出庭的。

(4) 证人因自然灾害等不可抗力或者其他意外事件无法出庭的。

(5) 证人因其他特殊原因确实无法出庭的。

6. 有下列情形之一，"原告或者第三人"可以要求相关行政执法人员作为证人出庭作证：

(1) 对现场笔录的合法性或者真实性有异议的。

(2) 对扣押财产的品种或者数量有异议的。

(3) 对检验物的物品取样或者保管有异议的。

(4) 对行政执法人员的身份的合法性有异议的。

(5) 需要出庭作证的其他情形。

（五）当事人陈述

作为证据的当事人陈述只限于当事人对案件事实的陈述，包括承认、反驳和支持叙述三方面内容。

（六）鉴定结论

被告行政机关向人民法院提供的在行政程序中采用的鉴定结论，应当符合下列条件：

应当载明委托人和委托鉴定的事项；应有向鉴定部门提交的相关材料；应有鉴定的依据和使用的科学技术手段；应有鉴定部门和鉴定人鉴定资格的说明；应有鉴定人的签名和鉴定部门的盖章。

对于通过分析获得的鉴定结论，还应当说明分析过程。当事人对人民法院委托的鉴定部门作出的鉴定结论有异议申请重新鉴定，人民法院应当准许，但须提出证据证明存在以下情况之一：鉴定部门或鉴定人不具有相应的鉴定资格的；鉴定程序严重违法的；鉴定结论明显依据不足；经过质证不能作为证据使用的其他情形。对有缺陷的鉴定结论，可以通过补充鉴定、重新质证或补充质证等方式解决。

（七）勘验笔录

勘验现场时，勘验人必须出示人民法院的证件，并邀请当地基层组织或当事人所在单位派人参加。当事人或其成年家属应当到场，拒不到场的，不影响勘验的进行，但应当在勘验笔录中说明情况。当事人对勘验笔录有异议的，可以在举证期限内重新勘验，是否准许，由人民法院决定。

（八）现场笔录

现场笔录是行政诉讼中特有的法定证据。

行政机关在制作运用现场笔录时应遵循的规则有：现场笔录只有在证据难以保全、事后难以取证、不可能取得其他证据或者其他证据难以证明案件事实的情况下才能适用；现场笔录应当在现场制作，不能事后补作，并应当由当事人签名或盖章。在可能的情况下，还应当由在场证人签名或盖章。根据规定，被告向人民法院提供的现场笔录，应载明时间、地点和事件等内容，并由执法人员和当事人签名。法律、法规和规章对现场笔录的制作形式另有规定的，从其规定。被告行政机关向人民法院提供的现场笔录，除法律、法规和规章对现场笔录的制作形式有特别规定外，一般应当载明制作现场笔录的时间、地点和事件等内容，并由执行人员和当事人签名。当事人拒绝签名或者不能签名的，应当注明原因。有其他人在现场的，可由其他人签名。

勘验笔录与现场笔录的区别：

勘验笔录是"人民法院"依当事人申请或者依职权"事后"进行的；现场笔录是"行政机关工作人员"在"实施行政行为时"对现场情况所作的书面记录。

询问、陈述、谈话类笔录为书证的一种；现场笔录是与书证并列的独立的行政诉讼证据。

三、证据的收集

（一）被告对证据的收集

1. 收集的时间特定。行政机关向法院提交的证据应当在"作出具体行政行为之前"收集；一旦进入诉讼程序，作为被告的行政机关及其诉讼代理人就不得自行向原告和证人收集证据。

2. 可以经准许补充的情形。被告在作出具体行政行为时已经收集证据，但因不可抗力等正当理由不能提供的；原告或者第三人在诉讼程序中，提出了其在被告实施行政行为过程中没有提出的反驳理由或者证据的。

（二）人民法院对证据的收集

行政诉讼中，根据审理案件的需要，人民法院有权要求当事人提供或补充证据，也有权向行政机关以及其他组织、公民调取证据。人民法院调查和收集证据的基本方式有调查询问、调取有关材料、提交鉴定和勘验检查。

1. 人民法院主动调取证据。原告或第三人及其诉讼代理人提供了证据线索，但无法自行收集而申请人民法院调取的；当事人应当提供而无法提供原件或者原物的；涉及国家利益、公共利益或他人合法权益的事实认定的；涉及依职权追加当事人、中止诉讼、终结诉讼、回避等程序性事项的。

2. 人民法院经申请调取证据。原告或者第三人不能自行收集，但能够提供确切线索的，可以申请人民法院调取下列证据材料：由国家有关部门保存而需由人民法院调取的证据材料；涉及国家秘密、商业秘密、个人隐私的证据材料；确因客观原因不能自行收集的其他证据材料。

3. 人民法院在调取证据时，不得为证明被诉具体行政行为的合法性而调取被告在作出具体行政行为时未收集的证据。

行政复议机构向有关组织和人员调查取证，查阅文件和资料过程中取得的有关材料，不得作为支持被申请人具体行政行为的证据。

（三）证据保全

证据保全是指人民法院在证据可能灭失或以后难以取得的情况下，采取制作笔录、绘图、拍照、录音、录像、提取并保管有关证据等措施使证据价值保存下来的一种诉讼行为。在以下三种情况下，人民法院可以对证据进行保全：

1. 在证据可能灭失或者难以取得的情况下，人民法院根据诉讼参加人的请求或依职权可以对证据采取保全措施（例如查封、扣押、录音、录像等）。

2. 当事人向人民法院申请保全证据的，应当在"举证期限届满前"以"书面形式"提出。

3. 人民法院保全证据时，"可以"（而非应当）要求当事人或者其诉讼代理人到场。

四、行政诉讼证据的质证

（一）质证原则

1. 当事人提供证据的质证。当事人提供的证据须在法庭上出示，并由当事人对质辨认和核实。只有经过庭审质证和审核认定的证据，才能作为定案的依据。

2. 人民法院调取证据的质证。人民法院调取证据有两种情况，即依当事人申请调取证据和依职权主动调取证据。

3. 证据质证的内容及范围。当事人质证，主要是围绕证据的关联性、合法性和真实性，针对证据有无证明效力以及证明效力大小进行。对书证、物证和视听资料进行质证时，当事人应当出示证据的原件或者原物。

（二）对质辨认和核实

当事人质证时，主要是围绕证据的关联性、合法性和真实性，针对证据有无证据资格和有无证明效力以及证明效力的大小进行；未经法庭质证的证据不能作为人民法院裁判的根据。

1. 当事人提供证据的质证

（1）只有经过庭审质证和审核认定的证据，才能作为定案的依据；但当事人在庭前证据交换过程中没有争议并记录在卷的证据，经审判人员在庭审中说明后，可以作为认定案件事实的依据。

（2）经合法传唤，因被告无正当理由拒不到庭而需要依法缺席判决的，被告提供的证据不能作为定案的依据；但当事人在庭前交换证据中没有争议的证据除外。

（3）涉及国家秘密、商业秘密和个人隐私或者法律规定的其他应当保密的证据，不得在开庭时公开质证。

2. 人民法院调取证据的质证

（1）经当事人申请调取的证据：由申请调取证据的当事人在庭审中出示，并由当事人质证。

（2）依职权调取的证据：由法庭出示，并可就调取该证据的情况进行说明，听取当事人意见。

3. 对书证、物证和视听资料的质证

（1）应当出示证据的原件或原物。

（2）出示原件或者原物确有困难并经法庭准许，可以出示复制件或者复制品（与原件、原物核对无误）。

（3）原件或者原物已不存在，可以出示证明复制件、复制品与原件、原物一致的其他证据。

（4）对视听资料，应当当庭播放或者显示，并由当事人进行质证。

4. 法庭在质证过程中，对与案件没有关联的证据材料，应予排除并说明理由。

5. 法庭在质证过程中，准许当事人补充证据的，对补充的证据仍应进行质证。

6. 法庭对经过庭审质证的证据，除确有必要外，一般不再进行质证。

7. 在二审程序中，对当事人依法提供的新的证据，法庭应当进行质证；当事人对一审认定的证据仍有争议的，法庭也应当进行质证。

8. 按照审判监督程序审理的案件，对当事人依法提供的"新的证据"，法庭应当进行质证；因原判决、裁定认定事实的证据不足而提起再审涉及的"主要"（而非全部）证据，法庭也应当进行质证。

（三）新的证据

1. 在一审程序中应当准予延期提供而未获准许的证据。

2. 当事人在一审程序中依法申请调取而未获准许或者未取得，人民法院在二审程序中调取的证据。

3. "原告或者第三人"（而非被告）提供的在举证期限届满后发现的证据。

五、证据的审核认定

证据的审核认定，是指法官在听取当事人对证据的说明、对质和辨认后，对证据作出的采信与否的认定。证据审核认定的内容是：审核认定证据的真实性、证据的关联性、证据的合法性。作为定案依据的证据，除必须在法庭上由对方当事人质证外，还需由法庭根据案件的具体情况，从合法性和真实性两方面进行审查，加以认定。

证据合法性的审查，主要是审查：证据是否符合法定形式；证据的取得是否符合法律、法规、司法解释和规章的要求；是否有影响证据效力的其他违法情形。

证据真实性的审查，主要是审查：证据形成的原因；发现证据时的客观环境；证据是否为原物、原件，复制件、复制品与原物、原件是否相符；提供证据的人或者证人与当事人是否有利害关系；影响证据真实性的其他因素。

（一）不能作为定案根据的证据

以下证据不能作为定案根据：

1. 严重违反法定程序收集的证据材料。
2. 以偷拍、偷录、窃听等手段获取侵害他人合法权益的证据材料。
3. 以利诱、欺诈、胁迫、暴力等不正当的手段获取的证据材料。
4. 当事人超出取证期限提供的证据材料，包括原告、被告。
5. 在中华人民共和国领域外或者在港澳台地区形成的没有办理法定证明手续的材料。
6. 当事人无正当理由拒不提供原件、原物，又无其他证据印证，且对方当事人不予认可的证据的复制件或者复制品。
7. 被当事人或其他人做过技术处理而无法辨明真伪的。
8. 不能正确表达意志的证人提供的证言。
9. 违反法律禁止性规定或者侵犯他人合法权益而取得的证据。
10. 不具备合法性和真实性的其他证据材料。

（二）不能作为认定被诉具体行政行为合法依据的证据

下列证据不能作为认定被诉具体行政行为合法的依据：

1. 被告及其诉讼代理人在作出具体行政行为后或者在诉讼程序中自行收集的证据。
2. 被告在行政程序中非法剥夺公民、法人或者其他组织依法享有的陈述、申辩或者听证权利所采用的证据。
3. 原告或者第三人在诉讼程序中提供的、被告在行政程序中未作为具体行政行为依据的证据。
4. 复议机关在复议程序中收集和补充的证据，或者作出原具体行政行为的行政机关在复议程序中未向复议机关提交的证据。

（三）证据效力大小的判断

在对证据进行审核认定过程中，如果发现证明同一事实的数个证据，其证明效力一般可以按照以下情形分别认定：

1. 国家机关以及其他职能部门依职权制作的公文文书优于其他书证。
2. 鉴定结论、现场笔录、勘验笔录、档案材料以及经过公证或者登记的书证优于其他书证、视听资料和证人证言。
3. 原件、原物优于复制件、复制品。
4. 法定鉴定部门的鉴定结论优于其他鉴定部门的鉴定结论。
5. 法庭主持勘验所制作的勘验笔录优于其他部门主持勘验所制作的勘验笔录。
6. 原始证据优于传来证据。
7. 其他证人证言优于与当事人有亲属关系或者其他密切关系的证人提供的对该当事人有利的证言。
8. 出庭作证的证人证言优于未出庭作证的证人证言。
9. 数个种类不同、内容一致的证据优于一个孤立的证据。

此外，复议机关在复议过程中收集和补充的证据，或者作出具体行政行为的行政机关在复议过程中未向复议机关提交的证据，不能作为具体行政行为合法的依据。被告在二审过程中向法庭提交的在一审过程中没有提交的证据，不能作为一审法院撤销或者变更一审裁判的根据。

六、法律适用的含义及其适用规则

行政诉讼法律适用，是指人民法院按照法定程序，将法律、法规具体运用于各种行政案件，从而对行政机关具体行政行为的合法性进行审查的专门活动。主要解决人民法院对被诉具体行政行为合法性进行审查判断的标准问题，即人民法院以何种标准、依据何种法律规范来审查被诉具体行政行为的合法性，并进而对被诉具体行政行为的合法性作出裁判。

我国行政法规范制定主体多元，行政法规范的等级、效力不一，这些行政法规范是否都属于人民法院的行政诉讼法律适用对象，它们对人民法院的约束力和效力如何，是行政诉讼法律适用重点要解决的问题。

根据中国行政诉讼法的规定，人民法院在行政诉讼中适用法律要遵循以下规则：

（一）法律、法规是行政审判的依据

行政审判的依据是指人民法院审理行政案件，对具体行政行为合法性进行审查和裁判的标准和尺度。中国行政审判的依据是法律和法规。这里的"法律、法规"包括法律、行政法规、地方性法规、自治条例和单行条例。

（二）参照适用规章

规章包括部门规章和地方政府规章两种。规章在人民法院审理行政案件时处于参照地位。所谓参照，是指人民法院在审理行政案件时，对规章进行斟酌和鉴定后，对符合法律、行政法规规定的规章予以适用，作为审查具体行政行为合法性的根据；对不符合或不完全符合法律、法规原则精神的规章，人民法院有灵活处理余地，可以不予适用。

（三）其他规范性文件在行政诉讼中的地位

一般而言，其他规范性文件不属于法的范围，对法院没有拘束力。人民法院在行政审判中可以参考适用其他规范性文件，但应对其合法性进行更为严格的确认。发生冲突时，人民法院不必送有关机关裁决，可直接决定适用与否。

（四）人民法院对司法解释的援引

司法解释是最高人民法院对法律在审判中应用的问题所作的解释。人民法院在审理行政案件时，适用最高人民法院司法解释的，应当在裁判文书中援引。

七、行政诉讼中的举证责任

按照《行政诉讼法》的第三十四条的规定，被告对作出的具体行政行为负有举证责任，应当在收到起诉状副本之日起十日内，提供据以作出被诉具体行政行为的全部证据和所依据的规范性文件。被告不提供或者无正当理由逾期提供证据的，视为被诉具体行政行为没有相应的证据。

（一）被告的举证责任

我国行政诉讼中实行被告负举证责任的制度。

被告对作出的具体行政行为负有举证责任，应当提供作出该具体行政行为的证据和所依据的规范性文件。根据《行政诉讼法》第三十五条的规定，在诉讼过程中，被告及其诉讼代理人不得自行向原告和证人收集证据。

原告或者第三人应当在开庭审理前或者人民法院指定的交换证据之日提供证据。因正当事由申请延期提供证据的，经人民法院准许，可以在法庭调查中提供。逾期提供证据的，视为放弃举证权利。

原告或者第三人在第一审程序中无正当事由未提供而在第二审程序中提供的证据，人民法院不予接纳。

（二）被告的举证规则

被告对被诉具体行政行为的举证期限，是在收到起诉副本之日起 10 日内提交答辩状时。被告在此期限内不提供或无正当理由逾期提供的，将承担败诉的法律后果，法律可以进行判决撤销被诉具体行政行为或确认被诉具体行政行为违法。被告因不可抗力或者客观上不能控制的其他正当事由，不能在前款规定的期限内提供证据的，应当在收到起诉状副本之日起十日内向人民法院提出延期提供证据的书面申请。人民法院准许延期提供的，被告应当在正当事由消除后十日内提供证据。逾期提供的，视为被诉具体行政行为没有相应的证据。

被告举证的范围是被告作出具体行政行为所依据的事实依据和规范性文件。

(三) 原告的举证责任

行政诉讼中被告对具体行政行为承担举证责任，并不排除在某些情况下原告也承担举证责任，但仅限于法律的特别规定。原告负举证责任的情况：

1. 公民、法人或者其他组织向人民法院起诉时，应提供其符合法定条件的相应的证据材料。

2. 在起诉被告不作为的案件中，原告应当提供其在行政程序中曾经提出申请的证据材料；在起诉被告不作为的案件中，原告应当提供其在行政程序中曾经提出申请的证据材料。但有下列情形的除外：①被告应当依职权主动履行法定职责的；②原告因被告受理申请的登记制度不完备等正当事由不能提供相关证据材料并能够作出合理说明的。

被告认为原告起诉超过法定期限的，由被告承担举证责任。

3. 在一并提起的行政赔偿诉讼中，原告应当对被诉具体行政行为造成损害的事实提供证据；其他应由原告承担举证责任的事项。

原告应在开庭审理前或人民法院指定的交换证据之日提供证据。逾期提供的，视为放弃举证权利。原告可以提供证明被诉具体行政行为违法的证据。原告提供的证据不成立的，不免除被告对被诉具体行政行为合法性的举证责任。

关于行政诉讼的证据，请查阅本书附件《最高人民法院关于行政诉讼证据若干问题的规定》(法释〔2002〕21号)，已于2002年6月4日由最高人民法院审判委员会第1224次会议通过。

第四节　行政诉讼（税务）

行政诉讼是人民法院处理行政纠纷、解决行政争议的法律制度，与刑事诉讼、民事诉讼一起，共同构筑起现代国家的诉讼制度。

在我国，"税务行政诉讼"尚未形成相对独立的法律制度，"税务行政诉讼"与其他行政部门所发生的诉讼，都是行政诉讼制度的组成部分，都适用《行政诉讼法》。因此，准确地讲，或者客观地说，是不应该有"税务行政诉讼"这个概念或定义的。这不是咬文嚼字，更不是故弄玄虚或吹毛求疵。

有税务行政复议，没有"税务行政诉讼"，行政诉讼（税务）是行政诉讼中因具体税务行政行为引起的诉讼，是被告为税务局的行政诉讼。"税务行政诉讼"是通俗的说法，是不准确的。

行政诉讼（税务）是指公民、法人和其他组织认为税务局及其工作人员的具体税务行政行为违法或者不当,侵犯了其合法权益,依法向人民法院提起行政诉讼,由人民法院对具体税务行政行为的合法性进行审查并作出裁决的司法活动。其目的是保证人民法院正确、及时审理税务行政案件,保护纳税人、扣缴义务人等当事人的合法权益,维护和监督税务局依法行使行政职权。

刑事诉讼的目的在于解决代表国家的检察机关或者提起刑事自诉的受害人对被告犯罪行为的控诉是否成立的问题,所存在的争议其实是国家或者自诉人与被告之间就被告是否有犯罪行为、应当给予什么刑罚措施(若有犯罪行为的话)的争议。民事诉讼则是解决作为平等主体的公民、法人或者其他组织之间产生的民事上权利义务之争。与这两种诉讼不同,行政诉讼旨在化解公民、法人或者其他组织作为行政管理相对一方与行政机关或者被授权组织之间因行政管理而产生的争议。在任何社会,此类因行政管理而引发的争议,与民事争议一样,是普遍存在的。行政诉讼是解决一定范围内行政争议的活动。

具体来讲,行政诉讼是指公民、法人和其他组织认为行政机关及其工作人员的具体行政行为侵犯其合法权益,依照行政诉讼法向人民法院提起诉讼,由人民法院进行审理并作出裁决的诉讼制度和诉讼活动,以税务局为被告的行政诉讼是行政诉讼的一个重要组成部分。

一、人民法院受理行政案件的范围

受理行政诉讼案件的范围是指根据行政诉讼法的规定,人民法院对哪些行政诉讼案件具有管辖权。我国《行政诉讼法》及其司法解释确立的受案范围采用的是结合方式:具体行政行为标准+人身权、财产权标准。

即公民、法人或其他组织只有认为具体行政行为侵犯自己的合法权益时,才能提起行政诉讼,人民法院也只能对具体行政行为的合法性进行审查;具体行政行为是否侵犯公民、法人或其他组织的人身权、财产权,也是衡量其是否具有可诉性的一个标准。

(一) 应受理的案件

1. 对行政处罚不服的案件。
2. 对行政强制措施不服的案件。
3. 被行政机关侵犯法定经营自主权的案件。
4. 认为符合法定条件申请行政主体颁发许可证和执照,行政主体拒绝颁发或者不予答复的案件。
5. 申请行政主体履行保护人身权、财产权的法定职责,行政主体拒绝履行或者不予答复的案件。
6. 认为行政主体没有依法颁发给抚恤金的案件。

7. 认为行政主体违法要求履行义务的案件。
8. 认为行政主体侵犯人身权、财产权的案件。
9. 其他法律、法规规定的案件。

特别提示：

行政机关依据《行政许可法》规定变更或者撤回已经生效的行政许可，公民、法人或者其他组织仅主张行政补偿的，应当先向行政机关提出申请；行政机关在法定期限或者合理期限内不予答复或者对行政机关作出的补偿决定不服的，可以依法提起行政诉讼。

根据《公司法》规定，公司登记机关作出不予名称预先核准、不予登记决定的，应当出具《企业名称驳回通知书》《登记驳回通知书》，说明不予核准、登记的理由，并告知申请人享有依法申请行政复议或者提起行政诉讼的权利。

按照《国有土地上房屋征收与补偿条例》规定：被征收人对补偿决定不服的，可以依法申请行政复议，也可以依法提起行政诉讼。被征收人对市、县级人民政府作出的房屋征收决定不服的，可以依法申请行政复议，也可以依法提起行政诉讼。

（二）不受理的案件

1. 国防、外交等国家行为。
2. 行政法规、规章或者行政机关制定、发布的具有普遍约束力的决定、命令。
3. 行政机关对行政机关工作人员的奖惩、任免等决定。

按照《公务员法》第九十条规定，公务员对涉及本人的下列人事处理不服的，可以自知道该人事处理之日起三十日内向原处理机关申请复核；对复核结果不服的，可以自接到复核决定之日起十五日内，按照规定向同级公务员主管部门或者作出该人事处理的机关的上一级机关提出申诉；也可以不经复核，自知道该人事处理之日起三十日内直接提出申诉：

（1）处分；（2）辞退或者取消录用；（3）降职；（4）定期考核定为不称职；（5）免职；（6）申请辞职、提前退休未予批准；（7）未按规定确定或者扣减工资、福利、保险待遇；（8）法律、法规规定可以申诉的其他情形。

4. 法律规定由行政机关最终裁决的具体行政行为。
5. 公安、国家安全等机关依照《刑事诉讼法》的明确授权实施的行为。

这类行为既包括这些机关在刑事案件的立案侦查中所采取的拘传、取保候审、监视居住、拘留、逮捕等刑事强制措施，也包括在侦查过程中为搜集、取得证据而采取的诸如勘验、检查、搜查行为，对物证、书证的扣押、鉴定等行为。

6. 调解行为以及法律规定的仲裁行为。
7. 不具有强制力的行政指导行为。如：风险提示提醒和纳税评估。
8. 驳回当事人对行政行为提起申诉的重复处理行为。

9. 对公民、法人或其他组织权利义务不产生实际影响的行为。如：行政处罚告知行为。

二、行政诉讼（税务）受案范围

行政诉讼（税务）的受案范围，是指人民法院对税务局的哪些行为拥有司法审查权。换言之，公民、法人或者其他组织对税务局的哪些行为不服可以向人民法院提起税务行政诉讼。在实际生活中，税务行政争议种类多、涉及面广，不可能也没有必要都诉诸人民法院通过诉讼程序解决。界定行政诉讼（税务）的受案范围，便于明确人民法院、税务局及其他国家机关间在解决税务行政争议方面的分工和权限。行政诉讼（税务）的具体范围：

除受《行政诉讼法》有关规定的限制外，也受《税收征管法》及其他相关法律、法规的调整和制约。具体说来，行政诉讼（税务）的受案范围与税务行政复议的受案范围基本一致，主要包括税务局作出的：

1. 征税行为：征收税款、加收滞纳金；扣缴义务人、受税务机关委托的单位作出代扣代缴、代收代缴行为及代征行为。

2. 责令纳税人提交纳税保证金或者纳税担保行为。

3. 行政处罚行为：一是罚款；二是没收违法所得；三是停止出口退税权；四是收缴发票和暂停供应发票。

4. 通知出境管理机关阻止出境行为。

5. 税收保全措施：书面通知银行或者其他金融机构冻结存款；扣押、查封商品、货物或者其他财产。

6. 税收强制执行措施：书面通知银行或者其他金融机构扣缴税款；拍卖所扣押、查封的商品、货物或者其他财产抵缴税款。

7. 认为符合法定条件申请税务局颁发税务登记证和发售发票，税务局拒绝颁发、发售或者不予答复的行为。

8. 行政复议行为：复议机关改变了原具体行政行为；期限届满，税务局不予答复。

三、行政诉讼（税务）的诉讼时限

在行政诉讼中，起诉权是单向性的权利，税务局不享有起诉权，只有应诉权，即税务局只能作为被告；与民事诉讼不同，作为被告的税务局不能反诉。

纳税人、扣缴义务人等税务管理相对人在提起行政诉讼（税务）时必须符合下列条件：

1. 原告是认为具体税务行为侵犯其合法权益的公民、法人或者其他组织。

2. 有明确的被告。
3. 有具体的诉讼请求和事实、法律根据。
4. 属于人民法院的受案范围和受诉人民法院管辖。

此外,对税务局提起行政诉讼,还必须符合法定的期限和必经的程序。按照《税收征管法》第八十八条及其他相关规定,对税务机关的征税行为提起诉讼,必须先经过复议;对复议决定不服的,可以在接到复议决定书之日起15日内向人民法院起诉。对其他具体行政行为不服的,当事人可以在接到通知或者知道之日起六个月内直接向人民法院起诉。

税务局作出具体行政行为时,未告知当事人诉权和起诉期限,致使当事人逾期向人民法院起诉的,其起诉期限从当事人实际知道诉权或者起诉期限时计算。但是,最长不得超过2年。

四、行政诉讼(税务)特殊性

从行政诉讼(税务)与税务行政复议及其他行政诉讼活动的比较中可以看出,行政诉讼(税务)具有以下特殊性:

1. 行政诉讼(税务)是由人民法院进行审理并作出裁决的一种诉讼活动。

税务行政复议和行政诉讼(税务)是解决税务行政争议的两条重要途径。由于税务行政争议范围广、数量多、专业性强,大量税务行政争议由税务局以税务复议方式解决,只有由人民法院对其进行审理并作出裁决的活动,才是行政诉讼(税务)。

2. 行政诉讼(税务)以解决税务行政争议为前提,这是行政诉讼与其他行政诉讼活动的根本区别,具体体现在:

(1)被告必须是税务局,或经法律、法规授权的行使税务行政管理权的组织,而不是其他行政机关或组织。

(2)行政诉讼(税务)解决的争议发生在税务行政管理过程中。

(3)因税款征纳问题发生的争议,当事人在向人民法院提起行政诉讼前,必须先经税务行政复议程序,即复议前置。

五、行政诉讼(税务)诉讼原则

除共有原则外(如人民法院独立行使审判权,实行合议、回避、公开、辩论、两审、终审等),行政诉讼(税务)还必须和其他行政诉讼一样,遵循以下几个特有原则:

(一)人民法院特定主管原则

即人民法院对行政诉讼(税务)案件只有部分管辖权。根据《行政诉讼法》第十二条的规定,人民法院只能受理因具体行政行为引起的税务行政争议案。

（二）合法性审查原则

除审查税务局是否滥用权力、税务行政处罚是否显失公正外，人民法院只对具体税务行为是否合法予以审查，并不审查具体税务行为的适当（合理）性。与此相适应，人民法院原则上不直接判决变更。

（三）不适用调解原则

税收行政管理权是国家权力的重要组成部分，税务局无权依自己意愿进行处置，因此，人民法院也不能对税务行政诉讼法律关系的双方当事人进行调解。

（四）起诉不停止执行原则

即当事人不能以起诉为理由而停止执行税务局所作出的具体行政行为，如税收保全措施和税收强制执行措施。

（五）税务局负举证责任原则

由于税务行政行为是税务局单方依一定事实和法律作出的，只有税务局最了解作出该行为的证据。如果税务局不提供或不能提供证据，就可能败诉。

（六）由税务局负责赔偿的原则

依据《国家赔偿法》的有关规定，税务局及其工作人员因执行职务不当，给当事人造成人身及财产损害，应负担赔偿责任。

（七）对征税行为实行复议前置原则

按照《税收征管法》第八十八条规定，纳税人、扣缴义务人、纳税担保人同税务机关在纳税上发生争议时，必须先依照税务机关的纳税决定缴纳或者解缴税款及滞纳金或者提供相应的担保，然后可以依法申请行政复议；对行政复议决定不服的，可以依法向人民法院起诉。

按照《行政诉讼法》第四十四条第二款规定，法律、法规规定应当先向行政机关申请复议，对复议不服再向人民法院提起诉讼的，依照法律、法规的规定。涉及纳税争议及罚款、没收财物和违法所得、停止出口退税权的行政处罚行为等事项，其行政诉讼（税务）进程推动必须满足复议前置性条件，否则其起诉权丧失了前置基础。行政诉讼（税务）前置程序，尤其涉及纳税争议的复议前置性规定。

六、行政诉讼（税务）不是完全被告举证责任

按照《行政诉讼法》第三十四条规定："被告对作出的具体行政行为负有举证责任。应当提供作出该具体行政行为的证据和所依据的规范性文件。"税务局提供的证据来源于行政执法过程，其证据形成具有固定性。行政诉讼中举证规则的最大特点是被告承担举证责任，行政诉讼（税务）也不例外。但实际上，大量行政、课税资料多

由纳税义务人掌握，同时，行政诉讼（税务）需证明事项其技术性较高，行政诉讼（税务）不是完全被告举证责任。而原告对下列事项承担举证责任：

1. 证明起诉符合法定条件，但被告认为原告起诉超过起诉期限的除外；
2. 在起诉被告不作为的案件中，证明其提出申请的事实；
3. 在一并提起的行政赔偿诉讼中，证明因受被诉行为侵害而造成损失的事实；
4. 其他应当由原告承担举证责任的事项。"

根据《最高人民法院关于行政诉讼证据若干问题的规定》第四条规定"公民、法人或者其他组织向人民法院起诉时，应当提供其符合起诉条件的相应的证据材料。在起诉被告不作为的案件中，原告应当提供其在行政程序中曾经提出申请的证据材料。但有下列情形的除外：（一）被告应当依职权主动履行法定职责的；（二）原告因被告受理申请的登记制度不完备等正当事由不能提供相关证据材料并能够作出合理说明的"。第五条规定"在行政赔偿诉讼中，原告应当对被诉具体行政行为造成损害的事实提供证据"。对税务机关的行政不作为和税务行政赔偿诉讼案件，由被告承担举证责任不现实，其举证责任应由原告承担有利于诉讼程序推进。

七、2018年行政诉讼（税务）概况

2019年8月，通过归集整理"中国裁判文书网"关于被告为税务局的文书，裁判时间为2018年度的行政诉讼（税务）裁判文书共计1067份，合并同属一个案件的一审、二审或再审文书后，2018年全国行政诉讼（税务）案件共计586件。下面是统计分析结果：

（一）行政诉讼（税务）的数量持续增长

根据中国裁判文书网显示数据，2006年以前的行政诉讼（税务）裁判文书数量为零，2016年以后行政诉讼（税务）案件数量呈现持续明显增长。2006年到2018年十三年期间行政诉讼（税务）裁判文书数量如图5-2。

因为2013年最高人民法院才开始推动裁判文书上网，而2012年以前文书少的主要原因是文书上网少。2014年全国推行裁判文书上网后，上网文书的数量变化充分地体现了行政诉讼（税务）案件的数量变化。如图5-2所示，2014年和2015年两年期间，行政诉讼（税务）裁判文书数量较为稳定，2016年行政诉讼（税务）文书数量相比2015年出现了119.3%的大幅提升。因为，2015年5月1日施行的新《行政诉讼法》将立案审查制改为立案登记制，一定程度上解决了过去行政诉讼立案难的突出问题，随之带来了2016年全国范围内行政诉讼案件量的井喷。

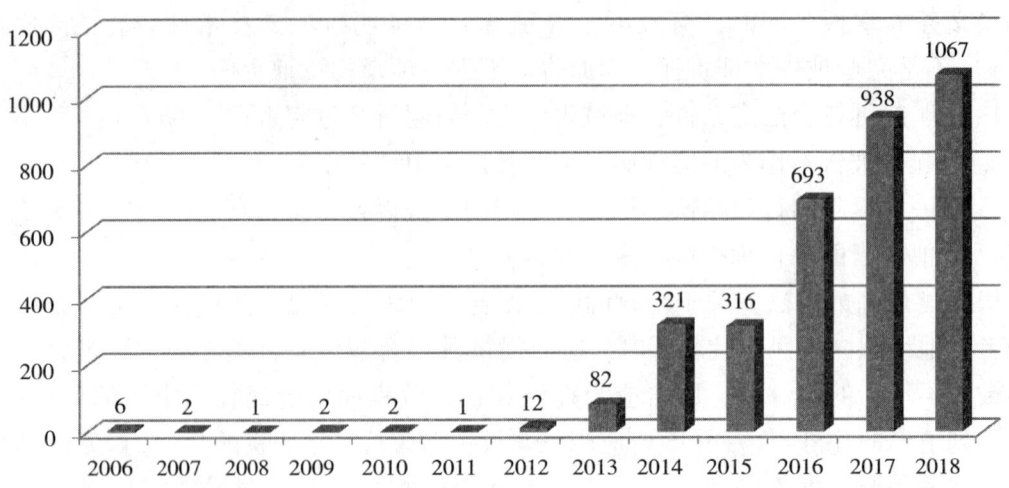

图 5-2 税务行政诉讼文书数量（份）

近三年来，随着经济社会发展、纳税人维权意识提高和整体法治水平提升，行政诉讼（税务）案件呈快速和稳步增长态势。税务局应高度重视行政诉讼（税务）案件的持续快速增长，切实采取措施更好地应对执法环境的变化。随着诉讼案件的不断增长，基层和中级人民法院应建立专门税务法庭的必要性也越来越必要了。

（二）经济和文化发达地区行政诉讼（税务）案件相对集中

通过对 2018 年案件文书数据分析发现：各地行政诉讼（税务）文书数量极不均衡。广东省以 124 份文书高居榜首，江苏省有 87 份，湖南省有 84 份，北京市也有 74 份。珠三角、长三角和京津等经济文化发达地区的行政诉讼（税务）文书占到全部税务行政诉讼文书的 40%。

经济和文化发达地区，行政诉讼（税务）案件量大，反之，则案件量小。经济发达地区的税务局应当进一步提升执法能力和风险应对水平，更加注重治税能力现代化。经济发达地区的人民法院应该更加积极地推动税务法庭的试点和建立，以应对税务行政诉讼专业化要求。

（三）自然人原告占比将近一半

在 2018 年行政诉讼（税务）中，自然人原告占到了 49% 的比例。对 2018 年自然人提起行政诉讼（税务）的事由进行了统计分析。自然人提起税务行政诉讼的事由很多，其中占比最大的五个事由依次是：政府信息公开、举报争议、其他、征税行为和不作为，占自然人提起行政诉讼（税务）案件的 81.76%。除此之外，自然人对税务局要求补交税款的决定不服、对行政处罚不服、对强制执行和税收保全不服、对不予退税决定不服、对发票管理等不服，均提起了诉讼。

政府信息公开和对举报的答复两个事由成为自然人起诉税务局最主要的原因。税务局应高度重视依申请政府信息公开和举报答复工作，做到实体和程序合法，应对妥善有序，以减少相应执法风险。随着2019年新《个人所得税法》施行，税务局对自然人纳税人的征税、处罚、强制执行、税收保全、退税等税收执法行为，应当高度重视实体和程序的合法性、裁量的适当性，重视工作技巧和方法，及时建立和落实有效的争议化解机制，以降低执法风险和应诉工作量。

（四）稽查局具有较高行政诉讼风险

税务稽查局是执法力度最大的税务机关，具有最高的诉讼风险。因此，在行政处罚、追缴税款、强制执行、税收保全、办理纳税担保等税务执法中，尤其是对偷税行为的执法中，应高度重视执法程序、证据搜集、事实认定和法律适用，将案子做严做实，经得起行政复议和行政诉讼的法律审查和考验，最大限度降低自身执法风险。

对逃（偷）税行为的处罚引发的稽查局被诉案件占比大，有以下原因：

1. 由于经济活动的复杂性，逃（偷）税行为的认定也是一个非常复杂的过程，涉及复杂的证据搜集、事实认定、行政处罚程序和法律适用等诸多方面，本身容易引发争议。甲行家先生认为逃（偷）税罪是结果犯罪，不是行为犯罪。

2. 按照《税收征收管理法》第六十三条的规定，"纳税人伪造、变造、隐匿、擅自销毁账簿、记账凭证，或者在账簿上多列支出或者不列、少列收入，或者经税务机关通知申报而拒不申报或者进行虚假的纳税申报，不缴或者少缴应纳税款的，是偷税。对纳税人偷税的，由税务机关追缴其不缴或者少缴的税款、滞纳金，并处不缴或者少缴的税款百分之五十以上五倍以下的罚款"，对于逃（偷）税行为的行政处罚幅度是偷税数额的50%到5倍。因此，通常情况下对逃（偷）税行为的行政处罚金额较大，关系到企业的重大经济利益。

3. 按照《刑法》第二百零一条规定，纳税人因逃（偷）税被税务机关处罚两次以上再偷税的，按照"逃税罪"追究刑事责任。因此，纳税人出于对追究刑事责任的恐惧，也会十分看重税务局认定其构成逃（偷）税。

（五）纳税争议的主体税种是增值税和企业所得税

税种的税收规模与其引发的争议数量之间存在相关性。增值税税收规模最大，引发的争议最多，企业所得税和个人所得税紧随其后。争议占比最大的五个税种（或非税收入，以下皆同）依次是增值税、企业所得税、个人所得税、印花税和社会保险费，五个税种的争议占全部争议的75.97%。其中，增值税争议最多，占34.74%，企业所得税争议其次，占16.23%。个人所得税、印花税、社会保险费、土地增值税和契税争议，紧随其后，占比都在5%—10%之间。

（六）原告撤诉方式结案占比高达28%

一审结案案件占全部案件51.46%。超过一半的案件没有进入二审就结案了。一审结案案件中 54.55%的案件是以原告撤诉方式结案的。2018 年行政诉讼（税务）的相对人胜诉率 8%，明显低于行政诉讼平均值。税务局胜诉率为 63%，相对人胜诉率为 8%，原告撤诉案件终结的为 28%。

在我国的税务行政复议和行政诉讼（税务）实践中，税务局在行政复议和行政诉讼阶段如果发现引起争议的行政行为在实体和程序的合法性、适当性等方面存在一定问题，有可能引发败诉风险时，倾向于与诉讼相对人寻求和解，并以原告撤诉方式结案。虽然税务局并未败诉，但在这些撤诉案件中，纳税人和其他相对人的诉求得到了一定程度的回应和解决。纳税人和其他相对人通过行政诉讼程序，最终以胜诉或和解的方式，在约 36%的案件中一定程度上实现了其诉讼目的。

税务行政争议的解决，融合了行政复议法、行政诉讼法、税收实体法和税收程序法的相关专业领域，纳税人应注重寻求专业人士的协助，有效寻求权益救济，维护合法权益，妥善解决争议。各级税务局应高度重视税务行政复议工作，切实采取措施尽量在行政复议阶段妥善化解争议，减少执法风险和应诉工作量。对于不符合受理条件不予受理的案件，在出具《行政复议不予受理通知书》的同时，注重做好对相对人的普法说明和解释。

第五节　和解与撤诉

行政诉讼法是明文禁止调解的，然而，在行政诉讼的审判实践中，或是人民法院以协调方式促成当事人和解，或是被诉行政机关"积极"纠正具体行政行为促成与原告方和解，行政诉讼最终是以撤诉结案，而且比例颇高的。高比例的行政诉讼撤诉是事实上大量存在的行政诉讼"调解"或和解的最好说明。行政诉讼的目的是什么，是解决争议，是由法院和法官主持公道的解决争议，诉讼程序的本质使命，在于有效且恰当地避免和缓解社会冲突。因此，和解就是争议得到了基本解决或解决。因为，任何一项具体诉讼制度的确立，均应有助于提升诉讼程序的社会冲突排解能力和效果。和解制度与行政诉讼运行机制相符、相融，有利于行政诉讼目的之实现和功能的发挥，和解后撤诉就是行政相对人的胜诉。还是那句话：唯有行政复议和诉讼是推动税收征管历史车轮前进的不竭动力。

行政诉讼撤销简称"撤诉"。撤诉是原告表示或依其行为推定其将已经成立的起诉行为撤销，人民法院审查后予以同意的诉讼行为。人民法院受理行政案件后，在宣告判决或裁定前，原告自动要求撤回或取消自己诉讼请求的行为。既是原告放弃或处分自己诉讼权利的行为，也是原告放弃其诉讼请求的一种方式。

一、和解

调解是法院主导或参与下当事人双方或多方达成的解决方案。它是争议双方在第三人主持下自愿达成纠纷解决方案的纠纷解决机制,并在民事、刑事自诉和行政赔偿诉讼中大量存在。行政诉讼法是明文禁止调解,而和解是没有法院参与的前提下,当事人之间主动达成的解决行政争议的方案。

和解是指平息纷争,重归于好。法律上指当事人约定互相让步,不经法院以终止争执或防止争执发生。在法律上,和解是指诉讼当事人之间为处理和结束诉讼而达成的解决争议问题的妥协或协议;也指当事人在自愿互谅的基础上,就已经发生的争议进行协商并达成协议,自行解决争议的一种方式。一般来说,和解的结果是撤回起诉或中止诉讼而无须判决。在这种情况下,和解作为当事人之间有约束力的契约,可以防止重新提出诉讼。当事人双方也可以将和解的条款写入一个协议判决,由法院记录在卷。

下面以民事诉讼为例说明和解。和解是民事诉讼当事人约定互相让步或者一方让步,以解决双方的争执的活动。亦称和息。在中国,和解与调解不同,和解是当事人之间自愿协商,达成协议,没有第三者参加,可分为:诉讼前的和解和诉讼中的和解。

(一)诉讼前的和解

即发生诉讼以前,双方当事人互相协商达成协议,解决双方的争执。这是一种民事法律行为,是当事人依法处分自己民事实体权利的表现。和解成立后,当事人所争执的权利即归确定,所抛弃的权利随即消失。一经和解,当事人不得任意反悔要求撤销。但是,和解所依据的文件,事后发现是伪造或涂改的;和解事件已为法院判决所确定,而当事人于和解时不知情的;当事人对重要的争执有重大误解而达成协议的,当事人都可以要求撤销和解。

(二)诉讼中的和解

即当事人在诉讼进行中互相协商,达成协议,解决双方的争执。这种和解不问诉讼程序进行如何,凡在法院作出判决前,当事人都可进行。可以就整个诉讼标的达成协议,也可就诉讼上的个别问题达成协议。诉讼中的和解协议经法院审查批准,当事人签名盖章,即发生效力,结束诉讼程序的全部或一部。结束全部程序的,即视为当事人撤销诉讼。但是,根据《民事诉讼法》规定,申请执行人因受欺诈、胁迫与被执行人达成和解协议,或者当事人不履行和解协议的,人民法院可以根据当事人的申请,恢复对原生效法律文书的执行。

二、行政诉讼和解制度

行政诉讼和解是指在行政诉讼过程中,当事人就有关诉讼标的之事项达成协议,经人民法院认可后全部或部分地终结诉讼。行政诉讼和解具有双重性质：一方面，诉讼和解是一种诉讼行为，其以全部或部分终结诉讼程序为目的，可直接对诉讼程序发生效力；另一方面，诉讼和解又是一种公法上的契约，其使当事人就实体法上的权利、义务关系达成合致。因此，行政诉讼和解的成立要件是双重的，即包括程序要件也包括实质要件。

行政诉讼和解制度的"前车之鉴"是行政复议和解制度。我国国务院于2007年5月29日发布将于8月1日起施行的《行政复议法实施条例》第四十条规定，对行政裁量行为申请行政复议的，申请人和被申请人在复议决定作出前，可自愿达成和解；第五十条规定，复议机关可以按自愿、合法原则对行政裁量行为、行政赔偿和行政补偿纠纷进行调解。

（一）准确认识行政诉讼和解

1. 行政诉讼和解符合行政诉讼的解决争议目的

行政诉讼和解是解决行政争议的一种法律制度和解决机制，行政诉讼的直接目的仍是解决争议，而和解无疑是解决争议的有效手段。所谓争议的"解决"，其最直观的效果便是行政争议在形式上的化解和消除，为了实现化解和消除争议的效果，在一定的前提下，应允许当事人之间进行必要的妥协和礼让。行政诉讼中，在行政机关享有处分权限时，当事人之间在法庭的主持下自愿协商，达成协议，即可解决行政争议。而且，在相当多的情形下，诉讼和解所能发挥的彻底平息争议、保护相对方合法权益的功效，是法院裁判方式所无法达到的。

2. 和解结案具有广泛的社会认同基础

"调解功能的发挥以及调解的适用范围，始终同社会文化状况相联系。"调解制度在中国有着独特的文化背景，中国的传统文化承受着数千年的历史积淀，传统的儒家"仁学"体系追求"无讼"境界，崇尚"和为贵"，强调以调和作为解决争议或纠纷的最佳途径。作为解决纠纷的一种方式，行政诉讼的和解也易于被社会接受。在行政诉讼实践中，大量行政案件经法院协调得以和解处理，这本身正说明了行政诉讼和解具有较高程度的社会认同。

3. 和解不悖行政诉讼的监督行政目的

行政诉讼的目的之一在于监督行政权力的行使，促进依法行政。对于经和解结案的案件，人民法院无须再就被诉行政行为的合法性作出评价，行政机关似乎循和解路径，规避了法律监督。然而，在法院协调过程中，行政机关之所以同意退让，最根本原因是行政机关认识到其行政行为违法或不当，若达不成和解，依照行政诉讼法的规定将会被判决撤销或变更。

法律作为一种行为规范，具有可预测性。行政机关和相对人均可能依据相关法律规定，确立各自的行为预期，并据以选择适用程序手段。当行政机关根据其预期判断而选择接受和解时,法律实际上已被变通适用。和解结案,行政机关规避的只是被法院判决撤销或变更的显性诉讼结果,法律的原则和精神却已暗中实现。况且,当事人达成的和解协议还须经法院审查。法院对协议的审查,一方面是维护公共利益与他人利益,另一方面也内含了对被诉行政行为的合法性监督。可见,在诉讼和解中,行政行为的合法性已审查,监督行政以保障相对人合法权益的目的亦已实现。

(二)程序要件

行政诉讼和解作为一种可直接对诉讼程序发生效力的诉讼行为,应当符合一定的程序要求。达成和解,是必须同时具备以下条件的:

1. 诉讼和解的主体必须包含原告和被告

行政诉讼是以行政主体为被告提起的诉讼,因而诉讼和解的主体必须包含原告方与被告方的行政主体。"必须包含",并不意味着和解主体只能是原告方与被告方的行政主体,诉讼第三人甚至是案外第三人也可以参加和解。

在行政审判实践中,第三人尤其是诉讼第三人参加和解是不能避免的,特别是因行政机关对原告与诉讼第三人之间的民事纠纷进行裁决而引发的行政案件中,诉讼第三人缺席即不可能达成和解。

2. 诉讼和解须在判决确定前进行和解

行政诉讼和解作为一种以全部或部分终结诉讼程序为目的的诉讼行为,其在诉讼程序实施终了之前,即在判决确定之前,均可为之。最高人民法院2004年9月16日公布的《关于人民法院民事调解工作若干问题的规定》第一条规定:"人民法院对受理的第一审、第二审和再审民事案件,可以在答辩期满后裁判作出前进行调解。在征得当事人各方同意后,人民法院可以在答辩期满前进行调解。"行政诉讼和解亦可借鉴之,在行政诉讼各审理程序的裁判作出前,适宜和解的案件均可进行和解,以实现彻底解决纠纷之目的。

3. 诉讼和解须经法院审查确认

诉讼和解须经人民法院审查确认,依法制作和解笔录或和解(调解)书,方可成立。当事人在诉讼过程中可以自行达成和解协议,也可以申请人民法院对和解活动进行协调。人民法院可以主持诉讼当事人的和解活动,也可以提出和解建议供当事人协商时参考。无论以何种形式进行和解,成立诉讼和解均须在处理该案的法院,由将受诉讼和解拘束的全部当事人参加,依法作成和解笔录。

和解笔录的制作应准用民事诉讼法的规定,笔录应记载和解协议的内容,由和解当事人、审判人员、书记员签名或者盖章后,即具有法律效力。当事人请求人民法院制作和解书的,人民法院应当依据和解笔录的记载制作和解书,送达和解当事人。

(三)实质或实体要件

行政诉讼和解的实质要件,主要包括当事人就和解事项具有处分权与和解协议不违法。

行政诉讼成立和解的空间必然是有限的，诉讼和解是当事人以缔结公法契约、互相让步方式终结其法律上的争议事件，因而，当事人就和解事项具有处分权是成立诉讼和解的前提要件。诉讼和解是当事人对其自身某种权益的退让或放弃，此种退让或放弃是以不得违法为要件的。

1. 当事人就和解事项具有处分权

是指当事人就和解事项事实上有处分的可能，法律上有处分的权限。

2. 和解协议是必须合法的

和解协议往往是在当事人相互协商，经一方或双方做出适当的退让后达成的。退让的过程，不可避免地就有一方或双方当事人放弃了原本依法属于自己的某些权益。诉讼和解除符合当事人利益外，应不违法。

如果和解协议是违法的，诉讼和解不能成立。是否违法的判定情形，通常包括：

（1）侵害国家利益、社会公共利益。一般而言，经由和解可以终结诉讼、维持法律秩序的安定性，尤其可使一项争议中的行政行为获致存续力时，即可认定此种和解不违反公益。

（2）侵害案外第三人利益。诉讼当事人的和解不得侵害案外人的利益，对案外第三人施加负担的诉讼和解，须由该案外第三人参加和解并征得其同意，否则即属违法。

（3）违背当事人真实意思。诉讼和解须由当事人自愿为之，因欺诈、胁迫、乘人之危等情形，违背当事人真实意思的和解属于违法。

（4）违反法律、行政法规禁止性规定。

（四）和解效果

1. 达成和解的有效力

达成和解与法院确定判决有同一效力。诉讼和解的效力范围仅及于诉讼当事人，对案外第三人施加负担的诉讼和解，只得在该第三人参加和解并同意前提下，和解的效力方能及于该案外第三人。

（1）程序拘束力

诉讼标的所涉之法律关系，于诉讼和解有效成立后，当事人不得以同一事实和理由再行起诉。对当事人的重复起诉，法院应依"一事不再理"原则裁定驳回其起诉。

（2）形成效力

诉讼和解有效成立，在和解当事人之间形成了稳定的权利、义务关系，各方当事人应依照和解内容履行义务或行使权利。诉讼和解造成当事人间实体法上法律关系变更的，具有相当于法院"形成判决"的形成力，行政相对人一方经诉讼和解取得的权益，被告以外的其他公权力机关亦应予以尊重。

（3）强制执行力

有效的和解笔录或和解书可以作为强制执行的依据。诉讼当事人不履行和解协议规定的义务的，权利方可依法申请强制执行。案外第三人参加和解并同意负担义务而不履行的，权利方亦可对该案外第三人申请强制执行。

2. 有效缓解对抗并促进自查整改

和解能够有效缓解对抗，达到法律效果和社会效果的统一。通过和解，行政主体通过改变不合理的具体行政行为，不仅使行政相对人的合法利益得到保障，而且能够消除其对行政机关的抵触情绪，增进人民群众和行政机关的相互理解和信任。同时，由于和解过程中行政相对人的积极参与，他们能够在中立方法院的指导下了解相关的法律制度，有助于息诉罢访及社会的稳定。

3. 降低社会成本迅速解决争议

降低诉讼成本，迅速解决争议，节约司法资源。行政审判和判决耗时耗力，并且容易引起上访、申诉等现象，浪费各种资源。通过和解解决行政争议，能够使双方当事人均得到满意，真正做到案结事了。无论对当事人还是法院来说，都可以节省大量的时间和精力。

三、撤诉

撤诉，是指在人民法院受理案件之后，宣告判决之前，原告要求撤回其起诉的行为。申请撤诉，即原告在法院立案受理后，进行宣判前，以书面或口头形式向人民法院提出撤回其起诉的要求。按撤诉处理，即原告虽然没有提出撤诉申请，但其在诉讼中的一定行为已经表明他不愿意继续进行民事诉讼，因而，法院依法决定注销案件不予审理的行为。不论是当事人申请撤诉还是按撤诉处理的，都会产生一定的法律后果。

（一）申请撤诉

即原告在法院立案受理后，进行宣判前，以书面或口头形式向人民法院提出撤回其起诉的要求。在一审程序、二审程序中原告可以申请撤回起诉或者上诉人申请撤回上诉，再审程序中再审申请人可以撤回再审申请。被告或者第三人和被上诉人以及原审被告、原审被上诉人和再审被申请人均不得提出撤诉申请。下面是申请撤诉的条件：

1. 申请人必须是原告、上诉人及其法定代理人，经原告特别授权的诉讼代理人也可以提出撤诉申请；有独立请求权的第三人也可以提出撤诉申请。但有独立请求权的第三人申请撤诉不影响原告和被告之间本诉的进行。

2. 撤诉必须是原告自愿。申请撤诉是原告处分自己实体权利和诉讼权利的行为，除非原告有明确的意思表示，任何人不得强迫原告申请撤诉，审判人员也不得以任何借口，动员原告申请撤诉。

3. 撤诉必须合法。申请撤诉的时间必须是在法院受理案件之后，宣告判决之前；申请撤诉的人必须是有申请撤诉权的人；申请撤诉在实体上不得有规避法律的行为，不得违反现行法律、法规的规定，不得有损于国家、集体和他人的利益。

4. 撤诉必须由人民法院作出裁定。当事人行使处分权，必须在法律许可的范围内。原告申请撤诉，人民法院应当依法进行审查，申请符合条件的，裁定准许撤诉，案件审理终结；申请不符合条件的，裁定驳回申请，案件继续审理。不论是否准许撤诉，都必须以裁定的方式告知当事人。

（二）按撤诉处理

即原告虽然没有提出撤诉申请，但其在诉讼中的一定行为已经表明他不愿意继续进行民事诉讼，因而，法院依法决定注销案件不予审理的行为。下面是按撤诉处理的情况：

1. 原告或上诉人未按期交纳诉讼费用。
2. 原告经传票传唤，无正当理由拒不到庭。
3. 原告未经法庭许可中途退庭。
4. 原告应预交而未预交案件受理费，人民法院应当通知其预交，通知后仍不交纳，或申请缓、减、免未获人民法院批准仍不交纳诉讼费用的，按撤诉处理。
5. 无民事行为能力的原告的法定代理人，经法院传票传唤无正当理由拒不到庭的，可按撤诉处理。
6. 有独立请求权的第三人经法院传票传唤，无正当理由拒不到庭的，或未经法庭许可中途退庭的，可按撤诉处理；无独立请求权的第三人，无正当理由拒不到庭的，或未经法庭许可中途退庭的，不影响案件的审理；依法可以按撤诉处理的案件，如果当事人有违法行为需要依法处理的，法院可以不按撤诉处理。

（三）不准许撤诉的情况

当事人申请撤诉或者依法可以按撤诉处理的案件，如果当事人有违反法律的行为需要依法处理的，人民法院可以不准许撤诉或者不按撤诉处理。

1. 法庭辩论终结后原告申请撤诉，被告不同意的，人民法院可以不准许撤诉。
2. 环境民事公益诉讼通常禁止撤诉。
3. 当事人以达成和解协议为由申请撤诉的，不予准许。
4. 法庭辩论终结后，原告申请撤诉的，人民法院不予准许。

（四）撤诉的后果

1. 不影响其他的诉继续进行，例如：本诉原告撤诉，有独立第三人之诉继续进行；准许本诉原告撤诉的，应当对反诉继续审理。
2. 一审撤诉后，原告可以再次起诉。
3. 二审或者再审中撤回起诉的，不得重复起诉。

四、行政诉讼的撤诉

行政诉讼撤诉是指在人民法院对案件作出判决或裁定之前，原告撤回诉讼请求，申请人民法院终止行政诉讼程序的诉讼行为。根据《行政诉讼法》及《最高人民法院关于执行〈中华人民共和国行政诉讼法〉若干问题的解释》（以下简称《若干解释》）之规定，行政诉讼中的撤诉分为两种：一种是申请撤诉，一种是推定撤诉。原告申请撤诉又有两种情况：一种是原告在被告未改变其所作的具体行政行为的情况下主动申请撤诉；另一种是在被告改变其所作的具体行政行为的情况下，原告同意而申请撤诉。

《行政诉讼法》第六十二条规定："人民法院对行政案件宣告判决或者裁定前，原告申请撤诉的，或者被告改变其所作的具体行政行为，原告同意并申请撤诉的，是否准许，由人民法院裁定。"这一规定，现在成了法院对行政案件进行协调和解、原告撤回起诉的主要法律依据。

在行政诉讼中，原、被告双方当事人的诉权是平等而独立的，双方都有追求胜诉判决的权利。对于被告的行政管理主体"官"来讲，其在诉讼中能动地、积极地反映和证明其所作出的行政行为的合法性，就是为了获得利己的判决，这也是其参与诉讼的唯一目的。然而，如果一味地准许原告撤诉，就可能使被告积极追求胜诉判决的努力也随之化为泡影。因此，从诉讼程序的严肃性以及维护法院对行政案件的审判权的角度出发，不允许随意撤诉也是我国行政诉讼制度对撤诉行为进行限制的立法的目的所在。

(一) 行政诉讼撤诉案件的分类

1. 原告起诉后，又主动申请撤诉。

2. 被告主动改变具体行政行为，原告申请撤诉，法院裁定准许。

3. 经过证据交换或者开庭后，被告自感有可能败诉，便主动请法院协调，经过法院在原被告之间做工作，原告申请撤诉，法院裁定准许撤诉。

4. 在很多案件中，法院主动在原告、被告及第三人之间作一些建议、动员、协商之类的工作，促使原告撤诉，再作出准许撤诉的裁定。在法院的统计分析中第三、四类情形都可以称之为"调撤"。

(二) 自愿申请撤诉

自愿申请撤诉有两种情况：一是原告在被告行政机关未改变被诉具体行政行为的情况下，自愿放弃起诉的权利的行为；二是原告在行政机关改变具体行政行为后，申请撤回起诉的行为。由于申请撤诉是原告自愿放弃诉讼权利的行为，因此，对人民法院准予撤诉的裁定不能上诉，也不能要求复议。被告行政机关在第一审程序中，改变其所作出的具体行政行为，如果原告申请撤诉未获准许，或者原告不申请撤诉的，人民法院应继续审理被诉的原具体行政行为。

(三) 推定申请撤诉

这是指原告没有自愿申请撤诉，合议庭根据原告拒绝履行法定诉讼义务的行为，推定其自愿申请撤诉，称为推定申请撤诉。依据《行政诉讼法》第五十八条的规定："经人民法院两次合法传唤，原告无正当理由拒不到庭的，视为申请撤诉。"就是说，原告没有提出撤诉申请，但是经人民法院两次合法传唤原告无正当理由拒不到庭时，即可视为原告已经自愿申请撤诉，人民法院经审查，对符合撤诉条件的，应裁定准许撤诉；对不符合撤诉条件的，应裁定不准许撤诉。在开庭审理期间，原告未经法庭许可中途退庭，拒不回返的，也可以视为申请撤诉。原告在法定期间内未预交诉讼费用，又不提出缓交诉讼费用申请，按自动撤回起诉处理。原告在起诉期间内再次起诉，人民法院应予受理。

(四) 准许行政诉讼原告撤诉的条件

我国行政诉讼法规定，宣判前，原告申请撤诉的，是否准许，由法院决定。因此，行政诉讼的撤诉有两个条件：一是原告明确表示撤销起诉或由于其消极的诉讼不作为推定其撤销起诉；二是经人民法院审查同意。实践中，法院是否准许原告撤诉要从以下几方面考虑：

1. 申请撤诉的是否是原告、原告的法定代理人、法定代表人、指定代表人或者有特别授权的委托代理人。因为被告、第三人及其诉讼代理人等其他人无权提出申请撤诉。

2. 撤诉申请是否出于自愿，意思是否明确。

3. 撤诉申请的时间，是否在法院受理案件后裁判宣告前提出。因为裁判一经宣告，当事人权利义务已经明确，就不准许再申请撤诉。但对调解协议书送达前申请撤诉的，法院准许。

4. 撤诉是否符合法律规定。符合法律规定指当事人的处分行为，必须符合民事诉讼法处分原则的精神，即撤诉的目的不得规避法律，其后果不得损害国家、集体或他人合法权益。

5. 申请撤诉是否采用了法定的形式提出。

6. 如准许撤诉是否会违背法律、损害公共利益。

(五) 原审原告在行政诉讼二审期间可以撤回起诉

在行政诉讼第二审期间，行政机关改变被诉具体行政行为，原审原告因行政机关在二审期间改变被诉行政行为而达成和解合意，提出申请撤回起诉，人民法院经审查认为原审原告符合撤诉条件的，可以依法作出准许原审原告撤回起诉的裁定。

根据最高人民法院《关于行政诉讼撤诉若干问题的规定》，在第二审期间，行政机关改变被诉具体行政行为，原告申请撤回起诉的，符合下列条件的，人民法院应当裁定准许：申请撤诉是当事人真实意思表示；被告改变被诉具体行政行为，不违反法律、法规的禁止性规定，不超越或者放弃职权，不损害公共利益和他人合法权益；被告已经改变或者决定改变被诉具体行政行为，并书面告知人民法院；第三人无异议。

最高人民法院《关于执行〈中华人民共和国行政诉讼法〉若干问题的解释》的相关规定：

第五十条　被告在一审期间改变被诉具体行政行为的，应当书面告知人民法院。原告或者第三人对改变后的行为不服提起诉讼的，人民法院应当就改变后的具体行政行为进行审理。

被告改变原具体行政行为，原告不撤诉，人民法院经审查认为原具体行政行为违法的，应当作出确认其违法的判决；认为原具体行政行为合法的，应当判决驳回原告的诉讼请求。

原告起诉被告不作为，在诉讼中被告作出具体行政行为，原告不撤诉的，参照上述规定处理。

第一百零一条　裁定适用于下列范围：

（一）不予受理；

（二）驳回起诉；

（三）管辖异议；

（四）终结诉讼；

（五）中止诉讼；

（六）移送或者指定管辖；

（七）诉讼期间停止具体行政行为的执行或者驳回停止执行的申请；

（八）财产保全；

（九）先予执行；

（十）准许或者不准许撤诉；

（十一）补正裁判文书中的笔误；

（十二）中止或者终结执行；

（十三）提审、指令再审或者发回重审；

（十四）准许或者不准许执行行政机关的具体行政行为；

（十五）其他需要裁定的事项。

对第（一）、（二）、（三）项裁定，当事人可以上诉。

在民事诉讼中，法院裁定准许原告撤诉后，原告又以同一诉讼请求再次起诉的，法院应予受理。但在行政诉讼中，法院裁定准许原告撤诉后，原告又以同一事实和理由重新起诉的，法院不予受理。

五、行政诉讼撤诉申请书范本

行政诉讼撤诉申请书

申请人：陕西××商贸有限公司

法定代表人：赵×先

委托代理人：赵伟，系陕西××商贸有限公司经理

申请人与旬阳县房地产业管理局关于撤销《房屋所有权证书》一案诉至贵院，现请求撤回起诉，其理由如下：申请人与旬阳县房地产业管理局关于撤销《房屋所有权证书》一案，已于 2015 年 12 月 20 日诉至贵院。由于需要对本案相关证据予以补充，故向贵院依法申请撤诉，请法院准许。

此致
旬阳县人民法院

申请人：陕西××商贸有限公司
2012 年 12 月 12 日

范文一：

行政诉讼撤诉申请书

申请人：_____（申请人为公民的，应写明姓名、性别、年龄、民族、籍贯、职业或者工作单位和职务、住址；申请人为单位的，应写明单位名称、法定代表人或负责人姓名和职务）

被申请人：_____

（原告名称或者单位名称）诉_____（被告名称或者单位名称）_____一案，于____年___月___日诉到你院（或向你院提出上诉），现请求撤回起诉（或上诉），其理由如下：_____。请予批准。

原在起诉时所附送的证据材料_____共_____件，请予发还。

此致
_____人民法院

申请人：（签名或盖章）
_____年___月___日

本撤诉申请书是民事、行政案件的原告（或上诉人）向人民法院撤回起诉或上诉时使用的文书。注意该文书应由原告（或上诉人）亲笔签名或盖章。

范文二：

行政诉讼撤诉申请书

撤诉人：

诉_____字第_____号_____一案，于_____年___月___日诉至你院，现请求撤回起诉。理由如下：

1. _____
2. _____
3. _____

此致
人民法院

撤诉人：

_____年___月___日

填写说明：

1. 写明申请人与被申请人的基本情况：申请人与被申请人是公民的，应写明其姓名、性别、年龄、民族、籍贯、职业或工作单位和职务、住址等。申请人与被申请的是法人或其他组织的，应写明法人或其他组织的全称、地址、法定代表人或主要负责人的姓名、职务、电话。如果申请人与被申请人没有诉讼行为能力，则在申请人或者被申请人的基本情况后还应写明法定代理人的基本情况，包括姓名、性别、年龄、工作单位、住址以及与申诉人的关系等。委托律师代理申诉的，应写上律师的姓名以及该律师所在律师事务所的名称。

2. 写明撤诉请求与理由，撤诉的原因应当注意言简意赅。

3. 申请人签名一栏，申请人是法人或者其他组织的，应加盖单位公章。

肖××诉×市工商行政管理局工商行政登记案

【案例信息】

【中法码】行政诉讼法·诉讼程序·审理与判决·裁定（J0503024）

【案　由】工商/行政许可

【权威公布】被最高人民法院行政审判庭《行政执法与行政审判》2009年第4集收录

【审理法院】××人民法院

【审级程序】第二审程序

【审理法官】

【上诉人】×市工商行政管理局（原审被告）

【被上诉人】肖××（原审原告）

【第三人】肖×

【裁判文书原文】

行 政 裁 定 书

上诉人（原审被告）：×市工商行政管理局。

被上诉人（原审原告）：肖××。

第三人：肖×。

上诉人×市工商行政管理局因与被上诉人肖××工商行政登记一案，不服×区人民法院（2008）×行初字第5号行政判决，向本院提起上诉。本院依法组成合议庭开庭审理了本案，现已审理终结。

原审法院经审理查明：原告肖××和第三人肖×系×旅游运输有限公司股东，肖×拥有该公司80%（计人民币80万元）的股权，肖××拥有该公司20%（计人民币20万元）的股权，公司法定代表人为原告肖××。2007年9月25日，该旅游运输有限公司向×市工商行政管理局提交变更登记申请表、股东会决议、股权转让协议等材料，申请变更该公司的股东和法定代表人。×市工商行政管理局于2007年10月8日作出注册号为440400000024868的准予变更登记，将该旅游运输有限公司的股东变更为第三人肖×和冒×（系肖×女儿），肖×的股权未变，原告肖××所拥有的20%的股权无偿转让给第三人冒×，公司法定代表人变更为肖×。

另外，该旅游运输有限公司向×市工商行政管理局提交的股东会决议、股权转让协议中的"肖××"签名系第三人肖×所签。肖××不服，向×区人民法院起诉要求撤销×市工商行政管理局作出的变更登记并要求赔偿查档费、复印费等169元。一审过程中，×市工商行政管理局自行撤销了前述变更登记行为，但原告肖××不同意撤诉。

一审法院经审理认为，×旅游运输有限公司申请工商变更登记时，没有按照《中华人民共和国公司登记管理条例》第27条的规定向被告提交法定代表人肖××签署的变更登记申请书和修改后的公司章程，而且，该旅游运输有限公司向被告提交的变更登记材料所涉及的内容和"肖××"的签名，既非原告肖××所知，也非原告所签，故被告作出变更登记行为的主要证据不足。同时，×旅游运输有限公司所申请的公司变更登记事项，直接关系到公司股东人员的变更和涉及原告肖××所拥有的20%股权无偿转让的重大利益，理应依《行政许可法》第36条的规定告知原告肖××，但被告没有履行该项告知义务，没有听取原告的陈述和申辩，因而被告作出变更登记行为的程序违法。由于被告已改变被诉工商变更登记行为，原告不同意撤诉，依据《最高人民法院关于执行〈中华人民共和国行政诉讼法〉若干问题的解释》第50条第3款的规定，确认被告作出的变更登记行为违法。原告肖××向被告支付的查档费150元和复印费19元是被告依法收取的工商信息中介服务费用，原告请求被告偿还该两项费用，于法无据。综上，一审法院判决确认被告作出的变更登记行为违法，驳回原告肖××的其他诉讼请求。

一审宣判后，被告×市工商行政管理局不服，向×市中级人民法院提起上诉。

二审审理过程中，被上诉人肖××以与第三人肖×达成和解协议为由，向二审法院申请撤回起诉。二审法院依据《最高人民法院关于执行〈中华人民共和国行政诉讼法〉若干问题的解释》第六十三条第一款第（十）项、第（十五）项之规定，裁定如下：一、撤销×区人民法院作出的（2008）×行初字第5号行政判决；二、准许被上诉人肖××撤回起诉。一、二审案件受理费减半收取，由被上诉人肖××负担50元。

第六节 典型案例

由于我国封建社会的历史很长，"民不告官"的守旧残余思想对公民的束缚很深，老百姓在遇到行政机关侵犯其合法权益时往往不敢告，即便少数人敢告，也不知道怎么"告状"。为了利于保护公民、法人及其他组织的合法权益，需要明确规定起诉条件，因此，行政诉讼法中明确规定了起诉的条件，对于人民法院正确、及时地处理当事人的起诉，保护公民、法人及其他组织的合法权益是有重要意义的。

一、行政诉讼起诉的条件

根据行政诉讼法的规定，公民或组织提起行政诉讼的起诉条件包括以下四个方面。

（一）具体行政行为侵犯了其合法权益

原告是认为具体行政行为侵犯其合法权益的公民、法人或其他组织。即行政机关针对某个公民、法人或其他组织作出了具体行政行为，该公民、法人或其他组织认为具体行政行为侵犯了其合法权益，双方存在着行政法律关系上的直接利害关系，否则，不能作为原告提起行政诉讼。

(二) 有明确的被告

被告可能是某个行政机关,也可能是法律、法规授权的组织。原告提起诉讼必须明确指出是哪个机关或组织。如果原告起诉不指明告的是谁,法院就无法进行审理,更谈不上解决争议。至于如何具体确定被告,应依据行政诉讼法第四章的有关规定。

(三) 有具体的诉讼请求和事实、法律根据

具体的诉讼请求是指原告提出的、请求人民法院予以撤销、变更或强制行政机关履行的具体行政行为,以及对具体行政行为所造成的损害给予赔偿的申请。事实和法律根据是指原告在起诉时应予提供的行政机关具体行政行为侵犯其合法权益的各种物证、书证和法律、法规的规定等。

(四) 属于人民法院受案范围和受诉人民法院管辖

人民法院的行政审判管什么,不管什么,行政诉讼法中由"受案范围"一章加以明确,通常又叫主管。对应由人民法院审理的行政案件,在第一审程序上确定由哪个人民法院来审理叫管辖。主管和管辖是原告提起的行政诉讼能否成立的又一个重要条件。

此外,原告在起诉时,还必须遵照行政诉讼法有关起诉期限的规定,以及法律、法规有关是否应当先向行政机关申请复议的规定。即:起诉必须在法定期限内提出;法律、法规规定应当先向行政机关申请复议的,只有经过复议,对复议决定不服的,才能在法定期限内向人民法院起诉。

二、行政诉讼的分类

在我国的行政诉讼中,按照诉的内容和目的,可以把诉分为以下四类。

(一) 撤销之诉

撤销之诉是指原告起诉的目的在于对行政机关的具体行政行为不服,要求人民法院依法予以撤销的诉讼。作为撤销之诉的对象的具体行政行为必须是作为的具体行政行为。

(二) 变更之诉

变更之诉是指原告起诉认为行政机关的行政处罚显失公正,要求人民法院予以变更的诉讼。变更之诉的标的物也必须是作为的行政行为,而且仅限于行政处罚。

(三) 强制履行之诉

强制履行之诉是指原告对行政机关不履行或拖延履行法定职责这种不作为的具体行政行为不服,向人民法院起诉,要求人民法院判决强制行政机关履行义务的诉讼,该诉的标的物是不作为的具体行政行为。

（四）赔偿之诉

根据行政诉讼法第七十六条的规定，公民、法人或其他组织的合法权益受到行政机关或者行政机关工作人员作出的具体行政行为的侵犯造成损害的，有权提出行政赔偿之诉。

《国家赔偿法》从 1995 年 1 月 1 日起施行。国家赔偿法的第二章专门规定了行政赔偿的范围、程序等问题。该法第十三条规定："赔偿义务机关应当自收到申请之日起两个月内依照本法第四章的规定给予赔偿；逾期不予赔偿或者赔偿请求人对赔偿数额有异议的，赔偿请求人可以自期间届满之日起三个月内向人民法院提起诉讼。"行政赔偿之诉是一个独立的诉，也是行政诉讼中一个特殊的诉。人民法院对行政赔偿诉讼的审理原则和裁判方式，与普通行政诉讼有所区别，它可以适用调解，也可直接对赔偿请求作出决定，不受行政机关赔偿决定的限制。

三、典型案例点评

案例六：利害关系人是有提起行政诉讼的权利的

李丽与国家税务总局北京市××区税务局其他行政行为一审行政判决书

北京市××区人民法院行政判决书

（2020）京 0101 行初 406 号

原告：李丽，女，1970 年 8 月 11 日出生，汉族，住北京市×C 区。

被告：国家税务总局北京市××区税务局，住所地北京市××区安外西滨河路 18 号院 6 号。

法定代表人：赵增科，局长。

出庭负责人：冯×军，国家税务总局北京市××区税务局副局长。

委托代理人：高×，国家税务总局北京市××区税务局干部。

原告李丽因要求确认被告国家税务总局北京市××区税务局（以下简称××国税局）不履行处理投诉举报的法定职责的行为违法，向本院提起行政诉讼。本院于 2020 年 8 月 19 日立案后，于法定期限内向被告送达了起诉状副本及应诉通知书。本院依法组成合议庭，于 2020 年 10 月 13 日采取线上庭审的方式公开开庭审理了本案。原告李丽，被告××国税局出庭负责人冯×军及委托代理人高×、赵×参加了线上庭审。本案现已审理终结。

原告李丽诉称，原告于 2020 年 4 月分别通过快递信件、12366 纳税咨询、国家税务总局北京市税务局官网局长信箱及涉税举报平台、国家信访办公室官网等途径，就北京市 GDJT 建设管理有限公司（以下简称 GDJT 公司）虚列成本、偷漏税款事项进行举报。上述举报平台均反馈原告已将该投诉举报事项转交××国税局处理,但直至2020年6月30日,××国税局还回复称正在调查取证。原告不服,诉至法院,请求确认××国税局未在法定期限内就原告2020年4月、5月期间的举报投诉作出处理的行为违法。

原告李丽在法定举证期限内向本院提交了以下证据:

1. 国家信访局官网上原告的举报详情,证明国家信访局于2020年5月29日将原告的举报转给了被告,被告调查后始终不给明确结果及调查期限;

2. 国家税务总局北京市税务局官网上"局长信箱"的举报详情;

3. 国家税务总局北京市税务局官网上"涉税举报"的举报详情;

4. 原告向国家税务总局北京市税务局稽查局邮寄举报资料的顺丰速运详情单;

证据2—4证明原告通过多种途径举报投诉,均收到反馈称举报案件已转交主管税务局核实,但原告从未收到任何举报答复。

5. 原告向"12345"市民热线投诉被告的录音及回复,证明被告以"调查取证"为由故意拖延、不履行职责;

6. "12345"市民热线通话记录的文字版,证明被举报人承认的内容与被告提供的证据自相矛盾;

7. 被告主要职责的网页打印件,证明原告的主张在被告的职责范围内,被告适格;

8. 合同复印件、完税证明、工资条、银行明细单及收据,证明GDJT公司超越代扣义务人权利范围,侵犯纳税人合法财产的事实;

9. (2020)京0102民初2376号民事裁定书;

10. 劳动争议民事案件中原告的陈述词。

证据9、10证明原告曾以"劳动争议"为由起诉了被举报人,被举报人存在严重的违法、失职行为,原告并无过错和违法行为;

11. 实名办税身份信息采集截图,证明办税员是实名制,法律规定"税费返还款"用于奖励办税人员,而不是所有人员,计入企业收入后才可用于规定的用途,故GDJT公司的行为是违法的;

12. 2020年6月3日原告与被告纪检组工作人员的通话记录文字版,证明被举报人的陈述与被告提供的证据相矛盾。

被告××国税局辩称,一、税务机关是否对举报事项作出处理,仅涉及被举报人的权益,与举报人没有利害关系,故原告不具有提起本案之诉的主体资格。二、被举报人GDJT公司的主管税务机关为国家税务总局北京市××区税务局第二税务所(以下简称第二税务所),被告对被举报事项仅有转办职责,不具有实际办理职责,且被告也已将案件转至第二税务所办理,该所也已根据调查核实的情况作出《税收违法检举事项调查核实情况报告单》，并多次向原告告知调查结果。被告转办行为系对原告权利义务不产生实际影响行为，不属于行政诉讼受案范围。三、第二税务所已履行了举报事项的查处职责，原告如不服检举事项，应当以第二税务所为被告提起诉讼。四、原告于2020年5月14日、7月13日通过国家信访局网站写信要求查处第二税务所所长、专管员受贿、包庇的事项，不属于行政诉讼受案范围。综上，请求法院依法驳回原告的起诉。

被告××国税局于法定举证期限内向本院提交了如下证据：

1. 举报材料及北京税务网上办公系统截屏，证明原告于2020年4月20日向国家税务总局北京市税务局稽查局提交举报资料，被告接到转办的举报事项后，经过通知、补正，最后予以受理；

2. 《检举税收违法行为登记表》《税收违法检举事项转办函》《税收违法检举事项调查核实情况报告单》、举报事项答复的截屏及答复文字版、电话录音的文字版，证明被告将原告的举报材料转交给第二税务所进行办理，第二税务所、被告均已向原告告知举报事项的查处结论；

3. 信访网站截屏、批办单、《国家税务总局北京市××区税务局信访事项办理意见单》及依法分类受理告知页面截屏，证明2020年5月18日，原告写信反映第二税务所所长、专管员有受贿、包庇行为，该来信属于信访事项，不属于行政诉讼的受案范围；

4. 信访网站截屏、批办单、《国家税务总局北京市××区税务局信访事项办理意见单》及依法分类受理告知页面截屏，证明原告于2020年7月24日再次写信反映第二税务所的所长、专管员有受贿、包庇的行为，该来信属于信访事项，不属于行政诉讼的受案范围。

经庭审质证，本院对上述证据作如下认证：原告提供的证据1—5，内容真实，取得方式合法，但在无其他证据佐证的情况下，不能证明待证事实，对上述证据的证明目的，本院均不予采信；证据6、8—12与本案审查的被告是否存在不履行法定职责的情形无直接关联性，本院均不予采纳；证据7客观真实，取得方式合法，与本案具有关联性，本院予以采纳。被告提供的证据1、3、4内容真实，取得方式合法，与本案具有关联性，能够证明待证事实，本院予以采纳；证据2客观真实，但不能证明被告向原告告知了举报事项的查处结论，对该证明目的，本院不予采信。

经审理查明，李丽系GDJT公司职工。2020年4月、5月期间，李丽通过在国家税务总局北京市税务局官网的"涉税举报"平台、"局长信箱"、国家信访局官网填写举报信息以及向国家税务总局北京市税务局稽查局邮寄检举信的方式，举报GDJT公司"2013年至2015年公司财务总部先后用代扣代缴'个人所得税手续返还款'购买百万元购物卡形成小金库"，"在未发放原告款项、没有收款人证明的前提下扣缴了原告个税 1795 元（根据 19000 元计算），违反税法，涉嫌虚列成本"。2020 年 4 月 14 日，国家税务总局北京市税务局稽查局通过"北京税务网上办公系统"将该举报案件转至××国税局办理。××国税局在两次要求李丽补充提交材料后，于 2020 年 4 月 22 日受理其举报投诉，并告知李丽。当日，××国税局决定将该案件转第二税务所调查处理，并于同年 4 月 26 日作出《税收违法检举事项转办函》。2020 年 5 月 12 日，第二税务所作出《税收违法检举事项调查核实情况报告单》。李丽认为××国税局未在法定期限内对其投诉举报作出处理，起诉来院。

本院认为，《税收违法行为检举管理办法》第四条、第五条规定，检举管理工作坚持依法依规、分级分类、属地管理、严格保密的原则。市（地、州、盟）以上税务局稽查局设立税收违法案件举报中心。省、自治区、直辖市、计划单列市和市（地、州、盟）税务局稽查局税收违法案件举报中心负责税收违法行为检举的接收、受理、处理和管理各级跨区域稽查局和县税务局应当指定行使税收违法案件举报中心职能的部门，负责税收违法行为检举的接收，并按规定职责处理。该法第二十一条、第二十二条规定，举报中心可以税务机关或以自己的名义向下级税务机关督办、交办检举事项。举报中心应当在检举事项受理之日起十五个工作日内完成分级分类处理，特殊情况除外。查处部门应当在收到举报中心转来的检举材料之日起三个月内办理完毕，案情复杂无法在期限内办理完毕的，可以延期。《税收征收管理法》第十四条规定，本法所称税务机关是指各级税务局、税务分局、税务所和按照国务院规定设立的并向社会公告的税务机构。本案中，××国税局的举报中心收到国家税务总局北京市税务局稽查局转办的李丽举报投诉的案件后，在核实被举报人 GDJT 公司的税务登记机关为其下辖的第二税务所后，即将该案件转交第二税务所调查处理。第二税务亦接收了上述案件，并进行了调查核实，最终作出了《税收违法检举事项调查核实情况报告单》。据此，应当认定××国税局对李丽的举报投诉案件已经履行了转办的职责。《税收违法行为检举管理办法》第三十一条、第三十二条规定，实名检举事项的处理情况，由作出处理行为的税务机关的举报中心答复。将检举事项督办、交办、提交或者转交的，应当告知去向。实名检举事项的查处结果，由负责查处的税务机关的举报中心答复。本案中，根据查明的情况，李丽系实名检举，其举报投诉案件最终系由第二税务所进行处理和认定，但××国税局在将李丽举报投诉案件转交第二税务所调查处理后，未告知其案件转交的情况；在本案审理过程中，××国税局亦未提交有效证据证明已将案件的调查处理结果告知李丽，李丽亦否认知晓案件的交办及处理情况。据此，应当认定××国税局在处理该举报案件过程中未履行将案件转交及处理结果告知实名举报人李丽的义务，属于未全面、充分地履行法定职责。但鉴于在本案审查过程中，××国税局已将交办案件的情况进行了说明，且已将第二税务所所作的《税收违法检举事项调查核实情况报告单》作为证据提交，李丽现已实际知晓该举报案件的交办及处理情况，在此情况下，本院再判决××国税局继续履行告知义务已无实际意义，故本院应当判决确认××国税局在办理该举报投诉案件的过程中未履行告知义务的行为违法。

综上，依据《行政诉讼法》第七十四条第二款第（三）项之规定，判决如下：

确认被告国家税务总局北京市××区税务局对二〇二〇年四月受理的原告李丽投诉北京市 GDJT 建设管理有限公司虚列成本、偷漏税款的案件未全面履行法定职责的行为违法。

案件受理费 50 元，由被告国家税务总局北京市××区税务局负担（于本判决生效之日起七日内缴纳）。

如不服本判决，可在判决书送达之日起十五日内提起上诉，向本院递交上诉状，并按对方当事人的人数递交上诉状副本，上诉于北京市第二中级人民法院。

审判长　曾　玮

审判员　陶悦迪

审判员　刘　晓

二〇二一年一月二十八日

书记员　张　霖

二审行政判决书
北京市第二中级人民法院行政判决书

（2021）京 02 行终 534 号

……

李丽不服一审判决，向本院提起上诉，请求撤销一审判决，改判支持其诉讼请求。李丽的上诉理由为：一审判决认定事实错误，根据在案证据，其所举报的是 2015 年前的涉税违法行为，而××国税局所出具的《税收违法检举事项调查核实情况报告单》载明的"检查（调查）纳税期间"为 2015 年 9 月 1 日至 2018 年 10 月 30 日，××国税局并未就其所举报的事项履行法定职责。

××国税局不服一审判决，向本院提出上诉，请求：1. 撤销一审判决，改判驳回李丽的起诉；2. 本案诉讼费用由李丽承担。××国税局的上诉理由如下：1. 李丽所举报的案件，××国税局只有转办职责，不具有查处职责；2. 举报事项的转办及查处结果通知行为，均不属于对举报人权利义务产生实际影响的具体行政行为，不属于行政诉讼受案范围；3. 李丽事实上已经获知了举报查处答复结果；4. 对××国税局履行举报事项的转办职责进行实体性审理，将使涉税举报案件的复议、诉讼审理程序重复、陷于混乱。

在一审诉讼期间，××国税局在法定举证期限内提交了下列证据：

1. 举报材料及北京税务网上办公系统截屏，证明李丽于2020年4月20日向国家税务总局北京市税务局稽查局提交举报资料，××国税局接到转办的举报事项后，经过通知、补正，最后予以受理；

2. 《检举税收违法行为登记表》《税收违法检举事项转办函》《税收违法检举事项调查核实情况报告单》、举报事项答复的截屏及答复文字版、电话录音的文字版，证明××国税局将李丽的举报材料转交给第二税务所进行办理，第二税务所、××国税局均已向李丽告知举报事项的查处结论；

3. 信访网站截屏、批办单、《国家税务总局北京市××区税务局信访事项办理意见单》及依法分类受理告知页面截屏，证明2020年5月18日，李丽写信反映第二税务所所长、专管员有受贿、包庇行为，该来信属于信访事项，不属于行政诉讼的受案范围；

4. 信访网站截屏、批办单、《国家税务总局北京市××区税务局信访事项办理意见单》及依法分类受理告知页面截屏，证明李丽于2020年7月24日再次写信反映第二税务所的所长、专管员有受贿、包庇的行为，该来信属于信访事项，不属于行政诉讼的受案范围。

在一审诉讼期间，李丽在法定期限内提交了如下证据材料：

1. 国家信访局官网上李丽的举报详情，证明国家信访局于2020年5月29日将李丽的举报转给了××国税局，××国税局调查后始终不给明确结果及调查期限；

2. 国家税务总局北京市税务局官网上"局长信箱"的举报详情；

3. 国家税务总局北京市税务局官网上"涉税举报"的举报详情；

4. 李丽向国家税务总局北京市税务局稽查局邮寄举报资料的顺丰速运详情单；

证据2—4证明李丽通过多种途径举报投诉，均收到反馈称举报案件已转交主管税务局核实，但李丽从未收到任何举报答复。

5. 李丽向"12345"市民热线投诉××国税局的录音及回复，证明××国税局以"调查取证"为由故意拖延、不履行职责；

6. "12345"市民热线通话记录的文字版，证明被举报人承认的内容与××国税局提供的证据自相矛盾；

7. ××国税局主要职责的网页打印件，证明李丽的主张在××国税局的职责范围内，××国税局适格；

8. 合同复印件、完税证明、工资条、银行明细单及收据，证明GDJT公司超越代扣义务人权利范围，侵犯纳税人合法财产的事实；

9. （2020）京0102民初2376号民事裁定书；

10. 劳动争议民事案件中李丽的陈述词。

证据9、10证明李丽曾以"劳动争议"为由起诉了被举报人,被举报人存在严重的违法、失职行为,李丽并无过错和违法行为;

11. 实名办税身份信息采集截图,证明办税员是实名制,法律规定"税费返还款"用于奖励办税人员,而不是所有人员,计入企业收入后才可用于规定的用途,故 GDJT 公司的行为是违法的;

12. 2020年6月3日李丽与××国税局纪检组工作人员的通话记录文字版,证明被举报人的陈述与××国税局提供的证据相矛盾。

经庭审质证,一审法院对上述证据材料认证如下:李丽提供的证据1—5,内容真实,取得方式合法,但在无其他证据佐证的情况下,不能证明待证事实,对上述证据的证明目的,不予采信;证据6、8—12与本案审查的××国税局是否存在不履行法定职责的情形无直接关联性,不予采纳;证据7客观真实,取得方式合法,与本案具有关联性,予以采纳。××国税局提供的证据1、3、4内容真实,取得方式合法,与本案具有关联性,能够证明待证事实,予以采纳;证据2客观真实,但不能证明××国税局向李丽告知了举报事项的查处结论,对该证明目的,不予采信。

一审法院已将上述证据材料全部移送本院。本院审查后认定:一审法院对上述证据材料所作认证符合《最高人民法院关于行政诉讼证据若干问题的规定》的有关规定,是正确的,本院作相同认定。

根据上述被认定合法有效的证据,本院认定如下案件事实:李丽系 GDJT 公司职工。2020年4月、5月期间,李丽通过在国家税务总局北京市税务局官网的"涉税举报"平台、"局长信箱"、国家信访局官网填写举报信息以及向国家税务总局北京市税务局稽查局邮寄检举信的方式,举报 GDJT 公司"2013年至2015年公司财务总部先后用代扣代缴'个人所得税手续返还款'购买百万元购物卡形成小金库","在未发放李丽款项、没有收款人证明的前提下扣缴了李丽个税1795元(根据19000元计算),违反税法,涉嫌虚列成本"。2020年4月14日,国家税务总局北京市税务局稽查局通过"北京税务网上办公系统"将该举报案件转至××国税局办理。××国税局在两次要求李丽补充提交材料后,于2020年4月22日受理其举报投诉,并告知李丽。当日,××国税局决定将该案件转第二税务所调查处理,并于同年4月26日作出《税收违法检举事项转办函》。2020年5月12日,第二税务所作出《税收违法检举事项调查核实情况报告单》。李丽认为××国税局未在法定期限内对其投诉举报作出处理,向一审法院提起行政诉讼。

本院认为,《税收违法行为检举办法》第三条规定,本办法所称税收违法行为,是指涉嫌偷税(逃避缴纳税款)、逃避追缴欠税、骗税、虚开、伪造、变造发票,以及其他与逃避缴纳税款相关的税收违法行为。第五条规定,市(地、州、盟)以上税务局稽查局设立税收违法案件举报中心。国家税务总局稽查局税收违法案件举报中心负责接收税收违法行为检举，督促、指导、协调处理重要检举事项；省、自治区、直辖市、计划单列市和市（地、州、盟）税务局稽查局税收违法案件举报中心负责税收违法行为检举的接收、受理、处理和管理；各级跨区域稽查局和县税务局应当指定行使税收违法案件举报中心职能的部门，负责税收违法行为检举的接收，并按规定职责处理。本办法所称举报中心是指前款所称的税收违法案件举报中心和指定行使税收违法案件举报中心职能的部门。举报中心应当对外挂标识牌。《中华人民共和国税收征收管理法》第十四条规定，本法所称税务机关是指各级税务局、税务分局、税务所和按照国务院规定设立的并向社会公告的税务机构。本案中，从李丽所提举报投诉的内容上看系要求查处税收违法行为，××国税局负有对该举报投诉依法处理的法定职责。

《税收违法行为检举办法》第二十一条规定，举报中心可以税务机关或者以自己的名义向下级税务机关督办、交办检举事项。第二十二条规定，举报中心应当在检举事项受理之日起十五个工作日内完成分级分类处理，特殊情况除外。查处部门应当在收到举报中心转来的检举材料之日起三个月内办理完毕；案情复杂无法在期限内办理完毕的，可以延期。第三十一条规定，实名检举事项的处理情况，由作出处理行为的税务机关的举报中心答复。将检举事项督办、交办、提交或者转交的，应当告知去向；暂存待查的，应当建议检举人补充资料。第三十二条规定，实名检举事项的查处结果，由负责查处的税务机关的举报中心答复。实名检举人要求答复检举事项查处结果的，检举事项查结以后，举报中心可以将与检举线索有关的查处结果简要告知检举人，但不得告知其检举线索以外的税收违法行为的查处情况，不得提供执法文书及有关案情资料。本案中，××国税局在受理李丽的实名投诉后，虽然依法交由第二税务所办理，第二税务所亦接收并进行调查核实并作出《税收违法检举事项调查核实情况报告单》。但，××国税局并未能证明其在处理举报投诉过程中向李丽告知了案件交办和处理情况，属于未全面、充分履行法定职责。鉴于在本案诉讼过程中，李丽已经实际知晓其举报案件的交办及处理情况，故对××国税局未全面、充分履行法定职责的行为应予确认违法。综上，一审判决认定××国税局对2020年4月受理的李丽投诉GDJT公司虚列成本、偷漏税款的案件未全面履行法定职责的行为违法是正确的，本院应予维持。李丽及××国税局的上诉理由没有事实根据和法律依据，本院不予采信。依照《中华人民共和国行政诉讼法》第八十九条第一款第（一）项的规定，判决如下：

驳回上诉，维持一审判决。

一审案件受理费50元，由国家税务总局北京市××区税务局负担（于本判决生效之日起7日内缴纳）；二审案件受理费50元，由国家税务总局北京市××区税务局及李丽共同负担（已交纳）。

本判决为终审判决。

审 判 长　金　丽

审 判 员　陈　丹

审 判 员　刘明研

二〇二一年四月二十八日

法官助理　陶　军

书 记 员　毕伟敬

(一) 判决结果

1. 一审判决结果

综上，依据原《行政诉讼法》第七十四条第二款第（三）项之规定，判决如下：

确认被告国家税务总局北京市××区税务局对二〇二〇年四月受理的原告李丽投诉北京市 GDJT 建设管理有限公司虚列成本、偷漏税款的案件未全面履行法定职责的行为违法。

案件受理费 50 元，由被告国家税务总局北京市××区税务局负担（于本判决生效之日起七日内缴纳）。

2. 二审（终审）判决结果

驳回上诉，维持一审判决。

一审案件受理费 50 元，由国家税务总局北京市××区税务局负担（于本判决生效之日起 7 日内缴纳）；二审案件受理费 50 元，由国家税务总局北京市××区税务局及李丽共同负担（已交纳）。

本判决为终审判决。

案例分析：本案是区税务局败诉。如果二审李丽不上诉，就还是区税务局败诉。

(二) 败诉原因分析

这是典型的不作为案例。由此说明，法律是公正的。

行政诉讼（税务）败诉案例中，有很大比例是举报人告税务局不作为（不对被举报对象立案查办）而败诉的。因为举报人不是行政管理相对人，无权提起行政诉讼。很多税务"官员"就错误地认为类似案件皆如此。事实是除了行政管理相对人是行政诉讼主体外，还有利害关系人也是可以提起行政诉讼的。本案李丽是利害关系人。

第六章 国家赔偿

摘要：国家赔偿一般包括行政赔偿和刑事赔偿。国家赔偿责任，是指国家机关或国家公职人员在执行职务中侵犯了民事主体合法权利造成损害时，依法由国家承担的侵权赔偿责任。行政强制，包括行政强制措施和行政强制执行。税务行政赔偿主要是因为税务强制执行造成的，税收强制执行措施有强制扣缴、扣押、查封、依法拍卖或者变卖。根据我国行政诉讼法及有关司法解释的规定，可以概括为"以申请法院强制执行为原则，以行政机关自行强制执行为例外"。行政赔偿案件，可以调解结案。

第一节 行政强制执行

税收法律救济是国家为排除税务具体行政行为对税务行政相对人合法权益的侵害，通过解决税收争议，制止和纠正违法或不当的税收行政侵权行为，从而使税务行政相对人的合法权益获得补救的法律制度的总称。主要方式包括：税务行政复议、行政诉讼（税务）和税务行政赔偿。其中，税务行政赔偿主要是因为税务强制执行造成的。

税务行政强制的法律依据是《税收征收管理法》及实施细则和《行政强制法》，《行政强制法》是于2011年6月30日通过，自2012年1月1日起施行。

一、税务行政执法法律规范的分类及适用原则

（一）税务行政执法按照不同标准分四类

1. 根据法律所调整的对象不同划分为税收法律和其他法律

税收法律：直接调整税收法律关系，比如税收征收管理法、企业所得税法和个人

所得税法等；

其他相关法律：在主要调整行政法律关系、刑事法律关系及其他法律关系的同时，也能调整税收法律关系，比如行政处罚法、强制执行法和行政复议法等。

2. 根据法律内容的不同划分为实体法律和程序性法律

实体法：规定税收法律关系主体的权利和义务，比如增值税暂行条例、耕地占用税法、契税法和城市维护建设税法等；

程序法：规定实现实体法确定的权利和义务所需程序，如税收征收管理法，行政处罚法和行政诉讼法等。

3. 根据法律适用范围的不同划分为普通法和特别法

普通法：对全国范围内的一般人、一般事，在一般情况下普遍有效的法律，比如民法典、刑法、行政处罚法和强制执行法等；

特别法：对特定人、特定事，或在特定地区、特定时期有效的法律，比如税收征收管理法和个人所得税法等。

4. 根据法的效力来源和层次的不同划分为法律、法规、规章和规范性文件

可分为宪法、税收法律、税收行政法规（"条例"或"暂行条例"的形式）、地方性税收法规（省、自治区的人民政府所在地的市，经济特区所在地的市和经国务院批准的较大的市）、税收规章、其他税收规范性文件以及国际条约和国际协定。

（二）税务稽查法律的适用原则

以税务稽查为主的税务检查和行政处罚是最典型的行政执法，在税务行政执法过程中，主要适用以下原则：

1. 法律优位原则（位阶高低）。
2. 法律不溯及既往原则（与刑法的区别）。
3. 新法优于旧法原则（新法生效实施）。
4. 特别法优于普通法原则。

二、税收法律责任

税收法律责任是指税收法律关系主体因违反税法规定的义务，而由专门的国家机关依法追究或由其主动承担的否定性的法律后果，主要包括税收行政法律责任（税收行政处罚和行政处分）和税收刑事法律责任。

明确规定税收法律责任，不仅有利于维护正常的税收征纳秩序，确保国家的税收收入及时足额入库，而且有利于增强税法的威慑力，为预防和打击税收违法犯罪行为提供有力的法律武器，也有利于维护纳税人的合法权益。

（一）主要特征

1. 法定性

税收法律责任的性质、范围、大小、期限，都由税法及相关法律明确规定。充分显现的是特别法优于一般法的原则。

2. 国家强制性

（1）国家制裁方式的实现，即税收主体要按照税法及相关法律的规定对自己实施的行为负责，或者要为此承担法律责任；

（2）税收法律责任由国家专门机关或国家授权的组织追究，即由各级税务局代表国家依法行使权力，其他任何个人或组织都无权进行此项活动。

3. 否定性

税收法律责任是有权主体利用税收法律及相关法律法规等法律标准，对税收违法行为给予的否定性评价，其目的在于消除或减少税收违法行为。

（二）税收行政法律责任

税法中的行政法律责任是行政违法引起的，用以调整和维护行政法律关系，具有一定的惩罚性。对于纳税主体而言，其行政法律责任形式主要是行政处罚。对于征税主体而言，税务机关承担的行政法律责任，主要有行政赔偿责任和撤销违法决定等，税务人员承担的行政法律责任主要是行政处分。税务行政处罚主要方式有以下几种。

1. 责令限期改正

这是税务局对违反法律、行政法规所规定义务的当事人的谴责和申诫。主要是起到教育的作用，有一定的处罚作用，为税收法律、法规广泛采用。

2. 罚款

罚款是对违反税收法律、法规，不履行法定义务的当事人的一种经济上的处罚。由于罚款既不影响被处罚人的人身自由及其合法活动，又能起到对违法行为的惩戒作用，因而是税务行政处罚中应用最广泛的一种。因此，运用这一处罚形式必须依法行使，严格遵循法律、法规规定的数额、限度、权限、程序及形式。

3. 没收财产

没收财产是对行政管理相对一方当事人的财产权予以剥夺的处罚。有两种情况：一是对相对人非法所得的财物没收。二是财物虽系相对人所有，但是其用于非法活动。

4. 收缴未用发票和暂停供应发票

5. 停止出口退税权

（三）税收刑事法律责任

刑事责任是对违反税法行为情节严重，已构成犯罪的当事人或直接责任人所给予的刑事制裁。追究刑事责任以税务违法行为情节严重、构成犯罪为前提。经济责任和行政责任通常是由税务机关依法追究的，而刑事责任则是由司法机关追究。刑事责任是税收法律责任中最严厉的一种制裁措施。

刑法规定税务刑事处罚分为四种主刑（即无期徒刑、有期徒刑、拘役和管制）和三种附加刑（即罚金、剥夺政治权利和没收财产）。

纳税人及其他当事人认为税务局的具体行政行为侵犯其合法权益，申请人可以在知道税务局作出具体行政行为之日起60日内，依法向税务行政复议机关申请行政复议。上级税务局接到申诉人的申请，应当在收到复议申请之日起60日内作出答复。申诉人对答复不服的，在接到答复之日起15日内向人民法院起诉。

（四）税务人员法律责任

为了确保有法必依，执法必严，《税收征管法》还专门规定了税务人员的违法行为及其法律责任。"税务人员必须秉公执法，忠于职守；不得索贿、徇私舞弊、玩忽职守、不征或少征应征税款；不得滥用职权多征税款或者故意刁难纳税人和扣缴义务人。"

税务人员应严格执行国家的税收法律、法规，维护国家的税收利益和纳税人的合法权益，既是法律赋予税务局和税务人员的神圣职责，也是每个税务人员必须履行的法定义务。在税收征管工作中，如果税务人员不能依法征税，甚至进行违法行为，需要承担相应的法律责任。

三、行政强制执行概述

行政强制措施，是指行政机关在行政管理过程中，为制止违法行为、防止证据损毁、避免危害发生、控制危险扩大等情形，依法对公民的人身自由实施暂时性限制，或者对公民、法人或者其他组织的财物实施暂时性控制的行为。行政强制执行，是指行政机关或者行政机关申请人民法院，对不履行行政决定的公民、法人或者其他组织，依法强制履行义务的行为。

公民、法人或者其他组织对行政机关实施行政强制，享有陈述权、申辩权；有权依法申请行政复议或者提起行政诉讼；因行政机关违法实施行政强制受到损害的，有权依法要求赔偿。公民、法人或者其他组织因人民法院在强制执行中有违法行为或者扩大强制执行范围受到损害的，有权依法要求赔偿。

（一）行政强制的种类和设定

按照《行政强制法》的规定：

第九条 行政强制措施的种类：

（一）限制公民人身自由；

（二）查封场所、设施或者财物；

（三）扣押财物；

（四）冻结存款、汇款；

（五）其他行政强制措施。

第十条 行政强制措施由法律设定。

尚未制定法律，且属于国务院行政管理职权事项的，行政法规可以设定除本法第九条第一项、第四项和应当由法律规定的行政强制措施以外的其他行政强制措施。

尚未制定法律、行政法规，且属于地方性事务的，地方性法规可以设定本法第九条第二项、第三项的行政强制措施。

法律、法规以外的其他规范性文件不得设定行政强制措施。

第十一条　法律对行政强制措施的对象、条件、种类作了规定的，行政法规、地方性法规不得作出扩大规定。

法律中未设定行政强制措施的，行政法规、地方性法规不得设定行政强制措施。但是，法律规定特定事项由行政法规规定具体管理措施的，行政法规可以设定除本法第九条第一项、第四项和应当由法律规定的行政强制措施以外的其他行政强制措施。

第十二条　行政强制执行的方式：

（一）加处罚款或者滞纳金；

（二）划拨存款、汇款；

（三）拍卖或者依法处理查封、扣押的场所、设施或者财物；

（四）排除妨碍、恢复原状；

（五）代履行；

（六）其他强制执行方式。

（二）行政强制措施执行的一般规定

按照《行政强制法》规定：

第十七条　行政强制措施由法律、法规规定的行政机关在法定职权范围内实施。行政强制措施权不得委托。

依据《中华人民共和国行政处罚法》的规定行使相对集中行政处罚权的行政机关，可以实施法律、法规规定的与行政处罚权有关的行政强制措施。

行政强制措施应当由行政机关具备资格的行政执法人员实施，其他人员不得实施。

第十八条　行政机关实施行政强制措施应当遵守下列规定：

（一）实施前须向行政机关负责人报告并经批准；

（二）由两名以上行政执法人员实施；

（三）出示执法身份证件；

（四）通知当事人到场；

（五）当场告知当事人采取行政强制措施的理由、依据以及当事人依法享有的权利、救济途径；

（六）听取当事人的陈述和申辩；

（七）制作现场笔录；

（八）现场笔录由当事人和行政执法人员签名或者盖章，当事人拒绝的，在笔录中予以注明；

（九）当事人不到场的，邀请见证人到场，由见证人和行政执法人员在现场笔录上签名或者盖章；

（十）法律、法规规定的其他程序。

第十九条 情况紧急，需要当场实施行政强制措施的，行政执法人员应当在二十四小时内向行政机关负责人报告，并补办批准手续。行政机关负责人认为不应当采取行政强制措施的，应当立即解除。

第二十条 依照法律规定实施限制公民人身自由的行政强制措施，除应当履行本法第十八条规定的程序外，还应当遵守下列规定：

（一）当场告知或者实施行政强制措施后立即通知当事人家属实施行政强制措施的行政机关、地点和期限；

（二）在紧急情况下当场实施行政强制措施的，在返回行政机关后，立即向行政机关负责人报告并补办批准手续；

（三）法律规定的其他程序。

实施限制人身自由的行政强制措施不得超过法定期限。实施行政强制措施的目的已经达到或者条件已经消失，应当立即解除。

第二十一条 违法行为涉嫌犯罪应当移送司法机关的，行政机关应当将查封、扣押、冻结的财物一并移送，并书面告知当事人。

四、强制执行程序

行政强制执行是指特定行政机关采取强制手段保障法律、法规和行政决定得到贯彻落实的一种执法行为。根据《行政强制法》第二条第三款之规定，行政强制执行是指行政机关或者行政机关申请人民法院，对不履行行政决定的公民、法人或者其他组织，依法强制履行义务的行为。既存在由行政机关实施的情况，也存在由司法机关实施的情况，即行政机关和法院都可以成为行政强制执行的主体。根据我国行政诉讼法及有关司法解释的规定，可以概括为"以申请法院强制执行为原则，以行政机关自行强制执行为例外"。

（一）主要特征

1. 行政强制执行以行政主体和法院为执行主体。

2. 行政强制执行以已生效的具体行政行为所确定的义务为执行内容。

3. 强制执行的目的在于迫使相对人履行义务或用代执行等方式达到与履行义务相同之状态，最终确保行政法上秩序的实现。

4. 行政强制执行不允许进行执行和解。行政强制执行是法律赋予行政机关的职权与职责，行政机关如放弃强制执行而与被执行人和解，就等于放弃了自己的职权与职责,即为失职。这是法律所不能允许的。

(二) 执行程序

1. 行政机关强制执行程序

一般来说,行政机关强制执行要经过以下程序:

(1) 告诫;

(2) 陈述和申辩;

(3) 制作执行决定书;

(4) 送达;

(5) 采取各种强制执行方式。

2. 申请人民法院强制执行

当事人逾期不履行行政义务,行政机关可以向人民法院申请强制执行。人民法院接到行政机关的强制执行的申请,一般进行书面审查。

人民法院经审查,认为行政决定不具备法定执行效力、行政决定没有法定依据、明显事实不清或者违反法定程序的以及执行可能造成难以弥补的损失的,裁定不予执行。对不受理的应当在五日内书面通知行政机关,并告知不予受理的理由。经审查,认为符合申请执行条件的,人民法院作出执行裁定,在三日内发布公告并送达当事人,限定当事人履行的期限。

(三) 具体规定

按照《行政强制法》规定:

第三十五条 行政机关作出强制执行决定前,应当事先催告当事人履行义务。催告应当以书面形式作出,并载明下列事项:

(一) 履行义务的期限;

(二) 履行义务的方式;

(三) 涉及金钱给付的,应当有明确的金额和给付方式;

(四) 当事人依法享有的陈述权和申辩权。

第三十六条 当事人收到催告书后有权进行陈述和申辩。行政机关应当充分听取当事人的意见,对当事人提出的事实、理由和证据,应当进行记录、复核。当事人提出的事实、理由或者证据成立的,行政机关应当采纳。

第三十七条 经催告,当事人逾期仍不履行行政决定,且无正当理由的,行政机关可以作出强制执行决定。

强制执行决定应当以书面形式作出,并载明下列事项:

(一) 当事人的姓名或者名称、地址;

(二) 强制执行的理由和依据;

(三) 强制执行的方式和时间;

（四）申请行政复议或者提起行政诉讼的途径和期限；

（五）行政机关的名称、印章和日期。

在催告期间，对有证据证明有转移或者隐匿财物迹象的，行政机关可以作出立即强制执行决定。

第三十八条　催告书、行政强制执行决定书应当直接送达当事人。当事人拒绝接收或者无法直接送达当事人的，应当依照《中华人民共和国民事诉讼法》的有关规定送达。

第三十九条　有下列情形之一的，中止执行：

（一）当事人履行行政决定确有困难或者暂无履行能力的；

（二）第三人对执行标的主张权利，确有理由的；

（三）执行可能造成难以弥补的损失，且中止执行不损害公共利益的；

（四）行政机关认为需要中止执行的其他情形。

中止执行的情形消失后，行政机关应当恢复执行。对没有明显社会危害，当事人确无能力履行，中止执行满三年未恢复执行的，行政机关不再执行。

第四十条　有下列情形之一的，终结执行：

（一）公民死亡，无遗产可供执行，又无义务承受人的；

（二）法人或者其他组织终止，无财产可供执行，又无义务承受人的；

（三）执行标的灭失的；

（四）据以执行的行政决定被撤销的；

（五）行政机关认为需要终结执行的其他情形。

第四十一条　在执行中或者执行完毕后，据以执行的行政决定被撤销、变更，或者执行错误的，应当恢复原状或者退还财物；不能恢复原状或者退还财物的，依法给予赔偿。

五、税收强制执行

税收强制执行措施，是指从事生产、经营的纳税人、扣缴义务人未按照规定的期限缴纳或者解缴税款，纳税担保人未按照规定的期限缴纳所担保的税款，由税务局责令限期缴纳，逾期仍未缴纳的，经县以上税务局（分局）局长批准，税务局可以书面通知其开户银行或者其他金融机构，从其存款中扣缴税款，或者扣押、查封、拍卖或者变卖纳税人财产，以拍卖或者变卖所得抵缴税款。

（一）税收强制执行措施概述

从事生产、经营的纳税人未按照规定的期限缴纳或者解缴税款，纳税担保人未按照规定的期限缴纳所担保的税款，由税务局责令限期缴纳，逾期仍未缴纳的，经县以上税务局（分局）局长批准，税务局可以书面通知其开户银行或者其他金融机构从其存款中扣缴税款；或者扣押、查封、依法拍卖或者变卖其价值相当于应纳税款的商品、货物或者其他财产，以拍卖或者变卖所得抵缴税款。

税务局在采取一般税收管理措施无效的情况下，为了维护国家依法征税的权力所采取的一种强行征收税款的手段。税收强制执行措施是法律规定的税收强制执行主体对被执行人采取的方式和方法的总称。我国的税收强制执行措施有强制扣缴、扣押、查封、依法拍卖或者变卖。

税收强制执行措施是税务局在采取一般税收管理措施无效的情况下，为了维护税法的严肃性和国家征税的权力所采取的税收强制手段。这不仅是税收的无偿性和固定性的内在要求，也是税收强制性的具体表现。

(二) 适用的前提条件：逾期未履行纳税义务

适用税收强制执行措施的前提条件是从事生产、经营的纳税人、扣缴义务人未按规定的期限缴纳税款或者解缴税款、纳税担保人未按照规定的期限缴纳所担保的税款，即他们都是逾期未履行纳税义务的。此外，对已采取税收保全措施的纳税人，限期内仍未履行纳税义务的，可依法采取强制执行措施。适用强制执行措施的具体条件、程序和应注意的问题如下：

1. 采取强制执行措施必须坚持告诫在先、执行在后的原则。
2. 强制执行必须发生在限期缴纳期满之后。
3. 采取强制执行前，应当依法报经县以上税务局（分局）局长批准。
4. 采取强制执行措施时，对从事生产、经营的纳税人、扣缴义务人、纳税担保人未缴纳的滞纳金同时强制执行。
5. 扣押、查封、拍卖或者变卖等行为具有连续性。
6. 个人及其抚养家属维持生活必需的住房和用品不在强制执行的范围内。
7. 税务局将扣押、查封的商品、货物或者其他财产变价抵缴税款时，应当交由依法成立的拍卖机构拍卖。

(三) 适用的对象：应纳税款、滞纳金和罚款

税收强制执行措施的实施范围包括应纳税款、滞纳金和罚款，但执行的程序和时限有所不同。与税收保全措施不同的是，强制执行措施无论在征收管理阶段还是在检查阶段实施，都是对已超过纳税期的税款进行追缴，因此，都是税款与滞纳金一同执行。而对罚款的强制追缴必须等复议申请期和起诉期满后才能执行。

与税收保全措施只适用于纳税人不同，税收强制执行措施的适用对象既包括纳税人，又包括扣缴义务人、纳税担保人及其他当事人。

1. 从事生产、经营的纳税人和扣缴义务人

从事生产、经营的纳税人有两种情况：一是未按规定期限缴纳税款的（第四十条）；二是在税务机关依法进行检查时，有逃避纳税义务行为，并有明显的转移、隐

匿其应纳税的商品、货物以及其他财产或者应纳税收入的迹象的（第五十五条）。

2. 未按照规定期限解缴税款的从事生产、经营的扣缴义务人（第四十条）。

3. 未按照规定期限缴纳所担保税款的纳税担保人（第四十条）。

4. 对税务机关的处罚决定逾期不申请行政复议也不向人民法院起诉，又不履行的当事人（第八十八条）。《税收征管法》既有针对纳税人、扣缴义务人的处罚款，也有对其他单位和个人违反税收法律、行政法规的处罚规定。因此，上述当事人的范围是非常广泛的，而不仅限于纳税人、扣缴义务人。

（四）税收强制执行措施

在征收、管理、检查三个环节，税务部门均可采取税收强制执行措施。在征收、管理环节，可按照新《税收征管法》第四十条、第六十八条、第八十八条第三款的规定采取强制执行措施；在检查环节，可按照第五十五条的规定采取强制执行措施。税务局可以采取的强制执行措施有两种：

1. 书面通知开户银行或其他金融机构从其存款中扣缴税款、滞纳金或者罚款；

2. 扣押、查封、依法拍卖或者变卖其价值相当于应纳税款、滞纳金或者罚款的商品、货物或其他财产，以拍卖或变卖所得抵缴税款、滞纳金或者罚款。

（五）实施程序

1. 一般程序（第四十条）

第一，责令限期缴纳。纳税人、扣缴义务人、纳税担保人在规定的期限未缴纳或解缴税款或提供纳税担保的，主管税务局应责令其限期缴纳。

第二，县以上税务局批准。责令限期期满，仍未缴纳的，经县以上税务局（分局）局长审查批准，可执行强制措施。

第三，实施前述两项措施扣缴或抵缴税款、滞纳金。在强制执行措施中，扣押、查封、依法拍卖或者变卖等行为具有连续性，即扣押、查封后，不再给纳税人自动履行纳税义务的时间，税务局可直接拍卖或者变卖，以其所得抵缴税款。

需要注意的是，税务局实施扣押、查封时，必须有2人以上在场，并通知被执行人或者他的成年家属到场，否则不能直接采取扣押和查封措施。但被执行人或者成年家属接到通知后拒不到场的，不影响执行。同时，税务局应当通知有关单位和基层组织。他们是扣押、查封财产的见证人，也是税务部门执行工作的协助人。

另外，扣押、查封、拍卖被执行人的商品、货物或者其他财产，应当以应纳税额为限。对于被执行人的必要的生产工具，被执行人本人及其所供养家属的生活必需品应当予以保留，不得对其进行扣押、查封和拍卖。

2. 简易程序

根据新《税收征管法》第五十五条，"税务机关对从事生产、经营的纳税人以前纳税期的纳税情况依法进行税务检查时，发现纳税人有逃避纳税义务行为，并有明显的转移、隐匿其应纳税的商品、货物以及其他财产或者应纳税的收入的迹象的,可以按照本法规定的批准权限采取税收保全或者强制执行措施"。在此条规定的情况下,只要经过县以上税务局(分局)局长批准,即可采取强制执行措施,而不必先责令其限期缴纳。

六、当《税收征管法》遇到《行政强制法》时

《行政强制法》自2012年1月1日起施行,该法规范了行政强制的设定和实施,对保障和监督行政机关依法履行职责,维护公共利益和社会秩序,保护公民、法人和其他组织的合法权益起到了积极的作用。而在税收征收管理领域所涉及的行政强制,此前的执法依据是《税收征管法》及其《实施细则》。首先需要阐明两法的关系:《行政强制法》是一般法,《税收征管法》是特别法。在税收征管行政执法过程中,当出现适用两法冲突或规定不一致时,适用《税收征管法》及其《实施细则》的规定。两法之间根本不存在"新法优于旧法"的问题或关系。

因此,强调下面三个差异,即三个根本就不是问题的"问题"。

(一)强制执行前提条件差异

按照《行政强制法》规定,"行政强制执行,是指行政机关或者行政机关申请人民法院,对不履行行政决定的公民、法人或者其他组织,依法强制履行义务的行为"。即行政强制执行以"行政机关做出行政决定"为前提。

按照《税收征管法》第四十条规定,采取强制执行措施的必要条件是税务机关责令纳税人、扣缴义务人、纳税担保人限期缴纳税款,逾期仍未缴纳,而"责令限期缴纳"在目前的税收征管中主要体现为税务机关以《税务处理决定书》或《税务事项通知书》责令纳税人、扣缴义务人限期缴纳税款。其中,对申报应纳税款后未及时入库的纳税人是以《税务事项通知书》限期为税务处理决定的。

(二)关于加收滞纳金

行政强制滞纳金是裁决金钱给付义务逾期为履行而加收的,加收比例带有明显惩罚性,同时有"不能超过本金"的上限规定。税收滞纳金不是裁决金钱给付义务是法定未履行纳税义务,是即时自动生效不是裁决生效的,同时税收滞纳金是没有上限的。

按照《行政强制法》规定,"行政机关依法作出金钱给付义务的行政决定,当事人逾期不履行的,行政机关可以依法加处罚款或者滞纳金"。显然,这里的滞纳金应自行政决定中的金钱给付义务期限后加处。而《税收征管法》规定的则是"从滞纳税款之日起,按日加收",税务机关无权也不需要确定加收滞纳税款滞纳金的起始时间。

《行政强制法》规定,"加处罚款或者滞纳金的数额不得超出金钱给付义务的数额"。而《税收征管法》仅对加收滞纳金的起止时间、加收标准进行规定,没有加收数额方面的限制。关于税收滞纳金能否超过税款本金,2012年8月,国家税务总局网

站办税咨询栏目就"征收税款加收滞纳金的金额能否超过税款本金"问题作出回复:"税收滞纳金的加收,按照征管法执行,不适用行政强制法,不存在是否能超出税款本金的问题。如滞纳金加收数据超过本金,按征管法的规定进行加收。"

(三) 强制执行费用的差异

行政强制执行费用因执行方式的不同而有所差异。其中,采取拍卖、变卖方式的会发生相应的拍卖、变卖佣金等费用。关于行政强制中的费用负担问题,《行政强制法》采取了列举的方式加以规范,但列举的范围并不周延。该法规定,"因查封、扣押发生的保管费用由行政机关承担";"行政机关申请人民法院强制执行,不缴纳申请费。强制执行的费用由被执行人承担。人民法院以划拨、拍卖方式强制执行的,可以在划拨、拍卖后将强制执行的费用扣除"。对于行政机关自行采取强制执行的费用负担问题,《行政强制法》并未加以明确。《税收征管法》则规定,税务机关"确定应扣押、查封的商品、货物或者其他财产的价值时,还应当包括滞纳金和扣押、查封、保管、拍卖、变卖所发生的费用"。

附件:

湖北省安陆市人民法院行政裁定书

(2014) 鄂安陆行非审字第 00049 号

申请执行人:安陆市地方税务局。
住所地:安陆市解放大道 159 号。
法定代表人:张子安,该局局长。
委托代理人:江东,该局稽查局局长。
代理权限:签收文书、参与案件协调、和解。
被执行人:安陆市中宇石化有限公司。
住所地:安陆市洑水镇车站村。法定代表人何小平,该公司经理。

申请执行人安陆市地方税务局于 2014 年 6 月 23 日向本院申请执行 2013 年 12 月 30 日作出的安地税处字〔2013〕第 02001 号《安陆市地方税务局税务处理决定书》和 2014 年 1 月 6 日作出的安地税罚〔2014〕002 号《安陆市地方税务局税务行政处罚决定书》,本院经告知申请执行人补充相关材料后,于 2014 年 6 月 23 日依法立案受理。本院经审查认为,申请执行人安陆市地方税务局作出的安地税处字〔2013〕第 02001 号《安陆市地方税务局税务处理决定书》和安地税罚〔2014〕002 号《安陆市地方税务局税务行政处罚决定书》,符合《行政强制法》第五十三条、第五十四条、

第五十五条以及最高人民法院《关于执行〈中华人民共和国行政诉讼法〉若干问题的解释》第八十六条规定的条件。被执行人安陆市中宇石化有限公司收到上述行政处理和处罚决定书后,在法定的期限内既没有依法申请复议,也未向人民法院提起行政诉讼,逾期后又不自动履行处理和处罚决定确定的义务,申请执行人安陆市地方税务局向本院提出执行申请,依法应当执行。根据《行政诉讼法》第六十六条、《行政强制法》第五十七条以及最高人民法院《关于执行〈中华人民共和国行政诉讼法〉若干问题的解释》第六十三条第一款第(十四)项的规定,裁定如下:申请执行人安陆市地方税务局作出的安地税处字〔2013〕第02001号《安陆市地方税务局税务处理决定书》和安地税罚〔2014〕002号《安陆市地方税务局税务行政处罚决定书》合法,本院准予执行。

审　判　长　朱亚平
审　判　员　赵宗文
人民陪审员　胡　向
二〇一四年六月二十三日
书　记　员　吴军平

第二节　国家赔偿概述

国家赔偿,又称国家侵权损害赔偿,是由国家对于行使公权力的侵权行为造成的损害后果承担赔偿责任的活动。根据1982年12月4日起施行的《中华人民共和国宪法》的规定,国家赔偿一般包括行政赔偿和刑事赔偿。《国家赔偿法》于1994年5月12日第八届全国人民代表大会通过,2010年4月29日修正,2012年10月26日第二次修正。该法第二条规定:国家机关和国家机关工作人员行使职权,有本法规定的侵犯公民、法人和其他组织合法权益的情形,造成损害的,受害人有依照本法取得国家赔偿的权利。本法规定的赔偿义务机关,应依照本法及时履行赔偿义务。

《国家赔偿法》分总则、行政赔偿、刑事赔偿、赔偿方式和计算标准、其他规定和附则共6章42条,自1995年1月1日起施行。现行的《国家赔偿法》是2012年10月26日第十一届全国人民代表大会常务委员会第29次会议通过,2012年10月26日中华人民共和国主席令第68号公布,自2013年1月1日起施行。

国家赔偿是指国家机关及其工作人员因行使职权给公民、法人及其他组织的人身权或财产权造成损害,依法应给予的赔偿。国家赔偿由侵权的国家机关履行赔偿义务。

行政赔偿是行政机关代表国家对其合法权益遭受损害的公民、法人或者其他组织依法予以行政赔偿的制度。刑事赔偿是指公安机关、国家安全机关、检察机关、审判机关、监狱管理机关及其工作人员违法行使职权，侵犯当事人人身权、财产权造成损害而给予的赔偿。

国家赔偿责任，是指国家机关或国家公职人员在执行职务中侵犯了民事主体合法权利造成损害时，依法由国家承担的侵权赔偿责任。

国家补偿是国家机关工作人员在行使职权过程中，因其合法行为给公民、法人或者其他组织造成的损失，国家对其给予弥补的制度。国家补偿责任在国家赔偿责任之前就已经存在。国家赔偿的费用，列入各级财政预算，由各级财政按照财政管理体制分级负担。

一、国家赔偿的计算标准

国家赔偿以支付赔偿金为主要方式，能够返还财产或者恢复原状的，予以返还财产或者恢复原状。

（一）计算标准

1. 侵犯公民人身自由的，每日赔偿金按照国家上年度职工日平均工资计算。
2. 侵犯公民生命健康权的，赔偿金按照下列规定计算：

（1）造成身体伤害的，应当支付医疗费、护理费，以及赔偿因误工减少的收入。减少的收入每日的赔偿金按照国家上年度职工日平均工资计算，最高额为国家上年度职工年平均工资的五倍。

（2）造成部分或者全部丧失劳动能力的，应当支付医疗费、护理费、残疾生活辅助具费、康复费等因残疾而增加的必要支出和继续治疗所必需的费用，以及残疾赔偿金。残疾赔偿金根据丧失劳动能力的程度，按照国家规定的伤残等级确定，最高不超过国家上年度职工年平均工资的二十倍。造成全部丧失劳动能力的，对其扶养的无劳动能力的人，还应当支付生活费。

（3）造成死亡的，应当支付死亡赔偿金、丧葬费，总额为国家上年度职工年平均工资的二十倍。对死者生前扶养的无劳动能力的人，还应当支付生活费。

前款第二项、第三项规定的生活费的发放标准，参照当地最低生活保障标准执行。被扶养的人是未成年人的，生活费给付至十八周岁止；其他无劳动能力的人，生活费给付至死亡时止。

3. 致人精神损害的，应当在侵权行为影响的范围内，为受害人消除影响，恢复名誉，赔礼道歉；造成严重后果的，应当支付相应的精神损害抚慰金。
4. 侵犯公民、法人和其他组织的财产权造成损害的，按照下列规定处理：

（1）处罚款、罚金、追缴、没收财产或者违法征收、征用财产的，返还财产。

(2) 查封、扣押、冻结财产的,解除对财产的查封、扣押、冻结,造成财产损坏或者灭失的,依照本条第三项、第四项的规定赔偿。

(3) 应当返还的财产损坏的,能够恢复原状的恢复原状,不能恢复原状的,按照损害程度给付相应的赔偿金。

(4) 应当返还的财产灭失的,给付相应的赔偿金。

(5) 财产已经拍卖或者变卖的,给付拍卖或者变卖所得的价款;变卖的价款明显低于财产价值的,应当支付相应的赔偿金。

(6) 吊销许可证和执照、责令停产停业的,赔偿停产停业期间必要的经常性费用开支。

(7) 返还执行的罚款或者罚金、追缴或者没收的金钱,解除冻结的存款或者汇款的,应当支付银行同期存款利息。

(8) 对财产权造成其他损害的,按照直接损失给予赔偿。

5. 赔偿费用列入各级财政预算。

赔偿请求人凭生效的判决书、复议决定书、赔偿决定书或者调解书,向赔偿义务机关申请支付赔偿金。

赔偿义务机关应当自收到支付赔偿金申请之日起七日内,依照预算管理权限向有关的财政部门提出支付申请。财政部门应当自收到支付申请之日起十五日内支付赔偿金。

(二) 刑事赔偿的计算

刑事案件中,被告人被羁押,赔偿详细天数的计算方法。

被告人被采取刑事拘留(设为时间点A),羁押一直持续,到判决生效后,执行刑罚,分为两种情况对羁押天数进行计算。

1. 若判决为缓刑,则送达判决时应当变更强制措施(设为时间点B),此时间点之后,没有进行羁押,则当被告人被宣告无罪,国家赔偿的详细天数是:时间点A到时间点B的时间。

2. 若判决为实刑,则在判决生效后,被告人交付执行(设为时间点C),被告人处于羁押状态,此状态一直持续到被告人被宣告无罪释放(释放日设为时间点D),则国家赔偿的详细天数是:时间点C到时间点D,只对被告人被执行的刑期进行赔偿。

(三) 每日赔偿金

侵犯公民人身自由的,每日赔偿金按照国家上年度职工日平均工资计算。最高人民法院要求,各级人民法院在审理国家赔偿案件时按照上述标准执行。

2015年5月27日,国家统计局公布了2014年全国城镇非私营单位在岗职工年平均工资为57346元。根据上述法律规定和统计数据,从有利于保护赔偿请求人合法权益出发,2015年检察机关办理刑事赔偿案件,每日赔偿金额按照2014年全国城镇非私营单位在岗职工日平均工资标准219.72元计算。

2017年5月31日,最高人民法院下发通知,公布了自2017年5月31日起作出的国家赔偿决定涉及侵犯公民人身自由权的赔偿金标准为每日258.89元。

2018年5月16日,最高人民检察院刑事申诉检察厅下发通知,要求各级检察机关刑事申诉检察部门在办理自身作为赔偿义务机关的国家赔偿案件时,执行新的日赔偿标准284.74元,该标准较上年度增加25.85元。

2019年5月14日,最高人民检察院第十检察厅下发通知,要求各级人民检察院办理自身作为赔偿义务机关的国家赔偿案件时,执行新的日赔偿标准315.94元。

2020年5月18日,最高人民法院下发通知,公布了自2020年5月18日起作出的国家赔偿决定涉及侵犯公民人身自由权的赔偿金标准为每日346.75元。

二、不承担国家赔偿责任情形

根据《国家赔偿法》第五条和第十九条的规定,具有下列情形之一的,国家不承担赔偿责任:

1. 行政机关工作人员与行使职权无关的个人行为;
2. 因公民、法人和其他组织自己的行为致使损害发生的;
3. 因公民自己故意作虚伪供述,或者伪造其他有罪证据被羁押或者被判处刑罚的;
4. 依照刑法第十七条、第十八条规定不负刑事责任的人被羁押的;
5. 依照刑事诉讼法第十五条、第一百七十三条第二款、第二百七十三条第二款、第二百七十九条规定不追究刑事责任的人被羁押的;
6. 行使侦查、检察、审判职权的机关以及看守所、监狱管理机关的工作人员与行使职权无关的个人行为;
7. 因公民自伤、自残等故意行为致使损害发生的;
8. 法律规定的其他情形。

三、行政赔偿主要特征

(一) 行政赔偿行政主体特定

只有行政主体才享有行政权,才能实施行政行为,才能构成行政赔偿。当然行政主体是由行政人员组成,行政行为是经行政人员作出。因此,行政主体往往具体化为有关的行政人员。没有行政主体,就不能构成行政赔偿。只有行政行为,即行政主体行使行政权、执行公务的行为,才能构成行政赔偿。

司法机关作为司法权主体,行政机关作为机关法人、行政人员作为公民等而引起的赔偿,都不是国家赔偿的行政赔偿。

（二）行政违法是行政赔偿的前提条件

只有违法行政行为才能构成行政赔偿，合法行政行为不能构成行政赔偿。行政赔偿仅以客观上行政行为违法为要件，而不以行政主体主观上是否有过错为要件。

所谓违法责任原则，是指行政机关的行为要不要赔偿，以行为是否违反法律为唯一标准，违法原则作为行政赔偿基本归责原则在立法中的明文规定。只考察行政机关的行为是否与法律的规定一致，是否违反了现行法律的规定。这一原则既避免了过错原则操作不易的弊病，又克服了无过错原则赔偿过宽的缺点，具有操作方便、认定精确、易于接受的特点，因而是一个比较合适的原则。

（三）对行政管理相对人造成损害

行政赔偿因行政主体违法行政侵犯相对人合法权益并造成损害而引起。首先，违法行政行为侵犯了相对人的合法权益。违法行政行为只有在侵犯了相对人合法权益即属于行政侵权行为时，才能构成行政赔偿。如果侵犯的不是相对人的合法权益，则不能构成行政赔偿；如果没有侵犯相对人的合法权益，如有利于相对人的违法减免税，就不能构成行政赔偿；如果剥夺的是相对人的非法利益，也不能构成行政赔偿。其次，行政侵权造成了实际损害，如果违法行政行为未造成实际损害，如不举行听证但未影响相对人实体权利义务的行政行为，或者该行政损害不是由该行政行为造成，如由于相对人本人过错造成，则不能构成行政赔偿。

（四）行政赔偿责任由国家承担

行政主体由国家设立，其职能属国家职能，行政权也属国家权力，行政主体及其行政工作人员行使职权所实施的职务活动，是代表国家进行的，本质上是一种国家活动，因此，行政主体违法实施行政行为，侵犯相对人合法权益并造成损害的，应由国家承担赔偿责任，并不是由行政主体及其工作人员承担赔偿责任。但正如行政主体代表国家行政职权一样，行政主体也是国家向受害人承担赔偿责任的代表即赔偿义务人。

四、行政赔偿诉讼

（一）起诉条件和举证责任

1. 单独提起的行政赔偿诉讼

（1）以行政赔偿义务机关的先行处理为前提条件。

（2）受害人提出行政赔偿请求在程序上不以有关机关确认行政机关及其工作人员的行为违法为前提。

2. 一并提出的赔偿请求：通常以行政复议或行政诉讼形式确认行政职权行为违法为赔偿先决条件。

3. 举证责任

（1）原告应当对遭受行政职权行为侵害的事实承担举证责任，并且被告可以在诉讼过程中就侵害事实调查取证。

（2）人民法院审理行政赔偿案件，赔偿请求人和赔偿义务机关对自己提出的主张，应当提供证据。

（3）赔偿义务机关采取行政拘留或者限制人身自由的强制措施期间被限制人身自由的人死亡或者丧失行为能力的，赔偿义务机关的行为与被限制人身自由的人的死亡或者丧失民事行为能力是否存在因果关系，赔偿义务机关应当提供证据。

同时，因《国家赔偿法》规定的特定违法行为，致人精神损害的，应当在侵权行为影响的范围内，为受害人消除影响，恢复名誉，赔礼道歉；造成严重后果的，应当支付相应的精神损害抚慰金。行政赔偿案件，可以调解结案。

（二）诉讼当事人

第十四条　与行政赔偿案件处理结果有法律上的利害关系的其他公民、法人或者其他组织有权作为第三人参加行政赔偿诉讼。

第十五条　受害的公民死亡，其继承人和其他有抚养关系的亲属以及死者生前抚养的无劳动能力的人有权提起行政赔偿诉讼。

第十六条　企业法人或者其他组织被行政机关撤销、变更、兼并、注销，认为经营自主权受到侵害，依法提起行政赔偿诉讼，原企业法人或其他组织，或者对其享有权利的法人或其他组织均具有原告资格。

第十七条　两个以上行政机关共同侵权，赔偿请求人对其中一个或者数个侵权机关提起行政赔偿诉讼，若诉讼请求系可分之诉，被诉的一个或者数个侵权机关为被告；若诉讼请求系不可分之诉，由人民法院依法追加其他侵权机关为共同被告。

第十八条　复议机关的复议决定加重损害的，赔偿请求人只对作出原决定的行政机关提起行政赔偿诉讼，作出原决定的行政机关为被告；赔偿请求人只对复议机关提起行政赔偿诉讼的，复议机关为被告。

第十九条　行政机关依据行政诉讼法第六十六条的规定申请人民法院强制执行具体行政行为，由于据以强制执行的根据错误而发生行政赔偿诉讼的，申请强制执行的行政机关为被告。

第二十条　人民法院审理行政赔偿案件，需要变更被告而原告不同意变更的，裁定驳回起诉。

（三）起诉与受理

第二十一条　赔偿请求人单独提起行政赔偿诉讼，应当符合下列条件：

(1) 原告具有请求资格；

(2) 有明确的被告；

(3) 有具体的赔偿请求和受损害的事实根据；

（4）加害行为为具体行政行为的，该行为已被确认为违法；

（5）赔偿义务机关已先行处理或超过法定期限不予处理；

（6）属于人民法院行政赔偿诉讼的受案范围和受诉人民法院管辖；

（7）符合法律规定的起诉期限。

第二十二条 赔偿请求人单独提起行政赔偿诉讼，可以在向赔偿义务机关递交赔偿申请后的两个月届满之日起三个月内提出。

第二十三条 公民、法人或者其他组织在提起行政诉讼的同时一并提出行政赔偿请求的，其起诉期限按照行政诉讼起诉期限的规定执行。

行政案件的原告可以在提起行政诉讼后至人民法院一审庭审结束前，提出行政赔偿请求。

第二十四条 赔偿义务机关作出赔偿决定时，未告知赔偿请求人的诉权或者起诉期限，致使赔偿请求人逾期向人民法院起诉的，其起诉期限从赔偿请求人实际知道诉权或者起诉期限时计算，但逾期的期间自赔偿请求人收到赔偿决定之日起不得超过一年。

第二十五条 受害的公民死亡，其继承人和有抚养关系的人提起行政赔偿诉讼，应当提供该公民死亡的证明及赔偿请求人与死亡公民之间的关系证明。

第二十六条 当事人先后被采取限制人身自由的行政强制措施和刑事拘留等强制措施，因强制措施被确认为违法而请求赔偿的，人民法院按其行为性质分别适用行政赔偿程序和刑事赔偿程序立案受理。

第二十七条 人民法院接到原告单独提起的行政赔偿起诉状，应当进行审查，并在七日内立案或者作出不予受理的裁定。

人民法院接到行政赔偿起诉状后，在七日内不能确定可否受理的，应当先予受理。审理中发现不符合受理条件的，裁定驳回起诉。

当事人对不予受理或者驳回起诉的裁定不服的，可以在裁定书送达之日起十日内向上一级人民法院提起上诉。

因《国家赔偿法》规定的特定违法行为，致人精神损害的，应当在侵权行为影响的范围内，为受害人消除影响，恢复名誉，赔礼道歉；造成严重后果的，应当支付相应的精神损害抚慰金。

（四）举证责任

1. 原告应当对遭受行政职权行为侵害的事实承担举证责任，并且被告可以在诉讼过程中就侵害事实调查取证。

2. 人民法院审理行政赔偿案件，赔偿请求人和赔偿义务机关对自己提出的主张，应当提供证据。

3. 赔偿义务机关采取行政拘留或者限制人身自由的强制措施期间被限制人身自由

的人死亡或者丧失行为能力的，赔偿义务机关的行为与被限制人身自由的人的死亡或者丧失民事行为能力是否存在因果关系，赔偿义务机关应当提供证据。

五、刑事赔偿义务机关

刑事赔偿义务机关是指接受刑事赔偿请求、支付赔偿费用、参加赔偿诉讼的义务方。

根据《国家赔偿法》第二十一条规定，我国刑事赔偿义务机关依照不同的情况分别是公安机关、国家安全机关、军队保卫部门以及检察机关、审判机关和监狱管理部门。具体而言，我国刑事赔偿义务机关按照下列原则予以确定：

（一）对没有犯罪事实或者没有事实证明有犯罪重大嫌疑的人错误拘留，作出拘留决定的机关为赔偿义务机关；

（二）对没有犯罪事实的人错误逮捕的，作出逮捕决定的机关为赔偿义务机关；

（三）再审改判无罪的，作出原生效判决的人民法院为赔偿义务机关；

（四）二审改判无罪的，作出一审判决的人民法院和作出逮捕决定的机关为共同赔偿义务机关；

（五）刑讯逼供、殴打或者以其他暴力行为造成身体伤害或者死亡的，或者违法使用武器、警械造成公民身体伤害或者死亡的，作出上述违法行为的工作人员所属的机关为赔偿义务机关。

此外，对于人民法院在民事、行政诉讼中错误采用对妨害诉讼的强制措施、保全措施或者执行错误所造成的人身权和财产权的损害，应向作出错误的采取强制措施决定以及作出错误执行行为的人民法院提出国家赔偿要求，以其作为赔偿义务机关。

人民检察院负责刑事赔偿工作，是通过受理公民、法人及其他组织提出的刑事赔偿请求，审查办理刑事赔偿案件，保障受害人按照国家赔偿法的规定获得赔偿。具体规定请查阅《人民检察院刑事赔偿工作规定》。

六、刑事赔偿范围

刑事赔偿的范围包括：

（一）在刑事诉讼中，错误拘留、错误逮捕、无罪错判的；刑讯逼供、违法使用武器、警械、殴打或者以其他暴力行为，造成公民身体伤害的。

（二）违法采取查封、扣押、冻结、追缴等措施，造成财产损害的。

（三）属于下列情形之一的，国家不承担赔偿责任：

1. 因公民自己故意作虚伪证供、或者伪造其他有罪证据被羁押或者被判处刑罚的。

2. 依照刑法第十七条、第十八条规定不负刑事责任的人被羁押的。这主要包括：

(1) 不满 14 岁的人；

(2) 已满 14 岁不满 16 岁，犯故意杀人、故意伤害致人重伤或死亡等罪行；

(3) 精神病人在不能辨认或者不能控制自己行为的时候犯罪的。这些人之所以被无罪释放，并非缺少犯罪事实，而是出于人道主义的考虑，豁免了其刑事责任，因此，国家当然不应承担赔偿责任。

3. 依照刑事诉讼法第十五条、第一百四十二条第二款规定不追究刑事责任的人被羁押的。这主要包括：

(1) 情节轻微，危害不大，不认为犯罪的；

(2) 犯罪已过追诉时效期限的；

(3) 经特赦免除刑罚的；

(4) 依照刑法告诉才处理的犯罪，没有告诉或者撤回告诉的；

(5) 犯罪嫌疑人、被告人死亡的；

(6) 其他法律规定免于追究刑事责任的。

4. 刑事侦查、检察、审判职权的机关以及看守所、监狱管理机关的工作人员与刑事职权无关的个人行为。

5. 因公民自伤、自残等故意行为致使损害发生的。

6. 法律规定的其他情形。

所谓刑事赔偿请求人，即因行使侦查、检察、审判和监狱管理职权的机关及其工作人员在行使职权时违法侵害其人身权和财产权依照国家赔偿法的有关规定有权提起国家赔偿请求的人。包括自然人、法人和其他组织。

七、刑事赔偿程序

所谓先行处理是指赔偿请求人在最终解决刑事损害赔偿争议之前须经赔偿义务机关先行处理。

"先行处理原则"有着明显的优越性：首先，由赔偿义务机关先行处理，表现了对赔偿义务机关的尊重，为其提供了一个自己改正错误的机会；其次，赔偿义务机关为专门的司法审判机关，熟悉业务，了解案情，先行处理程序简便、迅速，可以给请求权人提供便利、经济的救济；最后，先行处理程序可以消除大部分赔偿争议事项，减少专门机构的工作压力。

（一）提起诉讼

根据《国家赔偿法》第二十二条的规定：赔偿请求人要求赔偿的，应当先向赔偿义务机关提出。在中国，赔偿义务机关主要包括公安机关、安全机关、军队保卫部门、人民检察院、人民法院以及监狱管理机关。请求赔偿应当向赔偿义务机关递交申请书，其目的在于明确请求权人和赔偿义务机关之间的关系。申请书应当以书面形式提起，请求人因文化程度、健康状况等原因书写申请书确有困难的，可以委托他人代书，但必须有申请人和代书人的签名。

提起刑事损害赔偿的法定前提条件是司法机关依法确认发生了错羁、错判或违法行使职权的法律事实。但是，上述错羁、错判的法律事实的确认，是由司法机关依法定程序进行的。在司法机关对错误的刑事追究没有得到确认和纠正之前，任何人都不能自认为是无辜受害者，要求国家予以损害赔偿。

（二）受理

赔偿义务机关在收到申请人的赔偿申请书后，应当予以审查，决定是否受理。审查的内容包括：申请人是否具有请求权；请求赔偿的事实和理由是否确实、充分；呈送的赔偿义务机关是否正确；是否在法定时效期限内提出申请。请求人必须在其知道或者应当知道其合法权益受到侵害之日起两年内向赔偿义务机关提出申请。

赔偿义务机关经过审查后应当根据不同情况，作出不同的处理。在收到申请书后，对于无请求权的申请人，应书面通知其不予受理，并告知理由；对于不符合赔偿条件，不属于赔偿范围内的请求，应当书面通知其不予赔偿，并说明理由；收到申请书的机关为非赔偿义务机关的，应告知其向正确的赔偿义务机关申请；对于申请书内事项不符合法律规定或有遗漏的，应通知其限期补正；对于符合赔偿条件的，应将受理决定送达申请人。

（三）决定

赔偿义务机关受理受害人的赔偿请求后，应当自收到申请书之日起两个月内依照国家赔偿法第四章的规定作出处理决定并给予赔偿。

关于赔偿方式，国家赔偿法未作规定。世界上大致有两种方式：一是由赔偿义务机关与请求人双方协商，达成赔偿协议的方式；一是由赔偿义务机关单方面就赔与不赔，赔偿发生和金额作出裁决的方式。其中，协议方式有它的优点，也比较符合中国一贯的立法精神。

第三节　税务行政赔偿

行政强制，包括行政强制措施和行政强制执行。

行政强制措施，是指行政机关在行政管理过程中，为制止违法行为、防止证据损毁、避免危害发生、控制危险扩大等情形，依法对公民的人身自由实施暂时性限制，或者对公民、法人或者其他组织的财物实施暂时性控制的行为。

行政强制执行，是指行政机关或者行政机关申请人民法院，对不履行行政决定的公民、法人或者其他组织，依法强制履行义务的行为。

税收强制执行措施，是指从事生产、经营的纳税人、扣缴义务人未按照规定的期限缴纳或者解缴税款，纳税担保人未按照规定的期限缴纳所担保的税款，由税务机关责令限期缴纳，逾期仍未缴纳的，经县以上税务局（分局）局长批准，税务局可以书面通知其开户银行或者其他金融机构，从其存款中扣缴税款，或者扣押、查封、拍卖或者变卖纳税人财产，以拍卖或者变卖所得抵缴税款。

一、税收强制执行措施

税收强制执行措施，是税务局在采取一般税收管理措施无效的情况下，为了维护国家依法征税的权力所采取的一种强行征收税款的手段。这不仅是税收的无偿性和固定性的内在要求，也是税收强制性的具体表现。税收强制执行措施的实施范围包括应纳税款、滞纳金和罚款。

《税收征管法》明确了税务局对应纳税款、滞纳金、罚款都可以实施强制执行措施，但执行的程序和时限有所不同。与税收保全措施不同的是，强制执行措施无论在征收管理阶段还是在检查阶段实施，都是对已超过纳税期的税款进行追缴，因此，都是税款与滞纳金一同执行。而对罚款的强制追缴必须等复议申请期和起诉期满后才能执行。税务局可以采取的强制执行措施有两种：

一是书面通知开户银行或其他金融机构从其存款中扣缴税款、滞纳金或者罚款；

二是扣押、查封、依法拍卖或者变卖其价值相当于应纳税款、滞纳金或者罚款的商品、货物或其他财产，以拍卖或变卖所得抵缴税款、滞纳金或者罚款。

拍卖是指税务局将抵税财物依法委托拍卖机构，以公开竞价的形式，将特定财物转让给最高应价者的买卖方式。变卖是指税务局将抵税财物委托商业企业代为销售、责令纳税人限期处理或由税务局变价处理的买卖方式。

抵税财物，是指被税务局依法实施税收强制执行而扣押、查封或者按照规定应强制执行的已设置纳税担保物权的商品、货物、其他财产或者财产权利。

被执行人是指从事生产经营的纳税人、扣缴义务人或者纳税担保人等税务行政相对人。

在征收、管理、检查三个环节，税务局均可采取税收强制执行措施。在征收、管理环节，可按照新《税收征管法》第四十条、第六十八条、第八十八条第三款的规定采取强制执行措施；在检查环节，可按照第五十五条的规定采取强制执行措施。

因为税务强制执行措施的实施，才可能给纳税人、扣缴义务人、纳税担保人及其他当事人的合法权益造成侵害，则相对人提出税务行政赔偿。

二、税务行政赔偿的构成要件

税务行政赔偿，是指税务局和税务人员在行使职权时，违法侵犯了纳税人和其他税务当事人合法权益并造成损害的,由国家承担赔偿责任,并由税务局具体履行义务的一项法律制度。

《国家赔偿法》第二条规定:"国家机关和国家机关工作人员行使职权,有本法规定的侵犯公民、法人和其他组织合法权益的情形,造成损害的,受害人有依照本法取得国家赔偿的权利。本法规定的赔偿义务机关应当依照本法及时履行赔偿义务"。

税务行政赔偿责任的构成,必须同时具备五个必要条件:

(一)侵权主体是行使国家税收征管职权的税务局及其工作人员

构成税务行政赔偿责任的侵权主体是行使国家税收征管职权的税务局和税务机关的工作人员,这是税务行政赔偿区别于其他行政赔偿的显著特征。

赔偿义务机关是行使税收征管职权的税务局或行使税收征管职权的税务人员所在的税务机关(税务所、分局、股)。税务人员是指在税务机关内行使税收管理职权的税务人员,同时,也只有税务机关及其工作人员行使税收征管职权时造成的损害,才有可能导致税务行政赔偿。如果税务机关或者税务机关工作人员作为民事主体从事民事活动时侵犯了他人的合法权益,对于因此造成的损害,就构不成税务行政赔偿责任,国家不负责赔偿,而应由税务局以自己的经费予以赔偿,或者由税务人员以自己的收入予以赔偿,独立承担民事责任。

(二)必须是税务局及其工作人员行使税收征管职权的行为

所谓行使税收征管职权的行为,就是指在行使税收征管职权时,实施的一切活动,行使税收征管职权的行为应当是税务具体行政行为,即税务局及其工作人员为了行使税收征管职权,依法针对特定的、具体的公民、法人或者其他组织而采取某种行政措施的单方公务行为,而不是税务抽象行政行为。

(三)必须是行使税收征管职权的行为具有违法性

根据《国家赔偿法》的规定:国家赔偿的归责原则是违法原则,因而它不同于民法上承担赔偿责任的原则。民法上承担赔偿责任的原则是过错原则。行为人主观上存在故意或过失,而国家赔偿法上的违法原则并不过问行为人主观上处于何种状态,而是以法律、法规作为标准来衡量行为。如果该行为违反法律、法规,那就是违法,造成损害的,国家就要承担赔偿责任。

需要强调的是,这里所说的违法,不仅包括违反法律、法规,还应当包括不行使法定职权的不作为行为而造成的侵权,不仅包括程序上的违法,而且还包括实体上的违法,具体是指没有事实根据或没有法律依据,适用法律或规错误,违反法定程序,超越职权以及拒不履行法定职责等形式。

(四)必须有公民、法人和其他组织的合法权益受到损害的事实

受到损害的事实是指损害后果已经发生,之所以强调损害后果已经发生是因为税

务局和税务人员的违法行为并不一定会导致损害的后果，例如：县税务局未查明偷税事实就决定对纳税人处以5000元的罚款，所有手续已经办妥但没有去实际执行，或者在未实际执行前被复议机关复议撤销或人民法院判决撤销了，这种情况下就无所谓损害的发生，自然就不产生损害赔偿问题，而只有在损害后果已经发生的情况下，国家才有可能承担赔偿责任。所谓损害后果已经发生，既包括确已存在的现实的损害，也包括已经十分清楚的在将来不可避免地必然发生的损害。同时，所损害的必须是纳税人合法财产权和人身权，而非其他权利。

（五）必须是违法行为与损害后果有因果关系

只有在税务局及其工作人员作出的违法的税务具体行政行为同纳税人已经发生的损害后果之间存在因果关系时，税务行政赔偿责任才能构成。这个因果关系就是行为与结果之间的必然联系，即纳税人合法权益的损害后果必然是税务局及其工作人员行使职权时作出的违反具体行政行为所造成的，而非其他。如果此行为与彼结果之间没有这种紧密的、必然的联系，因果关系就不能存在，也就不能构成税务行政赔偿责任。因此，确认税务局为某一合法权益损害后果的赔偿义务机关，必须要有证据证明损害后果是由税务局及其工作人员作出的违反具体行政行为造成的，且举证责任一般要由赔偿请求人即纳税人承担。

三、税务行政赔偿的范围

（一）违反国家税法规定作出征税行为损害纳税人合法财产权的征税行为

是指税务局及其工作人员以及由税务局委托的单位和个人依据税收法律、法规和规章的规定向纳税人征收税款的行为，包括征收税款行为，加收滞纳金行为，审批减免税和出口退税行为，审批抵扣动用期初存货已征税款和进项税行为，以及税务局根据法律行政法规规定委托扣缴义务人作出的代扣代收税款的行为。

（二）违反国家法律作出税务行政处罚行为损害纳税人合法财产权的

税务局作出的行政处罚行为包括：罚款；销毁非法印制的发票，没收非法所得；对纳税人、扣缴义务人非法提供银行账户、发票、证明或者其他方便，导致未缴、少缴税款或者骗取国家出口退税的，没收其非法所得等。这里所称的行政处罚，是指税务局对违反税收法律、法规，尚未构成犯罪的人的惩戒性制裁。从权利而言，行政处罚使纳税人的财产权利受到影响，就义务而言，行政处罚将使纳税人承担新的义务。因此，行政处罚是使纳税人的财产权直接受到影响的行为，必须依法而行，最基本的要求，税务局在作出行政处罚前必须掌握有能证明纳税人已经实施了违法行为的确实、充分的证据，所没收的财产必须是非法的，否则就是处罚无凭或者证据不足，因此给纳税人合法权益造成损害的，就会导致税务行政赔偿。

（三）违法作出责令纳税人提供纳税保证金或纳税担保行为给纳税人的合法财产造成损害的

根据征管法及其实施细则的规定，对未取得营业执照从事工程承包或者提供劳务的单位和个人，税务局可以责令其提供纳税保证金。税务局有根据认为从事生产、经营的纳税人有逃避纳税义务行为的，可以在规定的纳税期之前，责令限额缴纳税款，在限期内发生纳税人有明显的转移、隐匿其纳税的货物以及其他财产或者应纳税的收入的迹象的，税务局可以责成纳税人提供纳税担保。法律在赋予税务机关上述职权时是附加了条件的，税务局丢开这些条件行使，就属违法，给纳税人的合法权益造成损害的，就须予以赔偿。

（四）违法作出税收保全措施给纳税人的合法财产权造成损害的

税收保全措施实质上是一种行政强制措施。它是税务局对明显的转移、隐瞒应纳税的商品、货物以及其他财产或应纳税收入迹象，但又不能提供纳税担保的，经县以上税务局（分局）局长批准而采取的一种强制措施。包括书面通知银行或者其他金融机构暂停支付存款，扣押、查封商品、货物或者其他财产。税收保全措施是由于纳税人欲逃避纳税的一种紧急情况处理，税务局根据纳税人的违法程度和违法性质而对纳税人的货币和实物采取的限制其处理和转移的强制措施，不属于对纳税人财产的终结处理，但也必须遵循一定的程序，并掌握一定的证据材料，使认为或发觉的迹象有据，同时如纳税人在规定的限期内缴纳税款，紧急情况消失后应立即解除，滥用和乱用税收保全措施给纳税人造成不应有的损害的，纳税人有权取得税务行政赔偿。

（五）违法作出通知出入境管理机关阻止纳税人出境给纳税人的合法权益造成损害的

根据征管法的规定，欠缴税款的纳税人在出境前应按税法规定结清应纳税款或者提供纳税担保，否则税务局可以通知出入境管理机关阻止其出境。因此，税务局有权作出此决定的前提条件是纳税人在出境前既未结清所欠缴的税款又不提供担保，随意阻止纳税人出境造成纳税人合法权益损害的，纳税人有权请求行政赔偿。

（六）违法作出税收强制执行措施造成纳税人合法财产权损害的

对不履行纳税义务的纳税人，依法采取强制措施，使其履行义务或达到与履行义务相同状态的法律制度。它主要包括书面通知银行或者其他金融机构扣缴税款，拍卖所扣押、查封的商品、货物或者其他财产以抵缴税款。由于税务行政强制执行措施的运用会直接影响到纳税人的权益，使用不当会造成行政专横。因而法律在为税务局设定此项权力时也规定了防范措施，以约束对这项权力的行使。如征管法第40条规定，从事生产、经营的纳税人、扣缴义务人未按照规定的期限缴纳或者解缴税款，纳税担保人未按照规定的期限缴纳所担保的税款，由税务机关责令限期缴纳，逾期仍未缴纳的，经县以上税务局（分局）局长批准，税务局可以采取上述强制执行措施。税务局在采取强制执行措施时，必须有不缴纳或解缴税款的事实，并已经先行催告，如采取强制执行措施不合法或没有遵循法定程序给纳税人合法权益造成损害的，受害纳税人有权索赔。

三、相关规定

（一）税务行政赔偿的时效

税务行政赔偿请求人请求赔偿的时效为2年，自税务局及其工作人员行使职权的行为被依法确认为违法之日起计算。有赔偿义务的税务局应当自收到申请之日起两个月内依法给予赔偿。

对赔偿数额有异议或税务局逾期不予赔偿的，纳税人或者其他税务当事人可以自期限届满之日起三个月内向人民法院提起诉讼。

（二）税务行政赔偿的方式

国家赔偿以支付赔偿金为主要方式，能够返还财产或恢复原状的，予以返还财产或者恢复原状。

赔偿方式是指国家承担赔偿责任的各种形式。依据《国家赔偿法》规定，国家赔偿以支付赔偿金为主要方式，赔偿义务机关能够通过返还财产或者恢复原状实施国家赔偿的，应当返还财产或者恢复原状。

1. 税务行政赔偿支付赔偿金

这是最主要的赔偿形式。支付赔偿金简便易行，适用范围广，它可以使受害人的赔偿要求迅速得到满足。

2. 税务行政赔偿返还财产

这是对财产所有权造成损害后的赔偿方式。返还财产要求财产或者原物存在，只有这样才谈得上返还财产。返还财产所指的财产一般是特定物，但也可以是种类物，如罚款所收缴的货币。

3. 税务行政赔偿恢复原状

这是指对受到损害的财产进行修复，使之恢复到受损前的形状或者性能。使用这种赔偿方式必须是受损害的财产确能恢复原状且易行。

（三）税务行政赔偿的请求人

税务行政赔偿的请求人是指税务机关及其工作人员违法行使职权，侵犯了其合法权益造成损害，有权请求国家给予行政赔偿的公民、法人和其他经济组织。受损害的公民死亡，其继承人和其他有扶养关系的亲属有权要求赔偿；受侵害的法人或者其他组织终止，承受其权利的法人或者其他组织有权要求赔偿。

（四）税务行政赔偿义务机关

1. 实施侵权行为的税务机关

税务机关及其工作人员行使行政职权侵犯公民、法人和其他组织的合法权益造成损害的，该税务机关为赔偿义务机关。

2. 共同赔偿义务机关

两个以上税务机关或税务机关与其他行政机关共同行使行政职权时侵犯公民、法人和其他组织的合法权益造成损害的，共同行使行政职权的行政机关为共同赔偿义务机关。

3. 委托的税务机关

受税务机关委托的组织或者个人在行使受委托的行政权力时侵犯公民、法人和其他组织的合法权益造成损害的，委托的税务机关为赔偿义务机关。

4. 税务行政复议机关

经复议机关复议的，最初造成侵权行为的税务机关为赔偿义务机关，但复议机关的复议决定加重损害的，复议机关对加重的部分履行赔偿义务。

5. 赔偿义务机关被撤销后的赔偿义务机关

赔偿义务机关被撤销的，继续行使其税收征收管理权的税务机关为赔偿义务机关；没有继续行使其税收征收管理权的税务机关的，撤销该赔偿义务机关的机关为赔偿义务机关。

四、案例分析

（一）违法查封且查封货物丢失，税务局赔偿损失

2011年8月，某国税分局接到群众举报，刘某未取得执照而从事经营，经国税分局核定应纳税额3000元，该税务机关查封了其经营的全部商品5000元和库存商品及其所抚养家属维持生活必需的住房和用品1000元，总共价值为6000元。刘某在税务局查封第三天，主动到税务局缴纳税款，就在税务局解除查封时，发现贴有封条的库房门已被打开，存货不翼而飞，税务局承诺给予赔偿货物损失。刘某认为税务局不仅要赔偿货物损失，而且要赔偿未营业造成的损失，税务局认为，查封货物是管理需要，符合有关法律规定，故决定对其营业损失不予赔偿。刘某不服向市国税局申请行政复议。

案例分析：

1. 税务局存在的违法行为

根据《税收征管法》第三十八条规定，税务机关只能扣押其价值相当于应纳税款的商品3000元，个人及其所抚养家属维持生活必需的住房和用品，不在税收保全措施的范围之内。根据《税收征管法》七十九条，税务机关、税务人员查封、扣押纳税人

个人及其所抚养家属维持生活必需的住房和用品的，责令退还，依法给予行政处分；构成犯罪的，依法追究刑事责任。

2. 某国税分局对刘某的损失应予赔偿

根据《国家赔偿法》第三十六条，本案中国税分局应对所扣押商品丢失赔付相应的赔偿金，刘某未营业损失不是直接损失，故不应予以赔偿。

3. 相关人员应承担的责任

根据《税收征管法》第七十九条规定，税务机关、税务人员查封、扣押纳税人个人及其所扶养家属维持生活必需的住房和用品的，责令退还，依法给予行政处分；构成犯罪的，依法追究刑事责任。

（二）采取强制执行措施未告知纳税人是违法的

某公司属国有商业企业，主要经营化妆品、五金、针织、百货、家电等批发零售业务。根据企业所得税汇算清缴检查计划，某县国家税务局依法对其进行纳税检查，结果发现该公司当年应核增应纳税所得额 36 万元，应补企业所得税 9 万元。2013 年 9 月 14 日，国家税务局对该公司做出补税的税务处理决定，限于 2013 年 9 月 30 日前缴纳；但该公司到期未按照规定缴纳所应补缴的税款。在 2013 年 10 月 8 日国家税务局发出《催缴税款通知书》之后，该公司向国家税务局提出书面异议，认为国家税务局的处理决定明显不合理，存在重复计算应纳税所得额和有些可以税前列支的项目没有予以确认等问题，要求重新做出税务处理决定。但是国家税务局认为该公司不是申请税务行政复议，没有做出答复，更不会做出复议决定，争议的税款也一直没有入库，该公司便误认为所补缴的税款可以不缴了。2014 年 11 月 4 日国家税务局向银行发出《协助执行通知书》和《扣缴税款通知书》；强制划拨了该公司银行存款 15 万元，以抵缴应纳税款和滞纳金。对国家税务局采取强制划缴银行存款的措施，该公司一直蒙在鼓里，并不知自己的权益已被他人侵害，直到次月收到银行对账单为止。2014 年 12 月 30 日该公司以国家税务局程序违法，没有收到《扣缴税款通知书》，所补的税款与实际有明显出入等理由，向上一级国家税务局申请行政复议。2015 年 2 月 25 日上一级国家税务局做出维持县国家税务局强制执行措施的复议决定。

对税务机关采取强制执行措施时是否应将《扣缴税款通知书》同时送达纳税人、扣缴义务人、纳税担保人的问题，本案申请人该公司与被申请人某县国家税务局各抒己见，针锋相对。

申请人该公司认为应当送达《扣缴税款通知书》，否则，程序违法。被申请人某县国家税务局在做出税收强制执行措施时只向银行发出《扣缴税款通知书》，没有向申请人送达《扣缴税款通知书》明显违反规定。尽管《税收征管法》及其实施细则规定了采取强制执行措施的一定程序，却有一个大漏洞，没有规定《扣缴税款通知书》应当送达纳税人。这与行政法基本精神相违背。按照行政法精神，具体行政行为只有有效送达当事人，才能发生法律效力。

某县国家税务局则认为其做出的税收强制执行措施程序完全合法，可以不将《扣缴税款通知书》送达申请人。其主要理由是：根据《税收征管法》第四十条第一款规定"从事生产经营的纳税人、扣缴义务人未按规定的期限缴纳或者解缴税款，纳税担保人未按规定的期限缴纳担保的税款，由税务机关责令限期缴纳，逾期仍未缴的，经县以上税务局（分局）局长批准，税务机关可以采取以下强制措施：（一）书面通知其开户银行或其他金融机构从其他存款中扣缴税款……"。首先被申请人履行责令限期缴纳程序，其次，被申请人在扣缴税款过程中，依法行政，先经局长（县以上）批准，后于2014年11月4日向申请人的存款金融机构发出了《扣缴税款通知书》，最后才划缴存款。《税收征管法》并未对此做出明文的规定。可见被申请人是严格依照法律规定采取强制划缴措施的。

案例分析：

国家税务局做出强制划缴纳税人银行存款时应当将《扣缴税款通知书》送达纳税人，上一级国家税务局做出维持的行政复议决定是不妥的，应当根据《行政复议法》第五十四条第一款第三项第三目的规定，撤销某县国家税务局的强制划缴决定，责令其在一定期限内重新做出强制划缴决定。

首先，国家税务局做出强制划缴纳税人银行存款时应当将《扣缴税款通知书》送达纳税人。这是因为税务机关强制划拨纳税人银行存款的行为是具体行政行为，而任何行政行为都是国家行政权的运作的表现，具有单方面意志性，效力先定性，一旦做出应有确定力、拘束力和执行力。因此，"必须通过一定的程序或者形式加以规范，明确内容，避免造成负面影响，以保证行政管理目标的实现。从行政行为生效的规则看，根据行政行为适用条件的不同可分为以下4种规则：第一种，即时生效规则。即时生效指行政行为一经做出即具有效力，对相对方立即生效。这种情况一般来说做出行政行为和行政行为开始效力的时间是一致的。即时生效的行为因为是当场做出，立即生效，其适用范围相对较窄，适用条件相对较为严格。它一般适用于紧急情况下，所做出的需要立即实施的行为。第二种，告知生效规则。告知生效是指行政机关将行政行为的内容采取公告或宣告等有效形式，使行政相对人知悉、明了行政行为的内容，该行政行为对相对方才能开始生效。告知生效所适用的对象是难以具体确定的相对方，包括不特定的多数人和具体的相对方，因住所地不明确，从而使行政行为的内容无法一一告知或难以具体告知。第三种，附条件生效规则。附条件生效，是指行政行为的生效附有一定的期限或其他条件，在所附期限来到或条件消除时，行政行为才开始生效。第四种，受领生效规则。所谓受领生效，是指行政行为须为相对方受领，才开始生效。所谓受领，是指行政机关将行政行为告知相对方，并为相对方所接受。受领生效，一般适用于特定人为行为对象的行政行为，行政行为的对象明确、具体，一般是采用送达的方式。在本案中税务机关强制划拨纳税人银行存款的行为，其适用条件不属于情况紧急，也不属于采取措施的对象难以确定；更没有附有条件，是一种行为对象特定的行政行为，应当采用上述第四种行政行为生效规则，即税务机关应将强制划缴纳税人银行存款的行政行为告知相对方（纳税人），并为相对方（纳税人）所接受，否则税务机关强制执行的行政行为无效。

其次，国家税务局做出强制划缴纳税人银行存款时应当将《扣缴税款通知书》送达纳税人。由于行政强制执行措施最直接影响行政管理相对人的利益，事后救济又难以完全挽回利害关系人的合法权益，所以有些法律法规已对采取行政强制执行措施做出一些谨慎规定，要求应当送达行政强制决定书。

最后，从保障纳税人权利的角度看，国家税务局做出强制划缴纳税人银行存款时应当将《扣缴税款通知书》送达纳税人。根据《税收征管法》第八条规定：纳税人、扣缴义务人对税务机关所做出的决定，享有陈述权、申辩权。陈述、申辩权行使的前提是税务机关已经依法履行告知义务。如果税务机关采取强制执行措施时没有向纳税人履行法定的告知义务，那就剥夺了纳税人陈述、申辩的权利。

第四节　税务行政赔偿程序

按照《国家赔偿法》的规定，国家赔偿范围包括行政赔偿和刑事赔偿。而在行政赔偿中，由于侵权主体和赔偿义务机关的不同又有不同的种类，税务行政赔偿就是其中的一种。

税务行政赔偿区别于其他行政赔偿的显著特征就在于，构成税务行政赔偿责任的侵权主体是行使国家税收征管职权的税务局和税务局的工作人员。赔偿义务机关是行使税收征管职权的税务局或行使税收征管职权的税务人员所在的税务局。税务局违反国家税法规定作出征税行为损害纳税人合法财产权等7种侵害纳税人合法权益的行为应当承担赔偿责任。因此，各级税务局应增强执法人员的工作责任心，督促其恪尽职守，依法行政，抓紧研究制定税务行政赔偿费用管理办法，并结合税收工作实际，抓紧研究制定税务行政赔偿追偿办法。

一、税务行政赔偿标准

（一）侵犯纳税人和其他涉税当事人人身权的赔偿

1. 侵犯公民人身自由的，每日赔偿金按照国家上年度职工日平均工资计算。

2. 造成公民身体伤害的，应当支付医疗费，以及赔偿因误工减少的收入。减少的收入每日赔偿金按照国家上年度职工日平均工资计算，最高限额为国家上年度职工平均工资的 5 倍。

3. 造成部分或者全部丧失劳动能力的，应当支付医疗费，以及残疾赔偿金，最高额为国家上年度职工平均工资的 10 倍，全部丧失劳动能力的为国家上年度职工平均工资的 20 倍，造成全部丧失劳动能力的，对其抚养的无劳动能力的人，还应当支付生活费。

4. 造成死亡的，应当支付死亡赔偿金、丧葬费，总额为国家上年度职工平均工资的 20 倍。对死者生前抚养的无劳动能力的人，还应当支付生活费。

上述规定的生活费发放标准，参照当地民政部门有关生活救济的规定办理。被抚养的人是未成年人的，生活费给付至 18 周岁为止；其他无劳动能力的人，生活费给付至死亡时为止。

（二）侵犯财产权的赔偿

1. 违反征收税款，加收滞纳金的，应当返还税款及滞纳金。
2. 违法对应予出口退税而未退税的，由赔偿义务机关办理退税。
3. 处罚款、没收非法所得或者违反国家规定征收财物、摊派费用的，返还财产。
4. 查封、扣押、冻结财产的，解除对财产的查封、扣押、冻结，造成财产损坏或者灭失的，应当恢复原状或者给付相应赔偿金。
5. 应当返还的财产损坏的，能恢复原状的恢复原状，不能恢复原状的，按照损害程序给付赔偿金。
6. 应当返还财产丢失的，给付相应的赔偿金。
7. 财产已经拍卖的，给付拍卖所得的款项。
8. 对财产权造成损害的，按照直接损失给予赔偿。

按照《国家赔偿法》和国家赔偿费用管理办法的规定，税务行政赔偿费用列入各级财政预算，由各级财政按照财政管理体制分级负担。

二、税务行政赔偿程序

税务行政赔偿程序是指税务机关作为履行国家赔偿义务的机关，对本机关及其工作人员的职务违法行为给纳税人和其他税务当事人的合法权益造成的损害，代表国家予以赔偿而确定的非诉税务行政赔偿和诉讼税务行政赔偿的步骤。

（一）税务行政赔偿的提出

赔偿请求人要求赔偿应当先向有赔偿义务的税务局提出，也可以在申请行政复议和提起行政诉讼时一并提出。赔偿请求人根据受到的不同损害，可以同时提出数项赔偿要求。

赔偿申请书和相关证明材料。赔偿请求人要求赔偿应当向作出具体行政行为的税务局递交赔偿申请书。要求赔偿应当递交申请书，申请书应当载明下列事项：

1. 受害人的姓名、性别、年龄、工作单位和住所，法人或者其他组织的名称、住所和法定代表人或者主要负责人的姓名、职务。

2. 具体的要求、事实根据和理由。

3. 申请的年、月、日。赔偿请求人书写申请书确有困难的，可以委托他人代书；也可以口头申请，由赔偿义务机关记入笔录。赔偿请求人不是受害人本人的，应当说明与受害人的关系，并提供相应证明。请求赔偿申请书应由请求人和代理人签名或盖章后向赔偿义务机关提出，否则不具有法律效力。

（二）税务行政赔偿的受理

1. 审核纳税人提出的税务行政赔偿是否在规定时限，申请赔偿的主体是否合法。

2. 对于符合赔偿请求条件的，应予受理，并及时通知赔偿请求人。

3. 对于不符合赔偿范围及有关规定的，应当书面通知赔偿请求人不予受理。对依法应当提交证据材料不足的，应当书面通知赔偿请求人限期补正。

（三）税务行政赔偿审查环节

接收受理环节转来的资料进行审查，主要审查以下内容：

法制部门对受理环节转来的申请资料中赔偿申请的具体要求、事实和理由进行审查，确定税务机关具体行政行为是否违法、是否给赔偿请求人造成损害等，审查完毕后制作《赔偿申请书审查表》。赔偿申请及审查表经审理完毕后制作《行政赔偿决定书》，《行政赔偿决定书》经审批后送赔偿请求人。

（四）税务行政赔偿的诉讼

赔偿请求人单独提起行政赔偿诉讼，可在向赔偿义务机关递交赔偿申请后2个月届满之日起3个月内提出。对原告的起诉，人民法院依法审理后，可以作出维持、变更、驳回判决，也可以调解结案。

（五）税务行政赔偿履行

依据《国家赔偿法》的规定，作为履行赔偿义务的税务局在赔偿损失后，应当责令有故意或者重大过失的工作人员承担全部或者部分赔偿费用。税务行政赔偿的请求方式主要有以下两种：

1. 单独提出税务行政赔偿。根据《国家赔偿法》的规定，赔偿请求人要求赔偿，应当先向赔偿义务机关提出。赔偿义务机关应当自收到申请之日起两个月内依照《国家赔偿法》的规定给予赔偿；逾期不予赔偿或者赔偿请求人对赔偿数额有异议的，赔偿请求人可以自期限届满之日起3个月内向人民法院提起诉讼。

2. 在申请行政复议时一并提出赔偿请求。赔偿请求人在申请税务行政复议时，同时提出赔偿申请的，应当按照复议程序办理。

三、非诉税务行政赔偿程序

非诉税务行政赔偿程序，是指不通过司法程序而由税务局来处理行政赔偿问题的程序。它包括请求的提起、受理、审理、决定和执行等步骤。

（一）税务行政赔偿请求的提起

提起赔偿请求，是行政赔偿程序得以开始的重要活动，《国家赔偿法》规定，提起赔偿请求，应当满足以下条件。

1. 提起赔偿请求的实质要件

从实质上看，提起税务行政赔偿必须符合以下条件：①请求人必须有赔偿请求权；②赔偿请求必须向赔偿义务机关提起；③必须在法定期限内提出赔偿请求；④赔偿请求属于应当赔偿的范围。

2. 提起赔偿请求的形式要件

从形式要件来看，赔偿请求人提起赔偿请求时，原则上应当递交由本人书写的申请书，若其书写确有困难的，可以委托他人代书。在特殊情况下，赔偿请求人书写申请书确实有困难，也可以口头提出申请，由赔偿义务机关记入笔录。申请书应当记载以下内容：①受害人的姓名、性别、年龄、工作单位和住所，法人或者其他组织的名称、住所和法定代表人或主要负责人的姓名、职务；②具体的要求、事实根据和理由；③申请的年、月、日。

（二）税务行政赔偿请求的初步审查

赔偿义务机关收到赔偿请求人的赔偿申请书后，应按照法律规定的要求对申请书进行相应的审查。

1. 审查申请是否符合税务行政赔偿的要件，包括实质性要件和形式性要件。

2. 如果经审查发现以下情况的，则应另行处理：①申请书的内容、形式有缺漏的，应告知申请人予以补充；②如果申请人不具备行政赔偿请求人资格，应告知由具有行政赔偿请求人资格的人申请；③行使行政赔偿请求权已超过法定期限的，该请求权灭失，应告知赔偿请求人不予受理的原因。

（三）税务行政赔偿请求的受理

赔偿义务机关对赔偿申请书进行审查后，填写《赔偿申请审查表》，应自收到赔偿申请书之日起 10 日内，分别作出如下处理。

1. 对符合赔偿范围及有关申请规定的应当受理，并制作《受理通知书》，送达赔偿申请人。

2. 对不符合赔偿范围及有关申请规定的决定不予受理，并制作《不予受理决定书》，说明不予受理的理由，告知赔偿请求人对不予受理决定享有的行政复议权利和诉讼权利。

3. 赔偿申请书中主要证据材料不足的，要以书面形式通知赔偿请求人限期补正，制发《限期补正通知书》，赔偿请求人逾期不补正的，视为未提出赔偿申请。

（四）税务行政赔偿的审理

自受理之后，应当对赔偿申请进行全面审查，这种审查不以赔偿请求人请求赔偿的范围为限。如在审查、确认过程中发现新的依法应予赔偿的事实，赔偿义务机关应主动将其列入赔偿范围。

在审理阶段，税务局应当根据法律法规和申请人的请求，对损害事实的情况、违法行为与损害结果之间是否有因果关系等进行审理。在审理过程中，如请求人撤回赔偿申请，经税务局同意，应终止审理，资料归档。

税务局应在收到赔偿申请书之日起两个月内制作《赔偿决定书》，决定予以赔偿或不予赔偿。《赔偿决定书》的内容包括赔偿方式、赔偿数额、计算数额的依据和理由、履行期限等。

四、税务行政赔偿程序特征

（一）前置程序的要求

税务行政赔偿只能在损害发生之后进行，是属于事后程序。受侵害的纳税人、扣缴义务人单独提出税务行政赔偿请求的，必须经过赔偿义务机关的先行处理。也就是说，没有经过作为税务行政赔偿义务机关的税务局的先行处理，纳税人、扣缴义务人不能单独提出税务行政赔偿请求。

（二）举证责任的合理分配

在税务行政赔偿程序中，举证责任应当在赔偿请求人和赔偿义务机关之间进行合理分配，即作为请求人的纳税人、扣缴义务人应当对遭受损害的事实、税务局及税务人员实施侵害行为的事实、因果关系的事实承担初步举证责任，提供初步的证据证明；作为赔偿义务机关的税务局对没有事实侵害行为或者侵害行为合法、没有因果关系和受害人的自身过错承担举证责任。

除此之外，税务行政赔偿程序具备与其他行政赔偿程序共同的特点，主要包括：

明确划分单独提出赔偿请求的程序和一并提出赔偿请求的程序，为受害纳税人、扣缴义务人提供多种救济途径。单独提出赔偿请求是指税务机关及税务人员的违法行为已经被确定，赔偿请求人仅就赔偿问题提出请求；一并提出赔偿请求是指赔偿请求人在申请税务行政复议或者税务行政诉讼时，一并提出税务行政赔偿请求。

为受害纳税人、扣缴义务人确定取得国家赔偿权利提供时间上的保障，如《中华人民共和国国家赔偿法》第三十九条规定，赔偿请求人请求国家赔偿的时效为两年；

而第二十三条规定，赔偿义务机关自收到申请之日起两个月内依规定给予赔偿。

确立共同赔偿义务机关和连带赔偿义务，防止赔偿义务机关之间互相推诿，方便受害的纳税人、扣缴义务人寻求赔偿等。

附件：

最高人民法院关于人民法院赔偿委员会审理国家赔偿案件程序的规定

【发布单位】最高人民法院
【发布文号】法释〔2011〕6号
【发布日期】2011-03-17
【生效日期】2011-03-22
【失效日期】_____
【所属类别】国家法律法规

国家赔偿案件审理程序具体规定

根据2010年4月29日修正的《中华人民共和国国家赔偿法》（以下简称国家赔偿法），结合国家赔偿工作实际，对人民法院赔偿委员会（以下简称赔偿委员会）审理国家赔偿案件的程序作如下规定：

第一条　赔偿请求人向赔偿委员会申请作出赔偿决定，应当递交赔偿申请书一式四份。赔偿请求人书写申请书确有困难的，可以口头申请。口头提出申请的，人民法院应当填写《申请赔偿登记表》，由赔偿请求人签名或者盖章。

第二条　赔偿请求人向赔偿委员会申请作出赔偿决定，应当提供以下法律文书和证明材料：

（一）赔偿义务机关作出的决定书；

（二）复议机关作出的复议决定书，但赔偿义务机关是人民法院的除外；

（三）赔偿义务机关或者复议机关逾期未作出决定的，应当提供赔偿义务机关对赔偿申请的收讫凭证等相关证明材料；

（四）行使侦查、检察、审判职权的机关在赔偿申请所涉案件的刑事诉讼程序、民事诉讼程序、行政诉讼程序、执行程序中作出的法律文书；

（五）赔偿义务机关职权行为侵犯赔偿请求人合法权益造成损害的证明材料；

（六）证明赔偿申请符合申请条件的其他材料。

第三条　赔偿委员会收到赔偿申请，经审查认为符合申请条件的，应当在七日内立案，并通知赔偿请求人、赔偿义务机关和复议机关；认为不符合申请条件的，应当在七日内决定不予受理；立案后发现不符合申请条件的，决定驳回申请。

前款规定的期限，自赔偿委员会收到赔偿申请之日起计算。申请材料不齐全的，赔偿委员会应当在五日内一次性告知赔偿请求人需要补正的全部内容，收到赔偿申请的时间应当自赔偿委员会收到补正材料之日起计算。

第四条　赔偿委员会应当在立案之日起五日内将赔偿申请书副本或者《申请赔偿登记表》副本送达赔偿义务机关和复议机关。

第五条　赔偿请求人可以委托一至二人作为代理人。律师、提出申请的公民的近亲属、有关的社会团体或者所在单位推荐的人、经赔偿委员会许可的其他公民，都可以被委托为代理人。

赔偿义务机关、复议机关可以委托本机关工作人员一至二人作为代理人。

第六条　赔偿请求人、赔偿义务机关、复议机关委托他人代理，应当向赔偿委员会提交由委托人签名或者盖章的授权委托书。

授权委托书应当载明委托事项和权限。代理人代为承认、放弃、变更赔偿请求，应当有委托人的特别授权。

第七条　赔偿委员会审理赔偿案件，应当指定一名审判员负责具体承办。

负责具体承办赔偿案件的审判员应当查清事实并写出审理报告，提请赔偿委员会讨论决定。

赔偿委员会作赔偿决定，必须有三名以上审判员参加，按照少数服从多数的原则作出决定。

第八条　审判人员有下列情形之一的，应当回避，赔偿请求人和赔偿义务机关有权以书面或者口头方式申请其回避：

（一）是本案赔偿请求人的近亲属；

（二）是本案代理人的近亲属；

（三）与本案有利害关系；

（四）与本案有其他关系，可能影响对案件公正审理的。

前款规定，适用于书记员、翻译人员、鉴定人、勘验人。

第九条　赔偿委员会审理赔偿案件，可以组织赔偿义务机关与赔偿请求人就赔偿方式、赔偿项目和赔偿数额依照国家赔偿法第四章的规定进行协商。

第十条　组织协商应当遵循自愿和合法的原则。赔偿请求人、赔偿义务机关一方或者双方不愿协商，或者协商不成的，赔偿委员会应当及时作出决定。

第十一条　赔偿请求人和赔偿义务机关经协商达成协议的，赔偿委员会审查确认后应当制作国家赔偿决定书。

第十二条 赔偿请求人、赔偿义务机关对自己提出的主张或者反驳对方主张所依据的事实有责任提供证据加以证明。有国家赔偿法第二十六条第二款规定情形的,应当由赔偿义务机关提供证据。

没有证据或者证据不足以证明其事实主张的,由负有举证责任的一方承担不利后果。

第十三条 赔偿义务机关对其职权行为的合法性负有举证责任。

赔偿请求人可以提供证明职权行为违法的证据,但不因此免除赔偿义务机关对其职权行为合法性的举证责任。

第十四条 有下列情形之一的,赔偿委员会可以组织赔偿请求人和赔偿义务机关进行质证:

(一) 对侵权事实、损害后果及因果关系争议较大的;

(二) 对是否属于国家赔偿法第十九条规定的国家不承担赔偿责任的情形争议较大的;

(三) 对赔偿方式、赔偿项目或者赔偿数额争议较大的;

(四) 赔偿委员会认为应当质证的其他情形。

第十五条 赔偿委员会认为重大、疑难的案件,应报请院长提交审判委员会讨论决定。审判委员会的决定,赔偿委员会应当执行。

第十六条 赔偿委员会作出决定前,赔偿请求人撤回赔偿申请的,赔偿委员会应当依法审查并作出是否准许的决定。

第十七条 有下列情形之一的,赔偿委员会应当决定中止审理:

(一) 赔偿请求人死亡,需要等待其继承人和其他有扶养关系的亲属表明是否参加赔偿案件处理的;

(二) 赔偿请求人丧失行为能力,尚未确定法定代理人的;

(三) 作为赔偿请求人的法人或者其他组织终止,尚未确定权利义务承受人的;

(四) 赔偿请求人因不可抗拒的事由,在法定审限内不能参加赔偿案件处理的;

(五) 宣告无罪的案件,人民法院决定再审或者人民检察院按照审判监督程序提出抗诉的;

(六) 应当中止审理的其他情形。

中止审理的原因消除后,赔偿委员会应当及时恢复审理,并通知赔偿请求人、赔偿义务机关和复议机关。

第十八条 有下列情形之一的,赔偿委员会应当决定终结审理:

(一) 赔偿请求人死亡,没有继承人和其他有扶养关系的亲属或者赔偿请求人的继承人和其他有扶养关系的亲属放弃要求赔偿权利的;

(二) 作为赔偿请求人的法人或者其他组织终止后,其权利义务承受人放弃要求赔偿权利的；

（三）赔偿请求人据以申请赔偿的撤销案件决定、不起诉决定或者无罪判决被撤销的；

（四）应当终结审理的其他情形。

第十九条　赔偿委员会审理赔偿案件应当按照下列情形，分别作出决定：

（一）赔偿义务机关的决定或者复议机关的复议决定认定事实清楚，适用法律正确的，依法予以维持；

（二）赔偿义务机关的决定、复议机关的复议决定认定事实清楚，但适用法律错误的，依法重新决定；

（三）赔偿义务机关的决定、复议机关的复议决定认定事实不清、证据不足的，查清事实后依法重新决定；

（四）赔偿义务机关、复议机关逾期未作决定的，查清事实后依法作出决定。

第二十条　赔偿委员会审理赔偿案件作出决定，应当制作国家赔偿决定书，加盖人民法院印章。

第二十一条　国家赔偿决定书应当载明以下事项：

（一）赔偿请求人的基本情况，赔偿义务机关、复议机关的名称及其法定代表人；

（二）赔偿请求人申请事项及理由，赔偿义务机关的决定、复议机关的复议决定情况；

（三）赔偿委员会认定的事实及依据；

（四）决定的理由及法律依据；

（五）决定内容。

第二十二条　赔偿委员会作出的决定应当分别送达赔偿请求人、赔偿义务机关和复议机关。

第二十三条　人民法院办理本院为赔偿义务机关的国家赔偿案件参照本规定。

第二十四条　自本规定公布之日起，《人民法院赔偿委员会审理赔偿案件程序的暂行规定》即行废止；本规定施行前本院发布的司法解释与本规定不一致的，以本规定为准。

第五节　典型案例

本节收集三个税务行政赔偿案例：案例七简单粗暴地侵权而败诉，行政强制行为因事实不清、证据不足、适用法律错误，应认定为违法行政行为，判决予以撤销。案例八是典型的程序性要件缺失的案例。赔偿请求人单独提起行政赔偿诉讼，可在向赔偿义务机关递交赔偿申请后2个月届满之日起3个月内提出。案例九是典型的程序性案例，国家赔偿诉讼时效是两年，过期即丧失诉权。

【案例七】违法扣划存款、复议玩忽职守，唯尊重纳税人合法权益才能更好依法行政

税务行政赔偿一案一审行政赔偿判决书

（2016）黑0302行赔初3号

当事人信息：

原告：王志新，男，住黑龙江省鸡西市JG区。

原告：杨桂芝，女，住黑龙江省鸡西市JG区。

原告：王杨，男，住辽宁省大连市沙河口区。

原告：孙成远，男，住黑龙江省哈尔滨市南岗区。

被告：鸡西市JG区地方税务局，局长路某志。

原告王志新、杨桂芝、王杨、孙成远因与被告鸡西市JG区地方税务局税务行政赔偿，于2016年9月2日向本院提起行政诉讼。本院于2016年9月5日立案后，于当日向鸡西市JG区地方税务局依法送达了起诉状副本及应诉通知书。本院依法组成合议庭，于2016年9月22日公开开庭审理了本案。人民陪审员参与本案事实认定。原告王志新、杨桂芝、王杨、孙成远及其委托代理人梁铁峰、被告鸡西市JG区地方税务局的委托代理人邱鹏飞，到庭参加诉讼。本案现已审理终结。

原告王志新、杨桂芝、王杨、孙成远诉称，王志新、杨桂芝、王杨、孙成远是×房地产开发有限公司的出资人，现该公司已注销登记。×房地产开发有限公司于2007年9月和2008年11月分别开发"名城"和"花园"住宅项目。达到清算条件后，该公司按税务机关制定的预征率预缴了土地增值税。后税务机关于2010年3月15日向该公司下达了《土地增值税核定征收通知书》，但一直未按规定向公司下达《土地增值税清算结论通知书》，告知核定清算后公司应缴土地增值税的税额及期限。在此情况下，即使公司欠税，被告鸡西市JG区地方税务局也没有按照《中华人民共和国税收征收管理法》第四十条规定履行"责令限期缴纳"法定程序，便于2014年9月3日进行税务强制执行，扣划公司账户资金9403732.80元，并于2014年9月4日向公司送达了《税务事项通知书》和《司法扣划凭证》。后鸡西市JG区地方税务局怕因违反法定程序而败诉，又伪造了2012年6月10日的"催缴税款通知书"及没有送达地址、时间、受送达人和见证人签字的送达回证。

综上，因鸡西市JG区地方税务局的强制执行没有履行法定"责令限期缴纳"告知义务，也没有告知诉权，严重损害了公司及王志新、杨桂芝、王杨、孙成远的合法权益。为此，四位原告曾提出过行政复议申请，但复议机关在未受理的情况下组织双方协商，四位原告便撤回了行政复议申请。后一直与鸡西市JG区地方税务局及其上级主管部门协商此事。经多次协商无果，四位原告才诉至法院。请求法院判令鸡西市JG区地方税务局返还违法扣划的资金9403732.80元，并赔偿给四位原告造成的损失，按同期银行贷款利率5.58%计算，共计1105932.27元。

被告鸡西市JG区地方税务局辩称，鸡西市JG区地方税务局是以2012年税收检查表中计算的×房地产开发有限公司所欠土地增值税为依据，对×房地产开发有限公司采取的行政强制执行措施。在采取强制措施前，确实没有向×房地产开发有限公司下达缴纳税款通知。向×房地产开发有限公司送达税务执行事项通知书时，也没有告知×房地产开发有限公司应享有的诉权和起诉期限。行政强制行为确实存在瑕疵。

四位原告的行政赔偿请求事实不能成立，关于利息计算标准，也应依据《税收征收管理法》第五十一条规定的同期银行存款利率计算。鸡西市JG区地税局拒绝予以行政赔偿。

经审理查明，×房地产开发有限公司是依法登记的企业法人。2013年10月30日，经工商行政管理部门批准，注销了企业法人工商登记。原告王志新、杨桂芝、王杨、孙成远，系×房地产开发有限公司出资人。

2014年9月3日，被告鸡西市JG区地方税务局以×房地产开发有限公司于2008年至2011年经营期间欠缴土地增值税6716952元、滞纳金2686780.80元为由，向黑龙江省×信用社（×营业部）下达了编号为×的扣划通知书，分别从×房地产开发有限公司在该金融机构活期存款账户资金中扣划2686780.80元和6716952元；并于次日向×房地产开发有限公司送达了《关于税务强制执行的通知》。四位原告不服，提出行政复议申请，行政复议机关正式受理前组织双方进行协商。经协商，四位原告将申请行政复议材料撤回，并继续与鸡西市JG区地方税务局及其上级主管部门协商。经多次协商未果，遂诉至法院，请求法院判决撤销被诉扣划行为，同时一并提出行政赔偿诉讼。

本院认为及判决

本院认为，根据《税收征收管理法》第四十条规定，对于纳税人采取扣缴税款行政强制行为的，必须同时具备以下条件：一是纳税人未按照规定的期限缴纳或解缴税款，二是由税务机关责令限期缴纳，逾期仍未缴纳的。而被告鸡西市JG区地方税务局未提供确凿证据，证明其对×房地产开发有限公司采取扣缴税款及滞纳金的行政强制行为具备上述法定条件。故该行政强制行为因事实不清、证据不足、适用法律错误，应认定为违法行政行为，判决予以撤销。

关于四位原告提出返还扣划存款本金的诉讼请求。《国家赔偿法》第三十二条规定："国家赔偿以支付赔偿金为主要方式。能够返还财产或者恢复原状的，予以返还财产或者恢复原状";《行政强制法》第四十一条规定:"在执行中或者执行完毕后,据以执行的行政决定被撤销、变更,或者执行错误的,应当恢复原状或者退还财物;不能恢复原状或者退还财物的,依法给予赔偿"。被诉扣划存款的行为,属于《行政强制法》规定的行政机关所作行政强制执行行为,由于该行政强制执行行为违法,鸡西市JG区地方税务局应当依照上述法律规定,将2014年9月3日违法扣划的×房地产开发有限公司存款共计9403732.80元返还。因×房地产开发有限公司已办理企业注销登记,故上述款项应返还给×房地产开发有限公司的出资人,即四位原告。

关于四位原告提出的赔偿存款利息的诉讼请求。根据《行政强制法》第三十六条规定,违法扣划存款行为造成的损失除本金外,还应包括其在银行存储期间的自然孳息。因扣划存款行为与《国家赔偿法》第三十六条第(七)项中规定冻结存款均属于《行政强制法》规定的行政强制行为,且其损害程度相当,因此可参照《国家赔偿法》第三十六条第(七)项中"应当支付银行同期存款利息"的规定,作为违法扣划存款行为造成自然孳息损失的计算标准。扣划时存款为活期存款,故应从2014年9月3日起,按照人民银行同期活期存款利率作为标准计算利息损失。四位原告关于按银行同期贷款利息或二年定期存款利率计算利息损失的诉求,因无事实根据和法律依据,本院不予支持。

综上,依照《行政强制法》第四十一条、《国家赔偿法》第三十二条、第三十六条第八项的规定,判决如下:

一、被告鸡西市JG区地方税务局于本判决生效之日起一个月内向原告王志新、杨桂芝、王杨、孙成远返还2014年9月3日扣划的存款9403732.80元;

二、被告鸡西市JG区地方税务局于本判决生效之日起一个月内赔偿原告王志新、杨桂芝、王杨、孙成远因违法扣划存款造成的利息损失,按人民银行同期活期存款利率计算,从2014年9月3日至2016年11月18日止,共计72769.43元。如逾期给付,按人民银行同期活期存款利率继续计算利息至给付时止。

审　判　长　潘冬梅
审　判　员　王林英
人民陪审员　赵彦琴
二〇一六年十一月十八日

【涉案事实】

2014年9月3日,被告鸡西市JG区地方税务局以×房地产开发有限公司于2008年至2011年经营期间欠缴土地增值税6716952元、滞纳金2686780.80元为由,向黑龙江省×信用社(×营业部)下达了编号为×的扣划通知书,分别从×房地产开发有限公司在该金融机构活期存款账户资金中扣划 2686780.80 元和 6716952 元；并于次日向×房地产开发有限公司送达了《关于税务强制执行的通知》。鸡西市 JG 区地方税务局的强制执行没有履行法定"责令限期缴纳"告知义务，也没有告知诉权。

【争议焦点】

事实清楚、被告违法扣款并侵害原告合法财产权益，无可争议。

【政策依据】

根据《行政强制法》第三十六条规定，违法扣划存款行为造成的损失除本金外，还应包括其在银行存储期间的自然孳息。因扣划存款行为与《国家赔偿法》第三十六条第（七）项中规定冻结存款均属于《行政强制法》规定的行政强制行为，且其损害程度相当，因此可参照《国家赔偿法》第三十六条第（七）项中"应当支付银行同期存款利息"的规定，作为违法扣划存款行为造成自然孳息损失的计算标准。

【点评解析】

工作中出现失误或错误是难免的，有错必纠并改正是正确的做法。本案在税务行政复议环节就应该及时纠正的。当合法权益受到侵害时，无论是行政复议还是行政诉讼，只有勇敢地"站出来"才能得到应有的保护。此时此刻，法律是公正的，法律是大于权力的。

【案例八】 社会保险费与每个人的切身利益相关，本案在诠释如何"全心全意为人民服务"

广东省韶关市武江区人民法院行政裁定书

（2019）粤 0203 行初 116 号、（2019）粤 0203 行赔初 40 号

原告：陈某清，男，1973 年 8 月 23 日出生，汉族，住 SX 县。

被告：国家税务总局 SX 县税务局，住所地：SX 县太平镇永安大道税务大楼。

法定代表人：张某林，局长。

委托代理人：张某兴，该局征收管理股工作人员。

委托代理人：叶纬，广东宜方律师事务所律师。

原告陈某清诉被告国家税务总局 SX 县税务局税务其他行政行为、税务行政赔偿两案，本院受理后，依法组成合议庭，公开开庭审理了本案。现已审理终结。

原告陈某清诉称，因被告在处理原告提出追缴社会保险费的投诉时，其作出《责令限期改正通知书》（始费限改字〔2017〕1390001 号）的行政行为被韶关市武江区人民法院（2017）粤 0203 行初 410 号行政判决撤销，并判令被告在判决生效之日起 60 日内重新作出行政行为，韶关市中院（2018）粤 02 行终 80 号判决维持了原判。后

经原告频频催促，被告才书面答复原告称其在 2018 年 10 月 22 日根据始兴社保分局核算的补缴金额向涉案的标准公司下达了《基金规费征缴事项通知书》，责令标准公司 15 日内补缴，标准公司置若罔闻。被告按法定程序于 2019 年 1 月 7 日向标准公司下达《社会保险费限期缴纳通知书》，责令其 15 日内补缴。之后，被告再也未见有所作为，明显存在故意拖延性质，为制止被告的怠政行为，今依法诉来法院。根据《行政强制法》第三十五条的规定，如标准公司未按上述指定的期限（即 2019 年 1 月 23 日）履行补缴义务，被告应当向标准公司下达《催告书》，经催告后仍拒不履行补缴义务，被告继而可作出《行政强制执行决定书》，并依职权划扣标准公司金融账户相应数额的款项。然而，被告并未依照法定程序推进追缴工作，而是电话告知原告：补缴数额须由始兴社保分局按"粤人社发〔2013〕189 号"文件重新核算。对此，始兴社保分局却给了原告另一番说辞：除非劳资双方一致同意按"粤人社发〔2013〕189 号"核算，否则不可能重新核算。原告认为：被告以"重新核算"为由拖延履行法定职责的理由不能成立。因为，如果被告认为始兴社保分局之前核算的补缴数额不能作为追缴依据，为何仍按该局传送的数额作出具有法律效力的《基金规费征缴事项通知书》和《社会保险费限期缴纳通知书》。而且如果重新核算数额，再重新下达"两书"，则涉嫌对同一违法行为的重复处理，缺乏法律依据。自原告 2016 年 1 月 19 日向被告和始兴社保分局提出追缴社保的申请时起，被告先因不作为被韶关市中院（2017）粤 02 行终 47 号行政判决责令履行法定职责，后又因乱作为被韶关武江区法院（2017）粤 0203 行初 410 号行政判决撤销重作，今又绞尽脑汁拖延办案时间。显然，在强势的用人单位与弱势的劳动者之间，被告的行政立场明显向前者倾斜。"重新核算"只是被告拖延履行法定职责、不断损害原告合法权益的借口，其工作人员透露的"领导要求拖延时间"才是触目惊心的内幕。为了对被告屡禁不绝的乱作为、不作为形成有效的监督，原告将书面请求省市有关部门旁听本案的庭审，请求法院准许。特向法院提起诉讼，请求法院依法判令：一、确认被告对原告提出追缴社会保险费的投诉拖延履行法定职责的行政行为违法；二、责令被告限期对原告提出追缴社会保险费的投诉继续履行尚未完成的法定职责；三、根据被告的执法过错程度判令被告赔偿原告因拖延履行法定职责造成原告养老保险个人账户增值部分的损失 500 元（实际损失以始兴社保分局核算的增值额为准）。

经审理查明，原告陈某清 1999 年 9 月至 2014 年 7 月期间为 SX 县标准微型马达有限公司员工。1999 年 9 月至 2008 年 6 月期间，SX 县标准微型马达有限公司仅为其购买了工伤保险，自 2008 年 7 月起，才开始为第三人购买养老、医疗、生育、失业等保险。

2016 年 3 月 24 日，陈某清提起行政诉讼，要求原 SX 县地方税务局限期履行责令并强制征收 SX 县标准微型马达有限公司应当为其补缴的 1999 年 9 月至 2008 年 6 月用工期间的养老保险和医疗保险费的法定职责。本院经审理作出（2016）粤 0203 行初 31 号行政判决，驳回了陈某清的诉讼请求。陈某清不服，向韶关市中级人民法院提出上诉。韶关市中级人民法院经审理，于 2017 年 5 月 9 日作出（2017）粤 02 行终 47 号行政判决，判令：一、撤销韶关市武江区人民法院作出的（2016）粤 0203 行初 31 号行政判决。二、限原 SX 县地方税务局在本判决生效之日起 60 日内作出行政行为。

2017 年 9 月 8 日，原 SX 县地方税务局向韶关市社会保险服务管理局始兴分局出具《关于请求协助核定陈某清 1999 年 9 月至 2008 年 6 月社会保险费的函》，请该局核定陈某清在 SX 县标准微型马达有限公司（1999 年 9 月至 2008 年 6 月）应缴纳的养老及医疗保险费，以便其追缴。

此后，韶关市社会保险服务管理局始兴分局作出陈某清个人特批补缴通知书，按 2017 社会保险年度（2017 年 7 月 1 日至 2018 年 6 月 30 日）我市企业职工基本养老保险缴费工资的下限（2489 元/月）及职工基本医疗保险缴费工资下限（3073 元/月），计算陈某清 1999 年 9 月至 2008 年 6 月期间欠缴的养老保险费总额为 101336.02 元，其中养老单位缴费 50875.46 元，养老个人缴费 18269.26 元，养老利息 32191.3 元；2002 年 7 月至 2008 年 6 月期间欠缴的医疗保险费总额为 20231.44 元，其中医疗单位缴费 10893.84 元、医疗个人缴费 3351.84 元，医疗利息 5985.76 元。

2017 年 9 月 13 日，原 SX 县地方税务局下属城区税务分局向 SX 县标准微型马达有限公司作出《责令限期改正通知书》（始费限改字〔2017〕1390001 号），责令该公司于 2017 年 9 月 24 日前补缴陈某清的社会保险费 83390.4 元以及利息 38177.06 元。SX 县标准微型马达有限公司对此不服，向本院提起行政诉讼。

本院经审查，于 2018 年 3 月 28 日作出（2017）粤 0203 行初 410 号行政判决，撤销了原 SX 县地方税务局于 2017 年 9 月 13 日作出的《责令限期改正通知书》（始费限改字〔2017〕1390001 号），并限其在本判决发生法律效力之日起 60 日内作出行政行为。

原 SX 县地方税务局不服，向韶关市中级人民法院提起上诉。韶关市中级人民法院经审理作出（2018）粤 02 行终 80 号行政判决，维持了本院作出的（2017）粤 0203 行初 410 号行政判决。

被告国家税务总局 SX 县税务局挂牌成立后，原 SX 县地方税务局的职责和工作由被告承继。因此，被告于 2018 年 8 月 22 日收到上述判决书后，于 2018 年 10 月 8 日向韶关市社会保险服务管理局始兴分局作出《关于陈某清 1999 年 9 月至 2008 年 6 月社会保险费退费及重新核定数据的函》，请求该局重新核定陈某清 1999 年 9 月至 2008 年 6 月期间的社会保险费缴费金额。韶关市社会保险服务管理局 SX 分局于 2018 年 10 月 19 日作出《个人特批补缴通知书》，核定陈某清养老保险应缴费 111678.95 元，其中单位缴费部分为 55024.48 元、个人缴费部分为 19759.28 元、利息为 36895.19 元。

2018年10月22日，被告向SX县标准微型马达有限公司作出始税规征字（2018）0001号《基金规费征缴事项通知书》，内容为："事由：你单位未为陈某清职工办理1999年9月至2008年6月用工期间社会保险费申报缴纳事项。依据：《中华人民共和国社会保险法》第六十条、第六十三条和《广东省社会保险基金监督条例》第五十九条规定。通知内容：请你单位自收到本通知之日起15日内到国家税务总局SX县税务局为陈某清补缴1999年9月至2008年6月的社会保险费。如对本通知有异议，可以自收到本通知之日起60日内依法向国家税务总局韶关市税务局申请行政复议，或自收到本通知之日起6个月内依法向人民法院提请诉讼。"

因SX县标准微型马达有限公司未按上述《基金规费征缴事项通知书》要求为陈某清补缴社会保险费，被告于2019年1月7日向该公司作出始税限缴字〔2019〕0001号《社会保险费限期缴纳通知书》，责令SX县标准微型马达有限公司于收到通知之日起15日内补缴陈某清社会保险费111678.95元。

SX县标准微型马达有限公司于2019年1月18日向被告作出《关于SX县税务局限期缴纳通知书的意见》，对补缴数额提出异议，要求被告按粤人社发〔2013〕189号文规定重新核算，且其与陈某清对本人补缴部分无法达成一致意见，请求被告暂缓追缴或撤回限期缴纳通知。

2019年3月7日，SX县标准微型马达有限公司向被告及韶关市社会保险服务管理局SX分局递交申请，内容为：根据税务部门（始税限缴字〔2019〕0001号）补缴陈某清社会通知要求及按粤人社发〔2013〕189号文规定，本公司本着维稳精神，我司已经找出陈某清本人的历年工资发放的原始凭证，因此，特向贵局申请按对应时段缴费基数的规定，计算出陈某清1999年9月至2008年6月的养老保险费数据，由其进行补缴。

2019年3月8日，被告向韶关市社会保险服务管理局SX分局作出《关于2008年12月31日之前应缴纳社保费核定事项移办的函》，内容为：贵局提供的《个人特批补缴通知书》（托收编码：8967358）我局下发给SX县标准微型马达有限公司后，SX县标准微型马达有限公司向我局提出了相关的反馈意见和提供了陈某清1999年至2008年工资单等相关资料（详见附件），并申请重新核算其应补缴的社会保险费，根据《关于养老保险补缴有关问题的通知》（韶劳社函〔2018〕174号）及广东省韶关市中级人民法院《行政判决书》〔（2018）粤02行终80号〕的判决结果，请贵司核定其应缴纳的社会保险费。

2019年3月15日，韶关市社会保险服务管理局重新对陈某清应缴社保费进行核定，陈某清养老保险应缴费41193.53元，其中单位缴费部分为20198.74元、个人缴费部分为7687.74元、利息为13307.05元。SX县标准微型马达有限公司于2019年3月19日缴清上述款项。

2019年3月8日，原告向本院提起行政诉讼，请求：一、确认被告对原告提出追缴社会保险费的投诉拖延履行法定职责的行政行为违法；二、责令被告限期对原告提出追缴社会保险费的投诉继续履行尚未完成的法定职责；三、根据被告的执法过错程度判令被告赔偿原告因拖延履行法定职责造成原告养老保险个人账户增值部分的损失500元（实际损失以SX社保分局核算的增值额为准）。

庭审中，原告明确表示其于2019年3月通过邮寄方式向被告递交了书面投诉，本案中要求确认被告没有履行、拖延履行投诉事项违法。

本院认为，《行政诉讼法》第十二条第一款第（六）项规定："人民法院受理公民、法人或者其他组织提起的下列诉讼……（六）申请行政机关履行保护人身权、财产权等合法权益的法定职责，行政机关拒绝履行和不予答复的。"《中华人民共和国行政诉讼法》第三十八条第一款规定："在起诉被告不履行法定职责的案件中，原告应当提供其向被告提出申请的证据。但有下列情形之一的除外：（一）被告应当依职权主动履行法定职责的；（二）原告因正当理由不能提供证据的。"这表明，行政管理相对人提起行政诉讼，要求行政机关履行法定职责的前提条件，是行政管理相对人向行政机关提出了申请，行政管理相对人没有提供证据证明其已向行政机关提出申请而提起诉讼，人民法院依法不应受理。

本案中，陈某清起诉国家税务总局SX县税务局，要求确认国家税务总局SX县税务局对原告于2019年3月提出追缴社会保险费的投诉拖延履行法定职责的行政行为违法、责令国家税务总局SX县税务局限期对原告提出追缴社会保险费的投诉继续履行尚未完成的法定职责、根据国家税务总局SX县税务局的执法过错程度判令赔偿原告因拖延履行法定职责造成原告养老保险个人账户增值部分的损失500元（实际损失以SX社保分局核算的增值额为准）。因此，陈某清提起行政诉讼的前提是其向国家税务总局SX县税务局递交了申请，要求国家税务总局SX县税务局履行保护其合法权益的法定职责。但本案陈某清未能提供证据证明其于2019年3月向国家税务总局SX县税务局提交书面投诉材料。陈某清要求确认国家税务总局SX县税务局不处理其2019年3月的投诉违法，没有事实依据，陈某清的起诉，依法应当裁定不予立案受理。依照《最高人民法院关于适用〈中华人民共和国行政诉讼法〉的解释》第六十九条第一款第（一）项"有下列情形之一，已经立案的，应当裁定驳回起诉：（一）不符合行政诉讼法第四十九条规定的；"的规定，陈某清的起诉，依法应予以驳回。

况且，关于陈某清投诉用人单位未为其缴纳1999年至2008年期间社保费的问题，本院生效的（2017）粤0203行初410号行政判决及韶关市中级人民法院的（2018）粤02行终80号行政判决均已作出相应的裁判。若国家税务总局SX县税务局不履行生效判决确定的义务，陈某清可向本院申请执行；若陈某清不服国家税务总局SX县税务局履行生效判决所作的行政行为，也可提起确认该行政行为违法之诉，而不应就同一问题向税务机关进行反复投诉。

综上，依照最高人民法院《关于适用的解释》第六十九条第一款第（一）项的规定，裁定如下：

驳回原告陈某清的起诉。

案件受理费50元依法免收。

如不服本裁定，可以在裁定书送达之日起十日内，向本院递交上诉状，并按对方当事人的人数或代表人的人数提出副本，上诉于广东省韶关市中级人民法院。

审　判　长　胡　敏
人民陪审员　刘　玲
人民陪审员　曹伟升
二〇一九年五月二十八日
书　记　员　叶全健

【涉案事实】

原告陈某清1999年9月至2014年7月期间为SX县标准微型马达有限公司员工。1999年9月至2008年6月期间，SX县标准微型马达有限公司仅为其购买了工伤保险，自2008年7月起，才开始为第三人购买养老、医疗、生育、失业等保险。2016年3月24日，陈某清提起行政诉讼，要求原SX县地方税务局限期履行责令并强制征收SX县标准微型马达有限公司应当为其补缴的1999年9月至2008年6月用工期间的养老保险和医疗保险费的法定职责。

2019年3月8日，原告向本院提起行政诉讼，请求：一、确认被告对原告提出追缴社会保险费的投诉拖延履行法定职责的行政行为违法；二、责令被告限期对原告提出追缴社会保险费的投诉继续履行尚未完成的法定职责；三、根据被告的执法过错程度判令被告赔偿原告因拖延履行法定职责造成原告养老保险个人账户增值部分的损失500元（实际损失以SX社保分局核算的增值额为准）。

因为第三个行政赔偿诉求程序性要件缺失：没有向税务局提出行政赔偿申请，所以法院不予受理而驳回。

税务行政赔偿的请求方式主要有以下两种：

一是单独提出税务行政赔偿。根据《国家赔偿法》的规定，赔偿请求人要求赔偿，应当先向赔偿义务机关提出。赔偿义务机关应当自收到申请之日起2个月内依照《国家赔偿法》的规定给予赔偿；逾期不予赔偿或者赔偿请求人对赔偿数额有异议的，赔偿请求人可以自期限届满之日起3个月内向人民法院提起诉讼。

二是在申请行政复议时一并提出赔偿请求。赔偿请求人在申请税务行政复议时，同时提出赔偿申请的,应当按照复议程序办理。

【政策依据】

《行政诉讼法》第十二条第一款第(六)项规定:"人民法院受理公民、法人或者其他组织提起的下列诉讼……(六)申请行政机关履行保护人身权、财产权等合法权益的法定职责,行政机关拒绝履行和不予答复的。"《行政诉讼法》第三十八条第一款规定:"在起诉被告不履行法定职责的案件中,原告应当提供其向被告提出申请的证据。但有下列情形之一的除外:(一)被告应当依职权主动履行法定职责的;(二)原告因正当理由不能提供证据的。"这表明,行政管理相对人提起行政诉讼,要求行政机关履行法定职责的前提条件,是行政管理相对人向行政机关提出了申请,行政管理相对人没有提供证据证明其已向行政机关提出申请而提起诉讼,人民法院依法不应受理。

《国家赔偿法》第九条和第十四条的规定分别是:

第九条　赔偿义务机关有本法第三条、第四条规定情形之一的,应当给予赔偿。

赔偿请求人要求赔偿应当先向赔偿义务机关提出,也可以在申请行政复议或者提起行政诉讼时一并提出。

……

第十四条　赔偿义务机关在规定期限内未作出是否赔偿的决定,赔偿请求人可以自期限届满之日起三个月内,向人民法院提起诉讼。

赔偿请求人对赔偿的方式、项目、数额有异议的,或者赔偿义务机关作出不予赔偿决定的,赔偿请求人可以自赔偿义务机关作出赔偿或者不予赔偿决定之日起三个月内,向人民法院提起诉讼。

【点评解析】

这是典型的程序性要件缺失的案例,赔偿请求人要求赔偿应当先向赔偿义务机关提出。

【案例九】国家赔偿诉讼时效是两年,过期即丧失诉权

吉林省 DH 市人民法院行政裁定书

(2015)D 行赔字第 4 号

原告:DH 市方圆体育地板有限责任公司,住所地 DH 市工业开发区工业村。

法定代表人:赵某峰,董事长。

委托代理人:赵某江,男,1942 年 11 月 3 日出生,汉族,退休,住 DH 市民主街文化社区二十二组。

被告：DH 市国家税务局，住所地 DH 市北环路 31 号。

法定代表人：刘某，DH 市国家税务局局长。

委托代理人：孙某煜，DH 市国家税务局政策法规科副科长。

委托代理人：王某，吉林尊理律师事务所律师。

原告 DH 市方圆体育地板有限责任公司诉被告 DH 市国家税务局税务行政赔偿一案，本院受理后，依法组成合议庭，公开开庭审理了本案，现已审理终结。

原告 DH 市方圆体育地板有限责任公司不服被告 DH 市国家税务局于 2015 年 2 月 3 日作出的《不予受理国家赔偿通知书》，于 2015 年 6 月 29 日向本院提起行政诉讼，请求：1. 撤销被告作出的不予受理国家赔偿通知书；2. 请求返还 1996 年至 2000 年的应退税款，并赔偿经济损失 200 万元。

原告 DH 市方圆体育地板有限责任公司诉称，DH 市方圆体育地板有限责任公司的前身是 DH 市体育地板制作安装公司，系 DH 市民政局的直属社会福利企业，法定代表人是赵某江。1996 年 11 月 13 日 DH 市检察院以偷税立案侦查赵某江。1997 年 12 月 15 日被告向检察院出具关于 DH 市体育地板制作安装公司纳税情况处理意见，说我们不享受增值税先征后返还的税收优惠政策，之后被告扣押了应返还给我们的税款。这些年，我们年年申请，2001 年 11 月 26 日我们又请延边州 WF 税务所讨要，都因偷税案没有结案而拒绝退还。2013 年 12 月 23 日公安局送达撤销案件决定书后，被告仍没有给我们退税。2014 年 10 月 20 日我们提交了国家赔偿申请书，2015 年 2 月 3 日被告给我们送达了《不予受理国家赔偿通知书》。根据《最高人民法院关于在审理经济犯罪纠纷案件中涉及经济犯罪嫌疑若干问题的规定》法释〔1998〕7 号第九条和《最高人民法院关于审理民事案件适用诉讼时效制度若干问题的规定》第十五条等法条的规定，我们没有超过诉讼时效。

被告 DH 市国家税务局辩称：1999 年 3 月 10 日原告向被告缴纳最后一笔税款，2013 年 12 月 26 日，原告才向被告提出退税申请，2014 年 10 月 20 日提出国家赔偿请求。根据《税收征收管理法》第五十一条规定，原告应在 2002 年 3 月 10 日前提出退税申请，现原告提请退税超过了三年时效期间。根据《国家赔偿法》第三十九条规定，原告也应于 2001 年 3 月 10 日前提出国家赔偿请求，原告申请国家赔偿超过了两年的申请时效期间；原告诉称 2001 年 11 月 26 日请延边州 WF 税务所讨要，都因偷税案没有结案而拒绝退还，以及延边州人民检察院于 2000 年 11 月 17 日作出的赔偿复议案件中止审理通知书，足以表明原告已知道应行使退还税款的权利及国家赔偿请求权，但其只是向其他部门寻求解决，并未向被告主张权利的事实。即使以此时间点起算，其主张退税或国家赔偿的期限，均已超过法定诉讼时效期间；原告诉称"2013 年 12 月 23 日公安局送达撤销案件决定书"的依据不足，且与原告主张税收权利无关联。虽然赵某江被立案侦查，但原告仍持续经营及缴纳税款，被告并未遏制原告依法提请退税的权利。公安机关是否撤案，并不影响原告行使申请退税的权利；原告援引的最高人民法院法释〔2011〕6号第二条第四项、法释〔2011〕4号第七条属于刑事赔偿范畴，《最高人民法院关于在审理经济犯罪纠纷案件中涉及经济犯罪嫌疑若干问题的规定》法释〔1998〕7号第九条和《最高人民法院关于审理民事案件适用诉讼时效制度若干问题的规定》第十五条所规定内容，皆特指民事诉讼案件的时效中止情况，均不适用本起行政赔偿案件。原告单独提起行政赔偿诉讼，根据《最高人民法院关于审理行政赔偿案件若干问题的规定》第二十二条的规定，已超过法定有效期限。

经审理查明，原告DH市方圆体育地板有限责任公司的前身是DH市体育地板制作安装公司，系DH市民政局的直属社会福利企业，法定代表人是赵某江。根据国税字〔1994〕001号和国税字〔1994〕155号文件精神，1994年、1995年原告享受了增值税先征后返还的税收优惠政策。1996年11月13日DH市检察院以偷税立案侦查赵某江。1997年12月15日被告向检察机关出具《关于DH市体育地板制作安装公司纳税情况处理意见》，主要内容是，该企业（DH市体育地板制作安装公司）不享受增值税先征后返还的税收优惠政策，即将1994—1996年已返还的增值税全部补交入库。1996年后，DH市体育地板制作安装公司不再享受增值税先征后返还的税收优惠政策。2001年12月12日DH市公安局涉税案件侦查大队作出《关于赵某江偷税一案撤案决定书》，主要内容是"经查，原DH市体育地板制作安装公司法人赵某江，在1994年至1995年营业期间，残疾人的比例达到了福利企业的标准，均在35%以上，因此赵某江不构成偷税，于2001年4月5日决定对赵某江偷税一案决定撤案"。2013年12月23日赵某江在公安局经侦大队取得了《关于赵某江偷税一案撤案决定书》复印件。2014年10月20日原告向被告提交了国家赔偿申请书，2015年2月3日被告作出《不予受理国家赔偿通知书》，2015年3月18日原告向延边州国家税务局申请复议，2015年6月15日延边州国家税务局作出延州国税复决字〔2015〕1号行政复议决定书，维持了被告作出的具体行政行为。原告不服，向本院提起本诉。

本院认为，国税发〔1994〕155号《国家税务总局关于民政福利企业征收流转税问题的通知》第二条第（二）项规定"安置的"四残"人员占企业生产人员35%以上，未达到50%的民政福利工业企业，其中生产销售的增值税应税货物，除本通知第三条列举的项目外，如发生亏损，可给予部分或全部返还已征增值税照顾，具体比例的掌握以不亏损为限。返还办法是：企业应先按法规纳税，全年发生亏损的，年底向当地主管税务机关提出申请，由县级主管税务机关审批返还"。本案原告安置的"四残"人员占企业生产人员35%以上，这是原告始终坚持并由公安局涉税案件侦查大队所出具的《关于赵某江偷税一案撤案决定书》认定的，原告符合规定，应按此条规定的返还程序办理，即原告要在当年年底向当地主管税务机关提出申请，且由县级主管税务机关审批后在次年年底新一轮申请开始前返还。而原告自认以DH市体育地板制作安装公司名义缴纳的最后一笔税款时间为2000年，故原告最迟在2001年年底应当知道之前的税款没有返还。根据《国家赔偿法》第三十九条第一款"赔偿请求人请求国家赔偿的时效为两年，自其知道或者应当知道国家机关及其工作人员行使职权时的行为侵犯其人身权、财产权之日起计算……"的规定，原告如认为被告的行为损害其合法权益，应当在其知道或者应当知道其权利被侵犯之日起两年内向行政机关提出赔偿请求，但原告2014年10月20日向被告提交国家赔偿申请书，超过了法定请求时效。且《国家赔偿法》规定的时效制度为消灭时效，它既包括向法院起诉的诉讼时效，也包括向有关行政机关请求赔偿的请求时效。违反国家赔偿时效的规定，不仅丧失有关行政机关的法律保护，也丧失法院司法权的保护。关于原告提出的赵某江偷税案阻断了时效计算，时效中止，原告于2013年12月23日才获得赵某江偷税案的撤案决定书，原告提出赔偿请求并不超过法定请求时效的主张，因赵某江偷税案是针对1994年、1995年的是否偷税情况进行侦查，而原告主张的是1996—2000年的税款返还，在此期间原告始终正常经营纳税直到企业改制，且根据国税发〔1994〕155号文件规定安置"四残"人员占企业生产人员35%以上未达到50%的福利企业享受税款返还优惠政策需要同时具备四个条件，一是企业先按法规纳税；二是企业全年发生亏损；三是企业当年年底向当地主管税务机关提出申请；四是由县级主管税务机关审批通过，即企业享受此优惠政策是一年一申请一审批一返还，实行的是动态管理，并非一次性认定符合标准，之后每年到期即返还税款的模式，故1996—2000年原告是否享受此优惠政策与1994年、1995年的赵某江偷税案成立与否并无法律关系，故原告此项主张本院不予支持。综上，依照《国家赔偿法》第三十九条、《最高人民法院关于审理行政赔偿案件若干问题的规定》第二十条第（七）项的规定，裁定如下：

驳回原告DH市方圆体育地板有限责任公司的起诉。

如不服本裁定，可在裁定书送达之日起十日内，向本院递交上诉状，并按对方当事人的人数提出副本，上诉于延边朝鲜族自治州中级人民法院。

审判长　任建国
审判员　孙永春
审判员　姜华伟
二〇一五年十一月十八日
书记员　王　芳

【涉案事实】

原告DH市方圆体育地板有限责任公司的前身是DH市体育地板制作安装公司，系DH市民政局的直属社会福利企业，法定代表人是赵某江。根据国税字〔1994〕001

号和国税字〔1994〕155 号文件精神，1994 年、1995 年原告享受了增值税先征后返还的税收优惠政策。1996 年 11 月 13 日 DH 市检察院以偷税立案侦查赵某江。1997 年 12 月 15 日被告向检察机关出具《关于 DH 市体育地板制作安装公司纳税情况处理意见》，主要内容是，该企业（DH 市体育地板制作安装公司）不享受增值税先征后返还的税收优惠政策，即将 1994—1996 年已返还的增值税全部补交入库。1996 年后，DH 市体育地板制作安装公司不再享受增值税先征后返还的税收优惠政策。2001 年 12 月 12 日 DH 市公安局涉税案件侦查大队作出《关于赵某江偷税一案撤案决定书》，主要内容是"经查，原 DH 市体育地板制作安装公司法人代表赵某江，在 1994 年至 1995 年营业期间，残疾人的比例达到了福利企业的标准，均在 35% 以上，因此赵某江不构成偷税，于 2001 年 4 月 5 日决定对赵某江偷税一案决定撤案"。2013 年 12 月 23 日赵某江在公安局经侦大队取得了《关于赵某江偷税一案撤案决定书》复印件。2014 年 10 月 20 日原告向被告提交了国家赔偿申请书，2015 年 2 月 3 日被告作出《不予受理国家赔偿通知书》，2015 年 3 月 18 日原告向延边州国家税务局申请复议，2015 年 6 月 15 日延边州国家税务局作出延州国税复决字〔2015〕1 号行政复议决定书，维持了被告作出的具体行政行为。原告不服，向本院提起本诉。

【争议焦点】

2013 年 12 月 23 日赵某江在公安局经侦大队取得了《关于赵某江偷税一案撤案决定书》复印件。2014 年 10 月 20 日原告向被告提交了国家赔偿申请书，是否超过诉讼两年内提出的时效。

【政策依据】

根据《国家赔偿法》第三十九条第一款"赔偿请求人请求国家赔偿的时效为两年，自其知道或者应当知道国家机关及其工作人员行使职权时的行为侵犯其人身权、财产权之日起计算……"的规定，原告如认为被告的行为损害其合法权益，应当在其知道或者应当知道其权利被侵犯之日起两年内向行政机关提出赔偿请求，但原告 2014 年 10 月 20 日向被告提交国家赔偿申请书，超过了法定请求时效。且《国家赔偿法》规定的时效制度为消灭时效，它既包括向法院起诉的诉讼时效，也包括向有关行政机关请求赔偿的请求时效。

【点评解析】

……

第七章 典型案例点评

> **摘要：** 此前各章节均有案例，本章更系统、多角度地对中国裁判文书网公开的行政诉讼（税务）判决书，进行案件还原、剖析行政争议、点评判决结果和解析法律法规依据。客观公正借鉴案件事实，通过探寻且总结经验、顿悟并吸取教训、反思，以全面推进税收法律救济建设和推动中国税收征管发展的历史车轮不断前行。
>
> 本章共计点评分析十三个案件，不仅包括一审、二审，还包括再审，而且涉及税收执法程序、税收实体政策、"程序+实体"综合、国家行政赔偿和经典案例。授人以鱼，不如授之以渔，关键是如何学会"议案学法"。

第一节 如何"议案学法"

按照《政府信息公开条例》第十三条规定："行政机关公开政府信息，采取主动公开和依申请公开的方式。"2014年1月1日，《最高人民法院关于人民法院在互联网公布裁判文书的规定》正式实施。该司法解释明确，最高法在互联网设立中国裁判文书网，统一公布各级人民法院的生效裁定书、裁决书和判决书等文书。因此，接近真实的税务行政处罚和税务处理案例，终于渐渐进入广大财税执业者的视野中，胡编乱造的税务稽查案例和纳税评估案例也明显少多了。授人以鱼，不如授之以渔，看案例学税法，唯中国裁判文书网。

一、中国裁判文书网

2010年11月21日，《关于人民法院在互联网公布裁判文书的规定》正式颁布实施，这是最高法院颁布的第一个规范全国法院在互联网上公布裁判文书的司法解释。

2013年7月,《最高人民法院裁判文书上网公布暂行办法》正式实施。除法律规定的特殊情形外,最高人民法院发生法律效力的判决书、裁定书、决定书一般均应在互联网公布。对于社会关注度高的案件,生效裁判文书应当在互联网公布。

2014年1月1日,《最高人民法院关于人民法院在互联网公布裁判文书的规定》正式实施。该司法解释明确,最高人民法院在互联网设立中国裁判文书网,统一公布各级人民法院的生效裁判文书。

最高人民法院依照权威、规范、便捷的原则,建立全国法院规范、统一的裁判文书网——中国裁判文书网,实现上网文书种类齐全、更新及时、分类清晰、检索科学、统计便捷、自动分析等综合效能,充分实现裁判文书网上公开的各项功能。

审判文书公开是法院系统积极回应社会关切,主动接受社会监督的重要举措,标志着人民法院司法公开迈出了关键一步。裁判文书公开是司法公开的重要一环,有利于增强司法透明度,强化监督,防止司法权滥用。通过互联网及时、全面公布法院尤其是最高法院的生效裁判文书,在国际司法领域已是大势所趋,其优势在于发布速度快,覆盖面广,便于查阅,既高效回应社会关切,也有利于充分发挥司法裁判的法律效果和社会效果。

通过判决书、裁决书等,可以梳理以下关键信息:涉案事实、争议焦点、政策依据和案件类型(程序类、实体类或综合类),判决结果的正确与否。一般情况下,拿到判决书需要通读、细读和甄读,读三遍:第一遍通读,知晓是一审还是二审或再审,判决结果是纳税人胜诉还是税务局胜诉。第二遍细读,读完第二遍后应该清楚案件类型是程序性案例、是实体性案例，还是综合性案例；清楚案件事实和征纳双方的争议焦点；分别对案件的合理性和合法性进行判断。第三遍是甄读，对判决结果的正确与否进行自己的思考和判断。特别是现阶段，在基层人民法院和中级人民法院没有设立行政诉讼税务专门法庭而实现对税务局提起的行政诉讼专业化情况下，法官判决错误的案例是客观存在的。

二、典型案例

【案例一】这个判决没错，但是加收税款滞纳金不能超过税款金额是错误的

河北省石家庄市中级人民法院行政判决书

（2020）冀01行终476号

上诉人（原审被告）：国家税务总局PS县税务局ND税务分局。

上诉人（原审被告）：国家税务总局PS县税务局。

被上诉人（原审原告）：PS县敬业冶炼有限公司。

上诉人国家税务总局PS县税务局ND税务分局（以下简称ND税务分局）、国家税务总局PS县税务局（以下简称PS县税务局）因PS县敬业冶炼有限公司（以下简称敬业公司）诉其税务事项通知及行政复议一案，不服河北省PS县人民法院（2020）冀0131行初7号行政判决，向本院提起上诉。本院依法组成合议庭，于2020年12月7日公开开庭审理了本案。上诉人ND税务分局、PS县税务局共同委托代理人董彦国、张利勇，被上诉人敬业公司的委托代理人杨素秒、杨天聪到庭参加诉讼。本案现已审理终结。

原审查明，原告敬业公司增值税以一个月为一期纳税，1997年11月原告向ND税务分局申报了1997年11月1日至1997年11月30日的增值税，税款为2439975.08元，按照当时施行的《增值税暂行条例》第二十三条第二款"纳税人以一个月为一期纳税的，自期满之日起十日内申报纳税"的规定，原告敬业公司申报1997年11月1日至1997年11月30日增值税的期限和缴纳税款期限为1997年12月1日至1997年12月10日。被告庭审中称，该笔滞纳税款经过多次催缴，并对原告采取过暂时扣押和停供增值税专用发票的措施，原告多次承诺尽早缴清欠税却一直未缴，经过上级审批，将该笔税款列入了呆账税金。但根据被告提供的证据不能证明被告对原告该笔欠税及时进行了书面催缴和采取了有效措施。2020年1月21日被告ND税务分局对原告作出冀石PS税ND分局通〔2020〕6号《税务事项通知书》，依据为《税收征收管理法》（主席令〔2001〕第49号）第三十二条、第六十八条和《税收征收管理法实施细则》（国务院令〔2002〕第362号）第七十三条，通知内容为："你单位1997年11月1日至 1997 年 11 月 30 日的应缴纳税款 2439975.08 元，限 2020 年 2 月 5 日前缴纳，并从税款滞纳之日起至缴纳或解缴之日止，按日加收滞纳金与税款一并缴纳。逾期不缴将按《中华人民共和国税收征收管理法》有关规定处理。你单位若同我分局在纳税上有争议，必须先依照本通知的期限缴纳税款及滞纳金或者提供相应的担保，然后可自上述款项缴清或者提供相应担保被税务机关确认之日起六十日内依法向国家税务总局 PS 县税务局申请行政复议。"原告敬业公司收到冀石 PS 税 ND 分局通〔2020〕6 号《税务事项通知书》后，于 2020 年 2 月 3 日缴纳了冀石 PS 税 ND 分局通〔2020〕6 号《税务事项通知书》所列税款 2439975.08 元及滞纳金 14397072.96 元，共计 16837048.04 元。PS 县税务局向原告出具了盖有其公章的税收完税证明。2020 年 3 月 11 日原告敬业冶炼公司向被告 PS 县税务局申请行政复议，请求 PS 县税务局撤销 ND 税务分局于 2020 年 1 月 21 日作出的冀石平山税 ND 分局通〔2020〕6 号《税务事项通知书》中有关缴纳滞纳金的部分，并责令退还已征收的全部滞纳金 14397072.96 元。被告 PS 县税务局收到行政复议申请和相关材料后，于 2020 年 3 月 11 日受理了该行政复议，并向 ND 税务分局送达了《行政复议答复通知书》，ND 税务分局于 2020 年 3 月 25 日作出《行政复议答复书》并提交冀石 PS 税 ND 分局通〔2020〕6 号税务事项通知书和税务文书送达回证、金税三期税收管理系统核算呆账截屏、税收完税证明，被告 PS 县税务局经审查，于 2020 年 4 月 13 日作出平税复决字〔2020〕2 号税务行政复议决定书，决定维持 ND 税务分局的征收行为。原告敬业冶炼公司不服，于 2020 年 4 月 17 日向本院提起行政诉讼，请求：

1. 依法撤销 ND 税务分局于 2020 年 1 月 21 日作出的冀石 PS 税 ND 分局通〔2020〕6 号《税务事项通知书》中有关缴纳滞纳金的部分和 2020 年 4 月 13 日 PS 县税务局作出的平税复决字〔2020〕2 号《税务行政复议决定书》；

2. 判令两被告退还已征收的全部滞纳金，即 14397072.96 元；

3. 本案诉讼费由被告承担。

另查明，2004 年 10 月 21 日原告所在河北敬业集团向 PS 县国税局出具的《河北敬业企业集团清理欠税计划》中计划 2006 年度缴清冶炼公司所有陈欠 4549 万元、2007 年缴清全部呆账 2331 万元。原告敬业公司一直正常经营缴纳税款，对冀石 PS 税 ND 分局通〔2020〕6 号认定的欠缴税款金额 2439975.08 元无异议。本院 2018 年 11 月 22 日受理原告敬业公司不服被告 PS 县税务局征收税款及滞纳金一案，于 2019 年 7 月 26 日作出（2018）冀 0131 行初 53 号行政判决书，判决原告敬业公司应缴纳所欠税款及一倍滞纳金；被告 PS 县税务局退还多收原告的滞纳金。被告 PS 县税务局不服，上诉至石家庄市中级人民法院，石家庄市中级人民法院于 2019 年 10 月 30 日作出（2019）冀 01 行终 467 号行政判决书，维持了一审结果。原审认为，本案中，原告敬业公司申报 1997 年 11 月 1 日至 1997 年 11 月 30 日税款为 2439975.08 元，根据当时施行的《中华人民共和国增值税暂行条例》第二十三条第二款"纳税人以一个月为一期纳税的,自期满之日起十日内申报纳税"的规定,原告敬业公司该笔税款的法定缴纳税款期限是 1997 年 12 月 1 日至 1997 年 12 月 10 日。《税收征收管理法》第四条规定"纳税人、扣缴义务人必须依照法律、行政法规的规定缴纳税款、代扣代缴、代收代缴税款"。国家税务总局《关于进一步加强欠税管理工作的通知》规定"凡纳税人没有缴清欠税的,应定期向主管税务机关报告其生产经营、资金往来、债权债务、投资和欠税原因、清欠计划等情况"。原告敬业公司作为在 PS 县南甸镇从事冶炼经营的企业,是负有纳税义务的纳税人,必须依照法律、行政法规的规定缴纳税款,履行缴纳税款义务。原告敬业公司应当知道未按照规定的期限缴纳税款会产生滞纳金却不主动清缴欠税,对因滞纳税款产生的滞纳金远远超过税款的情况有一定责任。根据当时施行的和现行的《税收征收管理法》和《税收征收管理法实施细则》均规定了税务机关有催缴税款的法定职责,对于从事生产、经营的纳税人未按照规定的期限缴纳税款的,由税务机关发出催缴税款通知书,责令限期缴纳,逾期仍未缴纳的,经县以上税务局(分局)局长批准,税务机关除可以采取强制执行措施并对未缴纳的滞纳金同时强制执行外,还可以处以罚款。2001 年施行的《税收征收管理法》和 2004 年施行的国家税务总局《关于进一步加强欠税管理工作的通知》也明确了税务机关应当进行书面催缴。根据税收征收相关法律、法规规定,从原告敬业公司 1997 年 12 月 11 日滞纳税款之日起,被告就应当及时履行催缴税款职责,发出书面催缴税款通知书或限期缴纳税款通知书,责令其限期缴纳。虽然被告庭审时称对原告进行了多次催缴,但是根据被告提供的现有证据不能证明被告对原告该笔欠税和产生的滞纳金在当时发出书面催缴通知书或限期缴纳税款通知书并采取了强制措施,且被告将该笔税款列为呆账税金。2020 年 1 月 21 日被告 ND 税务分局才作出冀石 PS 税 ND 分局通〔2020〕6 号《税务事项通知书》,依据《税收征收管理法》(主席令〔2001〕第 49 号)第三十二条、第六十八条和《税收征收管理法实施细则》(国务院令〔2002〕第 362 号)第七十三条规定,对原告 1997 年 11 月 1 日至 1997 年 11 月 30 日的该笔欠税进行书面催缴并加收滞纳金。对本案滞纳金远远超过税款,被告亦有一定的责任,根据原、被告的过错程度,参照《行政强制法》第四十五条规定:"行政机关依法作出金钱给付义务的行政决定,当事人逾期不履行的,行政机关可以依法加处罚款或者滞纳金。加处罚款或者滞纳金的标准应当告知当事人。加处罚款或者滞纳金的数额不得超出金钱给付义务的数额"。本案中,被告实际对原告 1997 年 11 月 1 日至 1997 年 11 月 30 日税款 2439975.08 元加收了 14397072.96 元滞纳金,该滞纳金计算明显不当,应予纠正,滞纳金的数额以不超出滞纳税款的数额为宜,除应纳税款 2439975.08 元及滞纳金 2439975.08 元外,被告多收原告的滞纳金 11957097.88 元应予退还。PS 县税务局作出平税复决字〔2020〕2 号《税务行政复议决定书》维持冀石 PS 税 ND 分局通〔2020〕

6号《税务事项通知书》亦属不当,依法应予撤销。依照《行政诉讼法》第七十条第(六)项、第七十七条第一款之规定,判决:

一、撤销被告ND税务分局作出的冀石PS税ND分局通〔2020〕6号《税务事项通知书》中关于加收滞纳金的部分。

二、撤销被告PS县税务局作出的平税复决字〔2020〕2号《税务行政复议决定书》。

三、原告PS县敬业公司应缴纳1997年11月所欠税款2439975.08元及滞纳金2439975.08元,共计4879950.16元。

四、判决生效后十日内被告PS县税务局退还已收原告敬业公司滞纳金11957097.88元。案件受理费50元由PS县税务局负担。

上诉人ND税务分局、PS县税务局上诉诉称,请求依法撤销原审判决,依法改判或发回重审。具体上诉理由如下:一、原审未明确认定上诉人对被上诉人的欠税进行了多次催缴,还采取了暂扣财产和停供增值税专用发票等措施是错误的。催缴的所欠税款当然包括本案所欠税款。二、上诉人对被上诉人所欠的税款进行了催缴,也采取了措施。被上诉人也多次承诺尽快缴清催缴。上诉人对被上诉人的滞纳金远远超过税款没有任何责任,而是因为被上诉人未及时缴纳税款造成的。三、关于加收滞纳金。参照《行政强制法》系法律适用错误。滞纳金的计算是正确的,其计算结果系依照征管法及其实施细则由国家税务总局征税系统软件自动计算生成的。《税务行政复议规则》第十四条明确将加收滞纳金的行为定性为征税行为,滞纳金等同于税款。原审参照行政强制法减免滞纳金是错误的、违法的。本案应适用《税收征收管理法》及其实施细则。《税收征收管理法实施细则》第七十五条明确规定了税务机关加收滞纳金的起止时间为税款缴纳期限届满次日起至纳税人、扣缴义务人实际缴纳或者解缴税款之日止。在《税收征收管理法实施细则》中明确规定了关于加收滞纳金起止时间的前提下,原审参照《行政强制法》系法律适用错误。综上,原审遗漏部分事实,适用法律错误。请求二审支持上诉人诉请。

被上诉人敬业公司答辩称:一、原审认定上诉人多年来未履行通知、催缴义务存在过错,属于认定事实清楚。1.税务机关有责令限期缴纳、通知、催缴的义务,国家和地方部门法规均有明确规定,但上诉人一直未履行,从而导致天价滞纳金产生。2.税收征管法规定了税务机关对于欠税的催收义务,而上诉人多年来一直未履行其义务。二、原审参照《行政强制法》第四十五条的规定判决税务机关征收滞纳金的数额,适用法律正确。根据《行政强制法》的规定,金钱给付义务的滞纳金属于行政强制执行措施,具有惩罚性。本案中《税务事项通知书》的内容则突出体现了税收滞纳金的惩罚性,必须先缴纳,而后才可以行政复议、诉讼。国家税务总局政策法规司副司长李万甫发表的《准确把握行政强制法与税收征管法的关系》指出,《行政强制法》第四十五条规定,加处罚款或者滞纳金不得超出金钱给付义务的金额。《税收征收管理法》对加收滞纳金的金额没有相应规定,应按《行政强制法》执行。《税收征收管理法》及实施细则虽规定了滞纳金加收的起止时间,但只规定了滞纳金的计算方式和加收比例,而《行政强制法》规定滞纳金的征收限额,并将税收滞纳金纳入行政强制法的规制,符合行政强制法的立法目的。法院应依此认定本案滞纳金的数额以不超出滞纳税款的数额,税务机关多收的滞纳金部分应予退还。综上,原审认定事实清楚,适用法律正确,上诉人的上诉理由不成立,请求依法驳回上诉,维持原判。本院所查明的事实与一审查明的事实一致,予以确认。

本院认为,被上诉人敬业公司申报从1997年11月1日至1997年11月30日的增值税,税款为2439975.08元,根据当时施行的《增值税暂行条例》第二十三条第二款"纳税人以一个月为一期纳税的,自期满之日起十日内申报纳税"的规定,该笔税款的法定缴纳税款期限是1997年12月1日至1997年12月10日。被上诉人敬业公司作为纳税人,应当按照法律、法规的规定履行缴纳税款的义务,也应当对因滞纳税款产生的滞纳金承担过错责任。ND税务分局作出冀石PS税ND分局通〔2020〕6号税务事项通知书,对敬业公司1997年11月1日至1997年11月30日的应缴纳税款2439975.08元进行催缴符合法律规定。从敬业公司1997年12月11日滞纳税款之日起,ND税务分局应当及时履行催缴税款职责,但其在法定期限内没有对敬业公司进行催缴,而是时隔22年后,于2020年1月21日才作出通〔2020〕6号《税务事项通知书》,应当承担未及时催缴的责任。《行政强制法》第十二条规定:"行政强制执行的方式:(一)加处罚款或者滞纳金。"可见,滞纳金是行政机关对不按期限履行金钱给付义务而给予当事人经济制裁的制度,属行政强制执行措施,具有惩罚性。《中华人民共和国行政强制法》第四十五条规定:"行政机关依法作出金钱给付义务的行政决定,当事人逾期不履行的,行政机关可以依法加处罚款或者滞纳金。加处罚款或者滞纳金的标准应当告知当事人。加处罚款或者滞纳金的数额不得超出金钱给付义务的数额。"本案中,ND税务分局对敬业公司催缴税款2439975.08元符合法律规定。根据上述法律规定,滞纳金的数额以不超出滞纳税款的数额为宜,ND税务分局加收了14397072.96元滞纳金明显计算不当,收取滞纳金的数额以催缴税款2439975.08元为宜,故ND税务分局多收敬业公司的滞纳金11957097.88元应予退还。综上,上诉人ND税务分局作出的冀石PS税ND分局通〔2020〕6号《税务事项通知书》属认定事实不清,适用法律错误,应予纠正。上诉人PS县税务局受理被上诉人敬业公司行政复议申请后,作出平税复决字〔2020〕2号《税务行政复议决定书》应当予以撤销。原审判决认定事实清楚,适用法律正确,应予维持。二上诉人的上诉理由不能成立,其上诉请求依法应予驳回。依照《行政诉讼法》第八十九条第一款第(一)项的规定,判决如下:

驳回上诉，维持原判。

二审案件受理费50元，由上诉人国家税务总局PS县税务局ND税务分局和国家税务总局PS县税务局负担。本判决为终审判决。

审判长　徐进富
审判员　李文华
审判员　林友生
二〇二一年三月九日
书记员　王西西

【涉案事实】

原告有税款所属1997年11月的增值税欠税243.99万元，时隔二十二年两个月后，主管税务分局催缴此欠税并加收二十二年两个月的税收滞纳金14397072.96元。

原告敬业公司增值税以一个月为一期纳税，1997年11月原告向ND税务分局申报了1997年11月1日至1997年11月30日的增值税，税款为2439975.08元，按照当时施行的《增值税暂行条例》第二十三条第二款"纳税人以一个月为一期纳税的，自期满之日起十日内申报纳税"的规定，原告敬业公司申报1997年11月1日至1997年11月30日增值税的期限和缴纳税款期限为1997年12月1日至1997年12月10日。被告庭审中称，该笔滞纳税款经过多次催缴，并对原告采取过暂时扣押和停供增值税专用发票的措施，原告多次承诺尽早缴清欠税却一直未缴，经过上级审批，将该笔税款列入了呆账税金。但根据被告提供的证据不能证明被告对原告该笔欠税及时进行了书面催缴和采取了有效措施。2020年1月21日被告ND税务分局对原告作出冀石PS税ND分局通〔2020〕6号《税务事项通知书》，依据为《税收征收管理法》（主席令〔2001〕第49号）第三十二条、第六十八条和《税收征收管理法实施细则》（国务院令〔2002〕第362号）第七十三条，通知内容为："你单位1997年11月1日至1997年11月30日的应缴纳税款2439975.08元，限2020年2月5日前缴纳，并从税款滞纳之日起至缴纳或解缴之日止，按日加收滞纳金与税款一并缴纳。"

【争议焦点】

原告一直正常经营，被告没有履行法定催缴义务，造成天价税收滞纳金是谁的责任？

根据当时施行的和现行的《税收征收管理法》和《税收征收管理法实施细则》均规定了税务机关有催缴税款的法定职责，对于从事生产、经营的纳税人未按照规定的期限缴纳税款的，由税务机关发出催缴税款通知书，责令限期缴纳，逾期仍未缴纳的，经县以上税务局（分局）局长批准，税务机关除可以采取强制执行措施并对未缴纳的滞纳金同时强制执行外，还可以处以罚款。2001年施行的《税收征收管理法》和2004年施行的国家税务总局《关于进一步加强欠税管理工作的通知》也明确了税务机关应当进行书面催缴。根据税收征收相关法律、法规规定，从原告敬业公司1997年12月11日滞纳税款之日起，被告就应当及时履行催缴税款职责，发出书面催缴税款通知书或限期缴纳税款通知书，责令其限期缴纳。虽然被告庭审时称对原告进行了多次催缴，但是根据被告提供的现有证据不能证明被告对原告该笔欠税和产生的滞纳金在当时发出书面催缴通知书或限期缴纳税款通知书并采取了强制措施，且被告将该笔税款列为呆账税金。

【案件焦点】

本案是借鉴《行政强制法》第四十五条的规定，来划分原告与被告的责任，这是唯一可以借鉴的法律依据。关于"加处罚款或者滞纳金的数额不得超出金钱给付义务的数额"的规定，是不适用加收税收滞纳金的。

【政策依据】

"税款滞纳金"和"行政强制执行滞纳金"系两个不同的概念，不能混为一谈。第一，两者的加收法律依据不同。税款滞纳金的征收依据是《税收征收管理法》第三十二条，即"纳税人未按照规定期限缴纳税款的，扣缴义务人未按照规定期限解缴税款的，税务机关除责令限期缴纳外，从滞纳税款之日起，按日加收滞纳税款万分之五的滞纳金"。行政强制执行滞纳金的加收依据是《行政强制法》第四十五条，即"行政机关依法作出金钱给付义务的行政决定，当事人逾期不履行的，行政机关可以依法加处罚款或者滞纳金"。第二，两者的加收条件不同。税款滞纳金的加收条件是纳税人发生纳税义务后未照规定期限缴纳税款；行政强制执行滞纳金的加收条件是行政机关作出金钱给付义务决定后，义务人未按期履行。因此，税款滞纳金的加收前提是纳税人未履行纳税的法定义务，行政强制滞纳金的加收前提是义务人未履行行政机关作出行政决定规定的义务。一个是"法定义务"，一个是"行政决定规定的义务"。第三，两者加收的起止期限不同。《税收征收管理法实施细则》第七十五条规定，税收征管法第三十二条规定的加收滞纳金的起止时间，为法律、行政法规规定或者税务机关依照法律、行政法规的规定确定的税款缴纳期限届满次日起至纳税人、扣缴义务人实际缴纳或者解缴税款之日止。根据《行政强制法》第四十五条的规定，行政强制执行滞纳金是从行政机关作出金钱给付义务的行政决定要求履行的期限届满开始计算到义务人实际履行完毕金钱给付义务为止，但滞纳金的数额不得超出金钱给付义务的数额。因此，"税款滞纳金"和"行政强制滞纳金"是两个不同的概念，两者在适用的法律依据、加收条件和起止期限上都有不同的规定。为此国家税务局总局服务司于2012年8月22日就"征收税款加收滞纳金的金额能否超出税款本金"的问题答疑，明确答复"税收滞纳金的加收按照征管法执行，不适用行政强制法，不存在是否超出税款本金的问题。如滞纳金加收数据超过本金，按征管法的规定进行加收"。

【点评解析】

这是终审案件。本案最终判决：驳回上诉，维持原判。二审案件受理费50元，由上诉人负担。本案的判决是准确的、正确的。

但是，躺着中枪了，被别有用心的人用来炒作，断章取义"税收滞纳金加收不能超过税款本金"！可悲乎、可怜哉、可恶也！本案税务局被诉和败诉的根本是行政不作为而导致天价税收滞纳金的产生，不是因为加收税收滞纳金超过了税款本金。

本案充分体现了行政诉讼的必要性和法律救济制度的科学性。原告通过正当合法的税收法律救济途径，成功地维护了自身的合法权益！！

【案例二】 税收滞纳金的加收按照征管法执行，不适用行政强制法，不存在是否超出税款本金的问题

山东省济南市中级人民法院民事判决书

（2019）鲁01民终4926号

上诉人（原审原告）：国家税务总局济南市槐荫区税务局。
被上诉人（原审被告）：山东省建材物资总公司
诉讼代表人：山东省建材物资总公司管理人。
主要负责人：焦燕明，清算组组长。
委托诉讼代理人：刘丽，女，管理人职员。
委托诉讼代理人：魏芳琳，女，管理人职员。

上诉人国家税务总局济南市槐荫区税务局（以下简称槐荫税务局）因与被上诉人山东省建材物资总公司（以下简称建材公司）破产债权确认纠纷一案，不服济南市槐荫区人民法院（2018）鲁0104民初7704号民事判决，向本院提起上诉。本院于2019年5月28日立案后，依法组成合议庭进行了审理。本案现已审理终结。

槐荫税务局上诉请求：1. 请求判令撤销一审判决，并依法改判支持槐荫税务局的诉讼请求；2. 请求判令本案一、二审诉讼费由建材公司承担。事实和理由：一审判决认定事实不清。（一）"税款滞纳金"和"行政强制执行滞纳金"系两个不同的概念，不能混为一谈。第一，两者的加收法律依据不同。税款滞纳金的征收依据是《税收征收管理法》第三十二条，即"纳税人未按照规定期限缴纳税款的，扣缴义务人未按照规定期限解缴税款的，税务机关除责令限期缴纳外，从滞纳税款之日起，按日加收滞纳税款万分之五的滞纳金"。行政强制执行滞纳金的加收依据是《行政强制法》第四十五条，即"行政机关依法作出金钱给付义务的行政决定，当事人逾期不履行的，行

政机关可以依法加处罚款或者滞纳金"。第二，两者的加收条件不同。税款滞纳金的加收条件是纳税人发生纳税义务后未照规定期限缴纳税款；行政强制执行滞纳金的加收条件是行政机关作出金钱给付义务决定后，义务人未按期履行。因此，税款滞纳金的加收前提是纳税人未履行纳税的法定义务，行政强制滞纳金的加收前提是义务人未履行行政机关作出行政决定规定的义务。一个是"法定义务"，一个是"行政决定规定的义务"。第三，两者加收的起止期限不同。《税收征收管理法实施细则》第七十五条规定，税收征管法第三十二条规定的加收滞纳金的起止时间，为法律、行政法规规定或者税务机关依照法律、行政法规的规定确定的税款缴纳期限届满次日起至纳税人、扣缴义务人实际缴纳或者解缴税款之日止。根据《行政强制法》第四十五条的规定，行政强制执行滞纳金是从行政机关作出金钱给付义务的行政决定要求履行的期限届满开始计算到义务人实际履行完毕金钱给付义务为止，但滞纳金的数额不得超出金钱给付义务的数额。因此，"税款滞纳金"和"行政强制滞纳金"是两个不同的概念，两者在适用的法律依据、加收条件和起止期限上都有不同的规定。为此国家税务局总局服务司于2012年8月22日就"征收税款加收滞纳金的金额能否超出税款本金"的问题答疑，明确答复"税收滞纳金的加收按照征管法执行，不适用行政强制法，不存在是否超出税款本金的问题。如滞纳金加收数据超过本金，按征管法的规定进行加收"。

（二）本案涉及税收管理过程中，槐荫税务局对于建材公司未采取行政强制执行措施，一审判决将税款滞纳金认定为行政强制执行滞纳金，没有任何事实依据。《行政强制法》第十二条规定，行政强制执行的方式：加处罚款或者滞纳金；第三十四条规定，行政机关依法作出行政决定后，当事人在行政机关决定的期限内不履行义务的，具有行政强制执行权的行政机关依照本章规定强制执行；第三十五条规定，行政机关作出强制执行决定前，应当事先催告当事人履行义务；第三十六条规定，当事人收到催告书后有权进行陈述和申辩；第三十七条规定经催告，当事人逾期仍不履行行政决定，且无正当理由的，行政机关可以作出强制执行决定。根据上述关于行政强制执行的法律规定，如果槐荫税务局对于建材公司采取了行政强制执行，应履行催告、陈述申辩、下达行政强制执行决定书等程序。而事实是槐荫税务局并没有对建材公司采取上述行政强制执行程序，也没有下达行政强制执行决定。因此，一审判决将税款滞纳金认定为行政强制执行滞纳金没有事实依据。综上所述，"税款滞纳金"与"行政强制执行滞纳金"系两个不同的概念。建材公司的破产管理人将"税款滞纳金"认定为"行政强制执行滞纳金"继而对超出税款金额部分的滞纳金没有认定为破产债权是错误的，侵犯了槐荫税务局的合法权益，损害了国家利益。同时本案一审判决事实认定不清，法律适用错误，没有依法纠正破产管理人对破产债权的错误审核结果。

建材公司辩称，一审判决认定事实清楚，适用法律正确，应当依法驳回上诉，维持原判。理由如下：（一）从《行政强制法》的相关规定来看，本案中税款滞纳金不应超过税款本金。1.《税收征收管理法》第三十二条与《行政强制法》第四十五条第二款之间不存在冲突，应当对税款滞纳金数额进行限制。从《税收征收管理法》第三十二条的规定来看，税款滞纳金的数额的计算取决于三个要素：税款本金、比率（即日万分之五）、滞纳天数，用数学公式可表示为：税款滞纳金＝税款本金×日万分之五×滞纳天数。《税收征收管理法》第三十二条只规定了前两个要素，对滞纳天数只规定了起算时间，但并未规定截止日期。因此，仅依据《税收征收管理法》第三十二条是无法计算出税款滞纳金具体数额的。《行政强制法》第四十五条第二款规定，"加处罚款或者滞纳金的数额不得超出金钱给付义务的数额"。即税款滞纳金≤税款本金，此规定是对滞纳金最高限额的规定，与《税收征收管理法》第三十二条的规定并不存在冲突。2.按照新法优于旧法的原则，应当对税金滞纳金数额进行限制。3.《税收征管法实施细则》、《国家税务总局关于贯彻及其实施细则若干具体问题的通知》（国税发〔2003〕47号）效力等级低于《行政强制法》，当前两者的规定与后者的规定不一致时，应当优先适用法律，应当对税金滞纳金数额进行限制。（二）从税款滞纳金的性质来看，应当对税款滞纳金的数额进行限制。根据《税收征收管理法》第三十二条和第四十条的规定可知，税收滞纳金兼具损害赔偿性和行政强制执行中的执行罚的性质。国家对滞纳税款的纳税人、扣缴义务人征收滞纳金，目的是保证纳税人、扣缴义务人及时履行缴纳或者解缴税款的义务。从民法角度讲，滞纳金是纳税人、扣缴义务人因迟延缴纳国家税款所作的赔偿；从行政法角度讲，滞纳金是国家对不及时履行缴纳或者解缴税款义务的纳税人、扣缴义务人施加的一种加重给付义务，具有执行罚的性质。既然税款滞纳金具有双重性质，那就不仅需要考虑其执行罚的性质，还需考虑赔偿的适度，从滞纳金的比率从日千分之五到日千分之二再到现行的日万分之五的变化，就可以看出，滞纳金作为对未按时缴纳或解缴税款的赔偿，越来越趋于合理、公平。在民事法律关系中，作为违约方，有请求对过高的违约金进行调整的权利，税收滞纳金的现行比率日万分之五，相当于年利率18%，远远高于现行最高银行贷款年利率4.9%，那么作为税收法律关系中违约方的纳税企业，也有要求对滞纳金进行限制的权利，这样才能在维护国家税收公权利的同时，兼顾纳税人的利益。因此，从税款滞纳金的性质考虑，也应当对数额进行限制。（三）退一步讲，即使税款滞纳金不以税款金额为限，也应当按照《税收征收管理法》的规定，以日万分之五为计算滞纳金的比率。本案中，槐荫税务局对2001年5月1日前的滞纳金按照日千分之二的比率进行计算，与《税收征收管理法》第九十二条"本法施行前颁布的税收法律与本法有不同规定的，适用本法规定"的规定不相符合。按照上述规定，应适用《税收征收管理法》第三十二条规定的日万分之五的比率计算滞纳金。（四）税务机关未及时催缴或扣划税款，导致税款滞纳金的无限增加，其本身未尽相关催缴义务，应承担相应责任。（五）建材公司作为已停止生产经营多年的企业，其欠缴税款并非故意，从维护企业职工权益及企业发展的角度考虑，也应当对税款滞纳金进行限制。另外，对于一些暂时出现生产经营困难的企业，如果不考虑企业的具体情况，只单纯计收税款滞纳金，可能会导致部分能够继续生存的企业，因税款滞纳金过高，而无法继续经营，这对国家社会经济发展的不利影响是毋庸置疑的。（六）对税款滞纳金数额进行限制，是《破产法》保障破产程序中全体债权人公平清偿原则的体现。本案中，建材公司已被人民法院裁定受理进行破产清算，按照《破产法》的相关规定，应当对债权人进行公平清偿，税款本金债权按照该法规定，已经优先于其他普通债权将在第二顺序得到清偿，若对税款滞纳金不加以限制，将更不利于其他普通债权人权利的实现与维护，因此对税款滞纳金应当进行限制。

槐荫税务局向一审法院起诉请求：1. 请求确认槐荫税务局对建材公司享有破产债权，即建材公司所欠税款对应的滞纳金 6787155.73 元（计算至破产申请受理之日即 2018 年 7 月 2 日）；2. 请求判令本案诉讼费由建材公司负担。

一审法院认定事实：2018 年 7 月 2 日，一审法院作出（2018）鲁 0104 破申 2 号民事裁定书，裁定受理建材公司的破产清算申请。槐荫税务局于 2018 年 9 月 11 日向建材公司管理人申报债权。2018 年 9 月 17 日，建材公司管理人作出两份《债权审查结果通知书》，认为税金滞纳金不能超过税金本身，最终确认债权总额分别为 232932.28 元（其中滞纳金为 116466.14 元，列入普通债权参与分配）和 2596449.58 元（其中滞纳金为 1298224.79 元，列入普通债权参与分配）。

另查明，建材公司存在欠缴税款两笔：增值税呆账 1298224.79 元，税款所属期为 1998 年 11 月，缴款期限为 1998 年 12 月 10 日，自 1998 年 12 月 10 日起至 2018 年 7 月 2 日（即破产清算受理之日），滞纳金为 6335336.98 元；城市维护建设税 81526.30 元、教育费附加 34939.84 元，共计 116466.14 元，自 1998 年 1 月 12 日起计算至 2018 年 7 月 2 日，滞纳金为 451818.75 元。

一审法院认为，依法纳税系应纳税人的应尽义务，建材公司长期未按规定缴纳税款，槐荫税务局对其追征税款和滞纳金符合法律规定。加收滞纳金系纳税人未在法律规定期限内完税的一种处罚举措，系行政强制执行的一种方式。依照《行政强制法》第四十五条第二款"加处罚款或者滞纳金的数额不得超出金钱给付义务的数额"之规定，建材公司管理人认定的滞纳金数额，符合法律规定，一审法院予以确认。对于槐荫税务局主张税款滞纳金并非行政强制执行滞纳金的意见，一审法院未予采纳。鉴于建材公司管理人已对槐荫税务局的债权及滞纳金作出认定，符合法律要求，故对槐荫税务局要求确认滞纳金债权的诉讼请求，一审法院未予支持。一审法院依照《行政强制法》第四十五条第二款、《破产法》第五十八条第三款之规定判决：驳回槐荫税务局的诉讼请求。案件受理费 59310 元，减半收取 29655 元，由槐荫税务局负担。

经审理本院认定，一审法院认定的事实属实，本院予以确认。

本院认为，加收滞纳金系纳税人未在法律规定期限内完税的一种处罚举措，系行政强制执行的一种方式，一审法院对此认定并无不当。《行政强制法》第四十五条第二款"加处罚款或者滞纳金的数额不得超出金钱给付义务的数额"。建材公司管理人认定的滞纳金数额，符合法律规定。对于槐荫税务局要求建材公司管理人确认超出本金的税款滞纳金，不符合法律规定，不应支持。综上，槐荫税务局的上诉请求不能成立，应予驳回；一审判决认定事实清楚，适用法律正确，应予维持。依照《民事诉讼法》第一百七十条第一款第一项规定，判决如下：

驳回上诉，维持原判。

二审案件受理费 59310 元，由上诉人国家税务总局济南市槐荫区税务局负担。

本判决为终审判决。

审判长　魏希贵

审判员　宋海东

审判员　刘永刚

二〇一九年八月十二日

书记员　柳旺林

【涉案事实】

本案是民事诉讼，税务机关作为债权人请求法院判决确认债权：请求确认槐荫税务局对建材公司享有破产债权，即建材公司所欠税款对应的滞纳金 6787155.73 元（计算至破产申请受理之日即 2018 年 7 月 2 日）。

建材公司存在欠缴税款两笔：增值税呆账 1298224.79 元，税款所属期为 1998 年 11 月，缴款期限为 1998 年 12 月 10 日，自 1998 年 12 月 10 日起至 2018 年 7 月 2 日（即破产清算受理之日），滞纳金为 6335336.98 元；城市维护建设税 81526.30 元、教育费附加 34939.84 元，共计 116466.14 元，自 1998 年 1 月 12 日起计算至 2018 年 7 月 2 日，滞纳金为 451818.75 元。

【争议焦点】

破产债权的税收滞纳金应该如何计算？滞纳金计算截止日期应为法院受理破产案件的时间。

根据《破产法》第三十七条第二款的规定，"破产企业所欠税款"不属于"破产债权"，具有优先于"破产债权"受偿的地位。税务机关就破产企业欠缴税款产生的滞纳金提起的债权确认之诉，人民法院应依法受理。依照企业破产法、税收征收管理法的有关规定，破产企业在破产案件受理前因欠缴税款产生的滞纳金属于普通破产债权。对于破产案件受理后因欠缴税款产生的滞纳金，人民法院应当依照《最高人民法院关于审理企业破产案件若干问题的规定》第六十一条规定处理。

【政策依据】

《最高人民法院关于审理企业破产案件若干问题的规定》（法释〔2002〕23号）第61条规定：人民法院受理破产案件后债务人未支付应付款项的滞纳金不属于破产债权。也就是说欠税滞纳金可以申报破产债权，但是滞纳金计算截止日期应为法院受理破产案件的时间。

本案的政策依据是明确的，因此，本案的判决是错误的。

【点评解析】

本案是民事诉讼案件，不是行政诉讼案件，证据在此：山东省济南市中级人民法院民事判决书（2019）鲁01民终4926号，二审案件受理费59310元，由上诉人税务局负担。税收滞纳金的加收按照征管法执行，不适用行政强制法，不存在是否超出税款本金的问题。

【案例三】 公司欠税股东负连带责任，税务机关提起民事诉讼向股东追偿

浙江省温州市瓯海区人民法院民事判决书

（2014）温瓯商初字第225号

原告：温州市地方税务局鹿城税务分局

法定代表人：陈文川

委托代理人：严凌振、章永海

被告：李某茜

被告：余某忠

原告温州市地方税务局鹿城税务分局为与被告李某茜、余某忠股东损害公司债权人利益责任纠纷一案，于2014年2月13日向本院提起诉讼，本院于同日受理后，依法组成合议庭，于2014年7月1日公开开庭进行了审理。原告温州市地方税务局鹿城税务分局的委托代理人章永海到庭参加诉讼，被告李某茜、余某忠经本院合法传唤无正当理由拒不到庭。本案现已审理终结。

原告温州市地方税务局鹿城税务分局起诉称：原温州泰森鞋业有限公司系由被告李某茜、余某忠投资并注册设立，由被告李某茜担任公司法定代表人。2013年期间，因温州泰森鞋业有限公司经营陷入困境，现有资产已无法清偿到期债务，经债权人向温州市鹿城区人民法院提起破产清算申请，并经法院裁定受理。2013年6月28日，原告依法向温州泰森鞋业有限公司破产管理人申报其所欠的税款债权45736.35元并要求优先受偿。破产管理人经审核后对原告所申报的上述税款债权予以确认。2013年7

月 4 日，温州泰森鞋业有限公司破产管理人以温州泰森鞋业有限公司已停止经营，公司账册下落不明，无法追查温州泰森鞋业有限公司可供清偿的财产，导致无法进行清算，请求终结破产清算程序。鹿城法院经审理作出（2013）温鹿商破字第11-1号民事裁定书，宣告温州泰森鞋业有限公司破产并终结温州泰森鞋业有限公司破产清算程序，并认为"因本案终结破产清算程序系温州泰森鞋业有限公司股东和实际控制人未能提供真实完整的财务账册，致使管理人无法追查温州泰森鞋业有限公司的财产，无法进行清算造成，温州泰森鞋业有限公司的债权人可依照相关法律规定，请求温州泰森鞋业有限公司的股东和实际控制人承担相应的民事责任"。现原告请求法院依法判令：一、被告李某茜、余某忠连带清偿原温州泰森鞋业有限公司所欠的税款及滞纳金等款项共计45736.35元；二、原告对上述款项在被告李某茜、余某忠所有的财产中享有优先受偿的权利。

原告温州市地方税务局鹿城税务分局为证明其主张，在本院指定的举证期限内向本院提供以下证据：

1. 温州泰森鞋业有限公司基本信息及投资者情况，以证明被告李某茜、余某忠系温州泰森鞋业有限公司的投资人及股东，应对温州泰森鞋业有限公司所欠税款及滞纳金等款项承担清偿责任；

2. 关于要求参与温州泰森鞋业有限公司资产处置分配的函，以证明法院裁定温州泰森鞋业有限公司的破产清算后，原告就温州泰森鞋业有限公司所欠税款及滞纳金等共计45736.35元向破产管理人申报债权并要求依法优先受偿；

3. 管理人执行职务的工作报告，以证明经温州泰森鞋业有限公司破产管理人审核，确认原告债权成立；

4. （2013）温鹿商破字第11-1号民事裁定书，以证明法院裁定终结温州泰森鞋业有限公司破产清算程序，认定终结系因温州泰森鞋业有限公司股东不提供真实完整财务账册致清算无法进行，债权人有权要求温州泰森鞋业有限公司股东承担民事责任；

5. 债权人会议记录，以证明原告的债权经温州泰森鞋业有限公司管理人确认。

被告李某茜、余某忠没有答辩，也没有提交证据。

原告温州市地方税务局鹿城税务分局提供的以上证据，被告李某茜、余某忠未到庭，应视为其放弃对原告提供的证据进行质证的权利。本院审查后认为，原告提供的证据1—5，能够证明其所要待证的事实，本院依法予以确认。

经审理，本院对原告温州市地方税务局鹿城税务分局诉称的上述事实予以认定。另查明，温州泰森鞋业有限公司的注册资本108万元，工商登记的股东为李某茜，投资额18.36万元，投资比例17%；股东余某忠投资额89.64万元，投资比例83%。2013年11月8日，温州泰森鞋业有限公司因依法予以解散而被工商行政管理部门依法注销。

本院认为：温州泰森鞋业有限公司及其清算义务人即股东李某茜、余某忠在法院指定期限内没有提供公司会计凭证及财务账册，也没有移送公司财产，导致无法进行清算，温州市鹿城区人民法院裁定终结温州泰森鞋业有限公司的强制清算程序，根据法律规定，被告李某茜、余某忠作为温州泰森鞋业有限公司的股东应对公司的债务承担连带清偿责任。温州泰森鞋业有限公司欠原告税款及滞纳金债权45736.35元事实清楚，原告请求被告李某茜、余某忠偿付税款及滞纳金45736.35元，符合法律规定，本院予以支持。但原告主张享有就被告李某茜、余某忠的财产优先受偿的权利，缺乏依据，本院不予支持。依照《中华人民共和国合同法》第六十条，最高人民法院《关于适用〈中华人民共和国公司法〉若干问题的规定（二）》第十八条第二款、第三款，《民事诉讼法》第六十四条第一款、第一百四十四条之规定，判决如下：

一、被告李某茜、余某忠应于本判决生效后十日内偿付原告温州市地方税务局鹿城税务分局税款及滞纳金45736.35元。

二、驳回原告温州市地方税务局鹿城税务分局的其他诉讼请求。

如果未按本判决指定的期间履行给付金钱义务，应当依照《中华人民共和国民事诉讼法》第二百五十三条的规定，加倍支付迟延履行期间的债务利息。

本案受理费943元，公告费820元，合计1763元。由被告李某茜、余某忠负担（公告费820元已由原告垫付）。

如不服本判决，可在判决书送达之日起十五日内，向本院递交上诉状并按对方当事人的人数提出副本，上诉于浙江省温州市中级人民法院。

附：判决适用的法律条文及当事人应知的相关事项

判决适用的法律条文

最高人民法院《关于适用〈中华人民共和国公司法〉若干问题的规定（二）》第十八条规定，有限责任公司的股东、股份有限公司的董事长和控股股东未在法定期限内成立清算组开始清算，导致公司财产贬值、流失、毁损或者灭失，债权人主张其在造成损失范围内对公司债务承担赔偿责任的，人民法院应依法予以支持。

有限责任公司的股东、股份有限公司的董事长和控股股东因怠于履行义务，导致公司主要财产、账册、主要文件等灭失，无法进行清算，债权人主张其对公司债务承担连带清偿责任的，人民法院应依法予以支持。

上述情形系实际控制人原因造成，债权人主张实际控制人对公司债务承担相应民事责任的，人民法院应依法予以支持。

《民事诉讼法》

第六十四条 当事人对自己提出的主张，有责任提供证据。当事人及其诉讼代理人因客观原因不能自行收集的证据，或者人民法院认为审理案件需要的证据，人民法院应当调查收集。人民法院应当按照法定程序，全面、客观地审查核实证据。

第一百四十四条 被告经传票传唤，无正当理由拒不到庭的，或者未经法庭许可中途退庭的，可以缺席判决。

【涉案事实】

因为未完成破产清算，股东连带清偿公司所欠的税款及滞纳金。

鹿城法院经审理作出（2013）温鹿商破字第11-1号民事裁定书，宣告温州泰森鞋业有限公司破产并终结温州泰森鞋业有限公司破产清算程序，并认为"因本案终结破产清算程序系温州泰森鞋业有限公司股东和实际控制人未能提供真实完整的财务账册，致使管理人无法追查温州泰森鞋业有限公司的财产，无法进行清算造成，温州泰森鞋业有限公司的债权人可依照相关法律规定，请求温州泰森鞋业有限公司的股东和实际控制人承担相应的民事责任"。被告李某茜、余某忠连带清偿原温州泰森鞋业有限公司所欠的税款及滞纳金等款项共计45736.35元。

【争议焦点】

事实清楚、证据确凿，征纳双方无争议。

【政策依据】

最高人民法院《关于适用〈中华人民共和国公司法〉若干问题的规定（二）》第十八条有限责任公司的股东、股份有限公司的董事长和控股股东未在法定期限内成立清算组开始清算，导致公司财产贬值、流失、毁损或者灭失，债权人主张其在造成损失范围内对公司债务承担赔偿责任的，人民法院应依法予以支持。

有限责任公司的股东、股份有限公司的董事长和控股股东因怠于履行义务，导致公司主要财产、账册、主要文件等灭失，无法进行清算，债权人主张其对公司债务承担连带清偿责任的，人民法院应依法予以支持。

上述情形系实际控制人原因造成，债权人主张实际控制人对公司债务承担相应民事责任的，人民法院应依法予以支持。

【点评解析】

税务登记注销的是纳税人的权利，无法注销纳税人在存续期间应履行而未履行的纳税义务，非破产清算情况下，股东对其投资的公司应履行而未履行纳税义务的应纳税款及应加收的税收滞纳金，负有连带责任。因此，所有通过新成立公司再注销税务登记"避税"的纳税筹划都是伪筹划，就是掩耳盗铃。

第二节　程序法案例

行政程序的合法性是什么？通俗的理解是，行政程序的履行要有相应的法律、法规规定，同时还要有行政主体履行行政程序的事实依据。不同的具体行政行为，其行政程序是不同的。人民法院对违反法定程序的具体行政行为，应当判决撤销，或者判决重新作出具体行政行为。我国没有专门的行政程序法，对行政程序的规定，主要体现在部门法律、法规和规章中。所以，审查具体行政行为的行政程序是否合法，就要根据具体行政行为的性质和特点，审查其应该执行的程序。在行政审判实践中，如果行政程序违法，且影响具体行政行为合法性全局的，该具体行政行为则予以撤销；如果行政程序存在"瑕疵"，但不影响合法性全局的，则不产生撤销具体行政行为的法律后果。

一、行政程序的合法性

行政程序包括实施行政行为所应遵循的方式、步骤、顺序、时限等，符合法定行政程序是具体行政行为的合法且必要条件。行政程序种类繁多、性质各异、目的有别，对相对人权益的影响程度也是不相同的。行政程序有的专为保护相对人权益设定，有的专为行政效率设定，有的则兼顾相对人权益保护和行政效率但侧重不同。当行政主体实施行政行为时违反法定程序，但对相对人权益并无影响；或者有程序违法问题的行政行为已授予相对人某种权益，而相对人享有这种权益符合法定条件；或者行政行为程序违法使相对人的程序权利受到轻微损害，但行政效率与公共利益更值保护时，是可以不撤销的。

因此，我国对行政程序的合法性审查是应区别情况进行，并应根据不同情况相应确定撤销、确认违法或无效、责令补正、不影响行为效力等不同法律后果。

（一）基本程序与非基本程序的区分及适用

基本程序一般是指能够影响行政行为效力的程序，比如行政处罚中的告知、听证、送达程序等。基本程序对行政相对人的权益保护有着直接的影响，行政机关作出行政行为时是必须遵守的。基本程序缺少或严重不符法律规定，行政行为构成违法，应予撤销；行政行为不具有可撤销内容的，应依法确认其违法；被诉行政行为因基本程序缺少或不符法律规定而依法不成立或者无效的，应判决确认其无效。非基本程序则指不影响行政行为效力的程序，这类程序的设立，虽有利于当事人权益的保护，但主要是为提高行政效率。违反非基本程序，不影响行政行为的效力。比如行政处罚法第四十条规定，宣告行政处罚决定书时当事人不在场的，行政机关应当在七日内依照民事诉讼法的有关规定，将行政处罚决定书送达当事人。其中，七日时限是非基本程序，如果在七日后送达，该处罚决定的效力并不因此而受影响。

(二) 内部行政程序与外部行政程序的区分及适用

内部行政程序仅在行政机关内部或行政机关之间发生关系，一般不直接涉及行政相对人，往往不属于行政程序的合法性审查范围。违反内部程序，一般不影响行政行为的对外效力。但是，内部程序也不是绝对不直接影响相对人的权益。直接涉及相对人权益的内部程序属于司法审查范围，违反该程序的，行政行为因程序违法将产生撤销或确认违法的法律后果。比如税收征收管理法第四十条规定，纳税人经税务机关责令限期缴纳后逾期仍未缴纳的，经县级以上税务局（分局）局长批准，税务机关可以扣押并拍卖其价值相当于应纳税款的商品，以拍卖所得抵缴税款。其中，县级以上税务局（分局）局长批准内部程序直接涉及相对人权益，如未经批准，该扣押行为程序违法，应予撤销。外部行政程序是在行政机关与行政相对人之间发生程序权利义务关系的程序。外部行政程序直接与行政相对人发生关系，是行政程序合法性审查的重点。违反外部行政程序，被诉具体行政行为一般应予撤销。

(三) 授益行政行为程序与负担行政行为程序的区分及适用

以行政行为对相对人所造成影响之利与不利为标准，行政行为可分为授益行政行为与负担行政行为。对于那些赋予相对人某种权益，或解除其某项义务的授益行政行为，比如行政许可、发放救济、减免税金、行政奖励等，基于对相对人信赖利益的保护，虽程序有缺陷或违法，但如果实体正确，相对人保留该权益符合法定条件，或相对人因该授益行政行为的作出而采取了相应行动，致使撤销该行为可能使相对人处于极不利的境地时，除非相对人有欺诈、贿赂等重大过错，授益行为不应撤销，程序问题应由行政机关补正。比如，规划许可行为程序违法，但实体上符合城市规划，或相对人依该许可已投入大量资金开工建设，撤销许可将导致不可挽回的损失，行政行为均不应撤销。负担行政行为则以剥夺、限制行政相对人某种权益，或以附加某项义务为内容，如行政处罚、行政强制、行政征收等，程序违法往往不利于相对人权益保护，应予撤销或确认违法。

(四) 充分考虑国家利益和社会公共利益的保护

行政行为程序违法，但撤销该行为不利于国家利益或社会公共利益的，不应撤销。如因国家大型工程的征地，征用程序违法，撤销征用行为可能造成损害国家利益或社会公共利益，不宜采用，应作出"情势判决"，确认其违法而不予撤销，使其仍保持效力，同时判令行政机关补正，造成损害的依法判决承担赔偿责任。

总之，某些行政行为虽有程序违法情形而不撤销或宣告无效，行政行为效力不受影响，这并非意味着这种程序违法行为就不受追究。依法行政就是一切程序违法行为均应追究其法律责任。对程序违法应区分不同情况分别处理,不能陷入形式主义,一律予以撤销或宣告无效,以免影响行政效率,也有碍于相对人权益保护。行政行为程序违法虽未撤销或宣告无效,行为效力不受影响,但应承担其他法律责任。如行政处罚法第五十五条、行政复议法第三十四条均规定,程序违法的,由上级机关或有关部门责令改正;对直接负责的主管人员和其他直接责任人员依法给予行政处分。

二、典型案例

【案例四】缴税易而退税难,复议扯皮唯行政诉讼公断

AH省合肥市庐阳区人民法院行政判决书

(2015)庐行初字第00006号

原告:BP市JS房地产开发有限公司。
法定代表人:年政,董事长。
委托代理人:周某某,该公司职员。
委托代理人:王栓继,AH明锐律师事务所律师。
被告:AH省地方税务局。
法定代表人:汪建国,局长。
委托代理人:许长江,AH金榜律师事务所律师。
委托代理人:许玮,AH金榜律师事务所律师。

原告BP市JS房地产开发有限公司(以下简称JS公司)不服被告AH省地方税务局(以下简称省地税局)行政决定,于2014年12月9日向本院提起诉讼。本院于2014年12月16日受理后,于2014年12月18日向省地税局送达了应诉通知书及起诉状副本。本院依法组成合议庭,于2015年1月14日公开开庭审理了本案。原告JS公司的委托代理人王栓继,被告省地税局的委托代理人许长江、许玮到庭参加诉讼。本案现已审理终结。

2014年11月25日,省地税局作出皖地税复告字〔2014〕001号行政复议告知书,告知JS公司:2014年11月10日的行政复议申请,依法应向BP市地方税务局(以下简称BP地税局)或BP市人民政府提出。

省地税局于2014年12月28日向本院提供的证据有:1.《国家税务总局关于开展税源专业化管理试点工作的指导意见》,证明国家局为探索适合我国实际的税源管理新途径,下发该意见,决定在AH等8个省市开展税源专业化管理试点工作,要求"根据税源结构及其风险特点,按照纳税人规模、行业,兼顾国际税收等特定业务,对税源进行科学分类。根据税源科学分类和风险管理流程,将税源管理职责在不同的层级、部门和岗位间进行科学分解、合理分工";"将现有按照划片管户设立的税源管理机构,调整为按照规模、行业、特定业务等分类的税源管理机构"。2.《关于推进税源专业化管理工作的意见》,证明其根据国家局的要求,为了税源专业化管理,下发该意见,决定将 BP 市等 8 市列为税源专业化管理的试点,规定:"积极争取和探索按规模、行业、特定业务等分类设立税源管理机构"。3.《关于深入推进税源专业化管理试点工作的通知》,证明其为深入推进税源专业化管理试点工作,下发了该通知,规定:"负责纳税人日常管理的基层分局可以按纳税人的行业、规模等因素,重新明确管理范围和工作职责",BP 市地税局设立的税源管理二局是根据上级主管机关要求设立,系《税收征收管理法》第十四条规定的税务机关。4.《关于印发〈BP 市地税局深化税收征管改革推进税源专业化管理实施方案〉的通知》,证明 BP 市地税局根据国家及省局要求、结合本市实情,制订了该方案,组织设立六个税源管理分局,规定税源管理二局负责市区建筑安装业、销售不动产行业的纳税人(缴费人)地方税费的日常管理的 BP 地税局分局,属于《税收征收管理法》第十四条规定的税务机关。5.《税务登记表》,证明明确 BP 地税局税源管理二局系 JS 公司的地税主管税务局。6.《税务事项通告书》,证明不予退税的具体行政行为,系税源管理二局作出,合法有效;JS 公司如要申请复议,应当依法向设立二局上级机关,即 BP 地税局提出。

JS 公司诉称:2013 年 12 月 5 日,BP 地税局税源管理二局土地增值税清算审核表载明合计应退其土地增值税税款 1263735.05 元。2014 年 1 月 16 日,其根据该土地增值税清算审核表向 BP 地税局提出退税申请。BP 地税局一直没有退税也没有予以答复。为此,其向省地税局提出行政复议申请,要求 BP 地税局对其退还税款的申请在一定期限内依法办理或者予以答复。2014 年 7 月 8 日,省地税局作出皖地税复决〔2014〕001 号行政复议决定,要求 BP 地税局在一定期限内对其提出的退税申请作出书面是否退税的决定。2014 年 8 月 12 日,BP 地税局税源管理二局作出《BP 市地方税务局税源二税通〔2014〕001 号税务事项通告书(不予退税通知)》,通知其"我局(原为涉外分局)于 2011 年 6 月按照分别计算增值额方法作出的土地增值税清算依据充分,程序合法,结果正确,决定不予退税,特此书面告知"。2014 年 11 月 10 日,其以 BP 地税局税源管理二局作为 BP 地税局的派出机构,并不是以 BP 地税局的名义作出的不予退税的决定,BP 地税局并未履行复议决定确定的法定职责,向省地税局申请复议,要求责令 BP 地税局退还土地增值税税款 1263735.05 元。2014 年 11 月 26 日,省地税局以不予退税具体行政行为系 BP 地税局税源管理二局作出为由,作出皖地税复告字〔2014〕001 号行政复议告知书,告知其向 BP 地税局或 BP 市人民政府申请复议。其退税是向 BP 地税局提出的,省地税局的复议决定也是要求 BP 地税局在一定期限内对其提出的退税申请作出书面是否退税的决定。BP 地税局税源管理二局答复的事项,既非其申请复议的事项,也非省地税局皖地税复决〔2014〕001 号行政复议决定的事项，而是其 2011 年土地增值税清算的纳税事项。如果 BP 地税局税源管理二局的答复是代表 BP 地税局作出的，那么省地税局也是复议机关。因此，省地税局告知其对 BP 地税局的不予退税行为向 BP 地税局申请复议，没有法律依据，是变相不予受理行政复议的行为。根据《税务行政复议规则（暂行）》第八条第一款第（六）项第 3 目的规定，对不予退税行为应当先申请行政复议。省地税局变相不予受理的理由不正当，请求依法撤销皖地税复告字〔2014〕001 号行政复议告知书，责令省地税局受理其退税复议申请。

JS 公司提供的证据有：1. BP 地税局税源管理二局土地增值税清算审核表，证明办税机关审核后确认合计应退其土地增值税税款 1263735.05 元。2. BP 地税局退税申请表，证明其向 BP 地税局申请退税。3. 行政复议申请书，证明其对 BP 地税局不依法办理退税的行为申请复议。4. 省地税局行政复议决定书，证明复议决定要求 BP 地税局在一定期限内对其退税申请作出书面的答复。5. BP 地税局税源二税通〔2014〕001 号税务事项通告书（不予退税通知），证明 BP 地税局税源二税通知该局于 2011 年 6 月按照分别计算增值额方法作出的土地增值税清算依据充分，程序合法，结果正确，决定不予退税。6. 行政复议申请书，证明 BP 地税局不履行复议决定确定的法定职责，其向省地税局申请退税复议。7. 省地税局皖地税复告字〔2014〕001 号行政复议告知书，证明省地税局变相不予受理的理由不正当。

省地税局庭审中辩称：一、关于税管二局法律地位问题。根据国家及省局为了"开展税源专业化管理"的要求，BP 市地税局结合本市实情，制订了《BP 市地税局深化税收征管改革推进税源专业化管理实施方案》，设立了六个税源管理分局，BP 地税局税源管理二局是负责市区建筑安装业、销售不动产行业的纳税人（缴费人）地方税费的日常管理的 BP 地税局分局，属于《税收征收管理法》第十四条规定的税务机关。税源管理二局系相关法律、法规、规章授权的派出机构，其法律地位独立，其以自己的名义独立行使职权作出的具体行政行为具有法律效力性。二、BP 地税局系税源管理二局的设立及主管机关，依法应系二局的行政复议机关。根据《行政复议法》第十五条第一款第二项之规定，税源管理二局的复议机关，法定系 BP 地税局。三、JS 公司申请复议程序与法相悖，诉讼有误。税源管理二局于 2013 年 12 月 5 日为 JS 公司作出的《土地增值税清算审核表》，JS 公司于 2014 年 1 月 16 日所填写的《退税申请表》，无论从形式上还是从实体上看，均系向税源管理二局提出。据此，JS 公司复议依法应向 BP 地税局提出申请，直接向其提出，应系程序有误；而且其在程序错误的前提下，也不可能越级复议市局所属的派出机构作出的具体行政行为是否有误。四、JS 公司适用法律错误，且于法无据。《税务行政复议规则（暂行）》已于 2010 年 4 月 1 日废止，JS 公司以此作为起诉依据，于法相悖。JS 公司提供的证据已证明，不予退税的决定系税源管理二局作出，并未提供证据证明系 BP 地税局作出，故其依法不应系本案复议机关。JS公司诉讼有误,请依法驳回JS公司的诉讼请求。

经庭审质证,本院对证据作如下认定:因本案审查的是省地税局对JS公司的行政复议申请所作出的行政复议告知是否合法,故对JS公司的行政复议申请和省地税局的有关答复方面的证据,即JS公司的证据3—7、省地税局的证据6予以确认;而对其他证据不予确认。

本院根据确认的证据及当事人的陈述查明的事实如下:2014年5月5日,JS公司作为申请人向省地税局申请行政复议,被申请人是BP地税局,复议请求是:责令被申请人对申请人退还税款的申请在一定期限内依法办理或者予以答复。2014年7月8日,省地税局作出皖地税复决〔2014〕001号行政复议决定:被申请人应当自收到本行政复议决定书之日起一定期限内对申请人提出的退税申请作出书面是否予以退税的决定,申请人对被申请人做出的决定享有依法提起行政复议或行政复议(应为诉讼)的权利。2014年8月12日,BP地税局税源管理二局作出"BP市地方税务局税源二税通〔2014〕001号《税务事项通告书(不予退税通知)》,内容有,JS公司:对你单位提出的退还土地增值税申请,我局经审查后,已于2014年2月22日口头告知不予退税。现根据AH省地方税务局行政复议决定书(皖地税复决〔2014〕001号)要求,我局对你单位开发的JS家园项目再次进行核查;依据……等文件规定,开发项目中同时包含普通住宅和非普通住宅的,应分别计算增值额。因此,我局(原为涉外分局)于2011年6月按照分别计算增值额方法做出的土地增值税清算依据充分,程序合法,结果正确,决定不予退税,特此书面告知。2014年11月10日,JS公司作为申请人向省地税局申请行政复议,被申请人是BP地税局,复议请求是:责令被申请人退还申请人土地增值税税款1263735.05元。2014年11月25日,省地税局作出皖地税复告字〔2014〕001号行政复议告知书,告知JS公司:你单位对BP地税局不予办理退还"JS家园"项目土地增值税的行为不服,于2014年11月10日向我局提出行政复议申请。经调查,上述不予退还"JS家园"土地增值税的具体行政行为系BP地税局税源管理二局作出,根据《行政复议法实施条例》第二十四条规定,你单位行政复议申请,依法应向BP地税局或BP市人民政府提出。JS公司对此不服,于2014年12月16日向本院提起行政诉讼,请求判如所请。

本院认为:省地税局2014年7月8日作出的皖地税复决〔2014〕001号行政复议决定是:被申请人BP地税局应当自收到本行政复议决定书之日起一定期限内对申请人JS公司提出的退税申请作出书面是否予以退税的决定。以BP地税局税源管理二局名义于2014年8月12日作出的"BP市地方税务局税源二税通〔2014〕001号《税务事项通告书(不予退税通知)》载明,是根据省地税局行政复议决定书(皖地税复决〔2014〕001号)要求,对JS公司开发的JS家园项目再次进行核查而作出的书面告知。JS公司2014年11月10日作为申请人向省地税局申请行政复议,被申请人是BP

地税局；而省地税局2014年11月25日却作出皖地税复告字〔2014〕001号行政复议告知：JS公司的行政复议申请依法应向BP地税局或BP市人民政府提出，没有法律依据，依法应当予以撤销。依照《行政诉讼法》第五十四条第二项的规定，判决如下：

撤销AH省地方税务局2014年11月25日作出的皖地税复告字〔2014〕001号行政复议告知书，责令AH省地方税务局于本判决确定之日起六十日内重新作出行政决定。

案件受理费50元，由被告AH省地方税务局负担。

如不服本判决，可在判决书送达之日起十五日内，向本院递交上诉状，并按对方当事人的人数提出副本，上诉于AH省合肥市中级人民法院。

审　判　长　徐　燕

审　判　员　胡世中

人民陪审员　杨开德

二〇一五年三月十二日

书　记　员　宣六月

附：本案适用的法律条文《行政诉讼法》第五十四条

第五十四条　人民法院经过审理，根据不同情况，分别作出以下判决：（二）具体行政行为有下列情形之一的，判决撤销或者部分撤销，并可以判决被告重新作出具体行政行为：

1. 主要证据不足的；
2. 适用法律、法规错误的；
3. 违反法定程序的；
4. 超越职权的；
5. 滥用职权的。

【涉案事实】

2013年12月5日，BP地税局税源管理二局土地增值税清算审核表载明合计应退其土地增值税税款1263735.05元。2014年1月16日，其根据该土地增值税清算审核表向BP地税局提出退税申请。BP地税局一直没有退税也没有予以答复。为此，其向省地税局提出行政复议申请，要求BP地税局对其退还税款的申请在一定期限内依法办理或者予以答复。2014年7月8日，省地税局作出皖地税复决〔2014〕001号行政复议决定，要求BP地税局在一定期限内对其提出的退税申请作出书面是否退税的决定。原告认为应该退税并提出退税申请，税务机关不作为：其一，接到退税申请后未及时回复是否应该办理退税；其二，没有执行上一级税务机关的税务行政复议决定。

【争议焦点】

BP地税局是原告申请退税的具体行政行为的行政主体，BP地税局是执行省地税局作出皖地税复决〔2014〕001号行政复议决定的具体行政行为的行政主体。

JS公司2014年11月10日作为申请人向省地税局申请行政复议，被申请人是BP地税局；而省地税局2014年11月25日却作出皖地税复告字〔2014〕001号行政复议告知：JS公司的行政复议申请依法应向BP地税局或BP市人民政府提出，没有法律依据，依法应当予以撤销。判决如下：

撤销AH省地方税务局2014年11月25日作出的皖地税复告字〔2014〕001号行政复议告知书，责令AH省地方税务局于本判决确定之日起六十日内重新作出行政决定。

案件受理费50元，由被告AH省地方税务局负担。

此案判决是完全正确的。

【点评解析】

这是事由，即纳税争议的起源：2013年12月5日，BP地税局税源管理二局土地增值税清算审核表载明合计应退其土地增值税税款1263735.05元。2014年1月16日，其根据该土地增值税清算审核表向BP地税局提出退税申请。如果当初原告是向BP地税局税源管理二局提出退税申请，将是与本案判决截然相反的结果了。

因为，税源管理二局是负责市区建筑安装业、销售不动产行业的纳税人（缴费人）地方税费的日常管理的BP地税局分局，BP地税局是其直接上一级主管机关，原告既可以向BP地税局也可以向税源管理二局提出退税申请的。BP地税局可以以税源管理二局的具体行政行为为依据回复原告，而不能以税源管理二局（又一行政主体）的具体行政行为视同自己的具体行政行为，这是明显错误的，殊不知是真不清楚还是有意推诿。

近年来，居高不下的因退税申请"石沉大海"而提起行政诉讼的案件，充分说明普遍存在纳税人或扣缴义务人申请退税难的问题。

申请退税需提交的资料如下：

1. 书面申请。申请应说明退税理由、依据、所属期限、退税数额等事项。
2. 统一格式文本的《退税申请审批表》。
3. 税务登记证副本及其复印件。
4. 财务会计报表。
5. 完税凭证，申请减免退税的应同时提交减免税证明（减免税审批文件或《减免税申请审批表》）。
6. 税务机关根据不同的退税项目，要求纳税人提供的其他证件、资料。

【案例五】合法权益不是能用金额多少衡量的，再审终于拨乱反正

济南 FN 食品有限公司与山东省 ZQ 市国家税务局不履行法定职责再审行政判决书
山东省高级人民法院行政判决书

（2014）鲁行再终字第 4 号

申请再审人（一审原告、二审上诉人）：济南 FN 食品有限公司。

法定代表人：冷×萍，董事长。

委托代理人：冯硕。

被申请再审人（一审被告、二审被上诉人）：山东省 ZQ 市国家税务局。

法定代表人：孙×平，局长。

委托代理人：马×大。

委托代理人：孙×信。

济南 FN 食品有限公司（以下简称 FN 公司）诉山东省 ZQ 市国家税务局（以下简称 ZQ 市国税局）不履行法定职责一案，ZQ 市人民法院于 2012 年 10 月 22 日作出（2012）章行初字第 17 号行政判决。FN 公司不服，提起上诉。济南市中级人民法院于 2013 年 1 月 15 日作出（2012）济行终字第 208 号行政判决。FN 公司不服，向本院申请再审。本院于 2014 年 5 月 14 日作出（2014）鲁行监字第 1 号行政裁定，裁定本案由本院进行提审。本院依法组成合议庭，书面审理了本案。本案现已审理终结。

ZQ 市人民法院一审查明：原告 FN 公司是在工商部门注册登记的企业法人单位，从事生产、加工谷物果实代用茶业务。2009 年迁至 ZQ 市相公庄镇十九郎村。2010 年重新启动对日出口贸易。2010 年 6 月起向被告 ZQ 市国税局申报出口货物应退税款。被告先后于 2012 年 1 月、2 月为原告办理出口退税共计 34 万余元，剩余 42843.84 元被告以原告提供了虚假发票为由没有退回。原告不服，于 2012 年 4 月 19 日向济南市国家税务局提起行政复议。复议过程中，双方达成和解协议，约定：申请人（原告）自觉配合被申请人（被告）对出口退税相关事项的调查、检查；被申请人及时组织人员进行调查、检查，并将结果向申请人反馈。原告撤回复议申请。被告在审查过程中认为出售人为杨×兰、张×铨的 33 份发票存在疑点，涉嫌虚开农产品收购发票，向 ZQ 市公安局进行了通报。ZQ 市公安局立案后派员到江苏省射阳县千秋镇找杨×兰、张×铨进行了调查，杨×兰、张×铨二人否认 2010 年和 2011 年与原告发生过农产品买卖业务。原告不服，诉至法院，请求法院判令被告立即退还出口货物应退税 42843.84 元，利息 3602 元，共计人民币 46445.84 元。

ZQ 市人民法院一审认为：《中华人民共和国增值税暂行条例》第八条规定，"纳税人购进货物或者接受应税劳务（以下简称购进货物或者应税劳务）支付或者负担的增值税额，为进项税额。下列进项税额准予从销项税额中抵扣……（三）购进农产品，除取得增值税专用发票或者海关进出口增值税缴款书外，按照农产品收购发票或者销售发票上注明的农产品买价和13%的扣除率计算的进项税额。进项税计算公式：进项税额＝卖价×扣税率……"。本案中，出售人为杨×兰、张×铨的33份发票总额为329658元，依据该计算公式其进项税为329658×13%＝42843.84元。即原告要求退税的部分。《中华人民共和国发票管理办法实施细则》（国家税务总局令2011年第25号）第二十六条规定："填开发票的单位和个人必须在发生经营业务确认营业收入时开具发票，未发生经营业务一律不准开具发票。"《山东省国家税务局转发〈国家税务总局关于加强以农产品为主要原料生产的出口货物退税管理的通知〉的通知》（鲁国税函〔2006〕220号文件）第二条规定："凡发现其购、产、销、运输、报关、收汇等环节存在疑点、不能确定其业务真实性的，一律先暂停办理退税，并按有关规定落实和处理。"根据上述规定，被告在审查原告提供的相关资料进行出口退税的过程中，发现原告提供的出售人为杨×兰、张×铨33份发票存在疑点后，对其产生的进项额暂停计算退税。《国家税务总局关于开展打击制售假发票和非法开发票专项整治行动有关问题的通知》（国税发〔2008〕40号）第三条规定："……整治不合法发票的买方市场，是专项整治行动的重要方面，对于不符合规定的发票和其他凭证，包括虚假发票和非法代开发票，均不得用以税前扣除、出口退税、抵扣税款。"根据上述规定，被告将存在疑点的发票通报公安机关，公安机关受理后找相关人员进行了调查，杨×兰、张×铨否认与原告发生相应的农产品买卖业务。被告根据自身和公安机关的证据材料对该33份发票的进项税不予退还并无不当。因此，原告要求被告退还出口货物应退税款42843.84元，利息3602元的请求于法无据，不予支持。依照《最高人民法院关于执行〈中华人民共和国行政诉讼法〉若干问题的解释》第五十六条第（一）项之规定，判决驳回原告FN公司要求被告退还出口货物应退税款42843.84元，利息3602元的诉讼请求。

FN公司不服，向济南市中级人民法院提起上诉。济南市中级人民法院二审查明FN公司向ZQ市国税局提出退税申请的时间是2011年6月，其他事实认定与一审判决无异。

济南市中级人民法院二审认为：《中华人民共和国发票管理办法实施细则》（国家税务总局令2011年第25号）第二十六条规定，"填开发票的单位和个人必须在发生经营业务确认营业收入时开具发票，未发生经营业务一律不准开具发票"。《山东省国家税务局转发〈国家税务总局关于加强以农产品为主要原料生产的出口货物退税管理的通知〉的通知》（鲁国税函〔2006〕220号文件）第二条规定，"凡发现其购、产、销、运输、报关、收汇等环节存在疑点、不能确定其业务真实性的，一律先暂停办理退税，并按有关规定落实和处理。"本案中，被上诉人在审核上诉人的退税业务中发现涉案 33 张农产品收购发票存在疑点。经被上诉人及公安机关的调查，该宗发票载明的农产品出售人杨×兰、张×铨均否认存在经营业务。被上诉人据此暂不办理上诉人涉案 33 份存在疑点发票的进项税退税并无不当。原审法院判决驳回济南 FN 食品有限公司要求被告退还出口货物应退税款 42843.84 元，利息 3602 元的诉讼请求，认定事实基本清楚，适用法律正确，程序合法，依法应予维持。依照《中华人民共和国行政诉讼法》第六十一条第（一）项之规定，判决驳回上诉，维持原判。

FN 公司申请再审称：1. 申请再审人提供的证据可以证明申请再审人所开具的 33 张发票是真实的，不存在虚开的情况。被申请再审人不提交对周国昌取证的证据，不提交除杨×兰、张×铨两人以外对其他 9 人调查取证的证据，仅凭杨×兰、张×铨两人的笔录为本案定性，缺乏证据的全面性。2. ZQ 市公安局出具结论是不予立案，否定了本案是经济犯罪案件。申请再审人的农产品收购发票和增值税普通发票都被核销完毕，按照法律规定不存在违法行为。3. 二审法院判决没有对申请再审人出口货物业务的真实性进行审核，适用法律及审判程序上存在错误。一、二审判决适用了两个法律条文，即《中华人民共和国发票管理办法实施细则》（国家税务总局令 2011 年第 25 号）第二十六条和《山东省国家税务局转发〈国家税务总局关于加强以农产品为主要原料生产的出口货物退税管理的通知〉的通知》（鲁国税函〔2006〕220 号文件）第二条，上述法律条文都没有不退税的规定。而且法律规定的是"先暂停办理退税，并按有关规定落实和处理"。二审法院判决并未审查被申请再审人暂不退税的期限以及在何期限内按有关规定落实和处理的意见，事实上将暂不退税演变成实际的不退税。请求撤销原审判决，支持 FN 公司的原诉讼请求。

双方当事人在一、二两审中提交的证据已随案移送本院，再审中未提交新的证据。二审案卷中，有 FN 公司在二审庭审中提供的张×铨以及杨×兰的丈夫周飞等人于 2012 年 10 月 26 日、28 日出具的书面证言，用于证明他们于 2010 年至 2011 年间将大麦销售给了 FN 公司。二审庭审中 ZQ 市国税局以证人未出庭作证等为由对上述书证不予认可，法院也未予以认证。合议庭经评议认为，ZQ 市国税局系因对 FN 公司申请退税事项存疑暂停办理退税，至于杨×兰、张×铨是否将大麦销售给了 FN 公司的事实属于税务机关依职权认定的问题，本案中无须认定。一、二两审法院查明的其他程序性案件事实，本院无不同意见。

本院认为：本案的主要争议焦点系 FN 公司所诉 ZQ 市国税局暂停办理退税是否构成不履行法定职责。根据《中华人民共和国增值税暂行条例》第八条之规定，本案中，出售人为杨×兰、张×铨的 33 份发票总额为 329658 元，依据公式计算进项税为 42843.84 元，即 FN 公司要求退税的部分。《山东省国家税务局转发〈国家税务总局关于加强以农产品为主要原料生产的出口货物退税管理的通知〉的通知》（鲁国税函〔2006〕220 号文件）第二条规定，"凡发现其购、产、销、运输、报关、收汇等环节存在疑点、不能确定其业务真实性的，一律先暂停办理退税，并按有关规定落实和处理"。ZQ 市国税局于 2012 年 1 月、2 月为 FN 公司办理出口退税 34 万余元后，认为发票载明的农产品出售人杨×兰、张×铨否认存在经营业务，据此暂不办理涉案 33 份存在疑点发票的进项税退税并无不当。但 FN 公司向济南市国家税务局撤回复议申请后，ZQ 市国税局在审查过程中认为出售人为杨×兰、张×铨的 33 份发票存在疑点，涉嫌虚开农产品收购发票，向 ZQ 市公安局进行了通报。ZQ 市公安局对 FN 公司涉嫌虚开农产品收购发票一案经过调查后，于 2012 年 7 月 6 日出具了"关于 FN 公司涉嫌虚开农产品收购发票不予立案的情况说明"，结论为"没有直接证据证明 FN 公司虚开农产品收购发票，经领导批准，不予立案"。依据上述法律规范的规定，税务机关发现存在疑点不能确定业务真实性的，在"暂停办理退税"之后，还应"按有关规定落实和处理"。针对当事人的申请决定是否办理退税系税务机关的法定职责，税务机关在暂停办理后，应当按照正当行政程序原则积极履行"落实和处理"职责，尽快作出最终处理意见，不应久拖不决或以暂停办理代替实质上的最终处理，否则亦构成不履行法定职责。特别是本案中，在 ZQ 市公安局以"没有直接证据证明 FN 公司虚开农产品收购发票"为由决定不予立案后，FN 公司申请退税问题实际上仍处于待处理状态，ZQ 市国税局应尽快按有关规定"落实和处理"，在调查的基础上针对 FN 公司申报出口货物退税问题作出是否退税的处理决定。而 ZQ 市国税局在 ZQ 市公安局对 FN 公司涉嫌虚开农产品收购发票一案决定不予立案后，未"按有关规定落实和处理"，属于适用法律错误，其行为构成不履行法定职责。原一、二审判决驳回 FN 公司的诉讼请求，亦属适用法律错误，依法应予以改判。依据《行政诉讼法》第五十四条第（三）项、《最高人民法院关于执行〈中华人民共和国行政诉讼法〉若干问题的解释》第七十八条之规定，判决如下：

一、撤销济南市中级人民法院（2012）济行终字第 208 号行政判决；

二、撤销 ZQ 市人民法院（2012）章行初字第 17 号行政判决；

三、ZQ 市国税局于本判决生效之日起 60 日内针对 FN 公司的申请作出是否退税的处理决定。

原一、二两审案件受理费各 50 元，均由 ZQ 市国税局承担。

本判决为终审判决。

审　判　长：侯　勇
审　判　员：赵　军
代理审判员：刘加鹏
二〇一四年五月二十日
书　记　员：李　倩

【涉案事实】

2010年6月起向被告ZQ市国税局申报出口货物应退税款。被告先后于2012年1月、2月为原告办理出口退税共计34万余元，剩余42843.84元被告以原告提供了虚假发票为由没有退回。原告不服，于2012年4月19日向济南市国家税务局提起行政复议。复议过程中，双方达成和解协议。ZQ市公安局出具结论是不予立案，否定了本案是经济犯罪案件。申请再审人的农产品收购发票和增值税普通发票都被核销完毕，按照法律规定不存在违法行为。被告仍然不办理退税。

【争议焦点】

本案的主要争议焦点系FN公司所诉ZQ市国税局暂停办理退税是否构成不履行法定职责。在ZQ市公安局以"没有直接证据证明FN公司虚开农产品收购发票"为由决定不予立案后，FN公司申请退税问题实际上仍处于待处理状态，ZQ市国税局应尽快按有关规定"落实和处理"，在调查的基础上针对FN公司申报出口货物退税问题作出是否退税的处理决定。问题的核心是被告的行政不作为，体现结果为没有办理退税。

【政策依据】

申请退税的依据：《税收征管法》第五十一条规定："纳税人超过应纳税额缴纳的税款，税务机关发现后应当立即退还；纳税人自结算缴纳税款之日起三年内发现的，可以向税务机关要求退还多缴的税款并加算银行同期存款利息，税务机关及时查实后应当立即退还；涉及从国库中退还的，依照法律、行政法规有关国库管理的规定退还。"

【点评解析】

这是再审案件，正是因为坚持，终于使正义伸张。在面对一审二审的无语的同时，更应该给再审法官和原告点赞！

退税是指因某种原因，税务局将已征税款按规定程序，退给原纳税人。主要包括：

1. 由于工作差错而发生的多征。
2. 税收政策的政策性退税。
3. 由于其他原因的退税。

退税程序：纳税人向税务机关提出退税申请，税务机关审批后，根据不同情况予以办理。本案是出口退税，属于政策性退税。

出口产品退（免）税，简称出口退税，其基本含义是出口退税主要是通过退还出口产品的国内已纳税款来平衡国内产品的税收负担，使国产品以不含税成本进入国际市场，与国外产品在同等条件下进行竞争，从而增强竞争能力，扩大出口创汇。这也是营改增的根本原因。

退税部门办理出口货物退税必需的工作流程，它包括应退税款的退税申请、货物审核、审批三个环节。

1. 出口货物的退税申请

出口货物在报关出口并在财务上做销售处理以及经过退税机关的退税鉴定的基础上，出口企业按退税期限自行计算填制《出口货物退（免）税申报表》，实行计算机管理的出口企业，可按照"出口退税申报系统"的要求生成《出口货物退税进货凭证申报表》《出口货物退税申报明细表》，并填写《出口货物退税汇总申报表》，连同有关退税凭证及申报数据，向税务机关提出申请退税。

2. 出口货物审核

分为外经贸部门稽核和基层税务机关审核。外经贸部门要根据本地区出口退税业务量的情况，设置出口退税稽核组或专职稽核员，负责监督检查出口企业执行退税政策规定的情况。基层税务机关审核，是在经贸部门审核的基础之上，对企业退税请的审核、核实工作。

3. 出口退税的审批和税款的退付

地市以上的国家税务局具有出口退税审批权，其将出口企业申报表的内容录入出口退税计算机审核系统，与报关单、外汇核销单、专用税票等电子数据进行计算机交叉稽核，对稽核通过的数据，在国家下达的计划指标内，填开"收入退还书"，送达所在地金库，据以办理税款退库手续，将税款从当地金库的中央收入中退付给企业。

第三节 实体法案例

根据法律规定内容的不同来进行划分，可以分为实体法和程序法。税收实体法是规定和确认纳税人或扣缴义务人的权利和义务以及税务局的职权和责任为主要内容的法律，对应的案例称为实体法案例。本节分别介绍契税、房产税和企业所得税三个税种的实体法案例。

【案例六】 已经履行缴纳契税义务，即实现产权的确权——实际占有和使用

江苏白路投资发展集团公司与江苏省地税局
常州地税局税务管理二审行政判决书
江苏省南京市中级人民法院行政判决书

(2016) 苏01行终137号　裁判日期：2016年5月18日

上诉人（原审原告）：江苏白路投资发展集团有限责任公司，住所地江苏省常州市钟楼区劳动西路2号商24号。

法定代表人：白路，江苏白路投资发展集团有限责任公司执行董事兼总经理。

委托代理人：杨春艳，上海左券律师事务所律师。

被上诉人（原审被告）：江苏省常州地税局，住所地江苏省常州市新北区龙锦路1258号。

法定代表人：钱俊文，江苏省常州地方税务局局长。

委托代理人：黄建文，江苏中爵律师事务所律师。

被上诉人（原审被告）：江苏省地方税务局，住所地江苏省南京市鼓楼区北京西路63号。

法定代表人：江建平，江苏省地方税务局局长。

委托代理人：李晨，北京大成（南京）律师事务所律师。

上诉人江苏白路投资发展集团有限责任公司（以下简称白路公司）因诉被上诉人江苏省常州地方税务局（以下简称常州地税局）、江苏省地方税务局（以下简称省地税局）税务管理一案，不服南京市鼓楼区人民法院（2015）鼓行初字第129号行政判决，向本院提起上诉。本院受理后，依法组成合议庭，于2016年3月31日公开开庭审理了本案。因本案案情复杂，经江苏省高级人民法院批准延长审限三个月。本案现已审理终结。

原审法院经审理查明，2006年4月28日，常州市人民政府国有资产监督管理委员会作出常国资〔2006〕20号批复，同意常州市旅游局将常州江南春宾馆有限公司（以下简称江南春宾馆）国有产权上市交易。2006年6月18日，常州市旅游局向白路公司办理了江南春宾馆国有产权的移交手续。2006年8月25日，白路公司与常州市国土资源局签订《国有土地使用权出让合同》，将常州市迎宾路39号103125平方米的国有土地使用权以98523563元出让给白路公司。2006年8月31日，常州市人民政府国有资产监督管理委员会作出常国资〔2006〕40号批复，同意调减江南春宾馆527平方米的土地出让金50.35万元。2006年11月6日，白路公司向常州市财政局缴纳了迎宾路39号103125平方米、计税金额98523563元的契税3940942.52元。

2006年11月14日，江苏省常州市中级人民法院就白路公司所涉借款合同纠纷案件作出（2006）常民二初字第358号、360号、365号民事裁定书及协助执行通知书，查封坐落于常州市迎宾路39号常州江南春宾馆103652.3平方米的国有土地使用权，如该国有土地使用权已变更至白路公司名下，则同样予以查封。2009年10月26日，江苏省盐城市中级人民法院就白路公司所涉民事执行案件作出（2008）盐执字第0090-6号民事裁定书，裁定将常州江南春宾馆位于常州市迎宾路39号的房产、机械设备、花草树木盆景的所有权及土地使用权归常州茂泰投资发展有限公司（以下简称茂泰公司）所有。2009年11月26日，江苏省盐城市中级人民法院就白路公司所涉民事执行案件作出（2008）盐执字第0090-8号民事裁定书，裁定注销常州江南春宾馆位于常州市迎宾路 39 号的土地使用权证、房屋所有权证及已设定的他项权。

2013 年 10 月 24 日，常州市国土资源局地籍管理处出具的情况说明称：2006 年，根据常国资〔2006〕20 号《关于同意常州江南春宾馆国有产权上市交易的批复》等相关文件精神，常州江南春宾馆改制并转让其国有产权。白路公司通过竞拍取得常州市迎宾路 39 号，面积为 103125 平方米，用途为旅游业，使用年限为 40 年的出让国有土地使用权。2006 年 8 月 28 日常州市财政局国库处出具证明收到产权转让款 1.3 亿的证明，同时白路公司出具了于 2006 年 11 月 6 日缴纳 3940942.52 元契税的证明文件。之后，白路公司向常州市国土资源局申请办理该宗土地的登记，在土地登记办理过程中，常州市中级人民法院于 2006 年 11 月 14 日出具查封迎宾路 39 号，面积为 103125 平方米土地的协助执行书，因此常州市国土资源局终止了白路公司的土地登记办理。2009 年 10 月 26 日江苏省盐城市中级人民法院将江南春宾馆位于常州市迎宾路 39 号的房产、土地等民事裁定给了茂泰公司。茂泰公司于 2009 年 12 月 9 日，按相关规定申请办理该宗土地的登记，现该土地已登记到茂泰公司名下。

2014 年 12 月，白路公司向常州地税局寄送《退税申请书》及相关材料，要求常州地税局退还其就常州市迎宾路 39 号国有土地使用权 2006 年 11 月缴纳契税 3940942.52 元，理由是白路公司没有取得迎宾路 39 号的土地使用权，不是契税的纳税义务人。

2015 年 4 月 14 日，常州地税局作出《关于江苏白路投资发展集团有限责任公司退税申请的回复》（以下简称《回复》）称：1. 2006 年 8 月 25 日白路公司与常州市国土资源局签订《国有土地使用权出让合同》，于 2006 年 11 月 6 日向常州市财政局缴纳契税 3940942.52 元符合法律规定，根据《中华人民共和国契税暂行条例》（以下简称《契税条例》）第八条规定，缴纳契税并不以取得土地使用权为前提，而是以纳税人签订土地、房屋权属转移合同或取得其他具有土地、房屋权属转移合同性质凭证为依据；因常州炬仁光电有限公司等分别对白路公司提起借款合同纠纷诉讼并申请财产保全，常州市中级人民法院（2006）常民二初字第 358 号、360 号、365 号协助执行通知书认为常州江南春宾馆财产权已转让给白路公司而查封了国有土地使用权，盐城市中级人民法院为执行常州市中级人民法院有关生效民事判决书，将查封的国有土地使用权进行评估、拍卖，并将拍卖土地使用权的所得用于偿还生效民事判决书所确定的白路公司债务，是否领取上述土地使用权证，并不影响白路公司履行缴纳契税的法定义务，白路公司《退税申请书》认为"申请人未获得常州市迎宾路 39 号土地之土地使用权证，不是该土地契税纳税义务人"的观点不能成立。2. 常州地税局至今没有收到司法机关或仲裁机构裁决白路公司与常州市国土资源局《国有土地使用权出让合同》无效的法律文件，也没有收到司法机关撤销有关处置江南春宾馆国有土地使用权的民事裁定书、协助执行通知书等法律文件，白路公司通过竞拍取得江南春宾馆国有土地使用权与茂泰公司竞得同幅土地使用权是属于不同的契税应税行为，白路公司履行缴纳契税义务的事实清楚、法律依据充分。白路公司申请退还契税的理由不能成立。

白路公司不服常州地税局的上述《回复》，于2015年5月27日向省地税局提起行政复议申请，省地税局于同年6月1日受理后，向常州地税局寄送了行政复议答复通知书，在收到常州地税局行政复议答辩书及证据、依据材料后，根据白路公司的申请安排白路公司查阅了卷宗材料，听取了白路公司的意见，于2015年7月24日作出苏地税复决字〔2015〕3号《税务行政复议决定书》（以下简称3号《复议决定书》），白路公司于2015年7月28日收到该行政复议决定书。

原审法院认为，根据《中华人民共和国税收征收管理法》第五条、《契税条例》第十二条、《财政部、国家税务总局关于加快落实地方财政耕地占用税和契税征管职能划转工作的通知》及常州地税局的职能设置，常州地税局有辖区契税征收管理的法定职责。本案双方当事人争议问题是白路公司已缴纳的契税是否应予退回？其焦点在于"白路公司是否是常州市迎宾路39号国有土地权契税的纳税主体"？

《契税条例》第一条规定，"在中华人民共和国境内转移土地、房屋权属，承受的单位和个人为契税的纳税人，应当依照本条例的规定缴纳契税"，对于该条规定的理解，双方当事人存有争议：白路公司认为契税的性质为财产税，纳税主体应为承受财产的单位和个人；常州地税局认为契税的性质为行为税，不动产转移的契约成立即产生契税的纳税义务；省地税局认为契税纳税主体物权的取得以合同订立并履行完毕为标准，不以不动产登记为标准。原审法院认为，契税的性质是财产税，抑或是行为税只是理论上的划分，对适用法律可以参考，而非依据，适用法律仍应以法律法规的规定为依据。根据《契税条例》及相关规范性文件的解释，契税的纳税主体应为转移土地、房屋权属的承受人，该承受人纳税义务发生于签订转移合同或取得转移合同性质凭证的当天，退还已缴纳契税发生在不能依据转移合同或转移合同性质凭证取得土地、房屋权属之时，且依据当事人的申请。具体理由如下：

《契税条例》第一条的规定是对契税纳税主体的规定，第八条"契税的纳税义务发生时间，为纳税人签订土地、房屋权属转移合同的当天，或者纳税人取得其他具有土地、房屋权属转移合同性质凭证的当天"的规定是根据契税的特点对纳税发生时间的规定。以纳税发生时间解释纳税主体容易引起认识错误，也与规范性文件的本意相矛盾。国税函〔2002〕622号称"对交易双方已签订房屋买卖合同，但由于各种原因最终未能完成交易的，如购房者已按规定缴纳契税，在办理期房退房手续后，对其已纳契税款予以退还"，国税函〔2008〕438号称"对经法院判决的无效产权转移行为不征收契税。法院判决撤销房屋所有权证后，已纳契税款应予退还"，财税〔2011〕32号称"对已缴纳契税的购房单位和个人，在未办理房屋权属变更登记前退房的，退还已纳契税；在办理房屋权属变更登记后退房的，不予退还已纳契税"。上述规范性文件对几种已缴纳契税的具体情形是否应予退税作出了解释，该几种情形的解释反映一个基本的思想，那就是缴纳契税的基础行为被解除或确认无效，纳税主体丧失了承受转移土地、房屋权属的依据，其不应缴纳契税，这与《契税条例》第一条的规定是相符的，如果认为《契税条例》第八条是对契税纳税主体的规定，则退还其已缴纳契税与该基本思想及《契税条例》第一条相矛盾。退税不同于减税和免税，减税和免税是应纳税而因法定情形减少和免除征税，退税是本不应征税而退还已缴纳的税。

国税函〔2007〕645号批复称"土地使用者转让、抵押或置换土地，无论其是否取得了该土地的使用权属证书，无论其在转让、抵押或置换土地过程中是否与对方当事人办理了土地使用权属证书变更登记手续，只要土地使用者享有占有、使用、收益或处分该土地的权利，且有合同等证据表明其实质转让、抵押或置换了土地并取得了相应的经济利益，土地使用者及其对方当事人应当依照税法规定缴纳营业税、土地增值税和契税等相关税收"，该规定符合《中华人民共和国民法通则》关于财产权及财产权取得的规定。《物权法》第九条第一款规定，不动产物权的设立、变更、转让和消灭，经依法登记，发生效力；未经登记，不发生效力，但法律另有规定的除外。第二十八条规定，因人民法院、仲裁委员会的法律文书或者人民政府的征收决定等，导致物权设立、变更、转让或者消灭的，自法律文书或者人民政府的征收决定等生效时发生效力。上述法律规定了转移土地、房屋权属的承受人不以取得土地、房屋权属登记为必要要件，其如果依法享有对土地、房屋的占有、使用、收益、处分的权能，即可认定其为土地、房屋权属的承受人。

本案中，白路公司于2006年8月通过竞买方式取得包括常州市迎宾路39号国有土地使用权在内的江南春宾馆的资产，并与常州市国土资源局签订了《国有土地使用权出让合同》，其依法缴纳承受该国有土地使用权的契税符合法律规定。依据人民法院生效法律文书载明的事实，白路公司未能办理国有土地使用权登记是人民法院对其所涉民事纠纷采取诉讼保全及执行措施所致，不影响其占有、使用和财产权的归属，不能否定其为常州市迎宾路39号国有土地使用权承受人的身份。

除税务机关自行发现征税错误应予退还外，符合退税条件的纳税人可以申请税务机关退还已缴纳的税收，但应提交符合退税条件的证据证明。本案中白路公司主张人民法院执行的常州市迎宾路39号国有土地使用权系执行江南春宾馆名下的财产，不是白路公司名下的财产，其应提供证据予以证明。因人民法院的生效法律文书载明的被执行人既有白路公司，亦有江南春宾馆，相关生效民事裁定书虽然直接裁定注销江南春宾馆名下的国有土地使用权证，并将常州市迎宾路39号国有土地使用权直接裁定归茂泰公司所有，是建立在2006年对该国有土地使用权采取诉讼保全措施及之后的执行措施情形下，并不当然得出该国有土地使用权不是白路公司的财产。因白路公司申请退还契税的理由不能成立，常州地税局作出《回复》，不予退还白路公司已缴纳的契税并无不当。

省地税局2015年6月1日受理白路公司行政复议申请后,向常州地税局送达了行政复议答复通知书,安排白路公司查阅了行政复议资料,听取了白路公司的意见,于2015年7月24日作出3号《复议决定书》,并将该行政复议决定书送达当事人,符合《行政复议法》的相关规定。《行政诉讼法》第六十九条规定,行政行为证据确凿,适用法律、法规正确,符合法定程序的,或者原告申请被告履行法定职责或者给付义务理由不成立的,人民法院判决驳回原告的诉讼请求。本案白路公司要求常州地税局退还契税的理由不能成立,常州地税局作出的《回复》及省地税局作出的3号《复议决定书》均符合法律规定,白路公司的诉讼请求不能成立,原审法院不予支持。依照《行政诉讼法》第六条、第六十三条第一款和第三款、第六十九条的规定,判决驳回江苏白路投资发展集团有限责任公司的诉讼请求。

上诉人白路公司上诉称,原审法院认定事实不清、证据不足、适用法律错误,请求二审法院发回重审或依法改判。理由如下:一、原审法院认定事实不清。1. 原审法院认为"因人民法院的生效法律文书载明的被执行人既有白路公司,亦有江南春宾馆,相关生效民事裁定书虽然直接裁定注销江南春宾馆名下的国有土地使用权证,并将常州市迎宾路39号国有土地使用权直接裁定归茂泰公司所有,是建立在2006年对该国有土地使用权采取诉讼保全措施及之后的执行措施情形下,并不当然得出该国有土地使用权不是白路公司的财产"。然而,根据前述人民法院的生效法律文书,也无法得出"常州市迎宾路39号国有土地使用权就是白路公司的财产"这一结论来。原审法院虽认可前述人民法院的生效法律文书载明的被执行人既有白路公司,亦有江南春宾馆,但没有查清拍卖常州市迎宾路39号国有土地使用权究竟清偿的是上诉人白路公司的债还是江南春宾馆的债。在没有查清某项债务对应的债务人的情况下,作出的所谓"并不当然得出该国有土地使用权不是白路公司的财产"之判断必然是模棱两可的;得出的所谓"原告申请退还契税的理由不能成立"之结论,必然是缺乏事实依据的。2. "白路公司享有的是债权还是物权",原审法院认定错误。原审法院认为"本案原告白路公司2006年8月通过竞买方式取得包括常州市迎宾路39号国有土地使用权在内的江南春宾馆的资产,并与常州市国土资源局签订了《国有土地使用权出让合同》,其依法缴纳承受该国有土地使用权的契税符合法律规定。依据人民法院生效法律文书载明的事实,白路公司未能办理国有土地使用权登记是因人民法院对其所涉民事纠纷采取诉讼保全及执行措施所致,不影响其占有、使用和财产权的归属,不能否定其为常州市迎宾路39号国有土地使用权承受人的身份"。原审法院将签约等同于国有土地使用权权属的承受,显然属于事实认定错误。需要说明的是,至今没有任何一份法律文书,判决或裁定常州市迎宾路39号国有土地使用权归上诉人所有。原审法院将白路公司基于合同享有的债权等同于物权,是事实认定错误,由此得出的有关上诉人白路公司应该缴纳契税的结论缺乏事实依据。3. "物权设立需要满足哪些条件"，原审法院认定混乱不清。本案中，原审法院认定的事实是：白路公司与常州市国土资源局签订了《国有土地使用权出让合同》；白路公司未能办理国有土地使用权登记是因人民法院对其所涉民事纠纷采取诉讼保全及执行措施所致；人民法院的生效法律文书……将常州市迎宾路 39 号国有土地使用权直接裁定归茂泰公司所有。值得注意的是，基于前述事实，根据《物权法》第三十一条的规定，白路公司要取得常州市迎宾路 39 号国有土地使用权之物权必须满足两个条件：（1）存在人民法院、仲裁委员会就常州市迎宾路 39 号国有土地使用权判决、裁定、裁决至上诉人名下的法律文书或者人民政府的征收决定；（2）必须先行登记，否则不发生物权效力。至今没有任何一份判决、裁定、裁决将常州市迎宾路 39 号国有土地使用权判决、裁定、裁决至上诉人白路公司名下；上诉人亦未就常州市迎宾路 39 号国有土地使用权获得过登记，不具备法定物权设立的条件，因此原审法院有关认定白路公司为权属承受人的认定错误。4. 原审法院对于被上诉人常州地税局就常州市迎宾路 39 号国有土地使用权权属承受人自相矛盾的认定视而不见。上诉人向原审法院提交的证据 5 "江南春宾馆的税收缴款书"，证明被上诉人常州地税局于 2011 年就常州市迎宾路 39 号国有土地使用权转让事宜向常州江南春宾馆征收营业税及附加、土地增值税、印花税（产权转移书据）。然而，在一审中，原审法院以上诉人提供的证据 5 与本案无关联为由而不予确认。证据 5 "江南春宾馆的税收缴款书" 系常州市迎宾路 39 号国有土地使用权被裁定归茂泰公司所有时，作为转让方缴纳的税收，包括：营业税及附加、土地增值税、印花税（产权转移书据）。根据《中华人民共和国营业税暂行条例》第一条之规定，转让常州市迎宾路 39 号国有土地使用权并取得收入的主体系营业税及土地增值税的纳税人。被上诉人常州地税局将常州江南春宾馆认定为纳税义务人，认可其转让常州市迎宾路 39 号国有土地使用权并取得收入。由此可见，被上诉人常州地税局就常州市迎宾路 39 号国有土地使用权征收契税时，认为白路公司是权属承受人；就该土地使用权征收营业税及其附加、土地增值税、印花税时，又认为常州江南春宾馆为权属承受人。

二、原审判决证据不足。除税务机关自行发现征税错误应予退还外，符合退税条件的纳税人可以申请税务机关退还已缴纳的税收，但应提交符合退税条件的证据证明。本案中白路公司主张人民法院执行的常州市迎宾路 39 号国有土地使用权系执行江南春宾馆名下的财产，不是白路公司名下的财产，其应提供证据予以证明。上诉人向法院提供的（2008）盐执字第 0090-6 号、（2008）盐执字第 0090-8 号《民事裁定书》之裁定内容，均清楚地说明常州市迎宾路 39 号国有土地使用权不在上诉人白路公司名下，而是在常州江南春宾馆名下。同时，依据《行政诉讼法》第三十四条之规定，被上诉人对作出的行政行为负有举证责任。因此，被上诉人应当承担举证责任，提供充分翔实的证据证明常州市迎宾路 39 号国有土地使用权在上诉人白路公司名下。被上诉人未能提供证据证明常州市迎宾路39号国有土地使用权在上诉人白路公司名下，则其向上诉人征收契税于法无据。

被上诉人常州地税局答辩称，原审法院认定事实清楚，适用法律法规正确，请求二审法院依法驳回上诉，维持原判。理由如下：一、上诉人白路公司与常州市国土资源局签订《国有土地使用权出让合同》，白路公司履行缴纳契税的义务符合法律规定。2006年8月25日，白路公司与常州市国土资源局签订《国有土地使用权出让合同》。《契税条例》第八条规定，"契税的纳税义务发生时间，为纳税人签订土地、房屋权属转移合同的当天，或者纳税人取得其他具有土地、房屋权属转移合同性质凭证的当天"。第九条规定，"纳税人应当自纳税义务发生之日起10日内，向土地、房屋所在地的契税征收机关办理纳税申报，并在契税征收机关核定的期限内缴纳税款"。也就是说，白路公司契税纳税义务的发生时间是"签订土地、房屋权属转移合同的当天"，而不是"土地、房屋权属转移登记的当天"，《国有土地使用权出让合同》是契税的课税基础，《国有土地使用权出让合同》签订当日，契税的课税要件就已经成就，即课税要素纳税人、纳税对象、计税依据、税种、税率已经全部成立，纳税人就应当缴纳相应的契税。上诉人只有证明本案所涉契税的课税基础不存在，才能说明税务债务的消灭，对于已经缴纳的税收才能要求退还。二、本案中没有出现法定的应当退还契税的情形。上诉人列举的可以退税三种情形：1.《国家税务总局关于办理期房退房手续后应退还已征契税的批复》（国税函〔2002〕622号）的核心内容是"未能完成交易"应当退还契税。但本案中白路公司自签订拍卖合同，就缴纳了1.3亿元的拍卖款，签订了《国有土地使用权出让合同》，同时缴纳了契税，常州市旅游局与白路公司办理了产权移交手续，《国有土地使用权出让合同》已经全部履行完毕，不存在未能完成交易的情形。2.《国家税务总局关于无效产权转移征收契税的批复》（国税函〔2008〕438号）的核心内容是"法院判决无效产权转移行为或法院撤销房屋所有权证"应当退还契税。本案中不存在法院判决无效或撤销产权转移行为的情形。3.《财政部、国家税务总局关于购房人办理退房有关契税问题的通知》（财税〔2011〕32号）的核心内容是"未办理房屋权属变更登记前退房的"应当退还契税。本案中也不存在白路公司在可能性变更登记前退还土地的情形。三、本案所涉《国有土地使用权出让合同》关于国有土地使用权出让的交易已经完成，白路公司已经对涉案地块实际占有、使用。本案中，在盐城市中级人民法院拍卖涉案地块前，该幅土地的国有土地使用权还登记在常州江南春宾馆名下，并没有转移登记到白路公司名下，但有充分的证据足以认定白路公司实际上已经取得了该幅土地的国有土地使用权。四、上诉人把《契税条例》中的土地房屋权属的承受人等同于《物权法》中的物权人，没有法律依据，契税的纳税义务人是国有土地上出让合同中的买受人，而不是权属证上的权利人。五、《物权法》第三十一条规定的物权效力只是公示效力。上诉人认为就涉案地块从未获得过登记,不具备法定物权设立的条件。这里所谓物权效力是物权登记的公示效力,而不是创设物权的效力。上诉人至今都不认可常州市中级人民法院的生效判决,却又以《物权法》第三十一条进行抗辩,前后自相矛盾。

被上诉人省地税局答辩称,原审判决认定事实清楚,适用法律正确,请求二审法院驳回上诉,维持原判。理由如下:省地税局于2015年2月27日收到上诉人的申请书,于同日出具了补正通知书。2015年6月1日,省地税局收到上诉人的补正材料后依法受理申请,同时通知被申请人常州地税局进行了答复。2015年6月25日,上诉人提交了申请查阅复议资料文书和听取意见申请书,省地税局及时安排了上诉人查阅资料,并听取意见,并于2015年7月24日做出3号《复议决定书》,以上事实证明复议决定符合法律程序,请求二审法院驳回上诉人的上诉请求。

上诉人白路公司向本院提起上诉后,原审法院已将涉案相关证据与依据随案移送本院。本院经审查认为,原审法院对证据的审查质证符合法律规定,原审法院认证正确。对原审法院认定的案件事实,本院予以确认。

本院认为,根据《税收征收管理法》第五条、《契税条例》第十二条、《财政部、国家税务总局关于加快落实地方财政耕地占用税和契税征管职能划转工作的通知》及常州地税局的职能设置,常州地税局有辖区契税征收管理的法定职责。《行政复议法》第十二条规定,"对县级以上地方各级人民政府工作部门的具体行政行为不服的,由申请人选择,可以向该部门的本级人民政府申请行政复议,也可以向上一级主管部门申请行政复议"。省地税局作为常州地税局的上级机关,具有行政复议的法定职责。

根据当事人诉辩意见并结合庭审情况,本院归纳本案的争议焦点如下:1. 白路公司与常州市国土资源局签订《国有土地使用权出让合同》并缴纳契税后,涉案地块常州市迎宾路39号国有土地是否归白路公司所有;2. 上诉人白路公司是否应该缴纳契税;3. 被上诉人常州地税局是否应该退税。

针对第一个争议焦点,本院认为,2006年6月8日,经常州市人民政府批准,常州市旅游局将其所持有的江南春宾馆国有产权进行公开拍卖转让。白路公司以1.3亿元人民币竞标成功。2006年6月18日,由常州市旅游局、白路公司、常州产权交易所三方签订了《常州江南春宾馆国有产权转让合同》,交易双方办理了产权交割手续,并签署了《产权移交书》。2006年6月22日,白路公司支付了1.3亿元的拍卖款。2006年8月25日,常州市国土资源局与上诉人白路公司签订《国有土地使用权出让合同》,将江南春宾馆所在的迎宾路39号国有土地使用权出让给白路公司,白路公司于2006年11月6日向常州市财政局缴纳契税。后因白路公司涉借款合同纠纷,常州市中级人民法院采取保全措施,冻结了白路公司申请的迎宾路39号国有土地使用权证办理程序,后该案经江苏省高级人民法院裁定由盐城市中级人民法院执行,盐城市中级人民法院在常州市中级人民法院采取保全措施基础上将包括国有土地使用权在内的江南春宾馆整体资产进行了评估、拍卖，最终茂泰公司竟得江南春宾馆整体资产，常州市中级人民法院对白路公司提出的财产保全异议出具的（2006）常民二初字第358号、360号、365号协助执行通知书中，也明确认定了白路公司虽未办理土地房屋过户手续，但并不影响其所有权的实际归属，且上述财产均已由白路公司实际占有和使用。故对上诉人提出的对涉案地块并非归其所有的主张，本院不予支持。

针对第二个争议焦点，本院认为，根据《契税条例》第八条的规定，"契税的纳税义务发生时间，为纳税人签订土地、房屋权属转移合同的当天，或者纳税人取得其他具有土地、房屋权属转移合同性质凭证的当天"。本案中，白路公司与常州市国土资源局于2006年8月25日签订《国有土地使用权出让合同》，此时，白路公司即成为契税缴纳的义务人，其理应缴纳相关契税。故对上诉人白路公司提出不应该由其缴纳契税的主张，本院亦不予支持。

针对第三个争议焦点，本院认为，对符合退税的三种情形：1.《国家税务总局关于办理期房退房手续后应退还已征契税的批复》（国税函〔2002〕622号）的核心内容是"未能完成交易"应当退还契税。但本案中上诉人白路公司自签订拍卖合同，就缴纳了1.3亿元的拍卖款，签订了《国有土地使用权出让合同》，同时缴纳了契税，常州市旅游局与白路公司办理了产权移交手续，《国有土地使用权出让合同》已经全部履行完毕，不存在未能完成交易的情形。2.《国家税务总局关于无效产权转移征收契税的批复》（国税函〔2008〕438号）的核心内容是"法院判决无效产权转移行为或法院撤销房屋所有权证"应当退还契税。本案中不存在法院判决无效或撤销产权转移行为的情形。3.《财政部、国家税务总局关于购房人办理退房有关契税问题的通知》（财税〔2011〕32号）的核心内容是"未办理房屋权属变更登记前退房的"应当退还契税。本案中白路公司亦不符合上述规定的情形。故对上诉人白路公司提出的应当退税主张，本院不予采纳。

综上，原审判决认定事实清楚，适用法律法规正确，依照《行政诉讼法》第八十九条第一款第（一）项的规定，判决如下：

驳回上诉，维持原判。

本案受理费用50元，由上诉人江苏白路投资发展集团有限责任公司负担。

本判决为终审判决。

审　判　长　仲新建
代理审判员　张　辉
代理审判员　李伟伟
二〇一六年五月十八日
书　记　员　付　迪

【源自中国裁判文书网：http://wenshu.court.gov.cn】

【涉案事实】

第一阶段：江苏 RH 投资发展集团公司取得迎宾路 39 号 103125 平方米的国有土地使用权。2006 年 8 月 25 日，江苏 RH 投资发展集团公司与常州市国土资源局签订《国有土地使用权出让合同》，将常州市迎宾路 39 号 103125 平方米的国有土地使用权以 98523563 元出让给该公司。2006 年 11 月 6 日，白路公司向常州市财政局缴纳了迎宾路 39 号 103125 平方米、计税金额 98523563 元的契税 3940942.52 元。土地使用证在办理中。

第二阶段：江苏 RH 投资发展集团公司在办理土地使用证的土地被裁定抵偿债务。

2006 年 11 月 14 日，江苏省常州市中级人民法院就 RT 公司所涉借款合同纠纷案件作出民事裁定书，查封坐落于常州市迎宾路 39 号常州江南春宾馆 103652.3 平方米的国有土地使用权。2009 年 10 月 26 日，江苏省盐城市中级人民法院就白路公司所涉民事执行案件作出（2008）盐执字第 0090-6 号民事裁定书，裁定将常州江南春宾馆位于常州市迎宾路 39 号的房产、机械设备、花草树木盆景的所有权及土地使用权归常州茂泰投资发展有限公司（以下简称茂泰公司）所有。

第三阶段：时隔八载，申请退税。

白路公司以未办理产权登记为由，时隔八年认为其不具有契税纳税义务而申请退税。2014 年 12 月，白路公司向常州地税局寄送《退税申请书》及相关材料，要求常州地税局退还其就常州市迎宾路 39 号国有土地使用权 2006 年 11 月缴纳的契税 3940942.52 元，理由是白路公司没有取得迎宾路 39 号的土地使用权，不是契税的纳税义务人。

第四阶段：胡搅蛮缠，还非要复议诉讼，复议败诉、一审败诉、二审败诉！

常州地税局认为契税的性质为行为税，不动产转移的契约成立即产生契税的纳税义务；省地税局认为契税纳税主体物权的取得以合同订立并履行完毕为标准，不以不动产登记为标准。原审法院认为，契税的性质是财产税，抑或是行为税只是理论上的划分，对适用法律可以参考，而非依据，适用法律仍应以法律法规的规定为依据。根据《契税条例》及相关规范性文件的解释，契税的纳税主体应为转移土地、房屋权属的承受人，该承受人纳税义务发生于签订转移合同或取得转移合同性质凭证的当天。

【争议焦点】

本案的核心不是是否应该退税，而是是否负有契税的纳税义务。

纳税人依法竞得涉案房产、并办理交割手续缴纳了契税；因在办理土地房屋过户手续过程中，因与另一企业借款合同纠纷（另案）被法院冻结财产并将涉案房产拍卖给其他公司，导致过户终止。纳税人以"法院判决无效产权转移行为"为由申请退还契税。法院认为签订《国有土地使用权出让合同》，此时，即成为契税缴纳的义务人，其理应交纳相关契税；其虽未办理土地房屋过户手续，但并不影响其所有权的实际归属，且涉案财产均已由其实际占有和使用；故不予退还契税：江苏白路投资发展集团有限责任公司与江苏省地方税务局、江苏省常州地方税务局税务管理二审行政判决书。

【政策依据】

《契税条例》第一条的规定是对契税纳税主体的规定，第八条"契税的纳税义务发生时间，为纳税人签订土地、房屋权属转移合同的当天，或者纳税人取得其他具有土地、房屋权属转移合同性质凭证的当天"的规定是根据契税的特点对纳税发生时间的规定。以纳税发生时间解释纳税主体容易引起认识错误，也与规范性文件的本意相矛盾。国税函〔2002〕622号称"对交易双方已签订房屋买卖合同，但由于各种原因最终未能完成交易的，如购房者已按规定缴纳契税，在办理期房退房手续后，对其已纳契税款予以退还"，国税函〔2008〕438号称"对经法院判决的无效产权转移行为不征收契税。法院判决撤销房屋所有权证后，已纳契税款应予退还"，财税〔2011〕32号称"对已缴纳契税的购房单位和个人，在未办理房屋权属变更登记前退房的，退还已纳契税；在办理房屋权属变更登记后退房的，不予退还已纳契税"。上述规范性文件对几种已缴纳契税的具体情形是否应予退税作出了解释，该几种情形的解释反映一个基本的思想，那就是缴纳契税的基础行为被解除或确认无效，纳税主体丧失了承受转移土地、房屋权属的依据，其不应缴纳契税，这与《契税条例》第一条的规定是相符的。

【点评解析】

一、契税是行为税，是对房产和土地使用权的过户行为的"背书"，即确权。它不是财产税，如果是财产税就不会先税后证了

契税的性质为行为税，不动产转移的契约成立即产生契税的纳税义务；契税纳税主体物权的取得以合同订立并履行完毕为标准，不以不动产登记为标准。

根据《契税条例》及相关规范性文件的解释，契税的纳税主体应为转移土地、房屋权属的承受人，该承受人纳税义务发生于签订转移合同或取得转移合同性质凭证的当天，《契税条例》第一条的规定是对契税纳税主体的规定，第八条"契税的纳税义务发生时间，为纳税人签订土地、房屋权属转移合同的当天，或者纳税人取得其他具有土地、房屋权属转移合同性质凭证的当天"的规定是根据契税的特点对纳税发生时间的规定。

按照《物权法》第九条第一款规定，不动产物权的设立、变更、转让和消灭，经依法登记，发生效力；未经登记，不发生效力，但法律另有规定的除外。第二十八条规定，因人民法院、仲裁委员会的法律文书或者人民政府的征收决定等，导致物权设立、变更、转让或者消灭的，自法律文书或者人民政府的征收决定等生效时发生效力。上述法律规定了转移土地、房屋权属的承受人不以取得土地、房屋权属登记为必要要件，其如果依法享有对土地、房屋的占有、使用、收益、处分的权能，即可认定其为土地、房屋权属的承受人。

本案地块的国有土地使用权的下一个承受人茂泰公司，在办理取得国有土地使用权证前，是新的契税纳税义务人，是需要再次缴纳一笔契税的（金额或相同，或不同）。

二、契税纳税义务的发生时间是"签订土地、房屋权属转移合同的当天"

白路公司契税纳税义务的发生时间是"签订土地、房屋权属转移合同的当天"，而不是"土地、房屋权属转移登记的当天"，《国有土地使用权出让合同》是契税的课税基础，《国有土地使用权出让合同》签订当日，契税的课税要件就已经成就，即课税要素纳税人、纳税对象、计税依据、税种、税率已经全部成立，纳税人就应当缴纳相应的契税。

三、如果本案退税，只有一种情况

《国家税务总局关于无效产权转移征收契税的批复》（国税函〔2008〕438号）的核心内容是"法院判决无效产权转移行为或法院撤销房屋所有权证"应当退还契税。本案中不存在法院判决无效或撤销产权转移行为的情形。

"依据人民法院生效法律文书载明的事实，白路公司未能办理国有土地使用权登记是因人民法院对其所涉民事纠纷采取诉讼保全及执行措施所致，不影响其占有、使用和财产权的归属，不能否定其为常州市迎宾路39号国有土地使用权承受人的身份。"——这是本案核心！

【甲行家点评】

一、准确，没有行为财产何来？

契税，不能简单地划归行为税或财产税！

《契税条例》第一条规定，"在中华人民共和国境内转移土地、房屋权属，承受的单位和个人为契税的纳税人，应当依照本条例的规定缴纳契税"，第八条"契税的纳税义务发生时间，为纳税人签订土地、房屋权属转移合同的当天，或者纳税人取得其他具有土地、房屋权属转移合同性质凭证的当天"。

转移是核心概念！

国税函〔2007〕645号批复称"土地使用者转让、抵押或置换土地，无论其是否取得了该土地的使用权属证书，无论其在转让、抵押或置换土地过程中是否与对方当事人办理了土地使用权属证书变更登记手续，只要土地使用者享有占有、使用、收益或处分该土地的权利，且有合同等证据表明其实质转让、抵押或置换了土地并取得了相应的经济利益，土地使用者及其对方当事人应当依照税法规定缴纳营业税、土地增值税和契税等相关税收"，这就是转移！！

转移土地、房屋权属的承受人不以取得土地、房屋权属登记为必要要件，其如果依法享有对土地、房屋的占有、使用、收益、处分的权能，即可认定其为土地、房屋权属的承受人。

没有转移行为，财产何来呢？

本案事实清楚、依据准确，没有任何争议和异议可言！

二、正确，过程比结果重要！

本案中，该公司于2006年8月通过竞买方式取得包括常州市迎宾路39号国有土地使用权在内的江南春宾馆的资产，并与常州市国土资源局签订了《国有土地使用权出让合同》，其依法缴纳承受该国有土地使用权的契税符合法律规定。此时，缴纳契税的必要条件全部具备，必须缴纳。依据人民法院生效法律文书载明的事实，白路公司未能办理国有土地使用权登记是因人民法院对其所涉民事纠纷采取诉讼保全及执行措施所致，不影响其占有、使用和财产权的归属，不能否定其为常州市迎宾路39号国有土地使用权承受人的身份。所以，过程比结果重要！

所以，本案自始至终，准确、正确！！

【案例七】业务实质是让渡资产使用权还是转让不动产所有权？

郑州RH投资管理有限公司与郑州市××区国家税务局税收管理纠纷一案行政判决书
河南省高级人民法院行政判决书

（2014）豫法行终字第00042号

上诉人（一审被告）：郑州市××区国家税务局，住所地郑州市大学路9号。

委托代理人：张某伟，郑州市××区国家税务局政策法规科科长。

被上诉人（一审原告）：郑州RH投资管理有限公司，住所地郑州市××区大同路。

郑州RH投资管理有限公司（以下简称RH公司）诉郑州市××区国家税务局（以下简称××区国税局）税收管理纠纷一案，郑州市中级人民法院作出（2013）郑行初字第98号行政判决，上诉人××区国税局不服，向本院提起上诉。本院依法组成合议庭，公开开庭审理了本案。上诉人××区国税局的委托代理人张静伟、江勇，被上诉人RH公司的委托代理人沈志耕、张辉到庭参加诉讼，本案现已审理终结。

郑州市中级人民法院一审查明：RH公司系郑州火车站前大同路、福寿路、乔家门地下人防工程的投资开发人，该人防工程的产权属于国家。RH公司于2008年12月28日开始营业，当年与租赁户签订603份名为商铺经营使用权转让合同，并一次性收取了租金，在缴纳税款时，RH公司当时按照不动产销售这一税目缴纳所得税，在2009年1月一次性缴纳企业所得税1.93亿元。后RH公司提出退税申请，认为应当按照租金收入进行缴税,根据《中华人民共和国企业所得税法实施条例》(以下简称《企业所得税法实施条例》)第九条规定的收入与费用配比原则,出租人可以对上述已确认的收入,在租赁期内,分期均匀计入相关年度收入。2012年12月7日,××区国税局作出答复,认为RH公司的退税申请的依据是《国家税务总局关于贯彻落实企业所得税法若干税收问题的通知》(国税函〔2010〕79号),该函发布和执行于2010年2月22日,根据《立法法》第八十四条的规定,法律不溯及既往。RH公司的纳税行为发生于2009年1月,企业在该函发布前所发生的涉税事项和行为应按照当时的税收法律、法规执行,故答复:RH公司申请的退税事项不符合税收政策规定。RH公司于2012年12月19日向郑州市国家税务局申请行政复议。郑州市国家税务局维持了上述答复。RH公司不服,诉至郑州市中级人民法院。

郑州市中级人民法院一审认为:RH公司系郑州火车站前大同路、福寿路、敦睦路、乔家门路及南乔家门路地下人防工程的投资开发人,该人防工程的产权属于国家。RH公司在不拥有产权的情况下,与商户签订《商铺经营使用权转让合同》并取得收入的行为不应属于销售建筑物收入,该合同从性质上来讲属于租赁合同,RH公司的收入为租金收入。对于租金收入如何缴税的问题,《企业所得税法实施条例》:"企业应纳税所得额的计算,以权责发生制为原则,属于当期的收入和费用,不论款项是否收付,均作为当期的收入和费用;不属于当期的收入和费用,即使款项已经在当期收付,均不作为当期的收入和费用。"而《国家税务总局关于贯彻落实企业所得税法若干税收问题的通知》(国税函〔2010〕79号)第一条关于租金收入确认问题中明确:"如果交易合同或协议中规定租赁期限跨年度,且租金提前一次性支付的,根据《企业所得税法实施条例》第九条规定收入与费用配比原则,出租人可对上述已确认的收入,在租赁期内分期均匀计入相关年度收入。"从以上规定可以看出,对租金收入,缴税时存在配比原则,该原则并非在国税函〔2010〕79号文中首次被规定,而是在《企业所得税法实施条例》第九条中已经有规定。××区国税局辩称配比原则在国税函〔2010〕79号文中才首次明确的主张不能成立。

根据收入与费用配比原则,对租金收入缴税时,不属于当期的收入和费用,即使款项已经在当期收付,也不作为当期的收入和费用,出租人可以在租赁期内分期均匀计入相关年度的收入。本案中,RH公司按照销售建筑物一次性缴纳税款,无法扣除以后相应年度应当扣除的必要支出,存在多缴税款的事实。《税收征管法》第五十一条规定,纳税人超过应纳税额缴纳的税款,税务机关发现后应当立即退还;纳税人自结算缴纳税款之日起三年内发现的,可以向税务机关要求退还多缴的税款并加算银行同期存款利息,税务机关及时查实后应当立即退还。因此,RH公司申请退税,符合法律规定。××区国税局以国税函〔2010〕79号文没有溯及力为由,认定RH公司申请的涉税事项不符合税收政策规定,显属错误,依法应予支持RH公司的诉讼请求。经郑州市中级人民法院审判委员会讨论决定，根据《行政诉讼法》第五十四条的规定，判决撤销××区国税局作出的《关于对郑州RH投资管理有限公司涉税事项的答复》；责令××区国税局在判决生效之日起三十日内对RH公司退税申请重新作出具体行政行为。

××区国税局上诉称：原判认定上诉人作出的《关于对郑州RH投资管理有限公司涉税事项的答复》显属错误，判决撤销重做，没有适用《行政诉讼法》第五十四条的具体项、目，属认定事实不清；原判未认定《国家税务总局关于贯彻落实企业所得税法若干税收问题的通知》（国税函〔2010〕79号）是否具有溯及力，属认定事实不清；原判认定涉案603间商铺经营使用权转让合同属于租赁合同，系认定事实错误；原判适用《企业所得税法实施条例》第九条、国税函〔2010〕79号通知的有关规定，认定被上诉人多缴税款，属于适用法律错误；被上诉人超出其经营范围和行为能力、违反合同法禁止性规定从事经营活动，故意规避法律，损害公共利益，其行为不应得到支持。请求依法撤销原判，驳回被上诉人的诉讼请求。

被上诉人RH公司答辩称：原审认为上诉人以国税函〔2010〕79号通知没有溯及力为由，认定被上诉人申请的涉税事项不符合税收政策规定，显属错误，这里的显属错误是指适用法律错误，所以，原判是依据《行政诉讼法》第五十四条第二项第二目规定撤销答复；司法解释的效力适用于法律的实施期间，行政执法解释的时间效力也是如此，国税函〔2010〕79号通知是对《企业所得税法实施条例》第九条的解释，具有溯及力；上诉人是在承认603间商铺经营使用权转让合同属于租赁合同性质的前提下作出的答复，否则，就不会以不适用国税函〔2010〕79号通知为由，认为被上诉人的退税请求不符合税收政策规定，原判认定涉案合同性质属于租赁合同正确；收入与费用配比原则在《企业所得税法实施条例》第九条中已经有过规定，因此，能够得出被上诉人存在多缴税款的结论，原判适用法律正确；被上诉人是否超出经营范围不是本案的审理范围。原判认定事实清楚，适用法律正确，请求依法驳回上诉，维持原判。

本院二审审理查明：涉案603份商铺经营使用权转让合同的合同主体甲方是投资人、出让人RH公司，乙方是商铺经营使用权的受让人；合同的名称是郑州地一大道（××）商铺经营使用权转让合同；合同内容摘要如下：第一条，乙方拟受让本协议所约定之商铺的商铺经营使用权。第四条，地一大道开业时间预计为2008年12月。乙方享有商铺经营使用权的期限为40年，预计自2008年12月28日至2048年12月27日止。……第五条，转让商铺经营使用权总额，按商铺建筑面积RMB＿＿＿元/m²（每平方米人民币＿＿＿万＿＿＿仟＿＿＿佰元整），合计金额为人民币1259250元（人民币壹佰贰拾伍万玖仟贰佰伍拾元整）。上述金额不含管理费。管理费包括空调费、公摊电费、保安、消防、环卫、绿化、排污、公共卫生、公共水、设备维修保养、商场日常服务所支出的各项费用的分摊。商铺内电费、电话费乙方自行承担。本合同期内管理费第一年免收,第二年收费标准甲方按市政相关规定做相应调整。第七条,付款方式、付款时间。商铺经营使用权转让总额的30%(含定金)于签署本合同之时支付,剩余款项,乙方有权选择做____年银行按揭支付,但应于甲方按照第九条的规定向乙方交付商铺后180日内,由乙方本人到甲方公司签订银行按揭合同或支付余款。第二十条,甲乙双方约定,下列事项的发生,甲方无须承担任何经济和法律责任:20.1 乙方违法经营,或乙方经营使用的商铺被司法机关查封、拍卖的……第二十一条,乙方有权在使用期内依约使用商铺或出租、转让他人,进行正当合法的经营活动,并对其经营活动自行承担法律后果和商业风险。第二十五条,为地一大道管理需要,乙方以任何形式将商铺经营使用权设定他项权利、进行转让或转借,均应事先获得甲方书面同意。第二十八条,合同期内,乙方有下列行为之一的,视为乙方自动放弃经营商铺的权利,甲方有权收回商铺,代乙方经营并另行出租他人,收取租金弥补甲方损失后,可付给乙方……第三十三条……33.3 乙方必须全面负责其购买的经营使用权的商铺和划定的安全防火责任分担区的安全防火工作,并承担相应的责任。

其他事实与一审法院查明的事实一致。

本院认为,(一)关于涉案合同性质认定问题。认定涉案合同性质要从合同的形式、内容、当事人意思表示等多方面综合考量。涉案合同的名称是郑州地一大道(××)商铺经营使用权转让合同;涉案合同转让的标的是40年商铺的经营使用权,而不是商铺,该权利是一种复合型的财产权利,其不仅仅是40年商铺的使用权,更重要的是在郑州地一大道这个商场内40年商铺的经营权,并且该财产权利是RH公司投资建设国家人防工程置换所得,并不是租赁取得,政府允许其出租或转让;合同约定了商铺经营使用权转让金总额,这是合同价款;合同价款的支付方式是首付转让款总额30%,剩余部分可以向银行按揭贷款;合同还约定了受让人对商铺经营使用权的处分权,在使用期内可以转让或出租等等。从合同双方约定的合同名称、合同价款、付款方式、权利期限、权利处分方式以及有关经营权的内容来看,属于财产权利让渡合同。《中华人民共和国合同法》第二百一十三条、第二百一十四条规定,租赁合同内容包括租赁物的名称、用途、租赁期限、租金及其支付期限和方式、租赁物的维修等条款,租赁期限不得超过二十年等等,涉案合同没有约定租赁物的名称、租赁期限、租金及其支付期限和方式等内容,转让的权利期限还超过二十年,这些均不符合法律规定的租赁合同特征。应当认定涉案合同性质为财产转让合同。原判对涉案合同性质的认定有误,予以纠正。

(二)关于适用法律问题。如果涉案合同是租赁合同,RH公司依据合同取得的收入是租金收入,当年所得税的缴纳就应当适用《企业所得税法实施条例》第九条、第十九条,《国家税务总局关于贯彻落实企业所得税法若干税收问题的通知》(国税函〔2010〕79号)第一条的规定。本案中,××区国税局在答复RH公司请求事项时,在没有对涉案合同性质进行认定的情况下，就认定 RH 公司申请事项所依据的法律规定没有溯及力，作出 RH 公司申请的退税事项不符合税收政策规定的答复。该答复认定事实不清，适用法律错误，应予撤销。××区国税局应当在查清事实的基础上正确适用法律重新作出答复。

综上所述，原判认定事实清楚，程序合法，对涉案合同性质认定有误，予以纠正，但是判决结果正确，应予维持。依照《行政诉讼法》第六十一条第（一）项之规定，判决如下：

驳回郑州市××区国家税务局上诉，维持郑州市中级人民法院作出的（2013）郑行初字第 98 号行政判决的判决结果。

二审诉讼费 50 元，由上诉人郑州市××区国家税务局承担。

本判决为终审判决。

审　判　长　别志定
代理审判员　杨　巍
代理审判员　王凤强
二〇一四年五月十九日

【涉案事实】

RH 公司系郑州火车站前大同路、福寿路、乔家门地下人防工程的投资开发人，该人防工程的产权属于国家。RH 公司于 2008 年 12 月 28 日开始营业，当年与租赁户签订 603 份名为商铺经营使用权转让合同，并一次性收取了租金，在缴纳税款时，RH 公司当时按照不动产销售这一税目缴纳所得税，在 2009 年 1 月一次性缴纳企业所得税 1.93 亿元。后 RH 公司提出退税申请，认为应当按照租金收入进行缴税，根据《企业所得税法实施条例》第九条规定的收入与费用配比原则，出租人可以对上述已确认的收入，在租赁期内，分期均匀计入相关年度收入。2012 年 12 月 7 日，××区国税局作出答复，认为 RH 公司的退税申请的依据是《国家税务总局关于贯彻落实企业所得税法若干税收问题的通知》（国税函〔2010〕79 号），该函发布和执行于 2010 年 2 月 22 日，根据《立法法》第八十四条的规定，法律不溯及既往。RH 公司的纳税行为发生于 2009 年 1 月，企业在该函发布前所发生的涉税事项和行为应按照当时的税收法律、法规执行，故答复：RH 公司申请的退税事项不符合税收政策规定。RH 公司于 2012 年 12 月 19 日向郑州市国家税务局申请行政复议。郑州市国家税务局维持了上述答复。RH 公司不服，诉至郑州市中级人民法院。

【争议焦点】

业务实质是让渡资产使用权还是转让不动产所有权?

RH 公司在不拥有产权的情况下,与商户签订《商铺经营使用权转让合同》并取得收入的行为不应属于销售建筑物收入,该合同从性质上来讲属于租赁合同,RH 公司的收入为租金收入。和《国家税务总局关于贯彻落实企业所得税法若干税收问题的通知》(国税函〔2010〕79 号)是否具有溯及力,没有关系。

【政策依据】

对于租金收入如何缴税的问题,《企业所得税法实施条例》:"企业应纳税所得额的计算,以权责发生制为原则,属于当期的收入和费用,不论款项是否收付,均作为当期的收入和费用;不属于当期的收入和费用,即使款项已经在当期收付,均不作为当期的收入和费用。"而《国家税务总局关于贯彻落实企业所得税法若干税收问题的通知》(国税函〔2010〕79 号)第一条关于租金收入确认问题中明确:"如果交易合同或协议中规定租赁期限跨年度,且租金提前一次性支付的,根据《企业所得税法实施条例》第九条规定收入与费用配比原则,出租人可对上述已确认的收入,在租赁期内分期均匀计入相关年度收入。"

【点评解析】

判定是否属于转让不动产所有权的基本条件:一是能否给 603 户商户办理房产证?二是四十年是否是该项目国有土地使用权使用剩余全部年限?三是租金总价款是否与当地商品房销售价格相当?

【案例八】 房产税和城镇土地使用税的征税范围明确,经营用房应纳税

李某云与北京市 TZ 区地方税务局马驹桥税务所其他二审行政判决书
北京市第三中级人民法院行政判决书

(2013)三中行终字第 1619 号

上诉人(一审原告):李某云,女,1964 年 9 月 9 日出生,北京市台湖旅店业主。

被上诉人(一审被告):北京市 TZ 区地方税务局马驹桥税务所,住所地北京市 TZ 区大杜社派出所南侧。

负责人:郑某,所长。

委托代理人:李某红,女,北京市 TZ 区地方税务局干部。

李某云因诉税务行政征收一案,不服北京市 TZ 区人民法院(2014)通行初字第 141 号行政判决,向本院提起上诉。本院受理后,依法组成合议庭,于 2014 年 12 月 8

日公开开庭审理了本案。上诉人李某云、被上诉人北京市TZ区地方税务局马驹桥税务所（以下简称马驹桥税务所）委托代理人杨鸿志到庭参加了诉讼。本案现已审理终结。

2014年4月23日，经李某云申报，其经营的北京市台湖旅店（以下简称台湖旅店）向马驹桥税务所缴纳房产税420元。

李某云于法定期限内向一审法院提起行政诉讼，要求撤销马驹桥税务所向其征收房产税420元的具体行政行为。一审法院经审理认为，根据《税收征收管理法》（以下简称《税收征管法》）的有关规定，税务所作为一级税务机关，有权负责税收征收、管理、稽查。据此，马驹桥税务所有权依据法律、法规的规定对辖区范围内符合房产税征收条件的纳税人征收房产税。《中华人民共和国房产税暂行条例》（以下简称《房产税暂行条例》）第一、二条规定，房产税在城市、县城、建制镇和工矿区征收；房产税由产权所有人缴纳。《关于房产税若干具体问题的解释和暂行规定》（以下简称《房产税暂行规定》）中对建制镇的征税范围进行了解释，即建制镇的征税范围为镇人民政府所在地。本案中，台湖旅店经营用房为李某云自有房产，该旅店位于北京市TZ区台湖镇台湖村（以下简称台湖村），台湖村系北京市TZ区台湖镇人民政府（以下简称台湖镇政府）所在地，台湖旅店应属于征收房产税的范围，台湖旅店业主李某云是房产税的纳税人，故马驹桥税务所于2014年4月23日向李某云征收房产税的具体行政行为，认定事实清楚、适用法律法规正确、征税程序合法、纳税数额计算准确，应予维持；关于李某云认为其所开办的台湖旅店用房属于农村自有房屋，不属于房产税的征税范围，要求撤销马驹桥税务所征收房产税行为的诉讼主张无事实及法律依据，不予支持。一审法院依据《行政诉讼法》第五十四条第（一）项之规定，判决维持马驹桥税务所于二〇一四年四月二十三日向李某云征收房产税四百二十元的具体行政行为。

李某云不服一审判决，向本院提起上诉，上诉理由为：上诉人在台湖村利用自家住宅开办台湖旅店，所用房屋和旅店法人代表都属于台湖村，是农村和农民。根据《房产税暂行条例》《房产税暂行规定》的有关规定，上诉人依法上诉。请求二审法院撤销一审判决。

马驹桥税务所同意一审判决，请求本院驳回上诉，维持原判。

马驹桥税务所在法定期限内向一审法院提交了如下证据：

1. 北京农商银行电子缴税付款凭证，证明李某云缴纳了税款；
2. 税务登记证（副本），证明李某云经营台湖旅店地址为台湖村；
3. 台湖镇政府出具的证明，证明台湖村为台湖镇政府所在地。

马驹桥税务所向一审法院院提交了如下法律依据：

1. 《税收征管法》第十一、十四条，证明马驹桥税务所系负责征收的税务机关；

2.《税收征管法》第二十六条、第三十一条第一款，证明纳税人可以自行申报纳税；

3.《房产税暂行条例》第一、三、四、九条，证明房产税由税务机关征收及房产税的计税依据、税率；

4.《房产税暂行规定》第一、二条，证明建制镇为房产税的纳税范围；

5.《关于对建制镇征收房产税问题的批复》，证明房产税的征收范围扩大到建制镇所辖的行政村；

6.《北京市施行〈中华人民共和国房产税暂行条例〉的细则》第二条第二款、第四条，证明建制镇的范围均以北京市人民政府确定的行政区划为依据及房产税计税依据；

7.《关于调整部分乡镇行政区域范围和调整后党政机构更名的通知》，证明撤销台湖乡设立台湖镇。

李某云向一审法院提交了以下证据及依据：

1. 税务登记证（副本），证明台湖旅店在台湖村经营；
2. 台湖村民委员会出具的证明，证明台湖旅店经营地址在台湖村；
3. 北京农商银行电子缴税付款凭证，证明房产税已交；
4. 个体工商户营业执照（副本），证明台湖旅店在台湖村经营；
5.《房产税暂行条例》第一条；
6.《房产税暂行规定》第二条。

法律依据5、6证明马驹桥税务所征收房产税违法。

经开庭质证，一审法院对上述证据作出如下确认：马驹桥税务所提交的证据及法律依据、李某云提交的证据来源合法，内容真实，与本案具有关联性，予以采信；李某云提交的法律依据不能证明其欲证明的问题，不予确认。

一审法院已将上述证据随案移送本院。经审查，本院同意一审法院的认证意见，予以确认。本院根据上述合法有效的证据及各方当事人的陈述，认定一审法院查明的如下事实成立：

李某云系台湖旅店业主，台湖旅店坐落于台湖村。2014年4月23日，李某云经申报后向马驹桥税务所缴纳了房产税420元。同年6月10日李某云向北京市TZ区地方税务局（以下简称TZ区地税局）提起行政复议，要求撤销马驹桥税务所向其征收房产税420元的具体行政行为并要求国家赔偿。9月2日，TZ区地税局作出复议决定，维持了马驹桥税务所向李某云征收房产税的行为，对李某云的赔偿请求不予支持。另查，台湖镇政府×地在台湖村。

本院认为，根据《税收征管法》的有关规定，税务所作为一级税务机关，有权负责税收征收、管理、稽查。据此马驹桥税务所有权依据法律、法规的规定对辖区范围内符合房产税征收条件的纳税人征收房产税。《房产税暂行条例》第一、二条规定,房产税在城市、县城、建制镇和工矿区征收;房产税由产权所有人缴纳。《房产税暂行规定》规定建制镇的征税范围为镇人民政府所在地。

本案中,李某云经营的台湖旅店位于台湖村,而台湖村系台湖镇人民政府所在地,属于征收房产税的征税范围,李某云作为房产税的纳税人,马驹桥税务所向其征收房产税的具体行政行为并无不当。一审法院判决认定事实清楚,适用法律正确,审判程序合法,本院应予维持。李某云的上诉请求不成立,依照《行政诉讼法》第六十一条第(一)项之规定,判决如下:

驳回上诉,维持一审判决。

二审案件受理费50元,由李某云负担(已交纳)。

本判决为终审判决。

审　判　长　贾志刚
代理审判员　胡兰芳
代理审判员　王琪璟
二〇一四年十二月十九日
书　记　员　韩鑫蕊
王超然

【涉案事实】

李某云系台湖旅店业主,台湖旅店坐落于台湖村。2014年4月23日,李某云经申报后向马驹桥税务所缴纳了房产税420元。同年6月10日李某云向北京市TZ区地方税务局(以下简称TZ区地税局)提起行政复议,要求撤销马驹桥税务所向其征收房产税420元的具体行政行为并要求国家赔偿。9月2日,TZ区地税局作出复议决定,维持了马驹桥税务所向李某云征收房产税的行为。

一审法院经审理查明,李某云系台湖旅店业主,台湖旅店坐落于台湖村,台湖村系台湖镇政府×地。2015年4月20日,李某云经申报后向××税务所缴纳了土地使用税165元。同年5月22日李某云向TZ地税局提起行政复议,要求撤销××税务所向其征收土地使用税165元的行政行为并要求国家赔偿。7月20日,TZ地税局作出被诉复议决定,维持了××税务所向李某云征收土地使用税的行为,对李某云的赔偿请求不予支持。

一审判决如下:维持被告北京市TZ区地方税务局××税务所于二〇一四年四月二十三日向原告李某云征收城镇土地使用税一百六十五元的具体行政行为。

二审判决如下:驳回上诉,维持一审判决。

【争议焦点】

李某云认为其所开办的台湖旅店用房属于农村自有房屋，不属于房产税的征税范围，要求撤销马驹桥税务所征收房产税行为。

原告是否应该缴纳城镇土地使用税和房产税（另案），或是否是城镇土地使用税和房产税的纳税义务人。

【政策依据】

《房产税暂行规定》第一、二条，证明建制镇为房产税的纳税范围；《关于对建制镇征收房产税问题的批复》，证明房产税的征收范围扩大到建制镇所辖的行政村；《北京市施行〈中华人民共和国房产税暂行条例〉的细则》第二条第二款、第四条，证明建制镇的范围均以北京市人民政府确定的行政区划为依据及房产税计税依据；《关于调整部分乡镇行政区域范围和调整后党政机构更名的通知》，证明撤销台湖乡设立台湖镇。

《中华人民共和国城镇土地使用税暂行条例》（以下简称《土地使用税暂行条例》）第二条规定，在城市、县城、建制镇、工矿区范围内使用土地的单位和个人，为城镇土地使用税的纳税人，应缴纳土地使用税。《土地使用税暂行规定》对建制镇的征税范围进行了解释：建制镇的征税范围为镇人民政府所在地。房产税相关规定与此相同。

【点评解析】

数额虽小，但纳税人的合法权益没有金额大小问题。征税范围和纳税主体是本案的核心内容，也是实务中的焦点和难点问题。

点评一：征税范围

根据上述规定，本案中，台湖旅店经营用地位于北京市 TZ 区台湖镇台湖村（以下简称台湖村），台湖村系北京市 TZ 区台湖镇人民政府（以下简称台湖镇政府）所在地，台湖旅店应属于征收城镇土地使用税的范围，台湖旅店业主李某云系城镇土地使用税纳税义务人和房产税纳税义务人。如果不是"建制镇的征税范围为镇人民政府所在地"，就不用缴纳城镇土地使用税和房产税，实务中的某工厂或公司等营利性经营组织的"生产经营用厂房或办公用房"除外。如在建制镇的某行政村（非镇政府所在地）占地100亩建厂，依据就是工矿区。

点评二：经营用房

李某云认为其所开办的台湖旅店用地属于农村村民宅基地，不属于城镇土地使用税的征税范围，这是本末倒置。宅基地用来生产经营就已经不是宅基地了，是经营用房。

点评三：纳税主体

作为纳税义务人的李某云已经不是农民的身份，是个体工商户。

实务中的"两非不缴纳两税"情况：在非建制镇辖区内和建制镇辖区内的非个体工商户（各类公司）不是城镇土地使用税和房产税的纳税义务人。

【附另一案件】李某云与北京市 TZ 区地方税务局马驹桥税务所其他一审行政判决书

北京市 TZ 区人民法院行政判决书

（2014）通行初字第 143 号　发布日期：2015-04-30

原告：李某云，女，1964 年 9 月 9 日出生。

被告：北京市 TZ 区地方税务局马驹桥税务所，住所地北京市 TZ 区大杜社派出所南侧。

负责人：郑某，男，所长。

委托代理人：李某红，女，北京市 TZ 区地方税务局法制科干部。

原告李某云诉被告北京市 TZ 区地方税务局马驹桥税务所（以下简称马驹桥税务所）税务行政征收一案，本院受理后，向马驹桥税务所送达起诉状副本及诉讼通知书。本院依法组成合议庭，于 2014 年 10 月 29 日公开开庭审理了本案并当庭宣判。原告李某云，马驹桥税务所的负责人郑某、委托代理人杨某志到庭参加诉讼。本案现已审理终结。

2014 年 4 月 23 日，经原告李某云申报，其经营的北京市××旅店（以下简称××旅店）向马驹桥税务所缴纳城镇土地使用税 165 元。

马驹桥税务所在法定期限内向本院提交了作出被诉具体行政行为的事实、程序证据材料为：

1. 北京农商银行电子缴税付款凭证，证明李某云缴纳了税款；

2. 税务登记证（副本），证明李某云经营××旅店地址为北京市 TZ 区台湖镇××村（以下简称××村）；

3. 北京市 TZ 区台湖镇人民政府（以下简称台湖镇政府）出具的证明，证明××村为台湖镇政府所在地。

马驹桥税务所向本院提交的法律依据为：

1. 《税收征管法》第十一、十四条，证明马驹桥税务所系城镇土地使用税征收机关；

2. 《税收征管法》第二十六条、第三十一条第一款，证明纳税人可以自行申报纳税；

3. 《城镇土地使用税暂行条例》第二、十条，证明建制镇为城镇土地使用税的纳税范围，征收机关为土地所在地的税务机关；

4.《关于检发〈关于土地使用税若干具体问题的解释和暂行规定〉的通知》（以下简称《土地使用税暂行规定的通知》），证明自有自住院落占用的土地不征收城镇土地使用税，但对其营业用的房屋占地及院落，应按实际用地面积征收城镇土地使用税；

5.《关于对建制镇征收房产税问题的批复》（以下简称《批复》），证明房产税的征收范围扩大到建制镇所辖的行政村；

6.《国家税务总局关于北京市房产税征税范围问题的批复》（以下简称《征税范围批复》），证明城镇土地使用税征税范围与房产税的征税范围一致；

7.《北京市地方税务局关于2007年度征收城镇土地使用税的通告》，证明六级土地每平方米纳税额为1.5元；

8.《北京市地方税务局关于印发〈北京市城镇土地纳税等级分级范围〉的通知》（以下简称《土地纳税分级范围》），证明北京市TZ区台湖镇（以下简称台湖镇）的土地纳税等级为六级；

9.《关于调整部分乡镇行政区域范围和调整后党政机构更名的通知》，证明撤销台湖乡设立台湖镇。

原告李某云诉称，其在××村利用自家住宅开办××旅店，马驹桥税务所收取××旅店城镇土地使用税的行为违反《国家税务局关于土地使用税若干具体问题的解释和暂行规定》（以下简称《土地使用税暂行规定》）中关于征收范围为城市、县城、建制镇和工矿区的规定，故请求法院撤销马驹桥税务所于2014年4月23日向李某云征收城镇土地使用税165元的行政行为。

为证明相关事实，原告李某云向本院提交以下证据材料及法律依据：

1. 税务登记证（副本）；
2. ××村民委员会出具的证明；
3. 个体工商户营业执照（副本）；

证据1至3证明××旅店在××村经营；

4. 北京农商银行电子缴税付款凭证，证明城镇土地使用税已交；
5.《土地使用税暂行规定》第一、三条，证明马驹桥税务所征收城镇土地使用税违法。

马驹桥税务所辩称：根据《暂行条例》《土地使用税暂行规定》的规定，建制镇的城镇土地使用税的征税范围为镇人民政府所在地，北京市人民政府已于2000年7月撤销台湖乡设立台湖镇，原告李某云所开办的××旅店的经营地址为××村，××村为台湖镇政府所在地，故应对××旅店征收城镇土地使用税；根据《土地使用税暂行规定的通知》第二条之规定，在开征土地使用税范围内，对营业用的房屋占地及院落，应按照实际用地面积征收土地使用税,故应对李某云营业用地征收城镇土地使用税;《土地纳税分级范围》规定,六级土地的税额标准为每平方米年税额1.5元,李某云所开办的××旅店经营用地为六级土地,应缴纳的城镇土地使用税为165元。综上,马驹桥税务所于2014年4月23日对李某云作出的征收城镇土地使用税165元的具体行政行为事实清楚、适用依据正确、程序合法、内容适当。

经庭审质证,本院对以上证据材料作如下确认:马驹桥税务所提交的证据及法律依据、原告李某云提交的证据来源合法,内容真实,与本案具有关联性,本院予以采信;李某云提交的法律依据不能证明其欲证明的问题,本院不予确认。

根据上述有效证据,本院认定事实如下:原告李某云系××旅店业主,××旅店坐落于××村。2014年4月23日,李某云经申报后向马驹桥税务所缴纳了城镇土地使用税165元。同年6月10日李某云向北京市TZ区地方税务局(以下简称TZ区地税局)提起行政复议,要求撤销马驹桥税务所向其征收城镇土地使用税165元的具体行政行为并要求国家赔偿。9月2日,TZ区地税局作出复议决定,维持了马驹桥税务所向李某云征收城镇土地使用税的行为,对李某云的赔偿请求不予支持。

另查,台湖镇政府×地在××村。

本院认为,根据《税收征管法》的有关规定,税务所作为一级税务机关,有权负责税收征收、管理、稽查。据此马驹桥税务所有权依据法律、法规的规定对辖区范围内符合城镇土地使用税征收条件的纳税人征收城镇土地使用税。《暂行条例》第二条规定,在城市、县城、建制镇、工矿区范围内使用土地的单位和个人,为城镇土地使用税的纳税人,应缴纳土地使用税。《土地使用税暂行规定》对建制镇的征税范围进行了解释:建制镇的征税范围为镇人民政府所在地。根据上述规定,本案中,××旅店经营用地位于××村,××村系台湖镇政府所在地,××旅店应属于征收城镇土地使用税的范围,××旅店业主李某云系城镇土地使用税纳税人,故马驹桥税务所于2014年4月23日向李某云征收城镇土地使用税的具体行政行为,认定事实清楚、适用法律法规正确、征税程序合法、纳税数额计算准确,应予维持;关于李某云认为其所开办的××旅店用地属于农村村民宅基地,不属于城镇土地使用税的征税范围,要求撤销马驹桥税务所于2014年4月23日向其征收城镇土地使用税的行为的诉讼主张,无事实及法律依据,本院不予支持。依据《中华人民共和国行政诉讼法》第五十四条第(一)项之规定,判决如下:

维持被告北京市TZ区地方税务局马驹桥税务所于二〇一四年四月二十三日向原告李某云征收城镇土地使用税一百六十五元的具体行政行为。

案件受理费五十元,由原告李某云负担(已交纳)。

如不服本判决,可在判决书送达之日起十五日内,向本院递交上诉状,并按对方当事人的人数提出副本,交纳上诉案件受理费人民币五十元,上诉于北京市第三中级人民法院。如在上诉期满后七日内未交纳上诉案件受理费的，按自动撤回上诉处理。

审　判　长　曹　慧
人民陪审员　胡晓波
人民陪审员　杨建琴
二〇一四年十一月五日
书　记　员　于　娟

【源自中国裁判文书网：http://wenshu.court.gov.cn】

第四节　综合案例

所谓称之为综合案例，就是案例既涉及程序性内容又涉及实体性内容。本节点评两个经典案例，其中税务局败诉的案例需要深刻反思、引以为戒。

【案例九】对经法院判决的无效产权转移行为，无纳税义务凭什么不退税？！

国家税务总局北京市XC区税务局等与刘某秀二审行政判决书
北京市第二中级人民法院行政判决书

(2019) 京02行终964号

上诉人（一审被告）：国家税务总局北京市XC区税务局，住所地北京市XC区二龙路己33号。
法定代表人：王某新，局长。
出庭负责人：周某利，国家税务总局北京市XC区税务局总会计师。
委托代理人：王某本，北京天驰君泰律师事务所律师。
被上诉人（一审原告）：刘某秀，女，1972年6月29日出生，汉族，住北京市XC区。
委托代理人：刘某辉，山东国宗律师事务所律师。
一审被告：国家税务总局北京市税务局，住所地北京市XC区车公庄大街8号。
法定代表人：李某民，局长。
委托代理人：焦某烨，北京天驰君泰律师事务所律师。
一审第三人：沈恒，男，1973年4月12日出生，汉族，住北京市海淀区。

一审第三人：刘欣，男，1973年7月22日出生，汉族，住北京市XC区。

刘某秀诉国家税务总局北京市XC区税务局（以下简称XC税务局）作出的通知及国家税务总局北京市税务局（以下简称市税务局）行政复议一案，XC税务局不服北京市XC区人民法院（以下简称一审法院）所作（2017）京0102行初813号行政判决（以下简称一审判决），向本院提起上诉。本院依法组成合议庭，于2019年8月19日公开开庭进行了审理，上诉人XC税务局负责人周某利及委托代理人何某荣、王某本，被上诉人刘某秀之委托代理人刘国辉，一审被告市税务局之委托代理人黄丽明、焦铁烨，到庭参加诉讼。本案现已审理终结。

2016年12月26日，XC税务局作出京地税西税通〔2016〕31517号《税务事项通知书》（以下简称被诉通知书），主要内容为，刘某秀（纳税人识别号：110108197206296366）；事由：退抵税（费）审批通知；依据：《税收征管法》第五十一条；通知内容：你（单位）于2016年12月22日提出的退抵税（费）审批收悉，经审核，不符合要求，不予审批。2017年1月18日，XC税务局作出《更正通知书》，主要内容为，刘某秀（纳税人识别号：110108197206296366）：现将我局向你送达的被诉通知书内容更正如下："2016年12月22日"更正为"2016年12月13日"。

刘某秀不服被诉通知书，向市税务局提起行政复议。市税务局于2017年7月31日作出京地税复字〔2017〕3号《税务行政复议决定书》（以下简称被诉复议决定），认为XC税务局作出的被诉通知书认定事实清楚、证据充分、适用依据正确、程序合法、内容适当，依据《行政复议法》第二十八条第一款第（一）项、《税务行政复议规则》第七十五条第一项的规定，维持被诉通知书。

刘某秀向一审法院诉称，2011年，刘某秀欲将位于北京市XC区菜市口大街6号院3号楼6单元203室房屋（以下简称涉案房屋）通过出售的方式过户给沈恒。2011年9月5日，刘某秀向XC税务局缴纳营业税42500元、城市维护建设税2975元、教育费附加1275元，共计46750元。在涉案房屋交易过程中，刘某秀前夫刘欣发现其对涉案房屋的权利受到侵害，因此与刘某秀之间产生系列诉讼，最终法院判决认定涉案房屋权属归刘欣所有，导致刘某秀与沈恒之间的房屋交易失败。依照法律规定，营业税等税款是在房屋交易成功的情况下税务机关收取的，现刘某秀与沈恒之间的房屋交易失败，XC税务局应予退回。刘某秀向XC税务局申请退营业税、城市维护建设税、教育费附加，XC税务局于2016年12月26日作出被诉通知书。刘某秀不服，于2017年1月9日向市税务局申请行政复议，市税务局2017年7月31日作出被诉复议决定维持被诉通知书，刘某秀于2017年8月2日收到。现诉至法院，请求法院：1.撤销XC税务局作出的被诉通知书及市税务局作出的被诉复议决定；2.判令XC税务局向刘某秀退营业税42500元、城市维护建设税2975元、教育费附加1275元，共计46750元；3.诉讼费用由XC税务局、市税务局承担。

XC税务局向一审法院辩称,一、XC税务局作出的被诉通知书认定事实清楚、法律适用正确、程序合法。2011年9月5日,刘某秀持民事调解书、强制执行裁定书等材料到XC税务局所辖第七税务所申报缴纳将涉案房屋过户给沈恒发生的税费,第七税务所向刘某秀征收营业税42500元、城市维护建设税2975元、教育费附加1275元。2016年12月13日,刘某秀向XC税务局所辖第二税务所提出退税申请。经查验,第二税务所依法受理退税申请后,将退税申请材料交XC税务局办理。XC税务局经审核发现,刘某秀于2011年9月5日缴纳营业税、城市维护建设税、教育费附加,于2016年12月13日提出退税申请,已超过《税收征管法》第五十一条规定的三年退税申请期限,据此作出被诉通知书并向刘某秀送达。刘某秀主张"营业税等税款是在房屋交易成功的情况下税务机关收取的,现刘某秀与沈恒之间的房屋交易失败,XC税务局应予退回"没有法律根据,不能成立。《税收征管法》第五十一条规定"超过应纳税额缴纳的税款"的产生原因有多种,包括因法律原因、技术原因以及其他原因导致的多缴税款。该条还规定,应退还的纳税人多缴的税款有两类,一是由税务机关发现,二是由纳税人自己发现。由纳税人发现的多缴税款,无论什么原因造成,都应在结算缴纳税款之日起三年内申请退还,超过三年申请退税的,税务机关不能办理退还手续。本案中,刘某秀缴纳营业税、城市维护建设税、教育费附加的时间是2011年9月5日,提出退税申请的时间是2016年12月13日,已超过法定的三年退税申请期限,因此,其提出的退税申请不符合退税条件,XC税务局据此作出不予退税的被诉通知书并无不当。综上,刘某秀所诉事由没有法律依据,请求法院判决驳回刘某秀的诉讼请求。

市税务局向一审法院辩称,一、市税务局受理刘某秀提出的行政复议申请并作出被诉复议决定,履行了行政复议的法定职责,程序合法。2017年1月9日,刘某秀不服XC税务局作出的被诉通知书向市税务局提出行政复议,复议请求为"责令XC税务局将刘某秀缴纳的营业税、城市维护建设税、教育费附加退回"。2017年1月12日,市税务局决定受理刘某秀的行政复议申请并向刘某秀邮寄送达《行政复议申请受理通知书》,向XC税务局送达《行政复议答复通知书》。2017年1月20日,XC税务局提交《行政复议答复书》及证据、法律依据等材料。经审理,市税务局认为本案情况复杂,不能在规定期限内作出行政复议决定,根据《行政复议法》第三十一条第一款、《税务行政复议规则》第八十三条第一款的规定,决定延长案件审理期限30日,并于2017年3月10日将《行政复议延期通知书》邮寄送达刘某秀。由于本案涉及退税相关政策的法律适用问题需有权机关作出解释或者确认,根据《行政复议法实施条例》第四十一条第一款第六项、《税务行政复议规则》第七十九条第一款第七项的规定,市税务局决定自2017年3月22日起中止该案审理。中止原因消除后,于2017年7月21日决定恢复审理。2017年7月31日作出被诉复议决定并邮寄送达刘某秀。二、

XC税务局作出的被诉通知书认定事实清楚、证据确凿、适用法律正确、程序合法。刘某秀所称"营业税等税款是在房屋交易成功的情况下,税务机关收取的,现其与沈恒之间的房屋交易失败,XC税务局应予退回"没有法律根据,不能成立。综上,被诉复议决定认定事实清楚、证据确实充分、适用法律正确,刘某秀的诉讼请求没有事实和法律依据,请求法院驳回刘某秀的诉讼请求。

沈恒向一审法院述称,财政部、国家税务总局文件《关于购房人办理退房有关契税问题的通知》(财税〔2011〕32号,以下简称32号通知)明确如果没有办理权属登记可以退还契税。关于刘某秀的各项税费我们认为基于同一笔交易,刘某秀税费应予以退还,不应适用《税收征管法》第五十一条,该条规定是多缴纳税款,而不适用交易不成功的情况;XC税务局答辩中也表达了刘某秀缴纳的税款应该退还,只不过是涉及时效的问题;《税收征管法》第五十一条还规定,税务机关如果发现应该予以退还并没有时效的规定,相当于现在XC税务局已经知晓情况却不予办理。刘某秀本人一直在进行民事诉讼,主张退还税款的权利,只不过主张对象有问题,但是不能要求纳税人知道应该如何办理退税。

刘欣向一审法院述称,关于刘某秀和沈恒之间的诉讼不了解过程,至于退税问题也不清楚情况,对刘某秀的诉讼请求无法发表意见。一审法院经审理查明:

2009年3月3日,刘某秀与北京中信房地产有限公司签订《商品房预售合同》,约定刘某秀购买涉案房屋,总价款1465156元。2009年3月6日,刘某秀与刘欣登记结婚。2010年1月26日,刘某秀与刘欣协议离婚,并在离婚协议中约定涉案房屋归男方所有,女方协助办理过户,所欠贷款由刘欣偿还。

2010年4月1日,因刘某秀与范旭东民间借贷纠纷,北京市海淀区人民法院(以下简称海淀法院)作出(2010)海民初字第9925号民事调解书,确定刘某秀在约定时间内偿还范旭东85万元借款,如未按期还款,刘某秀应将涉案房屋过户给范旭东或范旭东指定的第三人。同月,因刘某秀未履行调解书确定的还款义务,海淀法院作出(2010)海民执字第4656号强制执行裁定书,将涉案房屋过户给范旭东指定的第三人沈恒。

2011年4月28日,刘欣向海淀法院起诉刘某秀,要求确认涉案房屋归刘欣所有。2011年8月29日,海淀法院作出(2011)海民初字第17526号民事判决书,判决因涉案房屋尚未办理产权证书,无法确认涉案房屋产权人,离婚协议书约定的条件尚未成立,故驳回刘欣的诉讼请求。刘欣不服提起上诉,2011年10月30日,北京市第一中级人民法院(以下简称一中院)作出(2011)一中民终字第15498号民事判决书,驳回上诉,维持原判。

2011年9月5日,刘某秀到XC税务局第七税务所申报缴纳了涉案房屋过户给沈恒产生的营业税42500元、城市维护建设税2975元、教育费附加1275元,共计46750

元，同时代理沈恒申报缴纳了契税 25500 元。

2011 年 11 月 4 日，一中院指令海淀法院对刘某秀、范旭东民间借贷纠纷案件自行审查处理。海淀法院按照一中院的要求，对（2010）海民初字第 9925 号民事调解书进行再审，于 2012 年 4 月 20 日作出（2012）海民再初字第 37 号民事判决书，判决撤销（2010）海民初字第 9925 号民事调解书，刘某秀偿还范旭东 85 万元。后范旭东提起上诉，2012 年 9 月 18 日，一中院作出（2012）一中民再终字第 07154 号民事判决书，判决驳回上诉，维持原判。

2012 年，刘欣将刘某秀诉至一审法院，要求法院判令将涉案房屋过户到刘欣名下。一审法院于 2012 年 3 月 20 日作出（2012）西民初字第 4807 号民事判决书，判决刘某秀协助刘欣办理将涉案房屋所有权证登记于刘欣名下的手续。刘某秀不服，提起上诉，2012 年 11 月 9 日，一中院作出（2012）一中民终字第 6209 号民事判决书，驳回上诉，维持原判。现涉案房屋已登记于刘欣名下。

2016 年 6 月 14 日，刘某秀向海淀法院起诉刘欣不当得利纠纷，请求法院判决刘欣返还其垫付的购房款及税费。后对返还税款 22127.17 元不再主张，海淀法院作出（2016）京 0108 民初 20622 号民事判决书，判决刘欣于本判决生效后十日内返还刘某秀五十三万二千四百七十元；驳回刘某秀其他诉讼请求。刘某秀、刘欣不服，提起上诉。2017 年 3 月 24 日，一中院作出（2017）京 01 民终 669 号民事判决书，判决撤销（2016）京 0108 民初 20622 号民事判决书；刘欣于本判决生效后十日内返还刘某秀五十三万二千四百七十元，并按中国人民银行公布的同期贷款利率给付二〇一三年三月七日至实际返还之日止的利息；驳回刘某秀的其他诉讼请求；驳回刘欣的上诉请求。

2016 年 12 月 13 日，刘某秀向 XC 税务局第二税务所提出退税申请，请求退还其于 2011 年 9 月 5 日缴纳的营业税 42500 元、城市维护建设税 2975 元、教育费附加 1275 元，共计 46750 元。XC 税务局经审查，于 2016 年 12 月 26 日作出被诉通知书并送达刘某秀，后因被诉通知书中对退税申请提出时间描述错误，于 2017 年 1 月 18 日作出《更正通知书》将错误日期更正并送达刘某秀。

2017 年 1 月 9 日，刘某秀向市税务局提出行政复议申请，复议请求为，责令 XC 税务局将刘某秀缴纳的营业税、城市维护建设税、教育费附加退回。2017 年 1 月 12 日，市税务局决定受理刘某秀的行政复议申请并向刘某秀邮寄送达《行政复议申请受理通知书》，向 XC 税务局送达《行政复议答复通知书》。2017 年 1 月 20 日，XC 税务局提交《行政复议答复书》及证据、依据等相关材料。市税务局经审理认为本案情况复杂，不能在规定期限内作出行政复议决定，根据《行政复议法》第三十一条第一款、《税务行政复议规则》第八十三条第一款的规定，于 2017 年 3 月 10 日作出《行政复议延期通知书》决定延长案件审理期限 30 日，并邮寄送达刘某秀及 XC 税务局。由于本案涉及退税相关政策的法律适用问题需有权机关作出解释或者确认，根据《行政复议法实施条例》第四十一条第一款第六项、《税务行政复议规则》第七十九条第一款第七项的规定，市税务局于 2017 年 3 月 22 日作出《行政复议中止通知书》决定中止案件审理并送达刘某秀及 XC 税务局。中止原因消除后，于 2017 年 7 月 21 日作出《行政复议恢复审理通知书》并送达刘某秀及 XC 税务局。2017 年 7 月 31 日作出被诉复议决定并邮寄送达刘某秀及 XC 税务局。

一审法院认为，根据《税收征管法》第五条、第十四条的规定，XC 税务局负责本行政区域内税务征收管理工作，具有对退税申请予以审查并处理的法定职责。根据《税务行政复议规则》第十七条、《行政复议法》第十二条的规定，市税务局作为 XC 税务局的上一级主管部门，具有对 XC 税务局作出行政行为不服提起行政复议予以受理、审查并作出处理的法定职责。

归纳本案的审理焦点为：

一、刘某秀缴纳的营业税、城市维护建设税、教育费附加的性质如何认定，是否应予退还；二、XC 税务局适用《税收征管法》第五十一条作出被诉通知书是否正确。

关于焦点一，一审法院认为，刘某秀曾缴纳的税款自其与沈恒基于以房抵债的行为不具备法律效力时，已不符合税的根本属性，不具备课税要素条件和税收依据，依法应予退还，否则将有违税法的立法精神和宗旨。

（一）税收的概念和基本构成要素

税收或称租税、赋税、税金等，简称税，是国家为实现其公共职能，满足社会公共需要而凭借其政治权力，按照预定的标准和程序，无偿地、强制地取得财政收入的一种活动或手段，具有国家单方强制性、无偿征收性、标准确定性等特征，应遵循一定的原则并按照规定的标准得以实施。课税要素是指国家征税必不可少的要素即必须具备的条件，从狭义上说主要针对税收实体法要素，包括征税主体、征税客体、税率等。课税要素理论是判定相关主体的纳税义务是否成立以及国家是否有权征税的标准，只有满足课税要素，相关主体才能成为税法上的纳税人并负有依法纳税的义务，国家才能作为征收主体对其征收税款。其中征税客体即主要解决对什么征税的问题，一般界定为物，主要涉及商品、所得以及财产等，如具有收益性和营利性则一般可以征税，如具有一定的公益性和非营利性则一般不予征税。

本案中，2011 年 9 月 5 日，刘某秀和沈恒分别缴纳营业税、城市维护建设税、教育费附加及契税，其缴税基础源于（2010）海民初字第 9925 号民事调解书所确定的刘某秀基于对范旭东以房抵债行为而将涉案房屋过户给沈恒的民事义务。此时，依据税法理论和规定，因房屋权属发生移转变更的事实，应由承受房屋所有权的人即沈恒作为纳税主体缴纳契税，相对出让房屋所有权的人即刘某秀作为纳税主体缴纳营业税、城市维护建设税、教育费附加，征税客体为涉案房屋，因具有财产收益性故满足课税要素的基本构成要件。此后，海淀法院于 2012 年 4 月 20 日作出（2012）海民再初字第37号民事判决书,判决撤销(2010)海民初字第9925号民事调解书,刘某秀偿还范旭东人民币85万元。一中院于2012年9月18日二审予以维持。一审法院于2012年3月20日作出(2012)西民初字第4807号民事判决书,判决刘某秀协助刘欣办理将涉案房屋所有权证登记于刘欣名下的手续。一中院于2012年11月9日二审予以维持。至此,刘某秀与沈恒之间基于涉案房屋的以房抵债行为灭失,其缴纳的税款性质要结合课税要素、税收依据等因素加以综合判定。

税收依据指纳税人据以缴纳税款的原因和国家可以据以征收税款的理由,国家征收是否有法可依、有据可循是征收活动是否合法有效进行的基础性前提,如征税无据则国家可能涉嫌侵权。国家税务总局《关于无效产权转移征收契税的批复》(国税函〔2008〕438号,以下简称438号批复)中明确,按照现行契税政策规定,对经法院判决的无效产权转移行为不征收契税。法院判决撤销房屋所有权证后,已纳契税款应予退还。32号通知中明确,对已缴纳契税的购房单位和个人,在未办理房屋权属变更登记前退房的,退还已纳契税;在办理房屋权属变更登记后退房的,不予退还已纳契税。结合本案事实,刘某秀与沈恒之间基于以房抵债的行为失去法律效力后,从税收主体上看,刘某秀不会基于涉案房屋过户而获取收益,沈恒亦不能取得涉案房屋所有权的实质利益,二者均已不具备纳税人的基本构成要件,国家不再具有征税的基础和理由,其与纳税人之间已不具备特定的征纳关系;从税收客体上看,涉案房屋不再涉及以房抵债之客观条件且未发生房屋权属变更登记至沈恒名下的基础事实,税收客体亦不复存在。刘某秀与沈恒曾缴纳的税款已不符合课税要素的必要条件,不具备税收依据的基础,不再符合税的根本属性。

(二)税收原则和税法宗旨

税收原则是在税制设计和实施都应遵循的,同时也是评价税制优劣和考核税务机关行政管理状况的基本准则。一般认为,我国当代税收原则主要包括税收财政、公平、效率、适度、法治原则等,其中税收是否公平通常认为是税制制定和实施的首要原则,也成为涉税行政诉讼案件司法审查的重点。《税收征管法》第一条规定,为了加强税收征收管理,规范税收征收和缴纳行为,保障国家税收收入,保护纳税人的合法权益,促进经济和社会发展,制定本法。该法律条款明确规定税法的立法目的,必然要求制定明确稳定的税收征收标准,确立税法基本原则并体现在课税要素的诸项规定之中。根据对涉案事实的分析,刘某秀缴纳的税款性质发生变化,国家作为公权力在已不具备课税要素以及税收依据的前提下应予以退还,如若不然,将不符合税收公平、适度、法治等基本原则,相对于个人私权而言,涉嫌存在税收利益的不平衡和不合理,有违保护纳税人合法权益,促进经济和社会发展的税法立法宗旨,违背法的公平正义的基本价值取向。

关于焦点二,一审法院认为,税务机关针对纳税人提出的退税申请,应遵循税法的立法精神，秉承行政合法性原则为基础、行政合理性原则为补充的执法理念，正确行使税收管理职责，切实维护行政相对人的合法权益。

具体到本案中，主要涉及退税制度的法律适用问题。退税制度由纳税人退还请求权的实现和征税主体的退还义务两部分构成，主要解决纳税人因超出应纳税额缴税、误缴或不应缴纳税款等多种因素引发的税款是否应予退还等问题。目前，我国税收管理领域关于退税制度的法律规定主要是《税收征管法》第五十一条，即纳税人超过应纳税额缴纳的税款，税务机关发现后应当立即退还；纳税人自结算缴纳税款之日起三年内发现的，可以向税务机关要求退还多缴的税款并加算银行同期存款利息，税务机关及时查实后应当立即退还；涉及从国库中退库的，依照法律、行政法规有关国库管理的规定退还。此外，438号批复明确无效产权转移行为不征收契税；32号通知明确在未办理房屋权属变更登记前退房的退还已纳契税。

关于如何理解和适用上述法律及相关规定，在学界以及税收行政管理执法实践中均存在较大争议，集中体现在何种情况下适用以及如何适用《税收征管法》第五十一条中关于三年退税期限的规定。刘某秀代表一方观点，即认为其曾缴纳的税款不再属于税款性质，不应受《税收征管法》第五十一条超过应纳税额缴纳的税款之前提条件，进而不应适用三年退税申请期限的限制；XC税务局及市税务局代表另一方观点，即认为刘某秀2011年9月5日结算缴纳税款，2016年12月13日申请退税，已超过三年退税申请期限，故不应予以退还。对此，一审法院结合行政执法理念与司法审查标准，作如下分析：

（一）行政合法性原则的基本要求

行政合法性原则，是行政法上的基本原则，也是行政诉讼法上应当遵循的基本原则，合法行政既要保障行政相对人的合法权益，又要求行政机关及时、正确行使行政职权。《税收征管法》第五十一条是目前我国税收管理领域中关于退税的法律依据，其中针对纳税人超过应纳税额缴纳的税款，主要分两种情况予以处理：一是税务机关发现应当立即退还；二是纳税人自结算缴纳税款之日起三年内发现的，可以向税务机关要求退还多缴的税款，税务机关及时查实后应当立即退还。税务机关在行政执法过程中，应基于行政合法性原则，针对具体涉案事实所对应的法律适用情形，严格依法履职，不作想当然的扩大解释或缩小解释。本案中，如焦点一所述，刘某秀与沈恒曾缴纳的税款已不符合税的根本属性，不具备税收依据，国家作为征税主体依法应予退还，但《税收征管法》第五十一条中没有与之完全相对应的适用情形，在此情况下，需要行政机关运用行政合理性原则，正确行使自由裁量权。

（二）行政合理性原则的有益补充

行政合理性原则，主要体现在行政机关自由裁量权的行使过程中，不仅应当按照法律、法规规定的条件、种类和幅度范围实施行政管理，且要符合法律的意图、精神和宗旨，符合公平正义等法的价值目标。随着行政法治的发展和我国依法治国方略的确立，行政诉讼司法审查不仅限于对行政行为合法性的审查，最终目标是实现行政争议的实质性解决，行政行为是否合理、适当亦成为目前我国行政诉讼司法审查的内容之一。

行政机关如何运用行政权解决行政争议，是对其执法水平和能力提出的更高要求。《税收征管法》第五十一条规定"纳税人超过应纳税额缴纳的税款，税务机关发现后应当立即退还"，其主旨也是考虑本着税收公平、公正等基本原则，赋予税务机关针对客观上确应予以退税的情形，不以期限限制而运用行政自由裁量权加以甄别和判断，以确保依法及时退还多缴税款，最大程度保护纳税人及相关利害关系人的合法权益。本案中，XC税务局已明知刘某秀就退税问题引发争议且应属退税情形，应遵循税法立法精神和税收法定、公平、公正等基本原则，综合考虑刘某秀一直通过民事诉讼等途径主张纳税损失等具体情况，对其提出的退税申请予以全面、客观、正确的评价和考量并作出实质性判定，切实解决在房产交易经司法审查不能继续履行的情况下，如何最大程度保护行政相对人合法权益的问题，不宜对纳税人应在三年内就发现多缴的税款申请退税作形式理解，苛以更为严格的义务，使行政执法缺乏合理性和必要性，让行政相对人或公众质疑行政执法的可信度，降低执法公信力。

需要指出的是，目前我国公民总体法律意识仍然处于较低水平，法律意识体现着社会成员对国家法律制度的认知水平、价值取向、行为自觉性以及对法律制度的支持态度和心理接受能力。具体到本案，刘某秀虽然通过提起民事诉讼等方式向刘欣主张其缴纳税款的损失，但因对我国现行税收管理制度和相关法律规定不甚了解，致使其未能及时向税务主管部门主张退税的合法权利，这也从另一角度真实反映出我国公民普遍存在的，对纳税知识、税收管理法律规定知之甚少的现状，究其原因是多方面的。鉴于此，对公民个人而言，不能因不知法抗辩不守法，而要积极学习法律，践行法律，逐步提高全民法律素养，正确运用法律手段维护自身合法权益；对税务机关而言，根据我国目前公民对税收政策和法律规定知悉程度不高的现状，应更为广泛地宣传税收法律、行政法规，普及纳税知识，无偿地为纳税人提供咨询服务，制定更有针对性的纳税人基本权利保护制度，如完善纳税人在缴纳税款时对退税、复议诉讼等权利救济途径的释明和告知程序等，使公民对税法的认知水平逐步提高，以期进一步规范税收征管秩序，营造良好的执法环境。税收主管部门在行政执法过程中，应依法依规并结合个案具体情形，坚持服务与执法并重，在实事求是的基础上正确行使行政职权，让行政相对人得以信服，从而提升执法公信力，实现法的价值的内在要求，促进经济和社会良性、稳定、健康发展。

本案中，XC税务局过于严格要求刘某秀对税收法律制度明确知悉，并适用《税收征管法》第五十一条纳税人应在缴纳税款之日起三年内提出退税申请，缺乏行政合理性，适用法律错误。市税务局在行政复议程序中，就涉案事实进行核查，对所确认的事实部分一审法院不持异议；其严格按照法律规定履行受理、审查、请示、延期、中止、恢复审理等事项，执法程序并无不当；其对 XC 税务局适用《税收征管法》第五十一条是否合法的问题已予以高度关注并报请国家税务总局，但依然未从税收的性质、课税要素以及税法宗旨等方面并结合涉案事实予以综合考量，将刘某秀不应缴纳的营业税、城市维护建设税、教育费附加，适用《税收征管法》第五十一条加以退税期限三年的时限约束，有违合理行政原则。据此，市税务局依据《行政复议法》第二十八条第一款第（一）项、《税务行政复议规则》第七十五条第（一）项的规定维持被诉通知书，适用法律错误。

综上，XC 税务局作出的被诉通知书以及市税务局作出的被诉复议决定适用法律错误，依法应予撤销。刘某秀主张撤销被诉通知书及被诉复议决定的诉讼请求于法有据，应予支持；刘某秀主张判令 XC 税务局向刘某秀退营业税 42500 元、城市维护建设税 2975 元、教育费附加 1275 元，共计 46750 元的诉讼请求，因系行政机关行政权的行使范围，司法权不宜介入，XC 税务局应对刘某秀主张退还已缴税款的申请，遵循税法宗旨、税收基本原则，兼具行政合法性和行政合理性的执法理念，结合具体涉案事实重新予以处理。综上，一审法院依照《行政诉讼法》第七十条第（二）项、第七十九条之规定，判决：一、撤销被诉通知书；二、撤销被诉复议决定；三、XC 税务局于本判决生效后，对刘某秀二○一六年十二月十三日提出退营业税、城市维护建设税、教育费附加的申请重新进行处理。

XC 税务局不服一审判决，提出上诉，请求撤销一审判决，改判驳回刘某秀的诉讼请求，诉讼费由刘某秀承担。理由如下：一、刘某秀向税务机关缴纳及申请退还的款项均是税费，其性质没有发生根本变化；二、刘某秀主张"税款是在房屋交易成功的情况下税务机关收取的，现刘某秀与沈恒之间的房屋交易失败，XC 税务局应予退回"没有法律根据，不能成立。《税收征管法》第五十一条规定"超过应纳税额缴纳的税款"的产生原因有多种，包括因法律原因、技术原因以及其他原因导致的多缴税款。该条还规定，应退还的纳税人多缴的税款有两类，一是由税务机关发现，二是由纳税人自己发现。由纳税人发现的多缴税款，无论什么原因造成，都应在结算缴纳税款之日起三年内申请退还，超过三年申请退税的，税务机关不能办理退还手续。本案中，刘某秀缴纳税款的时间是 2011 年 9 月 5 日，提出退税申请的时间是 2016 年 12 月 13 日，已超过法定的三年退税申请期限，因此，其提出的退税申请不符合退税条件，XC 税务局据此作出不予退税的被诉通知书认定事实清楚、适用法律正确、程序合法，并无不当。

市税务局同意 XC 税务局的意见。

刘某秀、沈恒同意一审判决，请求维持原判。

刘欣未陈述意见。

刘某秀在法定期限内向一审法院提交了如下证据：

1. 2011年9月5日城市维护建设税、教育费附加、营业税税票，证明刘某秀2011年9月5日缴纳了三项税款；

2.（2010）海民初字第9925号民事调解书、（2011）海民初字第17526号民事判决书、（2012）西民初字第4807号民事判决书、（2012）海民再初字第37号民事判决书、（2012）一中民再终字第07154号民事判决书、（2013）一中民终字第09728号民事裁定书、（2014）一中民终字第09839号民事调解书、（2016）京0108民初20622号民事判决书、（2017）京01民终669号民事判决书，证明刘某秀一直在进行民事诉讼主张自己的合法权益，要求退还税款和尾款。

XC税务局在法定期限内向一审法院提交了如下证据：

1.《退（抵）税申请表》及所附材料，证明刘某秀于2011年9月5日在办理涉案房屋产权过户之前依法申报缴纳了相关税费，于2016年12月13日向XC税务局提出退税申请，超过《税收征管法》第五十一条规定的三年退税期限；

2.《税务事项通知书》（京地税西二税通〔2016〕30645号）及送达回证，证明经查验，XC税务局所辖第二税务所依法受理刘某秀的退税申请，程序合法；

3. 被诉通知书及更正通知书，证明XC税务局作出不予退税的被诉通知书及更正通知书并依法送达刘某秀。

市税务局在法定期限内向一审法院提交了如下证据：

1.《接收行政复议申请材料收据》《行政复议申请书》及所附材料，证明刘某秀2017年1月9日向市税务局提出行政复议申请，2017年4月提交了补充材料；

2.《行政复议申请受理通知书》、EMS邮寄单及邮寄查询记录，证明市税务局依法受理刘某秀的行政复议申请；

3.《行政复议答复通知书》及送达回证，证明市税务局通知XC税务局在10日内提出书面答复并提交相关证据、依据和有关材料；

4. XC税务局提交的《行政复议答复书》、证据和法律依据，证明XC税务局作出行政复议答复并提交相关证据、依据和有关材料；

5.《行政复议延期通知书》、EMS邮寄单及邮寄查询记录、送达回证，证明市税务局依法决定对行政复议案件进行延期审理；

6.《行政复议中止通知书》、EMS邮寄单、邮寄查询记录、送达回证及《行政复议恢复审理通知书》、EMS邮寄单、邮寄查询记录、送达回证，证明市税务局依法中止行政复议案件的审理，并在中止原因消除后恢复审理；

7.《关于行政复议案件中相关法律适用问题的请示》及答复意见，证明市税务局依法向上级机关进行法律适用问题的请示并收到答复意见；

8. 被诉复议决定的 EMS 邮寄单、邮寄查询记录及送达回证，证明市税务局将其作出的被诉复议决定依法送达刘某秀和 XC 税务局。

沈恒、刘欣在法定期限内未向一审法院提交证据。

一审法院对上述经质证的证据材料作如下确认：XC 税务局提交的证据 3 中的被诉通知书系本案行政行为的载体，不作证据使用。XC 税务局提交的其他证据，刘某秀及市税务局提交的全部证据，形式上符合《最高人民法院关于行政诉讼证据若干问题的规定》中规定提供证据的要求，内容真实，与本案具有关联性，予以采纳。

一审法院已将上述证据材料全部移送本院，本院审查后认定，一审法院对上述证据材料所作认证符合《最高人民法院关于行政诉讼证据若干问题的规定》的有关规定，经本院审查属实，亦予以确认。

根据上述被认定合法有效的证据，本院认定一审法院审理查明的事实成立。

本院认为，根据《税收征管法》第五条、第十四条的规定，XC 税务局负责本行政区域内税务征收管理工作，具有对退税申请予以审查并处理的法定职责。根据《税务行政复议规则》第十七条、《行政复议法》第十二条的规定，市税务局作为 XC 税务局的上一级主管部门，具有对 XC 税务局作出行政行为不服提起行政复议予以受理、审查并作出处理的法定职责。

《税收征管法》第四条规定"法律、行政法规规定负有纳税义务的单位和个人为纳税人"，第五十一条规定"纳税人超过应纳税额缴纳的税款，税务机关发现后应当立即退还；纳税人自结算缴纳税款之日起三年内发现的，可以向税务机关要求退还多缴的税款并加算银行同期存款利息，税务机关及时查实后应当立即退还；涉及从国库中退库的，依照法律、行政法规有关国库管理的规定退还"。根据前述规定，依法负有应纳税义务的纳税人多缴税款后，应适用第五十一条之规定，对多缴纳的税款予以退还。在税收征缴过程中，当事人缴纳了相关款项，但经查明实际上不负有纳税义务的，以缴纳税款名义实际缴纳的款项，该种情形不属于第五十一条规定的"超过应纳税额缴纳"问题，对该款项的退还，亦不宜适用前述第五十一条的规定。

本案中，刘某秀 2011 年 9 月 5 日应缴纳税费的民事基础行为已被法院生效判决予以撤销，其已不负有纳税义务，其实际缴纳的款项，不属于《税收征管法》第五十一条规定的"超过应纳税额缴纳"情形。XC 税务局作出的被诉通知书及市税务局作出的被诉复议决定适用法律错误，依法应予撤销。对刘某秀请求判令 XC 税务局退还营业税 42500 元、城市维护建设税 2975 元、教育费附加 1275 元，共计 46750 元的主张，应由 XC 税务局根据法律法规的规定，结合本案具体情况，对其申请重新予以处理。一审判决认定事实清楚，程序合法，适用法律正确，本院予以维持。XC 税务局的上诉请求缺乏事实及法律依据，本院不予支持。依照《行政诉讼法》第八十九条第一款第（一）项之规定，判决如下：

驳回上诉,维持一审判决。

一审案件受理费50元,由国家税务总局北京市XC区税务局、国家税务总局北京市税务局负担;二审案件受理费50元,由国家税务总局北京市XC区税务局负担(已交纳)。

本判决为终审判决。

审 判 长　孙轶松
审 判 员　徐　宁
审 判 员　杨　波
二〇二〇年四月二十八日
法官助理　朱彬彬
书 记 员　于　涵

【涉案事实】

2016年12月13日,刘某秀向税务所提出退税申请,请求退还其于2011年9月5日因转移房屋所有权缴纳的营业税42500元、城市维护建设税2975元、教育费附加1275元。理由是经生效判决确认,其已不拥有该房屋所有权,故亦无法转移该房屋所有权,相关税款应予以退回。税务局经审查认为,刘某秀提出退税申请的时间已超过法定的三年退税申请期限,故决定不予退税。刘某秀不服提起行政复议,复议维持原决定后又提起行政诉讼。经一审、二审,法院认为,依法负有应纳税义务的纳税人多缴税款后,适用税收征管法第五十一条关于退税期限的规定,当事人缴纳了相关款项,却实际上不负有纳税义务,后要求退回缴纳款项的,不适用该条规定,应该退税。同时,承受人已经缴纳的契税,同样应该退税。同时,应退还已征税款所对应的利息作为行政赔偿。

2011年9月5日,刘某秀持民事调解书、强制执行裁定书等材料到XC税务局所辖第七税务所申报缴纳将涉案房屋过户给沈恒发生的税费,第七税务所向刘某秀征收营业税42500元、城市维护建设税2975元、教育费附加1275元。2016年12月13日,刘某秀向XC税务局所辖第二税务所提出退税申请。经查验,第二税务所依法受理退税申请后,将退税申请材料交XC税务局办理。XC税务局经审核发现,刘某秀于2011年9月5日缴纳营业税、城市维护建设税、教育费附加,于2016年12月13日提出退税申请,已超过《税收征管法》第五十一条规定的三年退税申请期限,据此作出被诉通知书并向刘某秀送达。二、刘某秀主张"营业税等税款是在房屋交易成功的情况下税务机关收取的,现刘某秀与沈恒之间的房屋交易失败,XC税务局应予退回"没有法律根据,不能成立。《税收征管法》第五十一条规定"超过应纳税额缴纳的税款"

的产生原因有多种,包括因法律原因、技术原因以及其他原因导致的多缴税款。该条还规定,应退还的纳税人多缴的税款有两类,一是由税务机关发现,二是由纳税人自己发现。由纳税人发现的多缴税款,无论什么原因造成,都应在结算缴纳税款之日起三年内申请退还,超过三年申请退税的,税务机关不能办理退还手续。本案中,刘某秀缴纳营业税、城市维护建设税、教育费附加的时间是2011年9月5日,提出退税申请的时间是2016年12月13日,已超过法定的三年退税申请期限,因此,其提出的退税申请不符合退税条件,XC税务局据此作出不予退税的被诉通知书并无不当。

【争议焦点】

一、本无纳税义务,何来申请退税不能超过三年期限

本案中,刘某秀缴纳营业税、城市维护建设税、教育费附加的时间是2011年9月5日,提出退税申请的时间是2016年12月13日,已超过法定的三年退税申请期限,因此,其提出的退税申请不符合退税条件,这是强词夺理,避重就轻且不近情理。本案的实质是无效所有权转移行为即无纳税义务行为。本案绝对是就应该在税务行政复议环节解决的。

二、本来已有救济措施,为何不予实施而为之

经生效判决确认,刘某秀不拥有该房屋所有权,故转移该房屋所有权无效,应缴纳相关税费义务没有发生,所以相关税款应予以退回。按照《税收征管法》第五十一条还规定,税务机关如果发现应该予以退还并没有时效的规定,本案中已经相当于税务局已经知晓情况却不予办理。

【政策依据】

课税要素是指国家征税必不可少的要素即必须具备的条件,从狭义上说主要针对税收实体法要素,包括征税主体、征税客体、税率等。课税要素理论是判定相关主体的纳税义务是否成立以及国家是否有权征税的标准,只有满足课税要素,相关主体才能成为税法上的纳税人并负有依法纳税的义务,国家才能作为征收主体对其征收税款。

本案第三人沈恒向一审法院述称,财政部、国家税务总局文件《关于购房人办理退房有关契税问题的通知》(财税〔2011〕32号,以下简称32号通知)明确如果没有办理权属登记可以退还契税。关于刘某秀的各项税费基于同一笔交易,刘某秀税费应予以退还,不应适用《税收征管法》第五十一条,该条规定是多缴纳税款,而不适用交易不成功的情况;XC税务局答辩中也表达了刘某秀缴纳的税款应该退还,只不过是涉及时效的问题。

刘某秀与沈恒之间基于涉案房屋的以房抵债行为灭失,其缴纳的税款性质要结合课税要素、税收依据等因素加以综合判定。税收依据指纳税人据以缴纳税款的原因和国家可以据以征收税款的理由,国家征收是否有法可依、有据可循是征收活动是否合法有效进行的基础性前提,如征税无据则国家可能涉嫌侵权。国家税务总局《关于无

效产权转移征收契税的批复》（国税函〔2008〕438号，以下简称438号批复）中明确，按照现行契税政策规定，对经法院判决的无效产权转移行为不征收契税。法院判决撤销房屋所有权证后，已纳契税款应予退还。32号通知中明确，对已缴纳契税的购房单位和个人，在未办理房屋权属变更登记前退房的，退还已纳契税；在办理房屋权属变更登记后退房的，不予退还已纳契税。结合本案事实，刘某秀与沈恒之间基于以房抵债的行为失去法律效力后，从税收主体上看，刘某秀不会基于涉案房屋过户而获取收益，沈恒亦不能取得涉案房屋所有权的实质利益，二者均已不具备纳税人的基本构成要件，国家不再具有征税的基础和理由，其与纳税人之间已不具备特定的征纳关系；从税收客体上看，涉案房屋不再涉及以房抵债之客观条件且未发生房屋权属变更登记至沈恒名下的基础事实，税收客体亦不复存在。刘某秀与沈恒曾缴纳的税款已不符合课税要素的必要条件，不具备税收依据的基础，不再符合税的根本属性。

《税收征管法》第五十一条还规定，税务机关如果发现应该予以退还并没有时效的规定，相当于现在XC税务局已经知晓情况却不予办理。《税收征管法》第五十一条规定"纳税人超过应纳税额缴纳的税款，税务机关发现后应当立即退还"，其主旨也是考虑本着税收公平、公正等基本原则，赋予税务机关针对客观上确应予以退税的情形，不以期限限制而运用行政自由裁量权加以甄别和判断，以确保依法及时退还多缴税款，最大程度保护纳税人及相关利害关系人的合法权益。本案中，XC税务局已明知刘某秀就退税问题引发争议且应属退税情形，应遵循税法立法精神和税收法定、公平、公正等基本原则，综合考虑刘某秀一直通过民事诉讼等途径主张纳税损失等具体情况，对其提出的退税申请予以全面、客观、正确的评价和考量并作出实质性判定，切实解决在房产交易经司法审查不能继续履行的情况下，如何最大程度保护行政相对人合法权益的问题，不宜对纳税人应在三年内就发现多缴的税款申请退税作形式理解，苛以更为严格的义务，使行政执法缺乏合理性和必要性，让行政相对人或公众质疑行政执法的可信度，降低执法公信力。

【点评解析】

本案中，XC税务局过于严格要求刘某秀对税收法律制度明确知悉，并适用《税收征管法》第五十一条纳税人应在缴纳税款之日起三年内提出退税申请，缺乏行政合理性，适用法律错误。市税务局在行政复议程序中，就涉案事实进行核查，对所确认的事实部分一审法院不持异议；其严格按照法律规定履行受理、审查、请示、延期、中止、恢复审理等事项，执法程序并无不当；其对XC税务局适用《税收征管法》第五十一条是否合法的问题已予以高度关注并报请国家税务总局，但依然未从税收的性质、课税要素以及税法宗旨等方面并结合涉案事实予以综合考量，将刘某秀不应缴纳的营业税、城市维护建设税、教育费附加，适用《税收征管法》第五十一条加以退税期限三年的时限约束，有违合理行政原则。据此，市税务局依据《中华人民共和国行政复议法》第二十八条第一款第（一）项、《税务行政复议规则》第七十五条第（一）项的规定维持被诉通知书，适用法律错误。

因为本案中刘某秀不负有纳税义务，申请退税不受三年限制。课税要素理论是判定相关主体的纳税义务是否成立以及国家是否有权征税的标准，只有满足课税要素，相关主体才能成为税法上的纳税人并负有依法纳税的义务，国家才能作为征收主体对其征收税款。

税收依据指纳税人据以缴纳税款的原因和国家可以据以征收税款的理由，国家征收是否有法可依、有据可循是征收活动是否合法有效进行的基础性前提，如征税无据则国家可能涉嫌侵权。国家税务总局《关于无效产权转移征收契税的批复》（国税函〔2008〕438号，以下简称438号批复）中明确，按照现行契税政策规定，对经法院判决的无效产权转移行为不征收契税。法院判决撤销房屋所有权证后，已纳契税款应予退还。32号通知中明确，对已缴纳契税的购房单位和个人，在未办理房屋权属变更登记前退房的，退还已纳契税；在办理房屋权属变更登记后退房的，不予退还已纳契税。结合本案事实，刘某秀与沈某之间基于以房抵债的行为失去法律效力后，从税收主体上看，刘某秀不会基于涉案房屋过户而获取收益，沈某亦不能取得涉案房屋所有权的实质利益，二者均已不具备纳税人的基本构成要件，国家不再具有征税的基础和理由，其与纳税人之间已不具备特定的征纳关系；从税收客体上看，涉案房屋不再涉及以房抵债之客观条件且未发生房屋权属变更登记至沈恒名下的基础事实，税收客体亦不复存在。刘某秀与沈某曾缴纳的税款已不符合课税要素的必要条件，不具备税收依据的基础，不再符合税的根本属性。

刘某秀缴纳的税款性质发生变化，国家作为公权力在已不具备课税要素以及税收依据的前提下应予以退还，如若不然，将不符合税收公平、适度、法治等基本原则。

【案例十】透过现象看本质，房屋使用权"所有"人是房屋出租行为的纳税义务人

李建诉被告昆明市 GD 区地方税务局税务管理行政征收一案
云南省昆明市 GD 区人民法院行政判决书

（2009）官行初字第 18 号　　裁判日期：2009-5-12

原告：李建，男，1977 年 6 月 21 日生，汉族，云南省昆明市人，大专文化，住昆明市五华区建工新村 137 号。

被告：昆明市 GD 区地方税务局。住所昆明市日新小区宝海路 203 号。

法定代表人：刘兴云，局长。

委托代理人：徐可仁、尹雪晖，云南创泰律师事务所律师，特别授权代理。

原告李建诉被告昆明市GD区地方税务局税务管理行政征收一案，本院于2009年3月16日受理后，依法组成合议庭，于2009年4月28日公开开庭进行了审理。原告李建、被告昆明市GD区地方税务局的委托代理人徐可仁、尹雪晖到庭参加了诉讼。本案现已审理终结。

2006年12月7日，被告昆明市GD区地方税务局委托云南中城地商投资有限公司代征"云南印象城"商铺税款。原告李建是"云南印象城"第三层3001号商铺的受让人，其委托云南中城地商投资有限公司经营商铺，并按季度收取租金2283元。2007年7月10日起被告昆明市GD区地方税务局向原告李建开征每次收取租金应缴纳营业税（税率5%）、个人所得税（税率3%）、城建税、教育费附加、地方教育费附加、印花税，每次共计税款为197.48元。上述税款均由云南中城地商投资有限公司向原告李建代征，截至2008年12月，共代征7次。2009年2月24日，原告李建对被告确认其为纳税人不服申请复议。2009年3月3日，昆明市地方税务局复议认为，申请人李建提起税务行政复议申请之日已超过法律规定的时限，即作出昆地税复不受字〔2009〕第1号《不予受理决定书》，决定对李建的复议申请不予受理。

原告李建诉称，昆明市GD区地方税务局把李建的行为确认为房屋转租，按"服务业-租赁业"征收营业税、个人所得税、城建税、教育费附加、地方教育费附加、印花税。云地税一字〔2003〕21号《云南省地方税务局关于营业税若干政策问题的通知》第三条规定："关于单位合作建房征收营业税的问题：对单位合作建房过程中及房屋建成后一方（出土地方）同时拥有土地使用权和房屋所有权，另一方（出资金方）只是在房屋建成后一定时期内享有无偿使用的权利的情况，应将仅拥有所建房屋一定时期使用权的投资方投入的资金视为一次性支付的租金，对同时拥有土地使用权和所建房屋所有权的一方按"服务业-租赁业"征收营业税，对投入资金的一方不征收"销售不动产"营业税。由此看来，李建不需要缴纳营业税。按《中华人民共和国营业税暂行条例》和《中华人民共和国营业税暂行条例实施细则》的规定：纳税人营业额未达到国务院财政、税务主管部门规定的营业税起征点的，免征营业税；达到起征点的，依照本条例规定全额计算缴纳营业税。营业税起征点适用于个人的幅度为：（1）按期纳税的，为月营业额1000—5000元；（2）按次纳税的，为每次（日）营业额100元。李建每季度收取云南中城地商投资有限公司返款2283元，按月是761元，按次（日）是25.36元，未达到营业税起征点，应免征营业税。个人所得税依照法律规定财产租赁所得，每次所得扣除税法允许扣除的各项成本及合理费用以后的余额，如果低于800元，则不需要缴纳个人所得税。财产租赁所得，每次收入不超过4000元的，减除费用800元；4000元以上的，减除20%的费用，其余额为应纳税所得额。财产租赁所得，以一个月内取得的收入为一次。李建每季度收取云南中城地商投资有限公司返款2283元，按月是761元，已经低于800元，则不需要缴纳个人所得税。城建税、教育费附加是基于营业税来征收的，不应缴纳城建税、教育费附加。印花税是以租赁金的1%征收，而李建投入的资金可视为一次性支付租金，应由云南中城地商投资有限公司缴纳印花税。综上所述，李建不应缴纳营业税、个人所得税、城建税、教育费附加、地方教育费附加、印花税。故诉至法院请求：一、判令确认被告征收原告营业税、个人所得税、城建税、教育费附加、地方教育费附加、印花税的行为违法；二、返还自2007年6月15日至今向原告征收的税款共计1579.84元；三、诉讼费由被告承担。

被告昆明市GD区地方税务局辩称，征收原告李建营业税、个人所得税、城建税、教育费附加、地方教育费附加、印花税的行为事实清楚、适用法律正确、程序合法。请人民法院依法驳回原告的诉讼请求。

被告昆明市GD区地方税务局在举证期限内向本院提交以下作出具体行政行为的证据材料及法律依据：

一、证据材料

1. 机关单位法人组织机构代码证、委托代征税款协议书、委托代征税款证书，欲证实被告征税主体适格。

2. 买卖合同及补充协议、委托经营管理协议、房屋经营（使用）权证书、交房通知书，欲证实原告是征税对象及纳税义务人。

3. 商铺租金收取凭据、返还租金及扣税情况说明（附支票头、进账单及业主名单），欲证实征税依据及纳税期限。

4. 完税证（2007年2季度至2008年4季度），欲证实被告具体的征税行为。

5. 关于中成地商代征李建房屋转租税款的说明、行政复议申请书、不予受理决定书，欲证实原告主张权利的情况。

二、法律及规范性文件依据

1.《税收征收管理法》及《税收征收管理法实施细则》。

2.《中华人民共和国营业税暂行条例》及《中华人民共和国营业税暂行条例实施细则》、《营业税税目注释》。

3. 云地税一字〔2003〕21号《关于营业税若干政策问题的通知》。

4. 云财税〔2003〕19号关于贯彻落实《中共云南省委、云南省人民政府关于加快非公有制经济发展的若干意见》的实施意见。

5.《中华人民共和国城市维护建设税暂行条例》、国务院关于发布、修改《征收教育费附加的暂行规定》、《云南省地方教育附加征收管理办法》。

6.《中华人民共和国个人所得税法》及《中华人民共和国个人所得税法实施条例》、国务院关于修改《中华人民共和国个人所得税法实施条例》的决定。

7.《中华人民共和国印花税暂行条例》、国税地字〔1988〕第025号《国家税务总局关于印花税若干具体问题的规定》。

8. 国税发〔2005〕159号《国家税务总局关于加强出租房屋税收征管的通知》、云地税发〔1998〕219号《云南省地方税务局关于加强对个人出租房屋征税问题的通知》、云地税二字〔2000〕107号《云南省地方税务局关于调整个人出租房屋个人所得税有关政策的通知》。

9. 昆政复〔2003〕12号昆明市人民政府关于对《昆明市个人房屋租赁税收征收管理暂行办法》的批复、《昆明市个人房屋租赁税收征收管理暂行办法》及附件、昆地税二字〔2003〕3号《昆明市地方税务局关于所得税附征率问题的通知》及附件、云地税二字〔2008〕42号《云南省地方税务局关于个人出租住房取得所是个人所得税征收管理问题的通知》；欲证实被告向原告李建征收营业税、个人所得税、城建税、教育费附加、地方教育费附加、印花税所依据的法律、行政法规、地方性行政法规及规范性文件依据。

经质证，原告对被告提交的上述证据、法律及规范性文件的真实性、合法性、关联性均无异议。

原告李建在举证期限内向本院提交以下证据：

1. 关于中城地商代征李建房屋转租税款的说明、完税证、委托代征税款证书、房屋经营（使用）权证书、交房通知书，欲证实李建的行为是转租行为，只有房屋的使用权，被告开征6种税无执法依据。

2. 发票、证明、理财明细、收款明细，欲证实购房前期支付的费用，贷款和利息还清。

3. 《中华人民共和国营业税暂行条例》及《中华人民共和国营业税暂行条例实施细则》、云地税一字〔2003〕21号《关于营业税若干政策问题的通知》、云财税〔2003〕19号文件，欲证实李建的情况按次、按期都未达到营业税征收起征点。

4. 个税一点通、财产租赁实务、个税实务、个人所得税纳税速查表、个人所得税法注解与配套（财产租赁所得），欲证实从作者对税法的理解，李建的情况未达到征收起征点。

5. 《国家税务总局关于个人所得税若干业务问题的批复》、《中华人民共和国个人所得税法》、《中华人民共和国个人所得税法实施条例》及详解、《税收征收管理法》、营业税问题的规定，欲证实李建的情况未达到征收起征点。

6. 单位承包的规定，欲证实李建的情况未达到征收起征点。

7. 商铺图、协议书，欲证实李建与中城地商达成委托管理协议。

经质证，被告对原告提交的上述1、2、3、5、7组证据的真实性、合法性、关联性均无异议；对4、6组证据的关联性提出异议，认为属于作者对税法的学理解释，与本案无关联性，不予认可。

通过双方当事人对上述证据的质证，本院认为：

一、被告提交的证据：原告对被告提交的证据及法律依据的真实性、合法性、关联性均无异议。被告提交的证据来源合法，并与本案存在关联，为本案有效证据，本院予以采信；二、原告提交的证据：被告对原告提交的1、2、3、5、7组证据的真实性无异议，该证据来源合法并与本案存在一定的关联，为有效证据，本院予以采信；证据4是学者对税法进行的学理性解释，不应作为本案定案的证据，证据6是《中华人民共和国营业税暂行条例实施细则》第十一条对单位以承包、出租、挂靠方式经营确认纳税人主体的相关规定，未包含个人租赁房屋确认纳税主体的规定，故原告提交的证据4、6，本院不予采纳。

根据本案有效证据和原告、被告诉辩意见，本院依法确认如下法律事实：

2005年9月23日，原告李建与云南中城地商投资有限公司签订《云南印象城商铺经营权受让买卖合同》《补充协议》《云南印象城委托经营管理协议》，约定：由李建采取首付款加银行按揭付款的方式购买云南中城地商投资有限公司开发经营的"云南印象城"第三层3001号商铺的经营使用权，经营使用权年限自2005年12月28日至2025年12月27日止，共计20年；同时约定该商铺由李建委托云南中城地商投资有限公司经营管理，经营期限从2006年2月28日至2011年2月27日止，共计五年，并由云南中城地商投资有限公司支付李建该商铺前三年的租金27391元，另再支付五年租金，即：第一年至第五年按铺面总价（合同价）的8%，每年人民币9131元，每季度2283元。合同签订后，李建收取了云南中城地商投资有限公司按合同约定支付的前三年租金27391元。2006年12月7日，被告昆明市GD区地方税务局与云南中城地商投资有限公司签订《委托代征税款协议书》，约定：委托云南中城地商投资有限公司代征"云南印象城"商铺税款，税种为：营业税、城建税、教育费附加、地方教育费附加、个人所得税、房产税、土地使用税、印花税。于2006年12月15日颁发给云南中城地商投资有限公司《委托代征税款证书》。从2007年7月10日起，云南中城地商投资有限公司以被告昆明市GD区地方税务局的名义向原告李建按季度收取的每次租金2283元开征营业税（税率5%）、个人所得税（税率3%）、城建税、教育费附加、地方教育费附加、印花税，每次共计人民币197.47元，截至2008年12月30日，已征收原告李建2007年2季度至2008年4季度7次税款共计1382.29元。2008年11月24日，被告昆明市GD区地方税务局针对原告李建对代征税款提出的异议进行复核并答复：李建的行为是房屋的转租行为；营业税是按"服务业-租赁业"核定征收，税率5%；个人所得税是按照《昆明市地方税务局关于所得税附征率问题的通知》对未实行查账征收的个人所得税纳税人房屋租赁收入按3%附征率核定征收；印花税按照"财产租赁合同"千分之一的税率进行征收。2009年2月24日，原告李建对确认其为纳税人不服向昆明市地方税务局申请复议。2009年3月3日，昆明市地方税务局复议认为，申请人李建提起税务行政复议申请之日已超过法律规定的时限，即作出昆地税复不受字〔2009〕第1号《不予受理决定书》，决定对李建的复议申请不予受理。2009年3月16日，原告李建不服，遂向本院提起诉讼，主张上述请求。

综合当事人的诉辩意见，结合已确认的法律事实，本院确定本案的争议焦点为：被告昆明市GD区地方税务局向原告李建征收营业税、个人所得税、城建税、教育费附加、地方教育费附加、印花税等六税费的行为是否合法？

本院认为：一、关于纳税主体问题。加强和规范税收征收管理、税收缴纳行为，是为了保障国家税收收入，保护纳税人的合法权益，促进经济和社会的发展。各地国家税务局和地方税务局应当按照国务院规定的税收征收管理范围分别进行征收管理。法律、行政法规规定负有纳税义务的单位和个人为纳税人。《中华人民共和国营业税暂行条例》第一条规定：在中华人民共和国境内提供本条例规定的劳务、转让无形资产或者销售不动产的单位和个人，为营业税的纳税人，应当依照本条例缴纳营业税。国家税务总局关于印发《营业税税目注释》的通知第七条第六项：租赁业是指在约定的时间内将场地、房屋、物品、设备或设施转让他人使用的业务，其税率为5%。国税发〔2005〕159号《国家税务总局关于加强出租房屋税收征管的通知》规定：根据现行税收法律法规，对出租房屋的行为应分别征收营业税及城市维护建设税与教育费附加、房产税或城市房地产税、个人所得税或企业所得税、印花税。本案原告李建出租房屋的行为符合法律、行政法规及规范性文件规定的纳税人主体要件。

二、关于营业税起征点和征收期限的问题。《中华人民共和国营业税暂行条例实施细则》第二十七条规定：营业税起征点的适用范围限于个人。营业税起征点的幅度规定如下：按期纳税的起征点为月营业额200—800元；按次纳税的起征点为每次（日）营业额50元。纳税人营业额达到起征点的，应按营业额全额计算应纳税款。2003年5月29日，《云南省财政厅、云南省国家税务局、云南省地方税务局关于贯彻落实〈中共云南省委、云南省人民政府关于加快非公有制经济发展的若干意见〉的实施意见》规定：营业税起征点：按期纳税的，由月营业额800元提高到1200元；按次纳税的，由每次（日）营业额50元提高到100元。云地税一字〔2003〕21号《关于营业税若干政策问题的通知》第六条：关于个人出租房屋营业税起征点的问题对个人出租房取得的收入，执行按次纳税的营业额起征点。本案被告根据原告李建收取租金期限执行按次纳税，原告李建每次收取一个季度的房屋租金2283元，已达到起征点，应按营业额全额计算应纳税款。被告向原告李建征收每次取得房屋收入的营业税114.15元（2283元×5%）的行政征收行为符合法律、行政法规及规范性文件的规定。

三、关于个人所得税税目、税率的问题。《税收征收管理法》第三十七条规定：对未按照规定办理税务登记的从事生产经营的纳税人以及临时从事经营的纳税人，由税务机关核定其应纳税额，责令缴纳。《税收征收管理法实施细则》第四十七条规定：

纳税人有税收征管法第三十五条或第三十七条所列情形之一的，税务机关有权采用下列任何一种方法核定其应纳税额：……（二）按照营业收入或者成本加合理的费用和利润的方法核定。国税发〔2005〕159号《国家税务总局关于加强出租房屋税收征管的通知》第五条规定：合理确定出租房屋的应纳税额。对纳税人不申报或者不如实申报租金收入的，应按照《税收征收管理法》及其实施细则的有关规定实行核定征收。对房屋出租人不申报租金收入或申报的租金收入低于计税租金标准又无正当理由的，可按计税租金标准计算征税。云地税二字〔2000〕107号《云南省地方税务局关于调整个人出租房屋个人有关政策的通知》第一条、第二条规定：从2000年10月1日起，停止执行《云南省地方税务局关于加强对个人出租房屋征税问题通知》（云地税发〔1998〕219号）中关于个人出租房屋取得租金收入按9.9%征收率计算征收个人所得税的规定。今后对个人出租房屋，各地可采取核定附征率的办法计算征收个人所得税。附征率具体由县级地税部门按照现行税法的有关规定，结合当地实际情况进行测算后确定，并上报地、州、市地方税务局和省局备案。昆政复〔2003〕12号（昆明市人民政府关于对《昆明市个人房屋租赁税收征收管理暂行办法》的批复、昆地税二字〔2003〕3号《昆明市地方税务局关于所得税附征率问题的通知》及附件规定：纳税人出租房屋用于居住或经营的，按不同地域取得的出租收入分别按居住或经营《个人出租房屋综合征收率表》中规定的综合征收率，合并申报营业税、城市维护建设税、教育费附加、房产税、城市房地产税、个人所得税；营业税、房产税、个人所得税以营业收入为计税依据；房屋出租执行的附征率为3%。本案原告李建未向被告申报出租房屋的租金，被告依法核定原告李建计税租金标准为2283元，并按3%的附征率计算征税的行政征收行为，符合法律、行政法规及规范性文件的规定。

四、关于城市维护建设税、教育费附加、地方教育附加、印花税的税目和税率问题。国发〔1995〕19号《中华人民共和国城市维护建设税暂行条例》第二条、第三条、第四条规定：凡缴纳产品税、增值税、营业税的单位和个人，都是城市建设税的纳税义务人；城市维护建设税，以纳税人实际缴纳的产品税、增值税、营业税税额为计税依据；纳税人所在地在市区的，税率为7%。国务院关于修改《征收教育费附加的暂行规定》第三条规定：教育费附加，以各单位和个人实际缴纳的增值税、营业税、消费税为计征依据，教育费附加率为3%。云政发〔2002〕137号《云南省地方教育附加征收管理办法》第三条规定：凡在本省区域内缴纳增值税、营业税、消费税的单位和个人，除按国家规定缴纳教育费附加外，应按照实际缴纳的增值税、营业税、消费税税额的1%缴纳地方教育费附加。国务院令〔1988〕第11号《中华人民共和国印花税暂行条例》第一条、第二条、第三条规定：在中华人民共和国境内书立、领受本条例所列举的单位和个人，都是印花税的纳税义务人；财产租赁合同为应纳税凭证，缴纳义务人为立合同的人，其税率按租赁金额的1‰贴花。本案被告以原告李建缴纳营业税114.15元为计税依据，征收原告李建城市维护建设税（税率7%）、教育费附加（附加率3%）、地方教育附加（附加率1%），以原告李建收取租金为计税金额，按1‰的税率征收印花税。上述被告向原告征收城市维护建设税、教育费附加、地方教育附加、印花税的行政征收行为符合法律、行政法规、地方行政法规及规范性文件的规定。

综上所述，本院认为，被告昆明市GD区地方税务局是国家设立的税务机关，具有《税收征收管理法》所确认的征税主体资格，有权依照法律、行政法规的规定确认纳税主体、征税对象、税目、税率、纳税期限等征税行为。为有利于税收控管和方便纳税的原则，被告昆明市GD区地方税务局依照国家有关规定委托云南中城地商投资有限公司代征零星分散的税收，并针对原告转租房屋的行为，以职权核定原告李建应纳税款，按次征收营业税、个人所得税、城市维护建设税、教育费附加、地方教育费附加、印花税等六税费行政征收行为，符合法律、行政法规、地方行政法规及规范性文件规定，其行政征收行为合法。原告李建针对征收营业税提出每次收取的是一个季度的租金，按日计算为25.36元，未达到每日100元的起征点，不应征收营业税的观点是对"按次纳税的，起征点为每次（日）营业额100元"条文的理解存在错误。"每次（日）"所指的是每一次取得的收入，同时包含一日中一次或者多次取得的收入。对原告李建针对个人所得税提出财产租赁所得，以一个月取得的收入为一次，其每季度取得租金为2283元，每月为761元，已低于800元，则不需要缴纳个人所得税的观点，依据原告李建与云南中城地商投资有限公司签订的《云南印象城委托经营管理协议》约定收取的租金应为前三年租金27391元和每季度收取的租金2283元之和，依税法分摊于每月应为1522元，已经高于财产租赁每次收入不超过4000元的、减除费用800元，其余额为应纳税额的规定；而税法规定未向税务机关申报纳税和未实行查账征收的个人，税务机关享有核定征收的权利。本案租金2283元是被告针对原告李建的情况依职权核定的应纳税额，故原告提出不应缴纳个人所得税的观点不能成立。原告李建提出印花税应由云南中城地商投资有限公司缴纳，而税法规定印花税纳税义务人为合同当事人，原告李建是合同一方当事人，依法应缴纳印花税，其观点不能成立。故原告李建诉请确认被告征收营业税、个人所得税、城市维护建设税、教育费附加、地方教育费附加、印花税等六税费行政征收行为违法及返还税款的诉请不能成立，本院不予支持，依法应予以驳回。据此，依据《行政诉讼法》第五条、第七十四条、《最高人民法院关于执行〈中华人民共和国行政诉讼法〉若干问题的解释》第五十六条第四项、第六十二条和《诉讼费用交纳办法》第二十九条第一款之规定，判决如下：

驳回原告李建诉请确认被告昆明市GD区地方税务局征收原告营业税、个人所得税、城建税、教育费附加、地方教育费附加、印花税的行为违法和返还税款共计

1579.84元的诉讼请求。

诉讼费50元,由原告李建负担。

如不服本判决,可在判决书送达之日起十五日内,向本院递交上诉状,并按对方当事人的人数提出副本,上诉于云南省昆明市中级人民法院。

审判长　李禄清

审判员　郭朋桦

审判员　冷雨静

二〇〇九年五月十二日

书记员　文若钰

【源自中国裁判文书网:http://wenshu.court.gov.cn】

【涉案事实】

2005年9月23日,原告李建与云南中城地商投资有限公司签订《云南印象城商铺经营权受让买卖合同》《补充协议》《云南印象城委托经营管理协议》,约定:由李建采取首付款加银行按揭付款的方式购买云南中城地商投资有限公司开发经营的"云南印象城"第三层3001号商铺的经营使用权,经营使用权年限自2005年12月28日至2025年12月27日止,共计20年;同时约定该商铺由李建委托云南中城地商投资有限公司经营管理,经营期限从2006年2月28日至2011年2月27日止,共计五年,并由云南中城地商投资有限公司支付李建该商铺前三年的租金27391元,另再支付五年租金,即:第一年至第五年按铺面总价(合同价)的8%,每年人民币9131元,每季度2283元。合同签订后,李建收取了云南中城地商投资有限公司按合同约定支付的前三年租金27391元。2006年12月7日,被告昆明市GD区地方税务局与云南中城地商投资有限公司签订《委托代征税款协议书》,约定:委托云南中城地商投资有限公司代征"云南印象城"商铺税款,税种为:营业税、城建税、教育费附加、地方教育费附加、个人所得税、房产税、土地使用税、印花税。于2006年12月15日颁发给云南中城地商投资有限公司《委托代征税款证书》。从2007年7月10日起,云南中城地商投资有限公司以被告昆明市GD区地方税务局的名义向原告李建按季度收取的每次租金2283元开征营业税(税率5%)、个人所得税(税率3%)、城建税、教育费附加、地方教育费附加、印花税,每次共计人民币197.47元,截至2008年12月30日,已征收原告李建2007年2季度至2008年4季度7次税款共计1382.29元。2008年11月24日,被告昆明市GD区地方税务局针对原告李建对代征税款提出的异议进行复核并答复:李建的行为是房屋的转租行为;营业税是按"服务业-租赁业"核定征收,税率5%;个人所得税是按照《昆明市地方税务局关于所得税附征率问题的通知》对未实行查账征收的个人所得税纳税人房屋租赁收入按3%附征率核定征收；印花税按照"财产租赁合同"千分之一的税率进行征收。2009年2月24日，原告李建对确认其为纳税人不服向昆明市地方税务局申请复议。2009年3月3日，昆明市地方税务局复议认为，申请人李建提起税务行政复议申请之日已超过法律规定的时限，即作出昆地税复不受字〔2009〕第1号《不予受理决定书》，决定对李建的复议申请不予受理。2009年3月16日，原告李建不服，遂向本院提起诉讼，主张上述请求。

因此，提起行政诉讼，其目的是以后十七年都不用交税了。

【争议焦点】

房屋出租人和实际占有（使用）人，谁是"服务业-租赁业"相关税费纳税义务人。

【点评解析】

一、复议前置与提请复议期限

"上述税款均由云南中城地商投资有限公司向原告李建代征，截至2008年12月，共代征7次。2009年2月24日，原告李建对被告确认其为纳税人不服申请复议。2009年3月3日，昆明市地方税务局复议认为，申请人李建提起税务行政复议申请之日已超过法律规定的时限，即作出昆地税复不受字〔2009〕第1号《不予受理决定书》，决定对李建的复议申请不予受理。"

行政复议前置：行政复议前置是指行政相对人对法律、法规规定的特定具体行政行为不服，在寻求法律救济途径时，应当先选择向行政复议机关申请行政复议，而不能直接向人民法院提起行政诉讼；如果经过行政复议之后行政相对人对复议决定仍有不同意见的，才可以向人民法院提起行政诉讼。

由案件事实推断，云南中城地商投资有限公司最后一次代征税款是2008年12月23日前。依据《行政复议法》"第三章行政复议申请第九条 公民、法人或者其他组织认为具体行政行为侵犯其合法权益的，可以自知道该具体行政行为之日起六十日内提出行政复议申请；但是法律规定的申请期限超过六十日的除外"。

二、透过现象看本质，让渡资产使用权的受益人是纳税义务人

本案件的争议焦点和诉讼事实是：代征事实——"从2007年7月10日起，云南中城地商投资有限公司以被告昆明市GD区地方税务局的名义向原告李建按季度收取的每次租金2283元开征营业税（税率5%）、个人所得税（税率3%）、城建税、教育费附加、地方教育费附加、印花税，每次共计人民币197.47元，截至2008年12月30日，已征收原告李建2007年2季度至2008年4季度7次税款共计1382.29元"。

而案件事实是："由李建采取首付款加银行按揭付款的方式购买云南中城地商投资有限公司开发经营的"云南印象城"第三层3001号商铺的经营使用权，经营使用权年限自2005年12月28日至2025年12月27日止，共计20年；同时约定该商铺由李建委托云南中城地商投资有限公司经营管理，经营期限从2006年2月28日至2011

年 2 月 27 日止，共计五年，并由云南中城地商投资有限公司支付李建该商铺前三年的租金 27391 元，另再支付五年租金，即：第一年至第五年按铺面总价（合同价）的 8%，每年人民币 9131 元，每季度 2283 元。合同签订后，李建收取了云南中城地商投资有限公司按合同约定支付的前三年租金 27391 元。"就是李建租"云南印象城"第三层 3001 号商铺后再出租，即转租！前三年的每年租金是 27391 元/3＝9130.33 元＋9131 元，合计 18261.99 元。

第五节　经典案例

在 2017 年修订的《行政诉讼法》中，关于审判监督程序的具体规定：

"第九十条　当事人对已经发生法律效力的判决、裁定，认为确有错误的，可以向上一级人民法院申请再审，但判决、裁定不停止执行。

第九十一条　当事人的申请符合下列情形之一的，人民法院应当再审：

（一）不予立案或者驳回起诉确有错误的；

（二）有新的证据，足以推翻原判决、裁定的；

（三）原判决、裁定认定事实的主要证据不足、未经质证或者系伪造的；

（四）原判决、裁定适用法律、法规确有错误的；

（五）违反法律规定的诉讼程序，可能影响公正审判的；

（六）原判决、裁定遗漏诉讼请求的；

（七）据以作出原判决、裁定的法律文书被撤销或者变更的；

（八）审判人员在审理该案件时有贪污受贿、徇私舞弊、枉法裁判行为的。

第九十二条　各级人民法院院长对本院已经发生法律效力的判决、裁定，发现有本法第九十一条规定情形之一，或者发现调解违反自愿原则或者调解书内容违法，认为需要再审的，应当提交审判委员会讨论决定。

最高人民法院对地方各级人民法院已经发生法律效力的判决、裁定，上级人民法院对下级人民法院已经发生法律效力的判决、裁定，发现有本法第九十一条规定情形之一，或者发现调解违反自愿原则或者调解书内容违法的，有权提审或者指令下级人民法院再审。"

本案中 DF 公司不服，首先是向广东省高级人民法院申请再审，广东省高级人民法院作出（2012）粤高法行申字第 264 号驳回再审申请通知，驳回 DF 公司提出再审申请。最终，DF 公司最终申请最高人民法院的再审。请求：

1. 依法撤销广州市天河区人民法院（2010）天法行初字第 26 号行政判决和广州

市中级人民法院（2010）穗中法行终字第564号行政判决；2.依法撤销被申请人于2009年9月16日作出的穗地税稽一处〔2009〕66号《税务处理决定书》；3.判令被申请人退回违法征收的申请人营业税8671188.75元及滞纳金人民币2805129.56元，退回违法征收的申请人堤围防护费156081.40元及滞纳金人民币48619.36元，以及上述款项从缴纳之日起至实际返还之日止按同期银行贷款利率计算的利息。

最高人民法院的再审判决如下：

一、撤销广州市中级人民法院（2010）穗中法行终字第564号行政判决和广州市天河区人民法院（2010）天法行初字第26号行政判决；

二、撤销广州市地方税务局第一稽查局穗地税稽一处〔2009〕66号税务处理决定中对广州DF房产建设有限公司征收营业税滞纳金2805129.56元和堤围防护费滞纳金48619.36元的决定；

三、责令广州市地方税务局第一稽查局在本判决生效之日起三十日内返还已经征收的营业税滞纳金2805129.56元和堤围防护费滞纳金48619.36元，并按照同期中国人民银行公布的一年期人民币整存整取定期存款基准利率支付相应利息；

四、驳回广州DF房产建设有限公司其他诉讼请求。

【案例十一】中华人民共和国最高人民法院再审行政诉讼（税务）第一案

中华人民共和国最高人民法院行政判决书

（2015）行提字第13号

再审申请人（一审原告、二审上诉人）：广州DF房产建设有限公司，住所地广东省广州市荔湾区人民中路555号美国银行中心1808室。

法定代表人：郭超，该公司董事长。

委托代理人：袁凤翔，北京市华贸硅谷律师事务所上海分所律师。

委托代理人：张瑞茵，该公司工作人员。

被申请人（一审被告、二审被上诉人）：广东省广州市地方税务局第一稽查局，住所地广东省广州市天河区珠江新城华利路59号西塔。

法定代表人：侯国光，该局局长。

委托代理人：王家本，北京天驰洪范律师事务所律师。

委托代理人：张学干，该局工作人员。

再审申请人：广州DF房产建设有限公司（以下简称DF公司）因诉广东省广州市地方税务局第一稽查局（以下简称广州税稽一局）税务处理决定一案，不服广州市中级人民法院（2010）穗中法行终字第564号行政判决，向本院申请再审。本院依照修订前的《中华人民共和国行政诉讼法》第六十三条第二款和《最高人民法院关于执行〈中华人民共和国行政诉讼法〉若干问题的解释》（以下简称若干解释）第六十三条第一款第十三项、第七十四条、第七十七条之规定，提审本案，并依法组成由审判员李广宇、耿宝建、李涛参加的合议庭，于2015年6月29日公开开庭审理了本案，再审申请人DF公司委托代理人袁凤翔、张瑞茵，被申请人广州税稽一局负责人陈小湛副局长，委托代理人王家本、张学干到庭参加诉讼。现已审理终结。

一、二审法院查明：

2004年11月30日，DF公司与广州穗和拍卖行有限公司（以下简称穗和拍卖行）签订委托拍卖合同，委托穗和拍卖行拍卖其自有的位于广州市人民中路555号"美国银行中心"的房产。委托拍卖的房产包括地下负一层至负四层的车库（199个），面积13022.4678m^2；首层至第三层的商铺，面积7936.7478m^2；四至九层、十一至十三层、十六至十七层、二十至二十八层部分单位的写字楼，面积共计42285.5788m^2。DF公司在拍卖合同中对上述总面积为63244.7944m^2的房产估值金额为530769427.08港元。2004年12月2日，穗和拍卖行在信息时报C16版刊登拍卖公告，公布将于2004年12月9日举行拍卖会。穗和拍卖行根据委托合同的约定，在拍卖公告中明确竞投者须在拍卖前将拍卖保证金港币6800万元转到DF公司指定的银行账户内。2004年12月19日，盛丰实业有限公司（香港公司）通过拍卖，以底价1.3亿港元（按当时的银行汇率，兑换人民币为1.38255亿元）竞买了上述部分房产，面积为59907.0921m^2。上述房产拍卖后，DF公司按1.38255亿元的拍卖成交价格，先后向税务部门缴付了营业税6912750元及堤围防护费124429.5元，并取得了相应的完税凭证。2006年间，广州税稽一局在检查DF公司2004年至2005年地方税费的缴纳情况时，发现DF公司存在上述情况，展开调查。经向广州市国土资源和房屋管理局调取DF公司委托拍卖房产所在的周边房产的交易价格情况进行分析，广州税稽一局得出当时DF公司委托拍卖房产的周边房产的交易价格，其中写字楼为5500—20001元/m^2，商铺为10984—40205元/m^2，地下停车位为89000—242159元/个。因此，广州税稽一局认为DF公司以1.38255亿元出售上述房产，拍卖成交单价格仅为2300元/m^2，不及市场价的一半，价格严重偏低。遂于2009年8月11日根据《中华人民共和国税收征收管理法》（以下简称税收征管法）第三十五条及《中华人民共和国税收征收管理法实施细则》（以下简称税收征管法实施细则）第四十七条的规定，作出税务检查情况核对意见书，以停车位85000元/个、商场10500元/m^2、写字楼5000元/m^2的价格计算，核定DF公司委托拍卖的房产的交易价格为311678775元（车位收入85000元/个×199个+商铺收入10500元/m^2×7936.75m^2+写字楼收入5000元/m^2×42285.58m^2），并以311678775元为标准核定应缴纳营业税及堤围防护费。DF公司应缴纳营业税15583938.75元（311678775元×5%的税率），扣除已缴纳的6912750元，应补缴8671188.75元

（15583938.75 元 - 6912750 元）；应缴纳堤围防护费 280510.90 元，扣除已缴纳的 124429.50 元，应补缴 156081.40 元。该意见书同时载明了广州税稽一局将按规定加收滞纳金及罚款的情况。DF 公司于 2009 年 8 月 12 日收到上述税务检查情况核对意见书后，于同月 17 日向广州税稽一局提交了复函，认为广州税稽一局对其委托拍卖的房产价值核准为 311678775 元缺乏依据。广州税稽一局没有采纳 DF 公司的陈述意见。2009 年 9 月 14 日，广州税稽一局作出穗地税稽一处〔2009〕66 号税务处理决定，认为 DF 公司存在违法违章行为并决定：一、根据税收征管法第三十五条、税收征管法实施细则第四十七条、《中华人民共和国营业税暂行条例》（以下简称营业税条例）第一条、第二条、第四条的规定，核定 DF 公司于 2004 年 12 月取得的拍卖收入应申报缴纳营业税 15583938.75 元，已申报缴纳 6912750 元，少申报缴纳 8671188.75 元；决定追缴 DF 公司未缴纳的营业税 8671188.75 元，并根据税收征管法第三十二条的规定，对 DF 公司应补缴的营业税加收滞纳金 2805129.56 元。二、根据广州市人民政府《广州市市区防洪工程维护费征收、使用和管理试行办法》（穗府〔1990〕88 号）第二条、第三条、第七条及广州市财政局、广州市地方税务局、广州市水利局《关于征收广州市市区堤围防护费有关问题的补充通知》（财农〔1998〕413 号）第一条规定，核定 DF 公司 2004 年 12 月取得的计费收入应缴纳堤围防护费 280510.90 元，已申报缴纳 124429.50 元，少申报缴纳 156081.40 元，决定追缴少申报的 156081.40 元，并加收滞纳金 48619.36 元。DF 公司不服广州税稽一局的处理决定，向广州市地方税务局申请行政复议。广州市地方税务局经复议后于 2010 年 2 月 8 日作出穗地税行复字〔2009〕8 号行政复议决定，维持了广州税稽一局的处理决定。

广州市天河区人民法院一审认为：税收征管法第五条第一款规定："国务院税务主管部门主管全国税收征收管理工作。各地国家税务局和地方税务局应当按照国务院规定的税收征收管理范围分别进行征收管理。"因此，依法核定、征税款是广州税稽一局应履行的法定职责。营业税条例第一条规定："在中华人民共和国境内提供本条例规定的劳务、转让无形资产或者销售不动产的单位和个人，为营业税的纳税人，应当依照本条例缴纳营业税。"第四条规定："纳税人提供应税劳务、转让无形资产或者销售不动产，按照营业额和规定的税率计算应纳税额。"税收征管法第三十五条第一款第六项规定，纳税人申报的计税依据明显偏低，又无正当理由的，税务机关有权核定其应纳税额。税收征管法实施细则第四十七条第一款第四项规定，纳税人有税收征管法第三十五条或者第三十七条所列情形之一的，税务机关有权按照其他合理方法核定其应纳税额。税收征管法第三十二条规定："纳税人未按照规定期限缴纳税款的，扣缴义务人未按照规定期限解缴税款的，税务机关除责令限期缴纳外，从滞纳税款之日起，按日加收滞纳税款万分之五的滞纳金。"本案中，广州税稽一局检查发现 DF 公司委托拍卖的房产，在拍卖活动中只有一个竞买人参与拍卖，且房产是以底价成交的，认为交易价值明显低于市场价值，于是进行调查。在调查取证过程中，广州税稽一局向房屋管理部门查询了 2003 年至 2005 年间的使用性质相同的房产交易档案材料，收集当时的市场交易价值数据，并与 DF 公司委托拍卖的房产的交易价格进行比较、分析，认定 DF 公司委托拍卖的房产的交易价格明显低于市场交易价格，在向 DF 公司送达税务检查情况核对意见书，将检查过程中发现的问题及核定查补其营业税和堤围防护费的具体数额、相关政策以及整个核定查补税费的计算方法、DF 公司享有陈述的权利等告知 DF 公司后，根据上述法律法规的规定，作出被诉穗地税稽一处〔2009〕66 号税务处理决定，认定事实清楚，证据充分，处理恰当，符合税收征管法的规定，予以支持。由于 DF 公司在委托拍卖时，约定的拍卖保证金高达 6800 万港元，导致只有一个竞买人，并最终只能以底价 1.3 亿港元成交，是造成交易价值比市场价值偏低的主要原因。DF 公司依法应按房产的实际价值缴纳营业税及堤围防护费。DF 公司申报的计税依据明显偏低，广州税稽一局作为税务管理机关，依法依职权核定其应纳税额，并作出相应的处理并无不当，也未侵犯 DF 公司的合法权益。因此，DF 公司以广州税稽一局的行政行为侵犯其合法权益，请求撤销广州税稽一局的税务处理决定，并退回已缴税款、滞纳金以及堤围防护费、滞纳金，并判决广州税稽一局赔偿 DF 公司因缴纳税款、滞纳金以及堤围防护费、滞纳金所产生的利息损失、案件诉讼费的诉讼请求缺乏事实依据和法律依据，应予驳回。综上，广州市天河区人民法院依照若干解释第五十六条第四项之规定，作出〔2010〕天法行初字第 26 号行政判决，驳回 DF 公司的诉讼请求。

DF 公司不服，向广州市中级人民法院提起上诉。

广州市中级人民法院二审认为：税收征管法第三十五条第一款规定："纳税人有下列情形之一的，税务机关有权核定其应纳税额：……（六）纳税人申报的计税依据明显偏低，又无正当理由的。"税收征管法实施细则第四十七条第一款规定："纳税人有税收征管法第三十五条或者第三十七条所列情形之一的，税务机关有权采用下列任何一种方法核定其应纳税额：（一）参照当地同类行业或者类似行业中经营规模和收入水平相近的纳税人的税负水平核定；（二）按照营业收入或者成本加合理的费用和利润的方法核定；（三）按照耗用的原材料、燃料、动力等推算或者测算核定；（四）按照其他合理方法核定。"本案中广州税稽一局经对 DF 公司纳税情况检查，发现其拍卖涉案房产时交易价值明显低于市场价值，广州税稽一局对此展开调查。经向广州市国土资源和房屋管理局调取 2003 年至 2005 年间的广州市部分房产交易价值的数据，广州税稽一局参考上述数据，并考虑了涉案房产整体拍卖的因素，确定 DF 公司拍卖的涉案房产市场交易价格应为停车位 85000 元/个、商场 10500 元/m^2、写字楼 5000 元/m^2，从而核定 DF 公司委托拍卖的房产的交易价格应为 311678775 元，而 DF 公司在拍卖涉案房产时交易价格仅以 1.38255 亿元的低价成交，广州税稽一局据此认定 DF 公司存在申报的计税依据明显偏低且无正当理由，事实依据充分。一审判决认定广州税稽一局作出的涉案处罚认定事实清楚，证据充分正确，予以确认。DF 公司拍卖涉案房产时仅有一个竞买人参与拍卖且以底价成交，其主张其拍卖价格不存在偏低，应当以拍卖价格计税的主张理由不充分，不予采纳。

税收征管法第三十二条规定："纳税人未按照规定期限缴纳税款的，扣缴义务人未按照规定期限解缴税款的，税务机关除责令限期缴纳外，从滞纳税款之日起，按日加收滞纳税款万分之五的滞纳金。"参照《广州市市区防洪工程维护费征收、使用和管理试行办法》第三条第一款规定："维护费的征收标准：……中外合资、合作、外商独资经营企业可按年营业销售总额的千分之零点九计征。"第七条规定："纳费人必须依照规定按期缴纳维护费，逾期不交者，从逾期之日起，每天加收万分之五的滞纳金。逾期十天仍不缴的，按国家和地方政府水利工程水费管理办法的有关规定处罚。"广州税稽一局经核定 DF 公司拍卖涉案房产的实际交易价格，并以此为标准计算 DF 公司应当缴纳的营业税额及堤围防护费额，扣除 DF 公司已缴纳的部分后确定其应当补缴营业税 8671188.75 元、堤围防护费 156081.4 元，并加收相应的滞纳金。广州税稽一局就上述税务检查的情况向 DF 公司发出核对意见书，DF 公司亦复函广州税稽一局陈述了己方的意见。广州税稽一局据此作出涉案税务处理决定书，依据上述规定，决定对 DF 公司追缴其少申报的营业税和堤围防护费并加收滞纳金适用法律正确，行政程序适当，其加收的滞纳金数额亦在法定的额度之内。一审判决认定广州税稽一局作出的涉案处理决定恰当，未影响 DF 公司的合法权益正确，予以维持。DF 公司主张广州税稽一局作出涉案处罚理解、适用法律存在严重错误的主张缺乏证据支持，不予支持。

综上，广州税稽一局作出的税务处理决定，认定事实清楚，证据充分，适用法律正确，DF 公司诉讼请求撤销该处理决定理据不足，其要求退回已缴税款、滞纳金以及堤围防护费、滞纳金，并赔偿因缴纳税款、滞纳金以及堤围防护费、滞纳金所产生的利息损失的诉讼请求亦缺乏事实和法律依据，一审法院驳回其诉讼请求正确。广州市中级人民法院依照修订前的《中华人民共和国行政诉讼法》第六十一条第一项的规定，作出（2010）穗中法行终字第 564 号行政判决，驳回上诉，维持原判。

DF 公司不服，向广东省高级人民法院申请再审，广东省高级人民法院作出（2012）粤高法行申字第 264 号驳回再审申请通知，驳回 DF 公司再审申请。

DF 公司向本院申请再审称：1. 被申请人广州税稽一局不是适格行政主体。1999 年 10 月 21 日最高人民法院对福建省高级人民法院《关于福建省地方税务局稽查分局是否具有行政主体资格的请示报告》的答复意见（行他〔1999〕25 号）认为："地方税务局稽查分局以自己的名义对外作出行政处理决定缺乏法律依据。"根据上述意见，广州税稽一局并非独立行政主体，自然不能作为本案的诉讼主体。2. 被申请人超越职权，无权核定纳税人的应纳税额。税收征管法实施细则第九条第一款规定："稽查局专司偷税、逃避追缴欠税、骗税、抗税案件的查处。"本案不属于"偷税、逃避追缴欠税、骗税、抗税"的情形,不属于稽查局的职权范围,被申请人无权对再审申请人拍卖收入核定应纳税额。被诉税务处理决定超出被申请人的职权范围,应属无效决定。

3. 被诉税务处理决定认定 DF 公司申报纳税存在"申报的计税依据明显偏低"和"无正当理由"的证据明显不足。本案中从委托拍卖合同签订,到刊登拍卖公告,再到竞买人现场竞得并签署成交确认单,整个过程均依法进行,成交价格 1.3 亿港元亦未低于拍卖保留价。拍卖价格是市场需求与拍卖物本身价值互相作用的结果。拍卖前,申请人银行债务 1.3 亿港元已全部到期,银行已多次发出律师函追收,本案拍卖是再审申请人为挽救公司而不得已采取的措施。但拍卖遵循的是市场规律,成交价的高低完全不是再审申请人所能控制,本案拍卖成交价虽然不尽如人意,但不影响拍卖效力,再审申请人只能也只应以拍卖成交价作为应纳税额申报缴纳税款。4. 再审申请人已经按照拍卖成交价足额申报纳税并取得主管税务机关出具的完税凭证,没有任何税法违法违章行为,被申请人无权重新核定应纳税额。本案物业拍卖成交后,2005 年 3 月至 7 月,申请人按照全部 1.3 亿港元拍卖收入,申报和缴纳营业税款 6912750 元,以及堤围防护费 124429.5 元,并取得荔湾区地方税务局出具的完税凭证。其间,主管税务机关从未提出核定应纳税额,申请人不可能知晓税务机关会对拍卖价进行何种调整,只能也只应按照全部拍卖成交价纳税。在缴纳上述税款后,申请人的纳税义务已全部完成,不存在被诉税务处理决定和原审判决认定的"未按税法规定足额申报缴纳营业税"和"未足额申报缴纳堤围防护费"等所谓"违法违章行为"。5. 即使再审申请人存在"申报的计税依据明显偏低"和"无正当理由"的情况,被申请人也应当依照税收征管法第五十二条行使职权,其在再审申请人申报纳税 4 年多后进行追征税款和滞纳金,超过了税收征管法第五十二条关于税款和滞纳金追征期限的规定。税务机关追征税款和滞纳金,除法定的其他前提条件外,需受到 3 年追征期限的限制。本案被申请人的被诉税务处理决定对申请人纳税行为没有认定为偷税、抗税、骗税的情形,没有认定是编造虚假计税依据的情形,也没有认定是存在因纳税人计算错误等法定特殊情形,如果追征税款必须在 3 年以内即 2008 年 1 月 15 日以前提出处理意见,并不得加收滞纳金;而不能没有任何理由将追征期限无限制延长,或者延长至 5 年。本案即使存在少缴税款的情形,也是因被申请人和主管税务机关违法不作为及适用法律不当造成的。综上,请求本院:1. 依法撤销广州市天河区人民法院(2010)天法行初字第 26 号行政判决和广州市中级人民法院(2010)穗中法行终字第 564 号行政判决;2. 依法撤销被申请人于 2009 年 9 月 16 日作出的穗地税稽一处〔2009〕66 号《税务处理决定书》;3. 判令被申请人退回违法征收的申请人营业税 8671188.75 元及滞纳金人民币 2805129.56 元,退回违法征收的申请人堤围防护费 156081.40 元及滞纳金人民币 48619.36 元,以及上述款项从缴纳之日起至实际返还之日止按同期银行贷款利率计算的利息。

广州税稽一局答辩称：1. 关于答辩人独立执法资格及职权范围的问题。（1）执法资格。根据税收征管法第十四条以及税收征管法实施细则第九条的规定，答辩人具有独立执法资格。（2）职权范围。根据税收征管法实施细则第九条第二款，《国家税务总局关于稽查局职责问题的通知》（国税函〔2003〕140号）、《转发广东省机构编制委员会办公室、广东省地方税务局关于重新印发广州等市区地方税务局职能配置、内设机构和人员编制规定的通知》（穗地税发〔2004〕89号）等文件规定，稽查局的现行主要职责是指：稽查业务管理、税务检查和税收违法案件查处；凡需要对纳税人、扣缴义务人进行账证检查或者调查取证，并对其税收违法行为进行税务行政处理（处罚）的执法活动，仍由各级稽查局负责。答辩人不存在越权执法的问题。（3）核定权限。根据税收征管法第三十五条规定，税款核定的主体是税务机关，而税收征管法所称的"税务机关"包括省以下税务局的稽查局。2. 关于答辩人对拍卖成交价格不予认可的问题。（1）答辩人质疑拍卖成交价的法律依据。税收征管法第三十五条第一款第六项所称的"纳税人申报的计税依据明显偏低，又无正当理由的"情形，并没有将拍卖成交价格明显偏低的情形排除在外。（2）答辩人认为计税依据明显偏低的主要理由：一是拍卖价格与历史成交价相比悬殊。根据再审申请人提供的广州市东方会计师事务所有限公司2005年6月23日出具的《专项审计报告》显示，再审申请人全部物业的收入为7.17亿元，再审申请人约八成的收入是由约三成的物业销售产生，其余约二成的收入1.38亿元，是由再审申请人本次拍卖约七成的物业产生。二是本次拍卖成交价格明显偏低，明显偏离同期、同类、同档次物业的市场成交价格。该物业是位于广州市城市中心的高档写字楼，拍卖成交均价仅为2300余元/m²。答辩人根据至少8个相近楼盘大量数据（2003年至2005年期间的交易成交价格）进行分析比对，最终认定本次拍卖的成交价明显低于市场价格（写字楼仅为四成，商铺不到三成，停车场甚至不到一成）。三是拍卖成交价格远低于再审申请人自行提供的评估价和成本价。再审申请人委托拍卖的估价，均价约为8400元/m²；再审申请人委托会计师事务所审计确认的成本均价约为7100元/m²。（3）关于计税依据明显偏低，无正当理由的依据。一是只有唯一竞买人。根据现行拍卖行规及《中华人民共和国拍卖法》的规定，拍卖应当公开竞价。只有两个或两个以上的竞买人才能进行竞价，没有竞买人竞争的不能称为拍卖，在仅有一位竞买人的情况下，应当中止拍卖。二是拍卖保证金门槛设置过高。本次拍卖保证金占拍卖保留价的比例高达50%，但再审申请人一直未对其拍卖前设立高额保证金门槛的具体理由，作出令人信服的解释，过高的保证金比例限制了其他潜在的竞买人参与拍卖竞买。三是拍卖保留价设置过低。依据《最高人民法院关于人民法院民事执行中拍卖、变卖财产的规定》第八条、《最高人民法院关于人民法院委托评估、拍卖工作的若干规定》第十三条的规定，拍卖保留价应参照财产评估价确定,本案申请人第一次拍卖就将拍卖保留价,设置约为其自行确定房产评估价的20%,明显不符合财产拍卖的惯常做法。四是拍卖的房产已办抵押,拍卖未征询全部抵押权人银行的同意。再审申请人在拍卖前并未按照《中华人民共和国担保法》等法律规定将本次拍卖的时间、地点等拍卖信息书面通知银行债权人,甚至个别债权人对此一无所知。五是竞买人拍卖前知道拍卖底价,交易双方有诚信问题。委托拍卖前,唯一竞买人曾私下接触拍卖行,拍卖行向其透露底价,违反公平交易原则。答辩人调查取证时,交易双方均否认拍卖前相识。事实上,交易双方法定代表人曾经是夫妻关系。3. 关于核定程序是否合法、核定价格是否合理等问题。答辩人有权进行核定。一、二审法院根据答辩人提供的相关举证材料,对核定程序是否合法,核定价格是否合理进行审核和审查,并有结论。4. 关于追征税款、滞纳金问题。(1) 税务机关查补税款是法定的职责,再审申请人的房产于 2004 年 12 月 9 日拍卖成交,答辩人于 2006 年 9 月 18 日依法对再审申请人送达《税务检查通知书》,历经 3 年税务检查,并于 2009 年 9 月 16 日依法作出税务处理决定,系依法履行职责,本案也不属于税收征管法第五十二条第一款的情形,根据税收征管法实施细则第八十条规定,税务机关的责任是指税务机关适用法律、行政法规不当或者执法行为违法,本案不存在此类情形。(2) 加收税收滞纳金的法律依据。一是税收滞纳金加收的起始日期的依据。根据税收征管法第二十二条的规定,申请人少缴税款,是从滞纳税款之日起算。二是营业税纳税义务时间。按照营业税条例第九条、第十三条的规定,应当在收款之日起的次月 15 日(2005 年 1 月 15 日)内向税务机关申报缴纳其应缴税款。三是申请人申报纳税的义务。根据税收征管法第二十五条第一款规定,再审申请人必须依照法律、行政法规规定或者税务机关依照法律、行政法规的规定确定的申报期限、申报内容如实办理纳税申报。再审申请人以其自认为合理的价格进行纳税申报,应对其未能如实、依法纳税申报的行为承担法律责任。综上,一、二审法院判决认定事实清楚,证据充分,适用法律正确,程序合法,请求维持原判。

本院再审查明事实与原审查明事实基本一致。

本院认为:本案争议的焦点问题是 DF 公司将涉案房产拍卖形成的拍卖成交价格作为计税依据纳税后,广州税稽一局在税务检查过程中能否以计税依据价格明显偏低且无正当理由为由重新核定应纳税额补征税款并加收滞纳金。结合双方当事人再审期间的诉辩意见,本院对当事人广州税稽一局的执法资格、执法权限、将涉案房产拍卖价格作为计税依据申报纳税是否明显偏低且无正当理由、广州税稽一局追征税款和加收滞纳金是否合法等问题分别评述如下:

(一)关于广州税稽一局是否具有独立的执法主体资格的问题

2001 年修订前的税收征管法未明确规定各级税务局所属稽查局的法律地位,2001 年修订后的税收征管法第十四条规定:"本法所称税务机关是指各级税务局、税务分局、税务所和按照国务院规定设立的并向社会公告的税务机构。"2002年施行的税收征管法实施细则第九条进一步明确规定:"税收征管法第十四条所称按照国务院规定设立的并向社会公告的税务机构,是指省以下税务局的稽查局。"据此,相关法律和行政法规已经明确了省以下税务局所属稽查局的法律地位,省级以下税务局的稽查局具有行政主体资格。因此,广州税稽一局作为广州市地方税务局所属的稽查局,具有独立的执法主体资格。虽然最高人民法院1999年10月21日作出的《对福建省高级人民法院〈关于福建省地方税务局稽查分局是否具有行政主体资格的请示报告〉的答复意见》(行他〔1999〕25号)明确"地方税务局稽查分局以自己的名义对外作出行政处理决定缺乏法律依据",但该答复是对2001年修订前的税收征管法的理解和适用,2001年税收征管法修订后,该答复因解释的对象发生变化,因而对审判实践不再具有指导性。DF公司以该答复意见主张广州税稽一局不具有独立执法资格,无权作出被诉税务处理决定的理由不能成立。

(二)关于广州税稽一局行使税收征管法第三十五条规定的应纳税额核定权是否超越职权的问题

此问题涉及税收征管法实施细则第九条关于税务局和所属稽查局的职权范围划分原则的理解和适用。税收征管法实施细则第九条除明确税务局所属稽查局的法律地位外,还对税务稽查局的职权范围作出了原则规定,即专司偷税、逃避追缴欠税、骗税、抗税案件的查处,同时授权国家税务总局明确划分税务局和稽查局的职责,避免职责交叉。国家税务总局据此于2003年2月28日作出的《国家税务总局关于稽查局职责问题的通知》(国税函〔2003〕140号)进一步规定:"《中华人民共和国税收征管法实施细则》第九条第二款规定'国家税务总局应当明确划分税务局和稽查局的职责,避免职责交叉'。为了切实贯彻这一规定,保证税收征管改革的深化与推进,科学合理地确定稽查局和其他税务机构的职责,国家税务总局正在调查论证具体方案。在国家税务总局统一明确之前,各级稽查局现行职责不变。稽查局的现行职责是指:稽查业务管理、税务检查和税收违法案件查处;凡需要对纳税人、扣缴义务人进行账证检查或者调查取证,并对其税收违法行为进行税务行政处理(处罚)的执法活动,仍由各级稽查局负责。"从上述规定可知,税务稽查局的职权范围不仅包括偷税、逃避追缴欠税、骗税、抗税案件的查处,还包括与查处税务违法行为密切关联的稽查管理、税务检查、调查和处理等延伸性职权。虽然国家税务总局没有明确各级稽查局是否具有税收征管法第三十五条规定的核定应纳税额的具体职权,但稽查局查处涉嫌违法行为不可避免地需要对纳税行为进行检查和调查。特别是出现税收征管法第三十五条规定的计税依据明显偏低的情形时,如果稽查局不能行使应纳税款核定权,必然会影响稽查工作的效率和效果,甚至对税收征管形成障碍。因此,稽查局在查处涉嫌税务违法行为时,依据税收征管法第三十五条的规定核定应纳税额是其职权的内在要求和必要延伸,符合税务稽查的业务特点和执法规律,符合《国家税务总局关于稽查局职责问题的通知》关于税务局和稽查局的职权范围划分的精神。在国家税务总局对税务局和稽查局职权范围未另行作出划分前,各地税务机关根据通知确立的职权划分原则,以及在执法实践中形成的符合税务执法规律的惯例,人民法院应予尊重。本案中,广州税稽一局根据税收征管法第三十五条规定核定应纳税款的行为是在广州税稽一局对DF公司销售涉案房产涉嫌偷税进行税务检查的过程中作出的,不违反税收征管法实施细则第九条的规定。DF公司以税收征管法实施细则第九条规定"稽查局专司偷税、逃避追缴欠税、骗税、抗税案件的查处",本案不属于"偷税、逃避追缴欠税、骗税、抗税"的情形为由,认为广州税稽一局无权依据税收征管法第三十五条的规定对DF公司拍卖涉案不动产的收入重新核定应纳税额,被诉税务处理决定超出广州税稽一局的职权范围,应属无效决定的理由不能成立。

(三)关于DF公司以涉案房产的拍卖成交价格作为计税依据申报纳税是否存在"计税依据明显偏低,又无正当理由"情形的问题

根据税收征管法第三十五条第一款第六项规定,税务机关不认可纳税义务人自行申报的纳税额,重新核定应纳税额的条件有两个:一是计税依据价格明显偏低,二是无正当理由。DF公司委托拍卖的涉案房产包括写字楼、商铺和车位面积共计63244.7944m^2,成交面积为59907.0921m^2,拍卖实际成交价格1.3亿港元,明显低于DF公司委托拍卖时的5.3亿港元估值;涉案房产2300元/m^2的平均成交单价,也明显低于广州税稽一局对涉案房产周边的写字楼、商铺和车库等与涉案房产相同或类似房产抽样后确定的最低交易价格标准,即写字楼5000元/m^2、商铺10500元/m^2、停车场车位85000元/个;更低于DF公司委托的广州东方会计师事务所有限公司对涉案房产项目审计后确认的7123.95元/m^2的成本价。因此,广州税稽一局认定涉案房产的拍卖价格明显偏低并无不当。

营业税条例第四条和《广州市市区防洪工程维护费征收、使用和管理试行办法》第三条第一款规定销售不动产的营业额是营业税的计税依据。拍卖是销售不动产的方式之一,不动产的公开拍卖价格就是销售不动产的营业额,应当作为营业税等税费的计税依据。就本案而言,广东省和广州市的地方税务局有更为明确的规范性文件可以参考,《广东省地方税务局关于拍卖行拍卖房地产征税问题的批复》(粤地税函〔1996〕215号)和《广州市地方税务局关于明确拍卖房地产税收征收问题的通知》(穗地税发〔2003〕34号)明确规定拍卖房地产的拍卖成交额可以作为征收营业税的计税价格;《广东省财政厅、广东省地方税务局关于规范我省二手房屋交易最低计税价格管理的指导性意见》(粤财法〔2008〕93号)规定,通过法定程序公开拍卖的房屋,以拍卖价格为最低计税价格标准。

拍卖价格的形成机制较为复杂,因受到诸多不确定因素的影响,相同商品的拍卖

价格可能会出现较大差异。影响房地产价格的因素更多，拍卖价格差异可能会更大。依照法定程序进行的拍卖活动，由于经过公开、公平的竞价，不论拍卖成交价格的高低，都是充分竞争的结果，较之一般的销售方式更能客观地反映商品价格，可以视为市场的公允价格。如果没有法定机构依法认定拍卖行为无效或者违反拍卖法的禁止性规定，原则上税务机关应当尊重作为计税依据的拍卖成交价格，不能以拍卖价格明显偏低为由行使核定征收权。广州市地方税务局2013年修订后的《存量房交易计税价格异议处理办法》就明确规定，通过具有合法资质的拍卖机构依法公开拍卖的房屋权属转移，以拍卖对价为计税价格的，可以作为税务机关认定的正当理由。该规范性文件虽然在本案税收征管行为发生后施行，但文件中对拍卖价格本身即构成正当理由的精神，本案可以参考。因此，对于一个明显偏低的计税依据，并不必然需要税务机关重新核定；尤其是该计税依据是通过拍卖方式形成时，税务机关一般应予认可和尊重，不宜轻易启动核定程序，以行政认定取代市场竞争形成的计税依据。

但应当明确，拍卖行为的效力与应纳税款核定权，分别受民事法律规范和行政法律规范调整，拍卖行为有效并不意味税务机关不能行使应纳税额核定权，另行核定应纳税额也并非否定拍卖行为的有效性。保障国家税收的足额征收是税务机关的基本职责，税务机关对作为计税依据的交易价格采取严格的判断标准符合税收征管法的目的。如果不考虑案件实际，一律要求税务机关必须以拍卖成交价格作为计税依据，则既可能造成以当事人意思自治为名排除税务机关的核定权，还可能因市场竞价不充分导致拍卖价格明显偏低而造成国家税收流失。因此，有效的拍卖行为并不能绝对地排除税务机关的应纳税额核定权，但税务机关行使核定权时仍应有严格限定。

具体到本案，广州税稽一局在被诉税务处理决定中认定拍卖价格明显偏低且无正当理由的主要依据是，涉案房产以底价拍卖给唯一参加竞买的盛丰实业有限公司，而一人竞买不符合拍卖法关于公开竞价的规定，扭曲拍卖的正常价格形成机制，导致实际成交价格明显偏低。此问题的关键在于，在没有法定机构认定涉案拍卖行为无效，也没有充分证据证明涉案拍卖行为违反拍卖法的禁止性规定，涉案拍卖行为仍然有效的情况下，税务机关能否以涉案拍卖行为只有一个竞买人参加竞买即一人竞拍为由，不认可拍卖形成的价格作为计税依据，直接核定应纳税额。一人竞拍的法律问题较为特殊和复杂，拍卖法虽然强调拍卖的公开竞价原则，但并未明确禁止一人竞拍行为，在法律或委托拍卖合同对竞买人数量没有作出限制性规定的情况下，否定一人竞买的效力尚无明确法律依据。但对于拍卖活动中未实现充分竞价的一人竞拍，在拍卖成交价格明显偏低的情况下，即使拍卖当事人对拍卖效力不持异议，因涉及国家税收利益，该拍卖成交价格作为计税依据并非绝对不能质疑。本案中，虽然履行拍卖公告的一人竞拍行为满足了基本的竞价条件，但一人竞拍因仅有一人参与拍卖竞价，可能会出现竞价程度不充分的情况，特别是本案以预留底价成交，而拍卖底价又明显低于涉案房产估值的情形，即便 DF 公司对拍卖成交价格无异议，税务机关基于国家税收利益的考虑，也可以不以拍卖价格作为计税依据，另行核定应纳税额。同时，"计税依据明显偏低，又无正当理由"的判断，具有较强的裁量性，人民法院一般应尊重税务机关基于法定调查程序作出的专业认定，除非这种认定明显不合理或者滥用职权。广州税稽一局在被诉税务处理决定中认定涉案拍卖行为存在一人竞拍、保留底价偏低的情形，广州市地方税务局经复议补充认为，涉案拍卖行为保证金设置过高、一人竞拍导致拍卖活动缺乏竞争，以较低的保留底价成交，综合判定该次拍卖成交价格不能反映正常的市场价格，且 DF 公司未能合理说明上述情形并未对拍卖活动的竞价产生影响的情况下，广州税稽一局行使核定权，依法核定 DF 公司的应纳税款，并未违反法律规定。

（四）关于广州税稽一局核定应纳税款后追征税款和加征滞纳金是否合法的问题

税收征管法对税务机关在纳税人已经缴纳税款后重新核定应纳税款并追征税款的期限虽然没有明确规定，但并不意味税务机关的核定权和追征权没有期限限制。税务机关应当在统筹兼顾保障国家税收、纳税人的信赖利益和税收征管法律关系的稳定等因素的基础上，在合理期限内核定和追征。在纳税义务人不存在违反税法和税收征管过错的情况下，税务机关可以参照税收征管法第五十二条第一款规定确定的税款追征期限，原则上在三年内追征税款。本案核定应纳税款之前的纳税义务发生在 2005 年 1 月，广州税稽一局自 2006 年对涉案纳税行为进行检查，虽经三年多调查后，未查出 DF 公司存在偷税、骗税、抗税等违法行为，但依法启动的调查程序期间应当予以扣除，因而广州税稽一局 2009 年 9 月重新核定应纳税款并作出被诉税务处理决定，并不违反上述有关追征期限的规定。DF 公司关于追征税款决定必须在 2008 年 1 月 15 日以前作出的主张不能成立。

根据依法行政的基本要求，没有法律、法规和规章的规定，行政机关不得作出影响行政相对人合法权益或者增加行政相对人义务的决定；在法律规定存在多种解释时，应当首先考虑选择适用有利于行政相对人的解释。有权核定并追缴税款，与加收滞纳金属于两个不同问题。根据税收征管法第三十二条、第五十二条第二款、第三款规定，加收税收滞纳金应当符合以下条件之一：纳税人未按规定期限缴纳税款；自身存在计算错误等失误；或者故意偷税、抗税、骗税的。本案中 DF 公司在拍卖成交后依法缴纳了税款，不存在计算错误等失误，税务机关经过长期调查也未发现 DF 公司存在偷税、抗税、骗税情形，因此 DF 公司不存在缴纳滞纳金的法定情形。被诉税务处理决定认定的拍卖底价成交和一人竞买拍卖行为虽然能证明税务机关对成交价格未形成充分竞价的合理怀疑具有正当理由，但拍卖活动和拍卖价格并非 DF 公司所能控制和决定，广州税稽一局在依法进行的调查程序中也未能证明 DF 公司在拍卖活动中存在恶意串通等违法行为。同时本案还应考虑 DF 公司基于对拍卖行为以及地方税务局完税凭证的信赖而形成的信赖利益保护问题。在税务机关无法证明纳税人存在责任的情况下,可以参考税收征管法第五十二条第一款关于"因税务机关的责任,致使纳税人、扣缴义务人未缴或者少缴税款的,税务机关在三年内可以要求纳税人、扣缴义务人补缴税款,但是不得加收滞纳金"的规定,作出对行政相对人有利的处理方式。因此,广州税稽一局重新核定 DF 公司拍卖涉案房产的计税价格后新确定的应纳税额,纳税义务应当自核定之日发生,其对 DF 公司征收该税款确定之前的滞纳金,没有法律依据。此外,被诉税务处理决定没有明确具体的滞纳金起算时间和截止时间,也属认定事实不清。

综上,广州税稽一局核定 DF 公司应纳税额,追缴 8671188.75 元税款,符合税收征管法第三十五条、税收征管法实施细则第四十七条的规定;追缴 156081.40 元堤围防护费,符合《广州市市区防洪工程维护费征收、使用和管理试行办法》的规定;广州税稽一局认定 DF 公司存在违法违章行为没有事实和法律依据;责令 DF 公司补缴上述税费产生的滞纳金属于认定事实不清且无法律依据。据此,依照《行政诉讼法》第七十条第一项、第二项,第八十九条第一款第二项的规定,《国家赔偿法》第三十六条第一项、第七项的规定,参照《最高人民法院关于审理民事、行政诉讼中司法赔偿案件适用法律若干问题的解释》第十五条第一款的规定,判决如下:

一、撤销广州市中级人民法院(2010)穗中法行终字第 564 号行政判决和广州市天河区人民法院(2010)天法行初字第 26 号行政判决;

二、撤销广州市地方税务局第一稽查局穗地税稽一处〔2009〕66 号税务处理决定中对广州 DF 房产建设有限公司征收营业税滞纳金 2805129.56 元和堤围防护费滞纳金 48619.36 元的决定;

三、责令广州市地方税务局第一稽查局在本判决生效之日起三十日内返还已经征收的营业税滞纳金 2805129.56 元和堤围防护费滞纳金 48619.36 元,并按照同期中国人民银行公布的一年期人民币整存整取定期存款基准利率支付相应利息;

四、驳回广州 DF 房产建设有限公司其他诉讼请求。

一、二审案件受理费 100 元,由广州 DF 房产建设有限公司和广州市地方税务局第一稽查局各负担 50 元。

本判决为终审判决。

审判长　李广宇
审判员　耿宝建
审判员　李　涛
二〇一七年四月七日
书记员　梁　卓

本案为最高人民法院税务行政诉讼的第一起案件。本案判决确立了若干重要的原则：在法无明文的情况下尊重税务机关的专业判断、如何协调民事法律规范与税务行政法律规范的适用以及纳税人信赖利益的保护。

【涉案事实】

2006 年，广州税稽一局在检查 DF 公司 2004 年至 2005 年地方税费的缴纳情况时，发现 DF 公司存在上述情况，展开调查。经向广州市国土资源和房屋管理局调取 DF 公司委托拍卖房产所在的周边房产的交易价格情况进行分析，广州税稽一局得出当时 DF 公司委托拍卖房产的周边房产的交易价格，其中写字楼为 5500—20001 元/m²，商铺为 10984—40205 元/m²，地下停车位为 89000-242159 元/个。因此，广州税稽一局认为 DF 公司以 1.38255 亿元出售上述房产，拍卖成交单价格仅为 2300 元/m²，不及市场价的一半，价格严重偏低。

2009 年 8 月 11 日根据《税收征收管理法》第三十五条及《税收征收管理法实施细则》第四十七条的规定，作出税务检查情况核定意见书，以停车位 85000 元/个、商场 10500 元/m²、写字楼 5000 元/m² 的价格计算，核定 DF 公司委托拍卖的房产的交易价格为 311678775 元（车位收入 85000 元/个×199 个+商铺收入 10500 元/m²×7936.75m²+写字楼收入 5000 元/m²×42285.58m²），并以 311678775 元为标准核定应缴纳营业税及堤围防护费。

2009 年 9 月 14 日，广州税稽一局作出穗地税稽一处〔2009〕66 号税务处理决定，核定 DF 公司于 2004 年 12 月取得的拍卖收入应申报缴纳营业税 15583938.75 元，已申报缴纳 6912750 元，少申报缴纳 8671188.75 元；决定追缴 DF 公司未缴纳的营业税 8671188.75 元，并根据税收征管法第三十二条的规定，对 DF 公司应补缴的营业税加收滞纳金 2805129.56 元。

DF 公司不服广州税稽一局的处理决定，向广州市地方税务局申请行政复议。广州市地方税务局经复议后于 2010 年 2 月 8 日作出穗地税行复字〔2009〕8 号行政复议决定，维持了广州税稽一局的处理决定。

广州 DF 对这一税务处理决定不服，并在广州市中级人民法院作出终审先后又向广东省高级人民法院、最高人民法院申请再审。

2014 年 12 月 25 日，最高人民法院决定提审此案。

【争议焦点】

本案税企双方争议焦点具有典型性、代表性和普遍性，譬如拍卖价格在什么情况下不能直接作为计税价格。从深层次分析，本案涉及民法与税法二者之间具体价值判断的关系问题。广州 DF 和第一稽查局争议的焦点是什么？

● 税务稽查局的主体资格；
● 税务机关能否在拍卖价格之外另行核定应纳税额；

● 如何认定纳税义务人申报的计税依据明显偏低且无正当理由；
● 税务机关追缴少缴税款时，是否应当加收滞纳金等。

一、核定征收

本案争议的焦点问题，最高人民法院认为：本案争议的焦点问题是 DF 公司将涉案房产拍卖形成的拍卖成交价格作为计税依据纳税后，广州税稽一局在税务检查过程中能否以计税依据价格明显偏低且无正当理由为由重新核定应纳税额补征税款并加收滞纳金。

《税收征管法》第三十五条第一款第六项规定，纳税人申报的计税依据明显偏低，又无正当理由的，税务机关有权核定其应纳税额。《税收征管法实施细则》第四十七条第一款第四项规定，纳税人有税收征管法第三十五条或者第三十七条所列情形之一的，税务机关有权按照其他合理方法核定其应纳税额。

税务机关有权核定。依据《税收征管法实施细则》第四十七条第一款规定："纳税人有税收征管法第三十五条或者第三十七条所列情形之一的，税务机关有权采用下列任何一种方法核定其应纳税额：

（一）参照当地同类行业或者类似行业中经营规模和收入水平相近的纳税人的税负水平核定；

（二）按照营业收入或者成本加合理的费用和利润的方法核定；

（三）按照耗用的原材料、燃料、动力等推算或者测算核定；

（四）按照其他合理方法核定。"

一审判决结果：

广州市天河区人民法院依照若干解释第五十六条第四项之规定，作出（2010）天法行初字第 26 号行政判决，驳回 DF 公司的诉讼请求。

二审判决结果：

综上，广州税稽一局作出的税务处理决定，认定事实清楚，证据充分，适用法律正确，DF 公司诉讼请求撤销该处理决定理据不足，其要求退回已缴税款、滞纳金以及堤围防护费、滞纳金，并赔偿因缴纳税款、滞纳金以及堤围防护费、滞纳金所产生的利息损失的诉讼请求亦缺乏事实和法律依据，一审法院驳回其诉讼请求正确。广州市中级人民法院依照修订前的《行政诉讼法》第六十一条第一项的规定，作出（2010）穗中法行终字第 564 号行政判决，驳回上诉，维持原判。

二、关于广州税稽一局行使税收征管法第三十五条规定的应纳税额核定权是否超越职权的问题

最高人民法院认为，虽然国家税务总局没有明确各级稽查局是否具有税收征管法第三十五条规定的核定应纳税额的具体职权，但稽查局查处涉嫌违法行为不可避免地需要对纳税行为进行检查和调查。特别是出现税收征管法第三十五条规定的计税依据

明显偏低的情形时，如果稽查局不能行使应纳税款核定权，必然会影响稽查工作的效率和效果，甚至对税收征管形成障碍。

因此，稽查局在查处涉嫌税务违法行为时，依据税收征管法第三十五条的规定核定应纳税额是其职权的内在要求和必要延伸，符合税务稽查的业务特点和执法规律，符合《国家税务总局关于稽查局职责问题的通知》关于税务局和稽查局的职权范围划分的精神。在国家税务总局对税务局和稽查局职权范围未另行作出划分前，各地税务机关根据通知确立的职权划分原则，以及在执法实践中形成的符合税务执法规律的惯例，人民法院应予尊重。

因此DF公司以税收征管法实施细则第九条规定"稽查局专司偷税、逃避追缴欠税、骗税、抗税案件的查处"，本案不属于"偷税、逃避追缴欠税、骗税、抗税"的情形为由，认为广州税稽一局无权依据税收征管法第三十五条的规定对DF公司拍卖涉案不动产的收入重新核定应纳税额，被诉税务处理决定超出广州税稽一局的职权范围，应属无效决定的理由不能成立。

【点评解析】

一、该案创下最高人民法院审理案件的三个"第一"：

（一）新中国成立以来最高人民法院提审的第一起税案；

（二）2016年5月1日新行政诉讼法实施后，最高人民法院公开审理的第一起行政案件；

（三）新行政诉讼法实施后，最高人民法院审理的首起行政机关负责人出庭应诉案件。

二、这是为什么？

最高人民法院的再审判决如下：

一、撤销广州市中级人民法院（2010）穗中法行终字第564号行政判决和广州市天河区人民法院（2010）天法行初字第26号行政判决；

二、撤销广州市地方税务局第一稽查局穗地税稽一处〔2009〕66号税务处理决定中对广州DF房产建设有限公司征收营业税滞纳金2805129.56元和堤围防护费滞纳金48619.36元的决定；

三、责令广州市地方税务局第一稽查局在本判决生效之日起三十日内返还已经征收的营业税滞纳金2805129.56元和堤围防护费滞纳金48619.36元，并按照同期中国人民银行公布的一年期人民币整存整取定期存款基准利率支付相应利息；

四、驳回广州DF房产建设有限公司其他诉讼请求。

是故意还是巧合?！一、二审案件受理费100元，由广州DF房产建设有限公司和广州市地方税务局第一稽查局各负担50元。

第一百零二条人民法院审理行政案件，应当收取诉讼费用。诉讼费用由败诉方承担，双方都有责任的由双方分担。收取诉讼费用的具体办法另行规定。

三、广州税稽一局具有独立的执法主体资格

2001年修订后的税收征管法第十四条规定："本法所称税务机关是指各级税务局、税务分局、税务所和按照国务院规定设立的并向社会公告的税务机构。"2002年施行的税收征管法实施细则第九条进一步明确规定："税收征管法第十四条所称按照国务院规定设立的并向社会公告的税务机构，是指省以下税务局的稽查局。"

据此，相关法律和行政法规已经明确了省以下税务局所属稽查局的法律地位，省级以下税务局的稽查局具有行政主体资格。因此，广州税稽一局作为广州市地方税务局所属的稽查局，具有独立的执法主体资格。

四、税务局拥有核定征收权，这是法定的

最高人民法院认为，虽然国家税务总局没有明确各级稽查局是否具有税收征管法第三十五条规定的核定应纳税额的具体职权，但稽查局查处涉嫌违法行为不可避免地需要对纳税行为进行检查和调查。

如果稽查局无权，换管理局也一样。如果是主观故意，就是偷逃税！

DF公司以税收征管法实施细则第九条规定"稽查局专司偷税、逃避追缴欠税、骗税、抗税案件的查处"，本案不属于"偷税、逃避追缴欠税、骗税、抗税"的情形为由，认为广州税稽一局无权依据税收征管法第三十五条的规定对DF公司拍卖涉案不动产的收入重新核定应纳税额，被诉税务处理决定超出广州税稽一局的职权范围，应属无效决定的理由不能成立。

本案争议的焦点：DF公司将涉案房产拍卖形成的拍卖成交价格作为计税依据纳税后，广州税稽一局在税务检查过程中能否以计税依据价格明显偏低且无正当理由为由重新核定应纳税额补征税款并加收滞纳金。

核心问题，问题核心！关于DF公司以涉案房产的拍卖成交价格作为计税依据申报纳税是否存在"计税依据明显偏低，又无正当理由"情形的问题。不仅是核心问题，而且是问题核心！！（是否存在关联交易，不管以前和以后）

五、如何协调民事法律规范与税务行政法律规范的适用？

应当明确，拍卖行为的效力与应纳税款核定权，分别受民事法律规范和行政法律规范调整，拍卖行为有效并不意味税务机关不能行使应纳税额核定权，另行核定应纳税额也并非否定拍卖行为的有效性。保障国家税收的足额征收是税务机关的基本职责，税务机关对作为计税依据的交易价格采取严格的判断标准符合税收征管法的目的。

民事法律规范和税收行政法律规范的协调，相互独立的两个法系，何来调解或协调？

1. 原则上适用民事法律规范原则

如果没有法定机构依法认定拍卖行为无效或者违反拍卖法的禁止性规定，原则上税务机关应当尊重作为计税依据的拍卖成交价格，不能以拍卖价格明显偏低为由行使核定征收权。一个明显偏低的计税依据，并不必然需要税务机关重新核定；尤其是该计税依据是通过拍卖方式形成时，税务机关一般应予认可和尊重，不宜轻易启动核定程序，以行政认定取代市场竞争形成的计税依据。

2. 必要时适用税收行政法律规范

保障国家税收的足额征收是税务机关的基本职责，税务机关对作为计税依据的交易价格采取严格的判断标准符合税收征管法的目的。如果不考虑案件实际，一律要求税务机关必须以拍卖成交价格作为计税依据，则既可能造成以当事人意思自治为名排除税务机关的核定权，还可能因市场竞价不充分导致拍卖价格明显偏低而造成国家税收流失。因此，有效的拍卖行为并不能绝对地排除税务机关的应纳税额核定权，但税务机关行使核定权时仍应有严格限定。

六、关于加收滞纳金

（一）核定征收不应该加收滞纳金，这是错误的

广州税稽一局重新核定 DF 公司拍卖涉案房产的计税价格后新确定的应纳税额，纳税义务应当自核定之日发生，其对 DF 公司征收该税款确定之前的滞纳金，没有法律依据。此外，被诉税务处理决定没有明确具体的滞纳金起算时间和截止时间，也属认定事实不清。

（二）这个理由是符合合理性的

本案核定应纳税款之前的纳税义务发生在 2005 年 1 月，广州税稽一局自 2006 年对涉案纳税行为进行检查，虽经三年多调查后，未查出 DF 公司存在偷税、骗税、抗税等违法行为，但依法启动的调查程序期间应当予以扣除。

在税务机关无法证明纳税人存在责任的情况下，可以参考税收征管法第五十二条第一款关于"因税务机关的责任，致使纳税人、扣缴义务人未缴或者少缴税款的，税务机关在三年内可以要求纳税人、扣缴义务人补缴税款，但是不得加收滞纳金"的规定，作出对行政相对人有利的处理方式。

（三）加收税收滞纳金没有追缴期限和金额限制

即使再审申请人存在"申报的计税依据明显偏低"和"无正当理由"的情况，被申请人也应当依照税收征管法第五十二条行使职权，其在再审申请人申报纳税四年多后进行追征税款和滞纳金，超过了税收征管法第五十二条关于税款和滞纳金追征期限的规定。

《税收征收管理法实施细则》进一步规定：纳税人、扣缴义务人计算错误等失误，是指非主观故意的计算公式运用错误以及明显的笔误；特殊情况，是指纳税人或者扣缴义务人因计算错误等失误，未缴或者少缴、未扣或者少扣、未收或者少收税款，累计数额在 10 万元以上的；补缴和追征税款、滞纳金的期限，自纳税人、扣缴义务人应缴未缴或者少缴税款之日起计算。

一般情况下，加收税收滞纳金的追缴期限是自纳税人、扣缴义务人应缴未缴或者少缴税款之日起，至实际缴纳税款的当日止，计算加收滞纳金的天数是"连续计算、算头不算尾"。税收滞纳金的计算截止时间是纳税人实际缴纳税款的当日。

无论是纳税人或扣缴义务人的迟申报自行计算和自查补税，还是税务部门实施纳税评估、风险防控和稽查检查补税等需要计算加收滞纳金时，截止时间都是纳税人实际缴纳税款的当日。

税务机关对检查出纳税人以前纳税期内应纳未缴纳税款如何征收滞纳金，重点应明确起止期限：计算起始时间是按照有关税种的实体法规定，纳税人应纳税款期限届满的次日，计算截止时间是纳税人实际缴纳税款的当日，而不是至税务处理决定书送达或者下达之日，或者是其他日期。在实际执行中，有的地区是到稽查检查通知书送达或下发之日！这是错误的。加收税收滞纳金，税务部门和人员是没有自由裁量权的。

第六节　国家赔偿案例

《国家赔偿法》经 1994 年 5 月 12 日第八届全国人民代表大会常委会第 7 次会议通过，1994 年 5 月 12 日中华人民共和国主席令第 23 号公布；根据 2012 年 10 月 26 日第十一届全国人民代表大会常委会第 29 次会议通过、2012 年 10 月 26 日中华人民共和国主席令第 68 号公布的《全国人民代表大会常务委员会关于修改〈中华人民共和国国家赔偿法〉的决定》第 2 次修正。《国家赔偿法》分总则、行政赔偿、刑事赔偿、赔偿方式和计算标准、其他规定、附则 6 章 42 条，自 1995 年 1 月 1 日起施行。

【案例十二】合法权益是受法律保护的，也是需要努力争取的

浙江省 RA 市人民法院行政赔偿判决书
（2013）温瑞行赔初字第 4 号

原告：RA 市蔡氏制革有限公司，住所地 RA 市安阳街道安阳工业区。
法定代表人：蔡振虎，董事长。
原告：蔡振虎。委托代理人杨玉娇。
委托代理人：赖绍松，北京盈科律师事务所律师。
被告：RA 市国家税务局，住所地 RA 市安阳街道拱瑞山路国税大楼。
法定代表人：黄信钏，局长。
委托代理人：赵庆文。

委托代理人：冯蒋华，浙江玉海律师事务所律师。

原告 RA 市蔡氏制革有限公司（以下简称为"蔡氏公司"）、蔡振虎诉被告 RA 市国家税务局（以下简称为"瑞安国税局"）行政赔偿一案，原告于 2013 年 8 月 15 日向本院起诉，本院同月 20 日受理后，依法组成合议庭。于 2013 年 9 月 23 日、10 月 11 日公开开庭审理了本案，原告蔡氏公司的法定代表人即原告蔡振虎及其委托代理人赖绍松、杨玉娇，被告瑞安国税局的委托代理人赵庆文、冯蒋华到庭参加诉讼。本案现已审理终结。

原告蔡氏公司、蔡振虎诉称，就被告对原告实施一系列违法侵害行为一案，原告于 2013 年 4 月 22 日向被告提起行政赔偿申请。被告于 2013 年 5 月 31 日作出了〔2013〕瑞国税不赔 1 号《RA 市国家税务局不予行政赔偿决定书》。因被告及其直接责任人员在整个税务案件处理过程中，存在非法取证、非法扣押资料、隐匿财务账簿、非法征收、滥用职权、恶意构陷、妨碍行政诉讼等问题。被告严重侵害了原告的财产权利和人身权利，对原告造成严重的精神损害和重大的财产损失。具体理由如下：

一、被告无视国法，实施一系列违法行为。

1. 违背事实强行认定偷税，违法征收税款。被告于 2000 年 7 月 26 日作出〔2000〕瑞国税稽字第 172 号税务行政处理决定（下称涉案税务处理决定），认定原告蔡氏公司在 1998 年 1 月至 8 月间偷逃增值税 823166.19 元，并予追缴。事实上，在该决定作出前，蔡氏公司申报纳税 823166.19 元，并已全部缴清。但是，税务机关却非法地要求原告补交"税款"278561.41 元，该"税款"直至 2012 年 12 月 21 日才予以退还。2. 构陷偷税刑事案件，加害原告，导致企业陷入无人管理、信用危机、银行提前收回贷款、货款无法收回、资金链断裂、长期停产停业的状态。被告还决定移送公安机关追究蔡氏公司法定代表人蔡振虎偷税刑事责任。被告将该案移送公安机关侦查后，蔡振虎即被采取刑事强制措施。但在公安机关以证据不足退回瑞安国税局的情况下，被告为达到构陷之目的，在没有新的证据和理由的情况下又重复多次移送公安机关，原告蔡振虎从 1998 年 10 月 19 日起长达 13 年的时间里，被公安机关采取 4 次强制措施。导致公司处于群龙无首、无人管理、信用急剧下降银行提前收回贷款、货款无法回收、资金链断裂、无法继续经营、长期处于停产停业的状态。3. 非法长期扣押财务账簿，导致无法继续对外经营。1998 年 9 月 8 日，被告借税务稽查之名，将蔡氏公司的全部仓库账本调走扣押，1999 年 11 月 2 日又扣缴了公司的全部财务账簿、记账凭证、财务报表及其他相关业务资料，非法扣押这些资料长达 14 年之久，其间原告曾几十次要求其返还这些前述账簿等资料，但均遭到无理的、非法的拒绝，直到 2012 年 2 月 9 日才予以全部返还。由于没有任何财务资料，加上企业被非法查处，不能继续购买增值税发票，导致产品无法继续销售；银行提前收回贷款，厂房被银行查封拍卖，最终停产停业至今。此外，由于被告非法长期扣押账务账簿等资料，原告蔡氏公司手上没有任何资料、索取货款的凭据,根本无法主张权利,而当2012年2月9日全部返还资料时,早已超过诉讼时效。4. 威逼恐吓商家,导致产品无法销售。被告的办案人员以调查取证为名在对蔡氏公司的13家代理商制作调查笔录过程中,采取威逼、利诱、恐吓的方式使代理商产生恐惧心理,以此达到全面阻断蔡氏公司的销售渠道的目的。5. 恶意阻挠行政诉讼、妨碍司法,导致非法行为没有及时得到制止,合法权益没有及时得到维护。在原告向法院提起行政诉讼后,被告采取各种手段阻止行政诉讼的进行,本案从2001年5月15日第一次开庭到2012年3月23日再次开庭,案件中止审理长达12年之久。因此,被告的违法侵权行为一直未得到纠正,违法状态长期持续,导致原告的合法权益持续受到侵害。6. 违反法定程序取证,有意违法制造错案。被告的办案人员为了获取对其有利的证据,威逼、恐吓证人,将蔡氏公司的推销员黄朝安拘禁在瑞安饭店,进行逼供,逼迫他指认蔡氏公司有偷税事实,同时又对蔡氏13家经销商进行欺骗,让其作出不利蔡氏公司的证言。

二、被告的一系列行为现已被确认为违法。

被告在长达14年的时间里,实施了一系列非法行为,现在终于得到了制止。1. 2012年2月21日,RA市公安局作出撤销刑事案件决定,以经过侦查、没有犯罪事实为由,撤销蔡振虎偷税刑事案件。2. 2012年3月21日,被告撤销涉案税务处理决定。3. 税务具体行政行为被法院判决确认为违法。2012年3月28日,RA市人民法院判决确认被告于2000年7月26日作出的涉案税务处理决定违法。4. 税务机关退回非法征收的全部"税款"。2012年12月21日,被告退还蔡氏公司多缴的税款278561.41元,退回部分利息11518.13元。5. 会计账簿等财务资料被退回。2012年2月9日将扣押隐匿长达14年之久的仓库账本、财务账簿、记账凭证、财务报表及其他相关业务等资料全部退回。

三、被告的违法行为给原告蔡振虎造成极大的精神伤害。

由于被告及其工作人员,与公安机关共同滥用职权,使得蔡氏公司的法定代表人蔡振虎以涉嫌偷税犯罪被公安机关立案侦查,并对其采取刑事强制措施,从1998年10月19日开始直至2011年3月28日长达13年中被公安机关连续采取4次刑事强制措施,第一次取保候审5年、第二次逮捕20天、第三次取保候审1年、第四次监视居住1年。原告蔡振虎人身自由受到极大限制,其人格尊严受到极大的侮辱,社会信用、社会评价受到极大的影响,身心健康受到极大的损害,对其本人及家人造成的极大伤害是永远无法挽回的。

四、被告一系列违法行为,给国家、社会和原告造成重大的财产损失。

被告动用公共资源实施了一系列违法行为,且为掩盖其所犯的违法行为,又继续投入大量的人力、物力等公共资源实施一系列违法行为,给国家造成了巨大的经济损失。同时由于被告拒不及时纠正自身的违法行为,对蔡氏公司造成持续的非法侵害,以致蔡氏公司自1999年被稽查以来一直无法生产经营，停业停产达14年。被告的违法行为给蔡氏公司及其投资人造成巨大的经济损失。通过计算，各项损失为：1. 因被认定为偷税而多缴税款利息损失226057.09元。计算标准：多缴税款278561.41元，按银行一年期同期贷款利率计算，自2001年6月1日起计算至2012年12月21日应计利息损失226057.09元，被告已返还利息11518.13元，剩余利息损失214538.96元未赔偿。2. 因被告违法原因造成货款无法收回的损失1151716.23元。蔡氏公司已销售产品、已开发票，但因被告的非法扣押财务账簿、索取货款的凭证、经营资料的原因导致1151716.23元货款无法收回。3. 因被告违法原因导致税款及利息的损失1151716.23元，蔡氏公司也于1998年12月申报纳税并缴清该笔税款。但因账簿、记账凭证、发票及其他业务资料由被告非法长期扣押，导致该笔款项至今全部无法收回。该部分税款167343.38元、利息150207.07元，两项共计：317550.45元。4. 因被告的违法行为，原告蔡振虎遭受严重的精神和名誉伤害，被告应赔偿精神抚慰金100万元。5. 由于被告的一系列违法行为，导致蔡氏公司停业14年；原告蔡振虎从1998年10月19日开始被采取刑事强制措施至2011年3月28日解除，再到2012年2月21日刑事案件撤销已达14年，蔡振虎也因此失业14年。作为企业高级管理人员，按每月3万元的工资收入计算，失业14年的工资损失为14×12×3＝504万元。6. 因被告的违法行为，导致蔡氏公司位于RA市安阳工业区的厂房及其土地使用权被强制拍卖，该部分财产之所以被强制拍卖，是由被告违法行为造成的，应由被告按该部分资产的现有评估价格予以赔偿，初步估计2亿元，原拍卖所得价款可从中扣除。7. 蔡氏公司经营损失4200万元。计算标准：因企业被违法稽查而被迫停产14年，每年企业经营利润损失300万元以上，共计14×300＝4200万元。8. 维权费用130万元。计算标准：为纠正被告的违法行为，维护自身合法权益，原告自1999年底开始遭受非法侵害以来直至2013年初长达13年多的时间里，蔡振虎无数次奔走于本地、温州、省及中央各有关部门反映情况、申诉控告，以维护自身的合法权益。已支付的维权费用包括：（1）差旅费117万元：每年支出差旅费每年9万元计算，13年的差旅费为9×13＝117万元；（2）聘请相关专业人员的费用及咨询费13万元。

五、被告作出不予行政赔偿所阐述的理由完全不能成立。

首先，原告蔡振虎是被告违法行为的直接受害者，因被告实施一系列违法行为，导致其精神受到严重伤害，其财产受到严重损失。其次，本案的所有损害后果起源于被告滥用职权、违法征收、恶意构陷等一系列违法行为，被告对损害后果负有不可推卸的全部责任。第三，被告所称的利息计算标准不符合相关法律规定。综上所述，被告及其直接责任人员实施了一系列违法行为，给原告蔡氏公司及蔡振虎造成了重大的经济损失，给原告蔡振虎造成了严重的精神损害。请求：1. 赔偿多征税款的利息损失214538.96元；2. 赔偿货款损失1151716.23元；3. 赔偿应退税款及利息损失

317550.45元；4. 赔偿蔡振虎精神抚慰金100万元；5. 赔偿蔡振虎工资损失504万元；6. 赔偿企业经营损失4200万元；7. 赔偿维权费用130万元；8. 对已被强制拍卖的原告原有厂房及其土地使用权按现有评估价格予以赔偿2亿元；9. 在中国法制报、浙江日报、温州日报、瑞安日报上，就被告的违法行为对原告造成的名誉损害公开消除影响、恢复名誉、赔礼道歉。

被告瑞安国税局辩称：

一、程序上，蔡振虎不是本案适格原告。

行政赔偿以行政机关实施了具体行政行为（积极或消极）为前提。蔡振虎个人不是被告管辖的纳税主体。被告从没有对蔡振虎作出过任何行政行为，因而，谈不上所谓"被告违法行为给原告蔡振虎造成重大损失"之说。原告在诉状中所诉称的"给蔡振虎造成伤害"的"行为"来看，亦是指蔡振虎被侦查机关立案侦查、刑事拘留、逮捕、监视居住等。而被告不是该些强制措施的法定实施机关，在客观上无法也没有对蔡振虎实施过该些措施。故蔡振虎在程序上无权向被告提起行政赔偿。

二、在实体上，原告蔡氏公司的请求不成立。

（一）关于多缴税款的利息损失问题。

1. 1999年1月7日，蔡氏公司向被告的城关分局申报1998年12月增值税的申报表中，以红字冲减收入3203557.44（不含税），理由为该收入系1998年1—8月销售收入，该部分税款已经在被告稽查局缴纳，即：蔡氏公司发现被告已经查获其1998年1—8月有账外经营收入（瞒报收入）事实时，单方表示该部分收入为3203557.44元，并在1998年12月申报收入中予以确认。但是，2011年10月20日、2012年12月21日蔡氏公司在其报告中又认定其1998年1—8月的隐瞒收入数额为4842154.03元，即此时蔡氏公司对其1999年1月7日申报表中属于1998年1—8月账外收入的数额3203557.44元做了变更，表示红字冲减数额应为4842154.03元而非3203557.44元，由此导致多缴了差额部分1638596.59元的税款278561.41元。简而言之，由于蔡氏公司自身申报原因（数额不断变更）而多缴税款278561.41元之事。这是蔡氏公司"多缴"税款的原因。2. 蔡氏公司多缴税款与被告涉案税务处理决定有关追缴增值税823166.19元没有关联。因为，蔡氏公司1998年1—8月的总收入是一个客观事实，不会因为被告对其瞒报收入的稽查或不稽查而发生变化。基于对纳税主体的尊重，被告认可蔡氏公司最后意见，同意其将1998年12月申报的且已缴纳税款的收入中的4842154.03元作为同年1—8月的收入，故多缴税款与被告作出的涉案税务处理决定无关。换言之，被告不作出涉案税务处理决定，或者蔡氏公司不将1998年12月申报收入的部分数字移植到1998年1—8月的收入且变来变去，并以此作为对被告作出的处理决定认定数额的抗辩理由，那么，所谓多缴之事不存在。讲到底，蔡氏公司1998年多缴税款，是其为了应对被告税务稽查而对收入申报所属期进行单方变来变去所致，而非被告涉案税务处理决定导致。3. 人民法院确认被告作出的涉案税务处理决定"违法"的原因是蔡氏公司事后取得的进项发票应该在 1998 年 1—8 月抵扣，而不是 1998 年 1—8 月收入认定有误，且法院的行政判决确认了"蔡氏公司账外经营"及不支持蔡氏公司所主张的"代销事实"，也就是讲，法院的行政判决对被告认定的蔡氏公司 1998 年 1—8 月总收入予以确认。这样，进一步证明了蔡氏公司多缴税款与被告作出的涉案税务处理决定是否违法无事实及法律上因果关联。进而言之，蔡氏公司事后取得的进项发票，如果在 1998 年 1—8 月抵扣，那么其就不能再在取得的当月进行抵扣。该部分税款必须在 1998 年 12 月（被告作出决定前）缴纳。综上，蔡氏公司多缴的 278561.41 元属于《税收征管法》第 51 条规定"多缴税款"，被告依该条规定及蔡氏公司申请，已经依法计息退还，故不再存在赔偿利息差之问题。

（二）关于被告调阅蔡氏公司账册问题。

依《税收征管法》规定，被告对稽查对象，有权调阅相关账册。被告于 1998 年 10 月 9 日调阅蔡氏公司账册。后认为其涉嫌偷税犯罪，故这些资料由 RA 市公安局调取。1999 年 11 月 22 日 RA 市公安局认定蔡氏公司行为不够罪，将涉案资料退回给被告。被告于 2012 年 2 月 9 日将蔡氏公司账册全部退回。而此前，蔡氏公司已经到被告处复印了相关资料。蔡氏公司诉称账册被调阅后"无法生产经营、停业停产""无法销售""不能购买增值税发票"等等不是事实。调阅账册事实上不影响被稽查企业的生产经营。蔡氏公司在此后继续申报税收，继续开具增值税发票等行为，即是最好的证明。而且，蔡氏公司如果需要查看账册，完全可以向被告提出，被告不会更无必要拒绝企业查看自己的账册。故而，蔡氏公司指责被告非法扣留账册及造成诸多后果，不予认同。

（三）关于蔡氏公司声称其货款因"无法主张""超过诉讼时效"等原因导致损 1151716.23 元和税款及利息损失 317550.45 元等问题。蔡氏公司因为没有在诉状和证据中说明其所诉称的 1151716.23 元货款的具体构成及为何"收不回来"的原因，被告无法对此进行答辩，但就因果关系而言，蔡氏公司将其货款"没有收回"归咎于被告的稽查决定，令人无法接受：①增值税申报时，企业均有"增值税发票使用明细表"，该表详细列明购货单位名称、购货纳税人登记号、销售额等，该表任何企业均有留底，被告没有也不必要调阅企业留底联（因为企业申报时其中一联已提交被告），被告调阅单上亦没有记载此表。任何企业从留底表上即可知其与每个客户的交易情况；②在稽查期间，蔡氏公司将账外经营的所有收入均开票申报，这进一步说明蔡氏公司不存在不知晓自己与各客户之间的交易情况；③如前述，蔡氏公司如确因向客户催讨货款需要查看账册，则完全可以复印（而事实上也已复印），至于蔡氏公司自己怠于复印查对，那不能责怪他人；④在被告调阅账册后，蔡氏公司向人民法院起诉多个客户要求偿付货款，仅此一点，就说明其所谓"没有任何材料、索取货款的凭据"是虚言。

故原告要求被告赔偿所谓货款和税收及利息损失等，没有事实依据。

（四）蔡氏公司诉称"威逼恐吓、恶意阻扰行政诉讼，妨碍司法""导致企业被拍卖"等诸多指责，完全不符事实。

综上，蔡氏公司赔偿请求不成立，请予以驳回。

原告蔡氏公司、蔡振虎在第一次开庭审理之前提供以下证据材料：1.〔2000〕瑞国税稽字第172号《税务行政处理决定书》，证明被告虚构偷税事实，意图追究原告公司及蔡振虎的刑事责任，违法向原告征收税款；2. 缴纳60万元纳税保证金凭据，证明被告没有法律依据强迫原告蔡氏公司缴纳税款保证金；3. 原告蔡氏公司缴纳税款的纳税凭证，证明被告虚构偷税事实，并为原告提起复议设置障碍；4. 被告调取会计账簿、记账凭证等通知，证明被告调取原告的财务账簿、记账凭证、财务报表及业务资料；5. 被告调取仓库账本出具的清单，证明被告调取原告的仓库账本；6.《纳税案件移送意见书》；7. 案件移送表，证据6—7证明被告意图追究蔡振虎刑事责任；8. 中止审理行政裁定书，证明被告虚构行政诉讼中止的理由，妨碍行政诉讼；9. 公安局解除取保候审决定书，证明被告所认定的偷税事实及追究蔡振虎刑事责任是错误的；10. 再次向公安机关移送案件表，证明被告再次意图追究蔡振虎刑事责任及妨碍行政诉讼；11. 在逃人员登记信息表，证明瑞安公安局参与构陷蔡振虎刑事责任；12. 逮捕决定书，证明被告及相关部门构陷蔡振虎刑事责任；13. 取保候审决定书，证明被告及相关部门构陷蔡振虎刑事责任；14. 瑞安国税局出具的退回扣押财务账本等资料的清单，证明被告滥用职权，违法扣押企业账簿14年；15. 撤销刑事案件的决定书及《撤销案件告知书》，证明被告所认定的偷税事实及追究蔡振虎刑事责任完全错误；16. 被告撤销〔2000〕瑞国税稽字第172号《税务行政处理决定书》的决定，证明被告所认定的偷税事实及追究蔡振虎刑事责任错误；17.（2001）瑞行初字第13号行政判决书，证明被告所认定的偷税事实及追究蔡振虎刑事责任违法；18.（2001）瑞行初字第13号行政判决书生效证明，证明法院的判决书已发生法律效力；19. 收到退税款及部分利息的凭证，证明被告所认定的偷税事实是错误的；20. 已开具增值税专用发票并缴纳税款，但未收到货款的凭证，证明被告扣押原告业务资料、记账凭证造成其仍有1151716.23元货款未收回的事实；21. 未收款税款及利息损失计算表，证明被告违法行为造成原告蔡氏公司无法退税，造成税款及利息损失共计317550.45元；22. 原告厂房的权属证明，证明被告的违法行为造成原告蔡氏公司厂房被拍卖，损失约2亿元；23. 蔡振虎工资损失计算表，证明被告的违法行为给原告蔡振虎造成经营损失504万元；24. 蔡氏公司经营损失计算表，证明被告的违法行为造成原告蔡氏公司经营损失4200万元；25. 为维权支付的差旅费用清单，证明原告为维护合法权益所造成的经济损失；26. 税款利息计算表，证明税务局退回税款时利息计算错误；27. 蔡氏公司的公司登记基本情况，证明蔡氏公司主体资格；28. 法定代表人证明，证明蔡振虎法定代表人的资格；29. 身份证明，证明原告主体资格。

原告蔡氏公司、蔡振虎为证明被告违法事实、账册原件有否移送、被告向公安机关移送案件时间及公安机关及退查理由等在第二次开庭审理前向本院提出调取蔡振虎偷税刑事案件的全部案件材料的申请。

被告在举证期限内提供如下证据：1. 组织机构代码证，证明诉讼主体资格；2. 蔡氏公司报告两份，证明多缴税款原因与数额；3. 加盖原告蔡氏公司印章的增值税纳税申报表两份，证明多缴税款原因与数额；4. 账册调阅单，证明调阅账册的情况；5. （1999）瑞经初字第414号判决书及诉讼资料，证明蔡氏公司正常催收货款及蔡氏公司诉称"没有任何资料、索取货款凭据"不符事实；6. 蔡氏公司发票使用明细表，证明蔡氏公司持有销售发票清单明细，被告方不可能造成蔡氏公司主张货款债权的障碍；7. 蔡氏公司财务报告及1997年至2000年12月的纳税申报表，证明蔡氏公司正常申报财务报告和纳税，证明不存在所谓稽查妨碍经营生产及"手上没有任何材料资料"等；8. （2001）瑞行初字第13号行政判决书、庭审笔录，证明原告法定代表人及相关人员自认的相关事实，多缴税款的原因及其他相关事实；9. 原告于1998年10月12日所作笔录、胡荣珠于1998年10月13日所作笔录、蔡氏公司应收款余额统计表，证明蔡氏公司应收账款的数额确定及原告不存在不知晓应收款的情况，该笔录经行政诉讼案件确认；10. 税务案件移交表，证明被调阅的蔡氏公司账册等资料由行政处罚资料变为刑事侦查资料；11. 收条，证明1998年10月20日，被调阅的蔡氏公司发货凭证已被其财务人员领回；12. 瑞公函〔2010〕239号公函（来源于公安局），证明公安机关认定蔡氏公司涉嫌偷税罪不成立的原因是法律规定发生变化，而非蔡氏公司1998年1—8月账外经营额认定有误。

被告在第二次开庭审理前向本院补充提交如下证据：1. RA市公安局对撤销案件的说明、蔡氏公司应收款说明、证人谈话笔录；2. 蔡氏公司账册（自1998年1—8月未抵扣的原材料数额），证据1与2证明被告以涉嫌偷税移送公安侦查有基础事实依据以及其他相关事实；3. 增值税发票使用明细表，证明调阅发票不影响蔡氏公司向客户主张债权。

上述证据经庭审质证，被告对原告提供的证据的质证意见综述如下：对原告提供证据1、2、3、4、8、9、10、14、17、19、22的真实性予以确认，但不能证明原告的待证事实；证据5不能完整表明被告向原告调取会计凭证，应该以被告提供的调阅清单为准。对证据6、7、15、16、18的真实性没有异议，对该事实予以确认。证据11、12、13是真实的，但与本案没有关联。证据20中编号为4 9页是复印件，原告说明的对象在形式上存在差异，对该页证据的真实性有异议；证据20的数额如果是真实的，只能证明1998年12月左右，原告向平阳、瑞安等几家单位开具发票，而被告扣押的是1998年8月之前的凭证，不存在被告扣押原告上述交易之前的账本而不能追回该交易的货款的事实，不能证明原告的待证事实。证据21、23—26均不属于证据，与原告的陈述属于同一类的材料，不能作为单独的证据。对证据27—29的三性予以确认，没有异议。

原告对被告提供的证据的质证意见如下：对证据1的三性没有异议，证据2、3、5、6、7、10、12形式上没有问题，不能证明被告的待证事实，对证据4的真实性没有异议，证据8中判决书的形式予以认可，对庭审笔录需要原件核对，对证据9形式上不予认可，与本案没有关联；对证据11予以认可；被告在第二次开庭审理前提交的证据已超过法律规定的十天举证期限，不予质证。经审查，本院对原、被告提供的证据综合确认如下：

一、关于原告提供的证据。

证据17、18系本院法律文书及发生法律效力的证明文件，直接予以采用；证据1、16系被告对原告作出的涉案税务处理决定及撤销税务处理决定，予以采信，上述证据能证明被告于2000年7月26日对原告蔡氏公司作出的涉案税务处理决定违法。证据2、3可以证明原告蔡氏公司向被告缴纳税款及保证金的事实，予以采信；证据19可以证明原告蔡氏公司与被告就税款、保证金进行结算后，被告退回原告蔡氏公司多缴纳的税款及利息损失的事实，予以采信。证据4仅是通知，并不是收据凭证，不能证明原告的待证事实，证据5仅是打印件，没有被告盖章或经办人签字确认，不予采信。证据6、7被告予以认可，予以采信。本案审查的是被告作出的涉案税务处理决定被确认违法后的赔偿问题，证据8、9、10、11、12、13、15与本案没有关联，不予采用。证据14可以证明被告退回原告蔡氏公司账本等，不能证明原告的待证事实。证据20中编号为49页是复印件，而原告已持有原件而没有提交，不予采信；原告蔡氏公司提供证据20为证明因被告"扣押行为"导致其货款不能收回的事实，而扣押行为系行政强制措施，其合法性不属本案审查范围，而证据20中发票开具时间在1998年12月，且原告没有提供证据证明1998年12月的账簿等也被"扣押"的事实；而证据21系原告自己制作的计算利息表格，其性质为原告的陈述，故证据20、21不足以证明货款未收回和税款及利息损失，对原告的待证事实不具有证明力。证据22不能证明原告蔡氏公司的厂房被拍卖及原因，不能证明原告的待证事实。证据23、24、25、26仅是计算表和清单，其效力等同于原告之陈述，没有其他证据相佐证，不予以采信。证据26、27、28，可以证明原告蔡氏公司的登记情况及蔡振虎的身份情况，予以采信。本院对原告指定的举证期限为开庭审理之前，原告在2013年9月23日开庭审理之后向本院提出调取证据的申请，不符合最高人民法院《关于行政诉讼证据若干问题的规定》第二十四条规定，不予准许。

二、关于被告提供的证据。

证据8中审判笔录已与原件核对，判决书与原告提供的证据17相同，予以采用。

证据 5 中的判决书系本院生效的法律文书，予以采用，其中民事起诉状系原告向本院提起民事诉讼所提交，予以采信。证据 9 已经本院（2001）瑞行初字第 13 号行政判决中采信，可以采用。证据 1 系有关机关核发的证件，予以采信。证据 2、3 加盖蔡氏公司印章，原告对形式没有异议，予以采信。原告对证据 4 真实性没有异议，予以采信。原告对证据 6、7、10、11 的形式没有异议，予以采信。证据 12 与本案没有关联，不予采用。被告于第一次开庭后提交的证据，已超过举证期限，不予接纳。据上述采信的证据及当事人的陈述，本院认定如下事实：原告蔡氏公司经工商行政管理机关登记成立，并取得税务登记。1998 年 1 月至 8 月，原告蔡氏公司共向被告申报销售收入 3659103.58 元，缴纳增值税 30506.69 元，被告为此认为原告蔡氏公司有严重偷税嫌疑，于 1998 年 10 月 12 日对原告蔡氏公司进行日常税务检查，并于同年 10 月 19 日移送 RA 市公安局立案侦查。原告蔡氏公司将发生在 1998 年 1 月至 8 月期间未申报的应税销售额 4842154.03 元于同年 12 月进行申报，并将发生在 1998 年 1 月至 8 月期间尚未申报的进项税额进行申报。1999 年 1 月 7 日，原告蔡氏公司向被告就 1998 年 12 月增值税纳税申报，其中 1998 年 12 月应税销售额为 1121689.08 元，税额为 190687.18 元，同时申报的 1998 年 1 月至 8 月 的应税销售额为 4842154.03 元，税额为 823166.19 元，合计 1013853.37 元；而同时申报的进项税额为 480235.52 元。1999 年 11 月 22 日，RA 市公安局将该案退回被告。1999 年 12 月 16 日至 2000 年 5 月 30 日，被告组织稽查人员对该案重新稽查。稽查结果认定原告蔡氏公司在 1998 年 1 月至 8 月销售面革等产品取得销售收入 8501257.61 元，同期已申报销售收入 3659103.58 元，已缴纳增值 30506.69 元，瞒报销售收入 4842154.03 元，偷逃增值税 823166.19 元。据此，被告于 2000 年 7 月 26 日作出涉案税务处理决定，追缴增值税 823166.19 元；移送公安机关追究刑事责任。2000 年 8 月间，被告将该案移送给 RA 市公安局。原告蔡氏公司按涉案税务处理决定交足了税款后，于同年 9 月申请行政复议，温州市国家税务局作出复议决定予以维持。原告蔡氏公司不服涉案税务处理决定，于 2001 年 3 月 14 日向本院起诉，因原告涉嫌刑事犯罪由 RA 市公安局立案侦查而中止审理。2012 年 2 月 21 日，RA 市公安局撤销刑事侦查案件，同年 3 月 20 日，被告撤销了涉案税务处理决定。本院于 2012 年 3 月 28 日作出（2001）瑞行初字第 13 号行政判决，认为被告没有对原告在稽查期间已申报的 1998 年 1 月至 8 月进项税额进行核实，且没有与当期的销项税额进行抵扣，而直接认定原告蔡氏公司偷逃增值税 823166.19 元，涉案税务处理决定认定事实不清，证据不足，判决确认被告作出的涉案税务处理决定违法。2013 年 4 月 3 日，原告蔡氏公司、蔡振虎向被告提出行政赔偿申请，被告于 2013 年 5 月 31 日作出〔2013〕瑞国税不赔 1 号不予行政赔偿决定。

另查明，2011 年 10 月 20 日，原告蔡氏公司向被告提交《要求退还重复多纳缴税金的申请报告》，主要内容：1999 年 1 月 7 日蔡氏公司在城关国税分局申报 1998 年 12

月销售额 5963843.11 元（不含税），其中包括 1998 年 1—8 月发出产品税额为 4842154.03（不含税）×17%＝823166.19 元。国税稽查局征税额 4842154.03（不含税）×17%＝823166.19 元，其中 3203557.44 元（不含税）×17%＝544604.76 元（减除城关分局征税额），已减除城关分局征税额，尚余 1638596.59 元（不含税）×17%＝278561.43 元的纳税金额。请 RA 国税局认真核对，本着实事求是的精神退还蔡氏公司多纳税金 278561.43 元。2012 年 12 月 21 日，原告蔡氏公司向被告提交《关于要求退还多缴税款的申请报告》，要求退还多缴税款 278561.41 元，以及从 2001 年 5 月 1 日起至 2012 年 12 月 21 日止，按办理退税当天中国人民银行规定的活期存款利率 0.35% 计算多缴税款的利息 11518.13 元，合计 290079.54 元。被告同意原告的要求，将上述款项汇入原告蔡氏公司指定的银行账户。

又查明，2001 年 6 月 1 日中国人民银行银行同期存款 5 年期年利率为 2.88%；2006 年 6 月 1 日同期存款 5 年期年利率为 3.60%；2011 年 6 月 1 日中国人民银行银行同期存款 1 年期年利率为 3.25%；2012 年 6 月 1 日同期存款 6 个月期，年利率为 3.30%。本院认为，本案审理的范围为涉案税务处理决定被确认违法后的行政赔偿，原告诉称的被告实施的其他行为是否违法，非本案审查范围。根据《国家赔偿法》第十五条规定，人民法院审理行政赔偿案件，赔偿请求人和赔偿义务机关对自己提出的主张，应当提供证据。蔡振虎并不是涉案税务处理决定的行政相对人；其所提供的证据也不能证明涉案税务处理决定对其人身、财产造成损害的事实。其关于赔偿精神抚慰金 100 万元、工资损失 504 万元的请求，无事实和法律依据，不予支持。原告蔡氏公司所提供的证据材料中，没有厂房因涉案税务处理决定而被拍卖的证据，也没有其停产停业经营损失的证据，不能证明其厂房因涉案税务处理决定而被拍卖而损失 2 亿元和企业经营损失 4200 万元的事实；其主张维权费用支出 130 万元，仅有原告自己陈述，无其他证据佐证，不予采信；原告蔡氏公司提供的证据 20 为证明因被告"扣押行为"导致其货款不能收回的事实，而扣押行为系行政强制措施，其合法性不属本案审查范围，证据 20 中发票开具时间在 1998 年 12 月，而被告提供的证据 4 账册调阅单有蔡振虎签名确认，调阅时间为 1998 年 10 月 9 日，且原告蔡氏公司没有提供证据证明 1998 年 12 月的账簿、发票等也被"扣押"的事实，不足以证明因涉案税务处理决定的违法致其 1151716.23 元货款无法收回而成为损失的事实，原告蔡氏公司请求被告赔偿 1151716.23 元货款损失和因该部分货款而缴纳的税款及利息损失，无事实和法律依据，不予支持。原告蔡氏公司与被告对原告蔡氏公司多缴税款 278561.41 元的事实已作一致确认，应予以认定，该笔多缴纳的税款，与涉案税务处理决定存在因果关系，被告应予以赔偿。

根据《国家赔偿法》第三十六条第（七）项规定，返还执行的罚款或者罚金、追缴或者没收的金钱，解除冻结的存款或者汇款的，应当支付银行同期存款利息。原告提出按银行一年期同期贷款利率计算的利息损失没有法律依据，不予采纳；被告以结算当日人民银行基准活期存款利率计算利息损失,不利于对原告蔡氏公司合法权益的保护,从合理赔偿的原则出发,应按中国人民银行银行同期定期存款基准利率计算损失。原告请求的起算时间 2001 年 6 月 1 日至 2012 年 12 月 1 日止共 11 年 6 个月,而我国现行银行定期存款最长为五年期,因此上述税款的利息应按 2 个五年定期计息,余下的 1 年 6 个月,分别按 1 年定期存款和 6 个月定期存款的利率计算利息。根据中国人民银行银行同期存款基准利率计算,被告应支付原告的利息为:278561.4 元×2.88%×5+278561.4 元×3.60%×5+278561.4 元×3.25%+278561.41 元×3.30%÷2-已支付的利息 11581.13 元=92322.27 元,本院对原告蔡氏公司超过部分的利息损失请求,不予支持。本院作出的(2001)瑞行初字第 13 号行政判决确认涉案税务处理决定违法,该涉案税务处理决定并不涉及《中华人民共和国国家赔偿法》第三条、第十七条规定的侵犯人身权的情形,依照该法第三十三条规定,原告请求判决被告在中国法制报、浙江日报、温州日报、RA 日报上就对原告造成的名誉损害公开消除影响、恢复名誉、赔礼道歉的理由不能成立,予以驳回。

据此,依据《国家赔偿法》第十五条、第三十六条第(七)项,《最高人民法院关于行政诉讼证据若干问题的规定》第五条之规定,判决如下:

一、被告 RA 市国家税务局于本判决效后七日内赔偿原告 RA 市蔡氏制革有限公司多缴税款的利息损失 92322.27 元,款交本院转付。

二、驳回原告 RA 市蔡氏制革有限公司的其他诉讼请求。

三、驳回原告蔡振虎的诉讼请求。

如不服本判决,可在判决书送达之日起十五日内提起上诉,向本院提交上诉状,并按对方当事人的人数提出副本,上诉于浙江省温州市中级人民法院。本判决发生法律效力后,如被告拒绝履行,原告可以向本院申请执行;申请执行的期限六个月,从判决书确定履行期限的最后一日起计算。

审　判　长　陈建昌
人民陪审员　张微萍
人民陪审员　李　明
二〇一三年十月十六日
(代)书记员　万顺顺

【涉案事实】

被告于 2000 年 7 月 26 日作出〔2000〕瑞国税稽字第 172 号税务行政处理决定(下称涉案税务处理决定),认定原告蔡氏公司在 1998 年 1 月至 8 月间偷逃增值税 823166.19 元,并予追缴。被告还决定移送公安机关追究蔡氏公司法定代表人蔡振虎偷税刑事责任。被告将该案移送公安机关侦查后，蔡振虎即被采取刑事强制措施。但在公安机关以证据不足退回瑞安国税局的情况下，被告为达到构陷之目的，在没有新的证据和理由的情况下又重复多次移送公安机关，原告蔡振虎从1998年10月19日起长达13年的时间里，被公安机关采取4次强制措施。导致公司处于群龙无首、无人管理、信用急剧下降银行提前收回贷款、货款无法回收、资金链断裂、无法继续经营、长期处于停产停业的状态。非法长期扣押财务账簿长达14年之久，其间原告曾几十次要求其返还这些前述账簿等资料，但均遭到无理的、非法的拒绝，直到2012年2月9日才予以全部返还。恶意阻挠行政诉讼、妨碍司法，导致非法行为没有及时得到制止，合法权益没有及时得到维护。在原告向法院提起行政诉讼后，被告采取各种手段阻止行政诉讼的进行，本案从2001年5月15日第一次开庭到2012年3月23日再次开庭，案件中止审理长达12年之久。

最终结果：1. 2012年2月21日，RA市公安局作出撤销刑事案件决定，以经过侦查、没有犯罪事实为由，撤销蔡振虎偷税刑事案件。2. 2012年3月21日，被告撤销涉案税务处理决定。3. 税务具体行政行为被法院判决确认为违法。2012年3月28日，RA市人民法院判决确认被告于2000年7月26日作出的涉案税务处理决定违法。4. 税务机关退回非法征收的全部"税款"。2012年12月21日，被告退还蔡氏公司多缴的税款278561.41元，退回部分利息11518.13元。5. 会计账簿等财务资料被退回。2012年2月9日将扣押隐匿长达14年之久的仓库账本、财务账簿、记账凭证、财务报表及其他相关业务等资料全部退回。

通过计算，各项损失为：1. 因被认定为偷税而多缴税款利息损失226057.09元。计算标准：多缴税款278561.41元，按银行一年期同期贷款利率计算，自2001年6月1日起计算至2012年12月21日应计利息损失226057.09元，被告已返还利息11518.13元，剩余利息损失214538.96元未赔偿。2. 因被告违法原因造成货款无法收回的损失1151716.23元。蔡氏公司已销售产品、已开发票，但因被告的非法扣押财务账本、索取货款的凭证、经营资料的原因导致1151716.23元货款无法收回。3. 因被告违法原因导致税款及利息的损失1151716.23元，蔡氏公司也于1998年12月申报纳税并缴清该笔税款。但因账簿、记账凭证、发票及其他业务资料由被告非法长期扣押，导致该笔款项至今全部无法收回。该部分税款167343.38元、利息150207.07元，两项共计：317550.45元。4. 因被告的违法行为，原告蔡振虎遭受严重的精神和名誉伤害，被告应赔偿精神抚慰金100万元。5. 由于被告的一系列违法行为，导致蔡氏公司停业14年；原告蔡振虎从1998年10月19日开始被采取刑事强制措施至2011年3月28日解除，再到2012年2月21日刑事案件撤销已达14年，蔡振虎也因此失业14年。作为企业高级管理人员，按每月3万元的工资收入计算，失业14年的工资损失为14×12×3＝504万元。6. 因被告的违法行为，导致蔡氏公司位于RA市安阳工业区的厂房及其土地使用权被强制拍卖,该部分财产之所以被强制拍卖,是由被告违法行为造成的,应由被告按该部分资产的现有评估价格予以赔偿,初步估计 2 亿元,原拍卖所得价款可从中扣除。7. 蔡氏公司经营损失 4200 万元。计算标准:因企业被违法稽查而被迫停产 14 年,每年企业经营利润损失 300 万元以上,共计 14×300 = 4200 万元。8. 维权费用 130 万元。计算标准:为纠正被告的违法行为,维护自身合法权益,原告自 1999 年底开始遭受非法侵害以来直至 2013 年初长达 13 年多的时间里,蔡振虎无数次奔走于本地、温州、省及中央各有关部门反映情况、申诉控告,以维护自身的合法权益。已支付的维权费用包括:(1)差旅费 117 万元:每年支出差旅费每年 9 万计算,13 年的差旅费为 9×13 = 117 万元;(2)聘请相关专业人员的费用及咨询费用 13 万元。

诉讼请求:1. 赔偿多征税款的利息损失 214538.96 元;2. 赔偿货款损失 1151716.23 元;3. 赔偿应退税款及利息损失 317550.45 元;4. 赔偿蔡振虎精神抚慰金 100 万元;5. 赔偿蔡振虎工资损失 504 万元;6. 赔偿企业经营损失 4200 万元;7. 赔偿维权费用 130 万元;8. 对已被强制拍卖的原告原有厂房及其土地使用权按现有评估价格予以赔偿 2 亿元;9. 在中国法制报、浙江日报、温州日报、RA 日报上,就被告的违法行为对原告造成的名誉损害公开消除影响、恢复名誉、赔礼道歉。

【争议焦点】

被告瑞安国税局辩称:程序上,蔡振虎不是本案适格原告。

行政赔偿以行政机关实施了具体行政行为(积极或消极)为前提。蔡振虎个人不是被告管辖的纳税主体。被告从没有对蔡振虎作出过任何行政行为,因而,谈不上所谓"被告违法行为给原告蔡振虎造成重大损失"之说。原告在诉状中所诉称的"给蔡振虎造成伤害"的"行为"来看,亦是指蔡振虎被侦查机关立案侦查、刑事拘留、逮捕、监视居住等。而被告不是该些强制措施的法定实施机关,在客观上无法也没有对蔡振虎实施过该些措施。故蔡振虎在程序上无权向被告提起行政赔偿。

(一)蔡振虎是不是本案适格原告,能否提出国家赔偿。

按照《国家赔偿法》的规定:

第二章 行政赔偿

第一节 赔偿范围

第四条 行政机关及其工作人员在行使行政职权时有下列侵犯财产权情形之一的,受害人有取得赔偿的权利:

违法实施罚款、吊销许可证和执照、责令停产停业、没收财物等行政处罚的;

违法对财产采取查封、扣押、冻结等行政强制措施的;

违法征收、征用财产的;

造成财产损害的其他违法行为。

第二节 赔偿请求人和赔偿义务机关

第六条　受害的公民、法人和其他组织有权要求赔偿。

受害的公民死亡，其继承人和其他有扶养关系的亲属有权要求赔偿。

受害的法人或者其他组织终止的，其权利承受人有权要求赔偿。

第七条　行政机关及其工作人员行使行政职权侵犯公民、法人和其他组织的合法权益造成损害的，该行政机关为赔偿义务机关。

如果蔡是股东，就是本案适格原告，可以提起由税务局进行国家赔偿的行政赔偿诉求。如果是法人代表而不是股东，就不是本案适格原告，不能提起对蔡本人的行政赔偿，应该是提请公安局为赔偿义务机关的刑事赔偿。

（二）该案国家赔偿是否应该同时被告税务局和公安局？

无论蔡是不是法人代表和股东，被侦查机关立案侦查、刑事拘留、逮捕、监视居住等对其合法权益受到侵害，应该提请国家赔偿的义务机关是公安局。

按照《国家赔偿法》的规定：

第三章　刑事赔偿

第一节　赔偿范围

第十七条　行使侦查、检察、审判职权的机关以及看守所、监狱管理机关及其工作人员在行使职权时有下列侵犯人身权情形之一的，受害人有取得赔偿的权利：

违反刑事诉讼法的规定对公民采取拘留措施的，或者依照刑事诉讼法规定的条件和程序对公民采取拘留措施，但是拘留时间超过刑事诉讼法规定的时限，其后决定撤销案件、不起诉或者判决宣告无罪终止追究刑事责任的；

对公民采取逮捕措施后，决定撤销案件、不起诉或者判决宣告无罪终止追究刑事责任的；

依照审判监督程序再审改判无罪，原判刑罚已经执行的；

刑讯逼供或者以殴打、虐待等行为或者唆使、放纵他人以殴打、虐待等行为造成公民身体伤害或者死亡的；

违法使用武器、警械造成公民身体伤害或者死亡的。

第十八条　行使侦查、检察、审判职权的机关以及看守所、监狱管理机关及其工作人员在行使职权时有下列侵犯财产权情形之一的，受害人有取得赔偿的权利：

违法对财产采取查封、扣押、冻结、追缴等措施的；

依照审判监督程序再审改判无罪，原判罚金、没收财产已经执行的。

第十九条属于下列情形之一的，国家不承担赔偿责任：

因公民自己故意作虚伪供述，或者伪造其他有罪证据被羁押或者被判处刑罚的。

【政策依据】

第二章　行政赔偿

第一节　赔偿范围

第三条　行政机关及其工作人员在行使行政职权时有下列侵犯人身权情形之一的,受害人有取得赔偿的权利：

违法拘留或者违法采取限制公民人身自由的行政强制措施的；

非法拘禁或者以其他方法非法剥夺公民人身自由的；

以殴打、虐待等行为或者唆使、放纵他人以殴打、虐待等行为造成公民身体伤害或者死亡的；

违法使用武器、警械造成公民身体伤害或者死亡的；

造成公民身体伤害或者死亡的其他违法行为。

第四条　行政机关及其工作人员在行使行政职权时有下列侵犯财产权情形之一的,受害人有取得赔偿的权利：

违法实施罚款、吊销许可证和执照、责令停产停业、没收财物等行政处罚的；

违法对财产采取查封、扣押、冻结等行政强制措施的；

违法征收、征用财产的；造成财产损害的其他违法行为。

……

第三章　刑事赔偿

第一节　赔偿范围

第十七条　行使侦查、检察、审判职权的机关以及看守所、监狱管理机关及其工作人员在行使职权时有下列侵犯人身权情形之一的,受害人有取得赔偿的权利：

违反刑事诉讼法的规定对公民采取拘留措施的,或者依照刑事诉讼法规定的条件和程序对公民采取拘留措施,但是拘留时间超过刑事诉讼法规定的时限,其后决定撤销案件、不起诉或者判决宣告无罪终止追究刑事责任的；

对公民采取逮捕措施后,决定撤销案件、不起诉或者判决宣告无罪终止追究刑事责任的；

依照审判监督程序再审改判无罪,原判刑罚已经执行的；

刑讯逼供或者以殴打、虐待等行为或者唆使、放纵他人以殴打、虐待等行为造成公民身体伤害或者死亡的；

违法使用武器、警械造成公民身体伤害或者死亡的。

第十八条　行使侦查、检察、审判职权的机关以及看守所、监狱管理机关及其工作人员在行使职权时有下列侵犯财产权情形之一的,受害人有取得赔偿的权利：

违法对财产采取查封、扣押、冻结、追缴等措施的；

依照审判监督程序再审改判无罪,原判罚金、没收财产已经执行的。

第十九条　属于下列情形之一的,国家不承担赔偿责任：

因公民自己故意作虚伪供述,或者伪造其他有罪证据被羁押或者被判处刑罚的；

依照刑法第十七条、第十八条规定不负刑事责任的人被羁押的；

依照刑事诉讼法第十五条、第一百七十三条第二款、第二百七十三条第二款、第二百七十九条规定不追究刑事责任的人被羁押的；

行使侦查、检察、审判职权的机关以及看守所、监狱管理机关的工作人员与行使职权无关的个人行为；

因公民自伤、自残等故意行为致使损害发生的；法律规定的其他情形。

……

第四章　赔偿方式和计算标准

第三十二条　国家赔偿以支付赔偿金为主要方式。

能够返还财产或者恢复原状的，予以返还财产或者恢复原状。

第三十三条　侵犯公民人身自由的，每日赔偿金按照国家上年度职工日平均工资计算。

第三十四条　侵犯公民生命健康权的，赔偿金按照下列规定计算：

造成身体伤害的，应当支付医疗费、护理费，以及赔偿因误工减少的收入。减少的收入每日的赔偿金按照国家上年度职工日平均工资计算，最高额为国家上年度职工年平均工资的五倍；

造成部分或者全部丧失劳动能力的，应当支付医疗费、护理费、残疾生活辅助具费、康复费等因残疾而增加的必要支出和继续治疗所必需的费用，以及残疾赔偿金。残疾赔偿金根据丧失劳动能力的程度，按照国家规定的伤残等级确定，最高不超过国家上年度职工年平均工资的二十倍。造成全部丧失劳动能力的，对其扶养的无劳动能力的人，还应当支付生活费；

造成死亡的，应当支付死亡赔偿金、丧葬费，总额为国家上年度职工年平均工资的二十倍。对死者生前扶养的无劳动能力的人，还应当支付生活费。

前款第二项、第三项规定的生活费的发放标准，参照当地最低生活保障标准执行。被扶养的人是未成年人的，生活费给付至十八周岁止；其他无劳动能力的人，生活费给付至死亡时止。

第三十五条　有本法第三条或者第十七条规定情形之一，致人精神损害的，应当在侵权行为影响的范围内，为受害人消除影响，恢复名誉，赔礼道歉；造成严重后果的，应当支付相应的精神损害抚慰金。

【点评解析】

国家赔偿法是调整公权力致害后对受害人予以弥补损害的法律。一方面注重对公民、法人和其他组织受损的合法权益予以赔偿，体现有法必依、有错必纠的原则和宪法尊重和保障人权原则的落实；另一方面，也注意维护国家机关及其工作人员依法行使职权。

第八章 相关法律法规

本章是收录税收法律救济的相关法律、法规和规章，供大家学习和参考。前四节是一般法，如行政处罚、行政复议、行政诉讼和国家赔偿；后四节是特别法，是涉税相关法律法规，如税收征管法、税务行政执法（稽查）、税务行政处罚和税务行政复议。具体法律法规名称如下：

一、《中华人民共和国行政处罚法》

二、《中华人民共和国行政复议法》

三、《中华人民共和国行政复议法实施条例》

四、《中华人民共和国行政诉讼法》

五、《最高人民法院关于适用〈中华人民共和国行政诉讼法〉的解释》

六、《中华人民共和国国家赔偿法》

七、最高人民法院关于适用《中华人民共和国国家赔偿法》若干问题的解释（一）

八、《中华人民共和国税收征收管理法》

九、《中华人民共和国税收征收管理法实施细则》

十、《税务行政处罚裁量权行使规则》

十一、税务行政处罚听证程序实施办法（试行）

十二、《税务稽查案件办理程序规定》

十三、《税务行政复议规则》

第一节　行政处罚

《中华人民共和国行政处罚法》（以下简称《行政处罚法》）是为了规范行政处罚的设定和实施，保障和监督行政机关有效实施行政管理，维护公共利益和社会秩序，保护公民、法人或者其他组织的合法权益，根据宪法制定的法律。

2021年1月22日，《行政处罚法》由中华人民共和国第十三届全国人民代表大会常务委员会第二十五次会议于2021年1月22日修订通过，自2021年7月15日起施行。

至今，行政处罚法的实施条例尚未出台，所以，本节只收录了《行政处罚法》条文。

一、中华人民共和国行政处罚法法律修订

《行政处罚法》于1996年3月17日第八届全国人民代表大会第四次会议通过。

根据2009年8月27日第十一届全国人民代表大会常务委员会第十次会议《关于修改部分法律的决定》第一次修正。

根据2017年9月1日第十二届全国人民代表大会常务委员会第二十九次会议《关于修改〈中华人民共和国法官法〉等八部法律的决定》第二次修正。

最新版的行政处罚法是2021年1月22日第十三届全国人民代表大会常务委员会第二十五次会议修订的。

二、中华人民共和国行政处罚法法律全文

第一章　总则
第二章　行政处罚的种类和设定
第三章　行政处罚的实施机关
第四章　行政处罚的管辖和适用
第五章　行政处罚的决定
　第一节　一般规定
　第二节　简易程序
　第三节　普通程序
　第四节　听证程序
第六章　行政处罚的执行
第七章　法律责任

第八章　附则

中华人民共和国行政处罚法

第一章　总则

第一条　为了规范行政处罚的设定和实施，保障和监督行政机关有效实施行政管理，维护公共利益和社会秩序，保护公民、法人或者其他组织的合法权益，根据宪法，制定本法。

第二条　行政处罚是指行政机关依法对违反行政管理秩序的公民、法人或者其他组织，以减损权益或者增加义务的方式予以惩戒的行为。

第三条　行政处罚的设定和实施，适用本法。

第四条　公民、法人或者其他组织违反行政管理秩序的行为，应当给予行政处罚的，依照本法由法律、法规、规章规定，并由行政机关依照本法规定的程序实施。

第五条　行政处罚遵循公正、公开的原则。

设定和实施行政处罚必须以事实为依据，与违法行为的事实、性质、情节以及社会危害程度相当。

对违法行为给予行政处罚的规定必须公布；未经公布的，不得作为行政处罚的依据。

第六条　实施行政处罚，纠正违法行为，应当坚持处罚与教育相结合，教育公民、法人或者其他组织自觉守法。

第七条　公民、法人或者其他组织对行政机关所给予的行政处罚，享有陈述权、申辩权；对行政处罚不服的，有权依法申请行政复议或者提起行政诉讼。

公民、法人或者其他组织因行政机关违法给予行政处罚受到损害的，有权依法提出赔偿要求。

第八条　公民、法人或者其他组织因违法行为受到行政处罚，其违法行为对他人造成损害的，应当依法承担民事责任。

违法行为构成犯罪，应当依法追究刑事责任的，不得以行政处罚代替刑事处罚。

第二章　行政处罚的种类和设定

第九条　行政处罚的种类：

（一）警告、通报批评；

（二）罚款、没收违法所得、没收非法财物；

（三）暂扣许可证件、降低资质等级、吊销许可证件；

（四）限制开展生产经营活动、责令停产停业、责令关闭、限制从业；

（五）行政拘留；

（六）法律、行政法规规定的其他行政处罚。

第十条 法律可以设定各种行政处罚。

限制人身自由的行政处罚，只能由法律设定。

第十一条 行政法规可以设定除限制人身自由以外的行政处罚。

法律对违法行为已经作出行政处罚规定，行政法规需要作出具体规定的，必须在法律规定的给予行政处罚的行为、种类和幅度的范围内规定。

法律对违法行为未作出行政处罚规定，行政法规为实施法律，可以补充设定行政处罚。拟补充设定行政处罚的，应当通过听证会、论证会等形式广泛听取意见，并向制定机关作出书面说明。行政法规报送备案时，应当说明补充设定行政处罚的情况。

第十二条 地方性法规可以设定除限制人身自由、吊销营业执照以外的行政处罚。

法律、行政法规对违法行为已经作出行政处罚规定，地方性法规需要作出具体规定的，必须在法律、行政法规规定的给予行政处罚的行为、种类和幅度的范围内规定。

法律、行政法规对违法行为未作出行政处罚规定，地方性法规为实施法律、行政法规，可以补充设定行政处罚。拟补充设定行政处罚的，应当通过听证会、论证会等形式广泛听取意见，并向制定机关作出书面说明。地方性法规报送备案时，应当说明补充设定行政处罚的情况。

第十三条 国务院部门规章可以在法律、行政法规规定的给予行政处罚的行为、种类和幅度的范围内作出具体规定。

尚未制定法律、行政法规的，国务院部门规章对违反行政管理秩序的行为，可以设定警告、通报批评或者一定数额罚款的行政处罚。罚款的限额由国务院规定。

第十四条 地方政府规章可以在法律、法规规定的给予行政处罚的行为、种类和幅度的范围内作出具体规定。

尚未制定法律、法规的，地方政府规章对违反行政管理秩序的行为，可以设定警告、通报批评或者一定数额罚款的行政处罚。罚款的限额由省、自治区、直辖市人民代表大会常务委员会规定。

第十五条 国务院部门和省、自治区、直辖市人民政府及其有关部门应当定期组织评估行政处罚的实施情况和必要性，对不适当的行政处罚事项及种类、罚款数额等，应当提出修改或者废止的建议。

第十六条 除法律、法规、规章外，其他规范性文件不得设定行政处罚。

第三章 行政处罚的实施机关

第十七条 行政处罚由具有行政处罚权的行政机关在法定职权范围内实施。

第十八条　国家在城市管理、市场监管、生态环境、文化市场、交通运输、应急管理、农业等领域推行建立综合行政执法制度，相对集中行政处罚权。

国务院或者省、自治区、直辖市人民政府可以决定一个行政机关行使有关行政机关的行政处罚权。

限制人身自由的行政处罚权只能由公安机关和法律规定的其他机关行使。

第十九条　法律、法规授权的具有管理公共事务职能的组织可以在法定授权范围内实施行政处罚。

第二十条　行政机关依照法律、法规、规章的规定，可以在其法定权限内书面委托符合本法第二十一条规定条件的组织实施行政处罚。行政机关不得委托其他组织或者个人实施行政处罚。

委托书应当载明委托的具体事项、权限、期限等内容。委托行政机关和受委托组织应当将委托书向社会公布。

委托行政机关对受委托组织实施行政处罚的行为应当负责监督，并对该行为的后果承担法律责任。

受委托组织在委托范围内，以委托行政机关名义实施行政处罚；不得再委托其他组织或者个人实施行政处罚。

第二十一条　受委托组织必须符合以下条件：

（一）依法成立并具有管理公共事务职能；

（二）有熟悉有关法律、法规、规章和业务并取得行政执法资格的工作人员；

（三）需要进行技术检查或者技术鉴定的，应当有条件组织进行相应的技术检查或者技术鉴定。

第四章　行政处罚的管辖和适用

第二十二条　行政处罚由违法行为发生地的行政机关管辖。法律、行政法规、部门规章另有规定的，从其规定。

第二十三条　行政处罚由县级以上地方人民政府具有行政处罚权的行政机关管辖。法律、行政法规另有规定的，从其规定。

第二十四条　省、自治区、直辖市根据当地实际情况，可以决定将基层管理迫切需要的县级人民政府部门的行政处罚权交由能够有效承接的乡镇人民政府、街道办事处行使，并定期组织评估。决定应当公布。

承接行政处罚权的乡镇人民政府、街道办事处应当加强执法能力建设，按照规定范围、依照法定程序实施行政处罚。

有关地方人民政府及其部门应当加强组织协调、业务指导、执法监督，建立健全行政处罚协调配合机制，完善评议、考核制度。

第二十五条　两个以上行政机关都有管辖权的，由最先立案的行政机关管辖。

对管辖发生争议的，应当协商解决，协商不成的，报请共同的上一级行政机关指定管辖；也可以直接由共同的上一级行政机关指定管辖。

第二十六条　行政机关因实施行政处罚的需要，可以向有关机关提出协助请求。协助事项属于被请求机关职权范围内的，应当依法予以协助。

第二十七条　违法行为涉嫌犯罪的，行政机关应当及时将案件移送司法机关，依法追究刑事责任。对依法不需要追究刑事责任或者免予刑事处罚，但应当给予行政处罚的，司法机关应当及时将案件移送有关行政机关。

行政处罚实施机关与司法机关之间应当加强协调配合，建立健全案件移送制度，加强证据材料移交、接收衔接，完善案件处理信息通报机制。

第二十八条　行政机关实施行政处罚时，应当责令当事人改正或者限期改正违法行为。

当事人有违法所得，除依法应当退赔的外，应当予以没收。违法所得是指实施违法行为所取得的款项。法律、行政法规、部门规章对违法所得的计算另有规定的，从其规定。

第二十九条　对当事人的同一个违法行为，不得给予两次以上罚款的行政处罚。同一个违法行为违反多个法律规范应当给予罚款处罚的，按照罚款数额高的规定处罚。

第三十条　不满十四周岁的未成年人有违法行为的，不予行政处罚，责令监护人加以管教；已满十四周岁不满十八周岁的未成年人有违法行为的，应当从轻或者减轻行政处罚。

第三十一条　精神病人、智力残疾人在不能辨认或者不能控制自己行为时有违法行为的，不予行政处罚，但应当责令其监护人严加看管和治疗。间歇性精神病人在精神正常时有违法行为的，应当给予行政处罚。尚未完全丧失辨认或者控制自己行为能力的精神病人、智力残疾人有违法行为的，可以从轻或者减轻行政处罚。

第三十二条　当事人有下列情形之一，应当从轻或者减轻行政处罚：

（一）主动消除或者减轻违法行为危害后果的；

（二）受他人胁迫或者诱骗实施违法行为的；

（三）主动供述行政机关尚未掌握的违法行为的；

（四）配合行政机关查处违法行为有立功表现的；

（五）法律、法规、规章规定其他应当从轻或者减轻行政处罚的。

第三十三条　违法行为轻微并及时改正，没有造成危害后果的，不予行政处罚。初次违法且危害后果轻微并及时改正的，可以不予行政处罚。

当事人有证据足以证明没有主观过错的，不予行政处罚。法律、行政法规另有规定的，从其规定。

对当事人的违法行为依法不予行政处罚的，行政机关应当对当事人进行教育。

第三十四条　行政机关可以依法制定行政处罚裁量基准，规范行使行政处罚裁量权。行政处罚裁量基准应当向社会公布。

第三十五条　违法行为构成犯罪，人民法院判处拘役或者有期徒刑时，行政机关已经给予当事人行政拘留的，应当依法折抵相应刑期。

违法行为构成犯罪，人民法院判处罚金时，行政机关已经给予当事人罚款的，应当折抵相应罚金；行政机关尚未给予当事人罚款的，不再给予罚款。

第三十六条　违法行为在二年内未被发现的，不再给予行政处罚；涉及公民生命健康安全、金融安全且有危害后果的，上述期限延长至五年。法律另有规定的除外。

前款规定的期限，从违法行为发生之日起计算；违法行为有连续或者继续状态的，从行为终了之日起计算。

第三十七条　实施行政处罚，适用违法行为发生时的法律、法规、规章的规定。但是，作出行政处罚决定时，法律、法规、规章已被修改或者废止，且新的规定处罚较轻或者不认为是违法的，适用新的规定。

第三十八条　行政处罚没有依据或者实施主体不具有行政主体资格的，行政处罚无效。

违反法定程序构成重大且明显违法的，行政处罚无效。

第五章　行政处罚的决定

第一节　一般规定

第三十九条　行政处罚的实施机关、立案依据、实施程序和救济渠道等信息应当公示。

第四十条　公民、法人或者其他组织违反行政管理秩序的行为，依法应当给予行政处罚的，行政机关必须查明事实；违法事实不清、证据不足的，不得给予行政处罚。

第四十一条　行政机关依照法律、行政法规规定利用电子技术监控设备收集、固定违法事实的，应当经过法制和技术审核，确保电子技术监控设备符合标准、设置合理、标志明显，设置地点应当向社会公布。

电子技术监控设备记录违法事实应当真实、清晰、完整、准确。行政机关应当审核记录内容是否符合要求；未经审核或者经审核不符合要求的，不得作为行政处罚的证据。

行政机关应当及时告知当事人违法事实，并采取信息化手段或者其他措施，为当事人查询、陈述和申辩提供便利。不得限制或者变相限制当事人享有的陈述权、申辩权。

第四十二条　行政处罚应当由具有行政执法资格的执法人员实施。执法人员不得少于两人，法律另有规定的除外。

执法人员应当文明执法，尊重和保护当事人合法权益。

第四十三条　执法人员与案件有直接利害关系或者有其他关系可能影响公正执法的，应当回避。

当事人认为执法人员与案件有直接利害关系或者有其他关系可能影响公正执法的，有权申请回避。

当事人提出回避申请的，行政机关应当依法审查，由行政机关负责人决定。决定作出之前，不停止调查。

第四十四条　行政机关在作出行政处罚决定之前，应当告知当事人拟作出的行政处罚内容及事实、理由、依据，并告知当事人依法享有的陈述、申辩、要求听证等权利。

第四十五条　当事人有权进行陈述和申辩。行政机关必须充分听取当事人的意见，对当事人提出的事实、理由和证据，应当进行复核；当事人提出的事实、理由或者证据成立的，行政机关应当采纳。

行政机关不得因当事人陈述、申辩而给予更重的处罚。

第四十六条　证据包括：

（一）书证；

（二）物证；

（三）视听资料；

（四）电子数据；

（五）证人证言；

（六）当事人的陈述；

（七）鉴定意见；

（八）勘验笔录、现场笔录。

证据必须经查证属实，方可作为认定案件事实的根据。

以非法手段取得的证据，不得作为认定案件事实的根据。

第四十七条　行政机关应当依法以文字、音像等形式，对行政处罚的启动、调查取证、审核、决定、送达、执行等进行全过程记录，归档保存。

第四十八条　具有一定社会影响的行政处罚决定应当依法公开。

公开的行政处罚决定被依法变更、撤销、确认违法或者确认无效的，行政机关应当在三日内撤回行政处罚决定信息并公开说明理由。

第四十九条　发生重大传染病疫情等突发事件，为了控制、减轻和消除突发事件引起的社会危害，行政机关对违反突发事件应对措施的行为，依法快速、从重处罚。

第五十条　行政机关及其工作人员对实施行政处罚过程中知悉的国家秘密、商业秘密或者个人隐私，应当依法予以保密。

第二节　简易程序

第五十一条　违法事实确凿并有法定依据，对公民处以二百元以下、对法人或者其他组织处以三千元以下罚款或者警告的行政处罚的，可以当场作出行政处罚决定。法律另有规定的，从其规定。

第五十二条　执法人员当场作出行政处罚决定的，应当向当事人出示执法证件，填写预定格式、编有号码的行政处罚决定书，并当场交付当事人。当事人拒绝签收的，应当在行政处罚决定书上注明。

前款规定的行政处罚决定书应当载明当事人的违法行为，行政处罚的种类和依据、罚款数额、时间、地点，申请行政复议、提起行政诉讼的途径和期限以及行政机关名称，并由执法人员签名或者盖章。

执法人员当场作出的行政处罚决定，应当报所属行政机关备案。

第五十三条　对当场作出的行政处罚决定，当事人应当依照本法第六十七条至第六十九条的规定履行。

第三节　普通程序

第五十四条　除本法第五十一条规定的可以当场作出的行政处罚外，行政机关发现公民、法人或者其他组织有依法应当给予行政处罚的行为的，必须全面、客观、公正地调查，收集有关证据；必要时，依照法律、法规的规定，可以进行检查。

符合立案标准的，行政机关应当及时立案。

第五十五条　执法人员在调查或者进行检查时，应当主动向当事人或者有关人员出示执法证件。当事人或者有关人员有权要求执法人员出示执法证件。执法人员不出示执法证件的，当事人或者有关人员有权拒绝接受调查或者检查。

当事人或者有关人员应当如实回答询问，并协助调查或者检查，不得拒绝或者阻挠。询问或者检查应当制作笔录。

第五十六条　行政机关在收集证据时，可以采取抽样取证的方法；在证据可能灭失或者以后难以取得的情况下，经行政机关负责人批准，可以先行登记保存，并应当在七日内及时作出处理决定，在此期间，当事人或者有关人员不得销毁或者转移证据。

第五十七条　调查终结，行政机关负责人应当对调查结果进行审查，根据不同情况，分别作出如下决定：

（一）确有应受行政处罚的违法行为的，根据情节轻重及具体情况，作出行政处罚决定；

（二）违法行为轻微，依法可以不予行政处罚的，不予行政处罚；

（三）违法事实不能成立的，不予行政处罚；

（四）违法行为涉嫌犯罪的，移送司法机关。

对情节复杂或者重大违法行为给予行政处罚，行政机关负责人应当集体讨论决定。

第五十八条　有下列情形之一，在行政机关负责人作出行政处罚的决定之前，应当由从事行政处罚决定法制审核的人员进行法制审核；未经法制审核或者审核未通过的，不得作出决定：

（一）涉及重大公共利益的；

（二）直接关系当事人或者第三人重大权益，经过听证程序的；

（三）案件情况疑难复杂、涉及多个法律关系的；

（四）法律、法规规定应当进行法制审核的其他情形。

行政机关中初次从事行政处罚决定法制审核的人员，应当通过国家统一法律职业资格考试取得法律职业资格。

第五十九条　行政机关依照本法第五十七条的规定给予行政处罚，应当制作行政处罚决定书。行政处罚决定书应当载明下列事项：

（一）当事人的姓名或者名称、地址；

（二）违反法律、法规、规章的事实和证据；

（三）行政处罚的种类和依据；

（四）行政处罚的履行方式和期限；

（五）申请行政复议、提起行政诉讼的途径和期限；

（六）作出行政处罚决定的行政机关名称和作出决定的日期。

行政处罚决定书必须盖有作出行政处罚决定的行政机关的印章。

第六十条　行政机关应当自行政处罚案件立案之日起九十日内作出行政处罚决定。法律、法规、规章另有规定的，从其规定。

第六十一条　行政处罚决定书应当在宣告后当场交付当事人；当事人不在场的，行政机关应当在七日内依照《中华人民共和国民事诉讼法》的有关规定，将行政处罚决定书送达当事人。

当事人同意并签订确认书的，行政机关可以采用传真、电子邮件等方式，将行政处罚决定书等送达当事人。

第六十二条　行政机关及其执法人员在作出行政处罚决定之前，未依照本法第四十四条、第四十五条的规定向当事人告知拟作出的行政处罚内容及事实、理由、依据，或者拒绝听取当事人的陈述、申辩，不得作出行政处罚决定；当事人明确放弃陈述或者申辩权利的除外。

第四节　听证程序

第六十三条　行政机关拟作出下列行政处罚决定，应当告知当事人有要求听证的权利，当事人要求听证的，行政机关应当组织听证：

（一）较大数额罚款；

（二）没收较大数额违法所得、没收较大价值非法财物；
（三）降低资质等级、吊销许可证件；
（四）责令停产停业、责令关闭、限制从业；
（五）其他较重的行政处罚；
（六）法律、法规、规章规定的其他情形。

当事人不承担行政机关组织听证的费用。

第六十四条　听证应当依照以下程序组织：

（一）当事人要求听证的，应当在行政机关告知后五日内提出；
（二）行政机关应当在举行听证的七日前，通知当事人及有关人员听证的时间、地点；
（三）除涉及国家秘密、商业秘密或者个人隐私依法予以保密外，听证公开举行；
（四）听证由行政机关指定的非本案调查人员主持；当事人认为主持人与本案有直接利害关系的，有权申请回避；
（五）当事人可以亲自参加听证，也可以委托一至二人代理；
（六）当事人及其代理人无正当理由拒不出席听证或者未经许可中途退出听证的，视为放弃听证权利，行政机关终止听证；
（七）举行听证时，调查人员提出当事人违法的事实、证据和行政处罚建议，当事人进行申辩和质证；
（八）听证应当制作笔录。笔录应当交当事人或者其代理人核对无误后签字或者盖章。当事人或者其代理人拒绝签字或者盖章的，由听证主持人在笔录中注明。

第六十五条　听证结束后，行政机关应当根据听证笔录，依照本法第五十七条的规定，作出决定。

第六章　行政处罚的执行

第六十六条　行政处罚决定依法作出后，当事人应当在行政处罚决定书载明的期限内，予以履行。

当事人确有经济困难，需要延期或者分期缴纳罚款的，经当事人申请和行政机关批准，可以暂缓或者分期缴纳。

第六十七条　作出罚款决定的行政机关应当与收缴罚款的机构分离。

除依照本法第六十八条、第六十九条的规定当场收缴的罚款外，作出行政处罚决定的行政机关及其执法人员不得自行收缴罚款。

当事人应当自收到行政处罚决定书之日起十五日内，到指定的银行或者通过电子支付系统缴纳罚款。银行应当收受罚款，并将罚款直接上缴国库。

第六十八条　依照本法第五十一条的规定当场作出行政处罚决定，有下列情形之

一,执法人员可以当场收缴罚款:
　　(一)依法给予一百元以下罚款的;
　　(二)不当场收缴事后难以执行的。
　　第六十九条　在边远、水上、交通不便地区,行政机关及其执法人员依照本法第五十一条、第五十七条的规定作出罚款决定后,当事人到指定的银行或者通过电子支付系统缴纳罚款确有困难,经当事人提出,行政机关及其执法人员可以当场收缴罚款。
　　第七十条　行政机关及其执法人员当场收缴罚款的,必须向当事人出具国务院财政部门或者省、自治区、直辖市人民政府财政部门统一制发的专用票据;不出具财政部门统一制发的专用票据的,当事人有权拒绝缴纳罚款。
　　第七十一条　执法人员当场收缴的罚款,应当自收缴罚款之日起二日内,交至行政机关;在水上当场收缴的罚款,应当自抵岸之日起二日内交至行政机关;行政机关应当在二日内将罚款缴付指定的银行。
　　第七十二条　当事人逾期不履行行政处罚决定的,作出行政处罚决定的行政机关可以采取下列措施:
　　(一)到期不缴纳罚款的,每日按罚款数额的百分之三加处罚款,加处罚款的数额不得超出罚款的数额;
　　(二)根据法律规定,将查封、扣押的财物拍卖、依法处理或者将冻结的存款、汇款划拨抵缴罚款;
　　(三)根据法律规定,采取其他行政强制执行方式;
　　(四)依照《中华人民共和国行政强制法》的规定申请人民法院强制执行。
　　行政机关批准延期、分期缴纳罚款的,申请人民法院强制执行的期限,自暂缓或者分期缴纳罚款期限结束之日起计算。
　　第七十三条　当事人对行政处罚决定不服,申请行政复议或者提起行政诉讼的,行政处罚不停止执行,法律另有规定的除外。
　　当事人对限制人身自由的行政处罚决定不服,申请行政复议或者提起行政诉讼的,可以向作出决定的机关提出暂缓执行申请。符合法律规定情形的,应当暂缓执行。
　　当事人申请行政复议或者提起行政诉讼的,加处罚款的数额在行政复议或者行政诉讼期间不予计算。
　　第七十四条　除依法应当予以销毁的物品外,依法没收的非法财物必须按照国家规定公开拍卖或者按照国家有关规定处理。
　　罚款、没收的违法所得或者没收非法财物拍卖的款项,必须全部上缴国库,任何行政机关或者个人不得以任何形式截留、私分或者变相私分。
　　罚款、没收的违法所得或者没收非法财物拍卖的款项,不得同作出行政处罚决定的行政机关及其工作人员的考核、考评直接或者变相挂钩。除依法应当退还、退赔的外，财政部门不得以任何形式向作出行政处罚决定的行政机关返还罚款、没收的违法所得或者没收非法财物拍卖的款项。

第七十五条 行政机关应当建立健全对行政处罚的监督制度。县级以上人民政府应当定期组织开展行政执法评议、考核，加强对行政处罚的监督检查，规范和保障行政处罚的实施。

行政机关实施行政处罚应当接受社会监督。公民、法人或者其他组织对行政机关实施行政处罚的行为，有权申诉或者检举；行政机关应当认真审查，发现有错误的，应当主动改正。

第七章 法律责任

第七十六条 行政机关实施行政处罚，有下列情形之一，由上级行政机关或者有关机关责令改正，对直接负责的主管人员和其他直接责任人员依法给予处分：

（一）没有法定的行政处罚依据的；

（二）擅自改变行政处罚种类、幅度的；

（三）违反法定的行政处罚程序的；

（四）违反本法第二十条关于委托处罚的规定的；

（五）执法人员未取得执法证件的。

行政机关对符合立案标准的案件不及时立案的，依照前款规定予以处理。

第七十七条 行政机关对当事人进行处罚不使用罚款、没收财物单据或者使用非法定部门制发的罚款、没收财物单据的，当事人有权拒绝，并有权予以检举，由上级行政机关或者有关机关对使用的非法单据予以收缴销毁，对直接负责的主管人员和其他直接责任人员依法给予处分。

第七十八条 行政机关违反本法第六十七条的规定自行收缴罚款的，财政部门违反本法第七十四条的规定向行政机关返还罚款、没收的违法所得或者拍卖款项的，由上级行政机关或者有关机关责令改正，对直接负责的主管人员和其他直接责任人员依法给予处分。

第七十九条 行政机关截留、私分或者变相私分罚款、没收的违法所得或者财物的，由财政部门或者有关机关予以追缴，对直接负责的主管人员和其他直接责任人员依法给予处分；情节严重构成犯罪的，依法追究刑事责任。

执法人员利用职务上的便利，索取或者收受他人财物、将收缴罚款据为己有，构成犯罪的，依法追究刑事责任；情节轻微不构成犯罪的，依法给予处分。

第八十条 行政机关使用或者损毁查封、扣押的财物，对当事人造成损失的，应当依法予以赔偿，对直接负责的主管人员和其他直接责任人员依法给予处分。

第八十一条 行政机关违法实施检查措施或者执行措施，给公民人身或者财产造成损害、给法人或者其他组织造成损失的，应当依法予以赔偿，对直接负责的主管人员和其他直接责任人员依法给予处分；情节严重构成犯罪的，依法追究刑事责任。

第八十二条　行政机关对应当依法移交司法机关追究刑事责任的案件不移交，以行政处罚代替刑事处罚，由上级行政机关或者有关机关责令改正，对直接负责的主管人员和其他直接责任人员依法给予处分；情节严重构成犯罪的，依法追究刑事责任。

第八十三条　行政机关对应当予以制止和处罚的违法行为不予制止、处罚，致使公民、法人或者其他组织的合法权益、公共利益和社会秩序遭受损害的，对直接负责的主管人员和其他直接责任人员依法给予处分；情节严重构成犯罪的，依法追究刑事责任。

第八章　附则

第八十四条　外国人、无国籍人、外国组织在中华人民共和国领域内有违法行为，应当给予行政处罚的，适用本法，法律另有规定的除外。

第八十五条　本法中"二日""三日""五日""七日"的规定是指工作日，不含法定节假日。

第八十六条　本法自 2021 年 7 月 15 日起施行。

在实际工作中，实施税务行政处罚是要同时执行《行政处罚法》、《税收征管法》和《税收征管法实施细则》的具体规定，当出现冲突或不一致时，遵照"特别法优先于一般法原则"执行。总结为甲行家财税公式：税务行政处罚依据＝行政处罚法＋税收征管法＋税收征管法实施细则

第二节　行政复议

《中华人民共和国行政复议法》（简称《行政复议法》）是在 1999 年 4 月 29 日第九届全国人民代表大会常务委员会第九次会议上通过，由 1999 年 4 月 29 日中华人民共和国第 16 号主席令公布，自 1999 年 10 月 1 日起实施的法律，共计七章四十三条。

依据《全国人民代表大会常务委员会关于修改部分法律的决定》修订（由中华人民共和国第十一届全国人民代表大会常务委员会第十次会议于 2009 年 8 月 27 日通过，2009 年 8 月 27 日中华人民共和国主席令第 18 号予以公布，自公布之日起施行）。

最新版的《行政复议法》是根据 2017 年 9 月 1 日第十二届全国人民代表大会常务委员会第二十九次会议关于修改《中华人民共和国法官法》等八部法律的决定修正的。

2007年，为了进一步发挥行政复议制度在解决行政争议、建设法治政府、构建社会主义和谐社会中的作用，国务院根据行政复议法制定了《中华人民共和国行政复议法实施条例》（简称《行政复议实施条例》）并于2007年8月1日施行。

本节收录《行政复议法》和《行政复议法实施条例》。这是所有我国政府行政机关在受理任何一个法人组织和一位公民（行政管理相对方）提请行政复议时，都要遵守和执行的规定。

一、中华人民共和国行政复议法

中华人民共和国行政复议法

（1999年4月29日第九届全国人民代表大会常务委员会第九次会议通过，根据2009年8月27日第十一届全国人民代表大会常务委员会第十次会议通过的《全国人民代表大会常务委员会关于修改部分法律的决定》修正，根据2017年9月1日第十二届全国人民代表大会常务委员会第二十九次会议关于修改《中华人民共和国法官法》等八部法律的决定修正）

第一章　总则

第一条　为了防止和纠正违法的或者不当的具体行政行为，保护公民、法人和其他组织的合法权益，保障和监督行政机关依法行使职权，根据宪法，制定本法。

第二条　公民、法人或者其他组织认为具体行政行为侵犯其合法权益，向行政机关提出行政复议申请，行政机关受理行政复议申请、作出行政复议决定，适用本法。

第三条　依照本法履行行政复议职责的行政机关是行政复议机关。行政复议机关负责法制工作的机构具体办理行政复议事项，履行下列职责：

（一）受理行政复议申请；

（二）向有关组织和人员调查取证，查阅文件和资料；

（三）审查申请行政复议的具体行政行为是否合法与适当，拟订行政复议决定；

（四）处理或者转送对本法第七条所列有关规定的审查申请；

（五）对行政机关违反本法规定的行为依照规定的权限和程序提出处理建议；

（六）办理因不服行政复议决定提起行政诉讼的应诉事项；

（七）法律、法规规定的其他职责。

行政机关中初次从事行政复议的人员，应当通过国家统一法律职业资格考试取得法律职业资格。

第四条　行政复议机关履行行政复议职责，应当遵循合法、公正、公开、及时、便民的原则，坚持有错必纠，保障法律、法规的正确实施。

第五条　公民、法人或者其他组织对行政复议决定不服的，可以依照行政诉讼法的规定向人民法院提起行政诉讼，但是法律规定行政复议决定为最终裁决的除外。

第二章　行政复议范围

第六条　有下列情形之一的，公民、法人或者其他组织可以依照本法申请行政复议：

（一）对行政机关作出的警告、罚款、没收违法所得、没收非法财物、责令停产停业、暂扣或者吊销许可证、暂扣或者吊销执照、行政拘留等行政处罚决定不服的；

（二）对行政机关作出的限制人身自由或者查封、扣押、冻结财产等行政强制措施决定不服的；

（三）对行政机关作出的有关许可证、执照、资质证、资格证等证书变更、中止、撤销的决定不服的；

（四）对行政机关作出的关于确认土地、矿藏、水流、森林、山岭、草原、荒地、滩涂、海域等自然资源的所有权或者使用权的决定不服的；

（五）认为行政机关侵犯合法的经营自主权的；

（六）认为行政机关变更或者废止农业承包合同，侵犯其合法权益的；

（七）认为行政机关违法集资、征收财物、摊派费用或者违法要求履行其他义务的；

（八）认为符合法定条件，申请行政机关颁发许可证、执照、资质证、资格证等证书，或者申请行政机关审批、登记有关事项，行政机关没有依法办理的；

（九）申请行政机关履行保护人身权利、财产权利、受教育权利的法定职责，行政机关没有依法履行的；

（十）申请行政机关依法发放抚恤金、社会保险金或者最低生活保障费，行政机关没有依法发放的；

（十一）认为行政机关的其他具体行政行为侵犯其合法权益的。

第七条　公民、法人或者其他组织认为行政机关的具体行政行为所依据的下列规定不合法，在对具体行政行为申请行政复议时，可以一并向行政复议机关提出对该规定的审查申请：

（一）国务院部门的规定；

（二）县级以上地方各级人民政府及其工作部门的规定；

（三）乡、镇人民政府的规定。

前款所列规定不含国务院部、委员会规章和地方人民政府规章。规章的审查依照法律、行政法规办理。

第八条 不服行政机关作出的行政处分或者其他人事处理决定的，依照有关法律、行政法规的规定提出申诉。

不服行政机关对民事纠纷作出的调解或者其他处理，依法申请仲裁或者向人民法院提起诉讼。

第三章 行政复议申请

第九条 公民、法人或者其他组织认为具体行政行为侵犯其合法权益的，可以自知道该具体行政行为之日起六十日内提出行政复议申请；但是法律规定的申请期限超过六十日的除外。

因不可抗力或者其他正当理由耽误法定申请期限的，申请期限自障碍消除之日起继续计算。

第十条 依照本法申请行政复议的公民、法人或者其他组织是申请人。

有权申请行政复议的公民死亡的，其近亲属可以申请行政复议。有权申请行政复议的公民为无民事行为能力人或者限制民事行为能力人的，其法定代理人可以代为申请行政复议。有权申请行政复议的法人或者其他组织终止的，承受其权利的法人或者其他组织可以申请行政复议。

同申请行政复议的具体行政行为有利害关系的其他公民、法人或者其他组织，可以作为第三人参加行政复议。

公民、法人或者其他组织对行政机关的具体行政行为不服申请行政复议的，作出具体行政行为的行政机关是被申请人。

申请人、第三人可以委托代理人代为参加行政复议。

第十一条 申请人申请行政复议，可以书面申请，也可以口头申请；口头申请的，行政复议机关应当当场记录申请人的基本情况、行政复议请求、申请行政复议的主要事实、理由和时间。

第十二条 对县级以上地方各级人民政府工作部门的具体行政行为不服的，由申请人选择，可以向该部门的本级人民政府申请行政复议，也可以向上一级主管部门申请行政复议。

对海关、金融、国税、外汇管理等实行垂直领导的行政机关和国家安全机关的具体行政行为不服的，向上一级主管部门申请行政复议。

第十三条 对地方各级人民政府的具体行政行为不服的，向上一级地方人民政府申请行政复议。

对省、自治区人民政府依法设立的派出机关所属的县级地方人民政府的具体行政行为不服的，向该派出机关申请行政复议。

第十四条　对国务院部门或者省、自治区、直辖市人民政府的具体行政行为不服的，向作出该具体行政行为的国务院部门或者省、自治区、直辖市人民政府申请行政复议。对行政复议决定不服的，可以向人民法院提起行政诉讼；也可以向国务院申请裁决，国务院依照本法的规定作出最终裁决。

第十五条　对本法第十二条、第十三条、第十四条规定以外的其他行政机关、组织的具体行政行为不服的，按照下列规定申请行政复议：

（一）对县级以上地方人民政府依法设立的派出机关的具体行政行为不服的，向设立该派出机关的人民政府申请行政复议；

（二）对政府工作部门依法设立的派出机构依照法律、法规或者规章规定，以自己的名义作出的具体行政行为不服的，向设立该派出机构的部门或者该部门的本级地方人民政府申请行政复议；

（三）对法律、法规授权的组织的具体行政行为不服的，分别向直接管理该组织的地方人民政府、地方人民政府工作部门或者国务院部门申请行政复议；

（四）对两个或者两个以上行政机关以共同的名义作出的具体行政行为不服的，向其共同上一级行政机关申请行政复议；

（五）对被撤销的行政机关在撤销前所作出的具体行政行为不服的，向继续行使其职权的行政机关的上一级行政机关申请行政复议。

有前款所列情形之一的，申请人也可以向具体行政行为发生地的县级地方人民政府提出行政复议申请，由接受申请的县级地方人民政府依照本法第十八条的规定办理。

第十六条　公民、法人或者其他组织申请行政复议，行政复议机关已经依法受理的，或者法律、法规规定应当先向行政复议机关申请行政复议、对行政复议决定不服再向人民法院提起行政诉讼的，在法定行政复议期限内不得向人民法院提起行政诉讼。

公民、法人或者其他组织向人民法院提起行政诉讼，人民法院已经依法受理的，不得申请行政复议。

第四章　行政复议受理

第十七条　行政复议机关收到行政复议申请后，应当在五日内进行审查，对不符合本法规定的行政复议申请，决定不予受理，并书面告知申请人；对符合本法规定，但是不属于本机关受理的行政复议申请，应当告知申请人向有关行政复议机关提出。

除前款规定外，行政复议申请自行政复议机关负责法制工作的机构收到之日起即为受理。

第十八条　依照本法第十五条第二款的规定接受行政复议申请的县级地方人民政府，对依照本法第十五条第一款的规定属于其他行政复议机关受理的行政复议申请，应当自接到该行政复议申请之日起七日内，转送有关行政复议机关，并告知申请人。

接受转送的行政复议机关应当依照本法第十七条的规定办理。

第十九条　法律、法规规定应当先向行政复议机关申请行政复议、对行政复议决定不服再向人民法院提起行政诉讼的，行政复议机关决定不予受理或者受理后超过行政复议期限不作答复的，公民、法人或者其他组织可以自收到不予受理决定书之日起或者行政复议期满之日起十五日内，依法向人民法院提起行政诉讼。

第二十条　公民、法人或者其他组织依法提出行政复议申请，行政复议机关无正当理由不予受理的，上级行政机关应当责令其受理；必要时，上级行政机关也可以直接受理。

第二十一条　行政复议期间具体行政行为不停止执行；但是，有下列情形之一的，可以停止执行：

（一）被申请人认为需要停止执行的；
（二）行政复议机关认为需要停止执行的；
（三）申请人申请停止执行，行政复议机关认为其要求合理，决定停止执行的；
（四）法律规定停止执行的。

第五章　行政复议决定

第二十二条　行政复议原则上采取书面审查的办法，但是申请人提出要求或者行政复议机关负责法制工作的机构认为有必要时，可以向有关组织和人员调查情况，听取申请人、被申请人和第三人的意见。

第二十三条　行政复议机关负责法制工作的机构应当自行政复议申请受理之日起七日内，将行政复议申请书副本或者行政复议申请笔录复印件发送被申请人。被申请人应当自收到申请书副本或者申请笔录复印件之日起十日内，提出书面答复，并提交当初作出具体行政行为的证据、依据和其他有关材料。

申请人、第三人可以查阅被申请人提出的书面答复、作出具体行政行为的证据、依据和其他有关材料，除涉及国家秘密、商业秘密或者个人隐私外，行政复议机关不得拒绝。

第二十四条　在行政复议过程中，被申请人不得自行向申请人和其他有关组织或者个人收集证据。

第二十五条　行政复议决定作出前，申请人要求撤回行政复议申请的，经说明理由，可以撤回；撤回行政复议申请的，行政复议终止。

第二十六条　申请人在申请行政复议时，一并提出对本法第七条所列有关规定的审查申请的，行政复议机关对该规定有权处理的，应当在三十日内依法处理；无权处理的，应当在七日内按照法定程序转送有权处理的行政机关依法处理，有权处理的行政机关应当在六十日内依法处理。处理期间，中止对具体行政行为的审查。

第二十七条　行政复议机关在对被申请人作出的具体行政行为进行审查时，认为其依据不合法，本机关有权处理的，应当在三十日内依法处理；无权处理的，应当在七日内按照法定程序转送有权处理的国家机关依法处理。处理期间，中止对具体行政行为的审查。

第二十八条　行政复议机关负责法制工作的机构应当对被申请人作出的具体行政行为进行审查，提出意见，经行政复议机关的负责人同意或者集体讨论通过后，按照下列规定作出行政复议决定：

（一）具体行政行为认定事实清楚，证据确凿，适用依据正确，程序合法，内容适当的，决定维持；

（二）被申请人不履行法定职责的，决定其在一定期限内履行；

（三）具体行政行为有下列情形之一的，决定撤销、变更或者确认该具体行政行为违法；决定撤销或者确认该具体行政行为违法的，可以责令被申请人在一定期限内重新作出具体行政行为：

1. 主要事实不清、证据不足的；
2. 适用依据错误的；
3. 违反法定程序的；
4. 超越或者滥用职权的；
5. 具体行政行为明显不当的。

（四）被申请人不按照本法第二十三条的规定提出书面答复、提交当初作出具体行政行为的证据、依据和其他有关材料的，视为该具体行政行为没有证据、依据，决定撤销该具体行政行为。

行政复议机关责令被申请人重新作出具体行政行为的，被申请人不得以同一的事实和理由作出与原具体行政行为相同或者基本相同的具体行政行为。

第二十九条　申请人在申请行政复议时可以一并提出行政赔偿请求，行政复议机关对符合国家赔偿法的有关规定应当给予赔偿的，在决定撤销、变更具体行政行为或者确认具体行政行为违法时，应当同时决定被申请人依法给予赔偿。

申请人在申请行政复议时没有提出行政赔偿请求的，行政复议机关在依法决定撤销或者变更罚款，撤销违法集资、没收财物、征收财物、摊派费用以及对财产的查封、扣押、冻结等具体行政行为时，应当同时责令被申请人返还财产，解除对财产的查封、扣押、冻结措施，或者赔偿相应的价款。

第三十条　公民、法人或者其他组织认为行政机关的具体行政行为侵犯其已经依法取得的土地、矿藏、水流、森林、山岭、草原、荒地、滩涂、海域等自然资源的所有权或者使用权的，应当先申请行政复议；对行政复议决定不服的，可以依法向人民法院提起行政诉讼。

根据国务院或者省、自治区、直辖市人民政府对行政区划的勘定、调整或者征收土地的决定，省、自治区、直辖市人民政府确认土地、矿藏、水流、森林、山岭、草原、荒地、滩涂、海域等自然资源的所有权或者使用权的行政复议决定为最终裁决。

第三十一条　行政复议机关应当自受理申请之日起六十日内作出行政复议决定；但是法律规定的行政复议期限少于六十日的除外。情况复杂，不能在规定期限内作出行政复议决定的，经行政复议机关的负责人批准，可以适当延长，并告知申请人和被申请人；但是延长期限最多不超过三十日。

行政复议机关作出行政复议决定，应当制作行政复议决定书，并加盖印章。

行政复议决定书一经送达，即发生法律效力。

第三十二条　被申请人应当履行行政复议决定。

被申请人不履行或者无正当理由拖延履行行政复议决定的，行政复议机关或者有关上级行政机关应当责令其限期履行。

第三十三条　申请人逾期不起诉又不履行行政复议决定的，或者不履行最终裁决的行政复议决定的，按照下列规定分别处理：

（一）维持具体行政行为的行政复议决定，由作出具体行政行为的行政机关依法强制执行，或者申请人民法院强制执行；

（二）变更具体行政行为的行政复议决定，由行政复议机关依法强制执行，或者申请人民法院强制执行。

第六章　法律责任

第三十四条　行政复议机关违反本法规定，无正当理由不予受理依法提出的行政复议申请或者不按照规定转送行政复议申请的，或者在法定期限内不作出行政复议决定的，对直接负责的主管人员和其他直接责任人员依法给予警告、记过、记大过的行政处分；经责令受理仍不受理或者不按照规定转送行政复议申请，造成严重后果的，依法给予降级、撤职、开除的行政处分。

第三十五条　行政复议机关工作人员在行政复议活动中，徇私舞弊或者有其他渎职、失职行为的，依法给予警告、记过、记大过的行政处分；情节严重的，依法给予降级、撤职、开除的行政处分；构成犯罪的，依法追究刑事责任。

第三十六条　被申请人违反本法规定，不提出书面答复或者不提交作出具体行政行为的证据、依据和其他有关材料，或者阻挠、变相阻挠公民、法人或者其他组织依法申请行政复议的，对直接负责的主管人员和其他直接责任人员依法给予警告、记过、记大过的行政处分；进行报复陷害的，依法给予降级、撤职、开除的行政处分；构成犯罪的，依法追究刑事责任。

第三十七条　被申请人不履行或者无正当理由拖延履行行政复议决定的，对直接负责的主管人员和其他直接责任人员依法给予警告、记过、记大过的行政处分;经责令履行仍拒不履行的,依法给予降级、撤职、开除的行政处分。

第三十八条　行政复议机关负责法制工作的机构发现有无正当理由不予受理行政复议申请、不按照规定期限作出行政复议决定、徇私舞弊、对申请人打击报复或者不履行行政复议决定等情形的,应当向有关行政机关提出建议,有关行政机关应当依照本法和有关法律、行政法规的规定作出处理。

第七章　附则

第三十九条　行政复议机关受理行政复议申请,不得向申请人收取任何费用。行政复议活动所需经费,应当列入本机关的行政经费,由本级财政予以保障。

第四十条　行政复议期间的计算和行政复议文书的送达,依照民事诉讼法关于期间、送达的规定执行。

本法关于行政复议期间有关"五日"、"七日"的规定是指工作日,不含节假日。

第四十一条　外国人、无国籍人、外国组织在中华人民共和国境内申请行政复议,适用本法。

第四十二条　本法施行前公布的法律有关行政复议的规定与本法的规定不一致的,以本法的规定为准。

第四十三条　本法自1999年10月1日起施行。1990年12月24日国务院发布、1994年10月9日国务院修订发布的《行政复议条例》同时废止。

二、中华人民共和国行政复议法实施条例

2006年4月,国务院法制办正式设立行政复议司。2006年9月,根据党中央、国务院领导同志的指示,中办、国办下发了《关于预防和化解行政争议健全行政争议解决机制的意见》,对充分发挥行政复议在解决行政争议、化解社会矛盾、构建和谐社会中的重要作用,作了明确规定。2006年底,国务院召开全国行政复议工作座谈会,这也是新中国成立以来的第一次。

《中华人民共和国行政复议法实施条例》已经2007年5月23日国务院第177次常务会议通过,现予公布,自2007年8月1日起施行。

第一章　总则

第一条　为了进一步发挥行政复议制度在解决行政争议、建设法治政府、构建社会主义和谐社会中的作用,根据《中华人民共和国行政复议法》(以下简称行政复议法),制定本条例。

第二条　各级行政复议机关应当认真履行行政复议职责，领导并支持本机关负责法制工作的机构（以下简称行政复议机构）依法办理行政复议事项，并依照有关规定配备、充实、调剂专职行政复议人员，保证行政复议机构的办案能力与工作任务相适应。

第三条　行政复议机构除应当依照行政复议法第三条的规定履行职责外，还应当履行下列职责：

（一）依照行政复议法第十八条的规定转送有关行政复议申请；

（二）办理行政复议法第二十九条规定的行政赔偿等事项；

（三）按照职责权限，督促行政复议申请的受理和行政复议决定的履行；

（四）办理行政复议、行政应诉案件统计和重大行政复议决定备案事项；

（五）办理或者组织办理未经行政复议直接提起行政诉讼的行政应诉事项；

（六）研究行政复议工作中发现的问题，及时向有关机关提出改进建议，重大问题及时向行政复议机关报告。

第四条　专职行政复议人员应当具备与履行行政复议职责相适应的品行、专业知识和业务能力，并取得相应资格。具体办法由国务院法制机构会同国务院有关部门规定。

第二章　行政复议申请

第一节　申请人

第五条　依照行政复议法和本条例的规定申请行政复议的公民、法人或者其他组织为申请人。

第六条　合伙企业申请行政复议的，应当以核准登记的企业为申请人，由执行合伙事务的合伙人代表该企业参加行政复议；其他合伙组织申请行政复议的，由合伙人共同申请行政复议。

前款规定以外的不具备法人资格的其他组织申请行政复议的，由该组织的主要负责人代表该组织参加行政复议；没有主要负责人的，由共同推选的其他成员代表该组织参加行政复议。

第七条　股份制企业的股东大会、股东代表大会、董事会认为行政机关作出的具体行政行为侵犯企业合法权益的，可以以企业的名义申请行政复议。

第八条　同一行政复议案件申请人超过5人的，推选1至5名代表参加行政复议。

第九条　行政复议期间，行政复议机构认为申请人以外的公民、法人或者其他组织与被审查的具体行政行为有利害关系的，可以通知其作为第三人参加行政复议。

行政复议期间，申请人以外的公民、法人或者其他组织与被审查的具体行政行为有利害关系的，可以向行政复议机构申请作为第三人参加行政复议。

第三人不参加行政复议，不影响行政复议案件的审理。

第十条　申请人、第三人可以委托1至2名代理人参加行政复议。申请人、第三人委托代理人的，应当向行政复议机构提交授权委托书。授权委托书应当载明委托事项、权限和期限。公民在特殊情况下无法书面委托的，可以口头委托。口头委托的，行政复议机构应当核实并记录在卷。申请人、第三人解除或者变更委托的，应当书面报告行政复议机构。

第二节　被申请人

第十一条　公民、法人或者其他组织对行政机关的具体行政行为不服，依照行政复议法和本条例的规定申请行政复议的，作出该具体行政行为的行政机关为被申请人。

第十二条　行政机关与法律、法规授权的组织以共同的名义作出具体行政行为的，行政机关和法律、法规授权的组织为共同被申请人。

行政机关与其他组织以共同名义作出具体行政行为的，行政机关为被申请人。

第十三条　下级行政机关依照法律、法规、规章规定，经上级行政机关批准作出具体行政行为的，批准机关为被申请人。

第十四条　行政机关设立的派出机构、内设机构或者其他组织，未经法律、法规授权，对外以自己名义作出具体行政行为的，该行政机关为被申请人。

第三节　行政复议申请期限

第十五条　行政复议法第九条第一款规定的行政复议申请期限的计算，依照下列规定办理：

（一）当场作出具体行政行为的，自具体行政行为作出之日起计算；

（二）载明具体行政行为的法律文书直接送达的，自受送达人签收之日起计算；

（三）载明具体行政行为的法律文书邮寄送达的，自受送达人在邮件签收单上签收之日起计算；没有邮件签收单的，自受送达人在送达回执上签名之日起计算；

（四）具体行政行为依法通过公告形式告知受送达人的，自公告规定的期限届满之日起计算；

（五）行政机关作出具体行政行为时未告知公民、法人或者其他组织，事后补充告知的，自该公民、法人或者其他组织收到行政机关补充告知的通知之日起计算；

（六）被申请人能够证明公民、法人或者其他组织知道具体行政行为的，自证据材料证明其知道具体行政行为之日起计算。

行政机关作出具体行政行为，依法应当向有关公民、法人或者其他组织送达法律文书而未送达的，视为该公民、法人或者其他组织不知道该具体行政行为。

第十六条　公民、法人或者其他组织依照行政复议法第六条第（八）项、第（九）项、第（十）项的规定申请行政机关履行法定职责，行政机关未履行的，行政复议申请期限依照下列规定计算：

（一）有履行期限规定的，自履行期限届满之日起计算；

（二）没有履行期限规定的，自行政机关收到申请满 60 日起计算。

公民、法人或者其他组织在紧急情况下请求行政机关履行保护人身权、财产权的法定职责，行政机关不履行的，行政复议申请期限不受前款规定的限制。

第十七条　行政机关作出的具体行政行为对公民、法人或者其他组织的权利、义务可能产生不利影响的，应当告知其申请行政复议的权利、行政复议机关和行政复议申请期限。

第四节　行政复议申请的提出

第十八条　申请人书面申请行政复议的，可以采取当面递交、邮寄或者传真等方式提出行政复议申请。

有条件的行政复议机构可以接受以电子邮件形式提出的行政复议申请。

第十九条　申请人书面申请行政复议的，应当在行政复议申请书中载明下列事项：

（一）申请人的基本情况，包括：公民的姓名、性别、年龄、身份证号码、工作单位、住所、邮政编码；法人或者其他组织的名称、住所、邮政编码和法定代表人或者主要负责人的姓名、职务；

（二）被申请人的名称；

（三）行政复议请求、申请行政复议的主要事实和理由；

（四）申请人的签名或者盖章；

（五）申请行政复议的日期。

第二十条　申请人口头申请行政复议的，行政复议机构应当依照本条例第十九条规定的事项，当场制作行政复议申请笔录交申请人核对或者向申请人宣读，并由申请人签字确认。

第二十一条　有下列情形之一的，申请人应当提供证明材料：

（一）认为被申请人不履行法定职责的，提供曾经要求被申请人履行法定职责而被申请人未履行的证明材料；

（二）申请行政复议时一并提出行政赔偿请求的，提供受具体行政行为侵害而造成损害的证明材料；

（三）法律、法规规定需要申请人提供证据材料的其他情形。

第二十二条　申请人提出行政复议申请时错列被申请人的，行政复议机构应当告知申请人变更被申请人。

第二十三条　申请人对两个以上国务院部门共同作出的具体行政行为不服的，依照行政复议法第十四条的规定，可以向其中任何一个国务院部门提出行政复议申请，由作出具体行政行为的国务院部门共同作出行政复议决定。

第二十四条　申请人对经国务院批准实行省以下垂直领导的部门作出的具体行政

行为不服的，可以选择向该部门的本级人民政府或者上一级主管部门申请行政复议；省、自治区、直辖市另有规定的，依照省、自治区、直辖市的规定办理。

第二十五条　申请人依照行政复议法第三十条第二款的规定申请行政复议的，应当向省、自治区、直辖市人民政府提出行政复议申请。

第二十六条　依照行政复议法第七条的规定，申请人认为具体行政行为所依据的规定不合法的，可以在对具体行政行为申请行政复议的同时一并提出对该规定的审查申请；申请人在对具体行政行为提出行政复议申请时尚不知道该具体行政行为所依据的规定的，可以在行政复议机关作出行政复议决定前向行政复议机关提出对该规定的审查申请。

第三章　行政复议受理

第二十七条　公民、法人或者其他组织认为行政机关的具体行政行为侵犯其合法权益提出行政复议申请，除不符合行政复议法和本条例规定的申请条件的，行政复议机关必须受理。

第二十八条　行政复议申请符合下列规定的，应当予以受理：

（一）有明确的申请人和符合规定的被申请人；

（二）申请人与具体行政行为有利害关系；

（三）有具体的行政复议请求和理由；

（四）在法定申请期限内提出；

（五）属于行政复议法规定的行政复议范围；

（六）属于收到行政复议申请的行政复议机构的职责范围；

（七）其他行政复议机关尚未受理同一行政复议申请，人民法院尚未受理同一主体就同一事实提起的行政诉讼。

第二十九条　行政复议申请材料不齐全或者表述不清楚的，行政复议机构可以自收到该行政复议申请之日起5日内书面通知申请人补正。补正通知应当载明需要补正的事项和合理的补正期限。无正当理由逾期不补正的，视为申请人放弃行政复议申请。补正申请材料所用时间不计入行政复议审理期限。

第三十条　申请人就同一事项向两个或者两个以上有权受理的行政机关申请行政复议的，由最先收到行政复议申请的行政机关受理；同时收到行政复议申请的，由收到行政复议申请的行政机关在10日内协商确定；协商不成的，由其共同上一级行政机关在10日内指定受理机关。协商确定或者指定受理机关所用时间不计入行政复议审理期限。

第三十一条　依照行政复议法第二十条的规定，上级行政机关认为行政复议机关不予受理行政复议申请的理由不成立的，可以先行督促其受理；经督促仍不受理的，应当责令其限期受理，必要时也可以直接受理；认为行政复议申请不符合法定受理条件的，应当告知申请人。

第四章 行政复议决定

第三十二条 行政复议机构审理行政复议案件，应当由 2 名以上行政复议人员参加。

第三十三条 行政复议机构认为必要时，可以实地调查核实证据；对重大、复杂的案件，申请人提出要求或者行政复议机构认为必要时，可以采取听证的方式审理。

第三十四条 行政复议人员向有关组织和人员调查取证时，可以查阅、复制、调取有关文件和资料，向有关人员进行询问。

调查取证时，行政复议人员不得少于 2 人，并应当向当事人或者有关人员出示证件。被调查单位和人员应当配合行政复议人员的工作，不得拒绝或者阻挠。

需要现场勘验的，现场勘验所用时间不计入行政复议审理期限。

第三十五条 行政复议机关应当为申请人、第三人查阅有关材料提供必要条件。

第三十六条 依照行政复议法第十四条的规定申请原级行政复议的案件，由原承办具体行政行为有关事项的部门或者机构提出书面答复，并提交作出具体行政行为的证据、依据和其他有关材料。

第三十七条 行政复议期间涉及专门事项需要鉴定的，当事人可以自行委托鉴定机构进行鉴定，也可以申请行政复议机构委托鉴定机构进行鉴定。鉴定费用由当事人承担。鉴定所用时间不计入行政复议审理期限。

第三十八条 申请人在行政复议决定作出前自愿撤回行政复议申请的，经行政复议机构同意，可以撤回。

申请人撤回行政复议申请的，不得再以同一事实和理由提出行政复议申请。但是，申请人能够证明撤回行政复议申请违背其真实意思表示的除外。

第三十九条 行政复议期间被申请人改变原具体行政行为的，不影响行政复议案件的审理。但是，申请人依法撤回行政复议申请的除外。

第四十条 公民、法人或者其他组织对行政机关行使法律、法规规定的自由裁量权作出的具体行政行为不服申请行政复议，申请人与被申请人在行政复议决定作出前自愿达成和解的，应当向行政复议机构提交书面和解协议；和解内容不损害社会公共利益和他人合法权益的，行政复议机构应当准许。

第四十一条 行政复议期间有下列情形之一，影响行政复议案件审理的，行政复议中止：

（一）作为申请人的自然人死亡，其近亲属尚未确定是否参加行政复议的；

（二）作为申请人的自然人丧失参加行政复议的能力，尚未确定法定代理人参加行政复议的；

（三）作为申请人的法人或者其他组织终止，尚未确定权利义务承受人的；

（四）作为申请人的自然人下落不明或者被宣告失踪的；

（五）申请人、被申请人因不可抗力，不能参加行政复议的；

（六）案件涉及法律适用问题，需要有权机关作出解释或者确认的；

（七）案件审理需要以其他案件的审理结果为依据，而其他案件尚未审结的；

（八）其他需要中止行政复议的情形。

行政复议中止的原因消除后，应当及时恢复行政复议案件的审理。

行政复议机构中止、恢复行政复议案件的审理，应当告知有关当事人。

第四十二条　行政复议期间有下列情形之一的，行政复议终止：

（一）申请人要求撤回行政复议申请，行政复议机构准予撤回的；

（二）作为申请人的自然人死亡，没有近亲属或者其近亲属放弃行政复议权利的；

（三）作为申请人的法人或者其他组织终止，其权利义务的承受人放弃行政复议权利的；

（四）申请人与被申请人依照本条例第四十条的规定，经行政复议机构准许达成和解的；

（五）申请人对行政拘留或者限制人身自由的行政强制措施不服申请行政复议后，因申请人同一违法行为涉嫌犯罪，该行政拘留或者限制人身自由的行政强制措施变更为刑事拘留的。

依照本条例第四十一条第一款第（一）项、第（二）项、第（三）项规定中止行政复议，满60日行政复议中止的原因仍未消除的，行政复议终止。

第四十三条　依照行政复议法第二十八条第一款第（一）项规定，具体行政行为认定事实清楚，证据确凿，适用依据正确，程序合法，内容适当的，行政复议机关应当决定维持。

第四十四条　依照行政复议法第二十八条第一款第（二）项规定，被申请人不履行法定职责的，行政复议机关应当决定其在一定期限内履行法定职责。

第四十五条　具体行政行为有行政复议法第二十八条第一款第（三）项规定情形之一的，行政复议机关应当决定撤销、变更该具体行政行为或者确认该具体行政行为违法；决定撤销该具体行政行为或者确认该具体行政行为违法的，可以责令被申请人在一定期限内重新作出具体行政行为。

第四十六条　被申请人未依照行政复议法第二十三条的规定提出书面答复、提交当初作出具体行政行为的证据、依据和其他有关材料的，视为该具体行政行为没有证据、依据，行政复议机关应当决定撤销该具体行政行为。

第四十七条　具体行政行为有下列情形之一，行政复议机关可以决定变更：

（一）认定事实清楚，证据确凿，程序合法，但是明显不当或者适用依据错误的；

（二）认定事实不清，证据不足，但是经行政复议机关审理查明事实清楚，证据确凿的。

第四十八条　有下列情形之一的，行政复议机关应当决定驳回行政复议申请：

（一）申请人认为行政机关不履行法定职责申请行政复议，行政复议机关受理后发现该行政机关没有相应法定职责或者在受理前已经履行法定职责的；

（二）受理行政复议申请后，发现该行政复议申请不符合行政复议法和本条例规定的受理条件的。

上级行政机关认为行政复议机关驳回行政复议申请的理由不成立的，应当责令其恢复审理。

第四十九条　行政复议机关依照行政复议法第二十八条的规定责令被申请人重新作出具体行政行为的，被申请人应当在法律、法规、规章规定的期限内重新作出具体行政行为；法律、法规、规章未规定期限的，重新作出具体行政行为的期限为60日。

公民、法人或者其他组织对被申请人重新作出的具体行政行为不服，可以依法申请行政复议或者提起行政诉讼。

第五十条　有下列情形之一的，行政复议机关可以按照自愿、合法的原则进行调解：

（一）公民、法人或者其他组织对行政机关行使法律、法规规定的自由裁量权作出的具体行政行为不服申请行政复议的；

（二）当事人之间的行政赔偿或者行政补偿纠纷。

当事人经调解达成协议的，行政复议机关应当制作行政复议调解书。调解书应当载明行政复议请求、事实、理由和调解结果，并加盖行政复议机关印章。行政复议调解书经双方当事人签字，即具有法律效力。

调解未达成协议或者调解书生效前一方反悔的，行政复议机关应当及时作出行政复议决定。

第五十一条　行政复议机关在申请人的行政复议请求范围内，不得作出对申请人更为不利的行政复议决定。

第五十二条　第三人逾期不起诉又不履行行政复议决定的，依照行政复议法第三十三条的规定处理。

第五章　行政复议指导和监督

第五十三条　行政复议机关应当加强对行政复议工作的领导。

行政复议机构在本级行政复议机关的领导下，按照职责权限对行政复议工作进行督促、指导。

第五十四条　县级以上各级人民政府应当加强对所属工作部门和下级人民政府履行行政复议职责的监督。

行政复议机关应当加强对其行政复议机构履行行政复议职责的监督。

第五十五条　县级以上地方各级人民政府应当建立健全行政复议工作责任制，将行政复议工作纳入本级政府目标责任制。

第五十六条　县级以上地方各级人民政府应当按照职责权限，通过定期组织检查、抽查等方式，对所属工作部门和下级人民政府行政复议工作进行检查，并及时向有关方面反馈检查结果。

第五十七条　行政复议期间行政复议机关发现被申请人或者其他下级行政机关的相关行政行为违法或者需要做好善后工作的，可以制作行政复议意见书。有关机关应当自收到行政复议意见书之日起60日内将纠正相关行政违法行为或者做好善后工作的情况通报行政复议机构。

行政复议期间行政复议机构发现法律、法规、规章实施中带有普遍性的问题，可以制作行政复议建议书，向有关机关提出完善制度和改进行政执法的建议。

第五十八条　县级以上各级人民政府行政复议机构应当定期向本级人民政府提交行政复议工作状况分析报告。

第五十九条　下级行政复议机关应当及时将重大行政复议决定报上级行政复议机关备案。

第六十条　各级行政复议机构应当定期组织对行政复议人员进行业务培训，提高行政复议人员的专业素质。

第六十一条　各级行政复议机关应当定期总结行政复议工作，对在行政复议工作中做出显著成绩的单位和个人，依照有关规定给予表彰和奖励。

第六章　法律责任

第六十二条　被申请人在规定期限内未按照行政复议决定的要求重新作出具体行政行为，或者违反规定重新作出具体行政行为的，依照行政复议法第三十七条的规定追究法律责任。

第六十三条　拒绝或者阻挠行政复议人员调查取证、查阅、复制、调取有关文件和资料的，对有关责任人员依法给予处分或者治安处罚；构成犯罪的，依法追究刑事责任。

第六十四条　行政复议机关或者行政复议机构不履行行政复议法和本条例规定的行政复议职责，经有权监督的行政机关督促仍不改正的，对直接负责的主管人员和其他直接责任人员依法给予警告、记过、记大过的处分；造成严重后果的，依法给予降级、撤职、开除的处分。

第六十五条　行政机关及其工作人员违反行政复议法和本条例规定的,行政复议机构可以向人事、监察部门提出对有关责任人员的处分建议,也可以将有关人员违法的事实材料直接转送人事、监察部门处理;接受转送的人事、监察部门应当依法处理,并将处理结果通报转送的行政复议机构。

第七章　附则

第六十六条　本条例自 2007 年 8 月 1 日起施行。

第三节　行政诉讼

行政诉讼法是为了规范和保障人民法院能够公正、及时的审理行政案件,是个人、法人或其他组织认为国家机关作出的行政行为侵犯其合法权益而向法院提起的诉讼。行政诉讼法是法院审理行政案件和行政诉讼参加人(原告、被告、代理人等)进行诉讼活动必须遵守的准则。它规定法院审理行政案件程序方面的法律规范和行政诉讼参加人行使权利、承担义务的各种法律规范,是现代国家据以建立行政诉讼制度的法律依据。维护和监督行政机关依法行使行政职权,从而根据宪法的规定制定的一部程序性法律。

本节收录《中华人民共和国行政诉讼法》和《最高人民法院关于适用〈中华人民共和国行政诉讼法〉的解释》。

一、中华人民共和国行政诉讼法

中华人民共和国行政诉讼法

(1989 年 4 月 4 日第七届全国人民代表大会第二次会议通过。根据 2014 年 11 月 1 日第十二届全国人民代表大会常务委员会第十一次会议《全国人民代表大会常务委员会关于修改〈中华人民共和国行政诉讼法〉的决定》修正,自 2015 年 5 月 1 日起施行)

第一章　总则

第一条　为保证人民法院公正、及时审理行政案件,解决行政争议,保护公民、法人和其他组织的合法权益,监督行政机关依法行使职权,根据宪法,制定本法。

第二条　公民、法人或者其他组织认为行政机关和行政机关工作人员的行政行为侵犯其合法权益，有权依照本法向人民法院提起诉讼。

前款所称行政行为，包括法律、法规、规章授权的组织作出的行政行为。

第三条　人民法院应当保障公民、法人和其他组织的起诉权利，对应当受理的行政案件依法受理。

行政机关及其工作人员不得干预、阻碍人民法院受理行政案件。

被诉行政机关负责人应当出庭应诉。不能出庭的，应当委托行政机关相应的工作人员出庭。

第四条　人民法院依法对行政案件独立行使审判权，不受行政机关、社会团体和个人的干涉。

人民法院设行政审判庭，审理行政案件。

第五条　人民法院审理行政案件，以事实为根据，以法律为准绳。

第六条　人民法院审理行政案件，对行政行为是否合法进行审查。

第七条　人民法院审理行政案件，依法实行合议、回避、公开审判和两审终审制度。

第八条　当事人在行政诉讼中的法律地位平等。

第九条　各民族公民都有用本民族语言、文字进行行政诉讼的权利。

在少数民族聚居或者多民族共同居住的地区，人民法院应当用当地民族通用的语言、文字进行审理和发布法律文书。

人民法院应当对不通晓当地民族通用的语言、文字的诉讼参与人提供翻译。

第十条　当事人在行政诉讼中有权进行辩论。

第十一条　人民检察院有权对行政诉讼实行法律监督。

第二章　受案范围

第十二条　人民法院受理公民、法人或者其他组织提起的下列诉讼：

（一）对行政拘留、暂扣或者吊销许可证和执照、责令停产停业、没收违法所得、没收非法财物、罚款、警告等行政处罚不服的；

（二）对限制人身自由或者对财产的查封、扣押、冻结等行政强制措施和行政强制执行不服的；

（三）申请行政许可，行政机关拒绝或者在法定期限内不予答复，或者对行政机关作出的有关行政许可的其他决定不服的；

（四）对行政机关作出的关于确认土地、矿藏、水流、森林、山岭、草原、荒地、滩涂、海域等自然资源的所有权或者使用权的决定不服的；

（五）对征收、征用决定及其补偿决定不服的；

（六）申请行政机关履行保护人身权、财产权等合法权益的法定职责，行政机关拒绝履行或者不予答复的；

（七）认为行政机关侵犯其经营自主权或者农村土地承包经营权、农村土地经营权的；

（八）认为行政机关滥用行政权力排除或者限制竞争的；

（九）认为行政机关违法集资、摊派费用或者违法要求履行其他义务的；

（十）认为行政机关没有依法支付抚恤金、最低生活保障待遇或者社会保险待遇的；

（十一）认为行政机关不依法履行、未按照约定履行或者违法变更、解除政府特许经营协议、土地房屋征收补偿协议等协议的；

（十二）认为行政机关侵犯其他人身权、财产权等合法权益的。

除前款规定外，人民法院受理法律、法规规定可以提起诉讼的其他行政案件。

第十三条　人民法院不受理公民、法人或者其他组织对下列事项提起的诉讼：

（一）国防、外交等国家行为；

（二）行政法规、规章或者行政机关制定、发布的具有普遍约束力的决定、命令；

（三）行政机关对行政机关工作人员的奖惩、任免等决定；

（四）法律规定由行政机关最终裁决的行政行为。

第三章　管辖

第十四条　基层人民法院管辖第一审行政案件。

第十五条　中级人民法院管辖下列第一审行政案件：

（一）对国务院部门或者县级以上地方人民政府所作的行政行为提起诉讼的案件；

（二）海关处理的案件；

（三）本辖区内重大、复杂的案件；

（四）其他法律规定由中级人民法院管辖的案件。

第十六条　高级人民法院管辖本辖区内重大、复杂的第一审行政案件。

第十七条　最高人民法院管辖全国范围内重大、复杂的第一审行政案件。

第十八条　行政案件由最初作出行政行为的行政机关所在地人民法院管辖。经复议的案件，也可以由复议机关所在地人民法院管辖。

经最高人民法院批准，高级人民法院可以根据审判工作的实际情况，确定若干人民法院跨行政区域管辖行政案件。

第十九条　对限制人身自由的行政强制措施不服提起的诉讼，由被告所在地或者原告所在地人民法院管辖。

第二十条　因不动产提起的行政诉讼，由不动产所在地人民法院管辖。

第二十一条　两个以上人民法院都有管辖权的案件，原告可以选择其中一个人民法院提起诉讼。原告向两个以上有管辖权的人民法院提起诉讼的，由最先立案的人民法院管辖。

第二十二条　人民法院发现受理的案件不属于本院管辖的，应当移送有管辖权的人民法院，受移送的人民法院应当受理。受移送的人民法院认为受移送的案件按照规定不属于本院管辖的，应当报请上级人民法院指定管辖，不得再自行移送。

第二十三条　有管辖权的人民法院由于特殊原因不能行使管辖权的，由上级人民法院指定管辖。

人民法院对管辖权发生争议，由争议双方协商解决。协商不成的，报它们的共同上级人民法院指定管辖。

第二十四条　上级人民法院有权审理下级人民法院管辖的第一审行政案件。

下级人民法院对其管辖的第一审行政案件，认为需要由上级人民法院审理或者指定管辖的，可以报请上级人民法院决定。

第四章　诉讼参加人

第二十五条　行政行为的相对人以及其他与行政行为有利害关系的公民、法人或者其他组织，有权提起诉讼。

有权提起诉讼的公民死亡，其近亲属可以提起诉讼。

有权提起诉讼的法人或者其他组织终止，承受其权利的法人或者其他组织可以提起诉讼。

第二十六条　公民、法人或者其他组织直接向人民法院提起诉讼的，作出行政行为的行政机关是被告。

经复议的案件，复议机关决定维持原行政行为的，作出原行政行为的行政机关和复议机关是共同被告；复议机关改变原行政行为的，复议机关是被告。

复议机关在法定期限内未作出复议决定，公民、法人或者其他组织起诉原行政行为的，作出原行政行为的行政机关是被告；起诉复议机关不作为的，复议机关是被告。

两个以上行政机关作出同一行政行为的，共同作出行政行为的行政机关是共同被告。

行政机关委托的组织所作的行政行为，委托的行政机关是被告。

行政机关被撤销或者职权变更的，继续行使其职权的行政机关是被告。

第二十七条　当事人一方或者双方为二人以上，因同一行政行为发生的行政案件，或者因同类行政行为发生的行政案件、人民法院认为可以合并审理并经当事人同意的，为共同诉讼。

第二十八条　当事人一方人数众多的共同诉讼，可以由当事人推选代表人进行诉讼。代表人的诉讼行为对其所代表的当事人发生效力，但代表人变更、放弃诉讼请求或者承认对方当事人的诉讼请求，应当经被代表的当事人同意。

第二十九条　公民、法人或者其他组织同被诉行政行为有利害关系但没有提起诉讼，或者同案件处理结果有利害关系的，可以作为第三人申请参加诉讼，或者由人民法院通知参加诉讼。

人民法院判决第三人承担义务或者减损第三人权益的，第三人有权依法提起上诉。

第三十条　没有诉讼行为能力的公民，由其法定代理人代为诉讼。法定代理人互相推诿代理责任的，由人民法院指定其中一人代为诉讼。

第三十一条　当事人、法定代理人，可以委托一至二人作为诉讼代理人。

下列人员可以被委托为诉讼代理人：

（一）律师、基层法律服务工作者；

（二）当事人的近亲属或者工作人员；

（三）当事人所在社区、单位以及有关社会团体推荐的公民。

第三十二条　代理诉讼的律师，有权按照规定查阅、复制本案有关材料，有权向有关组织和公民调查，收集与本案有关的证据。对涉及国家秘密、商业秘密和个人隐私的材料，应当依照法律规定保密。

当事人和其他诉讼代理人有权按照规定查阅、复制本案庭审材料，但涉及国家秘密、商业秘密和个人隐私的内容除外。

第五章　证据

第三十三条　证据包括：

（一）书证；

（二）物证；

（三）视听资料；

（四）电子数据；

（五）证人证言；

（六）当事人的陈述；

（七）鉴定意见；

（八）勘验笔录、现场笔录。

以上证据经法庭审查属实，才能作为认定案件事实的根据。

第三十四条　被告对作出的行政行为负有举证责任，应当提供作出该行政行为的证据和所依据的规范性文件。

被告不提供或者无正当理由逾期提供证据，视为没有相应证据。但是，被诉行政行为涉及第三人合法权益，第三人提供证据的除外。

第三十五条　在诉讼过程中，被告及其诉讼代理人不得自行向原告、第三人和证人收集证据。

第三十六条 被告在作出行政行为时已经收集了证据,但因不可抗力等正当事由不能提供的,经人民法院准许,可以延期提供。

原告或者第三人提出了其在行政处理程序中没有提出的理由或者证据的,经人民法院准许,被告可以补充证据。

第三十七条 原告可以提供证明行政行为违法的证据。原告提供的证据不成立的,不免除被告的举证责任。

第三十八条 在起诉被告不履行法定职责的案件中,原告应当提供其向被告提出申请的证据。但有下列情形之一的除外:

（一）被告应当依职权主动履行法定职责的;

（二）原告因正当理由不能提供证据的。

在行政赔偿、补偿的案件中,原告应当对行政行为造成的损害提供证据。因被告的原因导致原告无法举证的,由被告承担举证责任。

第三十九条 人民法院有权要求当事人提供或者补充证据。

第四十条 人民法院有权向有关行政机关以及其他组织、公民调取证据。但是,不得为证明行政行为的合法性调取被告作出行政行为时未收集的证据。

第四十一条 与本案有关的下列证据,原告或者第三人不能自行收集的,可以申请人民法院调取:

（一）由国家机关保存而须由人民法院调取的证据;

（二）涉及国家秘密、商业秘密和个人隐私的证据;

（三）确因客观原因不能自行收集的其他证据。

第四十二条 在诉讼过程中,人民法院认为对专门性问题需要鉴定的,应当交由法定鉴定部门鉴定;没有法定鉴定部门的,由人民法院指定的鉴定部门鉴定。

第四十三条 证据应当在法庭上出示,并由当事人互相质证。对涉及国家秘密、商业秘密和个人隐私的证据,不得在公开开庭时出示。

人民法院应当按照法定程序,全面、客观地审查核实证据。对未采纳的证据应当在裁判文书中说明理由。

以非法手段取得的证据,不得作为认定案件事实的根据。

第六章 起诉和受理

第四十四条 对属于人民法院受案范围的行政案件,公民、法人或者其他组织可以先向行政机关申请复议,对复议决定不服的,再向人民法院提起诉讼;也可以直接向人民法院提起诉讼。

法律、法规规定应当先向行政机关申请复议,对复议决定不服再向人民法院提起诉讼的，依照法律、法规的规定。

第四十五条　公民、法人或者其他组织不服复议决定的，可以在收到复议决定书之日起十五日内向人民法院提起诉讼。复议机关逾期不作决定的，申请人可以在复议期满之日起十五日内向人民法院提起诉讼。法律另有规定的除外。

第四十六条　公民、法人或者其他组织直接向人民法院提起诉讼的，应当自知道或者应当知道作出行政行为之日起六个月内提出。法律另有规定的除外。

因不动产提起诉讼的案件自行政行为作出之日起超过二十年，其他案件自行政行为作出之日起超过五年提起诉讼的，人民法院不予受理。

第四十七条　公民、法人或者其他组织申请行政机关履行保护其人身权、财产权等合法权益的法定职责，行政机关在接到申请之日起两个月内不履行的，公民、法人或者其他组织可以向人民法院提起诉讼。法律、法规对行政机关履行职责的期限另有规定的，从其规定。

公民、法人或者其他组织在紧急情况下请求行政机关履行保护其人身权、财产权等合法权益的法定职责，行政机关不履行的，提起诉讼不受前款规定期限的限制。

第四十八条　公民、法人或者其他组织因不可抗力或者其他不属于其自身的原因耽误起诉期限的，被耽误的时间不计算在起诉期限内。

公民、法人或者其他组织因前款规定以外的其他特殊情况耽误起诉期限的，在障碍消除后十日内，可以申请延长期限，是否准许由人民法院决定。

第四十九条　提起诉讼应当符合下列条件：

（一）原告是符合本法第二十五条规定的公民、法人或者其他组织；

（二）有明确的被告；

（三）有具体的诉讼请求和事实根据；

（四）属于人民法院受案范围和受诉人民法院管辖。

第五十条　起诉应当向人民法院递交起诉状，并按照被告人数提出副本。

书写起诉状确有困难的，可以口头起诉，由人民法院记入笔录，出具注明日期的书面凭证，并告知对方当事人。

第五十一条　人民法院在接到起诉状时对符合本法规定的起诉条件的，应当登记立案。

对当场不能判定是否符合本法规定的起诉条件的，应当接收起诉状，出具注明收到日期的书面凭证，并在七日内决定是否立案。不符合起诉条件的，作出不予立案的裁定。裁定书应当载明不予立案的理由。原告对裁定不服的，可以提起上诉。

起诉状内容欠缺或者有其他错误的，应当给予指导和释明，并一次性告知当事人需要补正的内容。不得未经指导和释明即以起诉不符合条件为由不接收起诉状。

对于不接收起诉状、接收起诉状后不出具书面凭证，以及不一次性告知当事人需要补正的起诉状内容的，当事人可以向上级人民法院投诉，上级人民法院应当责令改正，并对直接负责的主管人员和其他直接责任人员依法给予处分。

第五十二条　第人民法院既不立案，又不作出不予立案裁定的，当事人可以向上一级人民法院起诉。上一级人民法院认为符合起诉条件的，应当立案、审理，也可以指定其他下级人民法院立案、审理。

第五十三条　公民、法人或者其他组织认为行政行为所依据的国务院部门和地方人民政府及其部门制定的规范性文件不合法，在对行政行为提起诉讼时，可以一并请求对该规范性文件进行审查。

前款规定的规范性文件不含规章。

第七章　审理和判决

第一节　一般规定

第五十四条　人民法院公开审理行政案件，但涉及国家秘密、个人隐私和法律另有规定的除外。

涉及商业秘密的案件，当事人申请不公开审理的，可以不公开审理。

第五十五条　当事人认为审判人员与本案有利害关系或者有其他关系可能影响公正审判，有权申请审判人员回避。

审判人员认为自己与本案有利害关系或者有其他关系，应当申请回避。

前两款规定，适用于书记员、翻译人员、鉴定人、勘验人。

院长担任审判长时的回避，由审判委员会决定；审判人员的回避，由院长决定；其他人员的回避，由审判长决定。当事人对决定不服的，可以申请复议一次。

第五十六条　诉讼期间，不停止行政行为的执行。但有下列情形之一的，裁定停止执行：

（一）被告认为需要停止执行的；

（二）原告或者利害关系人申请停止执行，人民法院认为该行政行为的执行会造成难以弥补的损失，并且停止执行不损害国家利益、社会公共利益的；

（三）人民法院认为该行政行为的执行会给国家利益、社会公共利益造成重大损害的；

（四）法律、法规规定停止执行的。

当事人对停止执行或者不停止执行的裁定不服的，可以申请复议一次。

第五十七条　人民法院对起诉行政机关没有依法支付抚恤金、最低生活保障金和工伤、医疗社会保险金的案件，权利义务关系明确、不先予执行将严重影响原告生活的，可以根据原告的申请，裁定先予执行。

当事人对先予执行裁定不服的，可以申请复议一次。复议期间不停止裁定的执行。

第五十八条　经人民法院传票传唤，原告无正当理由拒不到庭，或者未经法庭许可中途退庭的，可以按照撤诉处理；被告无正当理由拒不到庭，或者未经法庭许可中途退庭的，可以缺席判决。

第五十九条　诉讼参与人或者其他人有下列行为之一的，人民法院可以根据情节轻重，予以训诫、责令具结悔过或者处一万元以下的罚款、十五日以下的拘留；构成犯罪的，依法追究刑事责任：

（一）有义务协助调查、执行的人，对人民法院的协助调查决定、协助执行通知书，无故推拖、拒绝或者妨碍调查、执行的；

（二）伪造、隐藏、毁灭证据或者提供虚假证明材料，妨碍人民法院审理案件的；

（三）指使、贿买、胁迫他人作伪证或者威胁、阻止证人作证的；

（四）隐藏、转移、变卖、毁损已被查封、扣押、冻结的财产的；

（五）以欺骗、胁迫等非法手段使原告撤诉的；

（六）以暴力、威胁或者其他方法阻碍人民法院工作人员执行职务，或者以哄闹、冲击法庭等方法扰乱人民法院工作秩序的；

（七）对人民法院审判人员或者其他工作人员、诉讼参与人、协助调查和执行的人员恐吓、侮辱、诽谤、诬陷、殴打、围攻或者打击报复的。

人民法院对有前款规定的行为之一的单位，可以对其主要负责人或者直接责任人员依照前款规定予以罚款、拘留；构成犯罪的，依法追究刑事责任。

罚款、拘留须经人民法院院长批准。当事人不服的，可以向上一级人民法院申请复议一次。复议期间不停止执行。

第六十条　人民法院审理行政案件，不适用调解。但是，行政赔偿、补偿以及行政机关行使法律、法规规定的自由裁量权的案件可以调解。

调解应当遵循自愿、合法原则，不得损害国家利益、社会公共利益和他人合法权益。

第六十一条　在涉及行政许可、登记、征收、征用和行政机关对民事争议所作的裁决的行政诉讼中，当事人申请一并解决相关民事争议的，人民法院可以一并审理。

在行政诉讼中，人民法院认为行政案件的审理需以民事诉讼的裁判为依据的，可以裁定中止行政诉讼。

第六十二条　人民法院对行政案件宣告判决或者裁定前，原告申请撤诉的，或者被告改变其所作的行政行为，原告同意并申请撤诉的，是否准许，由人民法院裁定。

第六十三条　人民法院审理行政案件，参照国务院部、委根据法律和国务院的行政法规、决定、命令制定、发布的规章以及省、自治区、直辖市和省、自治区的人民政府所在地的市和经国务院批准的较大的市的人民政府根据法律和国务院的行政法规制定、发布的规章。

人民法院认为地方人民政府制定、发布的规章与国务院部、委制定、发布的规章不一致的，以及国务院部、委制定、发布的规章之间不一致的，由最高人民法院送请国务院作出解释或者裁决。

人民法院审理行政案件，参照规章。

第六十四条 人民法院在审理行政案件中，经审查认为本法第五十三条规定的规范性文件不合法的，不作为认定行政行为合法的依据，并向制定机关提出处理建议。

第六十五条 人民法院应当公开发生法律效力的判决书、裁定书，供公众查阅，但涉及国家秘密、商业秘密和个人隐私的内容除外。

第六十六条 人民法院在审理行政案件中，认为行政机关的主管人员、直接责任人员违法违纪的，应当将有关材料移送监察机关、该行政机关或者其上一级行政机关；认为有犯罪行为的，应当将有关材料移送公安、检察机关。

人民法院对被告经传票传唤无正当理由拒不到庭，或者未经法庭许可中途退庭的，可以将被告拒不到庭或者中途退庭的情况予以公告，并可以向监察机关或者被告的上一级行政机关提出依法给予其主要负责人或者直接责任人员处分的司法建议。

第二节 第一审普通程序

第六十七条 人民法院应当在立案之日起五日内，将起诉状副本发送被告。被告应当在收到起诉状副本之日起十五日内向人民法院提交作出行政行为的证据和所依据的规范性文件，并提出答辩状。人民法院应当在收到答辩状之日起五日内，将答辩状副本发送原告。

被告不提出答辩状的，不影响人民法院审理。

第六十八条 人民法院审理行政案件，由审判员组成合议庭，或者由审判员、陪审员组成合议庭。合议庭的成员，应当是三人以上的单数。

第六十九条 行政行为证据确凿，适用法律、法规正确，符合法定程序的，或者原告申请被告履行法定职责或者给付义务理由不成立的，人民法院判决驳回原告的诉讼请求。

第七十条 行政行为有下列情形之一的，人民法院判决撤销或者部分撤销，并可以判决被告重新作出行政行为：

（一）主要证据不足的；

（二）适用法律、法规错误的；

（三）违反法定程序的；

（四）超越职权的；

（五）滥用职权的；

（六）明显不当的。

第七十一条 人民法院判决被告重新作出行政行为的，被告不得以同一的事实和理由作出与原行政行为基本相同的行政行为。

第七十二条　人民法院经过审理，查明被告不履行法定职责的，判决被告在一定期限内履行。

第七十三条　人民法院经过审理，查明被告依法负有给付义务的，判决被告履行给付义务。

第七十四条　行政行为有下列情形之一的，人民法院判决确认违法，但不撤销行政行为：

（一）行政行为依法应当撤销，但撤销会给国家利益、社会公共利益造成重大损害的；

（二）行政行为程序轻微违法，但对原告权利不产生实际影响的。

行政行为有下列情形之一，不需要撤销或者判决履行的，人民法院判决确认违法：

（一）行政行为违法，但不具有可撤销内容的；

（二）被告改变原违法行政行为，原告仍要求确认原行政行为违法的；

（三）被告不履行或者拖延履行法定职责，判决履行没有意义的。

第七十五条　行政行为有实施主体不具有行政主体资格或者没有依据等重大且明显违法情形，原告申请确认行政行为无效的，人民法院判决确认无效。

第七十六条　人民法院判决确认违法或者无效的，可以同时判决责令被告采取补救措施；给原告造成损失的，依法判决被告承担赔偿责任。

第七十七条　行政处罚明显不当，或者其他行政行为涉及对款额的确定、认定确有错误的，人民法院可以判决变更。

人民法院判决变更，不得加重原告的义务或者减损原告的权益。但利害关系人同为原告，且诉讼请求相反的除外。

第七十八条　被告不依法履行、未按照约定履行或者违法变更、解除本法第十二条第一款第十一项规定的协议的，人民法院判决被告承担继续履行、采取补救措施或者赔偿损失等责任。

被告变更、解除本法第十二条第一款第十一项规定的协议合法，但未依法给予补偿的，人民法院判决给予补偿。

第七十九条　复议机关与作出原行政行为的行政机关为共同被告的案件，人民法院应当对复议决定和原行政行为一并作出裁判。

第八十条　人民法院对公开审理和不公开审理的案件，一律公开宣告判决。

当庭宣判的，应当在十日内发送判决书；定期宣判的，宣判后立即发给判决书。

宣告判决时，必须告知当事人上诉权利、上诉期限和上诉的人民法院。

第八十一条　人民法院应当在立案之日起六个月内作出第一审判决。有特殊情况需要延长的，由高级人民法院批准，高级人民法院审理第一审案件需要延长的，由最高人民法院批准。

第三节 简易程序

第八十二条 人民法院审理下列第一审行政案件，认为事实清楚、权利义务关系明确、争议不大的，可以适用简易程序：

（一）被诉行政行为是依法当场作出的；

（二）案件涉及款额二千元以下的；

（三）属于政府信息公开案件的。

除前款规定以外的第一审行政案件，当事人各方同意适用简易程序的，可以适用简易程序。

发回重审、按照审判监督程序再审的案件不适用简易程序。

第八十三条 适用简易程序审理的行政案件，由审判员一人独任审理，并应当在立案之日起四十五日内审结。

第八十四条 人民法院在审理过程中，发现案件不宜适用简易程序的，裁定转为普通程序。

第四节 第二审程序

第八十五条 当事人不服人民法院第一审判决的，有权在判决书送达之日起十五日内向上一级人民法院提起上诉。当事人不服人民法院第一审裁定的，有权在裁定书送达之日起十日内向上一级人民法院提起上诉。逾期不提起上诉的，人民法院的第一审判决或者裁定发生法律效力。

第八十六条 人民法院对上诉案件，应当组成合议庭，开庭审理。经过阅卷、调查和询问当事人，对没有提出新的事实、证据或者理由，合议庭认为不需要开庭审理的，也可以不开庭审理。

第八十七条 人民法院审理上诉案件，应当对原审人民法院的判决、裁定和被诉行政行为进行全面审查。

第八十八条 人民法院审理上诉案件，应当在收到上诉状之日起三个月内作出终审判决。有特殊情况需要延长的，由高级人民法院批准，高级人民法院审理上诉案件需要延长的，由最高人民法院批准。

第八十九条 人民法院审理上诉案件，按照下列情形，分别处理：

（一）原判决、裁定认定事实清楚，适用法律、法规正确的，判决或者裁定驳回上诉，维持原判决、裁定；

（二）原判决、裁定认定事实错误或者适用法律、法规错误的，依法改判、撤销或者变更；

（三）原判决认定基本事实不清、证据不足的，发回原审人民法院重审，或者查清事实后改判；

（四）原判决遗漏当事人或者违法缺席判决等严重违反法定程序的，裁定撤销原判决，发回原审人民法院重审。

原审人民法院对发回重审的案件作出判决后，当事人提起上诉的，第二审人民法院不得再次发回重审。

人民法院审理上诉案件，需要改变原审判决的，应当同时对被诉行政行为作出判决。

第五节　审判监督程序

第九十条　当事人对已经发生法律效力的判决、裁定，认为确有错误的，可以向上一级人民法院申请再审，但判决、裁定不停止执行。

第九十一条　当事人的申请符合下列情形之一的，人民法院应当再审：

（一）不予立案或者驳回起诉确有错误的；

（二）有新的证据，足以推翻原判决、裁定的；

（三）原判决、裁定认定事实的主要证据不足、未经质证或者系伪造的；

（四）原判决、裁定适用法律、法规确有错误的；

（五）违反法律规定的诉讼程序，可能影响公正审判的；

（六）原判决、裁定遗漏诉讼请求的；

（七）据以作出原判决、裁定的法律文书被撤销或者变更的；

（八）审判人员在审理该案件时有贪污受贿、徇私舞弊、枉法裁判行为的。

第九十二条　各级人民法院院长对本院已经发生法律效力的判决、裁定，发现有本法第九十一条规定情形之一，或者发现调解违反自愿原则或者调解书内容违法，认为需要再审的，应当提交审判委员会讨论决定。

最高人民法院对地方各级人民法院已经发生法律效力的判决、裁定，上级人民法院对下级人民法院已经发生法律效力的判决、裁定，发现有本法第九十一条规定情形之一，或者发现调解违反自愿原则或者调解书内容违法的，有权提审或者指令下级人民法院再审。

第九十三条　最高人民检察院对各级人民法院已经发生法律效力的判决、裁定，上级人民检察院对下级人民法院已经发生法律效力的判决、裁定，发现有本法第九十一条规定情形之一，或者发现调解书损害国家利益、社会公共利益的，应当提出抗诉。

地方各级人民检察院对同级人民法院已经发生法律效力的判决、裁定，发现有本法第九十一条规定情形之一，或者发现调解书损害国家利益、社会公共利益的，可以向同级人民法院提出检察建议，并报上级人民检察院备案；也可以提请上级人民检察院向同级人民法院提出抗诉。

各级人民检察院对审判监督程序以外的其他审判程序中审判人员的违法行为，有权向同级人民法院提出检察建议。

第八章 执行

第九十四条 当事人必须履行人民法院发生法律效力的判决、裁定、调解书。

第九十五条 公民、法人或者其他组织拒绝履行判决、裁定、调解书的，行政机关或者第三人可以向第一审人民法院申请强制执行，或者由行政机关依法强制执行。

第九十六条 行政机关拒绝履行判决、裁定、调解书的，第一审人民法院可以采取下列措施：

（一）对应当归还的罚款或者应当给付的款额，通知银行从该行政机关的账户内划拨；

（二）在规定期限内不履行的，从期满之日起，对该行政机关负责人按日处五十元至一百元的罚款；

（三）将行政机关拒绝履行的情况予以公告；

（四）向监察机关或者该行政机关的上一级行政机关提出司法建议。接受司法建议的机关，根据有关规定进行处理，并将处理情况告知人民法院；

（五）拒不履行判决、裁定、调解书，社会影响恶劣的，可以对该行政机关直接负责的主管人员和其他直接责任人员予以拘留；情节严重，构成犯罪的，依法追究刑事责任。

第九十七条 公民、法人或者其他组织对行政行为在法定期间不提起诉讼又不履行的，行政机关可以申请人民法院强制执行，或者依法强制执行。

第九章 涉外行政诉讼

第九十八条 外国人、无国籍人、外国组织在中华人民共和国进行行政诉讼，适用本法。法律另有规定的除外。

第九十九条 外国人、无国籍人、外国组织在中华人民共和国进行行政诉讼，同中华人民共和国公民、组织有同等的诉讼权利和义务。

外国法院对中华人民共和国公民、组织的行政诉讼权利加以限制的，人民法院对该国公民、组织的行政诉讼权利，实行对等原则。

第一百条 外国人、无国籍人、外国组织在中华人民共和国进行行政诉讼，委托律师代理诉讼的，应当委托中华人民共和国律师机构的律师。

第一百零一条 人民法院审理行政案件，关于期间、送达、财产保全、开庭审理、调解、中止诉讼、终结诉讼、简易程序、执行等，以及人民检察院对行政案件受理、审理、裁判、执行的监督，本法没有规定的，适用《中华人民共和国民事诉讼法》的相关规定。

第十章 附则

第一百零二条 人民法院审理行政案件,应当收取诉讼费用。诉讼费用由败诉方承担,双方都有责任的由双方分担。收取诉讼费用的具体办法另行规定。

第一百零三条 本法自一九九〇年十月一日起施行。

二、最高人民法院关于适用《行政诉讼法》的解释

第十二届全国人大常委会第十一次会议于 2014 年 11 月 1 日通过了关于修改行政诉讼法的决定。这是行政诉讼法实施二十四年以来的第一次"大修"。修正案立足于解决"立案难、审理难、执行难"等突出问题,增设了许多重大的新制度、新规定,对于更好地发挥行政诉讼在解决行政争议,保护公民、法人或者其他组织的合法权益,监督行政机关依法行使职权等方面的作用,加快建设社会主义法治国家,全面落实依法治国基本方略具有重要的意义。新行政诉讼法对人民法院的行政审判工作提出了许多新任务、新要求,需要全国各级人民法院严格执行。同时,新行政诉讼法增设的新制度、新规定,也迫切需要通过司法解释进行细化,制定便于人民法院操作的具体规程。最高人民法院及时制定了司法解释,在全面梳理问题、深入调研论证的基础上,起草小组起草了司法解释草案,并认真听取了立法机关、行政机关、检察机关和专家学者的意见。总的来看,《解释》注重对行政相对人诉讼权利和实体权利的充分保障,注重对行政机关依法应诉和依法行使职权的有效监督,注重对行政争议以及与行政争议相关的民事争议的实质解决。同时,也正确处理了加强诉权保护与尊重诉讼规律、强化司法的能动积极作用与司法权与行政权的合理分工等重大关系。

该《解释》第一稿共 27 条,提交最高人民法院审判委员会第 1648 次会议于 2015 年 4 月 20 日讨论通过,自 2015 年 5 月 1 日起与新行政诉讼法同步实施。最新版《解释》是于 2017 年 11 月 13 日由最高人民法院审判委员会第 1726 次会议通过的。

中华人民共和国最高人民法院公告

《最高人民法院关于适用〈中华人民共和国行政诉讼法〉的解释》已于 2017 年 11 月 13 日由最高人民法院审判委员会第 1726 次会议通过,现予公布,自 2018 年 2 月 8 日起施行。

最高人民法院
2018 年 2 月 6 日

最高人民法院关于适用《中华人民共和国行政诉讼法》的解释

为正确适用《中华人民共和国行政诉讼法》（以下简称行政诉讼法），结合人民法院行政审判工作实际，制定本解释。

一、受案范围

第一条 公民、法人或者其他组织对行政机关及其工作人员的行政行为不服，依法提起诉讼的，属于人民法院行政诉讼的受案范围。

下列行为不属于人民法院行政诉讼的受案范围：

（一）公安、国家安全等机关依照刑事诉讼法的明确授权实施的行为；

（二）调解行为以及法律规定的仲裁行为；

（三）行政指导行为；

（四）驳回当事人对行政行为提起申诉的重复处理行为；

（五）行政机关作出的不产生外部法律效力的行为；

（六）行政机关为作出行政行为而实施的准备、论证、研究、层报、咨询等过程性行为；

（七）行政机关根据人民法院的生效裁判、协助执行通知书作出的执行行为，但行政机关扩大执行范围或者采取违法方式实施的除外；

（八）上级行政机关基于内部层级监督关系对下级行政机关作出的听取报告、执法检查、督促履责等行为；

（九）行政机关针对信访事项作出的登记、受理、交办、转送、复查、复核意见等行为；

（十）对公民、法人或者其他组织权利义务不产生实际影响的行为。

第二条 行政诉讼法第十三条第一项规定的"国家行为"，是指国务院、中央军事委员会、国防部、外交部等根据宪法和法律的授权，以国家的名义实施的有关国防和外交事务的行为，以及经宪法和法律授权的国家机关宣布紧急状态等行为。

行政诉讼法第十三条第二项规定的"具有普遍约束力的决定、命令"，是指行政机关针对不特定对象发布的能反复适用的规范性文件。

行政诉讼法第十三条第三项规定的"对行政机关工作人员的奖惩、任免等决定"，是指行政机关作出的涉及行政机关工作人员公务员权利义务的决定。

行政诉讼法第十三条第四项规定的"法律规定由行政机关最终裁决的行政行为"中的"法律"，是指全国人民代表大会及其常务委员会制定、通过的规范性文件。

二、管辖

第三条 各级人民法院行政审判庭审理行政案件和审查行政机关申请执行其行政行为的案件。

专门人民法院、人民法庭不审理行政案件,也不审查和执行行政机关申请执行其行政行为的案件。铁路运输法院等专门人民法院审理行政案件,应当执行行政诉讼法第十八条第二款的规定。

第四条　立案后,受诉人民法院的管辖权不受当事人住所地改变、追加被告等事实和法律状态变更的影响。

第五条　有下列情形之一的,属于行政诉讼法第十五条第三项规定的"本辖区内重大、复杂的案件":

（一）社会影响重大的共同诉讼案件;

（二）涉外或者涉及香港特别行政区、澳门特别行政区、台湾地区的案件;

（三）其他重大、复杂案件。

第六条　当事人以案件重大复杂为由,认为有管辖权的基层人民法院不宜行使管辖权或者根据行政诉讼法第五十二条的规定,向中级人民法院起诉,中级人民法院应当根据不同情况在七日内分别作出以下处理:

（一）决定自行审理;

（二）指定本辖区其他基层人民法院管辖;

（三）书面告知当事人向有管辖权的基层人民法院起诉。

第七条　基层人民法院对其管辖的第一审行政案件,认为需要由中级人民法院审理或者指定管辖的,可以报请中级人民法院决定。中级人民法院应当根据不同情况在七日内分别作出以下处理:

（一）决定自行审理;

（二）指定本辖区其他基层人民法院管辖;

（三）决定由报请的人民法院审理。

第八条　行政诉讼法第十九条规定的"原告所在地",包括原告的户籍所在地、经常居住地和被限制人身自由地。

对行政机关基于同一事实,既采取限制公民人身自由的行政强制措施,又采取其他行政强制措施或者行政处罚不服的,由被告所在地或者原告所在地的人民法院管辖。

第九条　行政诉讼法第二十条规定的"因不动产提起的行政诉讼"是指因行政行为导致不动产物权变动而提起的诉讼。

不动产已登记的,以不动产登记簿记载的所在地为不动产所在地;不动产未登记的,以不动产实际所在地为不动产所在地。

第十条　人民法院受理案件后,被告提出管辖异议的,应当在收到起诉状副本之日起十五日内提出。

对当事人提出的管辖异议,人民法院应当进行审查。异议成立的,裁定将案件移送有管辖权的人民法院;异议不成立的,裁定驳回。

人民法院对管辖异议审查后确定有管辖权的,不因当事人增加或者变更诉讼请求等改变管辖,但违反级别管辖、专属管辖规定的除外。

第十一条 有下列情形之一的,人民法院不予审查:

(一)人民法院发回重审或者按第一审程序再审的案件,当事人提出管辖异议的;

(二)当事人在第一审程序中未按照法律规定的期限和形式提出管辖异议,在第二审程序中提出的。

三、诉讼参加人

第十二条 有下列情形之一的,属于行政诉讼法第二十五条第一款规定的"与行政行为有利害关系":

(一)被诉的行政行为涉及其相邻权或者公平竞争权的;

(二)在行政复议等行政程序中被追加为第三人的;

(三)要求行政机关依法追究加害人法律责任的;

(四)撤销或者变更行政行为涉及其合法权益的;

(五)为维护自身合法权益向行政机关投诉,具有处理投诉职责的行政机关作出或者未作出处理的;

(六)其他与行政行为有利害关系的情形。

第十三条 债权人以行政机关对债务人所作的行政行为损害债权实现为由提起行政诉讼的,人民法院应当告知其就民事争议提起民事诉讼,但行政机关作出行政行为时依法应予保护或者应予考虑的除外。

第十四条 行政诉讼法第二十五条第二款规定的"近亲属",包括配偶、父母、子女、兄弟姐妹、祖父母、外祖父母、孙子女、外孙子女和其他具有扶养、赡养关系的亲属。

公民因被限制人身自由而不能提起诉讼的,其近亲属可以依其口头或者书面委托以该公民的名义提起诉讼。近亲属起诉时无法与被限制人身自由的公民取得联系,近亲属可以先行起诉,并在诉讼中补充提交委托证明。

第十五条 合伙企业向人民法院提起诉讼的,应当以核准登记的字号为原告。未依法登记领取营业执照的个人合伙的全体合伙人为共同原告;全体合伙人可以推选代表人,被推选的代表人,应当由全体合伙人出具推选书。

个体工商户向人民法院提起诉讼的,以营业执照上登记的经营者为原告。有字号的,以营业执照上登记的字号为原告,并应当注明该字号经营者的基本信息。

第十六条 股份制企业的股东大会、股东会、董事会等认为行政机关作出的行政行为侵犯企业经营自主权的,可以企业名义提起诉讼。

联营企业、中外合资或者合作企业的联营、合资、合作各方,认为联营、合资、合作企业权益或者自己一方合法权益受行政行为侵害的,可以自己的名义提起诉讼。

非国有企业被行政机关注销、撤销、合并、强令兼并、出售、分立或者改变企业隶属关系的，该企业或者其法定代表人可以提起诉讼。

第十七条　事业单位、社会团体、基金会、社会服务机构等非营利法人的出资人、设立人认为行政行为损害法人合法权益的，可以自己的名义提起诉讼。

第十八条　业主委员会对于行政机关作出的涉及业主共有利益的行政行为，可以自己的名义提起诉讼。

业主委员会不起诉的，专有部分占建筑物总面积过半数或者占总户数过半数的业主可以提起诉讼。

第十九条　当事人不服经上级行政机关批准的行政行为，向人民法院提起诉讼的，以在对外发生法律效力的文书上署名的机关为被告。

第二十条　行政机关组建并赋予行政管理职能但不具有独立承担法律责任能力的机构，以自己的名义作出行政行为，当事人不服提起诉讼的，应当以组建该机构的行政机关为被告。

法律、法规或者规章授权行使行政职权的行政机关内设机构、派出机构或者其他组织，超出法定授权范围实施行政行为，当事人不服提起诉讼的，应当以实施该行为的机构或者组织为被告。

没有法律、法规或者规章规定，行政机关授权其内设机构、派出机构或者其他组织行使行政职权的，属于行政诉讼法第二十六条规定的委托。当事人不服提起诉讼的，应当以该行政机关为被告。

第二十一条　当事人对由国务院、省级人民政府批准设立的开发区管理机构作出的行政行为不服提起诉讼的，以该开发区管理机构为被告；对由国务院、省级人民政府批准设立的开发区管理机构所属职能部门作出的行政行为不服提起诉讼的，以其职能部门为被告；对其他开发区管理机构所属职能部门作出的行政行为不服提起诉讼的，以开发区管理机构为被告；开发区管理机构没有行政主体资格的，以设立该机构的地方人民政府为被告。

第二十二条　行政诉讼法第二十六条第二款规定的"复议机关改变原行政行为"，是指复议机关改变原行政行为的处理结果。复议机关改变原行政行为所认定的主要事实和证据、改变原行政行为所适用的规范依据，但未改变原行政行为处理结果的，视为复议机关维持原行政行为。

复议机关确认原行政行为无效，属于改变原行政行为。

复议机关确认原行政行为违法，属于改变原行政行为，但复议机关以违反法定程序为由确认原行政行为违法的除外。

第二十三条　行政机关被撤销或者职权变更，没有继续行使其职权的行政机关的，以其所属的人民政府为被告；实行垂直领导的，以垂直领导的上一级行政机关为被告。

第二十四条　当事人对村民委员会或者居民委员会依据法律、法规、规章的授权履行行政管理职责的行为不服提起诉讼的，以村民委员会或者居民委员会为被告。

当事人对村民委员会、居民委员会受行政机关委托作出的行为不服提起诉讼的，以委托的行政机关为被告。

当事人对高等学校等事业单位以及律师协会、注册会计师协会等行业协会依据法律、法规、规章的授权实施的行政行为不服提起诉讼的，以该事业单位、行业协会为被告。

当事人对高等学校等事业单位以及律师协会、注册会计师协会等行业协会受行政机关委托作出的行为不服提起诉讼的，以委托的行政机关为被告。

第二十五条　市、县级人民政府确定的房屋征收部门组织实施房屋征收与补偿工作过程中作出行政行为，被征收人不服提起诉讼的，以房屋征收部门为被告。

征收实施单位受房屋征收部门委托，在委托范围内从事的行为，被征收人不服提起诉讼的，应当以房屋征收部门为被告。

第二十六条　原告所起诉的被告不适格，人民法院应当告知原告变更被告；原告不同意变更的，裁定驳回起诉。

应当追加被告而原告不同意追加的，人民法院应当通知其以第三人的身份参加诉讼，但行政复议机关作共同被告的除外。

第二十七条　必须共同进行诉讼的当事人没有参加诉讼的，人民法院应当依法通知其参加；当事人也可以向人民法院申请参加。

人民法院应当对当事人提出的申请进行审查，申请理由不成立的，裁定驳回；申请理由成立的，书面通知其参加诉讼。

前款所称的必须共同进行诉讼，是指按照行政诉讼法第二十七条的规定，当事人一方或者双方为两人以上，因同一行政行为发生行政争议，人民法院必须合并审理的诉讼。

第二十八条　人民法院追加共同诉讼的当事人时，应当通知其他当事人。应当追加的原告，已明确表示放弃实体权利的，可不予追加；既不愿意参加诉讼，又不放弃实体权利的，应追加为第三人，其不参加诉讼，不能阻碍人民法院对案件的审理和裁判。

第二十九条　行政诉讼法第二十八条规定的"人数众多"，一般指十人以上。

根据行政诉讼法第二十八条的规定，当事人一方人数众多的，由当事人推选代表人。当事人推选不出的，可以由人民法院在起诉的当事人中指定代表人。

行政诉讼法第二十八条规定的代表人为二至五人。代表人可以委托一至二人作为诉讼代理人。

第三十条　行政机关的同一行政行为涉及两个以上利害关系人，其中一部分利害关系人对行政行为不服提起诉讼，人民法院应当通知没有起诉的其他利害关系人作为第三人参加诉讼。

与行政案件处理结果有利害关系的第三人，可以申请参加诉讼，或者由人民法院通知其参加诉讼。人民法院判决其承担义务或者减损其权益的第三人，有权提出上诉或者申请再审。

行政诉讼法第二十九条规定的第三人，因不能归责于本人的事由未参加诉讼，但有证据证明发生法律效力的判决、裁定、调解书损害其合法权益的，可以依照行政诉讼法第九十条的规定，自知道或者应当知道其合法权益受到损害之日起六个月内，向上一级人民法院申请再审。

第三十一条　当事人委托诉讼代理人，应当向人民法院提交由委托人签名或者盖章的授权委托书。委托书应当载明委托事项和具体权限。公民在特殊情况下无法书面委托的，也可以由他人代书，并由自己捺印等方式确认，人民法院应当核实并记录在卷；被诉行政机关或者其他有义务协助的机关拒绝人民法院向被限制人身自由的公民核实的，视为委托成立。当事人解除或者变更委托的，应当书面报告人民法院。

第三十二条　依照行政诉讼法第三十一条第二款第二项规定，与当事人有合法劳动人事关系的职工，可以当事人工作人员的名义作为诉讼代理人。以当事人的工作人员身份参加诉讼活动，应当提交以下证据之一加以证明：

（一）缴纳社会保险记录凭证；

（二）领取工资凭证；

（三）其他能够证明其为当事人工作人员身份的证据。

第三十三条　根据行政诉讼法第三十一条第二款第三项规定，有关社会团体推荐公民担任诉讼代理人的，应当符合下列条件：

（一）社会团体属于依法登记设立或者依法免予登记设立的非营利性法人组织；

（二）被代理人属于该社会团体的成员，或者当事人一方住所地位于该社会团体的活动地域；

（三）代理事务属于该社会团体章程载明的业务范围；

（四）被推荐的公民是该社会团体的负责人或者与该社会团体有合法劳动人事关系的工作人员。

专利代理人经中华全国专利代理人协会推荐，可以在专利行政案件中担任诉讼代理人。

四、证据

第三十四条　根据行政诉讼法第三十六条第一款的规定，被告申请延期提供证据的，应当在收到起诉状副本之日起十五日内以书面方式向人民法院提出。人民法院准许延期提供的，被告应当在正当事由消除后十五日内提供证据。逾期提供的，视为被诉行政行为没有相应的证据。

第三十五条　原告或者第三人应当在开庭审理前或者人民法院指定的交换证据清单之日提供证据。因正当事由申请延期提供证据的，经人民法院准许，可以在法庭调查中提供。逾期提供证据的，人民法院应当责令其说明理由；拒不说明理由或者理由不成立的，视为放弃举证权利。

原告或者第三人在第一审程序中无正当事由未提供而在第二审程序中提供的证据，人民法院不予接纳。

第三十六条　当事人申请延长举证期限，应当在举证期限届满前向人民法院提出书面申请。

申请理由成立的，人民法院应当准许，适当延长举证期限，并通知其他当事人。申请理由不成立的，人民法院不予准许，并通知申请人。

第三十七条　根据行政诉讼法第三十九条的规定，对当事人无争议，但涉及国家利益、公共利益或者他人合法权益的事实，人民法院可以责令当事人提供或者补充有关证据。

第三十八条　对于案情比较复杂或者证据数量较多的案件，人民法院可以组织当事人在开庭前向对方出示或者交换证据，并将交换证据清单的情况记录在卷。

当事人在庭前证据交换过程中没有争议并记录在卷的证据，经审判人员在庭审中说明后，可以作为认定案件事实的依据。

第三十九条　当事人申请调查收集证据，但该证据与待证事实无关联、对证明待证事实无意义或者其他无调查收集必要的，人民法院不予准许。

第四十条　人民法院在证人出庭作证前应当告知其如实作证的义务以及作伪证的法律后果。

证人因履行出庭作证义务而支出的交通、住宿、就餐等必要费用以及误工损失，由败诉一方当事人承担。

第四十一条　有下列情形之一，原告或者第三人要求相关行政执法人员出庭说明的，人民法院可以准许：

（一）对现场笔录的合法性或者真实性有异议的；
（二）对扣押财产的品种或者数量有异议的；
（三）对检验的物品取样或者保管有异议的；
（四）对行政执法人员身份的合法性有异议的；
（五）需要出庭说明的其他情形。

第四十二条　能够反映案件真实情况、与待证事实相关联、来源和形式符合法律规定的证据，应当作为认定案件事实的根据。

第四十三条　有下列情形之一的，属于行政诉讼法第四十三条第三款规定的"以非法手段取得的证据"：

（一）严重违反法定程序收集的证据材料；

（二）以违反法律强制性规定的手段获取且侵害他人合法权益的证据材料；

（三）以利诱、欺诈、胁迫、暴力等手段获取的证据材料。

第四十四条　人民法院认为有必要的，可以要求当事人本人或者行政机关执法人员到庭，就案件有关事实接受询问。在询问之前，可以要求其签署保证书。

保证书应当载明据实陈述、如有虚假陈述愿意接受处罚等内容。当事人或者行政机关执法人员应当在保证书上签名或者捺印。

负有举证责任的当事人拒绝到庭、拒绝接受询问或者拒绝签署保证书，待证事实又欠缺其他证据加以佐证的，人民法院对其主张的事实不予认定。

第四十五条　被告有证据证明其在行政程序中依照法定程序要求原告或者第三人提供证据，原告或者第三人依法应当提供而没有提供，在诉讼程序中提供的证据，人民法院一般不予采纳。

第四十六条　原告或者第三人确有证据证明被告持有的证据对原告或者第三人有利的，可以在开庭审理前书面申请人民法院责令行政机关提交。

申请理由成立的，人民法院应当责令行政机关提交，因提交证据所产生的费用，由申请人预付。行政机关无正当理由拒不提交的，人民法院可以推定原告或者第三人基于该证据主张的事实成立。

持有证据的当事人以妨碍对方当事人使用为目的，毁灭有关证据或者实施其他致使证据不能使用行为的，人民法院可以推定对方当事人基于该证据主张的事实成立，并可依照行政诉讼法第五十九条规定处理。

第四十七条　根据行政诉讼法第三十八条第二款的规定，在行政赔偿、补偿案件中，因被告的原因导致原告无法就损害情况举证的，应当由被告就该损害情况承担举证责任。

对于各方主张损失的价值无法认定的，应当由负有举证责任的一方当事人申请鉴定，但法律、法规、规章规定行政机关在作出行政行为时依法应当评估或者鉴定的除外；负有举证责任的当事人拒绝申请鉴定的，由其承担不利的法律后果。

当事人的损失因客观原因无法鉴定的，人民法院应当结合当事人的主张和在案证据，遵循法官职业道德，运用逻辑推理和生活经验、生活常识等，酌情确定赔偿数额。

五、期间、送达

第四十八条　期间包括法定期间和人民法院指定的期间。

期间以时、日、月、年计算。期间开始的时和日，不计算在期间内。

期间届满的最后一日是节假日的，以节假日后的第一日为期间届满的日期。

期间不包括在途时间，诉讼文书在期满前交邮的，视为在期限内发送。

第四十九条　行政诉讼法第五十一条第二款规定的立案期限，因起诉状内容欠缺或者有其他错误通知原告限期补正的，从补正后递交人民法院的次日起算。由上级人民法院转交下级人民法院立案的案件，从受诉人民法院收到起诉状的次日起算。

第五十条　行政诉讼法第八十一条、第八十三条、第八十八条规定的审理期限，是指从立案之日起至裁判宣告、调解书送达之日止的期间，但公告期间、鉴定期间、调解期间、中止诉讼期间、审理当事人提出的管辖异议以及处理人民法院之间的管辖争议期间不应计算在内。

再审案件按照第一审程序或者第二审程序审理的，适用行政诉讼法第八十一条、第八十八条规定的审理期限。审理期限自再审立案的次日起算。

基层人民法院申请延长审理期限，应当直接报请高级人民法院批准，同时报中级人民法院备案。

第五十一条　人民法院可以要求当事人签署送达地址确认书，当事人确认的送达地址为人民法院法律文书的送达地址。

当事人同意电子送达的，应当提供并确认传真号、电子信箱等电子送达地址。

当事人送达地址发生变更的，应当及时书面告知受理案件的人民法院；未及时告知的，人民法院按原地址送达，视为依法送达。

人民法院可以通过国家邮政机构以法院专递方式进行送达。

第五十二条　人民法院可以在当事人住所地以外向当事人直接送达诉讼文书。当事人拒绝签署送达回证的，采用拍照、录像等方式记录送达过程即视为送达。审判人员、书记员应当在送达回证上注明送达情况并签名。

六、起诉与受理

第五十三条　人民法院对符合起诉条件的案件应当立案，依法保障当事人行使诉讼权利。

对当事人依法提起的诉讼，人民法院应当根据行政诉讼法第五十一条的规定接收起诉状。能够判断符合起诉条件的，应当当场登记立案；当场不能判断是否符合起诉条件的，应当在接收起诉状后七日内决定是否立案；七日内仍不能作出判断的，应当先予立案。

第五十四条　依照行政诉讼法第四十九条的规定，公民、法人或者其他组织提起诉讼时应当提交以下起诉材料：

（一）原告的身份证明材料以及有效联系方式；

（二）被诉行政行为或者不作为存在的材料；

（三）原告与被诉行政行为具有利害关系的材料；

（四）人民法院认为需要提交的其他材料。

由法定代理人或者委托代理人代为起诉的，还应当在起诉状中写明或者在口头起诉时向人民法院说明法定代理人或者委托代理人的基本情况，并提交法定代理人或者委托代理人的身份证明和代理权限证明等材料。

第五十五条　依照行政诉讼法第五十一条的规定，人民法院应当就起诉状内容和材料是否完备以及是否符合行政诉讼法规定的起诉条件进行审查。

起诉状内容或者材料欠缺的，人民法院应当给予指导和释明，并一次性全面告知当事人需要补正的内容、补充的材料及期限。在指定期限内补正并符合起诉条件的，应当登记立案。当事人拒绝补正或者经补正仍不符合起诉条件的，退回诉状并记录在册；坚持起诉的，裁定不予立案，并载明不予立案的理由。

第五十六条　法律、法规规定应当先申请复议，公民、法人或者其他组织未申请复议直接提起诉讼的，人民法院裁定不予立案。

依照行政诉讼法第四十五条的规定，复议机关不受理复议申请或者在法定期限内不作出复议决定，公民、法人或者其他组织不服，依法向人民法院提起诉讼的，人民法院应当依法立案。

第五十七条　法律、法规未规定行政复议为提起行政诉讼必经程序，公民、法人或者其他组织既提起诉讼又申请行政复议的，由先立案的机关管辖；同时立案的，由公民、法人或者其他组织选择。公民、法人或者其他组织已经申请行政复议，在法定复议期间内又向人民法院提起诉讼的，人民法院裁定不予立案。

第五十八条　法律、法规未规定行政复议为提起行政诉讼必经程序，公民、法人或者其他组织向复议机关申请行政复议后，又经复议机关同意撤回复议申请，在法定起诉期限内对原行政行为提起诉讼的，人民法院应当依法立案。

第五十九条　公民、法人或者其他组织向复议机关申请行政复议后，复议机关作出维持决定的，应当以复议机关和原行为机关为共同被告，并以复议决定送达时间确定起诉期限。

第六十条　人民法院裁定准许原告撤诉后，原告以同一事实和理由重新起诉的，人民法院不予立案。

准予撤诉的裁定确有错误，原告申请再审的，人民法院应当通过审判监督程序撤销原准予撤诉的裁定，重新对案件进行审理。

第六十一条　原告或者上诉人未按规定的期限预交案件受理费，又不提出缓交、减交、免交申请，或者提出申请未获批准的，按自动撤诉处理。在按撤诉处理后，原告或者上诉人在法定期限内再次起诉或者上诉，并依法解决诉讼费预交问题的，人民法院应予立案。

第六十二条　人民法院判决撤销行政机关的行政行为后，公民、法人或者其他组织对行政机关重新作出的行政行为不服向人民法院起诉的，人民法院应当依法立案。

第六十三条　行政机关作出行政行为时，没有制作或者没有送达法律文书，公民、法人或者其他组织只要能证明行政行为存在，并在法定期限内起诉的，人民法院应当依法立案。

第六十四条　行政机关作出行政行为时，未告知公民、法人或者其他组织起诉期限的，起诉期限从公民、法人或者其他组织知道或者应当知道起诉期限之日起计算，但从知道或者应当知道行政行为内容之日起最长不得超过一年。

复议决定未告知公民、法人或者其他组织起诉期限的，适用前款规定。

第六十五条　公民、法人或者其他组织不知道行政机关作出的行政行为内容的，其起诉期限从知道或者应当知道该行政行为内容之日起计算，但最长不得超过行政诉讼法第四十六条第二款规定的起诉期限。

第六十六条　公民、法人或者其他组织依照行政诉讼法第四十七条第一款的规定，对行政机关不履行法定职责提起诉讼的，应当在行政机关履行法定职责期限届满之日起六个月内提出。

第六十七条　原告提供被告的名称等信息足以使被告与其他行政机关相区别的，可以认定为行政诉讼法第四十九条第二项规定的"有明确的被告"。

起诉状列写被告信息不足以认定明确的被告的，人民法院可以告知原告补正；原告补正后仍不能确定明确的被告的，人民法院裁定不予立案。

第六十八条　行政诉讼法第四十九条第三项规定的"有具体的诉讼请求"是指：

（一）请求判决撤销或者变更行政行为；

（二）请求判决行政机关履行特定法定职责或者给付义务；

（三）请求判决确认行政行为违法；

（四）请求判决确认行政行为无效；

（五）请求判决行政机关予以赔偿或者补偿；

（六）请求解决行政协议争议；

（七）请求一并审查规章以下规范性文件；

（八）请求一并解决相关民事争议；

（九）其他诉讼请求。

当事人单独或者一并提起行政赔偿、补偿诉讼的，应当有具体的赔偿、补偿事项以及数额；请求一并审查规章以下规范性文件的，应当提供明确的文件名称或者审查对象；请求一并解决相关民事争议的，应当有具体的民事诉讼请求。

当事人未能正确表达诉讼请求的，人民法院应当要求其明确诉讼请求。

第六十九条　有下列情形之一，已经立案的，应当裁定驳回起诉：

（一）不符合行政诉讼法第四十九条规定的；

（二）超过法定起诉期限且无行政诉讼法第四十八条规定情形的；

（三）错列被告且拒绝变更的；

（四）未按照法律规定由法定代理人、指定代理人、代表人为诉讼行为的；

（五）未按照法律、法规规定先向行政机关申请复议的；

（六）重复起诉的；

（七）撤回起诉后无正当理由再行起诉的；

（八）行政行为对其合法权益明显不产生实际影响的；

（九）诉讼标的已为生效裁判或者调解书所羁束的；

（十）其他不符合法定起诉条件的情形。

前款所列情形可以补正或者更正的，人民法院应当指定期间责令补正或者更正；在指定期间已经补正或者更正的，应当依法审理。

人民法院经过阅卷、调查或者询问当事人，认为不需要开庭审理的，可以迳行裁定驳回起诉。

第七十条　起诉状副本送达被告后，原告提出新的诉讼请求的，人民法院不予准许，但有正当理由的除外。

七、审理与判决

第七十一条　人民法院适用普通程序审理案件，应当在开庭三日前用传票传唤当事人。对证人、鉴定人、勘验人、翻译人员，应当用通知书通知其到庭。当事人或者其他诉讼参与人在外地的，应当留有必要的在途时间。

第七十二条　有下列情形之一的，可以延期开庭审理：

（一）应当到庭的当事人和其他诉讼参与人有正当理由没有到庭的；

（二）当事人临时提出回避申请且无法及时作出决定的；

（三）需要通知新的证人到庭，调取新的证据，重新鉴定、勘验，或者需要补充调查的；

（四）其他应当延期的情形。

第七十三条　根据行政诉讼法第二十七条的规定，有下列情形之一的，人民法院可以决定合并审理：

（一）两个以上行政机关分别对同一事实作出行政行为，公民、法人或者其他组织不服向同一人民法院起诉的；

（二）行政机关就同一事实对若干公民、法人或者其他组织分别作出行政行为，公民、法人或者其他组织不服分别向同一人民法院起诉的；

（三）在诉讼过程中，被告对原告作出新的行政行为，原告不服向同一人民法院起诉的；

（四）人民法院认为可以合并审理的其他情形。

第七十四条　当事人申请回避，应当说明理由，在案件开始审理时提出；回避事由在案件开始审理后知道的，应当在法庭辩论终结前提出。

被申请回避的人员，在人民法院作出是否回避的决定前，应当暂停参与本案的工作，但案件需要采取紧急措施的除外。

对当事人提出的回避申请，人民法院应当在三日内以口头或者书面形式作出决定。对当事人提出的明显不属于法定回避事由的申请，法庭可以依法当庭驳回。

申请人对驳回回避申请决定不服的，可以向作出决定的人民法院申请复议一次。复议期间，被申请回避的人员不停止参与本案的工作。对申请人的复议申请，人民法院应当在三日内作出复议决定，并通知复议申请人。

第七十五条　在一个审判程序中参与过本案审判工作的审判人员，不得再参与该案其他程序的审判。

发回重审的案件，在一审法院作出裁判后又进入第二审程序的，原第二审程序中合议庭组成人员不受前款规定的限制。

第七十六条　人民法院对于因一方当事人的行为或者其他原因，可能使行政行为或者人民法院生效裁判不能或者难以执行的案件，根据对方当事人的申请，可以裁定对其财产进行保全、责令其作出一定行为或者禁止其作出一定行为；当事人没有提出申请的，人民法院在必要时也可以裁定采取上述保全措施。

人民法院采取保全措施，可以责令申请人提供担保；申请人不提供担保的，裁定驳回申请。

人民法院接受申请后，对情况紧急的，必须在四十八小时内作出裁定；裁定采取保全措施的，应当立即开始执行。

当事人对保全的裁定不服的，可以申请复议；复议期间不停止裁定的执行。

第七十七条　利害关系人因情况紧急，不立即申请保全将会使其合法权益受到难以弥补的损害的，可以在提起诉讼前向被保全财产所在地、被申请人住所地或者对案件有管辖权的人民法院申请采取保全措施。申请人应当提供担保，不提供担保的，裁定驳回申请。

人民法院接受申请后，必须在四十八小时内作出裁定；裁定采取保全措施的，应当立即开始执行。

申请人在人民法院采取保全措施后三十日内不依法提起诉讼的，人民法院应当解除保全。

当事人对保全的裁定不服的，可以申请复议；复议期间不停止裁定的执行。

第七十八条　保全限于请求的范围，或者与本案有关的财物。

财产保全采取查封、扣押、冻结或者法律规定的其他方法。人民法院保全财产后，应当立即通知被保全人。

财产已被查封、冻结的，不得重复查封、冻结。

涉及财产的案件，被申请人提供担保的，人民法院应当裁定解除保全。

申请有错误的，申请人应当赔偿被申请人因保全所遭受的损失。

第七十九条　原告或者上诉人申请撤诉，人民法院裁定不予准许的，原告或者上诉人经传票传唤无正当理由拒不到庭，或者未经法庭许可中途退庭的，人民法院可以缺席判决。

第三人经传票传唤无正当理由拒不到庭，或者未经法庭许可中途退庭的，不发生阻止案件审理的效果。

根据行政诉讼法第五十八条的规定，被告经传票传唤无正当理由拒不到庭，或者未经法庭许可中途退庭的，人民法院可以按期开庭或者继续开庭审理，对到庭的当事人诉讼请求、双方的诉辩理由以及已经提交的证据及其他诉讼材料进行审理后，依法缺席判决。

第八十条　原告或者上诉人在庭审中明确拒绝陈述或者以其他方式拒绝陈述，导致庭审无法进行，经法庭释明法律后果后仍不陈述意见的，视为放弃陈述权利，由其承担不利的法律后果。

当事人申请撤诉或者依法可以按撤诉处理的案件，当事人有违反法律的行为需要依法处理的，人民法院可以不准许撤诉或者不按撤诉处理。

法庭辩论终结后原告申请撤诉，人民法院可以准许，但涉及到国家利益和社会公共利益的除外。

第八十一条　被告在一审期间改变被诉行政行为的，应当书面告知人民法院。

原告或者第三人对改变后的行政行为不服提起诉讼的，人民法院应当就改变后的行政行为进行审理被告改变原违法行政行为，原告仍要求确认原行政行为违法的，人民法院应当依法作出确认判决。

原告起诉被告不作为，在诉讼中被告作出行政行为，原告不撤诉的，人民法院应当就不作为依法作出确认判决。

第八十二条　当事人之间恶意串通，企图通过诉讼等方式侵害国家利益、社会公共利益或者他人合法权益的，人民法院应当裁定驳回起诉或者判决驳回其请求，并根据情节轻重予以罚款、拘留；构成犯罪的，依法追究刑事责任。

第八十三条　行政诉讼法第五十九条规定的罚款、拘留可以单独适用，也可以合并适用。

对同一妨害行政诉讼行为的罚款、拘留不得连续适用。发生新的妨害行政诉讼行为的，人民法院可以重新予以罚款、拘留。

第八十四条　人民法院审理行政诉讼法第六十条第一款规定的行政案件，认为法律关系明确、事实清楚，在征得当事人双方同意后，可以迳行调解。

第八十五条　调解达成协议，人民法院应当制作调解书。调解书应当写明诉讼请求、案件的事实和调解结果。

调解书由审判人员、书记员署名，加盖人民法院印章，送达双方当事人。

调解书经双方当事人签收后，即具有法律效力。调解书生效日期根据最后收到调解书的当事人签收的日期确定。

第八十六条　人民法院审理行政案件，调解过程不公开，但当事人同意公开的除外。

经人民法院准许，第三人可以参加调解。人民法院认为有必要的，可以通知第三人参加调解。

调解协议内容不公开，但为保护国家利益、社会公共利益、他人合法权益，人民法院认为确有必要公开的除外。

当事人一方或者双方不愿调解、调解未达成协议的，人民法院应当及时判决。

当事人自行和解或者调解达成协议后，请求人民法院按照和解协议或者调解协议的内容制作判决书的，人民法院不予准许。

第八十七条　在诉讼过程中，有下列情形之一的，中止诉讼：

（一）原告死亡，须等待其近亲属表明是否参加诉讼的；

（二）原告丧失诉讼行为能力，尚未确定法定代理人的；

（三）作为一方当事人的行政机关、法人或者其他组织终止，尚未确定权利义务承受人的；

（四）一方当事人因不可抗力的事由不能参加诉讼的；

（五）案件涉及法律适用问题，需要送请有权机关作出解释或者确认的；

（六）案件的审判须以相关民事、刑事或者其他行政案件的审理结果为依据，而相关案件尚未审结的；

（七）其他应当中止诉讼的情形。

中止诉讼的原因消除后，恢复诉讼。

第八十八条　在诉讼过程中，有下列情形之一的，终结诉讼：

（一）原告死亡，没有近亲属或者近亲属放弃诉讼权利的；

（二）作为原告的法人或者其他组织终止后，其权利义务的承受人放弃诉讼权利的。

因本解释第八十七条第一款第一、二、三项原因中止诉讼满九十日仍无人继续诉讼的，裁定终结诉讼，但有特殊情况的除外。

第八十九条　复议决定改变原行政行为错误，人民法院判决撤销复议决定时，可以一并责令复议机关重新作出复议决定或者判决恢复原行政行为的法律效力。

第九十条　人民法院判决被告重新作出行政行为，被告重新作出的行政行为与原行政行为的结果相同，但主要事实或者主要理由有改变的，不属于行政诉讼法第七十一条规定的情形。

人民法院以违反法定程序为由，判决撤销被诉行政行为的，行政机关重新作出行政行为不受行政诉讼法第七十一条规定的限制。

行政机关以同一事实和理由重新作出与原行政行为基本相同的行政行为，人民法院应当根据行政诉讼法第七十条、第七十一条的规定判决撤销或者部分撤销，并根据行政诉讼法第九十六条的规定处理。

第九十一条　原告请求被告履行法定职责的理由成立，被告违法拒绝履行或者无正当理由逾期不予答复的，人民法院可以根据行政诉讼法第七十二条的规定，判决被告在一定期限内依法履行原告请求的法定职责；尚需被告调查或者裁量的，应当判决被告针对原告的请求重新作出处理。

第九十二条　原告申请被告依法履行支付抚恤金、最低生活保障待遇或者社会保险待遇等给付义务的理由成立，被告依法负有给付义务而拒绝或者拖延履行义务的，人民法院可以根据行政诉讼法第七十三条的规定，判决被告在一定期限内履行相应的给付义务。

第九十三条　原告请求被告履行法定职责或者依法履行支付抚恤金、最低生活保障待遇或者社会保险待遇等给付义务，原告未先向行政机关提出申请的，人民法院裁定驳回起诉。

人民法院经审理认为原告所请求履行的法定职责或者给付义务明显不属于行政机关权限范围的，可以裁定驳回起诉。

第九十四条　公民、法人或者其他组织起诉请求撤销行政行为，人民法院经审查认为行政行为无效的，应当作出确认无效的判决。

公民、法人或者其他组织起诉请求确认行政行为无效，人民法院审查认为行政行为不属于无效情形，经释明，原告请求撤销行政行为的，应当继续审理并依法作出相应判决；原告请求撤销行政行为但超过法定起诉期限的，裁定驳回起诉；原告拒绝变更诉讼请求的，判决驳回其诉讼请求。

第九十五条　人民法院经审理认为被诉行政行为违法或者无效，可能给原告造成损失，经释明，原告请求一并解决行政赔偿争议的，人民法院可以就赔偿事项进行调解；调解不成的，应当一并判决。人民法院也可以告知其就赔偿事项另行提起诉讼。

第九十六条　有下列情形之一，且对原告依法享有的听证、陈述、申辩等重要程序性权利不产生实质损害的，属于行政诉讼法第七十四条第一款第二项规定的"程序轻微违法"：

（一）处理期限轻微违法；

（二）通知、送达等程序轻微违法；

（三）其他程序轻微违法的情形。

第九十七条　原告或者第三人的损失系由其自身过错和行政机关的违法行政行为

共同造成的,人民法院应当依据各方行为与损害结果之间有无因果关系以及在损害发生和结果中作用力的大小,确定行政机关相应的赔偿责任。

第九十八条　因行政机关不履行、拖延履行法定职责,致使公民、法人或者其他组织的合法权益遭受损害的,人民法院应当判决行政机关承担行政赔偿责任。在确定赔偿数额时,应当考虑该不履行、拖延履行法定职责的行为在损害发生过程和结果中所起的作用等因素。

第九十九条　有下列情形之一的,属于行政诉讼法第七十五条规定的"重大且明显违法":

(一) 行政行为实施主体不具有行政主体资格;

(二) 减损权利或者增加义务的行政行为没有法律规范依据;

(三) 行政行为的内容客观上不可能实施;

(四) 其他重大且明显违法的情形。

第一百条　人民法院审理行政案件,适用最高人民法院司法解释的,应当在裁判文书中援引。

人民法院审理行政案件,可以在裁判文书中引用合法有效的规章及其他规范性文件。

第一百零一条　裁定适用于下列范围:

(一) 不予立案;

(二) 驳回起诉;

(三) 管辖异议;

(四) 终结诉讼;

(五) 中止诉讼;

(六) 移送或者指定管辖;

(七) 诉讼期间停止行政行为的执行或者驳回停止执行的申请;

(八) 财产保全;

(九) 先予执行;

(十) 准许或者不准许撤诉;

(十一) 补正裁判文书中的笔误;

(十二) 中止或者终结执行;

(十三) 提审、指令再审或者发回重审;

(十四) 准许或者不准许执行行政机关的行政行为;

(十五) 其他需要裁定的事项。

对第一、二、三项裁定,当事人可以上诉。

裁定书应当写明裁定结果和作出该裁定的理由。裁定书由审判人员、书记员署名,加盖人民法院印章。口头裁定的，记入笔录。

第一百零二条　行政诉讼法第八十二条规定的行政案件中的"事实清楚"，是指当事人对争议的事实陈述基本一致，并能提供相应的证据，无须人民法院调查收集证据即可查明事实；"权利义务关系明确"，是指行政法律关系中权利和义务能够明确区分；"争议不大"，是指当事人对行政行为的合法性、责任承担等没有实质分歧。

第一百零三条　适用简易程序审理的行政案件，人民法院可以用口头通知、电话、短信、传真、电子邮件等简便方式传唤当事人、通知证人、送达裁判文书以外的诉讼文书。

以简便方式送达的开庭通知，未经当事人确认或者没有其他证据证明当事人已经收到的，人民法院不得缺席判决。

第一百零四条　适用简易程序案件的举证期限由人民法院确定，也可以由当事人协商一致并经人民法院准许，但不得超过十五日。被告要求书面答辩的，人民法院可以确定合理的答辩期间。

人民法院应当将举证期限和开庭日期告知双方当事人，并向当事人说明逾期举证以及拒不到庭的法律后果，由双方当事人在笔录和开庭传票的送达回证上签名或者捺印。

当事人双方均表示同意立即开庭或者缩短举证期限、答辩期间的，人民法院可以立即开庭审理或者确定近期开庭。

第一百零五条　人民法院发现案情复杂，需要转为普通程序审理的，应当在审理期限届满前作出裁定并将合议庭组成人员及相关事项书面通知双方当事人。

案件转为普通程序审理的，审理期限自人民法院立案之日起计算。

第一百零六条　当事人就已经提起诉讼的事项在诉讼过程中或者裁判生效后再次起诉，同时具有下列情形的，构成重复起诉：

（一）后诉与前诉的当事人相同；

（二）后诉与前诉的诉讼标的相同；

（三）后诉与前诉的诉讼请求相同，或者后诉的诉讼请求被前诉裁判所包含。

第一百零七条　第一审人民法院作出判决和裁定后，当事人均提起上诉的，上诉各方均为上诉人。

诉讼当事人中的一部分人提出上诉，没有提出上诉的对方当事人为被上诉人，其他当事人依原审诉讼地位列明。

第一百零八条　当事人提出上诉，应当按照其他当事人或者诉讼代表人的人数提出上诉状副本。

原审人民法院收到上诉状，应当在五日内将上诉状副本发送其他当事人，对方当事人应当在收到上诉状副本之日起十五日内提出答辩状。

原审人民法院应当在收到答辩状之日起五日内将副本发送上诉人。对方当事人不提出答辩状的，不影响人民法院审理。

原审人民法院收到上诉状、答辩状，应当在五日内连同全部案卷和证据，报送第二审人民法院；已经预收的诉讼费用，一并报送。

第一百零九条　第二审人民法院经审理认为原审人民法院不予立案或者驳回起诉的裁定确有错误且当事人的起诉符合起诉条件的，应当裁定撤销原审人民法院的裁定，指令原审人民法院依法立案或者继续审理。

第二审人民法院裁定发回原审人民法院重新审理的行政案件，原审人民法院应当另行组成合议庭进行审理。

原审判决遗漏了必须参加诉讼的当事人或者诉讼请求的，第二审人民法院应当裁定撤销原审判决，发回重审。

原审判决遗漏行政赔偿请求，第二审人民法院经审查认为依法不应当予以赔偿的，应当判决驳回行政赔偿请求。

原审判决遗漏行政赔偿请求，第二审人民法院经审理认为依法应当予以赔偿的，在确认被诉行政行为违法的同时，可以就行政赔偿问题进行调解；调解不成的，应当就行政赔偿部分发回重审。

当事人在第二审期间提出行政赔偿请求的，第二审人民法院可以进行调解；调解不成的，应当告知当事人另行起诉。

第一百一十条　当事人向上一级人民法院申请再审，应当在判决、裁定或者调解书发生法律效力后六个月内提出。有下列情形之一的，自知道或者应当知道之日起六个月内提出：

（一）有新的证据，足以推翻原判决、裁定的；

（二）原判决、裁定认定事实的主要证据是伪造的；

（三）据以作出原判决、裁定的法律文书被撤销或者变更的；

（四）审判人员审理该案件时有贪污受贿、徇私舞弊、枉法裁判行为的。

第一百一十一条　当事人申请再审的，应当提交再审申请书等材料。人民法院认为有必要的，可以自收到再审申请书之日起五日内将再审申请书副本发送对方当事人。对方当事人应当自收到再审申请书副本之日起十五日内提交书面意见。人民法院可以要求申请人和对方当事人补充有关材料，询问有关事项。

第一百一十二条　人民法院应当自再审申请案件立案之日起六个月内审查，有特殊情况需要延长的，由本院院长批准。

第一百一十三条　人民法院根据审查再审申请案件的需要决定是否询问当事人；新的证据可能推翻原判决、裁定的，人民法院应当询问当事人。

第一百一十四条　审查再审申请期间，被申请人及原审其他当事人依法提出再审申请的，人民法院应当将其列为再审申请人，对其再审事由一并审查，审查期限重新计算。经审查，其中一方再审申请人主张的再审事由成立的，应当裁定再审。各方再审申请人主张的再审事由均不成立的，一并裁定驳回再审申请。

第一百一十五条　审查再审申请期间，再审申请人申请人民法院委托鉴定、勘验的，人民法院不予准许。

审查再审申请期间，再审申请人撤回再审申请的，是否准许，由人民法院裁定。

再审申请人经传票传唤，无正当理由拒不接受询问的，按撤回再审申请处理。

人民法院准许撤回再审申请或者按撤回再审申请处理后，再审申请人再次申请再审的，不予立案，但有行政诉讼法第九十一条第二项、第三项、第七项、第八项规定情形，自知道或者应当知道之日起六个月内提出的除外。

第一百一十六条　当事人主张的再审事由成立，且符合行政诉讼法和本解释规定的申请再审条件的，人民法院应当裁定再审。

当事人主张的再审事由不成立，或者当事人申请再审超过法定申请再审期限、超出法定再审事由范围等不符合行政诉讼法和本解释规定的申请再审条件的，人民法院应当裁定驳回再审申请。

第一百一十七条　有下列情形之一的，当事人可以向人民检察院申请抗诉或者检察建议：

（一）人民法院驳回再审申请的；

（二）人民法院逾期未对再审申请作出裁定的；

（三）再审判决、裁定有明显错误的。

人民法院基于抗诉或者检察建议作出再审判决、裁定后，当事人申请再审的，人民法院不予立案。

第一百一十八条　按照审判监督程序决定再审的案件，裁定中止原判决、裁定、调解书的执行，但支付抚恤金、最低生活保障费或者社会保险待遇的案件，可以不中止执行。

上级人民法院决定提审或者指令下级人民法院再审的，应当作出裁定，裁定应当写明中止原判决的执行；情况紧急的，可以将中止执行的裁定口头通知负责执行的人民法院或者作出生效判决、裁定的人民法院，但应当在口头通知后十日内发出裁定书。

第一百一十九条　人民法院按照审判监督程序再审的案件，发生法律效力的判决、裁定是由第一审法院作出的，按照第一审程序审理，所作的判决、裁定，当事人可以上诉；发生法律效力的判决、裁定是由第二审法院作出的，按照第二审程序审理，所作的判决、裁定，是发生法律效力的判决、裁定；上级人民法院按照审判监督程序提审的，按照第二审程序审理，所作的判决、裁定是发生法律效力的判决、裁定。

人民法院审理再审案件，应当另行组成合议庭。

第一百二十条　人民法院审理再审案件应当围绕再审请求和被诉行政行为合法性进行。当事人的再审请求超出原审诉讼请求，符合另案诉讼条件的，告知当事人可以另行起诉。

被申请人及原审其他当事人在庭审辩论结束前提出的再审请求，符合本解释规定的申请期限的，人民法院应当一并审理。

人民法院经再审，发现已经发生法律效力的判决、裁定损害国家利益、社会公共利益、他人合法权益的，应当一并审理。

第一百二十一条　再审审理期间，有下列情形之一的，裁定终结再审程序：

（一）再审申请人在再审期间撤回再审请求，人民法院准许的；

（二）再审申请人经传票传唤，无正当理由拒不到庭的，或者未经法庭许可中途退庭，按撤回再审请求处理的；

（三）人民检察院撤回抗诉的；

（四）其他应当终结再审程序的情形。

因人民检察院提出抗诉裁定再审的案件，申请抗诉的当事人有前款规定的情形，且不损害国家利益、社会公共利益或者他人合法权益的，人民法院裁定终结再审程序。

再审程序终结后，人民法院裁定中止执行的原生效判决自动恢复执行。

第一百二十二条　人民法院审理再审案件，认为原生效判决、裁定确有错误，在撤销原生效判决或者裁定的同时，可以对生效判决、裁定的内容作出相应裁判，也可以裁定撤销生效判决或者裁定，发回作出生效判决、裁定的人民法院重新审理。

第一百二十三条　人民法院审理二审案件和再审案件，对原审法院立案、不予立案或者驳回起诉错误的，应当分别情况作如下处理：

（一）第一审人民法院作出实体判决后，第二审人民法院认为不应当立案的，在撤销第一审人民法院判决的同时，可以迳行驳回起诉；

（二）第二审人民法院维持第一审人民法院不予立案裁定错误的，再审法院应当撤销第一审、第二审人民法院裁定，指令第一审人民法院受理；

（三）第二审人民法院维持第一审人民法院驳回起诉裁定错误的，再审法院应当撤销第一审、第二审人民法院裁定，指令第一审人民法院审理。

第一百二十四条　人民检察院提出抗诉的案件，接受抗诉的人民法院应当自收到抗诉书之日起三十日内作出再审的裁定；有行政诉讼法第九十一条第二、三项规定情形之一的，可以指令下一级人民法院再审，但经该下一级人民法院再审过的除外。

人民法院在审查抗诉材料期间，当事人之间已经达成和解协议的，人民法院可以建议人民检察院撤回抗诉。

第一百二十五条　人民检察院提出抗诉的案件，人民法院再审开庭时，应当在开庭三日前通知人民检察院派员出庭。

第一百二十六条　人民法院收到再审检察建议后，应当组成合议庭，在三个月内进行审查，发现原判决、裁定、调解书确有错误，需要再审的，依照行政诉讼法第九十二条规定裁定再审，并通知当事人；经审查，决定不予再审的，应当书面回复人民检察院。

第一百二十七条　人民法院审理因人民检察院抗诉或者检察建议裁定再审的案件，不受此前已经作出的驳回当事人再审申请裁定的限制。

八、行政机关负责人出庭应诉

第一百二十八条　行政诉讼法第三条第三款规定的行政机关负责人，包括行政机关的正职、副职负责人以及其他参与分管的负责人。

行政机关负责人出庭应诉的，可以另行委托一至二名诉讼代理人。行政机关负责人不能出庭的，应当委托行政机关相应的工作人员出庭，不得仅委托律师出庭。

第一百二十九条　涉及重大公共利益、社会高度关注或者可能引发群体性事件等案件以及人民法院书面建议行政机关负责人出庭的案件，被诉行政机关负责人应当出庭。

被诉行政机关负责人出庭应诉的，应当在当事人及其诉讼代理人基本情况、案件由来部分予以列明。

行政机关负责人有正当理由不能出庭应诉的，应当向人民法院提交情况说明，并加盖行政机关印章或者由该机关主要负责人签字认可。

行政机关拒绝说明理由的，不发生阻止案件审理的效果，人民法院可以向监察机关、上一级行政机关提出司法建议。

第一百三十条　行政诉讼法第三条第三款规定的"行政机关相应的工作人员"，包括该行政机关具有国家行政编制身份的工作人员以及其他依法履行公职的人员。

被诉行政行为是地方人民政府作出的，地方人民政府法制工作机构的工作人员，以及被诉行政行为具体承办机关工作人员，可以视为被诉人民政府相应的工作人员。

第一百三十一条　行政机关负责人出庭应诉的，应当向人民法院提交能够证明该行政机关负责人职务的材料。

行政机关委托相应的工作人员出庭应诉的，应当向人民法院提交加盖行政机关印章的授权委托书，并载明工作人员的姓名、职务和代理权限。

第一百三十二条　行政机关负责人和行政机关相应的工作人员均不出庭，仅委托律师出庭的或者人民法院书面建议行政机关负责人出庭应诉，行政机关负责人不出庭应诉的，人民法院应当记录在案和在裁判文书中载明，并可以建议有关机关依法作出处理。

九、复议机关作共同被告

第一百三十三条　行政诉讼法第二十六条第二款规定的"复议机关决定维持原行

政行为"，包括复议机关驳回复议申请或者复议请求的情形，但以复议申请不符合受理条件为由驳回的除外。

第一百三十四条　复议机关决定维持原行政行为的，作出原行政行为的行政机关和复议机关是共同被告。原告只起诉作出原行政行为的行政机关或者复议机关的，人民法院应当告知原告追加被告。原告不同意追加的，人民法院应当将另一机关列为共同被告。

行政复议决定既有维持原行政行为内容，又有改变原行政行为内容或者不予受理申请内容的，作出原行政行为的行政机关和复议机关为共同被告。

复议机关作共同被告的案件，以作出原行政行为的行政机关确定案件的级别管辖。

第一百三十五条　复议机关决定维持原行政行为的，人民法院应当在审查原行政行为合法性的同时，一并审查复议决定的合法性。

作出原行政行为的行政机关和复议机关对原行政行为合法性共同承担举证责任，可以由其中一个机关实施举证行为。复议机关对复议决定的合法性承担举证责任。

复议机关作共同被告的案件，复议机关在复议程序中依法收集和补充的证据，可以作为人民法院认定复议决定和原行政行为合法的依据。

第一百三十六条　人民法院对原行政行为作出判决的同时，应当对复议决定一并作出相应判决。

人民法院依职权追加作出原行政行为的行政机关或者复议机关为共同被告的，对原行政行为或者复议决定可以作出相应判决。

人民法院判决撤销原行政行为和复议决定的，可以判决作出原行政行为的行政机关重新作出行政行为。

人民法院判决作出原行政行为的行政机关履行法定职责或者给付义务的，应当同时判决撤销复议决定。

原行政行为合法、复议决定违法的，人民法院可以判决撤销复议决定或者确认复议决定违法，同时判决驳回原告针对原行政行为的诉讼请求。

原行政行为被撤销、确认违法或者无效，给原告造成损失的，应当由作出原行政行为的行政机关承担赔偿责任；因复议决定加重损害的，由复议机关对加重部分承担赔偿责任。

原行政行为不符合复议或者诉讼受案范围等受理条件，复议机关作出维持决定的，人民法院应当裁定一并驳回对原行政行为和复议决定的起诉。

十、相关民事争议的一并审理

第一百三十七条　公民、法人或者其他组织请求一并审理行政诉讼法第六十一条规定的相关民事争议，应当在第一审开庭审理前提出；有正当理由的，也可以在法庭调查中提出。

第一百三十八条　人民法院决定在行政诉讼中一并审理相关民事争议，或者案件当事人一致同意相关民事争议在行政诉讼中一并解决，人民法院准许的，由受理行政案件的人民法院管辖。

公民、法人或者其他组织请求一并审理相关民事争议，人民法院经审查发现行政案件已经超过起诉期限，民事案件尚未立案的，告知当事人另行提起民事诉讼；民事案件已经立案的，由原审判组织继续审理。

人民法院在审理行政案件中发现民事争议为解决行政争议的基础，当事人没有请求人民法院一并审理相关民事争议的，人民法院应当告知当事人依法申请一并解决民事争议。当事人就民事争议另行提起民事诉讼并已立案的，人民法院应当中止行政诉讼的审理。民事争议处理期间不计算在行政诉讼审理期限内。

第一百三十九条　有下列情形之一的，人民法院应当作出不予准许一并审理民事争议的决定，并告知当事人可以依法通过其他渠道主张权利：

（一）法律规定应当由行政机关先行处理的；

（二）违反民事诉讼法专属管辖规定或者协议管辖约定的；

（三）约定仲裁或者已经提起民事诉讼的；

（四）其他不宜一并审理民事争议的情形。

对不予准许的决定可以申请复议一次。

第一百四十条　人民法院在行政诉讼中一并审理相关民事争议的，民事争议应当单独立案，由同一审判组织审理。

人民法院审理行政机关对民事争议所作裁决的案件，一并审理民事争议的，不另行立案。

第一百四十一条　人民法院一并审理相关民事争议，适用民事法律规范的相关规定，法律另有规定的除外。

当事人在调解中对民事权益的处分，不能作为审查被诉行政行为合法性的根据。

第一百四十二条　对行政争议和民事争议应当分别裁判。

当事人仅对行政裁判或者民事裁判提出上诉的，未上诉的裁判在上诉期满后即发生法律效力。第一审人民法院应当将全部案卷一并移送第二审人民法院，由行政审判庭审理。第二审人民法院发现未上诉的生效裁判确有错误的，应当按照审判监督程序再审。

第一百四十三条　行政诉讼原告在宣判前申请撤诉的，是否准许由人民法院裁定。人民法院裁定准许行政诉讼原告撤诉，但其对已经提起的一并审理相关民事争议不撤诉的，人民法院应当继续审理。

第一百四十四条　人民法院一并审理相关民事争议，应当按行政案件、民事案件的标准分别收取诉讼费用。

十一、规范性文件的一并审查

第一百四十五条　公民、法人或者其他组织在对行政行为提起诉讼时一并请求对所依据的规范性文件审查的，由行政行为案件管辖法院一并审查。

第一百四十六条　公民、法人或者其他组织请求人民法院一并审查行政诉讼法第五十三条规定的规范性文件，应当在第一审开庭审理前提出；有正当理由的，也可以在法庭调查中提出。

第一百四十七条　人民法院在对规范性文件审查过程中，发现规范性文件可能不合法的，应当听取规范性文件制定机关的意见。

制定机关申请出庭陈述意见的，人民法院应当准许。

行政机关未陈述意见或者未提供相关证明材料的，不能阻止人民法院对规范性文件进行审查。

第一百四十八条　人民法院对规范性文件进行一并审查时，可以从规范性文件制定机关是否超越权限或者违反法定程序、作出行政行为所依据的条款以及相关条款等方面进行。

有下列情形之一的，属于行政诉讼法第六十四条规定的"规范性文件不合法"：

（一）超越制定机关的法定职权或者超越法律、法规、规章的授权范围的；

（二）与法律、法规、规章等上位法的规定相抵触的；

（三）没有法律、法规、规章依据，违法增加公民、法人和其他组织义务或者减损公民、法人和其他组织合法权益的；

（四）未履行法定批准程序、公开发布程序，严重违反制定程序的；

（五）其他违反法律、法规以及规章规定的情形。

第一百四十九条　人民法院经审查认为行政行为所依据的规范性文件合法的，应当作为认定行政行为合法的依据；经审查认为规范性文件不合法的，不作为人民法院认定行政行为合法的依据，并在裁判理由中予以阐明。作出生效裁判的人民法院应当向规范性文件的制定机关提出处理建议，并可以抄送制定机关的同级人民政府、上一级行政机关、监察机关以及规范性文件的备案机关。

规范性文件不合法的，人民法院可以在裁判生效之日起三个月内，向规范性文件制定机关提出修改或者废止该规范性文件的司法建议。

规范性文件由多个部门联合制定的，人民法院可以向该规范性文件的主办机关或者共同上一级行政机关发送司法建议。

接收司法建议的行政机关应当在收到司法建议之日起六十日内予以书面答复。情况紧急的，人民法院可以建议制定机关或者其上一级行政机关立即停止执行该规范性文件。

第一百五十条　人民法院认为规范性文件不合法的，应当在裁判生效后报送上一级人民法院进行备案。涉及国务院部门、省级行政机关制定的规范性文件，司法建议还应当分别层报最高人民法院、高级人民法院备案。

第一百五十一条　各级人民法院院长对本院已经发生法律效力的判决、裁定，发现规范性文件合法性认定错误，认为需要再审的，应当提交审判委员会讨论。

最高人民法院对地方各级人民法院已经发生法律效力的判决、裁定，上级人民法院对下级人民法院已经发生法律效力的判决、裁定，发现规范性文件合法性认定错误的，有权提审或者指令下级人民法院再审。

十二、执行

第一百五十二条　对发生法律效力的行政判决书、行政裁定书、行政赔偿判决书和行政调解书，负有义务的一方当事人拒绝履行的，对方当事人可以依法申请人民法院强制执行。

人民法院判决行政机关履行行政赔偿、行政补偿或者其他行政给付义务，行政机关拒不履行的，对方当事人可以依法向法院申请强制执行。

第一百五十三条　申请执行的期限为二年。申请执行时效的中止、中断，适用法律有关规定。

申请执行的期限从法律文书规定的履行期间最后一日起计算；法律文书规定分期履行的，从规定的每次履行期间的最后一日起计算；法律文书中没有规定履行期限的，从该法律文书送达当事人之日起计算。

逾期申请的，除有正当理由外，人民法院不予受理。

第一百五十四条　发生法律效力的行政判决书、行政裁定书、行政赔偿判决书和行政调解书，由第一审人民法院执行。

第一审人民法院认为情况特殊，需要由第二审人民法院执行的，可以报请第二审人民法院执行；第二审人民法院可以决定由其执行，也可以决定由第一审人民法院执行。

第一百五十五条　行政机关根据行政诉讼法第九十七条的规定申请执行其行政行为，应当具备以下条件：

（一）行政行为依法可以由人民法院执行；

（二）行政行为已经生效并具有可执行内容；

（三）申请人是作出该行政行为的行政机关或者法律、法规、规章授权的组织；

（四）被申请人是该行政行为所确定的义务人；

（五）被申请人在行政行为确定的期限内或者行政机关催告期限内未履行义务；

（六）申请人在法定期限内提出申请；

（七）被申请执行的行政案件属于受理执行申请的人民法院管辖。

行政机关申请人民法院执行，应当提交行政强制法第五十五条规定的相关材料。

人民法院对符合条件的申请，应当在五日内立案受理，并通知申请人；对不符合条件的申请，应当裁定不予受理。行政机关对不予受理裁定有异议，在十五日内向上一级人民法院申请复议的，上一级人民法院应当在收到复议申请之日起十五日内作出裁定。

第一百五十六条 没有强制执行权的行政机关申请人民法院强制执行其行政行为，应当自被执行人的法定起诉期限届满之日起三个月内提出。逾期申请的，除有正当理由外，人民法院不予受理。

第一百五十七条 行政机关申请人民法院强制执行其行政行为的，由申请人所在地的基层人民法院受理；执行对象为不动产的，由不动产所在地的基层人民法院受理。

基层人民法院认为执行确有困难的，可以报请上级人民法院执行；上级人民法院可以决定由其执行，也可以决定由下级人民法院执行。

第一百五十八条 行政机关根据法律的授权对平等主体之间民事争议作出裁决后，当事人在法定期限内不起诉又不履行，作出裁决的行政机关在申请执行的期限内未申请人民法院强制执行的，生效行政裁决确定的权利人或者其继承人、权利承受人在六个月内可以申请人民法院强制执行。

享有权利的公民、法人或者其他组织申请人民法院强制执行生效行政裁决，参照行政机关申请人民法院强制执行行政行为的规定。

第一百五十九条 行政机关或者行政行为确定的权利人申请人民法院强制执行前，有充分理由认为被执行人可能逃避执行的，可以申请人民法院采取财产保全措施。后者申请强制执行的，应当提供相应的财产担保。

第一百六十条 人民法院受理行政机关申请执行其行政行为的案件后，应当在七日内由行政审判庭对行政行为的合法性进行审查，并作出是否准予执行的裁定。

人民法院在作出裁定前发现行政行为明显违法并损害被执行人合法权益的，应当听取被执行人和行政机关的意见，并自受理之日起三十日内作出是否准予执行的裁定。

需要采取强制执行措施的，由本院负责强制执行非诉行政行为的机构执行。

第一百六十一条 被申请执行的行政行为有下列情形之一的，人民法院应当裁定不准予执行：

（一）实施主体不具有行政主体资格的；
（二）明显缺乏事实根据的；
（三）明显缺乏法律、法规依据的；
（四）其他明显违法并损害被执行人合法权益的情形。

行政机关对不准予执行的裁定有异议，在十五日内向上一级人民法院申请复议的，上一级人民法院应当在收到复议申请之日起三十日内作出裁定。

十三、附则

第一百六十二条 公民、法人或者其他组织对 2015 年 5 月 1 日之前作出的行政行为提起诉讼，请求确认行政行为无效的，人民法院不予立案。

第一百六十三条 本解释自 2018 年 2 月 8 日起施行。

本解释施行后，《最高人民法院关于执行〈中华人民共和国行政诉讼法〉若干问题的解释》（法释〔2000〕8 号）、《最高人民法院关于适用〈中华人民共和国行政诉讼法〉若干问题的解释》（法释〔2015〕9 号）同时废止。最高人民法院以前发布的司法解释与本解释不一致的，不再适用。

第四节　国家赔偿

《中华人民共和国国家赔偿法》经 1994 年 5 月 12 日第八届全国人民代表大会常委会第 7 次会议通过，1994 年 5 月 12 日中华人民共和国主席令第 23 号公布；根据 2012 年 10 月 26 日第十一届全国人民代表大会常委会第 29 次会议通过、2012 年 10 月 26 日中华人民共和国主席令第 68 号公布的《全国人民代表大会常务委员会关于修改〈中华人民共和国国家赔偿法〉的决定》第 2 次修正。《国家赔偿法》分总则、行政赔偿、刑事赔偿、赔偿方式和计算标准、其他规定、附则 6 章 42 条，自 1995 年 1 月 1 日起施行。

一、国家赔偿法

中华人民共和国国家赔偿法

第一章　总　则

第一条 为保障公民、法人和其他组织享有依法取得国家赔偿的权利，促进国家机关依法行使职权，根据宪法，制定本法。

第二条 国家机关和国家机关工作人员行使职权，有本法规定的侵犯公民、法人和其他组织合法权益的情形，造成损害的，受害人有依照本法取得国家赔偿的权利。

本法规定的赔偿义务机关，应当依照本法及时履行赔偿义务。

第二章 行政赔偿

第一节 赔偿范围

第三条 行政机关及其工作人员在行使行政职权时有下列侵犯人身权情形之一的，受害人有取得赔偿的权利：

违法拘留或者违法采取限制公民人身自由的行政强制措施的；

非法拘禁或者以其他方法非法剥夺公民人身自由的；

以殴打、虐待等行为或者唆使、放纵他人以殴打、虐待等行为造成公民身体伤害或者死亡的；

违法使用武器、警械造成公民身体伤害或者死亡的；

造成公民身体伤害或者死亡的其他违法行为。

第四条 行政机关及其工作人员在行使行政职权时有下列侵犯财产权情形之一的，受害人有取得赔偿的权利：

违法实施罚款、吊销许可证和执照、责令停产停业、没收财物等行政处罚的；

违法对财产采取查封、扣押、冻结等行政强制措施的；

违法征收、征用财产的；

造成财产损害的其他违法行为。

第五条 属于下列情形之一的，国家不承担赔偿责任：

行政机关工作人员与行使职权无关的个人行为；

因公民、法人和其他组织自己的行为致使损害发生的；

法律规定的其他情形。

第二节 赔偿请求人和赔偿义务机关

第六条 受害的公民、法人和其他组织有权要求赔偿。

受害的公民死亡，其继承人和其他有扶养关系的亲属有权要求赔偿。

受害的法人或者其他组织终止的，其权利承受人有权要求赔偿。

第七条 行政机关及其工作人员行使行政职权侵犯公民、法人和其他组织的合法权益造成损害的，该行政机关为赔偿义务机关。

两个以上行政机关共同行使行政职权时侵犯公民、法人和其他组织的合法权益造成损害的，共同行使行政职权的行政机关为共同赔偿义务机关。

法律、法规授权的组织在行使授予的行政权力时侵犯公民、法人和其他组织的合法权益造成损害的，被授权的组织为赔偿义务机关。

受行政机关委托的组织或者个人在行使受委托的行政权力时侵犯公民、法人和其他组织的合法权益造成损害的，委托的行政机关为赔偿义务机关。

赔偿义务机关被撤销的，继续行使其职权的行政机关为赔偿义务机关；没有继续行使其职权的行政机关的，撤销该赔偿义务机关的行政机关为赔偿义务机关。

第八条　经复议机关复议的，最初造成侵权行为的行政机关为赔偿义务机关，但复议机关的复议决定加重损害的，复议机关对加重的部分履行赔偿义务。

第三节　赔偿程序

第九条　赔偿义务机关有本法第三条、第四条规定情形之一的，应当给予赔偿。

赔偿请求人要求赔偿应当先向赔偿义务机关提出，也可以在申请行政复议或者提起行政诉讼时一并提出。

第十条　赔偿请求人可以向共同赔偿义务机关中的任何一个赔偿义务机关要求赔偿，该赔偿义务机关应当先予赔偿。

第十一条　赔偿请求人根据受到的不同损害，可以同时提出数项赔偿要求。

第十二条　要求赔偿应当递交申请书，申请书应当载明下列事项：

受害人的姓名、性别、年龄、工作单位和住所，法人或者其他组织的名称、住所和法定代表人或者主要负责人的姓名、职务；

具体的要求、事实根据和理由；

申请的年、月、日。

赔偿请求人书写申请书确有困难的，可以委托他人代书；也可以口头申请，由赔偿义务机关记入笔录。

赔偿请求人不是受害人本人的，应当说明与受害人的关系，并提供相应证明。

赔偿请求人当面递交申请书的，赔偿义务机关应当当场出具加盖本行政机关专用印章并注明收讫日期的书面凭证。申请材料不齐全的，赔偿义务机关应当当场或者在五日内一次性告知赔偿请求人需要补正的全部内容。

第十三条　赔偿义务机关应当自收到申请之日起两个月内，作出是否赔偿的决定。赔偿义务机关作出赔偿决定，应当充分听取赔偿请求人的意见，并可以与赔偿请求人就赔偿方式、赔偿项目和赔偿数额依照本法第四章的规定进行协商。

赔偿义务机关决定赔偿的，应当制作赔偿决定书，并自作出决定之日起十日内送达赔偿请求人。

赔偿义务机关决定不予赔偿的，应当自作出决定之日起十日内书面通知赔偿请求人，并说明不予赔偿的理由。

第十四条　赔偿义务机关在规定期限内未作出是否赔偿的决定，赔偿请求人可以自期限届满之日起三个月内，向人民法院提起诉讼。

赔偿请求人对赔偿的方式、项目、数额有异议的，或者赔偿义务机关作出不予赔偿决定的，赔偿请求人可以自赔偿义务机关作出赔偿或者不予赔偿决定之日起三个月内，向人民法院提起诉讼。

第十五条　人民法院审理行政赔偿案件，赔偿请求人和赔偿义务机关对自己提出的主张，应当提供证据。

赔偿义务机关采取行政拘留或者限制人身自由的强制措施期间，被限制人身自由的人死亡或者丧失行为能力的，赔偿义务机关的行为与被限制人身自由的人的死亡或者丧失行为能力是否存在因果关系，赔偿义务机关应当提供证据。

第十六条　赔偿义务机关赔偿损失后，应当责令有故意或者重大过失的工作人员或者受委托的组织或者个人承担部分或者全部赔偿费用。

对有故意或者重大过失的责任人员，有关机关应当依法给予处分；构成犯罪的，应当依法追究刑事责任。

第三章　刑事赔偿

第一节　赔偿范围

第十七条　行使侦查、检察、审判职权的机关以及看守所、监狱管理机关及其工作人员在行使职权时有下列侵犯人身权情形之一的，受害人有取得赔偿的权利：

违反刑事诉讼法的规定对公民采取拘留措施的，或者依照刑事诉讼法规定的条件和程序对公民采取拘留措施，但是拘留时间超过刑事诉讼法规定的时限，其后决定撤销案件、不起诉或者判决宣告无罪终止追究刑事责任的；

对公民采取逮捕措施后，决定撤销案件、不起诉或者判决宣告无罪终止追究刑事责任的；

依照审判监督程序再审改判无罪，原判刑罚已经执行的；

刑讯逼供或者以殴打、虐待等行为或者唆使、放纵他人以殴打、虐待等行为造成公民身体伤害或者死亡的；

违法使用武器、警械造成公民身体伤害或者死亡的。

第十八条　行使侦查、检察、审判职权的机关以及看守所、监狱管理机关及其工作人员在行使职权时有下列侵犯财产权情形之一的，受害人有取得赔偿的权利：

违法对财产采取查封、扣押、冻结、追缴等措施的；

依照审判监督程序再审改判无罪，原判罚金、没收财产已经执行的。

第十九条　属于下列情形之一的，国家不承担赔偿责任：

因公民自己故意作虚伪供述，或者伪造其他有罪证据被羁押或者被判处刑罚的；

依照刑法第十七条、第十八条规定不负刑事责任的人被羁押的；

依照刑事诉讼法第十五条、第一百七十三条第二款、第二百七十三条第二款、第二百七十九条规定不追究刑事责任的人被羁押的；

行使侦查、检察、审判职权的机关以及看守所、监狱管理机关的工作人员与行使职权无关的个人行为；

因公民自伤、自残等故意行为致使损害发生的；

法律规定的其他情形。

第二节　赔偿请求人和赔偿义务机关

第二十条　赔偿请求人的确定依照本法第六条的规定。

第二十一条　行使侦查、检察、审判职权的机关以及看守所、监狱管理机关及其工作人员在行使职权时侵犯公民、法人和其他组织的合法权益造成损害的，该机关为赔偿义务机关。

对公民采取拘留措施，依照本法的规定应当给予国家赔偿的，作出拘留决定的机关为赔偿义务机关。

对公民采取逮捕措施后决定撤销案件、不起诉或者判决宣告无罪的，作出逮捕决定的机关为赔偿义务机关。

再审改判无罪的，作出原生效判决的人民法院为赔偿义务机关。二审改判无罪，以及二审发回重审后作无罪处理的，作出一审有罪判决的人民法院为赔偿义务机关。

第三节　赔偿程序

第二十二条　赔偿义务机关有本法第十七条、第十八条规定情形之一的，应当给予赔偿。

赔偿请求人要求赔偿，应当先向赔偿义务机关提出。

赔偿请求人提出赔偿请求，适用本法第十一条、第十二条的规定。

第二十三条　赔偿义务机关应当自收到申请之日起两个月内，作出是否赔偿的决定。赔偿义务机关作出赔偿决定，应当充分听取赔偿请求人的意见，并可以与赔偿请求人就赔偿方式、赔偿项目和赔偿数额依照本法第四章的规定进行协商。

赔偿义务机关决定赔偿的，应当制作赔偿决定书，并自作出决定之日起十日内送达赔偿请求人。

赔偿义务机关决定不予赔偿的，应当自作出决定之日起十日内书面通知赔偿请求人，并说明不予赔偿的理由。

第二十四条　赔偿义务机关在规定期限内未作出是否赔偿的决定，赔偿请求人可以自期限届满之日起三十日内向赔偿义务机关的上一级机关申请复议。

赔偿请求人对赔偿的方式、项目、数额有异议的，或者赔偿义务机关作出不予赔偿决定的，赔偿请求人可以自赔偿义务机关作出赔偿或者不予赔偿决定之日起三十日内，向赔偿义务机关的上一级机关申请复议。

赔偿义务机关是人民法院的，赔偿请求人可以依照本条规定向其上一级人民法院赔偿委员会申请作出赔偿决定。

第二十五条　复议机关应当自收到申请之日起两个月内作出决定。

赔偿请求人不服复议决定的，可以在收到复议决定之日起三十日内向复议机关所在地的同级人民法院赔偿委员会申请作出赔偿决定；复议机关逾期不作决定的，赔偿请求人可以自期限届满之日起三十日内向复议机关所在地的同级人民法院赔偿委员会申请作出赔偿决定。

第二十六条　人民法院赔偿委员会处理赔偿请求，赔偿请求人和赔偿义务机关对自己提出的主张，应当提供证据。

被羁押人在羁押期间死亡或者丧失行为能力的，赔偿义务机关的行为与被羁押人的死亡或者丧失行为能力是否存在因果关系，赔偿义务机关应当提供证据。

第二十七条　人民法院赔偿委员会处理赔偿请求，采取书面审查的办法。必要时，可以向有关单位和人员调查情况、收集证据。赔偿请求人与赔偿义务机关对损害事实及因果关系有争议的，赔偿委员会可以听取赔偿请求人和赔偿义务机关的陈述和申辩，并可以进行质证。

第二十八条　人民法院赔偿委员会应当自收到赔偿申请之日起三个月内作出决定；属于疑难、复杂、重大案件的，经本院院长批准，可以延长三个月。

第二十九条　中级以上的人民法院设立赔偿委员会，由人民法院三名以上审判员组成，组成人员的人数应当为单数。

赔偿委员会作赔偿决定，实行少数服从多数的原则。

赔偿委员会作出的赔偿决定，是发生法律效力的决定，必须执行。

第三十条　赔偿请求人或者赔偿义务机关对赔偿委员会作出的决定，认为确有错误的，可以向上一级人民法院赔偿委员会提出申诉。

赔偿委员会作出的赔偿决定生效后，如发现赔偿决定违反本法规定的，经本院院长决定或者上级人民法院指令，赔偿委员会应当在两个月内重新审查并依法作出决定，上一级人民法院赔偿委员会也可以直接审查并作出决定。

最高人民检察院对各级人民法院赔偿委员会作出的决定，上级人民检察院对下级人民法院赔偿委员会作出的决定，发现违反本法规定的，应当向同级人民法院赔偿委员会提出意见，同级人民法院赔偿委员会应当在两个月内重新审查并依法作出决定。

第三十一条　赔偿义务机关赔偿后，应当向有下列情形之一的工作人员追偿部分或者全部赔偿费用：

有本法第十七条第四项、第五项规定情形的；

在处理案件中有贪污受贿，徇私舞弊，枉法裁判行为的。

对有前款规定情形的责任人员，有关机关应当依法给予处分；构成犯罪的，应当依法追究刑事责任。

第四章　赔偿方式和计算标准

第三十二条　国家赔偿以支付赔偿金为主要方式。

能够返还财产或者恢复原状的，予以返还财产或者恢复原状。

第三十三条　侵犯公民人身自由的，每日赔偿金按照国家上年度职工日平均工资计算。

第三十四条　侵犯公民生命健康权的，赔偿金按照下列规定计算：

造成身体伤害的，应当支付医疗费、护理费，以及赔偿因误工减少的收入。减少的收入每日的赔偿金按照国家上年度职工日平均工资计算，最高额为国家上年度职工年平均工资的五倍；

造成部分或者全部丧失劳动能力的，应当支付医疗费、护理费、残疾生活辅助具费、康复费等因残疾而增加的必要支出和继续治疗所必需的费用，以及残疾赔偿金。残疾赔偿金根据丧失劳动能力的程度，按照国家规定的伤残等级确定，最高不超过国家上年度职工年平均工资的二十倍。造成全部丧失劳动能力的，对其扶养的无劳动能力的人，还应当支付生活费；

造成死亡的，应当支付死亡赔偿金、丧葬费，总额为国家上年度职工年平均工资的二十倍。对死者生前扶养的无劳动能力的人，还应当支付生活费。

前款第二项、第三项规定的生活费的发放标准，参照当地最低生活保障标准执行。被扶养的人是未成年人的，生活费给付至十八周岁止；其他无劳动能力的人，生活费给付至死亡时止。

第三十五条　有本法第三条或者第十七条规定情形之一，致人精神损害的，应当在侵权行为影响的范围内，为受害人消除影响，恢复名誉，赔礼道歉；造成严重后果的，应当支付相应的精神损害抚慰金。

第三十六条　侵犯公民、法人和其他组织的财产权造成损害的，按照下列规定处理：

处罚款、罚金、追缴、没收财产或者违法征收、征用财产的，返还财产；

查封、扣押、冻结财产的，解除对财产的查封、扣押、冻结，造成财产损坏或者灭失的，依照本条第三项、第四项的规定赔偿；

应当返还的财产损坏的，能够恢复原状的恢复原状，不能恢复原状的，按照损害程度给付相应的赔偿金；

应当返还的财产灭失的，给付相应的赔偿金；

财产已经拍卖或者变卖的，给付拍卖或者变卖所得的价款；变卖的价款明显低于财产价值的，应当支付相应的赔偿金；

吊销许可证和执照、责令停产停业的，赔偿停产停业期间必要的经常性费用开支；

返还执行的罚款或者罚金、追缴或者没收的金钱，解除冻结的存款或者汇款的，应当支付银行同期存款利息；

对财产权造成其他损害的，按照直接损失给予赔偿。

第三十七条　赔偿费用列入各级财政预算。

赔偿请求人凭生效的判决书、复议决定书、赔偿决定书或者调解书，向赔偿义务机关申请支付赔偿金。

赔偿义务机关应当自收到支付赔偿金申请之日起七日内，依照预算管理权限向有关的财政部门提出支付申请。财政部门应当自收到支付申请之日起十五日内支付赔偿金。

赔偿费用预算与支付管理的具体办法由国务院规定。

第五章　其他规定

第三十八条　人民法院在民事诉讼、行政诉讼过程中，违法采取对妨害诉讼的强制措施、保全措施或者对判决、裁定及其他生效法律文书执行错误，造成损害的，赔偿请求人要求赔偿的程序，适用本法刑事赔偿程序的规定。

第三十九条　赔偿请求人请求国家赔偿的时效为两年，自其知道或者应当知道国家机关及其工作人员行使职权时的行为侵犯其人身权、财产权之日起计算，但被羁押等限制人身自由期间不计算在内。在申请行政复议或者提起行政诉讼时一并提出赔偿请求的，适用行政复议法、行政诉讼法有关时效的规定。

赔偿请求人在赔偿请求时效的最后六个月内，因不可抗力或者其他障碍不能行使请求权的，时效中止。从中止时效的原因消除之日起，赔偿请求时效期间继续计算。

第四十条　外国人、外国企业和组织在中华人民共和国领域内要求中华人民共和国国家赔偿的，适用本法。

外国人、外国企业和组织的所属国对中华人民共和国公民、法人和其他组织要求该国国家赔偿的权利不予保护或者限制的，中华人民共和国与该外国人、外国企业和组织的所属国实行对等原则。

第六章　附　则

第四十一条　赔偿请求人要求国家赔偿的，赔偿义务机关、复议机关和人民法院不得向赔偿请求人收取任何费用。

对赔偿请求人取得的赔偿金不予征税。

第四十二条　本法自 2013 年 1 月 1 日起施行。

二、司法解释和解读

最高人民法院关于适用《国家赔偿法》若干问题的解释（一）

【文件全称】最高人民法院关于适用《中华人民共和国国家赔偿法》若干问题的解释（一）

【发布单位】最高人民法院

【发布文号】法释〔2011〕4号
【发布日期】2011-02-28
【生效日期】2011-03-18

中华人民共和国最高人民法院公告

《最高人民法院关于适用〈中华人民共和国国家赔偿法〉若干问题的解释（一）》已于2011年2月14日由最高人民法院审判委员会第1511次会议通过，现予公布，自2011年3月18日施行。

二〇一一年二月二十八日

最高人民法院关于适用《国家赔偿法》若干问题的解释（一）

为正确适用2010年4月29日第十一届全国人民代表大会常务委员会第十四次会议修正的《国家赔偿法》，对人民法院处理国家赔偿案件中适用国家赔偿法的有关问题解释如下：

第一条　国家机关及其工作人员行使职权侵犯公民、法人和其他组织合法权益的行为发生在2010年12月1日以后，或者发生在2010年12月1日以前、持续至2010年12月1日以后的，适用修正的国家赔偿法。

第二条　国家机关及其工作人员行使职权侵犯公民、法人和其他组织合法权益的行为发生在2010年12月1日以前的，适用修正前的国家赔偿法，但有下列情形之一的，适用修正的国家赔偿法：

（一）2010年12月1日以前已经受理赔偿请求人的赔偿请求但尚未作出生效赔偿决定的；

（二）赔偿请求人在2010年12月1日以后提出赔偿请求的。

第三条　人民法院对2010年12月1日以前已经受理但尚未审结的国家赔偿确认案件，应当继续审理。

第四条　公民、法人和其他组织对行使侦查、检察、审判职权的机关以及看守所、监狱管理机关在2010年12月1日以前作出并已发生法律效力的不予确认职务行为违法的法律文书不服，未依据修正前的国家赔偿法规定提出申诉并经有权机关作出侵权确认结论，直接向人民法院赔偿委员会申请赔偿的，不予受理。

第五条　公民、法人和其他组织对在 2010 年 12 月 1 日以前发生法律效力的赔偿决定不服提出申诉的，人民法院审查处理时适用修正前的国家赔偿法；但是仅就修正的国家赔偿法增加的赔偿项目及标准提出申诉的，人民法院不予受理。

第六条　人民法院审查发现 2010 年 12 月 1 日以前发生法律效力的确认裁定、赔偿决定确有错误应当重新审查处理的，适用修正前的国家赔偿法。

第七条　赔偿请求人认为行使侦查、检察、审判职权的机关以及看守所、监狱管理机关及其工作人员在行使职权时有修正的国家赔偿法第十七条第（一）、（二）、（三）项、第十八条规定情形的，应当在刑事诉讼程序终结后提出赔偿请求，但下列情形除外：

（一）赔偿请求人有证据证明其与尚未终结的刑事案件无关的；

（二）刑事案件被害人依据刑事诉讼法第一百九十八条的规定，以财产未返还或者认为返还的财产受到损害而要求赔偿的。

第八条　赔偿请求人认为人民法院有修正的国家赔偿法第三十八条规定情形的，应当在民事、行政诉讼程序或者执行程序终结后提出赔偿请求，但人民法院已依法撤销对妨害诉讼采取的强制措施的情形除外。

第九条　赔偿请求人或者赔偿义务机关认为人民法院赔偿委员会作出的赔偿决定存在错误，依法向上一级人民法院赔偿委员会提出申诉的，不停止赔偿决定的执行；但人民法院赔偿委员会依据修正的国家赔偿法第三十条的规定决定重新审查的，可以决定中止原赔偿决定的执行。

第十条　人民检察院依据修正的国家赔偿法第三十条第三款的规定，对人民法院赔偿委员会在 2010 年 12 月 1 日以后作出的赔偿决定提出意见的，同级人民法院赔偿委员会应当决定重新审查，并可以决定中止原赔偿决定的执行。

第十一条　本解释自公布之日起施行。

最高人民法院关于适用《国家赔偿法》若干问题的解释（一）解读

为正确贯彻十一届全国人大常委会第十四次会议修正的《国家赔偿法》，最高人民法院日前颁布了《关于适用〈中华人民共和国国家赔偿法〉若干问题的解释（一）》，最高人民法院赔偿办负责人为此回答了记者的提问。

问题一：本解释的制定背景和主要内容是什么？

答：国家赔偿法是实体与程序合一的一部较为特殊的法律，国家赔偿的主体、程序、范围、方式、标准均由法律直接规定。程序上除赔偿义务机关先行处理、请求复议之外（行政赔偿又有不同），立法机关把最终处理司法赔偿案件的权限设定在了人民法院赔偿委员会。这项工作是人民法院继刑事、民事、行政审判和执行工作之后又一项新的重要的工作。

2010年4月29日,第十一届全国人大常委会第十四次会议审议通过了《全国人民代表大会常务委员会关于修改〈中华人民共和国国家赔偿法〉的决定》(以下简称《决定》)。此次法律修改将更加有利于保障公民、法人和其他组织享有依法取得国家赔偿的权利,促进国家机关依法行使职权。《决定》修改内容较多,包括畅通赔偿请求渠道,完善赔偿办理程序,确定双方举证义务,明确精神损害赔偿,保障赔偿费用支付等。修正的《国家赔偿法》已于2010年12月1日起施行。

法律施行后,人民法院(作为赔偿义务机关)和人民法院赔偿委员会在执行国家赔偿法的实践中,有关新旧法律适用上的衔接,特别是如何更有力地保护赔偿请求人的合法权益,更有效地维护法律秩序和社会秩序,更好地体现国家赔偿法修改的目的和宗旨,成为亟待解决的问题。有鉴于此,本解释对修正前后的国家赔偿法在适用上的衔接,原确认案件的处理,修正的国家赔偿法施行前已生效的确认和赔偿案件的申诉或重新审理,部分赔偿案件的提起条件,检察机关对生效决定提出意见,以及本解释的施行时间等问题作出了明确的规定。

问题二:制定本解释遵循的指导思想是什么?

答:在本解释的制定过程中,我们主要遵循了以下几项指导思想。一是严格遵循立法精神。立足于司法解释的功能定位,本解释严格按照国家赔偿法等法律法规的精神进行起草,确保国家赔偿法的一些原则规定得到有效的细化和贯彻落实。二是保障赔偿请求人合法权益和维护国家机关及其工作人员依法行使职权相统一。国家赔偿法是调整公权力致害后对受害人予以弥补损害的法律。解释一方面注重对公民、法人和其他组织受损的合法权益予以赔偿,体现有法必依、有错必纠的原则和宪法尊重和保障人权原则的落实,同时,也注意维护国家机关及其工作人员依法行使职权。三是充分发扬民主。本解释起草过程中,认真全面听取了相关立法、执法部门、法院系统以及专家学者、律师代表的意见和建议,并根据反馈意见数次作出修改,努力做到兼收并蓄,使司法解释的制定契合实践的需要。四是突出可操作性。紧紧围绕国家赔偿工作实践中的热点、难点和重点问题,考虑轻重缓急,分层次、有步骤进行起草,力求切实为赔偿工作实践提供统一的裁决依据。

问题三:本解释如何体现有利于保护受害人获得国家赔偿的原则?

答:体现有利于保护受害人获得国家赔偿的原则是本解释的一大特色。国家赔偿法是规定国家机关及其工作人员侵权行为造成公民、法人和其他组织合法权益损害应予赔偿的法律,侵权行为是构成国家赔偿责任的最为主要的要件,因此,以侵权行为发生时间作为划定修正前后国家赔偿法法律适用的分界点,既有法理依据,也有可操作性。按照法不溯及既往的一般原则,侵权行为发生在修正的国家赔偿法施行之前的,审查处理该赔偿案件时原则上适用修正前的国家赔偿法。在秉承法不溯及既往原则的基础上，我们在制定本解释时，也始终把握国家赔偿法修改所体现的加大人权保障力度这一精神，结合实践中的具体情况，作出有关例外规定，使本解释更有利于保护受害人获得国家赔偿。具体表现为两个方面：

第一，对侵权行为持续至2010年12月1日以后的，规定适用修正的国家赔偿法。实践中有些案件的侵权行为不是单一的时间点，而是一个持续的过程。如侵犯人身自由权，对无罪的人予以羁押，整个羁押过程都是侵权行为的持续（如某人自2009年1月被刑事拘留、逮捕和被判刑，直至2011年1月经再审改判无罪，其两年的羁押时间即应视为侵权行为）。规定持续至2010年12月1日以后的侵权行为适用修正的国家赔偿法，有利于体现法律修改所彰显的加大人权保障力度的初衷，也与最高人民法院在1995年国家赔偿法实施之初作出的国家赔偿法溯及力的有关规定相符合，体现了法律适用的前后统一。

第二，对于侵权行为虽发生在2010年12月1日以前，但根据时效规定，赔偿请求人在2010年12月1日以后提出赔偿请求，以及在2010年12月1日前已经受理赔偿请求人的赔偿请求但尚未作出生效赔偿决定的案件，规定适用修正的国家赔偿法。如此规定的意义在于：贯彻了国家赔偿法修改中畅通赔偿程序、增加精神损害赔偿的新规定和新精神，照顾了司法解释稿征求意见过程中人民群众所反映的意见和要求，符合《立法法》第八十四条的规定，即法律一般不溯及既往，但为了更好地保护公民、法人和其他组织的权利和权益而作出的特别规定除外。如此规定既坚持了法不溯及既往的一般适用原则，也兼顾了司法实践中发生的具体情况。

问题四：本解释如何体现方便赔偿请求人进入求偿程序？

答：修正前的国家赔偿法规定，请求赔偿应首先确认原职权行为违法，即以获得违法确认结论为请求赔偿的前置程序。为此，最高人民法院司法解释规定，人民法院受理的确认案件（主要是民事、行政诉讼及执行程序中的司法确认案件）与国家赔偿案件是分开作为两个案件审理的。修正的国家赔偿法取消了确认前置程序，规定赔偿请求人认为国家机关及其工作人员违法行使职权造成损害的，可以直接向赔偿义务机关请求赔偿，实际上就是要实行"确赔合一"的案件处理程序，因此，本解释要就以往"确赔分离"的程序作出相应的调整和修改。

解释第三条针对人民法院在2010年12月1日以前已经受理但尚未结案的确认案件，规定应当依照修正前的国家赔偿法及《最高人民法院关于审理人民法院国家赔偿确认案件若干问题的规定（试行）》的有关规定，继续审理并作出确认或不予确认的法律文书。作出上述解释的主要考虑是：首先，《决定》虽然取消了单独的确认前置程序，但违法赔偿的基本原则没有变，为减少申请人的诉累，节约司法资源，提高司法实效，已经受案的法院应当继续审理并及时裁决。其次，原单独设置的司法确认程序中，为防止自我护短，基层人民法院对自身的司法行为无确认权，确认法院的级别相对较高，鉴于案件既由更高一级的法院受理，也不宜再退到下级法院处理，以满足人民群众对更高层次的司法裁决所具有的司法公信力的期待。

解释第四条是针对司法机关在 2010 年 12 月 1 日以前作出发生法律效力的不予确认违法的法律文书，应如何处理的规定。为维护法律秩序和社会关系的稳定，同时也为了保护公民、法人和其他组织依法享有的申诉权，对生效的不予确认违法的法律文书不服的，公民、法人和其他组织应依据修正前国家赔偿法的规定提出申诉。申诉后，有关机关作出违法侵权确认结论但拒绝赔偿，或赔偿请求人对赔偿决定、复议决定有异议，依法向人民法院赔偿委员会申请作出赔偿决定的，人民法院赔偿委员会应予受理，以保护赔偿请求人的求偿权。

问题五：本解释如何平衡既有利于赔偿请求人求偿，又注重维护生效裁判既判力的问题？

答：一部新法或修正的法律实施后，就会产生新法溯及力与已有生效裁判文书既判力的优先效力问题。参考世界各国司法实践的通行做法，一般都奉行既判力优先于溯及力的原则，即修正后的新法对于其施行前已经终审或者生效的裁判行为没有溯及力，任何人、任何机关不能依据新法的规定翻案。据此，本解释第五条规定，2010 年 12 月 1 日以前已发生法律效力的国家赔偿案件，其法律文书的既判力不因修正的国家赔偿法施行而发生改变。考虑到应保护赔偿请求人的申诉权，本解释规定申诉人不服 2010 年 12 月 1 日以前生效赔偿决定的，可以提出申诉，但同时规定审查处理申诉时应当适用修正前的国家赔偿法。对于赔偿请求人仅就修正的国家赔偿法增加的赔偿项目及标准提出申诉的，则规定不予受理，其目的就是为了维护法律和社会利益的整体公平，维护既存的合理的社会秩序的稳定。

本解释第六条是本着实事求是、有错必纠的原则，规定人民法院发现 2010 年 12 月 1 日前已生效的法律文书确有错误的，应当适用修正前的国家赔偿法重新审查处理。如此规定主要是考虑到该法律文书系依照修正前的国家赔偿法作出并已生效，与其他依照修正前的国家赔偿法作出的生效法律文书应具有同样的适用标准。且根据本解释第五条的规定，修正的国家赔偿法施行以前生效的法律文书如无错误不需要重新审理的，其既判力受到法律保护。因此，2010 年 12 月 1 日前已生效的法律文书即便存在错误需要重新审理时，也应当适用修正前的国家赔偿法，而不应适用修正的国家赔偿法，否则对于那些既判力受到保护的案件及其赔偿请求人而言是不公平的。

问题六：本解释对于取消确认前置程序后赔偿请求人及时有效请求赔偿是如何规定的？

答：修正的国家赔偿法，取消了确认前置程序，为便于赔偿请求人及时、有效请求国家赔偿，本解释结合司法机关职务侵权行为的特点，以及赔偿与其他诉讼程序之间的关系，作出相关规定。

第七条是有关刑事赔偿请求条件的规定。一般来说，构成国家赔偿责任的行为要件是国家机关及其工作人员具有职务违法行为，其中包括法律行为和事实行为。修正的国家赔偿法第十七条、第十八条规定的侵犯人身自由权、财产权的行为，即刑事司法机关在刑事诉讼过程中作出的法律行为，直观表现为违法拘留、错误逮捕、违法刑事查封、扣押、冻结、追缴，或者错判刑罚等情形。一般来说，对刑事诉讼程序中作出的法律行为请求赔偿，应以刑事诉讼程序终结作为条件。如我们熟知的佘祥林案、赵作海案，都是刑事再审程序终结并作出宣告无罪结论后，他们才能依法提出刑事赔偿请求。很难想象，在刑事诉讼尚未终结以及对上述法律行为未通过法定程序作出结论之前，可以随意提起刑事赔偿请求。因此，本解释第七条规定，对刑事诉讼程序中作出的法律行为请求赔偿的，原则上应以刑事诉讼程序的终结为提起条件。但在有的刑事案件中，被侵犯人身权利或者财产权的受害人不是犯罪嫌疑人，他们确有证据证明其与刑事案件无关，还有的刑事案件受害人根据刑事诉讼法第一百九十八条以财产未返还或者认为返还的财产受到损害而要求赔偿的，则不需以刑事案件终结作为请求赔偿的条件。

第八条规定与第七条同理。因民事、行政诉讼和执行程序中的法律行为请求赔偿的，原则上也应以原诉讼或执行程序终结为提起条件。除以上原因外，就赔偿与其他诉讼程序的关系而言，如其他诉讼或执行程序的案件尚未终结，即可以就法律行为请求赔偿，并启动国家赔偿程序，则势必会造成诉讼或执行程序与国家赔偿程序并存的混乱局面。而赔偿程序在诉讼或执行程序终结之前，也不可能进行终局性的审查处理。因此，对民事、行政诉讼或执行程序中的法律行为请求赔偿的，也应以诉讼或执行程序终结为条件。但在民事、行政诉讼程序或者执行程序中，如人民法院已依法撤销了对妨害诉讼而采取的拘留决定、罚款决定，即说明原强制措施具有违法性，在此情况下即应允许赔偿请求人直接请求国家赔偿，这就解决了受害人能够及时有效维权的问题。

第五节　税收征收管理

《税收征收管理法》是为了加强税收征收管理，规范税收征收和缴纳行为，保障国家税收收入，保护纳税人的合法权益，促进经济和社会发展而制定的法律。

该法由第九届全国人民代表大会常务委员会第二十一次会议于1992年9月4日通过，自1993年1月1日起施行。现行版本为2015年4月24日第十二届全国人民代表大会常务委员会第十四次会议修正。

《税收征收管理法》及其实施细则,是税收征收管理的核心,是税收程序性管理的根本,是税收实体法律法规有效执行的充要条件。

一、税收征收管理法

中华人民共和国税收征收管理法

文号:主席令 2013 年第 5 号　发布日期:2013-6-29

2015 年 4 月 24 日中华人民共和国第十二届全国人民代表大会常务委员会第十四次会议,决定对《税收征收管理法》作出如下修改:

将第三十三条修改为:"纳税人依照法律、行政法规的规定办理减税、免税。""地方各级人民政府、各级人民政府主管部门、单位和个人违反法律、行政法规规定,擅自作出的减税、免税决定无效,税务机关不得执行,并向上级税务机关报告。"

《税收征收管理法》根据本决定作相应的修改,重新公布。自公布之日(2015 年 4 月 24 日)起施行。

2013 年 6 月 29 日第十二届全国人民代表大会常务委员会第三次会议决定,决定对《税收征收管理法》作出如下修改:

将第十五条第一款修改为:"企业,企业在外地设立的分支机构和从事生产、经营的场所,个体工商户和从事生产、经营的事业单位(以下统称从事生产、经营的纳税人)自领取营业执照之日起三十日内,持有关证件,向税务机关申报办理税务登记。税务机关应当于收到申报的当日办理登记并发给税务登记证件。"

本决定自公布之日(2013 年 6 月 29 日)起施行。

《税收征收管理法》根据本决定作相应的修改,重新公布。

中华人民共和国税收征收管理法(修正)

(1992 年 9 月 4 日第七届全国人民代表大会常务委员会第二十七次会议通过根据 1995 年 2 月 28 日第八届全国人民代表大会常务委员会第十二次会议《关于修改〈中华人民共和国税收征收管理法〉的决定》修正 2001 年 4 月 28 日第九届全国人民代表大会常务委员会第二十一次会议修订 2001 年 4 月 28 日中华人民共和国主席令第四十九号公布自 2001 年 5 月 1 日起施行)(2013 年 6 月 29 日第十二届全国人民代表大会常务委员会第三次会议通过根据 2013 年 6 月 29 日第十二届全国人民代表大会常务委员会第三次会议《关于修改〈中华人民共和国文物保护法〉等十二部法律的决定》修正)

第一章 总则

第一条 为了加强税收征收管理，规范税收征收和缴纳行为，保障国家税收收入，保护纳税人的合法权益，促进经济和社会发展，制定本法。

第二条 凡依法由税务机关征收的各种税收的征收管理，均适用本法。

第三条 税收的开征、停征以及减税、免税、退税、补税，依照法律的规定执行；法律授权国务院规定的，依照国务院制定的行政法规的规定执行。

任何机关、单位和个人不得违反法律、行政法规的规定，擅自作出税收开征、停征以及减税、免税、退税、补税和其他同税收法律、行政法规相抵触的决定。

第四条 法律、行政法规规定负有纳税义务的单位和个人为纳税人。

法律、行政法规规定负有代扣代缴、代收代缴税款义务的单位和个人为扣缴义务人。

纳税人、扣缴义务人必须依照法律、行政法规的规定缴纳税款、代扣代缴、代收代缴税款。

第五条 国务院税务主管部门主管全国税收征收管理工作。各地国家税务局和地方税务局应当按照国务院规定的税收征收管理范围分别进行征收管理。

地方各级人民政府应当依法加强对本行政区域内税收征收管理工作的领导或者协调，支持税务机关依法执行职务，依照法定税率计算税额，依法征收税款。

各有关部门和单位应当支持、协助税务机关依法执行职务。

税务机关依法执行职务，任何单位和个人不得阻挠。

第六条 国家有计划地用现代信息技术装备各级税务机关，加强税收征收管理信息系统的现代化建设，建立、健全税务机关与政府其他管理机关的信息共享制度。

纳税人、扣缴义务人和其他有关单位应当按照国家有关规定如实向税务机关提供与纳税和代扣代缴、代收代缴税款有关的信息。

第七条 税务机关应当广泛宣传税收法律、行政法规，普及纳税知识，无偿地为纳税人提供纳税咨询服务。

第八条 纳税人、扣缴义务人有权向税务机关了解国家税收法律、行政法规的规定以及与纳税程序有关的情况。

纳税人、扣缴义务人有权要求税务机关为纳税人、扣缴义务人的情况保密。税务机关应当依法为纳税人、扣缴义务人的情况保密。

纳税人依法享有申请减税、免税、退税的权利。

纳税人、扣缴义务人对税务机关所作出的决定，享有陈述权、申辩权；依法享有申请行政复议、提起行政诉讼、请求国家赔偿等权利。

纳税人、扣缴义务人有权控告和检举税务机关、税务人员的违法违纪行为。

第九条　税务机关应当加强队伍建设，提高税务人员的政治业务素质。

税务机关、税务人员必须秉公执法，忠于职守，清正廉洁，礼貌待人，文明服务，尊重和保护纳税人、扣缴义务人的权利，依法接受监督。

税务人员不得索贿受贿、徇私舞弊、玩忽职守、不征或者少征应征税款；不得滥用职权多征税款或者故意刁难纳税人和扣缴义务人。

第十条　各级税务机关应当建立、健全内部制约和监督管理制度。

上级税务机关应当对下级税务机关的执法活动依法进行监督。

各级税务机关应当对其工作人员执行法律、行政法规和廉洁自律准则的情况进行监督检查。

第十一条　税务机关负责征收、管理、稽查、行政复议的人员的职责应当明确，并相互分离、相互制约。

第十二条　税务人员征收税款和查处税收违法案件，与纳税人、扣缴义务人或者税收违法案件有利害关系的，应当回避。

第十三条　任何单位和个人都有权检举违反税收法律、行政法规的行为。收到检举的机关和负责查处的机关应当为检举人保密。税务机关应当按照规定对检举人给予奖励。

第十四条　本法所称税务机关是指各级税务局、税务分局。税务所和按照国务院规定设立的并向社会公告的税务机构。

第二章　税务管理

第一节　税务登记

第十五条　企业，企业在外地设立的分支机构和从事生产、经营的场所，个体工商户和从事生产、经营的事业单位（以下统称从事生产、经营的纳税人）自领取营业执照之日起三十日内，持有关证件，向税务机关申报办理税务登记。税务机关应当于收到申报的当日办理登记并发给税务登记证件。

工商行政管理机关应当将办理登记注册、核发营业执照的情况，定期向税务机关通报。

本条第一款规定以外的纳税人办理税务登记和扣缴义务人办理扣缴税款登记的范围和办法，由国务院规定。

第十六条　从事生产、经营的纳税人，税务登记内容发生变化的，自工商行政管理机关办理变更登记之日起三十日内或者在向工商行政管理机关申请办理注销登记之前，持有关证件向税务机关申报办理变更或者注销税务登记。

第十七条　从事生产、经营的纳税人应当按照国家有关规定，持税务登记证件，在银行或者其他金融机构开立基本存款账户和其他存款账户，并将其全部账号向税务机关报告。

银行和其他金融机构应当在从事生产、经营的纳税人的账户中登录税务登记证件号码，并在税务登记证件中登录从事生产、经营的纳税人的账户账号。

税务机关依法查询从事生产、经营的纳税人开立账户的情况时，有关银行和其他金融机构应当予以协助。

第十八条　纳税人按照国务院税务主管部门的规定使用税务登记证件。税务登记证件不得转借、涂改、损毁、买卖或者伪造。

第二节　账簿、凭证管理

第十九条　纳税人、扣缴义务人按照有关法律、行政法规和国务院财政、税务主管部门的规定设置账簿，根据合法、有效凭证记账，进行核算。

第二十条　从事生产、经营的纳税人的财务、会计制度或者财务、会计处理办法和会计核算软件，应当报送税务机关备案。

纳税人、扣缴义务人的财务、会计制度或者财务、会计处理办法与国务院或者国务院财政、税务主管部门有关税收的规定抵触的，依照国务院或者国务院财政、税务主管部门有关税收的规定计算应纳税款、代扣代缴和代收代缴税款。

第二十一条　税务机关是发票的主管机关，负责发票印制、领购、开具、取得、保管、缴销的管理和监督。

单位、个人在购销商品、提供或者接受经营服务以及从事其他经营活动中，应当按照规定开具、使用、取得发票。

发票的管理办法由国务院规定。

第二十二条　增值税专用发票由国务院税务主管部门指定的企业印制；其他发票，按照国务院税务主管部门的规定，分别由省、自治区、直辖市国家税务局、地方税务局指定企业印制。

未经前款规定的税务机关指定，不得印制发票。

第二十三条　国家根据税收征收管理的需要，积极推广使用税控装置。纳税人应当按照规定安装、使用税控装置，不得损毁或者擅自改动税控装置。

第二十四条　从事生产、经营的纳税人、扣缴义务人必须按照国务院财政、税务主管部门规定的保管期限保管账簿、记账凭证、完税凭证及其他有关资料。

账簿、记账凭证、完税凭证及其他有关资料不得伪造、变造或者擅自损毁。

第三节　纳税申报

第二十五条　纳税人必须依照法律、行政法规规定或者税务机关依照法律、行政法规的规定确定的申报期限、申报内容如实办理纳税申报，报送纳税申报表、财务会计报表以及税务机关根据实际需要要求纳税人报送的其他纳税资料。

扣缴义务人必须依照法律、行政法规规定或者税务机关依照法律、行政法规的规定确定的申报期限、申报内容如实报送代扣代缴、代收代缴税款报告表以及税务机关根据实际需要要求扣缴义务人报送的其他有关资料。

第二十六条　纳税人、扣缴义务人可以直接到税务机关办理纳税申报或者报送代扣代缴、代收代缴税款报告表，也可以按照规定采取邮寄、数据电文或者其他方式办理上述申报、报送事项。

第二十七条　纳税人、扣缴义务人不能按期办理纳税申报或者报送代扣代缴、代收代缴税款报告表的，经税务机关核准，可以延期申报。

经核准延期办理前款规定的申报、报送事项的，应当在纳税期内按照上期实际缴纳的税额或者税务机关核定的税额预缴税款，并在核准的延期内办理税款结算。

第三章　税款征收

第二十八条　税务机关依照法律、行政法规的规定征收税款，不得违反法律、行政法规的规定开征、停征、多征、少征、提前征收、延缓征收或者摊派税款。

农业税应纳税额按照法律、行政法规的规定核定。

第二十九条　除税务机关、税务人员以及经税务机关依照法律、行政法规委托的单位和人员外，任何单位和个人不得进行税款征收活动。

第三十条　扣缴义务人依照法律、行政法规的规定履行代扣、代收税款的义务。对法律、行政法规没有规定负有代扣、代收税款义务的单位和个人，税务机关不得要求其履行代扣、代收税款义务。

扣缴义务人依法履行代扣、代收税款义务时，纳税人不得拒绝。纳税人拒绝的，扣缴义务人应当及时报告税务机关处理。

税务机关按照规定付给扣缴义务人代扣、代收手续费。

第三十一条　纳税人、扣缴义务人按照法律、行政法规规定或者税务机关依照法律、行政法规的规定确定的期限，缴纳或者解缴税款。

纳税人因有特殊困难，不能按期缴纳税款的，经省、自治区、直辖市国家税务局、地方税务局批准，可以延期缴纳税款，但是最长不得超过三个月。

第三十二条　纳税人未按照规定期限缴纳税款的，扣缴义务人未按照规定期限解缴税款的，税务机关除责令限期缴纳外，从滞纳税款之日起，按日加收滞纳税款万分之五的滞纳金。

第三十三条　纳税人可以依照法律、行政法规的规定书面申请减税、免税。

减税、免税的申请须经法律、行政法规规定的减税、免税审查批准机关审批。地方各级人民政府、各级人民政府主管部门、单位和个人违反法律、行政法规规定，擅自作出的减税、免税决定无效，税务机关不得执行，并向上级税务机关报告。

纳税人依照法律、行政法规的规定办理减税、免税。

地方各级人民政府、各级人民政府主管部门、单位和个人违反法律、行政法规规定，擅自作出的减税、免税决定无效，税务机关不得执行，并向上级税务机关报告。

【飞狼财税通编注：2015年4月24日中华人民共和国第十二届全国人民代表大会常务委员会第十四次会议，将本条修改为："纳税人依照法律、行政法规的规定办理减税、免税。""地方各级人民政府、各级人民政府主管部门、单位和个人违反法律、行政法规规定，擅自作出的减税、免税决定无效，税务机关不得执行，并向上级税务机关报告。"自公布之日（2015年4月24日）起施行。】

第三十四条　税务机关征收税款时，必须给纳税人开具完税凭证。扣缴义务人代扣、代收税款时，纳税人要求扣缴义务人开具代扣、代收税款凭证的，扣缴义务人应当开具。

第三十五条　纳税人有下列情形之一的，税务机关有权核定其应纳税额：

（一）依照法律、行政法规的规定可以不设置账簿的；

（二）依照法律、行政法规的规定应当设置账簿但未设置的；

（三）擅自销毁账簿或者拒不提供纳税资料的；

（四）虽设置账簿，但账目混乱或者成本资料、收入凭证、费用凭证残缺不全，难以查账的；

（五）发生纳税义务，未按照规定的期限办理纳税申报，经税务机关责令限期申报，逾期仍不申报的；

（六）纳税人申报的计税依据明显偏低，又无正当理由的。

税务机关核定应纳税额的具体程序和方法由国务院税务主管部门规定。

第三十六条　企业或者外国企业在中国境内设立的从事生产、经营的机构、场所与其关联企业之间的业务往来，应当按照独立企业之间的业务往来收取或者支付价款、费用；不按照独立企业之间的业务往来收取或者支付价款、费用，而减少其应纳税的收入或者所得额的，税务机关有权进行合理调整。

第三十七条　对未按照规定办理税务登记的从事生产、经营的纳税人以及临时从事经营的纳税人，由税务机关核定其应纳税额，责令缴纳；不缴纳的，税务机关可以扣押其价值相当于应纳税款的商品、货物。扣押后缴纳应纳税款的，税务机关必须立即解除扣押，并归还所扣押的商品、货物；扣押后仍不缴纳应纳税款的，经县以上税务局（分局）局长批准，依法拍卖或者变卖所扣押的商品、货物，以拍卖或者变卖所得抵缴税款。

第三十八条　税务机关有根据认为从事生产、经营的纳税人有逃避纳税义务行为的，可以在规定的纳税期之前，责令限期缴纳应纳税款；在限期内发现纳税人有明显的转移、隐匿其应纳税的商品、货物以及其他财产或者应纳税的收入的迹象的，税务机关可以责成纳税人提供纳税担保。如果纳税人不能提供纳税担保，经县以上税务局

（分局）局长批准，税务机关可以采取下列税收保全措施：

（一）书面通知纳税人开户银行或者其他金融机构冻结纳税人的金额相当于应纳税款的存款；

（二）扣押、查封纳税人的价值相当于应纳税款的商品、货物或者其他财产。

纳税人在前款规定的限期内缴纳税款的，税务机关必须立即解除税收保全措施；限期期满仍未缴纳税款的，经县以上税务局（分局）局长批准，税务机关可以书面通知纳税人开户银行或者其他金融机构从其冻结的存款中扣缴税款，或者依法拍卖或者变卖所扣押、查封的商品、货物或者其他财产，以拍卖或者变卖所得抵缴税款。

个人及其所扶养家属维持生活必需的住房和用品，不在税收保全措施的范围之内。

第三十九条　纳税人在限期内已缴纳税款，税务机关未立即解除税收保全措施，使纳税人的合法利益遭受损失的，税务机关应当承担赔偿责任。

第四十条　从事生产、经营的纳税人、扣缴义务人未按照规定的期限缴纳或者解缴税款，纳税担保人未按照规定的期限缴纳所担保的税款，由税务机关责令限期缴纳，逾期仍未缴纳的，经县以上税务局（分局）局长批准，税务机关可以采取下列强制执行措施：

（一）书面通知其开户银行或者其他金融机构从其存款中扣缴税款；

（二）扣押、查封、依法拍卖或者变卖其价值相当于应纳税款的商品、货物或者其他财产，以拍卖或者变卖所得抵缴税款。

税务机关采取强制执行措施时，对前款所列纳税人、扣缴义务人、纳税担保人未缴纳的滞纳金同时强制执行。

个人及其所扶养家属维持生活必需的住房和用品，不在强制执行措施的范围之内。

第四十一条　本法第三十七条、第三十八条、第四十条规定的采取税收保全措施、强制执行措施的权力，不得由法定的税务机关以外的单位和个人行使。

第四十二条　税务机关采取税收保全措施和强制执行措施必须依照法定权限和法定程序，不得查封、扣押纳税人个人及其所扶养家属维持生活必需的住房和用品。

第四十三条　税务机关滥用职权违法采取税收保全措施、强制执行措施，或者采取税收保全措施、强制执行措施不当，使纳税人、扣缴义务人或者纳税担保人的合法权益遭受损失的，应当依法承担赔偿责任。

第四十四条　欠缴税款的纳税人或者他的法定代表人需要出境的，应当在出境前向税务机关结清应纳税款、滞纳金或者提供担保。未结清税款、滞纳金，又不提供担保的，税务机关可以通知出境管理机关阻止其出境。

第四十五条　税务机关征收税款，税收优先于无担保债权，法律另有规定的除外；纳税人欠缴的税款发生在纳税人以其财产设定抵押、质押或者纳税人的财产被留置之前的，税收应当先于抵押权、质权、留置权执行。

纳税人欠缴税款，同时又被行政机关决定处以罚款、没收违法所得的，税收优先于罚款、没收违法所得。

税务机关应当对纳税人欠缴税款的情况定期予以公告。

第四十六条　纳税人有欠税情形而以其财产设定抵押、质押的，应当向抵押权人、质权人说明其欠税情况。抵押权人、质权人可以请求税务机关提供有关的欠税情况。

第四十七条　税务机关扣押商品、货物或者其他财产时，必须开付收据；查封商品、货物或者其他财产时，必须开付清单。

第四十八条　纳税人有合并、分立情形的，应当向税务机关报告，并依法缴清税款。纳税人合并时未缴清税款的，应当由合并后的纳税人继续履行未履行的纳税义务；纳税人分立时未缴清税款的，分立后的纳税人对未履行的纳税义务应当承担连带责任。

第四十九条　欠缴税款数额较大的纳税人在处分其不动产或者大额资产之前，应当向税务机关报告。

第五十条　欠缴税款的纳税人因怠于行使到期债权，或者放弃到期债权，或者无偿转让财产，或者以明显不合理的低价转让财产而受让人知道该情形，对国家税收造成损害的，税务机关可以依照合同法第七十三条、第七十四条的规定行使代位权、撤销权。

税务机关依照前款规定行使代位权、撤销权的，不免除欠缴税款的纳税人尚未履行的纳税义务和应承担的法律责任。

第五十一条　纳税人超过应纳税额缴纳的税款，税务机关发现后应当立即退还；纳税人自结算缴纳税款之日起三年内发现的，可以向税务机关要求退还多缴的税款并加算银行同期存款利息，税务机关及时查实后应当立即退还；涉及从国库中退库的，依照法律、行政法规有关国库管理的规定退还。

第五十二条　因税务机关的责任，致使纳税人、扣缴义务人未缴或者少缴税款的，税务机关在三年内可以要求纳税人、扣缴义务人补缴税款，但是不得加收滞纳金。

因纳税人、扣缴义务人计算错误等失误，未缴或者少缴税款的，税务机关在三年内可以追征税款、滞纳金；有特殊情况的，追征期可以延长到五年。

对偷税、抗税、骗税的，税务机关追征其未缴或者少缴的税款、滞纳金或者所骗取的税款，不受前款规定期限的限制。

第五十三条　国家税务局和地方税务局应当按照国家规定的税收征收管理范围和税款入库预算级次，将征收的税款缴入国库。

对审计机关、财政机关依法查出的税收违法行为，税务机关应当根据有关机关的决定、意见书，依法将应收的税款、滞纳金按照税款入库预算级次缴入国库，并将结果及时回复有关机关。

第四章　税务检查

第五十四条　税务机关有权进行下列税务检查：

（一）检查纳税人的账簿、记账凭证、报表和有关资料，检查扣缴义务人代扣代缴、代收代缴税款账簿、记账凭证和有关资料；

（二）到纳税人的生产、经营场所和货物存放地检查纳税人应纳税的商品、货物或者其他财产，检查扣缴义务人与代扣代缴、代收代缴税款有关的经营情况；

（三）责成纳税人、扣缴义务人提供与纳税或者代扣代缴、代收代缴税款有关的文件、证明材料和有关资料；

（四）询问纳税人、扣缴义务人与纳税或者代扣代缴、代收代缴税款有关的问题和情况；

（五）到车站、码头、机场、邮政企业及其分支机构检查纳税人托运、邮寄应纳税商品、货物或者其他财产的有关单据、凭证和有关资料；

（六）经县以上税务局（分局）局长批准，凭全国统一格式的检查存款账户许可证明，查询从事生产、经营的纳税人、扣缴义务人在银行或者其他金融机构的存款账户。税务机关在调查税收违法案件时，经设区的市、自治州以上税务局（分局）局长批准，可以查询案件涉嫌人员的储蓄存款。税务机关查询所获得的资料，不得用于税收以外的用途。

第五十五条　税务机关对从事生产、经营的纳税人以前纳税期的纳税情况依法进行税务检查时，发现纳税人有逃避纳税义务行为，并有明显的转移、隐匿其应纳税的商品、货物以及其他财产或者应纳税的收入的迹象的，可以按照本法规定的批准权限采取税收保全措施或者强制执行措施。

第五十六条　纳税人、扣缴义务人必须接受税务机关依法进行的税务检查，如实反映情况，提供有关资料，不得拒绝、隐瞒。

第五十七条　税务机关依法进行税务检查时，有权向有关单位和个人调查纳税人、扣缴义务人和其他当事人与纳税或者代扣代缴、代收代缴税款有关的情况，有关单位和个人有义务向税务机关如实提供有关资料及证明材料。

第五十八条　税务机关调查税务违法案件时，对与案件有关的情况和资料，可以记录、录音、录像、照相和复制。

第五十九条　税务机关派出的人员进行税务检查时，应当出示税务检查证和税务检查通知书，并有责任为被检查人保守秘密；未出示税务检查证和税务检查通知书的，被检查人有权拒绝检查。

第五章　法律责任

第六十条　纳税人有下列行为之一的，由税务机关责令限期改正，可以处二千元以下的罚款；情节严重的，处二千元以上一万元以下的罚款：

（一）未按照规定的期限申报办理税务登记、变更或者注销登记的；

（二）未按照规定设置、保管账簿或者保管记账凭证和有关资料的；

（三）未按照规定将财务、会计制度或者财务、会计处理办法和会计核算软件报送税务机关备查的；

（四）未按照规定将其全部银行账号向税务机关报告的；

（五）未按照规定安装、使用税控装置，或者损毁或者擅自改动税控装置的。

纳税人不办理税务登记的，由税务机关责令限期改正；逾期不改正的，经税务机关提请，由工商行政管理机关吊销其营业执照。

纳税人未按照规定使用税务登记证件，或者转借、涂改、损毁、买卖、伪造税务登记证件的，处二千元以上一万元以下的罚款；情节严重的，处一万元以上五万元以下的罚款。

第六十一条　扣缴义务人未按照规定设置、保管代扣代缴、代收代缴税款账簿或者保管代扣代缴、代收代缴税款记账凭证及有关资料的，由税务机关责令限期改正，可以处二千元以下的罚款；情节严重的，处二千元以上五千元以下的罚款。

第六十二条　纳税人未按照规定的期限办理纳税申报和报送纳税资料的，或者扣缴义务人未按照规定的期限向税务机关报送代扣代缴、代收代缴税款报告表和有关资料的，由税务机关责令限期改正，可以处二千元以下的罚款；情节严重的，可以处二千元以上一万元以下的罚款。

第六十三条　纳税人伪造、变造、隐匿、擅自销毁账簿、记账凭证，或者在账簿上多列支出或者不列、少列收入，或者经税务机关通知申报而拒不申报或者进行虚假的纳税申报，不缴或者少缴应纳税款的，是偷税。对纳税人偷税的，由税务机关追缴其不缴或者少缴的税款、滞纳金，并处不缴或者少缴的税款百分之五十以上五倍以下的罚款；构成犯罪的，依法追究刑事责任。

扣缴义务人采取前款所列手段，不缴或者少缴已扣、已收税款，由税务机关追缴其不缴或者少缴的税款、滞纳金，并处不缴或者少缴的税款百分之五十以上五倍以下的罚款；构成犯罪的，依法追究刑事责任。

第六十四条　纳税人、扣缴义务人编造虚假计税依据的，由税务机关责令限期改正，并处五万元以下的罚款。

纳税人不进行纳税申报，不缴或者少缴应纳税款的，由税务机关追缴其不缴或者少缴的税款、滞纳金，并处不缴或者少缴的税款百分之五十以上五倍以下的罚款。

第六十五条　纳税人欠缴应纳税款，采取转移或者隐匿财产的手段，妨碍税务机关追缴欠缴的税款的，由税务机关追缴欠缴的税款、滞纳金，并处欠缴税款百分之五十以上五倍以下的罚款；构成犯罪的，依法追究刑事责任。

第六十六条　以假报出口或者其他欺骗手段，骗取国家出口退税款的，由税务机关追缴其骗取的退税款，并处骗取税款一倍以上五倍以下的罚款；构成犯罪的，依法追究刑事责任。

对骗取国家出口退税款的，税务机关可以在规定期间内停止为其办理出口退税。

第六十七条　以暴力、威胁方法拒不缴纳税款的，是抗税，除由税务机关追缴其拒缴的税款、滞纳金外，依法追究刑事责任。情节轻微，未构成犯罪的，由税务机关追缴其拒缴的税款、滞纳金，并处拒缴税款一倍以上五倍以下的罚款。

第六十八条　纳税人、扣缴义务人在规定期限内不缴或者少缴应纳或者应解缴的税款，经税务机关责令限期缴纳，逾期仍未缴纳的，税务机关除依照本法第四十条的规定采取强制执行措施追缴其不缴或者少缴的税款外，可以处不缴或者少缴的税款百分之五十以上五倍以下的罚款。

第六十九条　扣缴义务人应扣未扣、应收而不收税款的，由税务机关向纳税人追缴税款，对扣缴义务人处应扣未扣、应收未收税款百分之五十以上三倍以下的罚款。

第七十条　纳税人、扣缴义务人逃避、拒绝或者以其他方式阻挠税务机关检查的，由税务机关责令改正，可以处一万元以下的罚款；情节严重的，处一万元以上五万元以下的罚款。

第七十一条　违反本法第二十二条规定，非法印制发票的，由税务机关销毁非法印制的发票，没收违法所得和作案工具，并处一万元以上五万元以下的罚款；构成犯罪的，依法追究刑事责任。

第七十二条　从事生产、经营的纳税人、扣缴义务人有本法规定的税收违法行为，拒不接受税务机关处理的，税务机关可以收缴其发票或者停止向其发售发票。

第七十三条　纳税人、扣缴义务人的开户银行或者其他金融机构拒绝接受税务机关依法检查纳税人、扣缴义务人存款账户，或者拒绝执行税务机关作出的冻结存款或者扣缴税款的决定，或者在接到税务机关的书面通知后帮助纳税人、扣缴义务人转移存款，造成税款流失的，由税务机关处十万元以上五十万元以下的罚款，对直接负责的主管人员和其他直接责任人员处一千元以上一万元以下的罚款。

第七十四条　本法规定的行政处罚，罚款额在二千元以下的，可以由税务所决定。

第七十五条　税务机关和司法机关的涉税罚没收入，应当按照税款入库预算级次上缴国库。

第七十六条　税务机关违反规定擅自改变税收征收管理范围和税款入库预算级次的，责令限期改正，对直接负责的主管人员和其他直接责任人员依法给予降级或者撤职的行政处分。

第七十七条　纳税人、扣缴义务人有本法第六十三条、第六十五条、第六十六条、第六十七条、第七十一条规定的行为涉嫌犯罪的，税务机关应当依法移交司法机关追究刑事责任。

税务人员徇私舞弊，对依法应当移交司法机关追究刑事责任的不移交，情节严重的，依法追究刑事责任。

第七十八条　未经税务机关依法委托征收税款的，责令退还收取的财物，依法给予行政处分或者行政处罚；致使他人合法权益受到损失的，依法承担赔偿责任；构成犯罪的，依法追究刑事责任。

第七十九条　税务机关、税务人员查封、扣押纳税人个人及其所扶养家属维持生活必需的住房和用品的，责令退还，依法给予行政处分；构成犯罪的，依法追究刑事责任。

第八十条　税务人员与纳税人、扣缴义务人勾结，唆使或者协助纳税人、扣缴义务人有本法第六十三条、第六十五条、第六十六条规定的行为，构成犯罪的，依法追究刑事责任；尚不构成犯罪的，依法给予行政处分。

第八十一条　税务人员利用职务上的便利，收受或者索取纳税人、扣缴义务人财物或者谋取其他不正当利益，构成犯罪的，依法追究刑事责任；尚不构成犯罪的，依法给予行政处分。

第八十二条　税务人员徇私舞弊或者玩忽职守，不征或者少征应征税款，致使国家税收遭受重大损失，构成犯罪的，依法追究刑事责任；尚不构成犯罪的，依法给予行政处分。

税务人员滥用职权，故意刁难纳税人、扣缴义务人的，调离税收工作岗位，并依法给予行政处分。

税务人员对控告、检举税收违法违纪行为的纳税人、扣缴义务人以及其他检举人进行打击报复的，依法给予行政处分；构成犯罪的，依法追究刑事责任。

税务人员违反法律、行政法规的规定，故意高估或者低估农业税计税产量，致使多征或者少征税款，侵犯农民合法权益或者损害国家利益，构成犯罪的，依法追究刑事责任；尚不构成犯罪的，依法给予行政处分。

第八十三条　违反法律、行政法规的规定提前征收、延缓征收或者摊派税款的，由其上级机关或者行政监察机关责令改正，对直接负责的主管人员和其他直接责任人员依法给予行政处分。

第八十四条　违反法律、行政法规的规定，擅自作出税收的开征、停征或者减税、免税、退税、补税以及其他同税收法律、行政法规相抵触的决定的，除依照本法规定撤销其擅自作出的决定外，补征应征未征税款，退还不应征收而征收的税款，并由上级机关追究直接负责的主管人员和其他直接责任人员的行政责任；构成犯罪的，依法追究刑事责任。

第八十五条　税务人员在征收税款或者查处税收违法案件时，未按照本法规定进行回避的，对直接负责的主管人员和其他直接责任人员，依法给予行政处分。

第八十六条　违反税收法律、行政法规应当给予行政处罚的行为，在五年内未被发现的，不再给予行政处罚。

第八十七条　未按照本法规定为纳税人、扣缴义务人、检举人保密的，对直接负责的主管人员和其他直接责任人员，由所在单位或者有关单位依法给予行政处分。

第八十八条　纳税人、扣缴义务人、纳税担保人同税务机关在纳税上发生争议时，必须先依照税务机关的纳税决定缴纳或者解缴税款及滞纳金或者提供相应的担保，然后可以依法申请行政复议；对行政复议决定不服的，可以依法向人民法院起诉。

当事人对税务机关的处罚决定、强制执行措施或者税收保全措施不服的，可以依法申请行政复议，也可以依法向人民法院起诉。

当事人对税务机关的处罚决定逾期不申请行政复议也不向人民法院起诉、又不履行的，作出处罚决定的税务机关可以采取本法第四十条规定的强制执行措施，或者申请人民法院强制执行。

第六章　附则

第八十九条　纳税人、扣缴义务人可以委托税务代理人代为办理税务事宜。

第九十条　耕地占用税、契税、农业税、牧业税征收管理的具体办法，由国务院另行制定。

关税及海关代征税收的征收管理，依照法律、行政法规的有关规定执行。

第九十一条　中华人民共和国同外国缔结的有关税收的条约、协定同本法有不同规定的，依照条约、协定的规定办理。

第九十二条　本法施行前颁布的税收法律与本法有不同规定的，适用本法规定。

第九十三条　国务院根据本法制定实施细则。

第九十四条　本法自 2001 年 5 月 1 日起施行。

二、征收管理法实施细则

《税收征收管理法实施细则》是根据《税收征收管理法》的规定，制定的细则。

2002 年 9 月 7 日以中华人民共和国国务院令第 362 号公布。《实施细则》分总则，税务登记，账簿、凭证管理，纳税申报，税款征收，税务检查，法律责任，文书送达，附则 9 章 113 条，自 2002 年 10 月 15 日起施行。

中华人民共和国税收征收管理法实施细则

文号：国务院令〔2002〕362号　发布日期：2002-9-7

【飞狼财税通编注：根据2016年2月6日国务院令第666号《国务院关于修改部分行政法规的决定》，本细则第四十三条自2016年2月6日起修改为："享受减税、免税优惠的纳税人，减税、免税期满，应当自期满次日起恢复纳税；减税、免税条件发生变化的，应当在纳税申报时向税务机关报告；不再符合减税、免税条件的，应当依法履行纳税义务；未依法纳税的，税务机关应当予以追缴。"】

【飞狼财税通编注：根据2013年7月18日国务院令第638号《国务院关于废止和修改部分行政法规的决定》，本细则第二十三条自2013年7月18日起修改为："生产、经营规模小又确无建账能力的纳税人，可以聘请经批准从事会计代理记账业务的专业机构或者财会人员代为建账和办理账务。"删去第三十条第一款中的"经税务机关批准"。】

【飞狼财税通编注：根据2012年11月9日国务院令第628号《国务院关于修改和废止部分行政法规的决定》，本细则自2013年1月1日起第六十四条第二款修改为："税务机关按照前款方法确定应扣押、查封的商品、货物或者其他财产的价值时，还应当包括滞纳金和拍卖、变卖所发生的费用。"第六十五条修改为："对价值超过应纳税额且不可分割的商品、货物或者其他财产，税务机关在纳税人、扣缴义务人或者纳税担保人无其他可供强制执行的财产的情况下，可以整体扣押、查封、拍卖。"第六十九条第二款修改为："拍卖或者变卖所得抵缴税款、滞纳金、罚款以及拍卖、变卖等费用后，剩余部分应当在3日内退还被执行人。"】

现公布《中华人民共和国税收征收管理法实施细则》，自2002年10月15日起施行。

总理　朱镕基
二〇〇二年九月七日

中华人民共和国税收征收管理法实施细则

第一章　总　则

第一条　根据《中华人民共和国税收征收管理法》（以下简称税收征管法）的规

定，制定本细则。

第二条　凡依法由税务机关征收的各种税收的征收管理，均适用税收征管法及本细则；税收征管法及本细则没有规定的，依照其他有关税收法律、行政法规的规定执行。

第三条　任何部门、单位和个人作出的与税收法律、行政法规相抵触的决定一律无效，税务机关不得执行，并应当向上级税务机关报告。

纳税人应当依照税收法律、行政法规的规定履行纳税义务；其签订的合同、协议等与税收法律、行政法规相抵触的，一律无效。

第四条　国家税务总局 负责制定全国税务系统信息化建设的总体规划、技术标准、技术方案与实施办法；各级税务机关应当按照国家税务总局的总体规划、技术标准、技术方案与实施办法，做好本地区税务系统信息化建设的具体工作。

地方各级人民政府应当积极支持税务系统信息化建设，并组织有关部门实现相关信息的共享。

第五条　税收征管法第八条所称为纳税人、扣缴义务人保密的情况，是指纳税人、扣缴义务人的商业秘密及个人隐私。纳税人、扣缴义务人的税收违法行为不属于保密范围。

第六条　国家税务总局应当制定税务人员行为准则和服务规范。

上级税务机关发现下级税务机关的税收违法行为，应当及时予以纠正；下级税务机关应当按照上级税务机关的决定及时改正。

下级税务机关发现上级税务机关的税收违法行为，应当向上级税务机关或者有关部门报告。

第七条　税务机关根据检举人的贡献大小给予相应的奖励，奖励所需资金列入税务部门年度预算，单项核定。奖励资金具体使用办法以及奖励标准，由国家税务总局会同财政部 制定。

第八条　税务人员在核定应纳税额、调整税收定额、进行税务检查、实施税务行政处罚、办理税务行政复议时，与纳税人、扣缴义务人或者其法定代表人、直接责任人有下列关系之一的，应当回避：

（一）夫妻关系；

（二）直系血亲关系；

（三）三代以内旁系血亲关系；

（四）近姻亲关系；

（五）可能影响公正执法的其他利害关系。

第九条　税收征管法第十四条所称按照国务院规定设立的并向社会公告的税务机构，是指省以下税务局的稽查局。稽查局专司偷税、逃避追缴欠税、骗税、抗税案件的查处。

国家税务总局应当明确划分税务局和稽查局的职责，避免职责交叉。

第二章 税务登记

第十条 国家税务局、地方税务局对同一纳税人的税务登记应当采用同一代码，信息共享。

税务登记的具体办法由国家税务总局制定。

第十一条 各级工商行政管理机关应当向同级国家税务局和地方税务局定期通报办理开业、变更、注销登记以及吊销营业执照的情况。

通报的具体办法由国家税务总局和国家工商行政管理总局联合制定。

第十二条 从事生产、经营的纳税人应当自领取营业执照之日起30日内，向生产、经营地或者纳税义务发生地的主管税务机关申报办理税务登记，如实填写税务登记表，并按照税务机关的要求提供有关证件、资料。

前款规定以外的纳税人，除国家机关和个人外，应当自纳税义务发生之日起30日内，持有关证件向所在地的主管税务机关申报办理税务登记。

个人所得税的纳税人办理税务登记的办法由国务院另行规定。

税务登记证件的式样，由国家税务总局制定。

第十三条 扣缴义务人应当自扣缴义务发生之日起30日内，向所在地的主管税务机关申报办理扣缴税款登记，领取扣缴税款登记证件；税务机关对已办理税务登记的扣缴义务人，可以只在其税务登记证件上登记扣缴税款事项，不再发给扣缴税款登记证件。

第十四条 纳税人税务登记内容发生变化的，应当自工商行政管理机关或者其他机关办理变更登记之日起30日内，持有关证件向原税务登记机关申报办理变更税务登记。

纳税人税务登记内容发生变化，不需要到工商行政管理机关或者其他机关办理变更登记的，应当自发生变化之日起30日内，持有关证件向原税务登记机关申报办理变更税务登记。

第十五条 纳税人发生解散、破产、撤销以及其他情形，依法终止纳税义务的，应当在向工商行政管理机关或者其他机关办理注销登记前，持有关证件向原税务登记机关申报办理注销税务登记；按照规定不需要在工商行政管理机关或者其他机关办理注册登记的，应当自有关机关批准或者宣告终止之日起15日内，持有关证件向原税务登记机关申报办理注销税务登记。

纳税人因住所、经营地点变动，涉及改变税务登记机关的，应当在向工商行政管理机关或者其他机关申请办理变更或者注销登记前或者住所、经营地点变动前，向原税务登记机关申报办理注销税务登记，并在 30 日内向迁达地税务机关申报办理税务登记。

纳税人被工商行政管理机关吊销营业执照或者被其他机关予以撤销登记的，应当自营业执照被吊销或者被撤销登记之日起 15 日内，向原税务登记机关申报办理注销税务登记。

第十六条　纳税人在办理注销税务登记前，应当向税务机关结清应纳税款、滞纳金、罚款，缴销发票、税务登记证件和其他税务证件。

第十七条　从事生产、经营的纳税人应当自开立基本存款账户或者其他存款账户之日起 15 日内，向主管税务机关书面报告其全部账号；发生变化的，应当自变化之日起 15 日内，向主管税务机关书面报告。

第十八条　除按照规定不需要发给税务登记证件的外，纳税人办理下列事项时，必须持税务登记证件：

（一）开立银行账户；

（二）申请减税、免税、退税；

（三）申请办理延期申报、延期缴纳税款；

（四）领购发票；

（五）申请开具外出经营活动税收管理证明；

（六）办理停业、歇业；

（七）其他有关税务事项。

第十九条　税务机关对税务登记证件实行定期验证和换证制度。纳税人应当在规定的期限内持有关证件到主管税务机关办理验证或者换证手续。

第二十条　纳税人应当将税务登记证件正本在其生产、经营场所或者办公场所公开悬挂，接受税务机关检查。

纳税人遗失税务登记证件的，应当在 15 日内书面报告主管税务机关，并登报声明作废。

第二十一条　从事生产、经营的纳税人到外县（市）临时从事生产、经营活动的，应当持税务登记证副本和所在地税务机关填开的外出经营活动税收管理证明，向营业地税务机关报验登记，接受税务管理。

【飞狼财税通编注：根据 2017 年 9 月 15 日税总发〔2017〕103 号《国家税务总局关于创新跨区域涉税事项报验管理制度的通知》，税务总局对外出经营活动税收管理进行了更名与创新：（一）将"外出经营活动税收管理"更名为"跨区域涉税事项报验管理"；（二）纳税人跨区域经营前不再开具相关证明，改为填报《跨区域涉税事项报告表》；（三）取消跨区域涉税事项报验管理的固定有效期；（四）实行跨区域涉税事项报验管理信息电子化；自 2017 年 10 月 30 日起正式实施，详见：税总发〔2017〕

103号。】

从事生产、经营的纳税人外出经营，在同一地累计超过180天的，应当在营业地办理税务登记手续。

第三章　账簿、凭证管理

第二十二条　从事生产、经营的纳税人应当自领取营业执照或者发生纳税义务之日起15日内，按照国家有关规定设置账簿。

前款所称账簿，是指总账、明细账、日记账以及其他辅助性账簿。总账、日记账应当采用订本式。

第二十三条　生产、经营规模小又确无建账能力的纳税人，可以聘请经批准从事会计代理记账业务的专业机构或者经税务机关认可的财会人员代为建账和办理账务；聘请上述机构或者人员有实际困难的，经县以上税务机关批准，可以按照税务机关的规定，建立收支凭证粘贴簿、进货销货登记簿或者使用税控装置。

第二十三条　生产、经营规模小又确无建账能力的纳税人，可以聘请经批准从事会计代理记账业务的专业机构或者财会人员代为建账和办理账务。

【飞狼财税通编注：根据2013.07.18国务院令第638号《国务院关于废止和修改部分行政法规的决定》，本细则自2013年7月18日起第二十三条修改为："生产、经营规模小又确无建账能力的纳税人，可以聘请经批准从事会计代理记账业务的专业机构或者财会人员代为建账和办理账务。"】

第二十四条　从事生产、经营的纳税人应当自领取税务登记证件之日起15日内，将其财务、会计制度或者财务、会计处理办法报送主管税务机关备案。

纳税人使用计算机记账的，应当在使用前将会计电算化系统的会计核算软件、使用说明书及有关资料报送主管税务机关备案。

纳税人建立的会计电算化系统应当符合国家有关规定，并能正确、完整核算其收入或者所得。

第二十五条　扣缴义务人应当自税收法律、行政法规规定的扣缴义务发生之日起10日内，按照所代扣、代收的税种，分别设置代扣代缴、代收代缴税款账簿。

第二十六条　纳税人、扣缴义务人会计制度健全，能够通过计算机正确、完整计算其收入和所得或者代扣代缴、代收代缴税款情况的，其计算机输出的完整的书面会计记录，可视同会计账簿。

纳税人、扣缴义务人会计制度不健全，不能通过计算机正确、完整计算其收入和所得或者代扣代缴、代收代缴税款情况的，应当建立总账及与纳税或者代扣代缴、代收代缴税款有关的其他账簿。

第二十七条　账簿、会计凭证和报表，应当使用中文。民族自治地方可以同时使用当地通用的一种民族文字。外商投资企业和外国企业可以同时使用一种外国文字。

第二十八条　纳税人应当按照税务机关的要求安装、使用税控装置，并按照税务机关的规定报送有关数据和资料。

税控装置推广应用的管理办法由国家税务总局另行制定，报国务院批准后实施。

第二十九条　账簿、记账凭证、报表、完税凭证、发票、出口凭证以及其他有关涉税资料应当合法、真实、完整。

账簿、记账凭证、报表、完税凭证、发票、出口凭证以及其他有关涉税资料应当保存10年；但是，法律、行政法规另有规定的除外。

第四章　纳税申报

第三十条　税务机关应当建立、健全纳税人自行申报纳税制度。经税务机关批准，【飞狼财税通编注：根据2013年7月18日国务院令第638号《国务院关于废止和修改部分行政法规的决定》，本细则自2013年7月18日起删去第三十条第一款中的"经税务机关批准"。】纳税人、扣缴义务人可以采取邮寄、数据电文方式办理纳税申报或者报送代扣代缴、代收代缴税款报告表。

数据电文方式，是指税务机关确定的电话语音、电子数据交换和网络传输等电子方式。

第三十一条　纳税人采取邮寄方式办理纳税申报的，应当使用统一的纳税申报专用信封，并以邮政部门收据作为申报凭据。邮寄申报以寄出的邮戳日期为实际申报日期。

纳税人采取电子方式办理纳税申报的，应当按照税务机关规定的期限和要求保存有关资料，并定期书面报送主管税务机关。

第三十二条　纳税人在纳税期内没有应纳税款的，也应当按照规定办理纳税申报。

纳税人享受减税、免税待遇的，在减税、免税期间应当按照规定办理纳税申报。

第三十三条　纳税人、扣缴义务人的纳税申报或者代扣代缴、代收代缴税款报告表的主要内容包括：税种、税目，应纳税项目或者应代扣代缴、代收代缴税款项目，计税依据，扣除项目及标准，适用税率或者单位税额，应退税项目及税额、应减免税项目及税额，应纳税额或者应代扣代缴、代收代缴税额，税款所属期限、延期缴纳税款、欠税、滞纳金等。

第三十四条　纳税人办理纳税申报时，应当如实填写纳税申报表，并根据不同的情况相应报送下列有关证件、资料：

（一）财务会计报表及其说明材料；

（二）与纳税有关的合同、协议书及凭证；

（三）税控装置的电子报税资料；

（四）外出经营活动税收管理证明和异地完税凭证；

（五）境内或者境外公证机构出具的有关证明文件；

（六）税务机关规定应当报送的其他有关证件、资料。

第三十五条　扣缴义务人办理代扣代缴、代收代缴税款报告时，应当如实填写代扣代缴、代收代缴税款报告表，并报送代扣代缴、代收代缴税款的合法凭证以及税务机关规定的其他有关证件、资料。

第三十六条　实行定期定额缴纳税款的纳税人，可以实行简易申报、简并征期等申报纳税方式。

第三十七条　纳税人、扣缴义务人按照规定的期限办理纳税申报或者报送代扣代缴、代收代缴税款报告表确有困难，需要延期的，应当在规定的期限内向税务机关提出书面延期申请，经税务机关核准，在核准的期限内办理。

纳税人、扣缴义务人因不可抗力，不能按期办理纳税申报或者报送代扣代缴、代收代缴税款报告表的，可以延期办理；但是，应当在不可抗力情形消除后立即向税务机关报告。税务机关应当查明事实，予以核准。

第五章　税款征收

第三十八条　税务机关应当加强对税款征收的管理，建立、健全责任制度。

税务机关根据保证国家税款及时足额入库、方便纳税人、降低税收成本的原则，确定税款征收的方式。

税务机关应当加强对纳税人出口退税的管理，具体管理办法由国家税务总局会同国务院有关部门制定。

第三十九条　税务机关应当将各种税收的税款、滞纳金、罚款，按照国家规定的预算科目和预算级次及时缴入国库，税务机关不得占压、挪用、截留，不得缴入国库以外或者国家规定的税款账户以外的任何账户。

已缴入国库的税款、滞纳金、罚款，任何单位和个人不得擅自变更预算科目和预算级次。

第四十条　税务机关应当根据方便、快捷、安全的原则，积极推广使用支票、银行卡、电子结算方式缴纳税款。

第四十一条　纳税人有下列情形之一的，属于税收征管法第三十一条所称特殊困难：

（一）因不可抗力，导致纳税人发生较大损失，正常生产经营活动受到较大影响的；

（二）当期货币资金在扣除应付职工工资、社会保险费后，不足以缴纳税款的。

计划单列市国家税务局、地方税务局可以参照税收征管法第三十一条第二款的批准权限,审批纳税人延期缴纳税款。

第四十二条　纳税人需要延期缴纳税款的,应当在缴纳税款期限届满前提出申请,并报送下列材料:申请延期缴纳税款报告,当期货币资金余额情况及所有银行存款账户的对账单,资产负债表,应付职工工资和社会保险费等税务机关要求提供的支出预算。

税务机关应当自收到申请延期缴纳税款报告之日起20日内作出批准或者不予批准的决定;不予批准的,从缴纳税款期限届满之日起加收滞纳金。

第四十三条　法律、行政法规规定或者经法定的审批机关批准减税、免税的纳税人,应当持有关文件到主管税务机关办理减税、免税手续。减税、免税期满,应当自期满次日起恢复纳税。

享受减税、免税优惠的纳税人,减税、免税条件发生变化的,应当自发生变化之日起15日内向税务机关报告;不再符合减税、免税条件的,应当依法履行纳税义务;未依法纳税的,税务机关应当予以追缴。

第四十三条　享受减税、免税优惠的纳税人,减税、免税期满,应当自期满次日起恢复纳税;减税、免税条件发生变化的,应当在纳税申报时向税务机关报告;不再符合减税、免税条件的,应当依法履行纳税义务;未依法纳税的,税务机关应当予以追缴。

【飞狼财税通编注:根据2016年2月6日国务院令第666号《国务院关于修改部分行政法规的决定》,本细则第四十三条自2016年2月6日起修改为:"享受减税、免税优惠的纳税人,减税、免税期满,应当自期满次日起恢复纳税;减税、免税条件发生变化的,应当在纳税申报时向税务机关报告;不再符合减税、免税条件的,应当依法履行纳税义务;未依法纳税的,税务机关应当予以追缴。"】

第四十四条　税务机关根据有利于税收控管和方便纳税的原则,可以按照国家有关规定委托有关单位和人员代征零星分散和异地缴纳的税收,并发给委托代征证书。受托单位和人员按照代征证书的要求,以税务机关的名义依法征收税款,纳税人不得拒绝;纳税人拒绝的,受托代征单位和人员应当及时报告税务机关。

第四十五条　税收征管法第三十四条所称完税凭证,是指各种完税证、缴款书、印花税票、扣(收)税凭证以及其他完税证明。

未经税务机关指定,任何单位、个人不得印制完税凭证。完税凭证不得转借、倒卖、变造或者伪造。

完税凭证的式样及管理办法由国家税务总局制定。

第四十六条　税务机关收到税款后,应当向纳税人开具完税凭证。纳税人通过银行缴纳税款的,税务机关可以委托银行开具完税凭证。

第四十七条　纳税人有税收征管法第三十五条或者第三十七条所列情形之一的,

税务机关有权采用下列任何一种方法核定其应纳税额：

（一）参照当地同类行业或者类似行业中经营规模和收入水平相近的纳税人的税负水平核定；

（二）按照营业收入或者成本加合理的费用和利润的方法核定；

（三）按照耗用的原材料、燃料、动力等推算或者测算核定；

（四）按照其他合理方法核定。

采用前款所列一种方法不足以正确核定应纳税额时，可以同时采用两种以上的方法核定。

纳税人对税务机关采取本条规定的方法核定的应纳税额有异议的，应当提供相关证据，经税务机关认定后，调整应纳税额。

第四十八条　税务机关负责纳税人纳税信誉等级评定工作。纳税人纳税信誉等级的评定办法由国家税务总局制定。

第四十九条　承包人或者承租人有独立的生产经营权，在财务上独立核算，并定期向发包人或者出租人上缴承包费或者租金的，承包人或者承租人应当就其生产、经营收入和所得纳税，并接受税务管理；但是，法律、行政法规另有规定的除外。

发包人或者出租人应当自发包或者出租之日起 30 日内将承包人或者承租人的有关情况向主管税务机关报告。发包人或者出租人不报告的，发包人或者出租人与承包人或者承租人承担纳税连带责任。

第五十条　纳税人有解散、撤销、破产情形的，在清算前应当向其主管税务机关报告；未结清税款的，由其主管税务机关参加清算。

第五十一条　税收征管法第三十六条所称关联企业，是指有下列关系之一的公司、企业和其他经济组织：

（一）在资金、经营、购销等方面，存在直接或者间接的拥有或者控制关系；

（二）直接或者间接地同为第三者所拥有或者控制；

（三）在利益上具有相关联的其他关系。

纳税人有义务就其与关联企业之间的业务往来，向当地税务机关提供有关的价格、费用标准等资料。具体办法由国家税务总局制定。

第五十二条　税收征管法第三十六条所称独立企业之间的业务往来，是指没有关联关系的企业之间按照公平成交价格和营业常规所进行的业务往来。

第五十三条　纳税人可以向主管税务机关提出与其关联企业之间业务往来的定价原则和计算方法，主管税务机关审核、批准后，与纳税人预先约定有关定价事项，监督纳税人执行。

第五十四条　纳税人与其关联企业之间的业务往来有下列情形之一的，税务机关可以调整其应纳税额：

（一）购销业务未按照独立企业之间的业务往来作价；

（二）融通资金所支付或者收取的利息超过或者低于没有关联关系的企业之间所能同意的数额，或者利率超过或者低于同类业务的正常利率；

（三）提供劳务，未按照独立企业之间业务往来收取或者支付劳务费用；

（四）转让财产、提供财产使用权等业务往来，未按照独立企业之间业务往来作价或者收取、支付费用；

（五）未按照独立企业之间业务往来作价的其他情形。

第五十五条　纳税人有本细则第五十四条所列情形之一的，税务机关可以按照下列方法调整计税收入额或者所得额：

（一）按照独立企业之间进行的相同或者类似业务活动的价格；

（二）按照再销售给无关联关系的第三者的价格所应取得的收入和利润水平；

（三）按照成本加合理的费用和利润；

（四）按照其他合理的方法。

第五十六条　纳税人与其关联企业未按照独立企业之间的业务往来支付价款、费用的，税务机关自该业务往来发生的纳税年度起3年内进行调整；有特殊情况的，可以自该业务往来发生的纳税年度起10年内进行调整。

第五十七条　税收征管法第三十七条所称未按照规定办理税务登记从事生产、经营的纳税人，包括到外县（市）从事生产、经营而未向营业地税务机关报验登记的纳税人。

第五十八条　税务机关依照税收征管法第三十七条的规定，扣押纳税人商品、货物的，纳税人应当自扣押之日起15日内缴纳税款。

对扣押的鲜活、易腐烂变质或者易失效的商品、货物，税务机关根据被扣押物品的保质期，可以缩短前款规定的扣押期限。

第五十九条　税收征管法第三十八条、第四十条所称其他财产，包括纳税人的房地产、现金、有价证券等不动产和动产。

机动车辆、金银饰品、古玩字画、豪华住宅或者一处以外的住房不属于税收征管法第三十八条、第四十条、第四十二条所称个人及其所扶养家属维持生活必需的住房和用品。

税务机关对单价5000元以下的其他生活用品，不采取税收保全措施和强制执行措施。

第六十条　税收征管法第三十八条、第四十条、第四十二条所称个人所扶养家属，是指与纳税人共同居住生活的配偶、直系亲属以及无生活来源并由纳税人扶养的其他亲属。

第六十一条　税收征管法第三十八条、第八十八条所称担保，包括经税务机关认可的纳税保证人为纳税人提供的纳税保证,以及纳税人或者第三人以其未设置或者未全部设置担保物权的财产提供的担保。

纳税保证人,是指在中国境内具有纳税担保能力的自然人、法人或者其他经济组织。

法律、行政法规规定的没有担保资格的单位和个人,不得作为纳税担保人。

第六十二条 纳税担保人同意为纳税人提供纳税担保的,应当填写纳税担保书,写明担保对象、担保范围、担保期限和担保责任以及其他有关事项。担保书须经纳税人、纳税担保人签字盖章并经税务机关同意,方为有效。

纳税人或者第三人以其财产提供纳税担保的,应当填写财产清单,并写明财产价值以及其他有关事项。纳税担保财产清单须经纳税人、第三人签字盖章并经税务机关确认,方为有效。

第六十三条 税务机关执行扣押、查封商品、货物或者其他财产时,应当由两名以上税务人员执行,并通知被执行人。被执行人是自然人的,应当通知被执行人本人或者其成年家属到场;被执行人是法人或者其他组织的,应当通知其法定代表人或者主要负责人到场;拒不到场的,不影响执行。

第六十四条 税务机关执行税收征管法第三十七条、第三十八条、第四十条的规定,扣押、查封价值相当于应纳税款的商品、货物或者其他财产时,参照同类商品的市场价、出厂价或者评估价估算。

税务机关按照前款方法确定应扣押、查封的商品、货物或者其他财产的价值时,还应当包括滞纳金和扣押、查封、保管、拍卖、变卖所发生的费用。

税务机关按照前款方法确定应扣押、查封的商品、货物或者其他财产的价值时,还应当包括滞纳金和拍卖、变卖所发生的费用。

【飞狼财税通编注:根据 2012 年 11 月 9 日国务院令第 628 号《国务院关于修改和废止部分行政法规的决定》,本细则自 2013 年 1 月 1 日起第六十四条第二款修改为:"税务机关按照前款方法确定应扣押、查封的商品、货物或者其他财产的价值时,还应当包括滞纳金和拍卖、变卖所发生的费用。"】

第六十五条 对价值超过应纳税额且不可分割的商品、货物或者其他财产,税务机关在纳税人、扣缴义务人或者纳税担保人无其他可供强制执行的财产的情况下,可以整体扣押、查封、拍卖,以拍卖所得抵缴税款、滞纳金、罚款以及扣押、查封、保管、拍卖等费用。

第六十五条 对价值超过应纳税额且不可分割的商品、货物或者其他财产,税务机关在纳税人、扣缴义务人或者纳税担保人无其他可供强制执行的财产的情况下,可以整体扣押、查封、拍卖。

【飞狼财税通编注:根据 2012 年 11 月 9 日国务院令第 628 号《国务院关于修改和

废止部分行政法规的决定》，本细则自 2013 年 1 月 1 日起 第六十五条修改为："对价值超过应纳税额且不可分割的商品、货物或者其他财产，税务机关在纳税人、扣缴义务人或者纳税担保人无其他可供强制执行的财产的情况下，可以整体扣押、查封、拍卖。"】

第六十六条　税务机关执行税收征管法第三十七条、第三十八条、第四十条的规定，实施扣押、查封时，对有产权证件的动产或者不动产，税务机关可以责令当事人将产权证件交税务机关保管，同时可以向有关机关发出协助执行通知书，有关机关在扣押、查封期间不再办理该动产或者不动产的过户手续。

第六十七条　对查封的商品、货物或者其他财产，税务机关可以指令被执行人负责保管，保管责任由被执行人承担。

继续使用被查封的财产不会减少其价值的，税务机关可以允许被执行人继续使用；因被执行人保管或者使用的过错造成的损失，由被执行人承担。

第六十八条　纳税人在税务机关采取税收保全措施后，按照税务机关规定的期限缴纳税款的，税务机关应当自收到税款或者银行转回的完税凭证之日起 1 日内解除税收保全。

第六十九条　税务机关将扣押、查封的商品、货物或者其他财产变价抵缴税款时，应当交由依法成立的拍卖机构拍卖；无法委托拍卖或者不适于拍卖的，可以交由当地商业企业代为销售，也可以责令纳税人限期处理；无法委托商业企业销售，纳税人也无法处理的，可以由税务机关变价处理，具体办法由国家税务总局规定。国家禁止自由买卖的商品，应当交由有关单位按照国家规定的价格收购。

拍卖或者变卖所得抵缴税款、滞纳金、罚款以及扣押、查封、保管、拍卖、变卖等费用后，剩余部分应当在 3 日内退还被执行人。

拍卖或者变卖所得抵缴税款、滞纳金、罚款以及拍卖、变卖等费用后，剩余部分应当在 3 日内退还被执行人。

【飞狼财税通编注：根据 2012 年 11 月 9 日国务院令第 628 号《国务院关于修改和废止部分行政法规的决定》，本细则自 2013 年 1 月 1 日起第六十九条第二款修改为："拍卖或者变卖所得抵缴税款、滞纳金、罚款以及拍卖、变卖等费用后，剩余部分应当在 3 日内退还被执行人。"】

第七十条　税收征管法第三十九条、第四十三条所称损失，是指因税务机关的责任，使纳税人、扣缴义务人或者纳税担保人的合法利益遭受的直接损失。

第七十一条　税收征管法所称其他金融机构，是指信托投资公司、信用合作社、邮政储蓄机构以及经中国人民银行、中国证券监督管理委员会等批准设立的其他金融机构。

第七十二条　税收征管法所称存款，包括独资企业投资人、合伙企业合伙人、个体工商户的储蓄存款以及股东资金账户中的资金等。

第七十三条　从事生产、经营的纳税人、扣缴义务人未按照规定的期限缴纳或者解缴税款的，纳税担保人未按照规定的期限缴纳所担保的税款的，由税务机关发出限期缴纳税款通知书，责令缴纳或者解缴税款的最长期限不得超过15日。

第七十四条　欠缴税款的纳税人或者其法定代表人在出境前未按照规定结清应纳税款、滞纳金或者提供纳税担保的，税务机关可以通知出入境管理机关阻止其出境。阻止出境的具体办法，由国家税务总局会同公安部制定。

第七十五条　税收征管法第三十二条规定的加收滞纳金的起止时间，为法律、行政法规规定或者税务机关依照法律、行政法规的规定确定的税款缴纳期限届满次日起至纳税人、扣缴义务人实际缴纳或者解缴税款之日止。

第七十六条　县级以上各级税务机关应当将纳税人的欠税情况，在办税场所或者广播、电视、报纸、期刊、网络等新闻媒体上定期公告。

对纳税人欠缴税款的情况实行定期公告的办法，由国家税务总局制定。

第七十七条　税收征管法第四十九条所称欠缴税款数额较大，是指欠缴税款5万元以上。

第七十八条　税务机关发现纳税人多缴税款的，应当自发现之日起10日内办理退还手续；纳税人发现多缴税款，要求退还的，税务机关应当自接到纳税人退还申请之日起30日内查实并办理退还手续。

税收征管法第五十一条规定的加算银行同期存款利息的多缴税款退税，不包括依法预缴税款形成的结算退税、出口退税和各种减免退税。

退税利息按照税务机关办理退税手续当天中国人民银行规定的活期存款利率计算。

第七十九条　当纳税人既有应退税款又有欠缴税款的，税务机关可以将应退税款和利息先抵扣欠缴税款；抵扣后有余额的，退还纳税人。

第八十条　税收征管法第五十二条所称税务机关的责任，是指税务机关适用税收法律、行政法规不当或者执法行为违法。

第八十一条　税收征管法第五十二条所称纳税人、扣缴义务人计算错误等失误，是指非主观故意的计算公式运用错误以及明显的笔误。

第八十二条　税收征管法第五十二条所称特殊情况，是指纳税人或者扣缴义务人因计算错误等失误，未缴或者少缴、未扣或者少扣、未收或者少收税款，累计数额在10万元以上的。

第八十三条　税收征管法第五十二条规定的补缴和追征税款、滞纳金的期限，自纳税人、扣缴义务人应缴未缴或者少缴税款之日起计算。

第八十四条　审计机关、财政机关依法进行审计、检查时，对税务机关的税收违法行为作出的决定，税务机关应当执行；发现被审计、检查单位有税收违法行为的，向被审计、检查单位下达决定、意见书，责成被审计、检查单位向税务机关缴纳应当缴纳的税款、滞纳金。税务机关应当根据有关机关的决定、意见书，依照税收法律、行政法规的规定，将应收的税款、滞纳金按照国家规定的税收征收管理范围和税款入库预算级次缴入国库。

税务机关应当自收到审计机关、财政机关的决定、意见书之日起 30 日内将执行情况书面回复审计机关、财政机关。

有关机关不得将其履行职责过程中发现的税款、滞纳金自行征收入库或者以其他款项的名义自行处理、占压。

第六章　税务检查

第八十五条　税务机关应当建立科学的检查制度，统筹安排检查工作，严格控制对纳税人、扣缴义务人的检查次数。

税务机关应当制定合理的税务稽查工作规程，负责选案、检查、审理、执行的人员的职责应当明确，并相互分离、相互制约，规范选案程序和检查行为。

税务检查工作的具体办法，由国家税务总局制定。

第八十六条　税务机关行使税收征管法第五十四条第（一）项职权时，可以在纳税人、扣缴义务人的业务场所进行；必要时，经县以上税务局（分局）局长批准，可以将纳税人、扣缴义务人以前会计年度的账簿、记账凭证、报表和其他有关资料调回税务机关检查，但是税务机关必须向纳税人、扣缴义务人开付清单，并在 3 个月内完整退还；有特殊情况的，经设区的市、自治州以上税务局局长批准，税务机关可以将纳税人、扣缴义务人当年的账簿、记账凭证、报表和其他有关资料调回检查，但是税务机关必须在 30 日内退还。

第八十七条　税务机关行使税收征管法第五十四条第（六）项职权时，应当指定专人负责，凭全国统一格式的检查存款账户许可证明进行，并有责任为被检查人保守秘密。

检查存款账户许可证明，由国家税务总局制定。

税务机关查询的内容，包括纳税人存款账户余额和资金往来情况。

第八十八条　依照税收征管法第五十五条规定，税务机关采取税收保全措施的期限一般不得超过 6 个月；重大案件需要延长的，应当报国家税务总局批准。

第八十九条　税务机关和税务人员应当依照税收征管法及本细则的规定行使税务检查职权。

税务人员进行税务检查时，应当出示税务检查证和税务检查通知书；无税务检查证和税务检查通知书的，纳税人、扣缴义务人及其他当事人有权拒绝检查。税务机关对集贸市场及集中经营业户进行检查时，可以使用统一的税务检查通知书。

税务检查证和税务检查通知书的式样、使用和管理的具体办法，由国家税务总局制定。

第七章　法律责任

第九十条　纳税人未按照规定办理税务登记证件验证或者换证手续的，由税务机关责令限期改正，可以处 2000 元以下的罚款；情节严重的，处 2000 元以上 1 万元以下的罚款。

第九十一条　非法印制、转借、倒卖、变造或者伪造完税凭证的，由税务机关责令改正，处 2000 元以上 1 万元以下的罚款；情节严重的，处 1 万元以上 5 万元以下的罚款；构成犯罪的，依法追究刑事责任。

第九十二条　银行和其他金融机构未依照税收征管法的规定在从事生产、经营的纳税人的账户中登录税务登记证件号码，或者未按规定在税务登记证件中登录从事生产、经营的纳税人的账户账号的，由税务机关责令其限期改正，处 2000 元以上 2 万元以下的罚款；情节严重的，处 2 万元以上 5 万元以下的罚款。

第九十三条　为纳税人、扣缴义务人非法提供银行账户、发票、证明或者其他方便，导致未缴、少缴税款或者骗取国家出口退税款的，税务机关除没收其违法所得外，可以处未缴、少缴或者骗取的税款 1 倍以下的罚款。

第九十四条　纳税人拒绝代扣、代收税款的，扣缴义务人应当向税务机关报告，由税务机关直接向纳税人追缴税款、滞纳金；纳税人拒不缴纳的，依照税收征管法第六十八条的规定执行。

第九十五条　税务机关依照税收征管法第五十四条第（五）项的规定，到车站、码头、机场、邮政企业及其分支机构检查纳税人有关情况时，有关单位拒绝的，由税务机关责令改正，可以处 1 万元以下的罚款；情节严重的，处 1 万元以上 5 万元以下的罚款。

第九十六条　纳税人、扣缴义务人有下列情形之一的，依照税收征管法第七十条的规定处罚：

（一）提供虚假资料，不如实反映情况，或者拒绝提供有关资料的；

（二）拒绝或者阻止税务机关记录、录音、录像、照相和复制与案件有关的情况和资料的；

（三）在检查期间，纳税人、扣缴义务人转移、隐匿、销毁有关资料的；

（四）有不依法接受税务检查的其他情形的。

第九十七条　税务人员私分扣押、查封的商品、货物或者其他财产，情节严重，构成犯罪的，依法追究刑事责任；尚不构成犯罪的，依法给予行政处分。

第九十八条　税务代理人违反税收法律、行政法规，造成纳税人未缴或者少缴税款的，除由纳税人缴纳或者补缴应纳税款、滞纳金外，对税务代理人处纳税人未缴或者少缴税款 50%以上 3 倍以下的罚款。

第九十九条　税务机关对纳税人、扣缴义务人及其他当事人处以罚款或者没收违法所得时，应当开付罚没凭证；未开付罚没凭证的，纳税人、扣缴义务人以及其他当事人有权拒绝给付。

第一百条　税收征管法第八十八条规定的纳税争议，是指纳税人、扣缴义务人、纳税担保人对税务机关确定纳税主体、征税对象、征税范围、减税、免税及退税、适用税率、计税依据、纳税环节、纳税期限、纳税地点以及税款征收方式等具体行政行为有异议而发生的争议。

第八章　文书送达

第一百零一条　税务机关送达税务文书，应当直接送交受送达人。

受送达人是公民的，应当由本人直接签收；本人不在的，交其同住成年家属签收。

受送达人是法人或者其他组织的，应当由法人的法定代表人、其他组织的主要负责人或者该法人、组织的财务负责人、负责收件的人签收。受送达人有代理人的，可以送交其代理人签收。

第一百零二条　送达税务文书应当有送达回证，并由受送达人或者本细则规定的其他签收人在送达回证上记明收到日期，签名或者盖章，即为送达。

第一百零三条　受送达人或者本细则规定的其他签收人拒绝签收税务文书的，送达人应当在送达回证上记明拒收理由和日期，并由送达人和见证人签名或者盖章，将税务文书留在受送达人处，即视为送达。

第一百零四条　直接送达税务文书有困难的，可以委托其他有关机关或者其他单位代为送达，或者邮寄送达。

第一百零五条　直接或者委托送达税务文书的，以签收人或者见证人在送达回证上的签收或者注明的收件日期为送达日期；邮寄送达的，以挂号函件回执上注明的收件日期为送达日期，并视为已送达。

第一百零六条　有下列情形之一的，税务机关可以公告送达税务文书，自公告之日起满 30 日，即视为送达：

（一）同一送达事项的受送达人众多；

（二）采用本章规定的其他送达方式无法送达。

第一百零七条　税务文书的格式由国家税务总局制定。本细则所称税务文书，包括：

（一）税务事项通知书；

（二）责令限期改正通知书；

（三）税收保全措施决定书；

（四）税收强制执行决定书；

（五）税务检查通知书；

（六）税务处理决定书；

（七）税务行政处罚决定书；

（八）行政复议决定书；

（九）其他税务文书。

第九章 附 则

第一百零八条 税收征管法及本细则所称"以上"、"以下"、"日内"、"届满"均含本数。

第一百零九条 税收征管法及本细则所规定期限的最后一日是法定休假日的，以休假日期满的次日为期限的最后一日；在期限内有连续3日以上法定休假日的，按休假日天数顺延。

第一百一十条 税收征管法第三十条第三款规定的代扣、代收手续费，纳入预算管理，由税务机关依照法律、行政法规的规定付给扣缴义务人。

第一百一十一条 纳税人、扣缴义务人委托税务代理人代为办理税务事宜的办法，由国家税务总局规定。

第一百一十二条 耕地占用税、契税、农业税、牧业税的征收管理，按照国务院的有关规定执行。

第一百一十三条 本细则自2002年10月15日起施行。1993年8月4日国务院发布的《中华人民共和国税收征收管理法实施细则》同时废止。

第六节 税务行政处罚

税务行政处罚的程序：分为简易程序和一般程序两种。

1. 税务机关对公民个人处以200元以下、对法人和其他组织处以3000元以下罚款或者警告的，适用简易程序当场处罚。

2. 简易程序之外的其他处罚适用一般程序。在一般程序的告知环节，对于符合法定听证条件的（对公民处以2000元以上罚款、对法人或者其他组织处以10000元以上罚款），应当告知当事人有要求听证的权利。

税务行政处罚的时效：

根据《行政处罚法》第三十六条第一款的规定，违法行为在二年内未被发现的，不再给予行政处罚。法律另有规定的除外。

根据《税收征收管理法》第八十六条的规定，违反税收法律、行政法规应当给予行政处罚的行为，在五年内未被发现的，不再给予行政处罚。

一、税务行政处罚裁量权行使规则

《税务行政处罚裁量权行使规则》由国家税务总局于2016年11月30日制定发布，共四章二十八条，自2017年1月1日起施行。

国家税务总局关于发布《税务行政处罚裁量权行使规则》的公告

文号：国家税务总局公告2016年第78号　发布日期：2016-11-30

【飞狼财税通编注：根据2018年6月15日国家税务总局公告2018年第31号《国家税务总局关于修改部分税收规范性文件的公告》对本文第九条进行了修改，删除了第二十五条。】

为全面贯彻《中华人民共和国行政处罚法》《中华人民共和国税收征收管理法》及其实施细则等有关法律法规及《法治政府建设实施纲要（2015—2020年）》精神，按照《国家税务总局关于规范税务行政裁量权工作的指导意见》（国税发〔2012〕65号）要求，国家税务总局制定了《税务行政处罚裁量权行使规则》，现予以发布，自2017年1月1日起施行。

特此公告。

国家税务总局
2016年11月30日

税务行政处罚裁量权行使规则

第一章　总　则

第一条　为了规范税务行政处罚裁量权行使，保护纳税人、扣缴义务人及其他涉税当事人（以下简称"当事人"）合法权益，根据《行政处罚法》《税收征收管理法》及其实施细则等法律、法规有关规定，以及《法治政府建设实施纲要（2015—2020年）》《国家税务总局关于规范税务行政裁量权工作的指导意见》要求，制定本规则。

第二条 税务机关行使行政处罚裁量权,适用本规则。

第三条 本规则所称税务行政处罚裁量权,是指税务机关根据法律、法规和规章的规定,综合考虑税收违法行为的事实、性质、情节及社会危害程度,选择处罚种类和幅度并作出处罚决定的权力。

第四条 税务行政处罚的种类包括:

(一)罚款;

(二)没收违法所得、没收非法财物;

(三)停止出口退税权;

(四)法律、法规和规章规定的其他行政处罚。

第五条 行使税务行政处罚裁量权,应当遵循以下原则:

(一)合法原则。在法律、法规、规章规定的种类和幅度内,依照法定权限,遵守法定程序,保障当事人合法权益。

(二)合理原则。符合立法目的,考虑相关事实因素和法律因素,作出的行政处罚决定与违法行为的事实、性质、情节、社会危害程度相当,与本地的经济社会发展水平相适应。

(三)公平公正原则。对事实、性质、情节及社会危害程度等因素基本相同的税收违法行为,所适用的行政处罚种类和幅度应当基本相同。

(四)公开原则。按规定公开行政处罚依据和行政处罚信息。

(五)程序正当原则。依法保障当事人的知情权、参与权和救济权等各项法定权利。

(六)信赖保护原则。非因法定事由并经法定程序,不得随意改变已经生效的行政行为。

(七)处罚与教育相结合原则。预防和纠正涉税违法行为,引导当事人自觉守法。

第二章 行政处罚裁量基准制定

第六条 税务行政处罚裁量基准,是税务机关为规范行使行政处罚裁量权而制定的细化量化标准。

税务行政处罚裁量基准,应当包括违法行为、处罚依据、裁量阶次、适用条件和具体标准等内容。

第七条 税务行政处罚裁量基准应当在法定范围内制定,并符合以下要求:

(一)法律、法规、规章规定可予以行政处罚的,应当明确是否予以行政处罚的适用条件和具体标准;

(二)法律、法规、规章规定可以选择行政处罚种类的,应当明确不同种类行政处罚的适用条件和具体标准;

(三)法律、法规、规章规定行政处罚幅度的,应当根据违法事实、性质、情节、社会危害程度等因素确定适用条件和具体标准;

(四)法律、法规、规章规定可以单处也可以并处行政处罚的,应当明确单处或者并处行政处罚的适用条件和具体标准。

第八条 制定税务行政处罚裁量基准,参照下列程序进行:

(一)确认行政处罚裁量依据;

(二)整理、分析行政处罚典型案例,为细化量化税务行政处罚裁量权提供参考;

(三)细化量化税务行政处罚裁量权,拟定税务行政处罚裁量基准。

税务行政处罚裁量基准应当以规范性文件形式发布,并结合税收行政执法实际及时修订。

第九条 省税务机关应当省国税局、地税局应当联合制定本地区统一适用的税务行政处罚裁量基准。

第十条 税务机关在实施行政处罚时,应当以法律、法规、规章为依据,并在裁量基准范围内作出相应的行政处罚决定,不得单独引用税务行政处罚裁量基准作为依据。

第三章 行政处罚裁量规则适用

第十一条 法律、法规、规章规定可以给予行政处罚,当事人首次违反且情节轻微,并在税务机关发现前主动改正的或者在税务机关责令限期改正的期限内改正的,不予行政处罚。

第十二条 税务机关应当责令当事人改正或者限期改正违法行为的,除法律、法规、规章另有规定外,责令限期改正的期限一般不超过三十日。

第十三条 对当事人的同一个税收违法行为不得给予两次以上罚款的行政处罚。

当事人同一个税收违法行为违反不同行政处罚规定且均应处以罚款的,应当选择适用处罚较重的条款。

第十四条 当事人有下列情形之一的,不予行政处罚:

(一)违法行为轻微并及时纠正,没有造成危害后果的;

(二)不满十四周岁的人有违法行为的;

(三)精神病人在不能辨认或者不能控制自己行为时有违法行为的;

(四)其他法律规定不予行政处罚的。

第十五条 当事人有下列情形之一的,应当依法从轻或者减轻行政处罚:

(一)主动消除或者减轻违法行为危害后果的;

(二)受他人胁迫有违法行为的;

(三)配合税务机关查处违法行为有立功表现的;

（四）其他依法应当从轻或者减轻行政处罚的。

第十六条 违反税收法律、行政法规应当给予行政处罚的行为在五年内未被发现的，不再给予行政处罚。

第十七条 行使税务行政处罚裁量权应当依法履行告知义务。在作出行政处罚决定前，应当告知当事人作出行政处罚决定的事实、理由、依据及拟处理结果，并告知当事人依法享有的权利。

第十八条 税务机关行使税务行政处罚裁量权涉及法定回避情形的，应当依法告知当事人享有申请回避的权利。税务人员存在法定回避情形的，应当自行回避或者由税务机关决定回避。

第十九条 当事人有权进行陈述和申辩。税务机关应当充分听取当事人的意见，对其提出的事实、理由或者证据进行复核，陈述申辩事由成立的，税务机关应当采纳；不采纳的，应予说明理由。

税务机关不得因当事人的申辩而加重处罚。

第二十条 税务机关对公民作出2000元以上罚款或者对法人或者其他组织作出1万元以上罚款的行政处罚决定之前，应当告知当事人有要求举行听证的权利；当事人要求听证的，税务机关应当组织听证。

第二十一条 对情节复杂、争议较大、处罚较重、影响较广或者拟减轻处罚等税务行政处罚案件，应当经过集体审议决定。

第二十二条 税务机关按照一般程序实施行政处罚，应当在执法文书中对事实认定、法律适用、基准适用等说明理由。

第二十三条 省税务机关应当积极探索建立案例指导制度，通过案例指导规范税务行政处罚裁量权。

第四章 附 则

第二十四条 各级税务机关依法行政工作领导小组应当加强规范税务行政处罚裁量权工作的组织领导。

第二十五条 国税机关、地税机关应当强化执法协作，健全信息交换和执法合作机制，保证同一地区对基本相同的税收违法行为的行政处罚基本一致。【飞狼财税通编注：本条根据2018年6月15日国家税务总局公告2018年第31号《国家税务总局关于修改部分税收规范性文件的公告》删除。】

第二十六条 各级税务机关应当积极运用信息化手段加强税务行政处罚裁量权的管理，实现流程控制，规范裁量行为。

第二十七条 各级税务机关应当通过执法督察、案卷评查等方式，对规范行政处罚裁量权工作进行监督。

第二十八条　本规则自 2017 年 1 月 1 日起施行。

附：国家税务总局关于《国家税务总局关于发布〈税务行政处罚裁量权行使规则〉的公告》的解读

为规范税务行政处罚裁量权行使，根据党中央、国务院总体部署和《国家税务总局关于规范税务行政裁量权工作的指导意见》（国税发〔2012〕65 号）规定，在前期广泛调查研究、征求意见、专家论证的基础上，税务总局制定了《税务行政处罚裁量权行使规则》（以下简称《行使规则》）。

《行使规则》主要通过规范税务行政处罚裁量权，切实解决执法实践中裁量空间过大、尺度不统一等突出问题，进一步规范税收执法，尊重和保护纳税人合法权益，促进执法公平，预防税收争议，促进纳税遵从。

《行使规则》分为 4 章 28 条，定位于行政处罚裁量权行使原则和程序性规则。税务总局负责对相关制度和规则进行总体规划设计，省税务局负责制定处罚裁量基准并监督执行，各执法单位负责遵照执行。《行使规则》从总则、行政处罚裁量基准制定、行政处罚裁量规则适用、附则四个方面，建立起一整套规范税务行政处罚裁量权的制度。一是确定了合法、合理、公正、公开、程序正当、信赖保护、处罚和教育相结合 7 项基本原则；二是规范了裁量基准的制定程序和标准，对省税务机关出台行政处罚裁量基准提供了统一"标尺"；三是规定了行政处罚裁量规则，明确了首违不罚、文书说理、案例指导等工作要求，强调了一事不二罚、责令限期改正、不予处罚、从轻及减轻处罚等裁量规则适用；四是规范了一般程序性制度，列明了告知、回避、陈述申辩、听证、重大处罚事项集体审议等程序制度；五是健全了相关保障措施，对组织领导、执法协作、信息化管理、监督问责等配套制度建设提出了要求。

二、税务行政处罚听证程序实施办法（试行）

税务行政处罚听证是税务机关作出重大行政处罚决定之前，在税务机关派出专门人员或者机构的主持下，由直接参与案件调查取证的税务人员或部门为之一方，被认为违法的当事人为一方，有关证人等共同参加，由税务人员提出当事人违法的事实、证据和行政处罚建议，当事人进行申辩和质证，以进一步澄清事实、核实证据的法定程序。

税务机关对公民作出 2000 元以上（含本数）罚款或者对法人或其他组织作出 10000 元以上（含本数）罚款的行政处罚之前，应当向当事人送达税务行政处罚事项告知书，告知当事人已经查明的违法事实、证据、行政处罚的法律依据和拟将给予的行政处罚，并告知当事人有要求举行听证的权利。

税务行政处罚听证程序实施办法（试行）

第一条　为了规范税务行政处罚听证程序的实施，保护公民、法人和其他组织的合法权益，根据《中华人民共和国行政处罚法》，制定本实施办法。

第二条　税务行政处罚的听证，遵循合法、公正、公开、及时和便民的原则。

第三条　税务机关对公民作出二千元以上（含本数）罚款或者对法人或者其他组织作出一万元以上（含本数）罚款的行政处罚之前，应当向当事人送达《税务行政处罚事项告知书》，告知当事人已经查明的违法事实、证据、行政处罚的法律依据和拟将给予的行政处罚，并告知有要求举行听证的权利。

第四条　要求听证的当事人，应当在《税务行政处罚事项告知书》送达后三日内向税务机关书面提出听证；逾期不提出的，视为放弃听证权利。

当事人要求听证的，税务机关应当组织听证。

第五条　税务机关应当在收到人听证要求后十五日内举行听证，并在举行听证的七日前将《税务行政处罚听证通知书》送达当事人，通知当事人举行听证的时间、地点、听证主持人的姓名及有关事项。

当事人由于不可抗力或者其他特殊情况而耽误提出听证期限的，在障碍消除后五日以内，可以申请延长期限。申请是否准许，由组织听证的税务机关决定。

第六条　当事人提出听证后，税务机关发现自己拟作的行政处罚决定对事实认定有错误或者偏差，应当予以改变，并及时向当事人说明。

第七条　税务行政处罚的听证，由税务机关负责人指定的非本案调查机构的人员主持，当事人、本案调查人员及其他有关人员参加。

听证主持人应当依法行使职权，不受任何组织和个人的干涉。

第八条　当事人可以亲自参加听证，也可以委托一至二人代理。当事人委托代理人参加听证的，应当向其代理人出具代理委托书。代理委托书应当注明有关事项，并经税务机关或者听证主持人审核确认。

第九条　当事人认为听证主持人与本案有直接利害关系的，有权申请回避。回避申请，应当在举行听证的三日前向税务机关提出，并说明理由。

听证主持人是本案当事人的近亲属，或者认为自己与本案有直接利害关系或者其他关系可能影响公正听证的，应当自行提出回避。

第十条　听证主持人的回避，由组织听证的税务机关负责人决定，对驳回申请回避的决定，当事人可以申请复核一次。

第十一条　税务行政处罚听证应当公开进行。但是涉及国家秘密、商业秘密或者个人隐私的，听证不公开进行。

对公开听证的案件，应当先期公告当事人和本案调查人员的姓名、案由和听证的时间、地点。

公开进行的听证，应当允许群众旁听。经听证主持人许可，旁听群众可以发表意见。

对不公开听证的案件，应当宣布不公开听证的理由。

第十二条 当事人或者其代理人应当按照税务机关的通知参加听证，无正当理由不参加的，视为放弃听证权利。听证应当予以终止。

本案调查人员有前款规定情形的，不影响听证的进行。

第十三条 听证开始时，听证主持人应当首先声明并出示税务机关负责人授权主持听证的决定，然后查明当事人或者其代理人、本案调查人员、证人及其他有关人员是否到场，宣布案由；宣布听证会的组成人员名单；告知当事人有关的权利义务。记录员宣读听证会场纪律。

第十四条 听证过程中，由本案调查人员就当事人违法行为予以指控，并出示事实证据材料，提出行政处罚建议。当事人或者其代理人可以就所指控的事实及相关问题进行申辩和质证。

听证主持人可以对本案所及事实进行询问，保障控辩双方充分陈述事实，发表意见，并就各自出示的证据的合法性、真实性进行辩论。辩论先由本案调查人员发，再由当事人或者其代理人答辩，然后双方相互辩论。

辩论终结，听证主持人可以再就本案的事实、证据及有关问题向当事人或者其代理人、本案调查人员征求意见。当事人或者其代理人有最后陈述的权利。

第十五条 听证主持人认为证据有疑问无法听证辩明，可能影响税务行政处罚的准确公正的，可以宣布中止听证，由本案调查人员对证据进行调查核实后再行听证。

当事人或者其代理人可以申请对有关证据进行重新核实，或者提出延期听证；是否准许，由听证主持人或者税务机关作出决定。

第十六条 听证过程中，当事人或者其代理人放弃申辩和质证权利，声明退出听证会；或者不经听证主持人许可擅自退出听证会的，听证主持人可以宣布听证终止。

第十七条 听证过程中，当事人或者其代理人、本案调查人员、证人及其他人员违反听证秩序，听证主持人应当警告制止；对不听制止的，可以责令其退出听证会场。

当事人或者其代理人有前款规定严重行为致使听证无法进行的，听证主持人或者税务机关可以终止听证。

第十八条 听证的全部活动，应当由记录员写成笔录，经听证主持人审阅并由听证主持人和记录员签名后，封卷上交税务机关负责人审阅。

听证笔录应交当事人或者其代理人、本案调查人员、证人及其他有关人员阅读或者向他们宣读，他们认为有遗漏或者有差错的，可以请求补充或者改正。他们在承认没有错误后,应当签字或者盖章。拒绝签名或者盖章的,记明情况附卷。

第十九条 听证结束后,听证主持人应当将听证情况和处理意见报告税务机关负责人。

第二十条 对应当进行听证的案件,税务机关不组织听证,行政处罚决定不能成立;当事人放弃听证权利或者被正当取消听证权利的除外。

第二十一条 听证费用由组织听证的税务机关支付,不得由要求听证的当事人承担或者变相承担。

第二十二条 本实施办法由国家税务总局负责解释。

第二十三条 本实施办法自1996年10月1日起施行。

附:《税务行政处罚听证通知书》格式

×××税务局税务行政处罚听证通知书

( )税字第号＿＿＿＿（纳税人识别号： ）:

根据你提出的听证要求,定于＿＿＿年＿＿月＿＿日在＿＿＿＿＿举行听证,请准时参加。

本次听证拟由＿＿＿＿主持。你如认为主持人与本案有直接利害关系需申请回避的,请于举行听证的三日前提出,并说明理由。

税务机关(章)

年 月 日

第七节 税务稽查

原《税务稽查工作规程》修改为《税务稽查案件办理程序规定》,是为保障税收法律、行政法规的贯彻实施,规范税务稽查工作,强化监督制约机制,根据《税收征收管理法》、《税收征收管理法实施细则》等有关规定,制定的进行税务稽查的规定和程序。

国家税务总局令

2021 年第 52 号

《税务稽查案件办理程序规定》，已经 2021 年 6 月 18 日国家税务总局 2021 年度第 2 次局务会议审议通过，现予公布，自 2021 年 8 月 11 日起施行。

国家税务总局局长：王军
2021 年 7 月 12 日

税务稽查案件办理程序规定

第一章 总 则

第一条 为了贯彻落实中共中央办公厅、国务院办公厅印发的《关于进一步深化税收征管改革的意见》，保障税收法律、行政法规的贯彻实施，规范税务稽查案件办理程序，强化监督制约机制，保护纳税人、扣缴义务人和其他涉税当事人合法权益，根据《税收征收管理法》（以下简称税收征管法）、《税收征收管理法实施细则》（以下简称税收征管法实施细则）等法律、行政法规，制定本规定。

第二条 稽查局办理税务稽查案件适用本规定。

第三条 办理税务稽查案件应当以事实为根据，以法律为准绳，坚持公平、公正、公开、效率的原则。

第四条 税务稽查由稽查局依法实施。稽查局主要职责是依法对纳税人、扣缴义务人和其他涉税当事人履行纳税义务、扣缴义务情况及涉税事项进行检查处理，以及围绕检查处理开展的其他相关工作。稽查局具体职责由国家税务总局依照税收征管法、税收征管法实施细则和国家有关规定确定。

第五条 稽查局办理税务稽查案件时，实行选案、检查、审理、执行分工制约原则。

第六条 稽查局应当在税务局向社会公告的范围内实施税务稽查。上级税务机关可以根据案件办理的需要指定管辖。

税收法律、行政法规和国家税务总局规章对税务稽查管辖另有规定的，从其规定。

第七条 税务稽查管辖有争议的，由争议各方本着有利于案件办理的原则逐级协商解决；不能协商一致的，报请共同的上级税务机关决定。

第八条 税务稽查人员具有税收征管法实施细则规定回避情形的，应当回避。

被查对象申请税务稽查人员回避或者税务稽查人员自行申请回避的，由稽查局局长依法决定是否回避。稽查局局长发现税务稽查人员具有规定回避情形的，应当要求其回避。稽查局局长的回避，由税务局局长依法审查决定。

第九条 税务稽查人员对实施税务稽查过程中知悉的国家秘密、商业秘密或者个人隐私、个人信息，应当依法予以保密。

纳税人、扣缴义务人和其他涉税当事人的税收违法行为不属于保密范围。

第十条 税务稽查人员应当遵守工作纪律，恪守职业道德，不得有下列行为：

（一）违反法定程序、超越权限行使职权；（二）利用职权为自己或者他人牟取利益；（三）玩忽职守，不履行法定义务；（四）泄露国家秘密、工作秘密，向被查对象通风报信、泄露案情；（五）弄虚作假，故意夸大或者隐瞒案情；（六）接受被查对象的请客送礼等影响公正执行公务的行为；（七）其他违法违纪行为。税务稽查人员在执法办案中滥用职权、玩忽职守、徇私舞弊的，依照有关规定严肃处理；涉嫌犯罪的，依法移送司法机关处理。

第十一条 税务稽查案件办理应当通过文字、音像等形式，对案件办理的启动、调查取证、审核、决定、送达、执行等进行全过程记录。

第二章 选 案

第十二条 稽查局应当加强稽查案源管理，全面收集整理案源信息，合理、准确地选择待查对象。案源管理依照国家税务总局有关规定执行。

第十三条 待查对象确定后，经稽查局局长批准实施立案检查。

必要时，依照法律法规的规定，稽查局可以在立案前进行检查。

第十四条 稽查局应当统筹安排检查工作，严格控制对纳税人、扣缴义务人的检查次数。

第三章 检 查

第十五条 检查前，稽查局应当告知被查对象检查时间、需要准备的资料等，但预先通知有碍检查的除外。检查应当由两名以上具有执法资格的检查人员共同实施，并向被查对象出示税务检查证件、出示或者送达税务检查通知书，告知其权利和义务。

第十六条 检查应当依照法定权限和程序，采取实地检查、调取账簿资料、询问、查询存款账户或者储蓄存款、异地协查等方法。

对采用电子信息系统进行管理和核算的被查对象，检查人员可以要求其打开该电子信息系统，或者提供与原始电子数据、电子信息系统技术资料一致的复制件。被查对象拒不打开或者拒不提供的，经稽查局局长批准，可以采用适当的技术手段对该电子信息系统进行直接检查,或者提取、复制电子数据进行检查,但所采用的技术手段不得破坏该电子信息系统原始电子数据,或者影响该电子信息系统正常运行。

第十七条　检查应当依照法定权限和程序收集证据材料。收集的证据必须经查证属实,并与证明事项相关联。

不得以下列方式收集、获取证据材料:(一)严重违反法定程序收集;(二)以违反法律强制性规定的手段获取且侵害他人合法权益;(三)以利诱、欺诈、胁迫、暴力等手段获取。

第十八条　调取账簿、记账凭证、报表和其他有关资料时,应当向被查对象出具调取账簿资料通知书,并填写调取账簿资料清单交其核对后签章确认。

调取纳税人、扣缴义务人以前会计年度的账簿、记账凭证、报表和其他有关资料的,应当经县以上税务局局长批准,并在3个月内完整退还;调取纳税人、扣缴义务人当年的账簿、记账凭证、报表和其他有关资料的,应当经设区的市、自治州以上税务局局长批准,并在30日内退还。退还账簿资料时,应当由被查对象核对调取账簿资料清单,并签章确认。

第十九条　需要提取证据材料原件的,应当向当事人出具提取证据专用收据,由当事人核对后签章确认。对需要退还的证据材料原件,检查结束后应当及时退还,并履行相关签收手续。需要将已开具的纸质发票调出查验时,应当向被查验的单位或者个人开具发票换票证;需要将空白纸质发票调出查验时,应当向被查验的单位或者个人开具调验空白发票收据。经查无问题的,应当及时退还,并履行相关签收手续。

提取证据材料复制件的,应当由当事人或者原件保存单位(个人)在复制件上注明"与原件核对无误"及原件存放地点,并签章。

第二十条　询问应当由两名以上检查人员实施。除在被查对象生产、经营、办公场所询问外,应当向被询问人送达询问通知书。

询问时应当告知被询问人有关权利义务。询问笔录应当交被询问人核对或者向其宣读;询问笔录有修改的,应当由被询问人在改动处捺指印;核对无误后,由被询问人在尾页结束处写明"以上笔录我看过(或者向我宣读过),与我说的相符",并逐页签章、捺指印。被询问人拒绝在询问笔录上签章、捺指印的,检查人员应当在笔录上注明。

第二十一条　当事人、证人可以采取书面或者口头方式陈述或者提供证言。当事人、证人口头陈述或者提供证言的,检查人员应当以笔录、录音、录像等形式进行记录。笔录可以手写或者使用计算机记录并打印,由当事人或者证人逐页签章、捺指印。

当事人、证人口头提出变更陈述或者证言的,检查人员应当就变更部分重新制作笔录,注明原因,由当事人或者证人逐页签章、捺指印。当事人、证人变更书面陈述或者证言的,变更前的笔录不予退回。

第二十二条　制作录音、录像等视听资料的，应当注明制作方法、制作时间、制作人和证明对象等内容。

调取视听资料时，应当调取有关资料的原始载体；难以调取原始载体的，可以调取复制件，但应当说明复制方法、人员、时间和原件存放处等事项。对声音资料，应当附有该声音内容的文字记录；对图像资料，应当附有必要的文字说明。

第二十三条　以电子数据的内容证明案件事实的，检查人员可以要求当事人将电子数据打印成纸质资料，在纸质资料上注明数据出处、打印场所、打印时间或者提供时间，注明"与电子数据核对无误"，并由当事人签章。

需要以有形载体形式固定电子数据的，检查人员应当与提供电子数据的个人、单位的法定代表人或者财务负责人或者经单位授权的其他人员一起将电子数据复制到存储介质上并封存，同时在封存包装物上注明制作方法、制作时间、制作人、文件格式及大小等，注明"与原始载体记载的电子数据核对无误"，并由电子数据提供人签章。收集、提取电子数据，检查人员应当制作现场笔录，注明电子数据的来源、事由、证明目的或者对象，提取时间、地点、方法、过程，原始存储介质的存放地点以及对电子数据存储介质的签封情况等。进行数据压缩的，应当在笔录中注明压缩方法和完整性校验值。

第二十四条　检查人员实地调查取证时，可以制作现场笔录、勘验笔录，对实地调查取证情况予以记录。

制作现场笔录、勘验笔录，应当载明时间、地点和事件等内容，并由检查人员签名和当事人签章。当事人经通知不到场或者拒绝在现场笔录、勘验笔录上签章的，检查人员应当在笔录上注明原因；如有其他人员在场，可以由其签章证明。

第二十五条　检查人员异地调查取证的，当地税务机关应当予以协助；发函委托相关稽查局调查取证的，必要时可以派人参与受托地稽查局的调查取证，受托地稽查局应当根据协查请求，依照法定权限和程序调查。

需要取得境外资料的，稽查局可以提请国际税收管理部门依照有关规定程序获取。

第二十六条　查询从事生产、经营的纳税人、扣缴义务人存款账户，应当经县以上税务局局长批准，凭检查存款账户许可证明向相关银行或者其他金融机构查询。

查询案件涉嫌人员储蓄存款的，应当经设区的市、自治州以上税务局局长批准，凭检查存款账户许可证明向相关银行或者其他金融机构查询。

第二十七条　被查对象有下列情形之一的，依照税收征管法和税收征管法实施细则有关逃避、拒绝或者以其他方式阻挠税务检查的规定处理：

（一）提供虚假资料，不如实反映情况，或者拒绝提供有关资料的；（二）拒绝或者阻止税务机关记录、录音、录像、照相和复制与案件有关的情况和资料的；（三）在检查期间转移、隐匿、销毁有关资料的；（四）有不依法接受税务检查的其他情形的。

第二十八条　税务机关有根据认为从事生产、经营的纳税人有逃避纳税义务行为，可以在规定的纳税期之前，责令限期缴纳应纳税款；在限期内发现纳税人有明显的转移、隐匿其应纳税的商品、货物以及其他财产或者应纳税收入迹象的，可以责成纳税人提供纳税担保。如果纳税人不能提供纳税担保，经县以上税务局局长批准，可以依法采取税收强制措施。

检查从事生产、经营的纳税人以前纳税期的纳税情况时，发现纳税人有逃避纳税义务行为，并有明显的转移、隐匿其应纳税的商品、货物以及其他财产或者应纳税收入迹象的，经县以上税务局局长批准，可以依法采取税收强制措施。

第二十九条　稽查局采取税收强制措施时，应当向纳税人、扣缴义务人、纳税担保人交付税收强制措施决定书，告知其采取税收强制措施的内容、理由、依据以及依法享有的权利、救济途径，并履行法律、法规规定的其他程序。

采取冻结纳税人在开户银行或者其他金融机构的存款措施时，应当向纳税人开户银行或者其他金融机构交付冻结存款通知书，冻结其相当于应纳税款的存款；并于作出冻结决定之日起3个工作日内，向纳税人交付冻结决定书。采取查封、扣押商品、货物或者其他财产措施时，应当向纳税人、扣缴义务人、纳税担保人当场交付查封、扣押决定书，填写查封商品、货物或者其他财产清单或者出具扣押商品、货物或者其他财产专用收据，由当事人核对后签章。查封清单、扣押收据一式二份，由当事人和稽查局分别保存。采取查封、扣押有产权证件的动产或者不动产措施时，应当依法向有关单位送达税务协助执行通知书，通知其在查封、扣押期间不再办理该动产或者不动产的过户手续。

第三十条　按照本规定第二十八条第二款采取查封、扣押措施的，期限一般不得超过6个月；重大案件有下列情形之一，需要延长期限的，应当报国家税务总局批准：

（一）案情复杂，在查封、扣押期限内确实难以查明案件事实的；（二）被查对象转移、隐匿、销毁账簿、记账凭证或者其他证据材料的；（三）被查对象拒不提供相关情况或者以其他方式拒绝、阻挠检查的；（四）解除查封、扣押措施可能使纳税人转移、隐匿、损毁或者违法处置财产，从而导致税款无法追缴的。除前款规定情形外采取查封、扣押、冻结措施的，期限不得超过30日；情况复杂的，经县以上税务局局长批准，可以延长，但是延长期限不得超过30日。

第三十一条　有下列情形之一的，应当依法及时解除税收强制措施：

（一）纳税人已按履行期限缴纳税款、扣缴义务人已按履行期限解缴税款、纳税担保人已按履行期限缴纳所担保税款的；（二）税收强制措施被复议机关决定撤销的；（三）税收强制措施被人民法院判决撤销的；（四）其他法定应当解除税收强制措施的。

第三十二条　解除税收强制措施时，应当向纳税人、扣缴义务人、纳税担保人送达解除税收强制措施决定书，告知其解除税收强制措施的时间、内容和依据，并通知其在规定时间内办理解除税收强制措施的有关事宜：

（一）采取冻结存款措施的，应当向冻结存款的纳税人开户银行或者其他金融机构送达解除冻结存款通知书，解除冻结；（二）采取查封商品、货物或者其他财产措施的，应当解除查封并收回查封商品、货物或者其他财产清单；（三）采取扣押商品、货物或者其他财产措施的，应当予以返还并收回扣押商品、货物或者其他财产专用收据。税收强制措施涉及协助执行单位的，应当向协助执行单位送达税务协助执行通知书，通知解除税收强制措施相关事项。

第三十三条　有下列情形之一，致使检查暂时无法进行的，经稽查局局长批准后，中止检查：（一）当事人被有关机关依法限制人身自由的；（二）账簿、记账凭证及有关资料被其他国家机关依法调取且尚未归还的；（三）与税收违法行为直接相关的事实需要人民法院或者其他国家机关确认的；（四）法律、行政法规或者国家税务总局规定的其他可以中止检查的。中止检查的情形消失，经稽查局局长批准后，恢复检查。

第三十四条　有下列情形之一，致使检查确实无法进行的，经稽查局局长批准后，终结检查：（一）被查对象死亡或者被依法宣告死亡或者依法注销，且有证据表明无财产可抵缴税款或者无法定税收义务承担主体的；（二）被查对象税收违法行为均已超过法定追究期限的；（三）法律、行政法规或者国家税务总局规定的其他可以终结检查的。

第三十五条　检查结束前，检查人员可以将发现的税收违法事实和依据告知被查对象。被查对象对违法事实和依据有异议的，应当在限期内提供说明及证据材料。被查对象口头说明的，检查人员应当制作笔录，由当事人签章。

第四章　审　理

第三十六条　检查结束后，稽查局应当对案件进行审理。符合重大税务案件标准的，稽查局审理后提请税务局重大税务案件审理委员会审理。重大税务案件审理依照国家税务总局有关规定执行。

第三十七条　案件审理应当着重审核以下内容：

（一）执法主体是否正确；（二）被查对象是否准确；（三）税收违法事实是否清楚，证据是否充分，数据是否准确，资料是否齐全；（四）适用法律、行政法规、规章及其他规范性文件是否适当，定性是否正确；（五）是否符合法定程序；（六）是否超越或者滥用职权；（七）税务处理、处罚建议是否适当；（八）其他应当审核确认的事项或者问题。

第三十八条　有下列情形之一的，应当补正或者补充调查：

（一）被查对象认定错误的；（二）税收违法事实不清、证据不足的；（三）不符合法定程序的；（四）税务文书不规范、不完整的；（五）其他需要补正或者补充调查的。

第三十九条　拟对被查对象或者其他涉税当事人作出税务行政处罚的，应当向其送达税务行政处罚事项告知书，告知其依法享有陈述、申辩及要求听证的权利。税务行政处罚事项告知书应当包括以下内容：

（一）被查对象或者其他涉税当事人姓名或者名称、有效身份证件号码或者统一社会信用代码、地址。没有统一社会信用代码的，以税务机关赋予的纳税人识别号代替；（二）认定的税收违法事实和性质；（三）适用的法律、行政法规、规章及其他规范性文件；（四）拟作出的税务行政处罚；（五）当事人依法享有的权利；（六）告知书的文号、制作日期、税务机关名称及印章；（七）其他相关事项。

第四十条　被查对象或者其他涉税当事人可以书面或者口头提出陈述、申辩意见。对当事人口头提出陈述、申辩意见，应当制作陈述申辩笔录，如实记录，由陈述人、申辩人签章。

应当充分听取当事人的陈述、申辩意见；经复核，当事人提出的事实、理由或者证据成立的，应当采纳。

第四十一条　被查对象或者其他涉税当事人按照法律、法规、规章要求听证的，应当依法组织听证。

听证依照国家税务总局有关规定执行。

第四十二条　经审理，区分下列情形分别作出处理：

（一）有税收违法行为，应当作出税务处理决定的，制作税务处理决定书；（二）有税收违法行为，应当作出税务行政处罚决定的，制作税务行政处罚决定书；（三）税收违法行为轻微，依法可以不予税务行政处罚的，制作不予税务行政处罚决定书；（四）没有税收违法行为的，制作税务稽查结论。税务处理决定书、税务行政处罚决定书、不予税务行政处罚决定书、税务稽查结论引用的法律、行政法规、规章及其他规范性文件，应当注明文件全称、文号和有关条款。

第四十三条　税务处理决定书应当包括以下主要内容：

（一）被查对象姓名或者名称、有效身份证件号码或者统一社会信用代码、地址。没有统一社会信用代码的，以税务机关赋予的纳税人识别号代替；（二）检查范围和内容；（三）税收违法事实及所属期间；（四）处理决定及依据；（五）税款金额、缴纳期限及地点；（六）税款滞纳时间、滞纳金计算方法、缴纳期限及地点；（七）被查对象不按期履行处理决定应当承担的责任；（八）申请行政复议或者提起行政诉讼的途径和期限；（九）处理决定书的文号、制作日期、税务机关名称及印章。

第四十四条　税务行政处罚决定书应当包括以下主要内容：

（一）被查对象或者其他涉税当事人姓名或者名称、有效身份证件号码或者统一社会信用代码、地址。没有统一社会信用代码的，以税务机关赋予的纳税人识别号代替；（二）检查范围和内容；（三）税收违法事实、证据及所属期间；（四）行政处罚种类和依据；（五）行政处罚履行方式、期限和地点；（六）当事人不按期履行行政处罚决定应当承担的责任；（七）申请行政复议或者提起行政诉讼的途径和期限；（八）行政处罚决定书的文号、制作日期、税务机关名称及印章。税务行政处罚决定应当依法公开。公开的行政处罚决定被依法变更、撤销、确认违法或者确认无效的，应当在3个工作日内撤回原行政处罚决定信息并公开说明理由。

第四十五条　不予税务行政处罚决定书应当包括以下主要内容：

（一）被查对象或者其他涉税当事人姓名或者名称、有效身份证件号码或者统一社会信用代码、地址。没有统一社会信用代码的，以税务机关赋予的纳税人识别号代替；（二）检查范围和内容；（三）税收违法事实及所属期间；（四）不予税务行政处罚的理由及依据；（五）申请行政复议或者提起行政诉讼的途径和期限；（六）不予行政处罚决定书的文号、制作日期、税务机关名称及印章。

第四十六条　税务稽查结论应当包括以下主要内容：

（一）被查对象姓名或者名称、有效身份证件号码或者统一社会信用代码、地址。没有统一社会信用代码的，以税务机关赋予的纳税人识别号代替；（二）检查范围和内容；（三）检查时间和检查所属期间；（四）检查结论；（五）结论的文号、制作日期、税务机关名称及印章。

第四十七条　稽查局应当自立案之日起90日内作出行政处理、处罚决定或者无税收违法行为结论。案情复杂需要延期的，经税务局局长批准，可以延长不超过90日；特殊情况或者发生不可抗力需要继续延期的，应当经上一级税务局分管副局长批准，并确定合理的延长期限。但下列时间不计算在内：

（一）中止检查的时间；（二）请示上级机关或者征求有权机关意见的时间；（三）提请重大税务案件审理的时间；（四）因其他方式无法送达，公告送达文书的时间；（五）组织听证的时间；（六）纳税人、扣缴义务人超期提供资料的时间；（七）移送司法机关后，税务机关需根据司法文书决定是否处罚的案件，从司法机关接受移送到司法文书生效的时间。

第四十八条　税收违法行为涉嫌犯罪的，填制涉嫌犯罪案件移送书，经税务局局长批准后，依法移送公安机关，并附送以下资料：

（一）涉嫌犯罪案件情况的调查报告；（二）涉嫌犯罪的主要证据材料复制件；（三）其他有关涉嫌犯罪的材料。

第五章　执　行

第四十九条　稽查局应当依法及时送达税务处理决定书、税务行政处罚决定书、不予税务行政处罚决定书、税务稽查结论等税务文书。

第五十条 具有下列情形之一的，经县以上税务局局长批准，稽查局可以依法强制执行，或者依法申请人民法院强制执行：

（一）纳税人、扣缴义务人未按照规定的期限缴纳或者解缴税款、滞纳金，责令限期缴纳逾期仍未缴纳的；（二）经稽查局确认的纳税担保人未按照规定的期限缴纳所担保的税款、滞纳金，责令限期缴纳逾期仍未缴纳的；（三）当事人对处罚决定逾期不申请行政复议也不向人民法院起诉、又不履行的；（四）其他可以依法强制执行的。

第五十一条 当事人确有经济困难，需要延期或者分期缴纳罚款的，可向稽查局提出申请，经税务局局长批准后，可以暂缓或者分期缴纳。

第五十二条 作出强制执行决定前，应当制作并送达催告文书，催告当事人履行义务，听取当事人陈述、申辩意见。经催告，当事人逾期仍不履行行政决定，且无正当理由的，经县以上税务局局长批准，实施强制执行。

实施强制执行时，应当向被执行人送达强制执行决定书，告知其实施强制执行的内容、理由及依据，并告知其享有依法申请行政复议或者提起行政诉讼的权利。催告期间，对有证据证明有转移或者隐匿财物迹象的，可以作出立即强制执行决定。

第五十三条 稽查局采取从被执行人开户银行或者其他金融机构的存款中扣缴税款、滞纳金、罚款措施时，应当向被执行人开户银行或者其他金融机构送达扣缴税收款项通知书，依法扣缴税款、滞纳金、罚款，并及时将有关凭证送达被执行人。

第五十四条 拍卖、变卖被执行人商品、货物或者其他财产，以拍卖、变卖所得抵缴税款、滞纳金、罚款的，在拍卖、变卖前应当依法进行查封、扣押。

稽查局拍卖、变卖被执行人商品、货物或者其他财产前，应当制作拍卖/变卖抵税财物决定书，经县以上税务局局长批准后送达被执行人，予以拍卖或者变卖。拍卖或者变卖实现后，应当在结算并收取价款后 3 个工作日内，办理税款、滞纳金、罚款的入库手续，并制作拍卖/变卖结果通知书，附拍卖/变卖查封、扣押的商品、货物或者其他财产清单，经稽查局局长审核后，送达被执行人。以拍卖或者变卖所得抵缴税款、滞纳金、罚款和拍卖、变卖等费用后，尚有剩余的财产或者无法进行拍卖、变卖的财产的，应当制作返还商品、货物或者其他财产通知书，附返还商品、货物或者其他财产清单，送达被执行人，并自办理税款、滞纳金、罚款入库手续之日起 3 个工作日内退还被执行人。

第五十五条 执行过程中发现涉嫌犯罪的，依照本规定第四十八条处理。

第五十六条 执行过程中发现有下列情形之一的，经稽查局局长批准后，中止执行：

（一）当事人死亡或者被依法宣告死亡，尚未确定可执行财产的；（二）当事人进入破产清算程序尚未终结的;(三)可执行财产被司法机关或者其他国家机关依法查封、扣押、冻结,致使执行暂时无法进行的;(四)可供执行的标的物需要人民法院或者仲裁机构确定权属的;(五)法律、行政法规和国家税务总局规定其他可以中止执行的。中止执行情形消失后,经稽查局局长批准,恢复执行。

第五十七条 当事人确无财产可供抵缴税款、滞纳金、罚款或者依照破产清算程序确实无法清缴税款、滞纳金、罚款,或者有其他法定终结执行情形的,经税务局局长批准后,终结执行。

第五十八条 税务处理决定书、税务行政处罚决定书等决定性文书送达后,有下列情形之一的,稽查局可以依法重新作出:

(一)决定性文书被人民法院判决撤销的;(二)决定性文书被行政复议机关决定撤销的;(三)税务机关认为需要变更或者撤销原决定性文书的;(四)其他依法需要变更或者撤销原决定性文书的。

第六章 附 则

第五十九条 本规定相关税务文书的式样,由国家税务总局规定。

第六十条 本规定所称签章,区分以下情况确定:

(一)属于法人或者其他组织的,由相关人员签名,加盖单位印章并注明日期;(二)属于个人的,由个人签名并注明日期。本规定所称"以上""日内",均含本数。

第六十一条 本规定自 2021 年 8 月 11 日起施行。《税务稽查工作规程》(国税发〔2009〕157 号印发,国家税务总局公告 2018 年第 31 号修改)同时废止。

关于《税务稽查案件办理程序规定》的解读

2021 年 7 月 19 日 来源:国家税务总局办公厅

为贯彻落实中办、国办印发的《关于进一步深化税收征管改革的意见》(以下简称《意见》),深入推进精确执法、精细服务、精准监管、精诚共治,落实 2021 年新修订的行政处罚法等法律法规,切实保护行政相对人合法权益,更好发挥税务稽查维护经济税收秩序、维护国家税收安全、维护社会公平正义的职能作用,国家税务总局对《税务稽查工作规程》(国税发〔2009〕157 号印发,国家税务总局公告 2018 年第 31 号修改,以下简称《规程》)进行了修订,并更名为《税务稽查案件办理程序规定》(以下简称《规定》),以部门规章的形式发布施行。现将有关问题解读如下:

一、修改的必要性

《规程》自颁布实施以来,在规范执法行为、维护税收秩序、促进依法纳税等方面发挥了积极作用。近年来，党中央、国务院对进一步深化税收征管改革、优化税务执法方式作出新部署、提出新要求，税务稽查工作面临新形势新任务，有必要对《规程》进行修订完善。（一）进一步深化税收征管改革的需要《意见》从严格规范税务执法行为、完善税务执法制度和机制、不断提升税务执法精确度、强化执法内部监督等方面提出了一系列明确要求。稽查执法作为税务执法的重要方面，需要按照《意见》要求从制度层面进一步规范。《规定》出台既是落实《意见》的重要举措，也是保障《意见》落实的重要制度性建设安排。（二）进一步优化税务执法方式的需要2021年修订的行政处罚法对税务执法提出了一系列新要求，近年来出台或修订的行政强制法、行政诉讼法等法律法规需要通过建立完善税务执法相关制度规定予以衔接和落实。同时，贯彻落实依法行政要求，推进依法治税，做到权力法定、权责明晰，加强对权力运行的监督制约，需要持续健全税务稽查执法制度规定。（三）进一步完善税收法制建设的需要近年来，社会法治环境、税务机构改革、稽查执法实际等方面发生深刻变化，尤其是税收征管体制改革后形成的集约型税务稽查组织体系需要通过健全稽查工作制度加以保障。同时，随着稽查执法工作日益规范化、制度化，实践中一些合法合规、成熟定型的做法也需要以制度形式加以固定，推动税收法制建设与时俱进。

二、修订的基本原则

《规定》是规范税务稽查执法的基础性制度，与经济社会生产生活和行政相对人权益密切相关。本次修订重点把握以下原则：一是提升稽查执法制度依据的法律层级。原《规程》为规范性文件，《规定》升级为部门规章。通过提升稽查执法基础性制度的法律层级，进一步加大对稽查执法的规范力度，提高稽查法治化水平。二是注重保护行政相对人合法权益。围绕稽查执法工作中与行政相对人密切相关的执法环节，依据相关法律法规进一步完善稽查执法制度机制，全流程规范稽查执法行为，充分保障行政相对人的知情权、陈述申辩权等合法权益，推动提高税法遵从度和社会满意度。三是切实解决稽查执法中出现的新问题。坚持问题导向，应对稽查执法过程中出现的新情况、新问题，以及涉税违法手段的新变化、新趋势，进一步完善稽查案件办理流程，细化制度规定，明确工作要求，为稽查执法工作在新形势下有效开展提供制度保障。

三、修订的主要内容

《规定》分六章（总则、选案、检查、审理、执行、附则）共六十一条。主要修订内容包括：（一）进一步明确立法目的。在第一条将"为了贯彻落实中共中央办公厅、国务院办公厅印发的《关于进一步深化税收征管改革的意见》"作为《规定》修订的目的之一，明确将贯彻落实《意见》部署作为税务稽查执法的总体要求。（二）进一步完善立法宗旨。在第一条增加"保护纳税人、扣缴义务人和其他涉税当事人合法权益"的立法宗旨。坚持以人为本的执法理念，将注重保护税务行政相对人合法权益的原则要求贯穿于稽查案件办理全过程。（三）增加对行政相对人个人信息的保护。在第九条明确"对实施税务稽查过程中知悉的个人信息应当依法予以保密"。落实民法典有关规定，防止稽查执法中泄露当事人个人信息，进一步提高稽查执法的合法性和规范性。（四）明确行政执法全过程记录要求。新增第十一条"税务稽查案件办理应当通过文字、音像等形式，对案件办理的启动、调查取证、审核、决定、送达、执行等进行全过程记录。"贯彻落实国务院关于全面推行执法全过程记录制度等"三项制度"的工作要求，进一步促进税务稽查严格规范公正文明执法。（五）细化提取电子数据的程序。在第二十三条增加"收集、提取电子数据，检查人员应当制作现场笔录，注明电子数据的来源、事由、证明目的或者对象，提取时间、地点、方法、过程，原始存储介质的存放地点以及对电子数据存储介质的签封情况等。进行数据压缩的，应当在笔录中注明压缩方法和完整性校验值"的规定。依据行政处罚法、税收征收管理法等相关法律规定，进一步规范电子数据提取的具体规定和操作要求，适应实际执法中提取电子证据的需要，保障电子数据取证工作合法合规。（六）细化保障行政相对人知情权和陈述申辩权的相关规定。在第十五条、第二十条明确实施检查和进行询问时对当事人要"告知其权利和义务"，在第四十条增加"应当充分听取当事人的陈述、申辩意见；经复核，当事人提出的事实、理由或者证据成立的，应当采纳"的规定，落实行政处罚法等法律法规的要求，充分保障当事人的知情权、陈述申辩权等合法权益。（七）将证据纳入处罚决定书的填写范围。在第四十四条增加税务行政处罚决定书应当包括"税收违法证据"，与行政处罚法有关规定相衔接，强化证据填写要求，确保税务行政处罚决定文书证据充分、事实清楚。（八）增加税务行政处罚决定公开和撤回程序规定。与行政处罚法有关规定相衔接，在第四十四条明确税务行政处罚决定应当依法公开和税务行政处罚决定依法撤回的程序要求，完善税务行政处罚决定工作流程。（九）明确税务稽查案件办理期限。落实行政处罚法有关规定，在第四十七条明确"稽查局应当自立案之日起90日内作出行政处理、处罚决定或者无税收违法行为结论。案情复杂需要延期的，经税务局局长批准，可以延长不超过90日；特殊情况或者发生不可抗力需要继续延期的，应当经上一级税务局分管副局长批准，并确定合理的延长期限"，既保障疑难、复杂案件查处，又强化监督制约，提高办案效率。（十）增加暂缓或延期缴纳罚款的规定。新增第五十一条"当事人确有经济困难，需要延期或者分期缴纳罚款的，可向稽查局提出申请，经税务局局长批准后，可以暂缓或者分期缴纳。"落实行政处罚法有关要求，充分考虑当事人的实际困难，做到税务稽查执法既有力度又有温度，推动提升税法遵从度和社会满意度。（十一）明确实施税收强制执行前的催告程序。在第五十二条明确"作出强制执行决定前，应当制作并送达催告文书，催告当事人履行义务，听取当事人陈述、申辩意见。经催告，当事人逾期仍不履行行政决定，且无正当理由的，经县以上税务局局长批准，实施强制执行。"落实行政强制法有关规定，进一步完善执法程序，提高稽查执法的合法性和正当性。（十二）完善处理处罚决定重新作出工作机制。新增第五十八条"税务处理决定书、税务行政处罚决定书等决定性文书送达后，有下列情形之一的，稽查局可以依法重新作出：（一）决定性文书被人民法院判决撤销的；（二）决定性文书被行政复议机关决定撤销的；（三）税务机关认为需要变更或者撤销原决定性文书的；（四）其他依法需要变更或者撤销原决定性文书的。"依据行政处罚法、行政诉讼法、行政复议法相关规定，健全税务稽查重新作出处理处罚工作机制，进一步完善稽查执法工作流程。

第八节 税务行政复议

《税务行政复议规则》于 2010 年 2 月 10 日以国家税务总局令第 21 号公布，根据 2015 年 12 月 28 日国家税务总局令第 39 号《国家税务总局关于修改〈税务行政复议规则〉的决定》和 2018 年 6 月 5 日国家税务总局令第 44 号《国家税务总局关于修改部分税务部门规章的决定》修正。

该《规则》分总则、税务行政复议机构和人员、税务行政复议范围、税务行政复议管辖、税务行政复议申请人和被申请人、税务行政复议申请、税务行政复议受理、税务行政复议证据、税务行政复议审查和决定、税务行政复议和解与调解、税务行政复议指导和监督、附则 12 章 105 条，自 2010 年 4 月 1 日起施行。

国家税务总局关于修改《税务行政复议规则》的决定

文号：国家税务总局令第 39 号　发布日期：2015-12-28

《国家税务总局关于修改〈税务行政复议规则〉的决定》，已经 2015 年 12 月 17 日国家税务总局 2015 年度第 2 次局务会议审议通过，现予公布，自 2016 年 2 月 1 日起施行。

国家税务总局局长：王军
2015 年 12 月 28 日

国家税务总局关于修改《税务行政复议规则》的决定

国家税务总局决定对《税务行政复议规则》作如下修改：

一、将第十九条第一款第一项修改为："（一）对计划单列市国家税务局的具体行政行为不服的,向国家税务总局申请行政复议;对计划单列市地方税务局的具体行政行为不服的,可以选择向省地方税务局或者本级人民政府申请行政复议。"

二、将第五十二条修改为:"行政复议证据包括以下类别:

"(一)书证;

"(二)物证;

"(三)视听资料;

"(四)电子数据;

"(五)证人证言;

"(六)当事人的陈述;

"(七)鉴定意见;

"(八)勘验笔录、现场笔录。"

三、第八十六条增加一款,作为第二款:"行政复议审理期限在和解、调解期间中止计算。"

本决定自 2016 年 2 月 1 日起施行。

《税务行政复议规则》根据本决定作相应修改,重新公布。

税务行政复议规则

(2010 年 2 月 10 日国家税务总局令第 21 号公布 根据 2015 年 12 月 28 日《国家税务总局关于修改〈税务行政复议规则〉的决定》修正)

第一章 总 则

第一条 为了进一步发挥行政复议解决税务行政争议的作用,保护公民、法人和其他组织的合法权益,监督和保障税务机关依法行使职权,根据《中华人民共和国行政复议法》(以下简称行政复议法)、《税收征收管理法》和《行政复议法实施条例》,结合税收工作实际,制定本规则。

第二条 公民、法人和其他组织(以下简称申请人)认为税务机关的具体行政行为侵犯其合法权益,向税务行政复议机关申请行政复议,税务行政复议机关办理行政复议事项,适用本规则。

第三条 本规则所称税务行政复议机关(以下简称行政复议机关),指依法受理行政复议申请、对具体行政行为进行审查并作出行政复议决定的税务机关。

第四条 行政复议应当遵循合法、公正、公开、及时和便民的原则。

行政复议机关应当树立依法行政观念,强化责任意识和服务意识,认真履行行政复议职责,坚持有错必纠,确保法律正确实施。

第五条 行政复议机关在申请人的行政复议请求范围内，不得作出对申请人更为不利的行政复议决定。

第六条 申请人对行政复议决定不服的，可以依法向人民法院提起行政诉讼。

第七条 行政复议机关受理行政复议申请，不得向申请人收取任何费用。

第八条 各级税务机关行政首长是行政复议工作第一责任人，应当切实履行职责，加强对行政复议工作的组织领导。

第九条 行政复议机关应当为申请人、第三人查阅案卷资料、接受询问、调解、听证等提供专门场所和其他必要条件。

第十条 各级税务机关应当加大对行政复议工作的基础投入，推进行政复议工作信息化建设，配备调查取证所需的照相、录音、录像和办案所需的电脑、扫描、投影、传真、复印等设备，保障办案交通工具和相应经费。

第二章 税务行政复议机构和人员

第十一条 各级行政复议机关负责法制工作的机构（以下简称行政复议机构）依法办理行政复议事项，履行下列职责：

（一）受理行政复议申请。

（二）向有关组织和人员调查取证，查阅文件和资料。

（三）审查申请行政复议的具体行政行为是否合法和适当，起草行政复议决定。

（四）处理或者转送对本规则第十五条所列有关规定的审查申请。

（五）对被申请人违反行政复议法及其实施条例和本规则规定的行为，依照规定的权限和程序向相关部门提出处理建议。

（六）研究行政复议工作中发现的问题，及时向有关机关或者部门提出改进建议，重大问题及时向行政复议机关报告。

（七）指导和监督下级税务机关的行政复议工作。

（八）办理或者组织办理行政诉讼案件应诉事项。

（九）办理行政复议案件的赔偿事项。

（十）办理行政复议、诉讼、赔偿等案件的统计、报告、归档工作和重大行政复议决定备案事项。

（十一）其他与行政复议工作有关的事项。

第十二条 各级行政复议机关可以成立行政复议委员会，研究重大、疑难案件，提出处理建议。

行政复议委员会可以邀请本机关以外的具有相关专业知识的人员参加。

第十三条 行政复议工作人员应当具备与履行行政复议职责相适应的品行、专业知识和业务能力，并取得行政复议法实施条例规定的资格。

第三章　税务行政复议范围

第十四条　行政复议机关受理申请人对税务机关下列具体行政行为不服提出的行政复议申请：

（一）征税行为，包括确认纳税主体、征税对象、征税范围、减税、免税、退税、抵扣税款、适用税率、计税依据、纳税环节、纳税期限、纳税地点和税款征收方式等具体行政行为，征收税款、加收滞纳金，扣缴义务人、受税务机关委托的单位和个人作出的代扣代缴、代收代缴、代征行为等。

（二）行政许可、行政审批行为。

（三）发票管理行为，包括发售、收缴、代开发票等。

（四）税收保全措施、强制执行措施。

（五）行政处罚行为：

1. 罚款；

2. 没收财物和违法所得；

3. 停止出口退税权。

（六）不依法履行下列职责的行为：

1. 颁发税务登记；

2. 开具、出具完税凭证、外出经营活动税收管理证明；

3. 行政赔偿；

4. 行政奖励；

5. 其他不依法履行职责的行为。

（七）资格认定行为。

（八）不依法确认纳税担保行为。

（九）政府信息公开工作中的具体行政行为。

（十）纳税信用等级评定行为。

（十一）通知出入境管理机关阻止出境行为。

（十二）其他具体行政行为。

第十五条　申请人认为税务机关的具体行政行为所依据的下列规定不合法，对具体行政行为申请行政复议时，可以一并向行政复议机关提出对有关规定的审查申请；申请人对具体行政行为提出行政复议申请时不知道该具体行政行为所依据的规定的，可以在行政复议机关作出行政复议决定以前提出对该规定的审查申请：

（一）国家税务总局和国务院其他部门的规定。

（二）其他各级税务机关的规定。

（三）地方各级人民政府的规定。

（四）地方人民政府工作部门的规定。

前款中的规定不包括规章。

<h3 style="text-align:center">第四章　税务行政复议管辖</h3>

第十六条　对各级国家税务局的具体行政行为不服的，向其上一级国家税务局申请行政复议。

第十七条　对各级地方税务局的具体行政行为不服的，可以选择向其上一级地方税务局或者该税务局的本级人民政府申请行政复议。

省、自治区、直辖市人民代表大会及其常务委员会、人民政府对地方税务局的行政复议管辖另有规定的，从其规定。

第十八条　对国家税务总局的具体行政行为不服的，向国家税务总局申请行政复议。对行政复议决定不服，申请人可以向人民法院提起行政诉讼，也可以向国务院申请裁决。国务院的裁决为最终裁决。

第十九条　对下列税务机关的具体行政行为不服的，按照下列规定申请行政复议：

（一）对计划单列市国家税务局的具体行政行为不服的，向国家税务总局申请行政复议；对计划单列市地方税务局的具体行政行为不服的，可以选择向省地方税务局或者本级人民政府申请行政复议。

（二）对税务所（分局）、各级税务局的稽查局的具体行政行为不服的，向其所属税务局申请行政复议。

（三）对两个以上税务机关共同作出的具体行政行为不服的，向共同上一级税务机关申请行政复议；对税务机关与其他行政机关共同作出的具体行政行为不服的，向其共同上一级行政机关申请行政复议。

（四）对被撤销的税务机关在撤销以前所作出的具体行政行为不服的，向继续行使其职权的税务机关的上一级税务机关申请行政复议。

（五）对税务机关作出逾期不缴纳罚款加处罚款的决定不服的，向作出行政处罚决定的税务机关申请行政复议。但是对已处罚款和加处罚款都不服的，一并向作出行政处罚决定的税务机关的上一级税务机关申请行政复议。

有前款（二）、（三）、（四）、（五）项所列情形之一的，申请人也可以向具体行政行为发生地的县级地方人民政府提交行政复议申请，由接受申请的县级地方人民政府依法转送。

<h3 style="text-align:center">第五章　税务行政复议申请人和被申请人</h3>

第二十条　合伙企业申请行政复议的，应当以工商行政管理机关核准登记的企业为申请人，由执行合伙事务的合伙人代表该企业参加行政复议；其他合伙组织申请行

政复议的，由合伙人共同申请行政复议。

前款规定以外的不具备法人资格的其他组织申请行政复议的，由该组织的主要负责人代表该组织参加行政复议；没有主要负责人的，由共同推选的其他成员代表该组织参加行政复议。

第二十一条　股份制企业的股东大会、股东代表大会、董事会认为税务具体行政行为侵犯企业合法权益的，可以以企业的名义申请行政复议。

第二十二条　有权申请行政复议的公民死亡的，其近亲属可以申请行政复议；有权申请行政复议的公民为无行为能力人或者限制行为能力人，其法定代理人可以代理申请行政复议。

有权申请行政复议的法人或者其他组织发生合并、分立或终止的，承受其权利义务的法人或者其他组织可以申请行政复议。

第二十三条　行政复议期间，行政复议机关认为申请人以外的公民、法人或者其他组织与被审查的具体行政行为有利害关系的，可以通知其作为第三人参加行政复议。

行政复议期间，申请人以外的公民、法人或者其他组织与被审查的税务具体行政行为有利害关系的，可以向行政复议机关申请作为第三人参加行政复议。

第三人不参加行政复议，不影响行政复议案件的审理。

第二十四条　非具体行政行为的行政管理相对人，但其权利直接被该具体行政行为所剥夺、限制或者被赋予义务的公民、法人或其他组织，在行政管理相对人没有申请行政复议时，可以单独申请行政复议。

第二十五条　同一行政复议案件申请人超过5人的，应当推选1至5名代表参加行政复议。

第二十六条　申请人对具体行政行为不服申请行政复议的，作出该具体行政行为的税务机关为被申请人。

第二十七条　申请人对扣缴义务人的扣缴税款行为不服的，主管该扣缴义务人的税务机关为被申请人；对税务机关委托的单位和个人的代征行为不服的，委托税务机关为被申请人。

第二十八条　税务机关与法律、法规授权的组织以共同的名义作出具体行政行为的，税务机关和法律、法规授权的组织为共同被申请人。

税务机关与其他组织以共同名义作出具体行政行为的，税务机关为被申请人。

第二十九条　税务机关依照法律、法规和规章规定，经上级税务机关批准作出具体行政行为的，批准机关为被申请人。

申请人对经重大税务案件审理程序作出的决定不服的，审理委员会所在税务机关为被申请人。

第三十条　税务机关设立的派出机构、内设机构或者其他组织，未经法律、法规授权，以自己名义对外作出具体行政行为的，税务机关为被申请人。

第三十一条　申请人、第三人可以委托1至2名代理人参加行政复议。申请人、第三人委托代理人的，应当向行政复议机构提交授权委托书。授权委托书应当载明委托事项、权限和期限。公民在特殊情况下无法书面委托的，可以口头委托。口头委托的，行政复议机构应当核实并记录在卷。申请人、第三人解除或者变更委托的，应当书面告知行政复议机构。

被申请人不得委托本机关以外人员参加行政复议。

第六章　税务行政复议申请

第三十二条　申请人可以在知道税务机关作出具体行政行为之日起60日内提出行政复议申请。

因不可抗力或者被申请人设置障碍等原因耽误法定申请期限的，申请期限的计算应当扣除被耽误时间。

第三十三条　申请人对本规则第十四条第（一）项规定的行为不服的，应当先向行政复议机关申请行政复议；对行政复议决定不服的，可以向人民法院提起行政诉讼。

申请人按照前款规定申请行政复议的，必须依照税务机关根据法律、法规确定的税额、期限，先行缴纳或者解缴税款和滞纳金，或者提供相应的担保，才可以在缴清税款和滞纳金以后或者所提供的担保得到作出具体行政行为的税务机关确认之日起60日内提出行政复议申请。

申请人提供担保的方式包括保证、抵押和质押。作出具体行政行为的税务机关应当对保证人的资格、资信进行审查，对不具备法律规定资格或者没有能力保证的，有权拒绝。作出具体行政行为的税务机关应当对抵押人、出质人提供的抵押担保、质押担保进行审查，对不符合法律规定的抵押担保、质押担保，不予确认。

第三十四条　申请人对本规则第十四条第（一）项规定以外的其他具体行政行为不服，可以申请行政复议，也可以直接向人民法院提起行政诉讼。

申请人对税务机关作出逾期不缴纳罚款加处罚款的决定不服的，应当先缴纳罚款和加处罚款，再申请行政复议。

第三十五条　本规则第三十二条第一款规定的行政复议申请期限的计算，依照下列规定办理：

（一）当场作出具体行政行为的，自具体行政行为作出之日起计算。

（二）载明具体行政行为的法律文书直接送达的，自受送达人签收之日起计算。

（三）载明具体行政行为的法律文书邮寄送达的，自受送达人在邮件签收单上签收之日起计算；没有邮件签收单的，自受送达人在送达回执上签名之日起计算。

（四）具体行政行为依法通过公告形式告知受送达人的，自公告规定的期限届满之日起计算。

（五）税务机关作出具体行政行为时未告知申请人，事后补充告知的，自该申请人收到税务机关补充告知的通知之日起计算。

（六）被申请人能够证明申请人知道具体行政行为的，自证据材料证明其知道具体行政行为之日起计算。

税务机关作出具体行政行为，依法应当向申请人送达法律文书而未送达的，视为该申请人不知道该具体行政行为。

第三十六条　申请人依照行政复议法第六条第（八）项、第（九）项、第（十）项的规定申请税务机关履行法定职责，税务机关未履行的，行政复议申请期限依照下列规定计算：

（一）有履行期限规定的，自履行期限届满之日起计算。

（二）没有履行期限规定的，自税务机关收到申请满60日起计算。

第三十七条　税务机关作出的具体行政行为对申请人的权利、义务可能产生不利影响的，应当告知其申请行政复议的权利、行政复议机关和行政复议申请期限。

第三十八条　申请人书面申请行政复议的，可以采取当面递交、邮寄或者传真等方式提出行政复议申请。

有条件的行政复议机关可以接受以电子邮件形式提出的行政复议申请。

对以传真、电子邮件形式提出行政复议申请的，行政复议机关应当审核确认申请人的身份、复议事项。

第三十九条　申请人书面申请行政复议的，应当在行政复议申请书中载明下列事项：

（一）申请人的基本情况，包括公民的姓名、性别、出生年月、身份证件号码、工作单位、住所、邮政编码、联系电话；法人或者其他组织的名称、住所、邮政编码、联系电话和法定代表人或者主要负责人的姓名、职务。

（二）被申请人的名称。

（三）行政复议请求、申请行政复议的主要事实和理由。

（四）申请人的签名或者盖章。

（五）申请行政复议的日期。

第四十条　申请人口头申请行政复议的，行政复议机构应当依照本规则第三十九条规定的事项，当场制作行政复议申请笔录，交申请人核对或者向申请人宣读，并由申请人确认。

第四十一条　有下列情形之一的，申请人应当提供证明材料：

（一）认为被申请人不履行法定职责的，提供要求被申请人履行法定职责而被申请人未履行的证明材料。

(二)申请行政复议时一并提出行政赔偿请求的,提供受具体行政行为侵害而造成损害的证明材料。

(三)法律、法规规定需要申请人提供证据材料的其他情形。

第四十二条 申请人提出行政复议申请时错列被申请人的,行政复议机关应当告知申请人变更被申请人。申请人不变更被申请人的,行政复议机关不予受理,或者驳回行政复议申请。

第四十三条 申请人向行政复议机关申请行政复议,行政复议机关已经受理的,在法定行政复议期限内申请人不得向人民法院提起行政诉讼;申请人向人民法院提起行政诉讼,人民法院已经依法受理的,不得申请行政复议。

第七章 税务行政复议受理

第四十四条 行政复议申请符合下列规定的,行政复议机关应当受理:

(一)属于本规则规定的行政复议范围。

(二)在法定申请期限内提出。

(三)有明确的申请人和符合规定的被申请人。

(四)申请人与具体行政行为有利害关系。

(五)有具体的行政复议请求和理由。

(六)符合本规则第三十三条和第三十四条规定的条件。

(七)属于收到行政复议申请的行政复议机关的职责范围。

(八)其他行政复议机关尚未受理同一行政复议申请,人民法院尚未受理同一主体就同一事实提起的行政诉讼。

第四十五条 行政复议机关收到行政复议申请以后,应当在5日内审查,决定是否受理。对不符合本规则规定的行政复议申请,决定不予受理,并书面告知申请人。

对不属于本机关受理的行政复议申请,应当告知申请人向有关行政复议机关提出。

行政复议机关收到行政复议申请以后未按照前款规定期限审查并作出不予受理决定的,视为受理。

第四十六条 对符合规定的行政复议申请,自行政复议机构收到之日起即为受理;受理行政复议申请,应当书面告知申请人。

第四十七条 行政复议申请材料不齐全、表述不清楚的,行政复议机构可以自收到该行政复议申请之日起5日内书面通知申请人补正。补正通知应当载明需要补正的事项和合理的补正期限。无正当理由逾期不补正的,视为申请人放弃行政复议申请。

补正申请材料所用时间不计入行政复议审理期限。

第四十八条 上级税务机关认为行政复议机关不予受理行政复议申请的理由不成立的,可以督促其受理;经督促仍然不受理的,责令其限期受理。

上级税务机关认为行政复议申请不符合法定受理条件的，应当告知申请人。

第四十九条　上级税务机关认为有必要的，可以直接受理或者提审由下级税务机关管辖的行政复议案件。

第五十条　对应当先向行政复议机关申请行政复议，对行政复议决定不服再向人民法院提起行政诉讼的具体行政行为，行政复议机关决定不予受理或者受理以后超过行政复议期限不作答复的，申请人可以自收到不予受理决定书之日起或者行政复议期满之日起15日内，依法向人民法院提起行政诉讼。

依照本规则第八十三条规定延长行政复议期限的，以延长以后的时间为行政复议期满时间。

第五十一条　行政复议期间具体行政行为不停止执行；但是有下列情形之一的，可以停止执行：

（一）被申请人认为需要停止执行的。

（二）行政复议机关认为需要停止执行的。

（三）申请人申请停止执行，行政复议机关认为其要求合理，决定停止执行的。

（四）法律规定停止执行的。

第八章　税务行政复议证据

第五十二条　行政复议证据包括以下类别：

（一）书证；

（二）物证；

（三）视听资料；

（四）电子数据；

（五）证人证言；

（六）当事人的陈述；

（七）鉴定意见；

（八）勘验笔录、现场笔录。

第五十三条　在行政复议中，被申请人对其作出的具体行政行为负有举证责任。

第五十四条　行政复议机关应当依法全面审查相关证据。行政复议机关审查行政复议案件，应当以证据证明的案件事实为依据。定案证据应当具有合法性、真实性和关联性。

第五十五条　行政复议机关应当根据案件的具体情况，从以下方面审查证据的合法性：

（一）证据是否符合法定形式。

（二）证据的取得是否符合法律、法规、规章和司法解释的规定。

(三) 是否有影响证据效力的其他违法情形。

第五十六条　行政复议机关应当根据案件的具体情况,从以下方面审查证据的真实性:

(一) 证据形成的原因。

(二) 发现证据时的环境。

(三) 证据是否为原件、原物,复制件、复制品与原件、原物是否相符。

(四) 提供证据的人或者证人与行政复议参加人是否具有利害关系。

(五) 影响证据真实性的其他因素。

第五十七条　行政复议机关应当根据案件的具体情况,从以下方面审查证据的关联性:

(一) 证据与待证事实是否具有证明关系。

(二) 证据与待证事实的关联程度。

(三) 影响证据关联性的其他因素。

第五十八条　下列证据材料不得作为定案依据:

(一) 违反法定程序收集的证据材料。

(二) 以偷拍、偷录和窃听等手段获取侵害他人合法权益的证据材料。

(三) 以利诱、欺诈、胁迫和暴力等不正当手段获取的证据材料。

(四) 无正当事由超出举证期限提供的证据材料。

(五) 无正当理由拒不提供原件、原物,又无其他证据印证,且对方不予认可的证据的复制件、复制品。

(六) 无法辨明真伪的证据材料。

(七) 不能正确表达意志的证人提供的证言。

(八) 不具备合法性、真实性的其他证据材料。

行政复议机构依据本规则第十一条第(二)项规定的职责所取得的有关材料,不得作为支持被申请人具体行政行为的证据。

第五十九条　在行政复议过程中,被申请人不得自行向申请人和其他有关组织或者个人收集证据。

第六十条　行政复议机构认为必要时,可以调查取证。

行政复议工作人员向有关组织和人员调查取证时,可以查阅、复制和调取有关文件和资料,向有关人员询问。调查取证时,行政复议工作人员不得少于2人,并应当向当事人和有关人员出示证件。被调查单位和人员应当配合行政复议工作人员的工作,不得拒绝、阻挠。

需要现场勘验的,现场勘验所用时间不计入行政复议审理期限。

第六十一条　申请人和第三人可以查阅被申请人提出的书面答复、作出具体行政行为的证据、依据和其他有关材料，除涉及国家秘密、商业秘密或者个人隐私外，行政复议机关不得拒绝。

第九章 税务行政复议审查和决定

第六十二条 行政复议机构应当自受理行政复议申请之日起 7 日内，将行政复议申请书副本或者行政复议申请笔录复印件发送被申请人。被申请人应当自收到申请书副本或者申请笔录复印件之日起 10 日内提出书面答复，并提交当初作出具体行政行为的证据、依据和其他有关材料。

对国家税务总局的具体行政行为不服申请行政复议的案件，由原承办具体行政行为的相关机构向行政复议机构提出书面答复，并提交当初作出具体行政行为的证据、依据和其他有关材料。

第六十三条 行政复议机构审理行政复议案件，应当由 2 名以上行政复议工作人员参加。

第六十四条 行政复议原则上采用书面审查的办法，但是申请人提出要求或者行政复议机构认为有必要时，应当听取申请人、被申请人和第三人的意见，并可以向有关组织和人员调查了解情况。

第六十五条 对重大、复杂的案件，申请人提出要求或者行政复议机构认为必要时，可以采取听证的方式审理。

第六十六条 行政复议机构决定举行听证的，应当将举行听证的时间、地点和具体要求等事项通知申请人、被申请人和第三人。

第三人不参加听证的，不影响听证的举行。

第六十七条 听证应当公开举行，但是涉及国家秘密、商业秘密或者个人隐私的除外。

第六十八条 行政复议听证人员不得少于 2 人，听证主持人由行政复议机构指定。

第六十九条 听证应当制作笔录。申请人、被申请人和第三人应当确认听证笔录内容。

行政复议听证笔录应当附卷，作为行政复议机构审理案件的依据之一。

第七十条 行政复议机关应当全面审查被申请人的具体行政行为所依据的事实证据、法律程序、法律依据和设定的权利义务内容的合法性、适当性。

第七十一条 申请人在行政复议决定作出以前撤回行政复议申请的，经行政复议机构同意，可以撤回。

申请人撤回行政复议申请的，不得再以同一事实和理由提出行政复议申请。但是，申请人能够证明撤回行政复议申请违背其真实意思表示的除外。

第七十二条 行政复议期间被申请人改变原具体行政行为的，不影响行政复议案件的审理。但是，申请人依法撤回行政复议申请的除外。

第七十三条 申请人在申请行政复议时，依据本规则第十五条规定一并提出对有关规定的审查申请的，行政复议机关对该规定有权处理的，应当在 30 日内依法处理；无权处理的，应当在 7 日内按照法定程序逐级转送有权处理的行政机关依法处理，有权处理的行政机关应当在 60 日内依法处理。处理期间，中止对具体行政行为的审查。

第七十四条 行政复议机关审查被申请人的具体行政行为时，认为其依据不合法，本机关有权处理的，应当在 30 日内依法处理；无权处理的，应当在 7 日内按照法定程序逐级转送有权处理的国家机关依法处理。处理期间，中止对具体行政行为的审查。

第七十五条 行政复议机构应当对被申请人的具体行政行为提出审查意见，经行政复议机关负责人批准，按照下列规定作出行政复议决定：

（一）具体行政行为认定事实清楚，证据确凿，适用依据正确，程序合法，内容适当的，决定维持。

（二）被申请人不履行法定职责的，决定其在一定期限内履行。

（三）具体行政行为有下列情形之一的，决定撤销、变更或者确认该具体行政行为违法；决定撤销或者确认该具体行政行为违法的，可以责令被申请人在一定期限内重新作出具体行政行为：

1. 主要事实不清、证据不足的；
2. 适用依据错误的；
3. 违反法定程序的；
4. 超越职权或者滥用职权的；
5. 具体行政行为明显不当的。

（四）被申请人不按照本规则第六十二条的规定提出书面答复，提交当初作出具体行政行为的证据、依据和其他有关材料的，视为该具体行政行为没有证据、依据，决定撤销该具体行政行为。

第七十六条 行政复议机关责令被申请人重新作出具体行政行为的，被申请人不得以同一事实和理由作出与原具体行政行为相同或者基本相同的具体行政行为；但是行政复议机关以原具体行政行为违反法定程序决定撤销的，被申请人重新作出具体行政行为的除外。

行政复议机关责令被申请人重新作出具体行政行为的，被申请人不得作出对申请人更为不利的决定；但是行政复议机关以原具体行政行为主要事实不清、证据不足或适用依据错误决定撤销的，被申请人重新作出具体行政行为的除外。

第七十七条 有下列情形之一的，行政复议机关可以决定变更：

（一）认定事实清楚，证据确凿，程序合法，但是明显不当或者适用依据错误的。

（二）认定事实不清，证据不足，但是经行政复议机关审理查明事实清楚，证据确凿的。

第七十八条 有下列情形之一的,行政复议机关应当决定驳回行政复议申请:

(一)申请人认为税务机关不履行法定职责申请行政复议,行政复议机关受理以后发现该税务机关没有相应法定职责或者在受理以前已经履行法定职责的。

(二)受理行政复议申请后,发现该行政复议申请不符合行政复议法及其实施条例和本规则规定的受理条件的。

上级税务机关认为行政复议机关驳回行政复议申请的理由不成立的,应当责令限期恢复受理。行政复议机关审理行政复议申请期限的计算应当扣除因驳回耽误的时间。

第七十九条 行政复议期间,有下列情形之一的,行政复议中止:

(一)作为申请人的公民死亡,其近亲属尚未确定是否参加行政复议的。

(二)作为申请人的公民丧失参加行政复议的能力,尚未确定法定代理人参加行政复议的。

(三)作为申请人的法人或者其他组织终止,尚未确定权利义务承受人的。

(四)作为申请人的公民下落不明或者被宣告失踪的。

(五)申请人、被申请人因不可抗力,不能参加行政复议的。

(六)行政复议机关因不可抗力原因暂时不能履行工作职责的。

(七)案件涉及法律适用问题,需要有权机关作出解释或者确认的。

(八)案件审理需要以其他案件的审理结果为依据,而其他案件尚未审结的。

(九)其他需要中止行政复议的情形。

行政复议中止的原因消除以后,应当及时恢复行政复议案件的审理。

行政复议机构中止、恢复行政复议案件的审理,应当告知申请人、被申请人、第三人。

第八十条 行政复议期间,有下列情形之一的,行政复议终止:

(一)申请人要求撤回行政复议申请,行政复议机构准予撤回的。

(二)作为申请人的公民死亡,没有近亲属,或者其近亲属放弃行政复议权利的。

(三)作为申请人的法人或者其他组织终止,其权利义务的承受人放弃行政复议权利的。

(四)申请人与被申请人依照本规则第八十七条的规定,经行政复议机构准许达成和解的。

(五)行政复议申请受理以后,发现其他行政复议机关已经先于本机关受理,或者人民法院已经受理的。

依照本规则第七十九条第一款第(一)项、第(二)项、第(三)项规定中止行政复议,满60日行政复议中止的原因未消除的,行政复议终止。

第八十一条 行政复议机关责令被申请人重新作出具体行政行为的,被申请人应当在 60 日内重新作出具体行政行为；情况复杂，不能在规定期限内重新作出具体行政行为的，经行政复议机关批准，可以适当延期，但是延期不得超过 30 日。

公民、法人或者其他组织对被申请人重新作出的具体行政行为不服，可以依法申请行政复议，或者提起行政诉讼。

第八十二条　申请人在申请行政复议时可以一并提出行政赔偿请求，行政复议机关对符合国家赔偿法的规定应当赔偿的，在决定撤销、变更具体行政行为或者确认具体行政行为违法时，应当同时决定被申请人依法赔偿。

申请人在申请行政复议时没有提出行政赔偿请求的，行政复议机关在依法决定撤销、变更原具体行政行为确定的税款、滞纳金、罚款和对财产的扣押、查封等强制措施时，应当同时责令被申请人退还税款、滞纳金和罚款，解除对财产的扣押、查封等强制措施，或者赔偿相应的价款。

第八十三条　行政复议机关应当自受理申请之日起 60 日内作出行政复议决定。情况复杂，不能在规定期限内作出行政复议决定的，经行政复议机关负责人批准，可以适当延期，并告知申请人和被申请人；但是延期不得超过 30 日。

行政复议机关作出行政复议决定，应当制作行政复议决定书，并加盖行政复议机关印章。

行政复议决定书一经送达，即发生法律效力。

第八十四条　被申请人应当履行行政复议决定。

被申请人不履行、无正当理由拖延履行行政复议决定的，行政复议机关或者有关上级税务机关应当责令其限期履行。

第八十五条　申请人、第三人逾期不起诉又不履行行政复议决定的，或者不履行最终裁决的行政复议决定的，按照下列规定分别处理：

（一）维持具体行政行为的行政复议决定，由作出具体行政行为的税务机关依法强制执行，或者申请人民法院强制执行。

（二）变更具体行政行为的行政复议决定，由行政复议机关依法强制执行，或者申请人民法院强制执行。

第十章　税务行政复议和解与调解

第八十六条　对下列行政复议事项，按照自愿、合法的原则，申请人和被申请人在行政复议机关作出行政复议决定以前可以达成和解，行政复议机关也可以调解：

（一）行使自由裁量权作出的具体行政行为，如行政处罚、核定税额、确定应税所得率等。

（二）行政赔偿。

（三）行政奖励。

（四）存在其他合理性问题的具体行政行为。

行政复议审理期限在和解、调解期间中止计算。

第八十七条 申请人和被申请人达成和解的，应当向行政复议机构提交书面和解协议。和解内容不损害社会公共利益和他人合法权益的，行政复议机构应当准许。

第八十八条 经行政复议机构准许和解终止行政复议的，申请人不得以同一事实和理由再次申请行政复议。

第八十九条 调解应当符合下列要求：

（一）尊重申请人和被申请人的意愿。

（二）在查明案件事实的基础上进行。

（三）遵循客观、公正和合理原则。

（四）不得损害社会公共利益和他人合法权益。

第九十条 行政复议机关按照下列程序调解：

（一）征得申请人和被申请人同意。

（二）听取申请人和被申请人的意见。

（三）提出调解方案。

（四）达成调解协议。

（五）制作行政复议调解书。

第九十一条 行政复议调解书应当载明行政复议请求、事实、理由和调解结果，并加盖行政复议机关印章。行政复议调解书经双方当事人签字，即具有法律效力。

调解未达成协议，或者行政复议调解书不生效的，行政复议机关应当及时作出行政复议决定。

第九十二条 申请人不履行行政复议调解书的，由被申请人依法强制执行，或者申请人民法院强制执行。

第十一章 税务行政复议指导和监督

第九十三条 各级税务复议机关应当加强对履行行政复议职责的监督。行政复议机构负责对行政复议工作进行系统督促、指导。

第九十四条 各级税务机关应当建立健全行政复议工作责任制，将行政复议工作纳入本单位目标责任制。

第九十五条 各级税务机关应当按照职责权限，通过定期组织检查、抽查等方式，检查下级税务机关的行政复议工作，并及时向有关方面反馈检查结果。

第九十六条 行政复议期间行政复议机关发现被申请人和其他下级税务机关的相关行政行为违法或者需要做好善后工作的，可以制作行政复议意见书。有关机关应当自收到行政复议意见书之日起 60 日内将纠正相关行政违法行为或者做好善后工作的情况报告行政复议机关。

行政复议期间行政复议机构发现法律、法规和规章实施中带有普遍性的问题，可以制作行政复议建议书，向有关机关提出完善制度和改进行政执法的建议。

第九十七条　省以下各级税务机关应当定期向上一级税务机关提交行政复议、应诉、赔偿统计表和分析报告，及时将重大行政复议决定报上一级行政复议机关备案。

第九十八条　行政复议机构应当按照规定将行政复议案件资料立卷归档。

行政复议案卷应当按照行政复议申请分别装订立卷，一案一卷，统一编号，做到目录清晰、资料齐全、分类规范、装订整齐。

第九十九条　行政复议机构应当定期组织行政复议工作人员业务培训和工作交流，提高行政复议工作人员的专业素质。

第一百条　行政复议机关应当定期总结行政复议工作。对行政复议工作中做出显著成绩的单位和个人，依照有关规定表彰和奖励。

第十二章　附　则

第一百零一条　行政复议机关、行政复议机关工作人员和被申请人在税务行政复议活动中，违反行政复议法及其实施条例和本规则规定的，应当依法处理。

第一百零二条　外国人、无国籍人、外国组织在中华人民共和国境内向税务机关申请行政复议，适用本规则。

第一百零三条　行政复议机关在行政复议工作中可以使用行政复议专用章。行政复议专用章与行政复议机关印章在行政复议中具有同等效力。

第一百零四条　行政复议期间的计算和行政复议文书的送达，依照民事诉讼法关于期间、送达的规定执行。

本规则关于行政复议期间有关"5日"、"7日"的规定指工作日，不包括法定节假日。

第一百零五条　本规则自2010年4月1日起施行，2004年2月24日国家税务总局公布的《税务行政复议规则（暂行）》（国家税务总局令第8号）同时废止。

附 件

附件一：国家税务总局关于印发《"十三五"时期税务系统全面推进依法治税工作规划》的通知（税总发〔2016〕169号）

国家税务总局关于印发《"十三五"时期税务系统全面推进依法治税工作规划》的通知

文号：税总发〔2016〕169号　发布日期：2016-12-02

各省、自治区、直辖市和计划单列市国家税务局、地方税务局，局内各单位：

为加快"十三五"时期税收法治建设，全面推进依法治税，税务总局制定了《"十三五"时期税务系统全面推进依法治税工作规划》，现印发给你们，请结合实际认真贯彻执行。

"十三五"时期税务系统全面推进依法治税工作规划

为加快"十三五"时期税收法治建设，全面推进依法治税，根据《中共中央关于全面推进依法治国若干重大问题的决定》《法治政府建设实施纲要（2015—2020年）》《"十三五"时期税收发展规划》《国家税务总局关于全面推进依法治税的指导意见》，制定本规划。

一、总体要求

（一）工作思路

全面贯彻党的十八大和十八届三中、四中、五中、六中全会精神，深入贯彻习近平总书记系列重要讲话精神，落实《法治政府建设实施纲要（2015—2020年）》《深化国税、地税征管体制改革方案》《国家税务总局关于全面推进依法治税的指导意见》,坚持依法决策、规范执行、严密监督共同推进,坚持法治化、规范化、信息化一体建设,抓住领导干部这个"关键少数",以约束税务机关权力、保护纳税人权利为重点,最大限度规范税务人、最大限度便利纳税人,促进税法遵从和税收共治,在更高层次更高水平上推进依法治税,为实现税收现代化提供有力法治保障。

(二) 基本原则

——坚持税收法定。增强税收制度制定的科学性、民主性和透明度,提高税收制度建设质量,推动实现税收领域良法善治。

——坚持征纳双方法律面前平等。牢固树立平等理念,依法平等保护相关主体合法权益,征纳双方相互尊重、诚实守信、信赖合作。

——坚持依法行政。坚持权由法定、权依法使,遵循正当程序,合法合理行政,提高税收执法效能和执法公信力。

——坚持简政放权。协同推进简政放权、放管结合、优化服务改革,转变税收管理理念和管理方式,激发市场活力和社会创造力。

——坚持从税收工作实际出发。将税收法治工作与纵合横通强党建、绩效管理抓班子、数字人事带队伍、培育人才提素质等特色工作深度融合,提升税收法治建设实效。

(三) 主要目标

到2020年基本建成法治、创新、廉洁和服务型税务机关,努力实现以下目标:

——税收职能依法全面履行。依法征税理念牢固树立,税收改革依法稳步推进,税收筹集财政收入、调节分配和调控经济职能作用更加有效发挥。

——税收制度体系更加完备。税收立法级次显著提升,税收制度的及时性、系统性、针对性、有效性明显增强,税收法律制度体系完备规范。

——税收行政行为更加规范。依法决策机制健全,税收征管严格规范,纳税服务优质便捷,权力制约监督严密有效,纳税人合法权益保障有力。

——税收法治环境更加优化。税务机关和税务干部尊法学法守法用法氛围浓厚,纳税人税法遵从意识明显增强,综合治税体系不断完善,税收共治格局基本形成。

二、工作任务

(一) 依法全面履行税收工作职能

1. 严格依法征税。认真贯彻落实预算法和税收征管法等税收相关法律。适应经济发展新常态,建立健全新型税收收入管理体系。坚持依法组织收入原则,依法防止和制止收"过头税",加强税收收入质量考核评价,实施收入质量动态监测和管理,坚决遏制提前征收、延缓征收、摊派税款、越权减免税等违法违规行为。

2. 依法发挥税收职能。贯彻"创新、协调、绿色、开放、共享"发展理念，主动适应改革发展需要，在法治轨道上持续推进税收改革，依法制定、严格执行各项税收政策，不折不扣落实税收优惠政策，服务供给侧结构性改革。加快税收政策工作规范化机制建设，做好税收政策前瞻性研究和储备，完善政策解读机制，建立税收政策确定性管理制度，健全税收政策协调机制，落实税收政策执行情况反馈报告制度，着力构建政策全链条管理机制。

3. 深化行政审批制度改革。全面取消非行政许可审批事项，全面清理中央指定地方实施的行政审批事项，严格控制新设行政许可，规范和改进行政许可行为。坚持放管结合，强化纳税人自主申报，完善包括备案管理、发票管理、申报管理等在内的事中事后管理体系，推进大数据应用，加强风险管理，实现税收管理由主要依靠事前审批向加强事中事后管理转变。在会同有关部门共同推进工商营业执照、组织机构代码证、税务登记证"三证合一"的基础上，再整合社会保险登记证和统计登记证，实现"五证合一、一照一码"，协调相关部门推进个体工商户"两证整合"。探索完善对"一址多照"和"一照多址"纳税人实施有效管理。

4. 推行权力清单和责任清单。落实中办、国办《关于推行地方各级政府工作部门权力清单制度的指导意见》和国办《关于印发国务院部门权力和责任清单编制试点方案的通知》，做好税务系统权责清单编制和实施工作。2016年底完成国务院部门权责清单编制试点工作任务。积极配合有关部门做好推行负面清单相关工作。省税务局、市县税务局按照税务总局和地方政府相关安排开展权责清单制度推行工作。

5. 推进税务机关及其部门职责规范化。落实《深化国税、地税征管体制改革方案》，结合税制改革新要求，适应税源结构新变化，把握税收管理新趋势，优化组织结构、职责划分、资源配置，推进各级税务机关及其部门的职能、权限、程序、责任科学化、规范化，进一步完善岗责体系，促进税务机关依法高效履行职责。推进非税收入法治化建设，健全地方税费收入体系。

（二）提高税收制度建设质量

6. 推动和参与税收立法。推动落实税收法定原则，加快税收征管法修订工作，做好税收征管法及其实施细则修订后的实施工作，推动环境保护税和房地产税立法，把主要税种的征收依据逐步由行政法规上升为法律，进一步完善税收法律制度体系。整合、规范、优化税收优惠政策。

7. 完善税务部门规章和税收规范性文件制定程序。适时修订《税务部门规章制定实施办法》《税收规范性文件制定管理办法》，逐步提高税务部门规章作为税收行政执法依据的比重。提高税务部门规章和税收规范性文件制定的公众参与度，落实税收政策和管理制度出台前征求意见相关要求，做好制定税务部门规章、税收规范性文件过程中公开征求意见工作，进一步研究健全公开征求意见、论证咨询、意见采纳情况反馈等机制。除依法需要保密的外,税务部门规章草案应当通过网络、报纸等媒体向社会公开征求意见,期限一般不少于30日。探索税收制度建设基层联系点制度。探索委托第三方起草税务部门规章草案。

8. 强化税务部门规章和税收规范性文件审查。加大合法性审查力度,没有法律或者国务院行政法规、决定、命令的依据,税务部门规章不得设定减损公民、法人和其他组织权利或者增加其义务的规范,不得增加税务部门的权力或者减少税务部门的法定职责。税收规范性文件未经公告形式公布,不得作为税收执法依据。加大合理性审查力度,增强税务部门规章和税收规范性文件的针对性、可操作性,从源头上根除制度性侵权,防范制度性风险。完善合规性评估机制,对税务部门规章和税收规范性文件的世贸规则合规性进行审查。加大备案审查力度,把所有税收规范性文件纳入备案审查范围。健全公民、法人和其他组织建议审查制度。

9. 健全税务部门规章和税收规范性文件清理长效机制。按照国务院部署,对现行税务部门规章和税收规范性文件开展清理,清理结果向社会公布。健全和落实日常清理和集中清理机制。实行税务部门规章和税收规范性文件目录与文本动态化、信息化管理,及时更新文件目录及文本。

10. 深度参与国际税收规则制定。加强国际税收合作,全面深入参与应对税基侵蚀和利润转移(beps)行动计划,将相关成果融入我国的反避税、非居民税收管理、协定谈判和执行以及国际税收征管协作等实践中,建立健全跨国企业税收监控机制,防范国际逃避税,推进双边协商,规范税收协定执行。以推动实施"一带一路"倡议、支持国际产能和装备制造合作为重点,加快税收协定谈签和修订进程,全面加强国外税收政策咨询服务,建立与重点国家税务部门常态化沟通机制,及时协调解决"走出去"企业有关涉税争端。

(三)推进依法科学民主决策

11. 健全依法决策机制。根据中央关于加强依法科学民主决策的要求和有关制度规定,结合税收工作实际,完善重大行政决策程序,健全依法决策内部机制,强化决策程序的刚性约束。

12. 增强公众参与实效。对于事关经济社会发展大局和涉及纳税人切身利益等重大行政决策事项,应当广泛听取意见,与利害关系人进行充分沟通。注重听取人大代表、政协委员、人民团体、基层组织、社会组织的意见。加强公众参与平台建设,对社会关注度高的决策事项,应当公开信息、解释说明,及时反馈意见采纳情况和理由。

13. 提高专家论证和风险评估质量。建立健全重大行政决策事项法律咨询制度,在重大事项决策前,进行法律咨询和论证。研究建立税务机关行政决策咨询论证专家库,组织专家、专业机构对专业性、技术性较强的决策事项进行论证。选择论证专家应当注重专业性、代表性、均衡性,支持其独立开展工作。逐步实行专家信息和论证意见公开。落实重大行政决策事项社会稳定风险评估机制。

14. 加强合法性审查。建立税务机关内部重大决策合法性审查机制，讨论、决定重大事项之前，应当听取法律顾问、公职律师的法律意见。依照有关规定应当听取法律顾问、公职律师的法律意见而未听取的事项，或者法律顾问、公职律师认为不合法的事项，不得提交讨论、作出决定。对应当听取法律顾问、公职律师的法律意见而未听取，应当请法律顾问、公职律师参加而未落实，应当采纳法律顾问、公职律师的法律意见而未采纳，造成重大损失或者严重不良影响的，依法追究税务机关主要负责人、负有责任的其他领导人员和相关责任人员的责任。

15. 坚持集体讨论决定。重大行政决策事项应当经会议集体讨论，由税务机关主要负责人在集体讨论基础上作出决定。主要负责人拟作出的决定与会议组成人员多数人的意见不一致的，应当在会上说明理由。集体讨论情况和决定应当如实记录、完整存档。

16. 严格决策责任追究。决策机关应当跟踪决策执行情况和实施效果，根据实际需要进行重大行政决策后评估。健全并严格实施重大行政决策事项终身责任追究制度及责任倒查机制，对决策严重失误或者依法应该及时作出决策但久拖不决造成重大损失、恶劣影响的，严格追究税务机关主要负责人、负有责任的其他领导人员和相关责任人员的党纪政纪和法律责任。

（四）坚持严格规范公正文明执法

17. 改革税收行政执法体制。优化各层级税务机关征管职责，完善税务稽查机构设置，根据不同层级税务机关的事权和职能，按照减少层次、整合队伍、提高效率、适当提升管理层级的原则，合理配置执法资源。进一步优化基层税务机关岗责体系，科学定岗定责定编，提高编制使用效益，实现人力资源向征管一线倾斜。

18. 推进税收业务和内部管理规范化。落实和完善纳税服务规范、税收征管规范、出口退（免）税管理规范、国税地税合作工作规范、政府采购工作规范、巡视工作规范、税务稽查规范、督察审计规范等。推行数字人事，完善干部考核管理体系。

19. 完善税收执法程序。制定实施全国统一的税务行政处罚裁量权适用规则，推动省国税局和省地税局联合制定本地区统一适用的税务行政处罚裁量基准。探索扩大规范税务行政裁量权的领域。健全税收执法调查取证、告知、听证、集体讨论、决定、文书送达等制度规定。建立执法全过程记录制度，重点规范税款征收、行政许可、行政处罚、行政强制、行政检查等执法行为。严格实施重大税务案件审理办法。完善重大税收执法决定法制审核制度，未经法制审核或审核未通过的，不得作出执法决定。健全税务行政执法与刑事司法衔接机制，完善信息共享、案情通报、案件移送制度。建立完善公安派驻税务部门联络机制。修订和规范税收执法文书。

20. 创新税收执法方式。深入推进税务稽查随机抽查，建立健全"双随机、一公开"机制,确保稽查执法公正公平公开。推行重大税收执法说明理由制度和行政执法公示制度。建立和实施税务行政执法案例指导制度。探索运用行政指导、行政奖励、说服教育、调解疏导、劝导示范等非强制性执法手段。推进跨区域国税、地税信息共享、资质互认、征管互助,不断扩大区域税收合作范围。

21. 加强税收执法信息化建设。全面完成金税三期工程建设任务,实施"互联网+税务"行动计划,建设电子税务局,2017年基本实现网上办税。深入推进信息管税,研究建立适应综合与分类相结合的个人所得税制等改革需要的信息系统,推广使用增值税发票管理新系统,建立统一规范的信息交换平台和信息共享机制,保障及时获取第三方涉税信息。依法建立健全税务部门税收信息对外提供机制,加强数据管理,保障信息安全。

(五)强化权力制约和监督

22. 完善权力制约机制。实行分事行权、分岗设权、分级授权,定期轮岗,强化内部流程控制,防止权力滥用。严格执行税收个案批复工作规程,规范税收个案批复行为。建立和实施税收执法案卷评查制度。规范税务机关税收政策咨询服务。推进内控机制信息化升级版建设,对税务廉政风险进行评估,查找和梳理风险点,依靠科技手段把制度要求嵌入软件设计,做到流程监控、痕迹管理,实现廉政风险和执法风险的信息化防控。

23. 切实加强内部监督。各级税务机关党组应当切实履行党风廉洁建设和反腐败工作的主体责任,主要负责人是第一责任人,对本税务机关党风廉洁建设负总责。强化政治巡视,发挥巡视监督作用。加强督察内审、督查等监督方式的协调配合。强化税收执法督察,推动中央决策部署和税收政策有效落实,重点关注易发生执法问题的薄弱环节。加强对预算执行、基本建设、政府采购等重点资金和重大项目的审计监督。严格执行税收违法案件"一案双查"制度。定期通报和曝光违法行政典型案例。

24. 自觉接受外部监督。依法接受人大监督、司法监督、审计监督,自觉接受民主监督、社会监督、舆论监督。健全纳税人监督机制,完善举报投诉制度,拓宽纳税人监督渠道,落实纳税人满意度调查制度。发挥报刊、广播、电视等传统媒体监督作用,高度重视互联网等新兴媒体监督作用,健全网络舆情监测、收集、研判、处置机制。

25. 完善纠错问责机制。深化税收执法责任制,以部门规章形式修订完善税收执法责任制的相关制度规定,在核准、公告、分解税收执法职权基础上,科学确定税收执法人员的执法责任,完善执法责任制考核系统,健全常态化责任追究机制。加强行政问责规范化、制度化建设,增强行政问责的针对性和时效性。加大问责力度、严格责任追究,坚决纠正行政不作为、乱作为,坚决克服懒政、庸政、怠政,坚决惩处失职、渎职。认真落实党风廉洁建设责任制,坚持有错必纠、有责必问。

（六）完善权利救济和纠纷化解机制

26. 加强纠纷预防机制建设。建立健全利益表达和协商沟通等机制，引导和支持纳税人理性表达诉求、依法维护权益。探索建立涉税纠纷预警机制，收集、分析和归纳纠纷信息，及时研判纠纷隐患，制定纠纷应对措施。

27. 完善复议应诉工作体制机制。税务总局设立专门的税务行政复议机构，省国税局应当明确承担税务行政复议职责的机构，加强行政复议工作力量，保证一般案件至少有2人承办，重大复杂案件有3人承办，省地税局可以比照执行。完善税务行政复议案件审理机制，加大公开听证审理力度，增强行政复议的专业性、透明度和公信力。建立行政复议相关部门协同应对机制，健全行政复议发现问题回应机制。落实行政复议专项经费、办案场所以及其他装备保障，行政复议经费列入预算。制定加强和改进税务行政应诉工作的实施办法，适时修订《税务行政应诉工作规程（试行）》，建立健全税务机关负责人依法出庭应诉等制度，支持法院审理税务行政诉讼案件，尊重并执行生效裁判。

28. 健全多元化纠纷解决机制。深入研究税务行政和解调解制度，实现调解和解、行政复议、行政诉讼等纠纷解决方式有机衔接、相互协调。促进投诉管理规范化，畅通纳税人投诉渠道，建立纳税人以及第三方对税收工作质量定期评价反馈制度，对部分投诉事项实行限时受理、处置和反馈。推进信访办理法治化，规范信访工作程序，实行网上受理信访制度，严格实行诉访分离，推进通过法定途径分类处理信访投诉请求，落实涉法涉诉信访依法终结制度。

（七）全面推进政务公开

29. 拓展公开领域和事项。全面落实《国家税务总局关于全面推进政务公开工作的意见》，加大税务行政权力公开力度，做好税收政策法规公开，完善税收征管执法公开内容，扩大纳税服务公开范围，推进税务机关自身建设公开，增强税务机关公信力、执行力，保障纳税人和社会公众的知情权、参与权、表达权、监督权，推动税收执法权和行政管理权在阳光下运行。

30. 完善公开工作制度机制。健全完善税务部门政务信息公开监督保障机制，规范依申请公开对外答复和内部办理机制，强化对政务公开工作的考评监督。落实政府新闻发言人、突发事件信息发布等制度，做好对涉税热点敏感问题的舆论引导，及时回应社会关切。探索推行政务公开运转规范，包括政务公开工作场所建设标准、政府信息依申请公开答复范本、网站信息发布标准要求等。

31. 加强公开载体建设。利用和整合相关资源，积极运用新技术、新软件、新平台，创新政府公开方式，拓展政务公开渠道。加快推进"互联网+税务"行动计划，将税务网站打造成更加全面的信息公开平台、更加权威的政策发布解读和舆论引导平台、更加及时的回应关切和便民服务平台。充分发挥新媒体的主动推送功能，扩大发布信息的受众面和到达率,开展在线服务,增强用户体验和影响力。

(八) 增强全社会税收法治观念

32. 提升税务机关领导干部法治理念。按照中组部、中宣部、司法部、人力资源和社会保障部《关于完善国家工作人员学法用法制度的意见》,建立税务机关领导干部学法用法制度,制定实施领导干部年度学法计划,落实党组中心组集体学法、党组书记带头讲法治课等要求。各级税务机关在年度教育培训计划中,每年至少安排 1 期领导干部法治专题培训班。省以下税务局领导班子每年至少举办 2 次法治讲座。建立健全领导干部法律知识考试考核制度,按照干部管理权限,采取多种形式,加强对领导干部法律知识的考试考核,逐步建立和完善领导干部学法考勤、学法档案、学法情况通报等制度,把法律素质和依法行政能力作为领导干部考核的重要内容,定期对领导干部完成年度或阶段性学法情况、法律知识考试情况和遵纪守法、依法行政、依法办事等情况进行考核。

33. 增强税务人员法治意识。把宪法、法律作为各类税务人员培训的必修课程。健全税收执法人员岗位培训制度,每年组织开展通用法律知识、税收法律知识、新法律法规等专题培训。加大公务员初任培训中法律知识培训力度,法律知识培训不少于 20 学时。积极探索运用以案说法、模拟法庭、法律知识竞赛等创新方式提高学法热情,提升培训效果。

34. 加强税法宣传教育。落实"谁执法谁普法"的普法责任制,建立税收执法人员以案释法制度。全面实施"七五"普法。在国家宪法日、税收宣传月等重要节点,集中开展税收法治宣传活动。依托办税服务厅、税务网站、税务报刊图书、纳税人学堂等渠道和方式,实现税法宣传常态化、多样化。支持税法理论研究,推进税法教育纳入国民教育体系。着力抓好税收法治文化建设。开展税收普法示范基地建设。

35. 引导形成诚信纳税氛围。创新方式方法发挥税务机关在诚信纳税建设中的示范作用。积极推动社会信用体系建设,开展纳税信用评价,向社会主动公开 a 级和"黑名单"纳税人,对纳税信用好的纳税人依法提供更多便利,对纳入"黑名单"的纳税人依法实施联合惩戒。加强宣传,形成正向激励和反向警示的双向合力,为诚信纳税营造良好氛围。

36. 促进税收社会共治。推动建立健全党政领导、税务主责、部门合作、社会协同、公众参与的税收共治格局。支持以地方立法等形式加强协税护税制度建设,努力提升综合治税水平。推动健全税收司法保障机制。依法实施涉税中介行业监督管理,支持和引导行业协会依法开展行业自律,鼓励相关中介机构提供优质涉税专业服务。坚决整治"红顶中介",切断税务部门与涉税中介服务机构之间的利益链条,促进涉税中介服务行业公平竞争。

（九）加强税收法治工作队伍建设

37. 健全税务机关法制机构。合理界定税务机关法制机构职责，突出税收法制工作主业。加强法制机构力量配备，强化法制机构人员保障，省国税局应当配强专业力量，市国税局应当配足专职人员，县国税局应当设置法制机构，各级税务机关法制机构要有一定数量的法律专业人员。各级地税局可以比照执行。

38. 完善税收执法人员管理制度。2016年底前，对税收执法人员进行一次严格清理，全面实行税收执法人员持证上岗和资格管理制度，未经执法资格考试合格，不得授予执法资格，不得发放税务检查证，不得从事执法活动。研究制定《税务人员执法资格认证和执法证件管理办法》。结合数字人事管理体系建设，逐步推行行政执法人员平时考核制度，科学合理设计考核指标体系，考核结果作为执法人员职务级别调整、交流轮岗、教育培训、奖励惩戒的重要依据。规范执法辅助人员管理，明确其适用岗位、身份性质、职责权限、权利义务、聘用条件和程序等。

39. 加强税收法治人才培养和使用。根据中央《关于完善国家统一法律职业资格制度的意见》，研究落实相关岗位人员法律职业资格管理要求，加大对具有法律职业资格人员的录用力度，鼓励税务干部考取法律职业资格。结合税务领军人才和专门人才选拔培养等工作，进一步加强税收法治人才培养，探索推进税收法治领军人才建设。

40. 健全法律顾问和公职律师制度。全面建立以税务机关法制机构人员为主体，吸收专家和律师参加的法律顾问队伍，建立健全税务系统公职律师制度，处理好法律顾问与公职律师之间的衔接，充分发挥法律顾问和公职律师在推进依法行政中的参谋助手作用。

（十）健全依法治税领导体制机制

41. 加强依法行政工作领导小组建设。各级税务机关按照要求建立依法行政工作领导小组并制定议事规则，建立和落实领导小组例会制度，领导小组每季度至少召开1次会议，研究部署依法治税工作规划，统筹推进法治税务建设重点任务。

42. 树立重视法治素养和法治能力的用人导向。根据中央有关规定，充分发挥用人导向作用，把法治观念强不强、法治素养好不好作为衡量干部德才的重要标准，把能不能遵守法律、依法办事作为考察干部重要内容。在相同条件下，优先提拔使用法治素养好、依法行政能力强的干部。对特权思想严重、法治观念淡薄的干部予以批评教育、督促整改，问题严重或违法违纪的，依法依纪严肃处理。加强对领导干部任职前法律知识考查和依法行政能力测试，将考查和测试结果作为领导干部任职的重要参考。实行公务员晋升依法行政考核制度。

43. 建立税收法治建设政绩考核制度。根据中央有关要求，把法治建设成效作为衡量各级税务机关领导班子和领导干部工作实绩的重要内容，纳入政绩考核指标体系，改进完善政绩考核办法，提高法治指标所占比重。

44. 探索创新依法治税体制机制。开展省以下税务局设立总法律顾问试点工作,在总结试点经验基础上完善相关制度办法,逐步推广。实行税务机关领导班子成员述职述廉述法,鼓励主要负责人分管法治工作,倡导主要负责人出庭应诉。适时选择基层税务机关开展依法治税综合试点。

三、组织实施

(一)组织领导

各级税务机关应当充分发挥依法行政工作领导小组职能作用,落实主要领导负总责、分管领导具体抓、法规部门组织协调、相关部门各尽其职、齐抓共管的工作要求。各级税务机关主要负责人应当切实履行推进依法治税第一责任人职责。县以上(含县)税务局每年第一季度应当向上一级税务局报告上一年度法治税务建设情况,报告应当通过税务机关门户网站等向社会公开。

(二)宣传引导

广泛宣传税务系统全面推进依法治税工作部署、先进经验、典型做法,营造良好舆论环境。全面开展法治税务示范基地创建活动,税务总局、省税务局分别命名全国税务系统、省税务系统法治税务示范基地,及时总结、交流和推广法治税务示范基地创建工作经验,发挥先进典型的示范带动作用。

(三)督促考核

各省税务局应当根据本规划制定实施方案,结合实际细化工作任务、明确责任部门、列明进度安排,并于2016年12月底前上报税务总局(政策法规司)。各级税务机关应当将依法治税年度重点任务纳入绩效管理,把任务和责任分解到相关部门,强化考核评价和督促检查,确保依法治税工作取得扎实成效。

附件二：国家税务总局关于《纳税人权利与义务》的公告（总局公告 2009 年第 1 号）

国家税务总局关于纳税人权利与义务的公告

总局公告 2009 年第 1 号

为便于您全面了解纳税过程中所享有的权利和应尽的义务，帮助您及时、准确地完成纳税事宜，促进您与我们在税收征纳过程中的合作（"您"指纳税人或扣缴义务人，"我们"指税务机关或税务人员。下同），根据《税收征收管理法》及其实施细则和相关税收法律、行政法规的规定，现就您的权利和义务告知如下：

您的权利

您在履行纳税义务过程中，依法享有下列权利：

一、知情权

您有权向我们了解国家税收法律、行政法规的规定以及与纳税程序有关的情况，包括：现行税收法律、行政法规和税收政策规定；办理税收事项的时间、方式、步骤以及需要提交的资料；应纳税额核定及其他税务行政处理决定的法律依据、事实依据和计算方法；与我们在纳税、处罚和采取强制执行措施时发生争议或纠纷时，您可以采取的法律救济途径及需要满足的条件。

二、保密权

您有权要求我们为您的情况保密。我们将依法为您的商业秘密和个人隐私保密，主要包括您的技术信息、经营信息和您、主要投资人以及经营者不愿公开的个人事项。上述事项，如无法律、行政法规明确规定或者您的许可，我们将不会对外部门、社会公众和其他个人提供。但根据法律规定，税收违法行为信息不属于保密范围。

三、税收监督权

您对我们违反税收法律、行政法规的行为，如税务人员索贿受贿、徇私舞弊、玩忽职守，不征或者少征应征税款，滥用职权多征税款或者故意刁难等，可以进行检举和控告。同时，您对其他纳税人的税收违法行为也有权进行检举。

四、纳税申报方式选择权

您可以直接到办税服务厅办理纳税申报或者报送代扣代缴、代收代缴税款报告表，也可以按照规定采取邮寄、数据电文或者其他方式办理上述申报、报送事项。但采取邮寄或数据电文方式办理上述申报、报送事项的，需经您的主管税务机关批准。

您如采取邮寄方式办理纳税申报，应当使用统一的纳税申报专用信封，并以邮政部门收据作为申报凭据。邮寄申报以寄出的邮戳日期为实际申报日期。

数据电文方式是指我们确定的电话语音、电子数据交换和网络传输等电子方式。您如采用电子方式办理纳税申报，应当按照我们规定的期限和要求保存有关资料，并定期书面报送给我们。

五、申请延期申报权

您如不能按期办理纳税申报或者报送代扣代缴、代收代缴税款报告表，应当在规定的期限内向我们提出书面延期申请，经核准，可在核准的期限内办理。经核准延期办理申报、报送事项的，应当在税法规定的纳税期内按照上期实际缴纳的税额或者我们核定的税额预缴税款，并在核准的延期内办理税款结算。

六、申请延期缴纳税款权

如您因有特殊困难，不能按期缴纳税款的，经省、自治区、直辖市国家税务局、地方税务局批准，可以延期缴纳税款，但是最长不得超过三个月。计划单列市国家税务局、地方税务局可以参照省级税务机关的批准权限，审批您的延期缴纳税款申请。

您满足以下任何一个条件，均可以申请延期缴纳税款：一是因不可抗力，导致您发生较大损失，正常生产经营活动受到较大影响的；二是当期货币资金在扣除应付职工工资、社会保险费后，不足以缴纳税款的。

七、申请退还多缴税款权

对您超过应纳税额缴纳的税款，我们发现后，将自发现之日起 10 日内办理退还手续；如您自结算缴纳税款之日起三年内发现的，可以向我们要求退还多缴的税款并加算银行同期存款利息。我们将自接到您退还申请之日起 30 日内查实并办理退还手续，涉及从国库中退库的，依照法律、行政法规有关国库管理的规定退还。

八、依法享受税收优惠权

您可以依照法律、行政法规的规定书面申请减税、免税。减税、免税的申请须经法律、行政法规规定的减税、免税审查批准机关审批。减税、免税期满，应当自期满次日起恢复纳税。减税、免税条件发生变化的，应当自发生变化之日起 15 日内向我们报告；不再符合减税、免税条件的，应当依法履行纳税义务。

如您享受的税收优惠需要备案的，应当按照税收法律、行政法规和有关政策规定，及时办理事前或事后备案。

九、委托税务代理权

您有权就以下事项委托税务代理人代为办理：办理、变更或者注销税务登记、除增值税专用发票外的发票领购手续、纳税申报或扣缴税款报告、税款缴纳和申请退税、制作涉税文书、审查纳税情况、建账建制、办理财务、税务咨询、申请税务行政复议、提起税务行政诉讼以及国家税务总局规定的其他业务。

十、陈述与申辩权

您对我们作出的决定，享有陈述权、申辩权。如果您有充分的证据证明自己的行为合法，我们就不得对您实施行政处罚；即使您的陈述或申辩不充分合理，我们也会向您解释实施行政处罚的原因。我们不会因您的申辩而加重处罚。

十一、对未出示税务检查证和税务检查通知书的拒绝检查权

我们派出的人员进行税务检查时，应当向您出示税务检查证和税务检查通知书；对未出示税务检查证和税务检查通知书的，您有权拒绝检查。

十二、税收法律救济权

您对我们作出的决定，依法享有申请行政复议、提起行政诉讼、请求国家赔偿等权利。

您、纳税担保人同我们在纳税上发生争议时，必须先依照我们的纳税决定缴纳或者解缴税款及滞纳金或者提供相应的担保，然后可以依法申请行政复议；对行政复议决定不服的，可以依法向人民法院起诉。如您对我们的处罚决定、强制执行措施或者税收保全措施不服的，可以依法申请行政复议，也可以依法向人民法院起诉。

当我们的职务违法行为给您和其他税务当事人的合法权益造成侵害时，您和其他税务当事人可以要求税务行政赔偿。主要包括：一是您在限期内已缴纳税款，我们未立即解除税收保全措施，使您的合法权益遭受损失的；二是我们滥用职权违法采取税收保全措施、强制执行措施或者采取税收保全措施、强制执行措施不当，使您或者纳税担保人的合法权益遭受损失的。

十三、依法要求听证的权利

对您作出规定金额以上罚款的行政处罚之前，我们会向您送达《税务行政处罚事项告知书》，告知您已经查明的违法事实、证据、行政处罚的法律依据和拟将给予的行政处罚。对此，您有权要求举行听证。我们将应您的要求组织听证。如您认为我们

指定的听证主持人与本案有直接利害关系,您有权申请主持人回避。

对应当进行听证的案件,我们不组织听证,行政处罚决定不能成立。但您放弃听证权利或者被正当取消听证权利的除外。

十四、索取有关税收凭证的权利

我们征收税款时,必须给您开具完税凭证。扣缴义务人代扣、代收税款时,纳税人要求扣缴义务人开具代扣、代收税款凭证时,扣缴义务人应当开具。

我们扣押商品、货物或者其他财产时,必须开付收据;查封商品、货物或者其他财产时,必须开付清单

您的义务

依照宪法、税收法律和行政法规的规定,您在纳税过程中负有以下义务:

一、依法进行税务登记的义务

您应当自领取营业执照之日起30日内,持有关证件,向我们申报办理税务登记。税务登记主要包括领取营业执照后的设立登记、税务登记内容发生变化后的变更登记、依法申请停业、复业登记、依法终止纳税义务的注销登记等。

在各类税务登记管理中,您应该根据我们的规定分别提交相关资料,及时办理。同时,您应当按照我们的规定使用税务登记证件。税务登记证件不得转借、涂改、损毁、买卖或者伪造。

二、依法设置账簿、保管账簿和有关资料以及依法开具、使用、取得和保管发票的义务

您应当按照有关法律、行政法规和国务院财政、税务主管部门的规定设置账簿,根据合法、有效凭证记账,进行核算;从事生产、经营的,必须按照国务院财政、税务主管部门规定的保管期限保管账簿、记账凭证、完税凭证及其他有关资料;账簿、记账凭证、完税凭证及其他有关资料不得伪造、变造或者擅自损毁。

此外,您在购销商品、提供或者接受经营服务以及从事其他经营活动中,应当依法开具、使用、取得和保管发票。

三、财务会计制度和会计核算软件备案的义务

您的财务、会计制度或者财务、会计处理办法和会计核算软件,应当报送我们备案。您的财务、会计制度或者财务、会计处理办法与国务院或者国务院财政、税务主管部门有关税收的规定抵触的,应依照国务院或者国务院财政、税务主管部门有关税

收的规定计算应纳税款、代扣代缴和代收代缴税款。

四、按照规定安装、使用税控装置的义务

国家根据税收征收管理的需要，积极推广使用税控装置。您应当按照规定安装、使用税控装置，不得损毁或者擅自改动税控装置。如您未按规定安装、使用税控装置，或者损毁或者擅自改动税控装置的，我们将责令您限期改正，并可根据情节轻重处以规定数额内的罚款。

五、按时、如实申报的义务

您必须依照法律、行政法规规定或者我们依照法律、行政法规的规定确定的申报期限、申报内容如实办理纳税申报，报送纳税申报表、财务会计报表以及我们根据实际需要要求您报送的其他纳税资料。

作为扣缴义务人，您必须依照法律、行政法规规定或者我们依照法律、行政法规的规定确定的申报期限、申报内容如实报送代扣代缴、代收代缴税款报告表以及我们根据实际需要要求您报送的其他有关资料。

您即使在纳税期内没有应纳税款，也应当按照规定办理纳税申报。享受减税、免税待遇的，在减税、免税期间应当按照规定办理纳税申报。

六、按时缴纳税款的义务

您应当按照法律、行政法规规定或者我们依照法律、行政法规的规定确定的期限，缴纳或者解缴税款。

未按照规定期限缴纳税款或者未按照规定期限解缴税款的，我们除责令限期缴纳外，从滞纳税款之日起，按日加收滞纳税款万分之五的滞纳金。

七、代扣、代收税款的义务

如您按照法律、行政法规规定负有代扣代缴、代收代缴税款义务，必须依照法律、行政法规的规定履行代扣、代收税款的义务。您依法履行代扣、代收税款义务时，纳税人不得拒绝。纳税人拒绝的，您应当及时报告我们处理。

八、接受依法检查的义务

您有接受我们依法进行税务检查的义务，应主动配合我们按法定程序进行的税务检查，如实地向我们反映自己的生产经营情况和执行财务制度的情况，并按有关规定提供报表和资料，不得隐瞒和弄虚作假，不能阻挠、刁难我们的检查和监督。

九、及时提供信息的义务

您除通过税务登记和纳税申报向我们提供与纳税有关的信息外,还应及时提供其他信息。如您有歇业、经营情况变化、遭受各种灾害等特殊情况的,应及时向我们说明,以便我们依法妥善处理。

十、报告其他涉税信息的义务

为了保障国家税收能够及时、足额征收入库,税收法律还规定了您有义务向我们报告如下涉税信息:

1. 您有义务就您与关联企业之间的业务往来,向当地税务机关提供有关的价格、费用标准等资料。

您有欠税情形而以财产设定抵押、质押的,应当向抵押权人、质权人说明您的欠税情况。

2. 企业合并、分立的报告义务。您有合并、分立情形的,应当向我们报告,并依法缴清税款。合并时未缴清税款的,应当由合并后的纳税人继续履行未履行的纳税义务;分立时未缴清税款的,分立后的纳税人对未履行的纳税义务应当承担连带责任。

3. 报告全部账号的义务。如您从事生产、经营,应当按照国家有关规定,持税务登记证件,在银行或者其他金融机构开立基本存款账户和其他存款账户,并自开立基本存款账户或者其他存款账户之日起15日内,向您的主管税务机关书面报告全部账号;发生变化的,应当自变化之日起15日内,向您的主管税务机关书面报告。

4. 处分大额财产报告的义务。如您的欠缴税款数额在5万元以上,您在处分不动产或者大额资产之前,应当向我们报告。

特此公告。

国家税务总局
二〇〇九年十一月六日

附件三：国家税务总局关于印发《优化税务执法方式全面推行"三项制度"实施方案》的通知（税总发〔2019〕31号）

国家税务总局关于印发《优化税务执法方式全面推行"三项制度"实施方案》的通知

税总发〔2019〕31号

国家税务总局各省、自治区、直辖市和计划单列市税务局，国家税务总局驻各地特派员办事处，局内各单位：

为深入贯彻习近平总书记关于优化税务执法方式等重要指示批示精神，根据《国务院办公厅关于全面推行行政执法公示制度执法全过程记录制度重大执法决定法制审核制度的指导意见》，结合前期试点情况和税务工作实际，税务总局制定了《优化税务执法方式全面推行"三项制度"实施方案》。现印发给你们，请认真贯彻执行，实施过程中遇到问题请及时报告税务总局（政策法规司）。

国家税务总局
2019年3月18日

优化税务执法方式全面推行"三项制度"实施方案

为深入贯彻习近平总书记关于优化税务执法方式等重要指示批示精神，认真落实《中共中央关于全面推进依法治国若干重大问题的决定》和《法治政府建设实施纲要（2015-2020年）》有关要求，做好税务系统全面推行行政执法公示制度、执法全过程记录制度、重大执法决定法制审核制度（以下统称"三项制度"）工作，进一步提高税务执法效能，促进公平公正监管，优化税收营商环境，确保减税降费政策措施落地生根，现根据《国务院办公厅关于全面推行行政执法公示制度执法全过程记录制度重大执法决定法制审核制度的指导意见》（以下简称《指导意见》），结合前期试点情况和税务工作实际，制定本实施方案。

一、总体要求

（一）指导思想

以习近平新时代中国特色社会主义思想为指导，全面贯彻党的十九大和十九届二中、三中全会精神,深入落实全面依法治国基本方略,紧扣新时代新税务新职责新要求,以"三项制度"为主抓手,牢固树立法治思维,强化执法质量意识,着力推进税务执法透明、规范、合法、公正,不断健全执法制度、完善执法程序、创新执法方式、加强执法监督,全面提高税务执法效能,确保税务机关依法履行法定职责,有效防范税务执法风险,切实维护纳税人和缴费人合法权益,为进一步深化"放管服"改革、优化税收营商环境、提升税收治理能力提供有力法治保障。

(二) 基本原则

坚持稳中求进。坚持法定职责必须为、法无授权不可为,周密部署、细致安排、精心组织,加强指导,强化监督,充分借鉴试点经验,分步有序实施,积极稳妥推行。

坚持科学规范。坚持从实际出发,尊重税收工作规律和法治建设规律,深入调查研究,广泛听取意见,确保统一规范,防止脱离实际、各行其是。

坚持优化创新。聚焦基层执法实践需要,在确保统一规范的基础上,鼓励支持因地制宜、符合实际的探索创新,着力解决税务执法突出问题,提高执法质效。

坚持统筹协调。注重运用系统思维,做到制度化、规范化、信息化一体建设,加强制度融合、资源整合、信息聚合,推进集约高效,不搞重复建设。

坚持便利高效。牢固树立以人民为中心的发展思想,方便纳税人和缴费人及时获取税务执法信息、便捷办理各种手续、有效监督执法活动。强化为基层服务意识,能由税务总局做的不要省局承担,能在税务总局、省局层面解决的不交给基层,形成上下联动、协同推进的合力。

(三) 工作目标

立足当前、着眼长远,坚持不懈、积极作为,逐步实现"三项制度"在各级税务机关全面推行,在税务执法过程中全面落实,行政处罚、行政强制、行政检查、行政征收、行政许可等行为得到有效规范。税务执法信息公示制度机制不断健全,执法行为过程信息全程记载,重大执法决定法制审核全面覆盖,全面实现执法信息公开透明、执法全过程可回溯管理、执法决定合法有效,行政自由裁量权得到有效约束,税务执法能力和水平大幅提升,税务执法社会满意度显著提高。

二、主要任务

(一) 全面推行行政执法公示制度,确保税务执法透明

行政执法公示是保障行政相对人和社会公众的知情权、参与权、表达权、监督权的重要措施。各级税务机关按照"谁执法、谁公示、谁负责"的原则,结合政府信息公开、权责清单公布、"双随机、一公开"监管等工作,在行政执法的事前、事中、事后三个环节,依法及时主动向社会公开税务执法信息。涉及国家秘密、商业秘密、

个人隐私等不宜公开的信息，依法确需公开的，要作适当处理后公开。发现公开的税务执法信息不准确的，应当及时予以更正。

1. 强化事前公示，保证税务执法源头合法。全面准确及时主动公开税务执法主体、人员、职责、权限、依据、程序、救济渠道等基本信息，随机抽查事项、"最多跑一次"、"全程网上办"等清单信息，办税指南等办税信息。因法律法规及机构职能发生变化而引起公示信息变化的，应当及时进行动态调整。

2. 规范事中公示，做到税务执法过程公开。税务执法人员执法时要按规定着装、佩戴标识，着装、佩戴标识可能有碍执法的除外；在进行税务检查、调查取证、采取强制措施和强制执行、送达执法文书等执法活动时，必须主动出示税务检查证，向当事人和相关人员表明身份；在税务执法时，要出具执法文书，主动告知当事人执法事由、执法依据、权利义务等内容。办税服务场所要设置岗位信息公示牌，明示工作人员岗位职责、申请材料示范文本、咨询服务、投诉举报等信息。各省（自治区、直辖市、计划单列市）税务机关（以下简称省税务机关）要建立非即办执法事项办理进度查询工作机制，方便当事人实时查询办事进度。主管税务机关要公示定期定额个体工商户核定定额的初步结果等事中执法信息。

3. 加强事后公示，实现税务执法结果公开。税务机关按规定时限、内容和有关要求，向社会主动公开非正常户认定、欠税公告、税收减免、纳税信用等级评定等执法信息，公示税务行政许可决定、行政处罚决定信息。建立健全税务执法决定信息公开发布、撤销和更新机制。已公开的税务执法决定被依法撤销、确认违法或者要求重新作出的，要及时从信息公示平台撤下原执法决定信息。建立行政执法统计年报制度，省以下税务机关应当于每年1月31日前公开上年度行政执法总体情况有关数据，并报本级人民政府和上一级税务机关。

4. 拓展公示途径，提升税务执法公信力。税务总局依托官方网站建立全国统一的税务执法信息公示平台，推动与政府行政执法信息公示平台的互联互通。税务机关要通过执法信息公示平台、官方网站、政务新媒体、办税服务厅公示栏、服务窗口等渠道，及时向社会公开税务执法信息。

（二）全面推行执法全过程记录制度，确保税务执法规范

行政执法全过程记录是行政执法活动合法规范有效的重要保证。税务机关采取以文字记录为主、音像记录为辅的形式，对税务执法的启动、调查取证、审核决定、送达执行等全部过程进行记录，并全面系统归档保存，做到执法全过程留痕和可回溯管理。

1. 完善文字记录，规范税务执法文书。税务机关以纸质文件或电子文件的形式对执法活动进行文字记录，做到记录合法规范、客观全面、及时准确。税务总局参照全国行政执法文书基本格式标准，结合税务执法实际，完善统一适用的税务执法文书格

式文本，制作执法文书范本，研究制定税务执法规范用语；省税务机关可以制作说理式文书模板，推行说理式执法。

2. 规范音像记录，监督税务执法行为。税务机关通过照相机、录音机、摄像机、执法记录仪、视频监控等记录设备，实时对执法活动进行音像记录。做好音像记录与文字记录的衔接，对文字记录能够全面有效记录执法行为的，可以不进行音像记录；对查封扣押财产等直接涉及重大财产权益的现场执法活动，要推行全程音像记录；对现场检查、调查取证、举行听证、留置送达和公告送达等容易引发争议的执法过程，根据实际情况进行音像记录。税务总局建立健全执法音像记录管理制度及记录行为用语指引，明确执法音像记录的设备配备、使用规范、记录要素、存储应用、监督管理等要求，规范音像记录行为。省以下税务机关应当按照工作必需、厉行节约、性能适度、安全稳定、适量够用的原则，结合本地区经济发展水平和税务执法具体情况，配备音像记录设备，建设税务约谈（询问）室等办公场所。

3. 严格记录归档，完善税务执法档案。要完善税务执法档案管理制度。各级税务机关按照规定归档保存执法全过程记录资料，实现所有执法行为有据可查。对涉及国家秘密、商业秘密和个人隐私的记录资料，归档时要严格执行国家有关规定。省税务机关按照相对集中、经济高效、安全好用的原则，确定音像记录的存储方式，通过技术手段实现对同一执法对象的文字记录和音像记录的"一户式"集中归档。建立健全基于电子认证、电子签章的税务执法全过程数据化记录机制，形成业务流程清晰、数据链条完整、数据安全有保障的数字化归档管理制度。

4. 发挥记录作用，提高税务执法实效。各级税务机关在作出执法决定前，要调阅相关记录资料，对执法行为的合法性、规范性等进行审核。加强执法全过程记录信息的统计分析，查找执法薄弱环节，持续改进执法工作。要充分发挥记录信息对案卷评查、执法监督、法律救济、评议考核、舆论引导、行政决策、内控机制和纳税信用体系以及涉税专业服务信用建设等工作的积极作用，促进严格规范公正文明执法，依法维护税务人员和行政相对人的合法权益。

（三）全面推行重大执法决定法制审核制度，确保税务执法公正

重大执法决定法制审核是保障行政执法机关作出的重大执法决定合法有效、保证执法公正的重要措施。税务机关作出重大执法决定之前，要严格进行法制审核，未经法制审核或审核未通过的，不得作出决定。税务稽查案件审理、重大税务案件审理属于法制审核，其审核范围、内容、程序等分别适用《税务稽查工作规程》《重大税务案件审理办法》的有关规定。

1. 明确审核主体，保障法制审核力量。县以上税务机关负责法制工作的机构、稽查局审理部门是重大执法决定法制审核机构，法制审核机构要确保专人负责本单位重大执法决定法制审核工作；对稽查案件实施集中审理的地区，市税务局稽查局审理部

门同时负责同级跨区域稽查局重大执法决定法制审核工作。各地可结合实际建立重大执法决定法制审核委员会，实行集体审理。加强法制审核队伍正规化、专业化、职业化建设，落实《指导意见》要求，确保2020年7月底前，各级税务机关的法制审核人员原则上不少于本单位从事行政处罚、行政强制、行政检查、行政征收、行政许可等执法活动的人员总数的5%，同时把政治素质高、业务能力强、具有法律专业背景的人员调整充实到法制审核岗位。充分发挥法律顾问、公职律师在法制审核中的作用，建立本系统内法律顾问、公职律师跨区域统筹使用机制，实现法律专业人才资源共享。

2. 明确审核事项，拓宽法制审核范围。凡涉及重大公共利益，可能造成重大社会影响或引发社会风险，直接关系行政相对人或第三人重大权益，经过听证程序作出税务执法决定，以及案件情况疑难复杂、涉及多个法律关系的，都要进行法制审核。税务总局明确重大执法决定法制审核事项基础清单。省税务机关可结合实际增加法制审核事项。省以下税务机关根据法制审核事项清单，明确本级法制审核事项的具体标准，并于制定或修改相关标准后1个月内报上一级税务机关备案。

3. 明确审核内容，确保法制审核质量。要严格审核执法主体是否合法，执法人员是否具备执法资格；执法程序是否合法；案件事实是否清楚，证据是否合法充分；适用法律、法规、规章、规范性文件是否准确，裁量基准运用是否适当；是否超越本机关法定权限；执法文书是否齐备、规范；违法行为是否涉嫌犯罪、需要移送司法机关等。法制审核机构完成审核后，提出同意或者存在问题的书面审核意见。税务执法承办机构要对法制审核机构提出存在问题的审核意见进行研究，作出相应处理后再次报送法制审核；对审核意见有异议的，应与法制审核机构进行沟通，未达成一致意见的，由承办机构提请其分管局领导专题协商研究；协商研究仍未达成一致意见的，报请主要负责人决定。

4. 明确审核责任，健全法制审核机制。各级税务机关主要负责人是推动落实本单位重大执法决定法制审核制度的第一责任人，对本单位作出的行政执法决定负责。税务总局确定法制审核流程，明确送审材料报送要求和审核的方式、时限、责任。税务执法承办机构应及时将符合法制审核范围的重大执法事项提交法制审核，并对送审材料的真实性、准确性、完整性，以及执法的事实、证据、法律适用、程序的合法性负责。法制审核机构对重大执法决定的法制审核意见负责。因承办机构的承办人员、负责法制审核的人员和审批税务执法决定的负责人滥用职权、玩忽职守、徇私枉法等，导致税务执法决定错误，要依纪依法追究相关人员责任。

（四）积极推进信息化建设，确保税务执法高效

按照立足实际、优化集成、统筹规划、分步实施的原则，加快推进信息化建设，推动公示信息自动化采集、执法记录数字化管理、法制审核信息化控制，逐步构建操作信息化、文书数据化、过程痕迹化、责任明晰化、监督严密化、分析可量化的税务

执法信息化体系。

1. 以金税三期系统为支撑,推进"三项制度"信息化建设。税务总局将"三项制度"全面融入金税三期系统,注重功能集成和系统集成;完善金税三期系统的信息自动采集功能,实现自动抓取有关执法公示信息,坚持"先审查,后公开""一事一审""全面审查"原则,严格履行发布审批和保密审查程序后推送至税务执法信息公示平台;研究推进将金税三期系统业务节点信息推送至电子税务局,实现执法进度信息网上即时查询;将重大执法决定法制审核环节嵌入金税三期系统,强化法制审核的过程控制。省税务机关建立健全执法音像记录信息管理平台,按照税务总局确定的接口方案与金税三期系统对接,实现对文字记录、音像记录的数字化归档管理。

2. 依托现代信息技术手段,提高税务执法信息化水平。税务总局借助大数据、云计算、移动终端等信息技术手段,持续优化金税三期系统和电子税务局等信息系统,逐步推进执法信息网上录入、执法程序网上流转、执法活动网上监督、执法决定实时推送、执法信息统一公示、执法信息网上查询,努力实现对税务执法活动的即时性、过程性、系统性管理。认真落实国务院部署要求,在确保信息安全的前提下,推进跨地区、跨部门执法信息系统互联互通共享,探索建立以税务执法主体信息、权责清单信息、执法办案信息、执法监督信息和执法统计分析为主要内容的税务系统执法信息资源库,按照行政处罚、行政强制、行政检查、行政征收、行政许可等执法行为类型,对金税三期等信息系统中的相关征管数据进行转换、加工和归集,形成集税务执法数据储存、共享和分析功能为一体的"税务执法数据应用平台",为全面系统掌握税务执法状况、及时发现税务执法薄弱环节、采取有针对性的执法改进措施及相关领导决策提供支撑。适应健全完善税务监管体系和跨区域稽查执法体制新要求,税务总局和省税务机关建立税务稽查视频指挥系统,提高集中统一指挥、多方协同作战能力,高效、精准打击重大涉税违法活动,进一步规范税收秩序,维护国家税收安全。

3. 推进人工智能技术应用,提升税务执法的精准性。税务总局和有条件的省税务机关可研究开发税务执法裁量智能辅助信息系统,利用语音识别、文本分析等技术对税务执法信息数据资源进行分析挖掘,发挥人工智能在证据收集、案例分析、法律文件阅读与分析中的作用,聚焦争议焦点,向执法人员精准推送法律法规规定、相似案例等信息,提出处理意见建议,生成执法决定文书,有效约束规范税务行政自由裁量权,确保执法尺度统一。深化对金税三期等信息系统中税务执法大数据的智能分析和应用,提升税收立法、行政决策、税务执法和风险防范水平,促进税务执法更加精准有效。

三、组织实施

(一) 加强组织领导

各级税务机关全面依法行政领导小组要加强对"三项制度"推行工作的领导,主要负责同志是第一责任人。要认真研究审定实施方案和制度办法，统筹部署推行任务，定期听取有关工作情况报告，及时研究解决工作中的重大问题，确保实施有方案、部署有要求、推进有标准、任务有落实、工作有考核、组织有保障。

各级税务机关全面依法行政领导小组办公室承担"三项制度"推行过程中的沟通协调、跟踪指导、督促落实、组织评估等日常工作。建立联络员工作机制，领导小组办公室成员单位指定本单位1名同志担任联络员。根据"三项制度"全面推行进展情况，可组织业务骨干成立推进小组，集中攻关，重点解决推行过程中遇到的突出问题和困难。

（二）明确任务分工

政策法规司牵头负责税务系统全面推行"三项制度"有关工作，拟订"三项制度"实施方案、实施办法、事项清单和工作指引，并根据社会保险费和非税收入征管职责划转情况及时修改调整相关内容，牵头负责行政执法公示制度、执法全过程记录制度、重大执法决定法制审核制度推行工作；办公厅负责"三项制度"推行工作的督查督办和绩效考评；征管和科技发展司牵头负责"三项制度"信息化建设；财务管理司负责推行工作的经费保障；人事司负责推行工作的人才保障；教育中心负责相关培训保障；税收宣传中心负责推行工作的新闻宣传、舆论引导；其他相关司局结合工作职责，做好有关推行工作。各司局要切实履职尽责，积极推进本部门职责范围内"三项制度"推行工作有关任务，督促指导下级对口部门开展工作，同时加强部门间工作配合，形成推进合力。

省以下税务机关要参照税务总局的安排部署，建立健全相关制度和工作机制，进一步明确任务分工，压实工作责任，确保任务落实。

（三）分步有序实施

1. 部署准备阶段（2019年7月底前）

税务总局制定实施方案，印发实施办法、事项清单及工作指引等配套文件，明确任务分工（详见附件），召开动员部署会议，启动全国统一税务执法信息公示平台建设和金税三期等信息系统优化工作。

各省税务机关结合实际，制定具体实施方案，细化实化相关配套文件，在全面调查摸底的基础上，统筹做好本系统执法资格证件清理核发、法制审核人员配备、执法音像记录设备配置，以及"三项制度"专题教育培训和学习宣传等工作。

2. 推进实施阶段（2019年8月-2020年7月）

各级税务机关按照本实施方案及有关要求，认真组织实施"三项制度"，结合税务总局印发的"三项制度"事项清单，按照"与纳税人和缴费人利益最直接的事项先推、社会公众最关切的事项先推、推行条件成熟的事项先推、先行开展尤其是开展全部'三项制度'试点的单位先推"的原则，突出重点，循序推进，确保2020年7月底前推行到位。要加强跟踪调研,对推行效果进行适时评估,及时发现解决实施中存在的问题,完善相关制度办法,提高"三项制度"运行实效,推进法治税务建设。

3. 持续深化阶段(2020年8月起)

深入推行"三项制度",全面总结工作经验,巩固已有成果,分析存在问题,持续改进提升,不断推动法治税务建设迈上更高台阶。

四、工作要求

(一)提高思想认识

聚焦行政执法的源头、过程、结果等关键环节,全面推行"三项制度",是着力防止任意执法、选择执法、简单粗暴执法等问题的重要举措,对优化税务执法方式、促进严格规范公正文明执法具有基础性、整体性、突破性作用。各级税务机关要高度重视"三项制度"全面推行工作,从落实全面依法治国方略、建设法治税务、推动实现税收治理体系和治理能力现代化的高度充分认识其重要意义,切实增强使命感、责任感和紧迫感,坚持目标导向、问题导向、任务导向,明确任务分工,强化保障措施,稳妥有序推进,积极探索创新,确保继续走在前、出经验。

(二)注重统筹集成

各级税务机关要坚持制度化、规范化、信息化一体建设。将"三项制度"具体要求融入权责清单和税收征管、税务稽查等执法规范,嵌入到具体税务执法事项之中,推动税务执法更加透明规范合法公正。科学编制"三项制度"业务需求,嵌入到税收征管信息系统,实现"三项制度"信息化,全面带动提升税务执法信息化建设水平。以全面推行"三项制度"为突破口,加强和完善执法资格考试和证件管理、执法案例指导、执法裁量权基准、执法案卷管理和评查、执法投诉举报以及执法责任制等制度建设,积极做好相关制度衔接工作,形成统筹税务执法各个环节的制度体系。

(三)加强培训宣传

各级税务机关要制定"三项制度"专题培训方案,开展分级分类培训,与岗位大练兵、业务大比武等活动有机结合,提高培训的针对性、实效性。认真落实"谁执法谁普法"普法责任制的要求,加大宣传力度,通过官方网站、电子税务局、纳税人学堂、12366服务热线等方式,广泛宣传全面推行"三项制度"的重要意义、主要做法、典型事例和实施效果,凝聚思想共识,回应社会关切,为推行工作营造良好氛围。

(四)强化推行保障

各级税务机关要重视税务执法人员能力素质建设,加强思想道德和素质教育,着力提升执法人员业务能力和执法素养,打造政治坚定、作风优良、纪律严明、廉洁务实的税务执法铁军。严格实行执法人员资格管理制度,建立全国税务执法人员和法制审核人员数据库，健全科学的考核评价体系及人员激励机制。要加大法律专业人员招录力度，并优先配备到法制审核岗位，加快推动法律专业人才归位。健全执法人员和法制审核人员岗前培训和岗位培训制度。鼓励和支持执法人员参加国家统一法律职业资格考试。要将税务执法装备配备、设备配置、设施建设和信息化建设所需经费纳入经费预算，为全面推行工作提供保障。

（五）务求工作实效

各级税务机关要充分考虑地域差异、工作基础，坚持因地制宜，不搞"一刀切"。分步有序实施的时间节点要求是最后时限要求，基础较好、条件具备的地区可以加快推进。凡是现有制度规定、工作事项、业务流程、表证单书、信息系统等基本上符合和适应"三项制度"要求的，应当继续保留和使用，并按照便捷高效的原则进一步优化、改进和完善。注重发挥"三项制度"在落实减税降费政策、加强事中事后管理、防范和打击虚开骗税等方面的积极作用。注重选树"三项制度"推行工作先进典型，发挥示范带动作用。将"三项制度"推行情况纳入绩效考评和督查督办，对工作不力的要及时督促整改，对工作中出现问题造成不良后果的单位及人员要通报批评，依纪依法问责，确保"三项制度"各项工作落到实处、取得实效。

各省税务机关要于2019年5月底前将本系统优化税务执法方式全面推行"三项制度"工作方案报税务总局备案；税务总局驻各地特派办与其所管辖范围内省税务局进行协商，在相关省税务局的工作方案中明确其落实"三项制度"的有关原则和要求。

附件四：简易程序税务行政处罚工作流程图

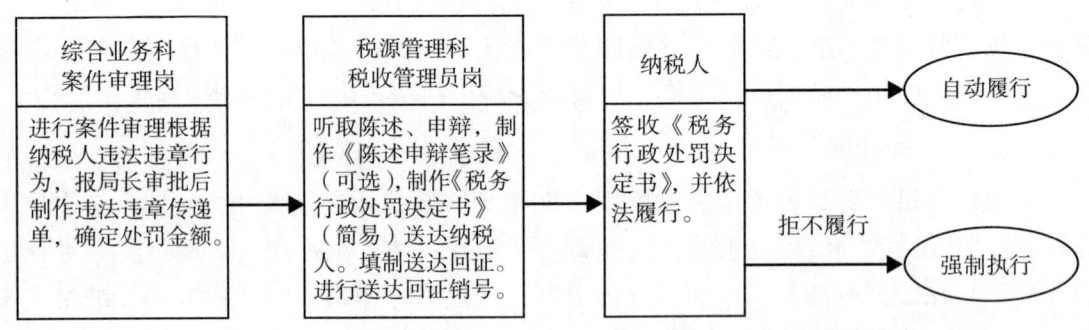

附件五：一般程序税务行政处罚工作流程图

```
┌──────────┐      ┌──────────┐      ┌──────────┐      ┌──────────┐      ┌──────────┐      ┌──────────┐
│综合业务科│      │税源管理科│      │  纳税人  │      │综合业务科│      │综合业务科│      │税源管理科│      ┌──────┐       ┌────┐  不
│案件审理岗│      │税收管理员岗│    │          │      │执法监督岗│      │案件审理岗│      │税收管理员岗│  │纳税人│  ──▶  │强制│  履
├──────────┤      ├──────────┤      ├──────────┤      ├──────────┤      ├──────────┤      ├──────────┤      ├──────┤       │执行│  行
│审核税务违│      │送达纳税人。│    │陈述申辩，│      │制作陈述申辩│    │制作《税务│      │送达纳税人。│    │签收《税│       └────┘
│法违章资料│  ──▶ │          │  ──▶ │提出听证申│  ──▶ │笔录或依法组│ ──▶ │行政处罚决│  ──▶ │          │ ──▶ │务行政处│
│，报区局局│      │          │      │请。      │      │织听证，制作│    │定书》。  │      │          │    │罚决定│       ┌────┐
│长核批，制│      │          │      │          │      │《听证笔录》│    │          │      │          │    │书》。│  ──▶  │自动│
│作《税务事│      │          │      │          │      │，报区局局长│    │          │      │          │    │      │       │履行│
│行政处罚事│      │          │      │          │      │审批。      │    │          │      │          │    └──────┘       └────┘
│项告知书》│      │          │      │          │      │          │      │          │      │          │
└──────────┘      └──────────┘      └──────────┘      └──────────┘      └──────────┘      └──────────┘
```

附件六：税务行政处罚听证程序实施办法（试行）等相关文件

附件 6-1：

税务行政处罚听证程序实施办法（试行）

第一条　为了规范税务行政处罚听证程序的实施，保护公民，法人和其他组织的合法权益，根据《行政处罚法》，制定本实施办法。

第二条　税务行政处罚的听证，遵循合法，公正，公开，及时和便民的原则。

第三条　税务机关对公民作出 2000 元以上（含本数）罚款或者对法人或者其他组织作出 1 万元以上（含本数）罚款的行政处罚之前，应当向当事人送达〈税务行政处罚事项告知书〉，告知当事人已经查明的违法事实，证据，行政处罚的法律依据和拟将给予的行政处罚，并告知有要求举行听证的权利。

第四条　要求听证的当事人，应当在《税务行政处罚事项告知书》送达后 3 日内向税务机关书面提出听证；逾期不提出的，视为放弃听证权利。

当事人要求听证的，税务机关应当组织听证。

第五条　税务机关应当在收到当事人听证要求后 15 日内举行听证，并在举行听证的 7 日前将《税务行政处罚听证通知书》送达当事人，通知当事人举行听证的时间，地点，听证主持人的姓名及有关事项。

当事人由于不可抗力或者其他特殊情况而耽误提出听证期限的，在障碍消除后 5 日以内，可以申请延长期限．申请是否准许，由组织听证的税务机关决定。

第六条　当事人提出听证后，税务机关发现自己拟作的行政处罚决定对事实认定有错误或者偏差，应当予以改变，并及时向当事人说明。

第七条　税务行政处罚的听证，由税务机关负责人指定的非本案调查机构的人员主持，当事人，本案调查人员及其他有关人员参加。

听证主持人应当依法行使职权，不受任何组织和个人的干涉。

第八条　当事人可以亲自参加听证，也可以委托一至二人代理。当事人委托代理人参加听证的，应当向其代理人出具代理委托书。代理委托书应当注明有关事项，并经税务机关或者听证主持人审核确认。

第九条　当事人认为听证主持人与本案有直接利害关系的，有权申请回避。回避申请，应当在举行听证的 3 日前向税务机关提出，并说明理由。

听证主持人是本案当事人的近亲属，或者认为自己与本案有直接利害关系或其他关系可能影响公正听证的，应当自行提出回避。

第十条　听证主持人的回避，由组织听证的税务机关负责人决定．对驳回申请回避的决定，当事人可以申请复核一次。

第十一条　税务行政处罚听证应当公开进行．但是涉及国家秘密，商业秘密或者个人隐私的，听证不公开进行。

对公开听证的案件，应当先期公告当事人和本案调查人员的姓名，案由和听证的时间，地点。

公开进行的听证，应当允许群众旁听。经听证主持人许可，旁听群众可以发表意见。

对不公开听证的案件，应当宣布不公开听证的理由。

第十二条　当事人或者其代理人应当按照税务机关的通知参加听证，无正当理由不参加的，视为放弃听证权利。听证应当予以终止。

本案调查人员有前款规定情形的，不影响听证的进行。

第十三条　听证开始时，听证主持人应当首先声明并出示税务机关负责人授权主持听证的决定，然后查明当事人或者其代理人，本案调查人员，证人及其他有关人员是否到场，宣布案由；宣布听证会的组成人员名单；告知当事人有关的权利义务。记录员宣读听证会场纪律。

第十四条　听证过程中，由本案调查人员就当事人的违法行为予以指控，并出示事实证据材料，提出行政处罚建议。当事人或者其代理人可以就所指控的事实及相关问题进行申辩和质证。

听证主持人可以对本案所及事实进行询问，保障控辩双方充分陈述事实，发表意见，并就各自出示的证据的合法性，真实性进行辩论．辩论先由本案调查人员发言，再由当事人或者其代理人答辩，然后双方相互辩论。

辩论终结，听证主持人可以再就本案的事实，证据及有关问题向当事人或者其代理人，本案调查人员征求意见。当事人或者其代理人有最后陈述的权利。

第十五条　听证主持人认为证据有疑问无法听证辨明，可能影响税务行政处罚的准确公正的，可以宣布中止听证，由本案调查人员对证据进行调查核实后再行听证。

当事人或者其代理人可以申请对有关证据进行重新核实，或者提出延期听证；是否准许，由听证主持人或者税务机关作出决定。

第十六条　听证过程中，当事人或者其代理人放弃申辩和质证权利，声明退出听证会；或者不经听证主持人许可擅自退出听证会的，听证主持人可以宣布听证终止。

第十七条　听证过程中，当事人或者其代理人，本案调查人员，证人及其他人员违反听证秩序，听证主持人应当警告制止；对不听制止的，可以责令其退出听证会场。

当事人或者其代理人有前款规定严重行为致使听证无法进行的，听证主持人或者税务机关可以终止听证。

第十八条　听证的全部活动，应当由记录员写成笔录，经听证主持人审阅并由听证主持人和记录员签名后,封卷上交税务机关负责人审阅。

听证笔录应交当事人或者其代理人,本案调查人员,证人及其他有关人员阅读或者向他们宣读,他们认为有遗漏或者有差错的,可以请求补充或者改正。他们在承认没有错误后,应当签字或者盖章。拒绝签名或者盖章的,记明情况附卷。

第十九条 听证结束后,听证主持人应当将听证情况和处理意见报告税务机关负责人。

第二十条 对应当进行听证的案件,税务机关不组织听证,行政处罚决定不能成立;当事人放弃听证权利或者被正当取消听证权利的除外。

第二十一条 听证费用由组织听证的税务机关支付,不得由要求听证的当事人承担或者变相承担。

第二十二条 本实施办法由国家税务总局负责解释。

第二十三条 本实施办法自1996年10月1日起施行。

附件 6-2:

当事人有关的权利和义务

根据《税务行政处罚听证程序实施办法》(试行)第十三条规定,现将当事人在本次听证会中有关的权利和义务告之如下:

一、当事人的权利

1. 当事人或者其代理人可以就所指控的事实及相关问题进行申辩和质证。并就各自出示的证据的合法性,真实性进行辩论。辩论先由本案调查人员发言,再由当事人或者其代理人答辩,然后双方相互辩论。

2. 辩论终结,当事人或者其代理人有最后陈述的权利。

3. 当事人或者其代理人可以申请对有关证据进行重新核实,或者提出延期听证;是否准许,由听证主持人或者税务机关作出决定。

4. 当事人或者其代理人认为听证笔录有遗漏或者有差错的,可以请求补充或者改正。

二、当事人的义务

1. 当事人或者其代理人应遵守《听证会场纪律》。

2. 当事人或者其代理人承认听证笔录没有错误后,应当签字或者盖章。

当事人需遵守的其他规定和义务已在我局送达《听证通知书》时一并书面告知,不再重复。

附件七：国家税务总局关于《全面加强税务行政复议工作的意见》（国税发〔2007〕28号）

国家税务总局关于全面加强税务行政复议工作的意见

国税发〔2007〕28号

各省、自治区、直辖市和计划单列市国家税务局、地方税务局：

为了充分发挥行政复议职能，妥善解决税务行政争议，切实保护纳税人合法权益，推进税务机关依法行政，构建和谐征纳关系，根据中共中央办公厅、国务院办公厅《关于预防和化解行政争议健全行政争议解决机制的意见》（中办发〔2006〕27号）和国务院行政复议工作座谈会精神，提出如下意见：

一、提高认识，充分发挥行政复议化解税务行政争议的主渠道作用

（一）行政复议是化解税务行政争议的有效手段。税务系统开展行政复议工作以来，各级税务机关大力推进依法行政，行政执法和行政复议工作水平不断提高，有效发挥了行政复议的职能作用，维护了纳税人的合法权益，及时、妥善地处理了大量税务行政争议。

（二）新形势要求必须加强行政复议工作。随着改革的深入，行政复议案件日趋增多，反映的问题渐趋复杂，深层次的问题愈益凸显，税收政策不完善、执法不规范、复议工作质量不高的问题仍然存在。党中央、国务院高度重视行政复议在解决行政争议、加快建设法治政府、维护社会稳定中的重要作用。各级税务机关必须进一步提高对做好行政复议工作重要性和紧迫性的认识，切实增强政治责任感，采取扎实有效措施，全面加强税务行政复议工作。

（三）充分发挥行政复议化解税务行政争议的主渠道作用。行政复议是解决税务行政争议的重要法律制度和主要渠道。各级税务机关要充分发挥行政复议便捷高效、方式灵活的优势，完善相关制度，改进工作方法，加强行政复议能力建设，努力提高案件办理质量，有效化解税务行政争议。

二、畅通渠道，积极受理行政复议案件

（四）渠道畅通是行政复议制度得以发挥作用的前提。各级税务机关要把畅通渠道作为加强行政复议工作的着力点和突破口，疏通进口，敞开大门，积极受理行政复议案件，除法律明确规定不受理的案件外，复议机关必须受理。对无正当理由拒不受理复议申请而经法院审理责令受理的，要定期通报，并追究有关人员责任。对确实不符合受理条件的案件要妥善处理，不能简单一推了之，要向申请人说明情况，告知解

决问题的渠道。对确有问题的案件要通过建立个案督促纠正制度予以纠正。

三、提高工作质量，力争把税务行政争议解决在税务机关内部

（五）坚持公平正义。查清案件事实，正确适用法律，依法公正合理地做出复议决定，是行政复议工作的基本要求。坚持以公开求公正、以公正促稳定的法治理念，把实现社会公平公正作为行政复议的根本价值目标。

（六）全面审查合法性与合理性。税务机关办理行政复议案件既要注重对具体行政行为合法性的审查，也要加大对具体行政行为合理性的审查，切实提高办案质量。要使每一件行政复议案件都能够经得起历史的检验。

（七）注重证据审查。税务机关办理行政复议案件必须依法全面审查相关证据，做到定案证据合法、真实、确凿、充分。既要注重审查税务机关提供的证据，也要重视纳税人提供的证据；既要审查证据的真实性，也要审查证据的合法性；据以定案的证据必须具有排它性和唯一性。

（八）秉公执法，切实维护纳税人的合法权益。税务机关在办理行政复议案件过程中，必须查清案件事实，正确适用法律，依法做出行政复议决定，对该撤销或者变更的具体行政行为要坚决予以撤销或者变更。

四、注重运用调解手段，实现法律效果与社会效果的统一

（九）调解是化解矛盾的有效手段。各级复议机关要增强运用调解手段解决行政争议的意识，将调解贯穿于行政复议的全过程。运用和解、调解方式办案，必须坚持当事人自愿、合法、公平公正、诚实守信的原则，不得侵害纳税人的合法权益。在不损害国家利益、公共利益和他人合法利益的前提下，应当引导双方当事人之间和平协商，平衡利益，增进相互理解和信任，最大限度地降低税务争议的负面影响，实现法律效果与社会效果的统一。

（十）坚持原则性与灵活性相统一，依法进行调解。对于存在合理性问题、混合过错问题或者社会影响重大的案件，不能简单地撤销或者维持，要注重运用和解、调解的方式加以处理。复议机关要积极为当事人自行和解创造条件。当事人通过调解、和解达成协议的，复议机关要制作行政复议调解书或者行政复议和解书予以确认，及时送达当事人执行。不能达成和解协议或者调解书、和解书送达前申请人反悔的，复议机关应当及时做出行政复议决定。

五、创新工作方法，提高解决行政争议的效率

（十一）复议机关要根据案情特点，区分不同情况，在法律、法规允许的范围内，采取灵活多样的工作方法和结案方式。对疑难复杂、社会关注的重大案件，可以采取

当面核实、公开听证等审理方式，召集双方质证辩论，充分听取各方意见，增加行政复议的透明度，提高公信力，做到公平公正。对基本事实清楚、争议不大的案件，被申请人经过上级机关指示，确认具体行政行为存在明显错误的，可以立即纠正。税务机关对自身明显违法或不当的执法行为引起的复议案件应主动纠正，上级税务机关也可以督促其在规定期限内予以改正，以取得申请人的理解，避免加重违法不当行为造成的损害。

六、关注个案调研，促进税收政策完善

（十二）及时反馈问题，完善税收政策，从源头上预防和化解行政争议。要把办理个案与完善政策有机结合起来，不能只是就案办案做出行政复议决定，也不能简单报告了事。对办案过程中发现的政策问题和纳税人反映强烈的问题，应当由点及面、由表及里，进行深入专题调研，提出切实可行的修改完善建议，反馈到政策制定机关和部门，及时对政策制度进行立、改、废，促进税收政策完善，从源头上预防税务行政争议的发生。

七、总结经验，落实和完善行政复议有关制度

（十三）制度完善是顺利开展行政复议工作的必要条件。对行政复议法有明确规定的制度，要认真贯彻落实，不能走形式。要积极探索法律没有明确规定但又为行政复议工作所需，有利于保护纳税人合法权益的制度，勇于创新，不断完善。各级税务机关要认真总结经验，积极探索建立税务行政复议听证制度、调查制度、和解制度、重大案件备案制度和重大事项报告制度。

（十四）认真落实上级税务机关直接受理行政复议申请制度。对下级复议机关无正当理由不受理复议案件的，除责令受理外，上级税务机关要加大直接受理的力度，保证案件及时得到处理。要探索建立行政复议案件"提审"制度，对本辖区内有重大影响或者有典型意义的案件，上级税务机关可以直接受理。

八、采取切实措施，强化行政复议能力建设

（十五）加强业务指导，提高办案水平。上级税务机关要加强对基层行政复议工作的指导，保证不同税务机关对同类案件的处理结果基本一致，确保法律适用的公平。要注重理论与实践相结合，加强对个案的指导，帮助解决实际问题，提高办案能力。要组织经常性的工作交流，总结经验，推广典型，促进整体办案水平的提高。

（十六）增强专业素质，保证办案力量。行政复议工作是一项"辨是非、断曲直、定纷争"的工作，要保证能办案、办好案，配备一定数量的高质量和稳定的专门人员十分重要。复议工作人员必须具备坚定的政治立场和敏锐的观察力，必须具备较为全

面的知识结构,必须具备驾驭、解决复杂矛盾的能力。要切实解决存在的行政复议能力偏低、人员短缺和流失等问题,抓紧配备、充实和调剂行政复议专业人员。根据行政复议应诉工作的性质特点,保证一般案件至少有2人承办,重大复杂案件有3人承办。切实保障行政复议人员有机构干事、有人员干事、有条件干事,促使复议人员想干事、能干事、干成事。

(十七)强化监督,奖优罚劣。评价一个地方行政复议工作的优劣,不能简单地看案件的多少,更不能简单地以案件撤销、变更数量为标准,而是要看是否解决了争议,是否保护了纳税人的合法权益,是否促进了征纳关系的和谐。要把行政复议渠道是否畅通、质量是否过硬、人员配备是否与工作任务相适应作为重要考核内容。上级税务机关要定期对下级税务机关行政复议工作进行监督检查,对工作突出的单位和个人给予表彰,对不依法履行职责的要严格按照行政复议法的有关规定追究责任。

九、加强组织领导,为做好行政复议工作提供有力保障

(十八)加强对行政复议工作的组织领导。各级税务机关的行政首长是本机关行政复议应诉工作的第一责任人,必须切实履行好职责。各级税务机关要把行政复议工作摆上重要位置,抓紧建立健全履行行政复议职责的责任制。要定期召开会议,听取行政复议有关工作的汇报,研究重大疑难案件,解决行政复议工作中遇到的困难和问题,积极支持和督促行政复议机构依法办理复议案件。逐步推行行政首长行政诉讼出庭应诉制度。

(十九)加大对行政复议应诉工作的基础投入。要加快行政复议应诉工作信息化建设。落实办案经费,保障行政复议办案的必要条件。

(二十)加大行政复议工作宣传力度。通过加强法律知识培训,帮助广大税务干部增强依法行政意识,正确认识行政复议对纳税人的合法权益救济作用,自觉接受监督。向纳税人广泛宣传行政复议的法律规定、制度功能及其在解决行政争议方面的优势,引导纳税人通过行政复议渠道解决行政争议,营造依法解决行政争议的良好社会氛围。

二○○七年三月十三日

附件八：最高人民法院关于行政诉讼撤诉若干问题的规定

最高人民法院关于行政诉讼撤诉若干问题的规定

2007年12月17日由最高人民法院审判委员会第1441次会议通过，现予公布，自2008年2月1日起施行。

二○○八年一月十四日

为妥善化解行政争议，依法审查行政诉讼中行政机关改变被诉具体行政行为及当事人申请撤诉的行为，根据《行政诉讼法》制定本规定。

第一条　人民法院经审查认为被诉具体行政行为违法或者不当，可以在宣告判决或者裁定前，建议被告改变其所作的具体行政行为。

第二条　被告改变被诉具体行政行为，原告申请撤诉，符合下列条件的，人民法院应当裁定准许：

（一）申请撤诉是当事人真实意思表示；

（二）被告改变被诉具体行政行为，不违反法律、法规的禁止性规定，不超越或者放弃职权，不损害公共利益和他人合法权益；

（三）被告已经改变或者决定改变被诉具体行政行为，并书面告知人民法院；

（四）第三人无异议。

第三条　有下列情形之一的，属于行政诉讼法第五十一条规定的"被告改变其所作的具体行政行为"：

（一）改变被诉具体行政行为所认定的主要事实和证据；

（二）改变被诉具体行政行为所适用的规范依据且对定性产生影响；

（三）撤销、部分撤销或者变更被诉具体行政行为处理结果。

第四条　有下列情形之一的，可以视为"被告改变其所作的具体行政行为"：

（一）根据原告的请求依法履行法定职责；

（二）采取相应的补救、补偿等措施；

（三）在行政裁决案件中，书面认可原告与第三人达成的和解。

第五条　被告改变被诉具体行政行为，原告申请撤诉，有履行内容且履行完毕的，人民法院可以裁定准许撤诉；不能即时或者一次性履行的，人民法院可以裁定准许撤诉，也可以裁定中止审理。

第六条　准许撤诉裁定可以载明被告改变被诉具体行政行为的主要内容及履行情况，并可以根据案件具体情况，在裁定理由中明确被诉具体行政行为全部或者部分不再执行。

第七条　申请撤诉不符合法定条件，或者被告改变被诉具体行政行为后当事人不撤诉的，人民法院应当及时作出裁判。

第八条　第二审或者再审期间行政机关改变被诉具体行政行为，当事人申请撤回上诉或者再审申请的，参照本规定。

准许撤回上诉或者再审申请的裁定可以载明行政机关改变被诉具体行政行为的主要内容及履行情况，并可以根据案件具体情况，在裁定理由中明确被诉具体行政行为或者原裁判全部或者部分不再执行。

第九条　本院以前所作的司法解释及规范性文件，凡与本规定不一致的，按本规定执行。

附件九：最高人民法院关于行政诉讼证据若干问题的规定

最高人民法院关于行政诉讼证据若干问题的规定

法释〔2002〕21号

为准确认定案件事实，公正、及时地审理行政案件，根据《中华人民共和国行政诉讼法》（以下简称行政诉讼法）等有关法律规定，结合行政审判实际，制定本规定。

一、举证责任分配和举证期限

第一条　根据行政诉讼法第三十二条和第四十三条的规定，被告对作出的具体行政行为负有举证责任，应当在收到起诉状副本之日起十日内，提供据以作出被诉具体行政行为的全部证据和所依据的规范性文件。被告不提供或者无正当理由逾期提供证据的，视为被诉具体行政行为没有相应的证据。

被告因不可抗力或者客观上不能控制的其他正当事由，不能在前款规定的期限内提供证据的，应当在收到起诉状副本之日起十日内向人民法院提出延期提供证据的书面申请。人民法院准许延期提供的，被告应当在正当事由消除后十日内提供证据。逾期提供的，视为被诉具体行政行为没有相应的证据。

第二条　原告或者第三人提出其在行政程序中没有提出的反驳理由或者证据的，经人民法院准许，被告可以在第一审程序中补充相应的证据。

第三条　根据行政诉讼法第三十三条的规定，在诉讼过程中，被告及其诉讼代理人不得自行向原告和证人收集证据。

第四条　公民、法人或者其他组织向人民法院起诉时，应当提供其符合起诉条件的相应的证据材料。

在起诉被告不作为的案件中，原告应当提供其在行政程序中曾经提出申请的证据材料。但有下列情形的除外：

（一）被告应当依职权主动履行法定职责的；

（二）原告因被告受理申请的登记制度不完备等正当事由不能提供相关证据材料并能够作出合理说明的。

被告认为原告起诉超过法定期限的，由被告承担举证责任。

第五条　在行政赔偿诉讼中，原告应当对被诉具体行政行为造成损害的事实提供证据。

第六条　原告可以提供证明被诉具体行政行为违法的证据。原告提供的证据不成立的，不免除被告对被诉具体行政行为合法性的举证责任。

第七条　原告或者第三人应当在开庭审理前或者人民法院指定的交换证据之日提

供证据。因正当事由申请延期提供证据的，经人民法院准许，可以在法庭调查中提供。逾期提供证据的，视为放弃举证权利。

原告或者第三人在第一审程序中无正当事由未提供而在第二审程序中提供的证据，人民法院不予接纳。

第八条 人民法院向当事人送达受理案件通知书或者应诉通知书时，应当告知其举证范围、举证期限和逾期提供证据的法律后果，并告知因正当事由不能按期提供证据时应当提出延期提供证据的申请。

第九条 根据行政诉讼法第三十四条第一款的规定，人民法院有权要求当事人提供或者补充证据。

对当事人无争议，但涉及国家利益、公共利益或者他人合法权益的事实，人民法院可以责令当事人提供或者补充有关证据。

二、提供证据的要求

第十条 根据行政诉讼法第三十一条第一款第（一）项的规定，当事人向人民法院提供书证的，应当符合下列要求：

（一）提供书证的原件，原本、正本和副本均属于书证的原件。提供原件确有困难的，可以提供与原件核对无误的复印件、照片、节录本；

（二）提供由有关部门保管的书证原件的复制件、影印件或者抄录件的，应当注明出处，经该部门核对无异后加盖其印章；

（三）提供报表、图纸、会计账册、专业技术资料、科技文献等书证的，应当附有说明材料；

（四）被告提供的被诉具体行政行为所依据的询问、陈述、谈话类笔录，应当有行政执法人员、被询问人、陈述人、谈话人签名或者盖章。

法律、法规、司法解释和规章对书证的制作形式另有规定的，从其规定。

第十一条 根据行政诉讼法第三十一条第一款第（二）项的规定，当事人向人民法院提供物证的，应当符合下列要求：

（一）提供原物。提供原物确有困难的，可以提供与原物核对无误的复制件或者证明该物证的照片、录像等其他证据；

（二）原物为数量较多的种类物的，提供其中的一部分。

第十二条 根据行政诉讼法第三十一条第一款第（三）项的规定，当事人向人民法院提供计算机数据或者录音、录像等视听资料的，应当符合下列要求：

（一）提供有关资料的原始载体。提供原始载体确有困难的，可以提供复制件；

（二）注明制作方法、制作时间、制作人和证明对象等；

（三）声音资料应当附有该声音内容的文字记录。

第十三条　根据行政诉讼法第三十一条第一款第（四）项的规定，当事人向人民法院提供证人证言的，应当符合下列要求：

（一）写明证人的姓名、年龄、性别、职业、住址等基本情况；

（二）有证人的签名，不能签名的，应当以盖章等方式证明；

（三）注明出具日期；

（四）附有居民身份证复印件等证明证人身份的文件。

第十四条　根据行政诉讼法第三十一条第一款第（六）项的规定，被告向人民法院提供的在行政程序中采用的鉴定结论，应当载明委托人和委托鉴定的事项、向鉴定部门提交的相关材料、鉴定的依据和使用的科学技术手段、鉴定部门和鉴定人鉴定资格的说明，并应有鉴定人的签名和鉴定部门的盖章。通过分析获得的鉴定结论，应当说明分析过程。

第十五条　根据行政诉讼法第三十一条第一款第（七）项的规定，被告向人民法院提供的现场笔录，应当载明时间、地点和事件等内容，并由执法人员和当事人签名。当事人拒绝签名或者不能签名的，应当注明原因。有其他人在现场的，可由其他人签名。法律、法规和规章对现场笔录的制作形式另有规定的，从其规定。

第十六条　当事人向人民法院提供的在中华人民共和国领域外形成的证据，应当说明来源，经所在国公证机关证明，并经中华人民共和国驻该国使领馆认证，或者履行中华人民共和国与证据所在国订立的有关条约中规定的证明手续。

当事人提供的在中华人民共和国香港特别行政区、澳门特别行政区和台湾地区内形成的证据，应当具有按照有关规定办理的证明手续。

第十七条　当事人向人民法院提供外文书证或者外国语视听资料的，应当附有由具有翻译资质的机构翻译的或者其他翻译准确的中文译本，由翻译机构盖章或者翻译人员签名。

第十八条　证据涉及国家秘密、商业秘密或者个人隐私的，提供人应当作出明确标注，并向法庭说明，法庭予以审查确认。

第十九条　当事人应当对其提交的证据材料分类编号，对证据材料的来源、证明对象和内容作简要说明，签名或者盖章，注明提交日期。

第二十条　人民法院收到当事人提交的证据材料，应当出具收据，注明证据的名称、份数、页数、件数、种类等以及收到的时间，由经办人员签名或者盖章。

第二十一条　对于案情比较复杂或者证据数量较多的案件，人民法院可以组织当事人在开庭前向对方出示或者交换证据，并将交换证据的情况记录在卷。

三、调取和保全证据

第二十二条　根据行政诉讼法第三十四条第二款的规定，有下列情形之一的，人民法院有权向有关行政机关以及其他组织、公民调取证据：

（一）涉及国家利益、公共利益或者他人合法权益的事实认定的；

（二）涉及依职权追加当事人、中止诉讼、终结诉讼、回避等程序性事项的。

第二十三条 原告或者第三人不能自行收集，但能够提供确切线索的，可以申请人民法院调取下列证据材料：

（一）由国家有关部门保存而须由人民法院调取的证据材料；

（二）涉及国家秘密、商业秘密、个人隐私的证据材料；

（三）确因客观原因不能自行收集的其他证据材料。

人民法院不得为证明被诉具体行政行为的合法性，调取被告在作出具体行政行为时未收集的证据。

第二十四条 当事人申请人民法院调取证据的，应当在举证期限内提交调取证据申请书。

调取证据申请书应当写明下列内容：

（一）证据持有人的姓名或者名称、住址等基本情况；

（二）拟调取证据的内容；

（三）申请调取证据的原因及其要证明的案件事实。

第二十五条 人民法院对当事人调取证据的申请，经审查符合调取证据条件的，应当及时决定调取；不符合调取证据条件的，应当向当事人或者其诉讼代理人送达通知书，说明不准许调取的理由。当事人及其诉讼代理人可以在收到通知书之日起三日内向受理申请的人民法院书面申请复议一次。

人民法院应当在收到复议申请之日起五日内作出答复。人民法院根据当事人申请，经调取未能取得相应证据的，应当告知申请人并说明原因。

第二十六条 人民法院需要调取的证据在异地的，可以书面委托证据所在地人民法院调取。受托人民法院应当在收到委托书后，按照委托要求及时完成调取证据工作，送交委托人民法院。受托人民法院不能完成委托内容的，应当告知委托的人民法院并说明原因。

第二十七条 当事人根据行政诉讼法第三十六条的规定向人民法院申请保全证据的，应当在举证期限届满前以书面形式提出，并说明证据的名称和地点、保全的内容和范围、申请保全的理由等事项。

当事人申请保全证据的，人民法院可以要求其提供相应的担保。

法律、司法解释规定诉前保全证据的，依照其规定办理。

第二十八条 人民法院依照行政诉讼法第三十六条规定保全证据的，可以根据具体情况，采取查封、扣押、拍照、录音、录像、复制、鉴定、勘验、制作询问笔录等保全措施。

人民法院保全证据时，可以要求当事人或者其诉讼代理人到场。

第二十九条　原告或者第三人有证据或者有正当理由表明被告据以认定案件事实的鉴定结论可能有错误，在举证期限内书面申请重新鉴定的，人民法院应予准许。

第三十条　当事人对人民法院委托的鉴定部门作出的鉴定结论有异议申请重新鉴定，提出证据证明存在下列情形之一的，人民法院应予准许：

（一）鉴定部门或者鉴定人不具有相应的鉴定资格的；

（二）鉴定程序严重违法的；

（三）鉴定结论明显依据不足的；

（四）经过质证不能作为证据使用的其他情形。

对有缺陷的鉴定结论，可以通过补充鉴定、重新质证或者补充质证等方式解决。

第三十一条　对需要鉴定的事项负有举证责任的当事人，在举证期限内无正当理由不提出鉴定申请、不预交鉴定费用或者拒不提供相关材料，致使对案件争议的事实无法通过鉴定结论予以认定的，应当对该事实承担举证不能的法律后果。

第三十二条　人民法院对委托或者指定的鉴定部门出具的鉴定书，应当审查是否具有下列内容：

（一）鉴定的内容；

（二）鉴定时提交的相关材料；

（三）鉴定的依据和使用的科学技术手段；

（四）鉴定的过程；

（五）明确的鉴定结论；

（六）鉴定部门和鉴定人鉴定资格的说明；

（七）鉴定人及鉴定部门签名盖章。

前款内容欠缺或者鉴定结论不明确的，人民法院可以要求鉴定部门予以说明、补充鉴定或者重新鉴定。

第三十三条　人民法院可以依当事人申请或者依职权勘验现场。

勘验现场时，勘验人必须出示人民法院的证件，并邀请当地基层组织或者当事人所在单位派人参加。当事人或其成年亲属应当到场，拒不到场的，不影响勘验的进行，但应当在勘验笔录中说明情况。

第三十四条　审判人员应当制作勘验笔录，记载勘验的时间、地点、勘验人、在场人、勘验的经过和结果，由勘验人、当事人、在场人签名。

勘验现场时绘制的现场图，应当注明绘制的时间、方位、绘制人姓名和身份等内容。

当事人对勘验结论有异议的，可以在举证期限内申请重新勘验，是否准许由人民法院决定。

四、证据的对质辨认和核实

第三十五条　证据应当在法庭上出示,并经庭审质证。未经庭审质证的证据,不能作为定案的依据。

当事人在庭前证据交换过程中没有争议并记录在卷的证据,经审判人员在庭审中说明后,可以作为认定案件事实的依据。

第三十六条　经合法传唤,因被告无正当理由拒不到庭而需要依法缺席判决的,被告提供的证据不能作为定案的依据,但当事人在庭前交换证据中没有争议的证据除外。

第三十七条　涉及国家秘密、商业秘密和个人隐私或者法律规定的其他应当保密的证据,不得在开庭时公开质证。

第三十八条　当事人申请人民法院调取的证据,由申请调取证据的当事人在庭审中出示,并由当事人质证。

人民法院依职权调取的证据,由法庭出示,并可就调取该证据的情况进行说明,听取当事人意见。

第三十九条　当事人应当围绕证据的关联性、合法性和真实性,针对证据有无证明效力以及证明效力大小,进行质证。

经法庭准许,当事人及其代理人可以就证据问题相互发问,也可以向证人、鉴定人或者勘验人发问。

当事人及其代理人相互发问,或者向证人、鉴定人、勘验人发问时,发问的内容应当与案件事实有关联,不得采用引诱、威胁、侮辱等语言或者方式。

第四十条　对书证、物证和视听资料进行质证时,当事人应当出示证据的原件或者原物。但有下列情况之一的除外:

(一) 出示原件或者原物确有困难并经法庭准许可以出示复制件或者复制品;

(二) 原件或者原物已不存在,可以出示证明复制件、复制品与原件、原物一致的其他证据。

视听资料应当当庭播放或者显示,并由当事人进行质证。

第四十一条　凡是知道案件事实的人,都有出庭作证的义务。有下列情形之一的,经人民法院准许,当事人可以提交书面证言:

(一) 当事人在行政程序或者庭前证据交换中对证人证言无异议的;

(二) 证人因年迈体弱或者行动不便无法出庭的;

(三) 证人因路途遥远、交通不便无法出庭的;

(四) 证人因自然灾害等不可抗力或者其他意外事件无法出庭的;

(五) 证人因其他特殊原因确实无法出庭的。

第四十二条　不能正确表达意志的人不能作证。

根据当事人申请，人民法院可以就证人能否正确表达意志进行审查或者交由有关部门鉴定。必要时，人民法院也可以依职权交由有关部门鉴定。

第四十三条　当事人申请证人出庭作证的，应当在举证期限届满前提出，并经人民法院许可。人民法院准许证人出庭作证的，应当在开庭审理前通知证人出庭作证。

当事人在庭审过程中要求证人出庭作证的，法庭可以根据审理案件的具体情况，决定是否准许以及是否延期审理。

第四十四条　有下列情形之一，原告或者第三人可以要求相关行政执法人员作为证人出庭作证：

（一）对现场笔录的合法性或者真实性有异议的；

（二）对扣押财产的品种或者数量有异议的；

（三）对检验的物品取样或者保管有异议的；

（四）对行政执法人员的身份的合法性有异议的；

（五）需要出庭作证的其他情形。

第四十五条　证人出庭作证时，应当出示证明其身份的证件。法庭应当告知其诚实作证的法律义务和作伪证的法律责任。

出庭作证的证人不得旁听案件的审理。法庭询问证人时，其他证人不得在场，但组织证人对质的除外。

第四十六条　证人应当陈述其亲历的具体事实。证人根据其经历所作的判断、推测或者评论，不能作为定案的依据。

第四十七条　当事人要求鉴定人出庭接受询问的，鉴定人应当出庭。鉴定人因正当事由不能出庭的，经法庭准许，可以不出庭，由当事人对其书面鉴定结论进行质证。

鉴定人不能出庭的正当事由，参照本规定第四十一条的规定。

对于出庭接受询问的鉴定人，法庭应当核实其身份、与当事人及案件的关系，并告知鉴定人如实说明鉴定情况的法律义务和故意作虚假说明的法律责任。

第四十八条　对被诉具体行政行为涉及的专门性问题，当事人可以向法庭申请由专业人员出庭进行说明，法庭也可以通知专业人员出庭说明。必要时，法庭可以组织专业人员进行对质。

当事人对出庭的专业人员是否具备相应专业知识、学历、资历等专业资格等有异议的，可以进行询问。由法庭决定其是否可以作为专业人员出庭。

专业人员可以对鉴定人进行询问。

第四十九条　法庭在质证过程中，对与案件没有关联的证据材料，应予排除并说明理由。

法庭在质证过程中，准许当事人补充证据的，对补充的证据仍应进行质证。

法庭对经过庭审质证的证据，除确有必要外，一般不再进行质证。

第五十条　在第二审程序中，对当事人依法提供的新的证据，法庭应当进行质证；当事人对第一审认定的证据仍有争议的，法庭也应当进行质证。

第五十一条　按照审判监督程序审理的案件，对当事人依法提供的新的证据，法庭应当进行质证；因原判决、裁定认定事实的证据不足而提起再审所涉及的主要证据，法庭也应当进行质证。

第五十二条　本规定第五十条和第五十一条中的"新的证据"是指以下证据：

（一）在一审程序中应当准予延期提供而未获准许的证据；

（二）当事人在一审程序中依法申请调取而未获准许或者未取得，人民法院在第二审程序中调取的证据；

（三）原告或者第三人提供的在举证期限届满后发现的证据。

五、证据的审核认定

第五十三条　人民法院裁判行政案件，应当以证据证明的案件事实为依据。

第五十四条　法庭应当对经过庭审质证的证据和无需质证的证据进行逐一审查和对全部证据综合审查，遵循法官职业道德，运用逻辑推理和生活经验，进行全面、客观和公正地分析判断，确定证据材料与案件事实之间的证明关系，排除不具有关联性的证据材料，准确认定案件事实。

第五十五条　法庭应当根据案件的具体情况，从以下方面审查证据的合法性：

（一）证据是否符合法定形式；

（二）证据的取得是否符合法律、法规、司法解释和规章的要求；

（三）是否有影响证据效力的其他违法情形。

第五十六条　法庭应当根据案件的具体情况，从以下方面审查证据的真实性：

（一）证据形成的原因；

（二）发现证据时的客观环境；

（三）证据是否为原件、原物，复制件、复制品与原件、原物是否相符；

（四）提供证据的人或者证人与当事人是否具有利害关系；

（五）影响证据真实性的其他因素。

第五十七条　下列证据材料不能作为定案依据：

（一）严重违反法定程序收集的证据材料；

（二）以偷拍、偷录、窃听等手段获取侵害他人合法权益的证据材料；

（三）以利诱、欺诈、胁迫、暴力等不正当手段获取的证据材料；

（四）当事人无正当事由超出举证期限提供的证据材料；

（五）在中华人民共和国领域以外或者在中华人民共和国香港特别行政区、澳门特别行政区和台湾地区形成的未办理法定证明手续的证据材料；

（六）当事人无正当理由拒不提供原件、原物，又无其他证据印证，且对方当事人不予认可的证据的复制件或者复制品；

（七）被当事人或者他人进行技术处理而无法辨明真伪的证据材料；

（八）不能正确表达意志的证人提供的证言；

（九）不具备合法性和真实性的其他证据材料。

第五十八条　以违反法律禁止性规定或者侵犯他人合法权益的方法取得的证据，不能作为认定案件事实的依据。

第五十九条　被告在行政程序中依照法定程序要求原告提供证据，原告依法应当提供而拒不提供，在诉讼程序中提供的证据，人民法院一般不予采纳。

第六十条　下列证据不能作为认定被诉具体行政行为合法的依据：

（一）被告及其诉讼代理人在作出具体行政行为后或者在诉讼程序中自行收集的证据；

（二）被告在行政程序中非法剥夺公民、法人或者其他组织依法享有的陈述、申辩或者听证权利所采用的证据；

（三）原告或者第三人在诉讼程序中提供的、被告在行政程序中未作为具体行政行为依据的证据。

第六十一条　复议机关在复议程序中收集和补充的证据，或者作出原具体行政行为的行政机关在复议程序中未向复议机关提交的证据，不能作为人民法院认定原具体行政行为合法的依据。

第六十二条　对被告在行政程序中采纳的鉴定结论，原告或者第三人提出证据证明有下列情形之一的，人民法院不予采纳：

（一）鉴定人不具备鉴定资格；

（二）鉴定程序严重违法；

（三）鉴定结论错误、不明确或者内容不完整。

第六十三条　证明同一事实的数个证据，其证明效力一般可以按照下列情形分别认定：

（一）国家机关以及其他职能部门依职权制作的公文文书优于其他书证；

（二）鉴定结论、现场笔录、勘验笔录、档案材料以及经过公证或者登记的书证优于其他书证、视听资料和证人证言；

（三）原件、原物优于复制件、复制品；

（四）法定鉴定部门的鉴定结论优于其他鉴定部门的鉴定结论；

（五）法庭主持勘验所制作的勘验笔录优于其他部门主持勘验所制作的勘验笔录；

（六）原始证据优于传来证据；

（七）其他证人证言优于与当事人有亲属关系或者其他密切关系的证人提供的对该当事人有利的证言；

（八）出庭作证的证人证言优于未出庭作证的证人证言；

（九）数个种类不同、内容一致的证据优于一个孤立的证据。

第六十四条 以有形载体固定或者显示的电子数据交换、电子邮件以及其他数据资料，其制作情况和真实性经对方当事人确认，或者以公证等其他有效方式予以证明的，与原件具有同等的证明效力。

第六十五条 在庭审中一方当事人或者其代理人在代理权限范围内对另一方当事人陈述的案件事实明确表示认可的，人民法院可以对该事实予以认定。但有相反证据足以推翻的除外。

第六十六条 在行政赔偿诉讼中，人民法院主持调解时当事人为达成调解协议而对案件事实的认可，不得在其后的诉讼中作为对其不利的证据。

第六十七条 在不受外力影响的情况下，一方当事人提供的证据，对方当事人明确表示认可的，可以认定该证据的证明效力；对方当事人予以否认，但不能提供充分的证据进行反驳的，可以综合全案情况审查认定该证据的证明效力。

第六十八条 下列事实法庭可以直接认定：

（一）众所周知的事实；

（二）自然规律及定理；

（三）按照法律规定推定的事实；

（四）已经依法证明的事实；

（五）根据日常生活经验法则推定的事实。

前款（一）、（三）、（四）、（五）项，当事人有相反证据足以推翻的除外。

第六十九条 原告确有证据证明被告持有的证据对原告有利，被告无正当事由拒不提供的，可以推定原告的主张成立。

第七十条 生效的人民法院裁判文书或者仲裁机构裁决文书确认的事实，可以作为定案依据。但是如果发现裁判文书或者裁决文书认定的事实有重大问题的，应当中止诉讼，通过法定程序予以纠正后恢复诉讼。

第七十一条 下列证据不能单独作为定案依据：

（一）未成年人所作的与其年龄和智力状况不相适应的证言；

（二）与一方当事人有亲属关系或者其他密切关系的证人所作的对该当事人有利的证言，或者与一方当事人有不利关系的证人所作的对该当事人不利的证言；

（三）应当出庭作证而无正当理由不出庭作证的证人证言；

（四）难以识别是否经过修改的视听资料；

（五）无法与原件、原物核对的复制件或者复制品；

（六）经一方当事人或者他人改动，对方当事人不予认可的证据材料；

（七）其他不能单独作为定案依据的证据材料。

第七十二条　庭审中经过质证的证据，能够当庭认定的，应当当庭认定；不能当庭认定的，应当在合议庭合议时认定。

人民法院应当在裁判文书中阐明证据是否采纳的理由。

第七十三条　法庭发现当庭认定的证据有误，可以按照下列方式纠正：

（一）庭审结束前发现错误的，应当重新进行认定；

（二）庭审结束后宣判前发现错误的，在裁判文书中予以更正并说明理由，也可以再次开庭予以认定；

（三）有新的证据材料可能推翻已认定的证据的，应当再次开庭予以认定。

六、附则

第七十四条　证人、鉴定人及其近亲属的人身和财产安全受法律保护。

人民法院应当对证人、鉴定人的住址和联系方式予以保密。

第七十五条　证人、鉴定人因出庭作证或者接受询问而支出的合理费用，由提供证人、鉴定人的一方当事人先行支付，由败诉一方当事人承担。

第七十六条　证人、鉴定人作伪证的，依照行政诉讼法第四十九条第一款第（二）项的规定追究其法律责任。

第七十七条　诉讼参与人或者其他人有对审判人员或者证人、鉴定人、勘验人及其近亲属实施威胁、侮辱、殴打、骚扰或者打击报复等妨碍行政诉讼行为的，依照行政诉讼法第四十九条第一款第（三）项、第（五）项或者第（六）项的规定追究其法律责任。

第七十八条　对应当协助调取证据的单位和个人，无正当理由拒不履行协助义务的，依照行政诉讼法第四十九条第一款第（五）项的规定追究其法律责任。

第七十九条　本院以前有关行政诉讼的司法解释与本规定不一致的，以本规定为准。

第八十条　本规定自2002年10月1日起施行。2002年10月1日尚未审结的一审、二审和再审行政案件不适用本规定。

本规定施行前已经审结的行政案件，当事人以违反本规定为由申请再审的，人民法院不予支持。

本规定施行后按照审判监督程序决定再审的行政案件，适用本规定。

附件十：《中华人民共和国行政强制法》中华人民共和国主席令第四十九号

中华人民共和国主席令

第四十九号

《中华人民共和国行政强制法》已由中华人民共和国第十一届全国人民代表大会常务委员会第二十一次会议于2011年6月30日通过，现予公布，自2012年1月1日起施行。

中华人民共和国主席　胡锦涛
2011年6月30日

中华人民共和国行政强制法

（2011年6月30日第十一届全国人民代表大会常务委员会第二十一次会议通过）

目录

第一章　总则
第二章　行政强制的种类和设定
第三章　行政强制措施实施程序
　第一节　一般规定
　第二节　查封、扣押
　第三节　冻结
第四章　行政机关强制执行程序
　第一节　一般规定
　第二节　金钱给付义务的执行
　第三节　代履行
第五章　申请人民法院强制执行
第六章　法律责任
第七章　附则

第一章　总则

第一条　为了规范行政强制的设定和实施，保障和监督行政机关依法履行职责，维护公共利益和社会秩序，保护公民、法人和其他组织的合法权益，根据宪法，制定本法。

第二条　本法所称行政强制，包括行政强制措施和行政强制执行。

行政强制措施，是指行政机关在行政管理过程中，为制止违法行为、防止证据损毁、避免危害发生、控制危险扩大等情形，依法对公民的人身自由实施暂时性限制，或者对公民、法人或者其他组织的财物实施暂时性控制的行为。

行政强制执行，是指行政机关或者行政机关申请人民法院，对不履行行政决定的公民、法人或者其他组织，依法强制履行义务的行为。

第三条　行政强制的设定和实施，适用本法。

发生或者即将发生自然灾害、事故灾难、公共卫生事件或者社会安全事件等突发事件，行政机关采取应急措施或者临时措施，依照有关法律、行政法规的规定执行。

行政机关采取金融业审慎监管措施、进出境货物强制性技术监控措施，依照有关法律、行政法规的规定执行。

第四条　行政强制的设定和实施，应当依照法定的权限、范围、条件和程序。

第五条　行政强制的设定和实施，应当适当。采用非强制手段可以达到行政管理目的的，不得设定和实施行政强制。

第六条　实施行政强制，应当坚持教育与强制相结合。

第七条　行政机关及其工作人员不得利用行政强制权为单位或者个人谋取利益。

第八条　公民、法人或者其他组织对行政机关实施行政强制，享有陈述权、申辩权；有权依法申请行政复议或者提起行政诉讼；因行政机关违法实施行政强制受到损害的，有权依法要求赔偿。

公民、法人或者其他组织因人民法院在强制执行中有违法行为或者扩大强制执行范围受到损害的，有权依法要求赔偿。

第二章　行政强制的种类和设定

第九条　行政强制措施的种类：

（一）限制公民人身自由；

（二）查封场所、设施或者财物；

（三）扣押财物；

（四）冻结存款、汇款；

（五）其他行政强制措施。

第十条　行政强制措施由法律设定。

尚未制定法律，且属于国务院行政管理职权事项的，行政法规可以设定除本法第九条第一项、第四项和应当由法律规定的行政强制措施以外的其他行政强制措施。

尚未制定法律、行政法规，且属于地方性事务的，地方性法规可以设定本法第九条第二项、第三项的行政强制措施。

法律、法规以外的其他规范性文件不得设定行政强制措施。

第十一条　法律对行政强制措施的对象、条件、种类作了规定的，行政法规、地方性法规不得作出扩大规定。

法律中未设定行政强制措施的，行政法规、地方性法规不得设定行政强制措施。但是，法律规定特定事项由行政法规规定具体管理措施的，行政法规可以设定除本法第九条第一项、第四项和应当由法律规定的行政强制措施以外的其他行政强制措施。

第十二条　行政强制执行的方式：

（一）加处罚款或者滞纳金；

（二）划拨存款、汇款；

（三）拍卖或者依法处理查封、扣押的场所、设施或者财物；

（四）排除妨碍、恢复原状；

（五）代履行；

（六）其他强制执行方式。

第十三条　行政强制执行由法律设定。

法律没有规定行政机关强制执行的，作出行政决定的行政机关应当申请人民法院强制执行。

第十四条　起草法律草案、法规草案，拟设定行政强制的，起草单位应当采取听证会、论证会等形式听取意见，并向制定机关说明设定该行政强制的必要性、可能产生的影响以及听取和采纳意见的情况。

第十五条　行政强制的设定机关应当定期对其设定的行政强制进行评价，并对不适当的行政强制及时予以修改或者废止。

行政强制的实施机关可以对已设定的行政强制的实施情况及存在的必要性适时进行评价，并将意见报告该行政强制的设定机关。

公民、法人或者其他组织可以向行政强制的设定机关和实施机关就行政强制的设定和实施提出意见和建议。有关机关应当认真研究论证，并以适当方式予以反馈。

第三章　行政强制措施实施程序

第一节　一般规定

第十六条　行政机关履行行政管理职责，依照法律、法规的规定，实施行政强制措施。

违法行为情节显著轻微或者没有明显社会危害的，可以不采取行政强制措施。

第十七条　行政强制措施由法律、法规规定的行政机关在法定职权范围内实施。行政强制措施权不得委托。

依据《中华人民共和国行政处罚法》的规定行使相对集中行政处罚权的行政机

关，可以实施法律、法规规定的与行政处罚权有关的行政强制措施。

行政强制措施应当由行政机关具备资格的行政执法人员实施，其他人员不得实施。

第十八条　行政机关实施行政强制措施应当遵守下列规定：

（一）实施前须向行政机关负责人报告并经批准；

（二）由两名以上行政执法人员实施；

（三）出示执法身份证件；

（四）通知当事人到场；

（五）当场告知当事人采取行政强制措施的理由、依据以及当事人依法享有的权利、救济途径；

（六）听取当事人的陈述和申辩；

（七）制作现场笔录；

（八）现场笔录由当事人和行政执法人员签名或者盖章，当事人拒绝的，在笔录中予以注明；

（九）当事人不到场的，邀请见证人到场，由见证人和行政执法人员在现场笔录上签名或者盖章；

（十）法律、法规规定的其他程序。

第十九条　情况紧急，需要当场实施行政强制措施的，行政执法人员应当在二十四小时内向行政机关负责人报告，并补办批准手续。行政机关负责人认为不应当采取行政强制措施的，应当立即解除。

第二十条　依照法律规定实施限制公民人身自由的行政强制措施，除应当履行本法第十八条规定的程序外，还应当遵守下列规定：

（一）当场告知或者实施行政强制措施后立即通知当事人家属实施行政强制措施的行政机关、地点和期限；

（二）在紧急情况下当场实施行政强制措施的，在返回行政机关后，立即向行政机关负责人报告并补办批准手续；

（三）法律规定的其他程序。

实施限制人身自由的行政强制措施不得超过法定期限。实施行政强制措施的目的已经达到或者条件已经消失，应当立即解除。

第二十一条　违法行为涉嫌犯罪应当移送司法机关的，行政机关应当将查封、扣押、冻结的财物一并移送，并书面告知当事人。

第二节　查封、扣押

第二十二条　查封、扣押应当由法律、法规规定的行政机关实施，其他任何行政机关或者组织不得实施。

第二十三条　查封、扣押限于涉案的场所、设施或者财物，不得查封、扣押与违法行为无关的场所、设施或者财物；不得查封、扣押公民个人及其所扶养家属的生活必需品。

当事人的场所、设施或者财物已被其他国家机关依法查封的，不得重复查封。

第二十四条　行政机关决定实施查封、扣押的，应当履行本法第十八条规定的程序，制作并当场交付查封、扣押决定书和清单。

查封、扣押决定书应当载明下列事项：

（一）当事人的姓名或者名称、地址；

（二）查封、扣押的理由、依据和期限；

（三）查封、扣押场所、设施或者财物的名称、数量等；

（四）申请行政复议或者提起行政诉讼的途径和期限；

（五）行政机关的名称、印章和日期。

查封、扣押清单一式二份，由当事人和行政机关分别保存。

第二十五条　查封、扣押的期限不得超过三十日；情况复杂的，经行政机关负责人批准，可以延长，但是延长期限不得超过三十日。法律、行政法规另有规定的除外。

延长查封、扣押的决定应当及时书面告知当事人，并说明理由。

对物品需要进行检测、检验、检疫或者技术鉴定的，查封、扣押的期间不包括检测、检验、检疫或者技术鉴定的期间。检测、检验、检疫或者技术鉴定的期间应当明确，并书面告知当事人。检测、检验、检疫或者技术鉴定的费用由行政机关承担。

第二十六条　对查封、扣押的场所、设施或者财物，行政机关应当妥善保管，不得使用或者损毁；造成损失的，应当承担赔偿责任。

对查封的场所、设施或者财物，行政机关可以委托第三人保管，第三人不得损毁或者擅自转移、处置。因第三人的原因造成的损失，行政机关先行赔付后，有权向第三人追偿。

因查封、扣押发生的保管费用由行政机关承担。

第二十七条　行政机关采取查封、扣押措施后，应当及时查清事实，在本法第二十五条规定的期限内作出处理决定。对违法事实清楚，依法应当没收的非法财物予以没收；法律、行政法规规定应当销毁的，依法销毁；应当解除查封、扣押的，作出解除查封、扣押的决定。

第二十八条　有下列情形之一的，行政机关应当及时作出解除查封、扣押决定：

（一）当事人没有违法行为；

（二）查封、扣押的场所、设施或者财物与违法行为无关；

（三）行政机关对违法行为已经作出处理决定，不再需要查封、扣押；

（四）查封、扣押期限已经届满；

（五）其他不再需要采取查封、扣押措施的情形。

解除查封、扣押应当立即退还财物;已将鲜活物品或者其他不易保管的财物拍卖或者变卖的,退还拍卖或者变卖所得款项。变卖价格明显低于市场价格,给当事人造成损失的,应当给予补偿。

第三节 冻结

第二十九条 冻结存款、汇款应当由法律规定的行政机关实施,不得委托给其他行政机关或者组织;其他任何行政机关或者组织不得冻结存款、汇款。

冻结存款、汇款的数额应当与违法行为涉及的金额相当;已被其他国家机关依法冻结的,不得重复冻结。

第三十条 行政机关依照法律规定决定实施冻结存款、汇款的,应当履行本法第十八条第一项、第二项、第三项、第七项规定的程序,并向金融机构交付冻结通知书。

金融机构接到行政机关依法作出的冻结通知书后,应当立即予以冻结,不得拖延,不得在冻结前向当事人泄露信息。

法律规定以外的行政机关或者组织要求冻结当事人存款、汇款的,金融机构应当拒绝。

第三十一条 依照法律规定冻结存款、汇款的,作出决定的行政机关应当在三日内向当事人交付冻结决定书。冻结决定书应当载明下列事项:

(一)当事人的姓名或者名称、地址;
(二)冻结的理由、依据和期限;
(三)冻结的账号和数额;
(四)申请行政复议或者提起行政诉讼的途径和期限;
(五)行政机关的名称、印章和日期。

第三十二条 自冻结存款、汇款之日起三十日内,行政机关应当作出处理决定或者作出解除冻结决定;情况复杂的,经行政机关负责人批准,可以延长,但是延长期限不得超过三十日。法律另有规定的除外。

延长冻结的决定应当及时书面告知当事人,并说明理由。

第三十三条 有下列情形之一的,行政机关应当及时作出解除冻结决定:

(一)当事人没有违法行为;
(二)冻结的存款、汇款与违法行为无关;
(三)行政机关对违法行为已经作出处理决定,不再需要冻结;
(四)冻结期限已经届满;
(五)其他不再需要采取冻结措施的情形。

行政机关作出解除冻结决定的,应当及时通知金融机构和当事人。金融机构接到通知后,应当立即解除冻结。

行政机关逾期未作出处理决定或者解除冻结决定的,金融机构应当自冻结期满之日起解除冻结。

第四章　行政机关强制执行程序

第一节　一般规定

第三十四条　行政机关依法作出行政决定后，当事人在行政机关决定的期限内不履行义务的，具有行政强制执行权的行政机关依照本章规定强制执行。

第三十五条　行政机关作出强制执行决定前，应当事先催告当事人履行义务。催告应当以书面形式作出，并载明下列事项：

（一）履行义务的期限；

（二）履行义务的方式；

（三）涉及金钱给付的，应当有明确的金额和给付方式；

（四）当事人依法享有的陈述权和申辩权。

第三十六条　当事人收到催告书后有权进行陈述和申辩。行政机关应当充分听取当事人的意见，对当事人提出的事实、理由和证据，应当进行记录、复核。当事人提出的事实、理由或者证据成立的，行政机关应当采纳。

第三十七条　经催告，当事人逾期仍不履行行政决定，且无正当理由的，行政机关可以作出强制执行决定。

强制执行决定应当以书面形式作出，并载明下列事项：

（一）当事人的姓名或者名称、地址；

（二）强制执行的理由和依据；

（三）强制执行的方式和时间；

（四）申请行政复议或者提起行政诉讼的途径和期限；

（五）行政机关的名称、印章和日期。

在催告期间，对有证据证明有转移或者隐匿财物迹象的，行政机关可以作出立即强制执行决定。

第三十八条　催告书、行政强制执行决定书应当直接送达当事人。当事人拒绝接收或者无法直接送达当事人的，应当依照《中华人民共和国民事诉讼法》的有关规定送达。

第三十九条　有下列情形之一的，中止执行：

（一）当事人履行行政决定确有困难或者暂无履行能力的；

（二）第三人对执行标的主张权利，确有理由的；

（三）执行可能造成难以弥补的损失，且中止执行不损害公共利益的；

（四）行政机关认为需要中止执行的其他情形。

中止执行的情形消失后，行政机关应当恢复执行。对没有明显社会危害，当事人确无能力履行，中止执行满三年未恢复执行的，行政机关不再执行。

第四十条　有下列情形之一的，终结执行：

（一）公民死亡，无遗产可供执行，又无义务承受人的；

（二）法人或者其他组织终止，无财产可供执行，又无义务承受人的；

（三）执行标的灭失的；

（四）据以执行的行政决定被撤销的；

（五）行政机关认为需要终结执行的其他情形。

第四十一条　在执行中或者执行完毕后，据以执行的行政决定被撤销、变更，或者执行错误的，应当恢复原状或者退还财物；不能恢复原状或者退还财物的，依法给予赔偿。

第四十二条　实施行政强制执行，行政机关可以在不损害公共利益和他人合法权益的情况下，与当事人达成执行协议。执行协议可以约定分阶段履行；当事人采取补救措施的，可以减免加处的罚款或者滞纳金。

执行协议应当履行。当事人不履行执行协议的，行政机关应当恢复强制执行。

第四十三条　行政机关不得在夜间或者法定节假日实施行政强制执行。但是，情况紧急的除外。

行政机关不得对居民生活采取停止供水、供电、供热、供燃气等方式迫使当事人履行相关行政决定。

第四十四条　对违法的建筑物、构筑物、设施等需要强制拆除的，应当由行政机关予以公告，限期当事人自行拆除。当事人在法定期限内不申请行政复议或者提起行政诉讼，又不拆除的，行政机关可以依法强制拆除。

第二节　金钱给付义务的执行

第四十五条　行政机关依法作出金钱给付义务的行政决定，当事人逾期不履行的，行政机关可以依法加处罚款或者滞纳金。加处罚款或者滞纳金的标准应当告知当事人。

加处罚款或者滞纳金的数额不得超出金钱给付义务的数额。

第四十六条　行政机关依照本法第四十五条规定实施加处罚款或者滞纳金超过三十日，经催告当事人仍不履行的，具有行政强制执行权的行政机关可以强制执行。

行政机关实施强制执行前，需要采取查封、扣押、冻结措施的，依照本法第三章规定办理。

没有行政强制执行权的行政机关应当申请人民法院强制执行。但是，当事人在法定期限内不申请行政复议或者提起行政诉讼，经催告仍不履行的，在实施行政管理过程中已经采取查封、扣押措施的行政机关，可以将查封、扣押的财物依法拍卖抵缴罚款。

第四十七条　划拨存款、汇款应当由法律规定的行政机关决定，并书面通知金融机构。金融机构接到行政机关依法作出划拨存款、汇款的决定后,应当立即划拨。

法律规定以外的行政机关或者组织要求划拨当事人存款、汇款的,金融机构应当拒绝。

第四十八条 依法拍卖财物,由行政机关委托拍卖机构依照《中华人民共和国拍卖法》的规定办理。

第四十九条 划拨的存款、汇款以及拍卖和依法处理所得的款项应当上缴国库或者划入财政专户。任何行政机关或者个人不得以任何形式截留、私分或者变相私分。

第三节 代履行

第五十条 行政机关依法作出要求当事人履行排除妨碍、恢复原状等义务的行政决定,当事人逾期不履行,经催告仍不履行,其后果已经或者将危害交通安全、造成环境污染或者破坏自然资源的,行政机关可以代履行,或者委托没有利害关系的第三人代履行。

第五十一条 代履行应当遵守下列规定:

(一)代履行前送达决定书,代履行决定书应当载明当事人的姓名或者名称、地址,代履行的理由和依据、方式和时间、标的、费用预算以及代履行人;

(二)代履行三日前,催告当事人履行,当事人履行的,停止代履行;

(三)代履行时,作出决定的行政机关应当派员到场监督;

(四)代履行完毕,行政机关到场监督的工作人员、代履行人和当事人或者见证人应当在执行文书上签名或者盖章。

代履行的费用按照成本合理确定,由当事人承担。但是,法律另有规定的除外。

代履行不得采用暴力、胁迫以及其他非法方式。

第五十二条 需要立即清除道路、河道、航道或者公共场所的遗洒物、障碍物或者污染物,当事人不能清除的,行政机关可以决定立即实施代履行;当事人不在场的,行政机关应当在事后立即通知当事人,并依法作出处理。

第五章 申请人民法院强制执行

第五十三条 当事人在法定期限内不申请行政复议或者提起行政诉讼,又不履行行政决定的,没有行政强制执行权的行政机关可以自期限届满之日起三个月内,依照本章规定申请人民法院强制执行。

第五十四条 行政机关申请人民法院强制执行前,应当催告当事人履行义务。催告书送达十日后当事人仍未履行义务的,行政机关可以向所在地有管辖权的人民法院申请强制执行;执行对象是不动产的,向不动产所在地有管辖权的人民法院申请强制执行。

第五十五条 行政机关向人民法院申请强制执行,应当提供下列材料:

（一）强制执行申请书；
（二）行政决定书及作出决定的事实、理由和依据；
（三）当事人的意见及行政机关催告情况；
（四）申请强制执行标的情况；
（五）法律、行政法规规定的其他材料。

强制执行申请书应当由行政机关负责人签名，加盖行政机关的印章，并注明日期。

第五十六条　人民法院接到行政机关强制执行的申请，应当在五日内受理。

行政机关对人民法院不予受理的裁定有异议的，可以在十五日内向上一级人民法院申请复议，上一级人民法院应当自收到复议申请之日起十五日内作出是否受理的裁定。

第五十七条　人民法院对行政机关强制执行的申请进行书面审查，对符合本法第五十五条规定，且行政决定具备法定执行效力的，除本法第五十八条规定的情形外，人民法院应当自受理之日起七日内作出执行裁定。

第五十八条　人民法院发现有下列情形之一的，在作出裁定前可以听取被执行人和行政机关的意见：

（一）明显缺乏事实根据的；
（二）明显缺乏法律、法规依据的；
（三）其他明显违法并损害被执行人合法权益的。

人民法院应当自受理之日起三十日内作出是否执行的裁定。裁定不予执行的，应当说明理由，并在五日内将不予执行的裁定送达行政机关。

行政机关对人民法院不予执行的裁定有异议的，可以自收到裁定之日起十五日内向上一级人民法院申请复议，上一级人民法院应当自收到复议申请之日起三十日内作出是否执行的裁定。

第五十九条　因情况紧急，为保障公共安全，行政机关可以申请人民法院立即执行。经人民法院院长批准，人民法院应当自作出执行裁定之日起五日内执行。

第六十条　行政机关申请人民法院强制执行，不缴纳申请费。强制执行的费用由被执行人承担。

人民法院以划拨、拍卖方式强制执行的，可以在划拨、拍卖后将强制执行的费用扣除。

依法拍卖财物，由人民法院委托拍卖机构依照《中华人民共和国拍卖法》的规定办理。

划拨的存款、汇款以及拍卖和依法处理所得的款项应当上缴国库或者划入财政专户，不得以任何形式截留、私分或者变相私分。

第六章　法律责任

第六十一条　行政机关实施行政强制，有下列情形之一的，由上级行政机关或者有关部门责令改正，对直接负责的主管人员和其他直接责任人员依法给予处分：

（一）没有法律、法规依据的；

（二）改变行政强制对象、条件、方式的；

（三）违反法定程序实施行政强制的；

（四）违反本法规定，在夜间或者法定节假日实施行政强制执行的；

（五）对居民生活采取停止供水、供电、供热、供燃气等方式迫使当事人履行相关行政决定的；

（六）有其他违法实施行政强制情形的。

第六十二条　违反本法规定，行政机关有下列情形之一的，由上级行政机关或者有关部门责令改正，对直接负责的主管人员和其他直接责任人员依法给予处分：

（一）扩大查封、扣押、冻结范围的；

（二）使用或者损毁查封、扣押场所、设施或者财物的；

（三）在查封、扣押法定期间不作出处理决定或者未依法及时解除查封、扣押的；

（四）在冻结存款、汇款法定期间不作出处理决定或者未依法及时解除冻结的。

第六十三条　行政机关将查封、扣押的财物或者划拨的存款、汇款以及拍卖和依法处理所得的款项，截留、私分或者变相私分的，由财政部门或者有关部门予以追缴；对直接负责的主管人员和其他直接责任人员依法给予记大过、降级、撤职或者开除的处分。

行政机关工作人员利用职务上的便利，将查封、扣押的场所、设施或者财物据为己有的，由上级行政机关或者有关部门责令改正，依法给予记大过、降级、撤职或者开除的处分。

第六十四条　行政机关及其工作人员利用行政强制权为单位或者个人谋取利益的，由上级行政机关或者有关部门责令改正，对直接负责的主管人员和其他直接责任人员依法给予处分。

第六十五条　违反本法规定，金融机构有下列行为之一的，由金融业监督管理机构责令改正，对直接负责的主管人员和其他直接责任人员依法给予处分：

（一）在冻结前向当事人泄露信息的；

（二）对应当立即冻结、划拨的存款、汇款不冻结或者不划拨，致使存款、汇款转移的；

（三）将不应当冻结、划拨的存款、汇款予以冻结或者划拨的；

（四）未及时解除冻结存款、汇款的。

第六十六条　违反本法规定，金融机构将款项划入国库或者财政专户以外的其他账户的，由金融业监督管理机构责令改正，并处以违法划拨款项二倍的罚款；对直接负责的主管人员和其他直接责任人员依法给予处分。

违反本法规定，行政机关、人民法院指令金融机构将款项划入国库或者财政专户以外的其他账户的，对直接负责的主管人员和其他直接责任人员依法给予处分。

第六十七条　人民法院及其工作人员在强制执行中有违法行为或者扩大强制执行范围的，对直接负责的主管人员和其他直接责任人员依法给予处分。

第六十八条　违反本法规定，给公民、法人或者其他组织造成损失的，依法给予赔偿。

违反本法规定，构成犯罪的，依法追究刑事责任。

第七章　附则

第六十九条　本法中十日以内期限的规定是指工作日，不含法定节假日。

第七十条　法律、行政法规授权的具有管理公共事务职能的组织在法定授权范围内，以自己的名义实施行政强制，适用本法有关行政机关的规定。

第七十一条　本法自2012年1月1日起施行。

税收法律救济

附件十一：一般税务执行工作流程图

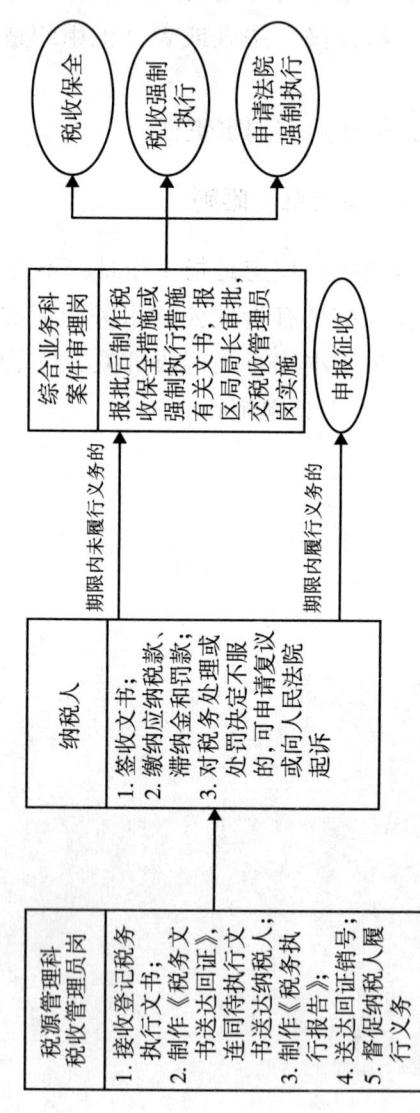

附件十二：税收强制执行工作流程图

```
┌─────────────┐      ┌──────────────────┐
│ 综合业务科  │      │  税源管理科      │
│ 案件审理岗  │      │  税收管理员岗    │
├─────────────┤ ───▶ ├──────────────────┤
│1.提出强制执行│      │1.接收、登记有关  │
│ 意见,报局长 │      │ 执行文书;        │
│ 审批        │      │2.制作《税务文书  │
│2.根据审批结果│      │ 送达回证》连同相 │
│ 制作相关文书│      │ 关文书送达纳税人 │
│             │      │ 及有关部门       │
└─────────────┘      └──────────────────┘
                             │
      ┌──────────────┬───────┼────────────┬────────────┐
      │扣缴税款的    │       │查封、扣押、 │移送法院的
      ▼              ▼       ▼拍卖的       ▼
┌──────────┐  ┌──────────┐ ┌──────────┐ ┌──────────┐
│ 纳税人   │  │纳税人开户│ │ 拍卖机构 │ │ 人民法院 │
├──────────┤  │  银行    │ ├──────────┤ ├──────────┤
│1.签收文书;│  ├──────────┤ │依法拍卖; │ │ 强制执行 │
│2.对强制执 │  │ 扣缴税款 │ │交纳税人自│ │          │
│ 行措施不服│  │          │ │行处理;变 │ │          │
│ 的,可申请 │  │          │ │变        │ │          │
│ 复议或向人│  │          │ │          │ │          │
│ 民法院起诉│  │          │ │          │ │          │
└──────────┘  └──────────┘ └──────────┘ └──────────┘
                    │            │            │
                  抵缴         余款       强制执行
                    ▼            ▼
                ┌──────┐    ┌──────┐
                │申报  │    │纳税人│
                │征收  │    │      │
                └──────┘    └──────┘
```

税收法律救济

附件十三：税收保全工作流程图

```
税源管理科              纳税人
税收管理员岗
                      签收文书
制作《限期缴纳
税款通知书》送
达纳税人
                    ↓
              ┌─────────────┐
              │  申报征收    │
              └─────────────┘
                    ↑
          限期内缴纳税款

          限期内转移
          收入财产的
                    ↓
税源管理科              纳税人
税收管理员岗
                      1.签收文书；
1.制作《提供纳税         2.填制《纳税担保财
担保通知书》送达         产清单》和《纳税担
纳税人；                保财产清单》，办理担
2.进行保全登记          保手续

              提供担保的 →  税源管理科税收管理员岗
                          1.登记《纳税担保财
                          产清单》或开具《纳
                          税保证金收据》；
                          2.在规定期限内缴
                          纳税款的，办理解除
                          纳税担保手续，填制《解
                          除担保通知书》，退回保证金

              不提供担保的 → 综合业务科案件审理岗
                          报批后制作《税保全措
                          施决定书》或《陈结存款
                          通知书》等相关文书，报
                          区局局长审批，交税收管
                          理员岗送达并实施税收保全

纳税人保全期内              纳税人保全期内
履行纳税义务的              未履行纳税义务

税源管理科                  综合业务科
税收管理员岗                案件审理岗

制作解除税收保全             报局长批后制作扣缴
实施相关文书                税款或抵纳税（查封、扣
                          押）物品等有关文书

税源管理科                  税源管理科
税收管理员岗                税收管理员岗

解除税收保全                接收文书并执行
```

720

后 记

这是甲行家财税图书系列之四,也是我的第五部财税专著。还有最后一部甲行家财税著作《税收筹划论》,或许不再出版。随后,我将带领甲行家财税团队完成《甲行家财税问答800问(一)至(九)》和纪实文学或小说的创作。十年前,原北京地税市局机关的一句心灵鸡汤,成就了我现在和今后的生活主旋律:做"自己能做、想做和高兴做的"事情!

财税著作源于工作,小说创作源于生活,使生活更加丰富多彩,或快乐幸福。

2020年日本东京夏季奥运会,经历没有观众的开幕式后,正在没有观众参加的情况下静悄悄地进行着激烈角逐。新冠肺炎疫情仍在全球肆虐,伟大的中国共产党迎来了百年华诞,正领导着伟大的中华民族各族同胞齐心抗击"国际疫情"、潜心推动经济转型、精心布局"一带一路",成功将新冠肺炎病毒拒之于国门之外。也正在伟大的民族复兴之路上砥砺前行,并全面推动全球人类命运共同体建设。

人生如"戏",岁月如歌!坚持学习和不懈奋斗是每个生命的主旋律。经历的不仅仅是经历,是思考和感悟,更是人类文明的传承、再传承和延续……,面对的不只是昨天、今天和明天,面对的不是自然美景,更不是金钱和权力,真正面对的是历史和文明……,追求的不仅仅是实现自我,更不是自娱自乐,而是授人以鱼不如授人以渔的快乐……。这,才是活着,活着的意义。

数字是人类文明的工具,文字是传承人类文明的载体;音乐是心灵的音符和耳语,图画是思想的碰撞和对视,不朽著作是历史的记载、认知的交流、灵魂的寄托。这些是无形的,是真的财富,也是拥有无限生命力的。

最难忘的,依旧是心中的路,希望和追求。

此书的出版得到中国商业出版社刘毕林先生的帮助,在此深表感谢!

由于水平有限,难免有不足之处,敬请批评指正。

我的邮箱:jzh20090928@sina.com weixin:zgnspg02

甲行家(贾忠华)

二〇二一年七月二十七日清晨